Sena&Sophia:
centenários

Sena & Sophia:
centenários

Gilda Santos, Luci Ruas
e Teresa Cristina Cerdeira
Organização

BAZAR DO TEMPO

© desta edição, Bazar do Tempo, 2020
© textos, dos/as autores/as, 2020

Todos os direitos reservados e protegidos pela Lei n. 9610 de 12.2.1998.
É proibida a reprodução total ou parcial sem a expressa anuência da editora.

Este livro foi revisado segundo o Acordo Ortográfico da Língua Portuguesa de 1990, em vigor no Brasil desde 2009.

Os textos de Ana Luísa Amaral, António Carlos Cortez, António Pedro Pita, Carlos Mendes de Sousa, Inês Espada Vieira, Joana Meirim, Jorge Vaz de Carvalho, José Cândido de Oliveira Martins, Luís Filipe Castro Mendes, Margarida Braga Neves, Maria Otília Pereira Lage, Rui Pedro Vau e Rui Vieira Nery foram mantidos na grafia original a pedido dos mesmos.

Editora: Ana Cecilia Impellizieri Martins

Assistente editorial: Catarina Lins

Revisão: Elisabeth Lissovsky

Diagramação: Cumbuca

Capa: Victor Burton

Fotografias da capa: Fernando Lemos

Idealização deste volume: Gilda Santos

Agradecimentos: A Isabel de Sena e Maria Andresen Sousa Tavares, pela autorização do uso dos poemas de Jorge de Sena e de Sophia de Mello Breyner Andresen.
Ao Instituto Moreira Salles, pela autorização do uso das fotografias de Fernando Lemos.
À Fundação Calouste Gulbenkian, pelo patrocínio deste volume.

CIP-Brasil. Catalogação na Publicação
Sindicato Nacional dos Editores de Livros, RJ

S477

Sena & Sophia : centenários / [António Pedro Pia ... [et al.]] ; organização Gilda Santos, Luci Ruas, Teresa Cristina Cerdeira. – 1. ed. – Rio de Janeiro: Bazar do Tempo, 2020.

530 p. ; 16 x 23 cm.

ISBN 978-65-86719-30-7

1. Sena, Jorge, 1919-1978 – Crítica e interpretação. 2. Andresen, Sophia de Mello Breyner, 1919-2004 – Crítica e interpretação. 3. Literatura portuguesa – História e crítica. 4. Poesia portuguesa – História e crítica. I. Pia, António Pedro. II. Ruas, Luci. III. Santos, Gilda. IV. Cerdeira, Teresa Cristina.

20-67133	CDD: P869.09
	CDU: 821.132.3-1.09

Leandra Felix da Cruz Candido – Bibliotecária – CRB-7/6135

BAZAR DO TEMPO
Produções e Empreendimentos Culturais Ltda.
Rua General Dionísio, 53 – Humaitá
22271-050 . Rio de Janeiro . RJ
contato@bazardotempo.com.br / www.bazardotempo.com.br

Celebrar Sena & Sophia
Teresa Cristina Cerdeira
9

**Átrio:
"em redor da mesa"**
Luís Filipe Castro Mendes
*Sena e Sophia:
escrever no princípio do mundo*
19

**Sena:
"capitão de tempestades"**

Annie Gisele Fernandes
*Jorge de Sena e os seus sonetos:
"ainda que não"*
31

António Pedro Pita
*Pensar a experiência contemporânea: o
contributo de Maquiavel e outros estudos de
Jorge de Sena*
43

Horácio Costa
O prodigioso físico do físico prodigioso
51

Ida Alves
Jorge de Sena: um leitor da cultura brasileira
59

Inês Espada Vieira
*"Fazem cá um barulho com a morte do
gajo!": a morte de Jorge de Sena na imprensa
portuguesa.*
69

José Cândido de Oliveira Martins
*Questão da crítica literária
no discurso directo de Jorge de Sena*
83

Joana Meirim
*Tradução e talento individual:
Jorge de Sena tradutor e antologiador*
99

Jorge Vaz de Carvalho
Jorge de Sena e as cores da liberdade
109

Lucas Laurentino de Oliveira
Um jogo demoníaco
119

Luciana Salles
*Dos olhos de Artemidoro: reflexo e reflexão
em Jorge de Sena*
133

Luis Maffei
*Golden shower segundo Jorge de Sena:
"diálogo místico" e "filmes pornográficos"
para o Brasil de hoje*
141

Marcelo Pacheco Soares
O natal, a alquimia, o tempo, e o espírito
153

Margarida Braga Neves
*Casa e casas nalguma ficção
breve de Jorge de Sena*
165

Rui Vieira Nery
*O "Pick Up" de Jorge de Sena:
sobre o suporte material da* Arte de música
185

Sabrina Sedlmayer
*Non de trás para frente é non:
a negatividade em Jorge de Sena*
217

Silvio Renato Jorge
*Jorge de Sena, um olhar atento
sobre seu tempo*
227

Sophia: "no esplendor da maresia"

Ângela Beatriz de Carvalho Faria
*A presença humana e a dimensão
política em* Contos exemplares
239

Angela Maria Rodrigues Laguardia
Figurações do feminino em
Sophia, a poeta que amava os gregos
247

Carlos Mendes de Sousa
Toda a vida vivida
255

Carolina Anglada
*Navegar, derivar:
o dizer para ver de Sophia*
267

Constance von Krüger
Paisagem e palavra; Sophia e silêncio
277

Eucanaã Ferraz
*No centro do reino de Ártemis
a viagem de Sophia ao Brasil*
285

Federico Bertolazzi
*"No reino terrível da pureza"
A prosa dispersa de Sophia*
319

Luci Ruas
*Entre flores e festa noturna, a busca da
unidade em* O rapaz de bronze
335

Maria Elizabeth Graça de Vasconcellos
Sophia: tempo e memória
347

Maria Silva Prado Lessa
*"Atenta como uma antena": a invocação à
Musa e a poética da escuta de Sophia*
355

Roberto Bezerra de Menezes
Desenhar a linha dos teus flancos: Sophia e o soneto
367

Vilma Arêas
Sophia – os pequenos pássaros da interpretação
379

Sena & Sophia & outras vozes: "cartas poemas e notícias"

Ana Luísa Amaral
Entre-cartas: paisagens com poemas, filhos, dois mares e liberdade ao fundo
391

António Carlos Cortez
Sobre esta praia: A vida da poesia, Jorge de Sena e Gastão Cruz e uma "nona meditação à beira do pacífico"
401

Jorge Fernandes da Silveira
Capítulo sexto: Sophia e Cecília em companhia da biógrafa e da fadista no canto do conto
415

Jorge Vicente Valentim
Natália Correia e Jorge de Sena, um diálogo (im)provável(?)
423

Maria Otilia Pereira Lage
Discurso epistolar entre Jorge de Sena e Sophia
443

Mônica Simas
O surrealismo será aquilo que nossa atitude ditar
459

Rafaela Cardeal
Sophia e João Cabral "no gume do poema"
471

Rui Pedro Vau
A correspondência entre Sena e Sophia e o diálogo com o cinema da poesia de Rita Azevedo Gomes
481

Silvana Maria Pessôa de Oliveira
Sophia & Murilo Mendes: visões da Grécia
489

Sofia de Sousa Silva
A poetisa e sua mestra
499

Susana L. M. Antunes
Jorge de Sena e Cecília Meireles: o poema-errância em (irresistível) contraste
509

SOBRE AS ORGANIZADORAS
529

Celebrar Sena & Sophia

• Teresa Cristina Cerdeira •

Jorge de Sena e Sophia de Mello Breyner Andresen – dois dos escritores portugueses mais importantes de todos os tempos, em voz unânime – nasceram em Lisboa, com uma diferença de quatro dias no mesmo mês de novembro de 1919.

As datas de nascimento são, em si, coincidências aleatórias para justificar comemorações conjuntas. Mas no caso de Sena e de Sophia ousamos defender que suas experiências de vida, seu investimento numa poesia que não deixa nunca de acenar para o tempo e a cumplicidade que desde muito cedo os uniu fazem dessa coincidência uma referência a não desprezar.

Autoexilado desde 1959 – primeiramente no Brasil, depois nos Estados Unidos – Jorge de Sena só teria pensado em regressar a Portugal depois do 25 de abril de 1974. A volta definitiva, afinal, nunca se efetivou, e o vazio imposto pela ausência de um desejado convívio foi intensamente confessado por Sophia quando, em junho de 1978, com o precoce desaparecimento de Jorge de Sena, a distância que a separava do amigo se tornaria para sempre irremediável.

Essa aliança, cujo distanciamento não apagava uma evidente intimidade, se traduz no conhecido poema-homenagem, "Carta(s) a Jorge de Sena", em que Sophia evoca o seu lugar de emigrante, de exilado, inserindo-o para sempre como imagem de um "português de novecentos" que experimentou, na partida, a "fúria" de não poder estar em Portugal. Sena era ali mais do que ele próprio. Era a metonímia de um povo forçado a emigrar pelas contingências do regime salazarista – miséria, calúnias, perseguições –, radicalizando na emigração a fatalidade camoniana de ter a vida *pelo mundo em pedaços repartida*:

> Não és navegador mas emigrante
> Legítimo português de novecentos
> Levaste contigo os teus e levaste
> Sonhos fúrias trabalhos e saudades.

A interlocução com o amigo que acabara de morrer ("E agora chega a notícia que morreste / E algo se desloca em nossa vida") pode ser lida como um eco ao modo como o próprio Sena apontara os caminhos tripartidos da sua rota poética no verso célebre: "De amor, de poesia e de ter pátria", elementos que nele se confundem mais do que se somam, porque a poesia, para ele, é sempre gesto de amor e testemunho do tempo, denunciado na estreiteza e na violência a que se sentia, e não apenas ele próprio, condenado.

Sophia, ao contrário de Sena, permanecera em casa até julho de 2004. Viveu de outro modo as limitações impostas pela dureza de um tempo que constrangia os homens submetidos à ditadura. Será por alteração, na máscara camoniana, que ela denunciará esse silêncio castrador e alienante, que torna os seres *pacientes*, *curvados*, *dobrados* sob o peso da arbitrariedade. Esse Camões, que precisa esperar *pacientemente* a tença que lhe é devida, num país que o *mata lentamente*, num país que neutraliza o *canto*, é uma espécie de alter ego coletivo daqueles que como ela, Sophia, ou como ele, Jorge de Sena, ousaram *ser mais que a outra gente*:

> Irás ao paço. Irás pedir que a tença
> Seja paga na data combinada.
> Este país te mata lentamente
> País que tu chamaste e não responde
> País que tu nomeias e não nasce.
>
> Em tua perdição se conjuraram
> Calúnias desamor inveja ardente
> E sempre os inimigos sobejaram
> A quem ousou ser mais que a outra gente.
>
> E aqueles que invocaste não te viram
> Porque estavam curvados e dobrados
> Pela paciência cuja mão de cinza
> Tinha apagado os olhos do seu rosto.
>
> Irás ao paço irás pacientemente
> Pois não te pedem canto mas paciência,
> Este país te mata lentamente.

Jorge de Sena apostava na vida e na alegria como direitos que se não deveriam roubar aos homens. E lembrar suas palavras no poema "Carta a meus filhos sobre os fuzilamentos de Goya" é talvez o melhor meio de entender aquela *fúria*, de que falava Sophia, que frequentemente o assaltava, contra a injustiça, a perseguição e a tortura tão recorrentes na história da humanidade. Se, em momentos utópicos, o poeta imagina que um dia – num mundo quase tediosamente feliz – o *sangue*, a *dor* e a *angústia* passadas não terão sido *em vão*, em momentos de maior desalento, essa imagem do roubo da alegria e da vida torna-se dolorosamente absurda, transformando a certeza anterior em impactante dúvida: "Serão ou não em vão?". De qualquer modo, nele não se cala o grito contra toda forma de opressão, porque a evidência da morte é sem retorno para quem, como ele, é um humanista que desconfia da fatalidade e investe contra os desígnios insondáveis de uma possível divindade:

> quem ressuscita esses milhões, quem restitui
> não só a vida, mas tudo o que lhes foi tirado?
> Nenhum Juízo Final, meus filhos, pode dar-lhes
> aquele instante que não viveram, aquele objecto
> que não fruíram, aquele gesto
> de amor, que fariam "amanhã".

Essa dupla companhia poética, de Sena e Sophia, pareceu-nos, por isso, um modo salutar de aprender a revisitar não apenas o tempo de um passado recente, mas também o nosso próprio tempo, construído a duras penas, para garantir uma liberdade sempre ameaçada. Portugal e Brasil viveram – e vivem –, a seu modo e cada um a seu tempo, a alternância entre o peso de estados arbitrários e os sonhos da liberdade.

Jorge de Sena se fez brasileiro no Brasil, ganhou cidadania, ajudou a construir um pensamento libertário como professor universitário – profissão que escolheu porque certamente lhe parecia o meio de abrir espaço para dedicar-se às suas vertentes de escritor, pesquisador e ensaísta que assinalaram definitivamente a sua vida.

Quanto a Sophia, cuja vivência brasileira foi apenas geograficamente menor, vale ressaltar que a distância atlântica não a isentou de um diálogo fecundo, tal como Sena, com artistas brasileiros, e hoje ela chega aos ouvidos de um sem-número de amantes da música e da poesia na voz de Maria Bethânia. Quanto aos poetas, Manuel Bandeira, Cecília Meireles e João Cabral foram alguns daqueles com quem ela confessadamente experimentou os desafios de sua arte poética, afirmando um convívio efetivo com o movimento modernista brasileiro. Sobre Bandeira ela diria:

> Este poeta está
> Do outro lado do mar
> Mas reconheço sua voz há muitos anos
> E digo ao silêncio seus versos devagar
> (...)
> Estes poemas caminharam comigo e com a brisa
> Nos passeados campos da minha juventude
> Estes poemas poisaram a sua mão sobre o meu ombro
> E foram parte do tempo respirado

Sophia de Mello Breyner e Jorge de Sena são, assim, mais do que dois nomes de grandes poetas que, não por acaso, sem perder o olhar poético, também assinaram narrativas de ficção, peças teatrais, ensaios e traduções. Se no Rio de Janeiro foram reunidos em comemoração ao centenário de nascimento, é porque há evidentes encontros entre eles e encontros a partir deles: atitudes de testemunhos do tempo, coincidências no amor à poesia, experiências – diversas, é certo – de um certo Brasil. Por razões tais, eles couberam, com imensa coerência, no *congresso* – etimologicamente *o lugar de lutar junto*, de *dar passos junto* – Sena & Sophia: centenários, realizado de 2 a 5 de setembro de 2019, no Real Gabinete Português de Leitura e na Universidade Federal do Rio de Janeiro. Universidade que abriga a Cátedra de estudos portugueses, brasileiros e africanos que leva o nome de Jorge de Sena e que também festejava na altura seus vinte anos de existência. Graças ao apoio de várias entidades, sendo decisivos os da Fundação Calouste Gulbenkian e do Camões – Instituto da Cooperação e da Língua, lá se reuniram – num total de oitenta participantes – pensadores, pesquisadores, poetas e ensaístas de renome, vindos de várias partes do Brasil, de Portugal, da Itália e dos Estados Unidos, para evocar os dois, Sena e Sophia, reiterando seu pertencimento à história do século XX, não apenas português, mas universal, porque universais eram as suas apostas vitais e poéticas.

De certo modo estamos sempre a esperar – em Portugal ou no Brasil ou nesse Ocidente continuamente conturbado por vilanias, perseguições e pandemias – poder redizer, com a mesma alegria, os célebres versos de Sophia, quando sobreveio, no seu país, um projeto concreto de liberdade iluminado por cravos vermelhos:

Esta é a madrugada que eu esperava
O dia inicial inteiro e limpo
Onde emergimos da noite e do silêncio
E livres habitamos a substância do tempo

Evocar a amizade de dois grandes poetas que testemunharam o seu tempo constituiu para nós, professores brasileiros e amantes das letras, o trampolim para ousar fazer da co-memoração do seu centenário uma festa de palavras que, agora, ganham redobrado peso porque inscritas em letra impressa neste volume.

Cabe assinalar que sua edição tem de ser creditada ao apoio incondicional da Fundação Calouste Gulbenkian, que entendeu lícitas, importantes e necessárias as comemorações que no Brasil se fariam por ocasião do duplo centenário de dois dos maiores nomes da literatura portuguesa do século XX. O incentivo desse "sim" à proposta apresentada conjuntamente pelo Real Gabinete Português de Leitura e pela Cátedra Jorge de Sena da Universidade Federal do Rio de Janeiro ratifica nossa certeza de que as letras e as artes continuam sendo um foco privilegiado pela entidade portuguesa internacionalmente reconhecida, que entende valorizar sobremaneira – mas não só – a produção cultural na língua que é nossa pátria. Tal investimento generoso não é de modo algum uma evidência no nosso tempo de valores tão discutíveis, onde os pilares da cultura são, não raro, derrubados em nome de atividades mais "produtivas". Fica registrada, pois, a nossa gratidão.

Este livro, enfim, será o que vai nele inscrito. E valerá pelos retalhos poéticos escolhidos na obra dos dois reverenciados escritores, pelas eleições pessoais dos caminhos para a sua leitura, pela certeza, enfim, de que haverá sempre um outro modo de olhar e de ler as suas obras. A literatura não cessa de dizer. A nós cabe saber escutá-la.

Resgatando trabalhos apresentados no congresso Sena & Sophia: centenários, este livro aparece dividido em quatro seções. Elas partem da conferência de abertura – "Sena e Sophia: escrever no princípio do mundo" – de Luís Filipe Castro Mendes, diplomata que durante frutíferos anos ocupou o cargo de Cônsul-Geral de Portugal no Rio de Janeiro e poeta conceituado nas letras portuguesas, que aqui, além de suas reflexões, nos oferece dois novos poemas, resultantes de sua revisita às páginas dos homenageados. A seguir, a seção intitulada "SENA: 'capitão de tempestades'", com textos dedicados à obra literária e crítica de Jorge de Sena, mas também ao seu trabalho de tradutor e antologizador, às suas considerações sobre o tempo e a história, e mesmo aos ecos jornalísticos da sua morte. Depois, em "SOPHIA: 'no esplendor da maresia'", aparecem textos dedicados à obra poética da escritora e ao seu trabalho de contista, que não deixa de incluir sua produção para a literatura infanto-juvenil. Por fim, "SENA & SOPHIA & OUTRAS VOZES: 'cartas poemas e notícias'", recolhe textos que se voltam para as relações entre os dois amigos, mas também, e mesmo sobretudo, para as relações que cada um deles estabeleceu com outros escritores seus contemporâneos, tais como Gastão Cruz, Natália Correia, "os surrealistas", mas também Murilo Mendes e Cecília Meireles. Entremeiam a publicação poemas de Jorge de Sena e de Sophia de Mello Breyner Andresen, evocando um ao outro em pacto de afeto, como antevisão da beleza que se poderá fruir na leitura desses dois imensos nomes da literatura portuguesa.

Será preciso finalmente assinalar que o tempo em que publicamos este livro é, mais do que nunca, um tempo dilacerado. Mas talvez, por isso mesmo, nunca antes tenhamos tido tanta fome de poesia, tanta fome de reconciliação com aquilo que em nós nos transcende, apesar da nossa fragilíssima precariedade. Dessa transcendência experimentada nos limites do homem, de dentro da sua grandeza intrínseca, falaram-nos Sena e Sophia, cuja memória nos faz, senão acreditar, ao menos duvidar que as nossas vidas, as nossas lutas – e por que não as nossas esperanças – não terão sido possivelmente vãs.

Átrio:
"em redor da mesa"

Carta(s) a Jorge de Sena

I
Não és navegador mas emigrante
Legítimo português de novecentos
Levaste contigo os teus e levaste
Sonhos fúrias trabalhos e saudade;
Moraste dia por dia a tua ausência
No mais profundo fundo das profundas
Cavernas altas onde o estar se esconde

II
E agora chega a notícia que morreste
E algo se desloca em nossa vida

III
Há muito estavas longe
Mas vinham cartas poemas e notícias
E pensávamos que sempre voltarias
Enquanto amigos teus aqui te esperassem —
E assim às vezes chegavas da terra estrangeira
Não como filho pródigo mas como irmão prudente
E ríamos e falávamos em redor da mesa
E tiniam talheres loiças e vidros
Como se tudo na chegada se alegrasse
Trazias contigo um certo ar de capitão de tempestades
— Grandioso vencedor e tão amargo vencido —
E havia avidez azáfama e pressa
No desejo de suprir anos de distância em horas de conversa
E havia uma veemente emoção em tua grave amizade
E em redor da mesa celebrávamos a festa
Do instante que brilhava entre frutos e rostos

IV
E agora chega a notícia que morreste
A morte vem como nenhuma carta

Sophia de Mello Breyner Andresen, *Ilhas*, Lisboa: Texto Ed., 1989.

Sena e Sophia:
escrever no princípio do mundo
• Luís Filipe Castro Mendes •

Estar aqui convosco é para mim a alegria de um esperado reencontro com amigos e a viva recordação da descoberta que, mais de vinte anos atrás, fiz do Rio de Janeiro e desta instituição que é o Real Gabinete Português de Leitura. Poderia assim dizer deste momento, com recurso a Camões, que *quanto enfim cuidava e quanto via/eram tudo memórias de alegria*, se não fora a saudade que nos traz isto de o passado ter passado e de as memórias felizes serem sempre de sermos mais jovens.

Queria em primeiro lugar dedicar esta intervenção, que muito me honra vir aqui fazer, à memória do meu amigo António Gomes da Costa, a quem todos tanto devemos. E na pessoa do seu irmão Francisco, sucessor à sua altura, saúdo e louvo o grande trabalho colectivo, determinado e inteligente, que resultou no sucesso e no desenvolvimento desta emblemática instituição da comunidade portuguesa no Brasil que é o Real Gabinete, agora em modo de estreita cooperação, institucionalizada na Associação Luis de Camões, com o Ministério dos Negócios Estrangeiros de Portugal, que é a minha casa mãe.

Por fim, agradeço sentidamente na pessoa da Gilda Santos, querida amiga de muitos anos, o convite que me foi feito para vir falar – há exatamente um ano – na sessão inaugural deste congresso, a mim, simples amador destas coisas e destes versos.

Sophia de Mello Breyner Andresen e Jorge de Sena são dois poetas maiores da língua portuguesa no século XX. Celebrar o seu centenário no Brasil parece evidente: assim como Carlos Drummond de Andrade e João Cabral de Melo Neto revelaram novos caminhos à consciência poética dos autores portugueses, assim como João Guimarães Rosa inventou uma nova prosa para a língua portuguesa, os grandes poetas portugueses posteriores a Fernando Pessoa trabalharam novos rumos e novos dizeres para a palavra poética na nossa língua comum.

Mas nem sempre são realidades as evidências: a poesia portuguesa depois de Fernando Pessoa é menos conhecida dos leitores brasileiros do que mereceria, ainda que a situação hoje seja bem melhor do que aquela de há vinte anos. E aqui cabe uma palavra de especial louvor à Cátedra Jorge de Sena da Universidade Federal do Rio de Janeiro e ao Polo de Pesquisas Luso-Brasileiras do Real Gabinete Português de Leitura pelo trabalho incansável que têm feito em prol desse conhecimento mútuo, que tem de ser reforçado dia a dia. Nas pessoas do meu estimado amigo Francisco Gomes da Costa e da minha querida amiga Gilda Santos permito-me exprimir a gratidão dos poetas e escritores portugueses pelo valioso trabalho aqui desenvolvido.

Este congresso é mais um importante passo nesse sentido.

Tomei como ponto de partida para esta minha incursão dois versos de Sena que Sophia cita num belíssimo e sentido texto de homenagem ao poeta, lido em 1976 na Associação Portuguesa de Escritores. Passo a ler esse texto de Sophia:

> Um dos primeiros poemas de Jorge de Sena que li é um poema de *Coroa da Terra* chamado *Os Trabalhos e os Dias*. E há duas linhas nesse poema que dizem:
> e só eu sei porque principiei a escrever no princípio do mundo
> e desenhei uma rena para a caçar melhor

Ocorreu-me ao ler estes versos que uma ideia forte de princípio do mundo estava presente no gesto da criação poética de Sena e de Sophia. E logo me surgiu nítida a lembrança das poéticas de Sophia e particularmente destes dois textos: "A coisa mais antiga de que me lembro é de um quarto em frente do mar dentro do qual estava, poisada em cima duma mesa, uma maçã enorme e vermelha. Do brilho do mar e do vermelho da maçã erguia-se uma felicidade irrecusável, nua e inteira".

E numa outra arte poética:

> Pensava também que se conseguisse ficar completamente imóvel e muda em certos lugares mágicos do jardim eu conseguiria ouvir um desses poemas que o próprio ar continha em si.
> No fundo toda a minha vida tentei escrever esse poema imanente

E ouçamos agora Jorge de Sena, em *Sinais de fogo*, a ver nascer o primeiro poema:

(...) ouvi uma voz silenciosa que estrondosamente me ciciava uma qualquer coisa que eu já ouvira. Não eram palavras, mas eu ouvia como se fossem. Era uma espécie de batimento cadenciado em que sons se sucediam abstractos, análogos e diversos, como espectros de palavras. (...)
Pouco a pouco, como precipitados que, tomando cor e fluida forma, vão pousando sólidos no fundo de um tubo de ensaio (ou, inversamente, como ondulantes formas de peixes que se destacam na sombra das águas, para, à superfície, brilharem em velozes mas nítidos lampejos de escamas de que o brilho se propaga às águas que elas roçam), os sons abstractos e o batimento começaram a possuir solidez, opacidade, arestas, enquanto a silenciosa voz ia regredindo para um limbo tranquilo. Na concreção que se formava a ansiedade tornava-se mais febril, mais exigente, mais confiada de si mesma, e era como se eu, não sabendo de mim, não desejando nada, não pensando em nada, nunca me tivesse sentido tão duramente lúcido. Foi quando li palavras que não sentira ter escrito, num papel que não sabia ter procurado. "Sinais de fogo, os homens se despedem,/exaustos e tranquilos, destas cinzas frias,/lançando ao mar os barcos de outra vida."

São dois modos do princípio do mundo em cada um destes poetas.
Sophia acorda para a pura e nua imanência das coisas, erguidas ante o olhar do poeta em todo o rigor e inteireza dos seus limites, despidas de contingência e finitude. A palavra do poema faz-se mediadora entre o olhar do poeta e o espetáculo mudo e incessante do movimento do mundo.
Outra e diferente dinâmica se inscreve no princípio do mundo segundo Jorge de Sena. A consciência e o mundo não se perfilam estaticamente um em frente ao outro num rigoroso plano de imanência: antes, como num *big bang*, emergem juntos de um fluxo pré-verbal de sons anteriores a qualquer sentido, esses *precipitados que tomando cor e fluida forma vão pousar sólidos no fundo de um tubo de ensaio*, para finalmente conquistarem para as palavras aquela *solidez, opacidade, arestas*, que o permanente atrito com o mundo requer e ao mesmo tempo traz consigo.
E daí que no princípio do mundo se desenhe uma rena para melhor a poder caçar...
Sem psicologismos fora de lugar, vejamos esta contraposição entre Sophia e Sena em outros textos em que os poetas evocam, mais do que a sua infância ou juventude, o seu próprio nascimento nas palavras.

Ouçamos Sophia, no conto "A casa do mar":

No centro da mesa há um fruteiro redondo onde maçãs vermelhas se recortam sobre a madeira escura e contra a cal das paredes. Polidas e redondas as maçãs brilham e parecem interiormente acesas, como se as habitasse o lume de uma inteira felicidade à qual responde o luzir do mar cujo azul cintila entre as persianas.

E no fim do conto, assomados à varanda:

No subir e descer da vaga, o universo ordena seu tumulto e seu sorriso e, ao longo das areias luzidias, maresias e brumas sobem como um incenso de celebração.
E tudo parece intacto e total como se ali fosse o lugar que preserva em si a força nua do primeiro dia criado.

A imagem obsessiva das maçãs luminosas converte-se, como vemos, num verdadeiro mito pessoal, mais do que isso, numa verdadeira fundação da poesia de Sophia, a preservar no fulgor dessas maçãs e no tumulto das ondas lá fora toda *a força nua do primeiro dia criado*.
Outro, bem mais dramático e prometeico, é o primeiro dia do mundo na criação poética de Jorge de Sena. Voltemos a ler *Sinais de fogo*:

Por vezes o batimento formava-se de sons que se prolongavam, outras vezes havia suspensões súbitas, em que ficava flutuando apenas a memória das cadências sonoras, inaudíveis, sem sentido. Nessas ocasiões, a agonia aumentava, num vago tremor que se tornava ansioso, expectante, como que suplicando que aquilo não parasse.
(...)
Aquilo eram versos e aproximadamente os mesmos que antes me haviam aparecido, embora, sem recordar os de então, me parecesse que não eram exactamente os mesmos. De qualquer modo, e isso gelou-me de terror, coisas tinham acontecido depois e aquelas sequências de palavras (porque eram três sequências que se justapunham) ainda que ligeiramente modificadas (se acaso o estavam) não poderiam pretender significar o que significariam antes.

Paul Valéry dizia que *o poema é uma longa hesitação entre o som e o sentido*. A luta dos sons e dos sentidos no poema está aqui exposta, apetecia-me dizer, em carne viva. O poema emerge de um inarticulado fluxo de sons para se converter em palavras à busca do sentido, um sentido que o próprio poeta desconhece à partida.

Sophia testemunha análogo processo, mas de forma radicalmente diversa. Vejamos, uma vez mais, nas suas artes poéticas:

> Encontrei a poesia antes de saber que havia literatura. Pensava que os poemas não eram escritos para ninguém, que existiam em si mesmos, por si mesmos, que eram como que um elemento natural, que estavam suspensos, imanentes. E que bastaria estar muito quieta, calada e atenta para os ouvir.

E mais adiante: "Deixar que o poema se diga por si, sem intervenção minha (ou sem intervenção que eu veja) como quem segue um ditado (que ou é mais nítido ou mais confuso) é a minha maneira de escrever."

Sophia confia inteiramente na revelação imediata do mundo, embora saiba muito bem que ao lado do *esplendor do mundo*, que nos alegra com paixão, está o *sofrimento do mundo*, que nos revolta com não menor paixão. Sena tem antes uma visão agónica do mundo, e a criação surge-lhe num processo que parte de um fluxo inarticulado para uma consciência sempre dividida. Porque ele não parte da luz imanente das coisas, mas da vida humana, na sua miséria e na sua glória. E assim nos diz no poema "A morte, o espaço e a eternidade":

> A Vida Humana, sim, a respirada,
> suada, segregada, circulada,
> a que é excremento e sangue, a que é semente
> e é gozo e é dor e pele que palpita
> ligeiramente fria sob ardentes dedos.
> Não há limites para ela.
>
> (...)
> Para emergir nascemos. O pavor nos traça
> este destino claramente visto:
> podem os mundos acabar, que a Vida,
> voando nos espaços, outros mundos,
> há de encontrar em que se continue.
> E, quando o infinito não mais fosse,
> e o encontro houvesse de um limite dele,
> a Vida com seus punhos levá-lo-á na frente,
> para que em Espaço caiba a Eternidade.

Se o princípio do mundo está no fluxo da vida humana, *respirada, suada, segregada, circulada*, então ao próprio limiar do mundo assoma, incontornável, o seu final, a morte, a morte que é um escândalo face ao ilimitado do humano.

Bem alheia a esta visão escatológica nos aparece a poesia de Sophia, que à ideia da Morte responde simplesmente assim:

> Quando o meu corpo apodrecer e eu for morta
> continuará o jardim, o céu e o mar
> e como hoje igualmente hão-de bailar
> as quatro estações à minha porta.
>
> Outros em abril passarão no pomar
> em que eu tantas vezes passei,
> haverá longos poentes sobre o mar,
> outros amarão as coisas que eu amei.
>
> Será o mesmo brilho, a mesma festa,
> será o mesmo jardim à minha porta
> e os cabelos doirados da floresta,
> como se eu não estivesse morta.

Há em Sophia uma aceitação plena da vida que assume uma certa forma de panteísmo, que em Teixeira Pascoaes terá talvez a sua origem, mas a que Sena é totalmente alheio. Não que não vibre nele uma altiva pulsão pagã, mas em Sena a luta do que é humano contra o que é natural, do orgânico contra o inorgânico, do articulado contra o inarticulado prevalece na raiz da criação do mundo. E ele o diz uma vez mais no já citado poema "A morte, o espaço, a eternidade":

> A morte é natural na natureza. Mas
> nós somos o que nega a natureza. Somos
> esse negar da espécie, esse negar do que
> nos liga ainda ao Sol, à terra, às águas.
> Para emergir nascemos. Contra tudo e além
> de quanto seja o ser-se sempre o mesmo
> que nasce e morre, nasce e morre, acaba
> como uma espécie extinta de outras eras.
> Para emergirmos livres foi que a morte
> nos deu um medo que é nosso destino.

Mas a plena aceitação do mundo no êxtase panteísta de Sophia não implica menos revolta contra o desconcerto e a injustiça desse mesmo mundo, o que a poeta vê como uma ofensa à ordem natural – veja-se a "Arte poética" de 1964:

Pois a justiça se confunde com aquele equilíbrio das coisas, com aquela ordem do mundo onde o poeta quer integrar o seu canto. Confunde-se com aquele amor que, segundo Dante, move o sol e os outros astros. Confunde-se com a nossa confiança na evolução do homem, confunde-se com a nossa fé no universo. Se em frente do esplendor do mundo nos alegramos com paixão, também em frente do sofrimento do mundo nos revoltamos com paixão. Esta lógica é íntima, interior, consequente consigo própria, fiel a si mesma. O facto de sermos feitos de louvor e protesto testemunha a unidade da nossa consciência.

Dir-se-ia que, ao invés deste intenso, mas não menos lúcido, otimismo antropológico de Sophia, a poesia de Sena é mais de protesto do que de louvor, porque nele o esplendor e o sofrimento estão presentes em igual medida e intensidade na origem do mundo e o esplendor surge sempre e só de uma luta titânica contra o sofrimento, numa longa e orgulhosa agonia. Mas talvez Sena tenha dado alguma chave deste drama no seu poema "Carta a meus filhos sobre os fuzilamentos de Goya":

(...). Tanto sangue,
tanta dor, tanta angústia, um dia
– mesmo que o tédio de um mundo feliz vos persiga –
não hão-de ser em vão. Confesso que
muitas vezes, pensando no horror de tantos séculos
de opressão e crueldade, hesito por momentos
e uma amargura me submerge inconsolável.
Serão ou não em vão? Mas, mesmo que o não sejam,
quem ressuscita esses milhões, quem restitui
não só a vida, mas tudo o que lhes foi tirado?
Nenhum Juízo Final, meus filhos, pode dar-lhes
aquele instante que não viveram, aquele objecto
que não fruiram, aquele gesto
de amor, que fariam "amanhã".
E, por isso, o mesmo mundo que criemos
nos cumpre tê-lo com cuidado, como coisa

que não é só nossa, que nos é cedida
para a guardarmos respeitosamente
em memória do sangue que nos corre nas veias,
da nossa carne que foi outra, do amor que
outros não amaram porque lho roubaram.

Ante o enorme sofrimento do mundo é a vida humana e a sua dignidade a única *pequena luz bruxuleante* que *no meio de nós brilha*. A essa dignidade essencial da vida humana é que apela com toda a força a poesia de Sena, uma dignidade que não pode vir da ordem natural das coisas (porque *nós somos o que nega a Natureza*), mas da afirmação do humano contra tudo aquilo que o nega e desfigura. Por seu lado, em Sophia a ordem natural do mundo tem como dimensão essencial e fundadora a justiça (*Pois a justiça se confunde com aquele equilíbrio das coisas, com aquela ordem do mundo onde o poeta quer integrar o seu canto*) e a exigência moral decorre com coerência do seu particular panteísmo.

Não se pense, porém, que a maravilha do mundo esconde a Sophia a sua escondida monstruosidade e horror. Lembremos que:

No fundo do mar há brancos pavores
onde as plantas são animais
e os animais são flores.
(...)
Sobre a areia o tempo poisa
leve como um lenço.

Mas por mais bela que seja cada coisa
tem um monstro em si suspenso

Essa dimensão sombria existe em contraluz na obra de Sophia, tal como, para além da sua amargura e desesperança, *a pequenina luz* brilha obstinada e altiva por toda a obra de Jorge de Sena.

Por isso é como se fosse o primeiro dia do mundo que ambos os poetas saúdam a Revolução de Abril de 1974, que restituiu a democracia e a liberdade ao povo português.

Sophia:

Esta é a madrugada que eu esperava
o dia inicial inteiro e limpo

onde emergimos da noite e do silêncio
e livres habitamos a substância do tempo

Jorge de Sena:
Nunca pensei viver para ver isto:
A liberdade – (e as promessas de liberdade)
restauradas. Não, na verdade eu não pensava
– no negro desespero sem esperança viva –
que isto acontecesse realmente. Aconteceu.
E agora, povo português?

Como todos os grandes momentos e paixões da nossa vida, conhecem as revoluções momentos de refluxo e desalento, de esperança e de desapontamento, até alcançarem o possível equilíbrio. Assim, a evolução política e pessoal dos nossos dois poetas naqueles tempos conheceu essa desilusão que sempre sobrevém quando pomos a esperança demasiado alta. Mas nunca eles renegaram as suas profundas convicções democráticas por isso, bem pelo contrário.

Vejamos então dois poemas que me parecem exemplares do profundo compromisso cívico e da coerência de Sophia e de Jorge de Sena.

Sophia:

Nestes últimos tempos, é certo, a esquerda fez erros
caiu em desmandos confusões praticou injustiças

Mas que diremos da longa tenebrosa e perita
degradação das coisas que a direita pratica?
(...)
Nestes últimos tempos é certo a esquerda muita vez
desfigurou as linhas do seu rosto

Mas que diremos da meticulosa eficaz expedita
degradação da vida que a direita pratica?

Este diálogo, dueto ou cantata a duas vozes entre Sophia de Mello Breyner Andresen e Jorge de Sena, de quem eu apenas fui aqui tão certo e atento secretário quanto poderia, vou encerrá-lo agora com um poema de Jorge de Sena que é um aviso. A nossa liberdade nunca está garantida, ela sempre está sob ameaça. Um político norte-americano do século passado, Wendell Wilkie, formulou-o numa frase que lembro desde a infância: *O preço da liberdade é a eterna vigilância*. A ameaça à liberdade é ameaça mortal tanto à dignidade de que nos fala Sena como à justiça de que nos fala Sophia. Encerremos assim com os certeiros versos de Jorge de Sena:

> (...)
> Liberdade, liberdade
> tem cuidado que te matam.
>
> Entre o povo que te aclama,
> contente de poder ver-te,
> há gente que por ti chama
> para arrastar-te na lama
> em que outros irão prender-te.
>
> Liberdade, liberdade
> tem cuidado que te matam.
> (...)
> Na sombra dos seus salões
> de mandar em companhias,
> poderosos figurões
> afiam já os facões
> com que matar alegrias.
>
> Liberdade, liberdade
> tem cuidado que te matam.
>
> E além do mar oceano
> o maligno grão poder
> já se apresta p'ra teu dano,
> todo violência e engano,
> para deitar-te a perder
>
> Liberdade, liberdade
> tem cuidado que te matam.
>
> Com desordens, falsidade,
> economia desfeita;

com calculada maldade,
promessas de felicidade
e a miséria mais estreita.

Liberdade, liberdade
tem cuidado que te matam.

Que muito povo se assuste,
julgando que és tu culpada,
eis o terrível embuste
por qualquer preço que custe
com que te armam a cilada.

Liberdade, liberdade
tem cuidado que te matam.

Tens de saber que o inimigo
quer matar-te à falsa fé.
Ah tem cuidado contigo;
Quem te respeita é um amigo
Quem não respeita não é.

Liberdade, liberdade
tem cuidado que te matam.

Permitam-me terminar com dois poemas que me surgiram durante a preparação desta fala:

JORGE DE SENA A SOPHIA

O princípio do mundo não está na nossa frente
como uma maçã colocada diante da janela
a esperar por nós.

O princípio do mundo é cada vez que um verso rasga rude
a nossa imperfeição
para nos trazer o abismo
o poema.

LENDO A CORRESPONDÊNCIA ENTRE
SOPHIA DE MELLO BREYNER E JORGE DE SENA

À Alexandra e à Clara

e só eu sei porque comecei a escrever no princípio do mundo
(Jorge de Sena)

O recém-nascido é quem assiste ao princípio do mundo.

Guardam os poetas esse espanto original,
essa incompreensão, bravo furor e breve alegria,
do que sentem demais ou não chegam a sentir,
do que pensam antes de todos:
o que não se pode pensar e do que portanto
se não deveria falar.

O recém-nascido oscila entre o sono da razão
e a fúria de estar vivo. O poeta vê os monstros,
que em coral se desenham frios e finos e que povoam
o fundo de todos os mares.

Algo guardam os poetas, não das crianças, não,
mas dos recém-nascidos: este puro espanto,
que nos faz querer durar entre a raiva de nascer
e a alegria de estar vivo.

Assim os melhores nos escrevem do princípio do mundo.

Luís Filipe Castro Mendes é poeta e diplomata. Exerceu funções em vários países, dentre as quais Cônsul-Geral no Rio de Janeiro (1998-2003), Embaixador em Budapeste (2003-2007) e em Nova Deli (2007-2009), junto da Unesco (2011-2012) e do Conselho da Europa (2012-2016). Foi Ministro da Cultura de Portugal (2016-2018). Sua obra compreende quatorze livros publicados a partir de 1983 de que alguns foram coligidos em *Poemas Reunidos* (Lisboa, 2018). Coletânea anterior foi publicada no Brasil: *Poesia Reunida* (Rio de Janeiro, 2001).

Sena:
"capitão de tempestades"

A vida de Camões

Da vida de Camões pouco sabemos
E fantasias de historiadores pouco interessam
Bem mais reais e exactos me parecem
Poemas contos e as convocações
De Super Flumina Babylonis*
Onde o inscreveu se inscreveu nos inscreveu Jorge de Sena

De Camões direi que nos é pátria:
Este preciso sabor de exílio
Que há muito nos conhece e há muito conhecemos

Sophia de Mello Breyner Andresen.
In Gilda Santos, org., *Jorge de Sena: ressonâncias e cinquenta poemas*,
Rio de Janeiro: 7letras, 2006.

Jorge de Sena e os seus sonetos: "ainda que não"
• Annie Gisele Fernandes •

> *a poesia é essencialmente uma educação.*
> Jorge de Sena[1]

É fato que, nos Oitocentos, a poesia teve alterados os seus elementos constitutivos, sejam os temáticos, sejam os estético-formais, e isso levou, a título de exemplo, a serem compostos sonetos em tom de crônica (p. ex. "Soneto 8", de António Nobre); soneto com metro alternado pelo "seu quebrado" ("A música", de Charles Baudelaire); sonetos constituídos de versos decassílabos de acentuação variada (praticamente todos os de A. Nobre e de Camilo Pessanha). Nos exemplos citados (incluindo Baudelaire), o modelo de soneto sempre foi o petrarquiano e foi nele que a renovação poética se deu, sobretudo porque, em Portugal, raríssimas vezes se compôs o shakespeariano, que, entretanto, Jorge de Sena considera e reestrutura.

Sopesando apenas os poemas publicados em livro,[2] já em 1942 o volume *Perseguição*, primeira obra publicada de Sena, reuniu vários sonetos, muitos deles ingleses, como é o caso de "Deserto", primeiro soneto daquele livro. "Deserto" tem esquema estrófico 4+4+4+2[3] e esquema rímico *abab / abab /*

---

[1] Jorge de Sena, "A poesia e a vida", in Mécia de Sena (ed.), *Poesia e cultura*, Porto: Edições Caixotim, 2005, p. 91.
[2] Neste texto, não se vão discutir os poemas publicados em periódicos, nomeadamente o *Caderno de poesias*, nem as composições atribuídas ao seu pseudônimo Teles de Abreu.
[3] Essa estrutura estrófica mantém-se nos sonetos também shakespearianos, portanto, "Exorcismo" e "Soneto de Orfeu", ambos vindos à lume no livro *Coroa da terra* (1946). Nessas duas peças, o poeta emprega esquema de rimas variado, em relação ao modelo padrão inglês (indicado no corpo do texto): *abab / abab / cddc / ab* e *abba / aabb / cdcd / ee*. São esses os três sonetos ingleses que Jorge de Sena incluiu nas duas obras citadas, antes de organizar *As evidências* (Poema em 21 sonetos), em 1955, na qual aparecerão quatro sonetos ingleses, como se verá a seguir. Nos volumes *Perseguição*,

cdcd / ee, e se ambos os esquemas seguem o padrão clássico, o primeiro verso do poema ("Recusarei aos velhos a braseira –") parece indicar o desejo do poeta de estabelecer e vincar a sua dicção poética, que recusa a tradição de filiação a uma herança por mera vaidade (3ª est.). Assim, esse soneto pode iluminar a afirmação: "Nesse itinerário espiritual alegórico terei 'perseguido' a verdade até a 'coroa da terra', onde me descobri a 'pedra filosofal', cuja posse permite discernir 'as evidências', às quais a minha poesia exprimi 'fidelidade' sem limites."[4] – aliás, "verdade", "autenticidade", "testemunho" são vocábulos que se destacam nesse prefácio para sublinhar, ao que tudo indica, a intenção de inteireza no mundo, no tempo do existir e do escrever, no fazer poético, no poema, como sugere o dístico final daquele poema: "Venham do mundo as dunas que estão sós; / reuna-se o deserto em todos nós."

Se a ideia de adesão – ou o atualíssimo *mindfulness* – ao mundo, à sua existência, à sua condição de exilado, pode ser vista como um tópico importante na temática seniana, o mesmo se pode pensar quanto ao tipo de composição soneto, ao qual Sena parece ter aderido com eminente originalidade que, a um só tempo, respeita e expande o esquema clássico de Petrarca, de Shakespeare, mas não só. Além de serem algumas centenas no conjunto de aproximadamente 1.500 composições que integram 18 volumes da obra poética de Jorge de Sena, os sonetos são também variados do ponto de vista dos seus "esquemas",[5] e quando Jorge de Sena reúne 21 sonetos na obra *Evidências* em 1955, ele nos dá a ver uma recolha muito instigante, seja pela atenção que dedica ao soneto, seja por *evidenciar* ampla variação e reestruturação daquele tipo de composição, sabidamente tradicional e clássica.

As evidências, que segundo Sena são "Poema em 21 sonetos", compõem-se de:

Coroa da Terra e *Pedra filosofal* (1950), Sena publicou 23 sonetos, no total, assim distribuídos: 11 (1 inglês), 10 (2 ingleses) e 3, respectivamente. Dentre os outros 20 sonetos – italianos – aponta-se, em *Perseguição*, o sonetilho "Desdém", composto segundo o esquema 4+4+3+3, em versos pentassílabos e com esquema rímico *abab / cdcd / efg / efg*, além de "Valor" e "Soneto a muitas vozes", que apresentam variação interessante no esquema de rimas dos quartetos: *abba / baab* e *abab / baab*.

[4] Jorge de Sena, Prefácio, in *Poesia I*, Lisboa: Moraes Editores, 1961, p. 12.

[5] Jorge de Sena emprega o vocábulo inúmeras vezes, ao estudar o soneto quinhentista na sua obra *Os sonetos de Camões e o soneto quinhentista peninsular*, 2ª ed. Lisboa: Edições 70, 1980. Nesse estudo rigoroso sobre o soneto camoniano e o soneto quinhentista português e espanhol, Sena desenha quadros comparativos e, a partir dos esquemas rímicos dos tercetos de sonetos de Petrarca, aponta as variações nos esquemas de rimas dos sonetos de poetas como Ariosto, Camões, Sá de Miranda, Boscán, Garcilaso, dentre outros (cf., por exemplo, p. 168-169).

13 sonetos italianos, com os seguintes esquemas de rimas:
I: *abba baab cce dde*
II: *abab abab cce dde*
VII: *abbc abcb def def*
VIII: *abba acca ded fef*
IX: *abbc abbc def def*
X: *abab bccb dde ffe*
XI: *abba abba cde cde*
XII: *abba acca dee ffd*
XIII: *abab abba ccd eed*
XIV: *abab cdcd ded fef*
XVII: *abba cddc efg efg*
XIX: *rimas toantes (ou assonantes) nos versos 2, 4, 6 e 13 ("rios"/ "unido"/ "dia" / "rindo") e rima soante nos versos 12 e 14 ("cai"/ "regressai")*
XX: *abcb ddbc efg ehg*

4 sonetos ingleses (III a VI)
III: *abba abba cddc ee*
IV: *abab cdcd eeee ff*
V: *abab abab cddc ee*
VI: *abbc abbc deed ff*

4 sonetos com os seguintes esquemas estróficos e rimáticos:
XV: 4+4+2+4 *abab acac dd efef*
XVI: 4+4+6 *abba acca ddeeff*
XVIII: 3+3+3+3+2 *aba bcb cdc ded ee*
XXI: 5+5+4 *abaab cdccd efef*

Em todos eles, o verso é o tradicional decassílabo – importa notar, ainda que não se vá avançar nesse tópico aqui.

Numa vista d'olhos para a transcrição da estrutura desses 21 sonetos já se pode observar o conhecimento sobre a e o domínio da forma soneto de Jorge de Sena. Em dois dos quatro sonetos ingleses, por exemplo, o poeta utiliza o esquema *cddc ee* (o qual é espelhado no soneto VI: *deed ff*), típico do soneto inglês de Sir Thomas Wyatt, que, entretanto, é tido como introdutor do soneto petrarquiano na Inglaterra. O esquema tradicional inglês é *efef gg*. No soneto IV, Sena inova totalmente ao compor segundo o esquema *eeee ff*, no qual algumas rimas (embora pobres) são potencializadas por rimarem também internamente:

Da solidão que dais e que roubais,
do vácuo que levais e que deixais,
do pavoroso nada que imitais
quando cobris dos ouropéis legais

o horror de estardes sós em companhia –
o mal que sois em mim se refugia.[6]

Com relação ao soneto XVIII, a observação de seu esquema de rimas levará o leitor atento a perceber o diálogo que ele estabelece com um modelo estrófico comum às cantigas de amigo, ao qual se dá o nome de *Cobras singulares* – isto é: estrofes com séries de rimas diferentes, mas que mantêm o mesmo padrão rimático no decorrer da cantiga.

Os 13 sonetos petrarquianos de *Evidências* (Poema em 21 sonetos) apresentam dez esquemas de rimas diferentes. Trata-se de variação muito considerável, sobretudo se se atentar para o fato de que Petrarca, no seu *Canzoniere*, usou sete esquemas de rimas diferentes para um total de 312 sonetos e de que em 73% deles repetem-se os modelos *cde cde* e *cdc dcd*[7]. Naqueles 13 sonetos, Sena emprega uma única vez o esquema *cde cde* – utilizado em 38% dos sonetos de Petrarca – e o faz no soneto XI, o mais tradicional do ponto de vista do esquema rímico (*abba abba cde cde*). E, no extremo oposto da tradição, aparece o soneto XIX, predominantemente composto por versos brancos, com exceção dos 2, 4, 6 e 13, nos quais há rimas toantes (ou assonantes: "rios"/"unido"/"dia"/"rindo") e dos versos 12 e 14, que formam um par de rima soante ("cai"/"regressai"), como já indicado acima.

É preciso destacar, ainda, o soneto XVI, pois sua organização estrófica e rimática – 4+4+6 e *abba acca ddeeff* – remonta ao soneto italiano do século XIII. Segundo Bermann,[8] a característica marcante do soneto na Itália do século XIII era a assimetria das repetições: uma oitava, com um padrão de rimas, seguida de uma sextilha, com

---

[6] Jorge de Sena, op. cit., p. 166.
[7] Cf Jorge de Sena, *Os sonetos de Camões e o soneto quinhentista peninsular*, pp. 97-99 e 167-170. Nessa obra, Sena afirma que os esquemas de rimas dos tercetos mais recorrentes em Petrarca são: *cde cde; cdc dcd; cde dce* e *cdc cdc*.
[8] Sandra Bermann, *The sonnet over time*, The University of North Carolina Press, 1988, p. 3 ("(...) For instance, from its origins in the thirteenth century, the sonnet has been characterized by the very asymmetry of its repetitions. Unlike the medieval *canso*, whose stanzas repeat one another using the same form and melody, the self-standing sonnet contains first an octave, whose eight lines are based on one pattern of repetition, and then a sestet, with a different rhyme scheme, to create a complex, formally self-conscious pattern. Its interest lies in the difference between lines 8 and 6 or 12 and 2, a specifically sonnetlike difference-within-repetition. Then there are those differences that a poet can instill to express his or her unique lyric vision. (...)").

esquema rímico diferente, de modo a criar um sistema formal mais complexo que poderia ser contraposto às *cansòs* medievais, fundadas na repetição padronizada, estrofe a estrofe. Importa notar que a variação entre 8 + 6 versos e 12 + 2 (versos) era característica naquela época e indica a visão lírica individual (que parece antecipar o *à maniera de*, essencial na poética maneirista).

Pelo que se tem visto até aqui, é hipótese provável a de que esquemas de sonetos senianos reportam ao contexto da *Scuola Siciliana*, onde foram criados a *canzone* e o *sonneto*, na corte de Frederico II, ainda no século XII. Segundo consta, o pequeno som ou pequena canção (soneto) teria sido criado por Giacomo de Lentini (ou Jacopo da Lentini) na tentativa de adaptar para o italiano a *cansò* provençal. A estrutura 8 + 6 derivará no 4 + 4 + 3 + 3, padrão supostamente fixado por Guittone D'Arezzo, no século XIII, mas chamado de soneto petrarquiano a partir dos petrarquistas do século XVI. Diz-se que desde Lentini e até D'Arezzo, o soneto era composto por número de versos e esquema de rimas variáveis. Disso decorre que em alguns estudos de poética e tratados de versificação sejam indicados três tipos distintos de soneto: italiano, inglês e estrambótico (que poderia ter 14 versos + 1, 2 ou 3 adicionais e subsequentes).

Se as *Evidências* de Jorge de Sena já dão a ver essa possibilidade de variação – ainda que no limite dos 14 versos, como sói acontecer no soneto, assim como ocorre também nas obras *Fidelidade* (1958); *Metamorfoses, seguidas de quatro sonetos a Afrodite Anadiómena* (1963) e *Arte da Música* (1968)[9] – no volume *Peregrinatio ad loca infecta*, de 1969, essa variação é expandida, através de "arranjos" estróficos pouco ou nada comuns desde a época moderna, quando o

---

[9] Em *Fidelidade*, são publicados 6 sonetos: 3 ingleses ("O Rei de Tule", "Glosa à chegada do outono" e "Corpo intacto", organizados como 12 + 2, 12 + 2 e 4 + 4 + 4 +2, respectivamente); 1 italiano ("Como de vós", composto por versos brancos e decassílabos) e 2 "variados": "A Morte da ternura, composto por versos livres organizados no arranjo 5 + 4 + 5, e "'Quem a tem'", composto por versos heptassílabos distribuídos em 2 + 6 + 6 estrofes. Esse último soneto, datado de 1956, é uma espécie de soneto inglês invertido, uma vez que o dístico abre o poema, no lugar de encerrá-lo. Pois: esse dístico, aqui, *tem ares* de mote, seja porque os versos "Não hei-de morrer sem saber / qual a cor da liberdade." são repetidos no final do soneto, seja porque as duas estrofes de 6 versos parecem glosas que desenvolvem a ideia dada por ele (o mote). O esquema rímico é inusitado: *ab / acddca / baeeab*. Nos "Quatro sonetos a Afrodite Anadiómena", Sena segue o esquema de rimas definido pelos petrarquistas no século XVI. Assim, a variação decisiva é verificada na sonoridade, muito sugestiva e fundada na não referencialidade dos signos, exatamente como o poeta explicou: "[...] O que eu pretendo é que as palavras deixem de significar semanticamente, para representarem um complexo de imagens suscitadas à consciência liminar pelas associações sonoras que as compõem. [...]" (Cf. Jorge de Sena, "Posfácio – 1963", in *Metamorfoses, seguidas de quatro sonetos a Afrodite Anadiómena. Poesia II*. Lisboa: Círculo de Poesia, Moraes Editores, 1978, p. 164. Os dois versos citados acima estão nas páginas 44-45 de *Poesia II*).

soneto se tornou composição muito cara no Classicismo. Nessa obra, composta por quatro seções – Portugal (1950-1959); Brasil (1959-1965); Estados Unidos (1965-1969) e Notas de um regresso à Europa (1968-1969) – há sonetos apenas nas seções alusivas aos períodos em que Jorge de Sena esteve nas Américas: são 27 no Brasil e outros 3 nos EUA. Desses 30 sonetos:

13 (incluídos os 3 da seção EUA) seguem o esquema estrófico 4 + 4 + 3 + 3;
7 ("From Whom the Bell Tolls") compõem-se de 14 versos sequenciais, agrupados em uma única estrofe;
7 ("Glosa de Guido Cavalcanti" e sonetos I a VI de "Sete sonetos da visão perpétua") seguem o esquema 4 + 4 + 3 + 3 + 1;
1 (soneto VII de "Sete sonetos da visão perpétua") apresenta esquema 4 + 4 + 3 + 3 + 2;
1 ("Soneto ainda que não") tem esquema 8 + 4 + 2;
1 ("Na transtornância") é organizado segundo o esquema 4 + 4 + 4 + 2.

Portanto, pode-se afirmar que são: 13 sonetos italianos (ou petrarquianos); 1 soneto inglês ("Na transtornância"); 1 soneto inglês *ainda que não* pareça[10] ("Soneto ainda que não"); 7 sonetos ("From Whom the Bell Tolls") que, compostos por 14 versos corridos, apresenta arranjo considerado comum tanto no soneto inglês como no soneto italiano; 8 sonetos estrambóticos ("Glosa de Guido Cavalcanti" e "Sete sonetos da visão perpétua").

E, nesse ponto, é necessário voltar o olhar, mais uma vez, para o século XIII e mencionar outro poeta, além dos já citados anteriormente. Trata-se de Guido Cavalcanti (1255-1300), cuja figura poética importa não somente por aquele soneto de Jorge de Sena ao qual dão nome o poeta italiano e uma forma de composição quinhentista, mas também pelo diálogo eminente entre os dois. Assim como Giacomo da Lentini, Guittone D'Arezzo, Cino da Pistoia, dentre outros, Guido Cavalcanti tem sido obliterado pela crítica, recorrentemente voltada para os grandes nomes canônicos, Dante e Petrarca – ainda que Dante Alighieri o tenha citado na *Divina comédia* e no célebre soneto IX de suas *Rimes*.[11] O próprio Jorge de Sena,

---

[10] Sobre esse tema sugere-se a leitura do verbete de: Annie Gisele Fernandes, "Soneto ainda que não", *Metamorfoses*, Edição do centenário de Jorge de Sena (org. Gilda Santos), Cátedra Jorge de Sena / UFRJ, p. 124-125, 2019.

[11] "Guido, i' vorrei che tu e Lapo ed io / fossimo presi per incantamento, / e messi in un vasel ch'ad ogni vento / per mare andasse al voler vostro e mio, // sì che fortuna od altro tempo rio / non ci potesse dare impedimento, / anzi, vivendo sempre in un talento, / di stare insieme crescesse 'l disio. // E monna Vanna e monna Lagia poi / con quella ch'è sul numer de le trenta / con noi ponesse il buono incantatore: // e quivi ragionar sempre d'amore, / e ciascuna di lor fosse contenta, / sì come i' credo che saremmo noi." (Disponível em: <http://www.pubblicascuola.it/Pagine/G17.html>, acesso em: 5 nov. 2019).

ao organizar o volume que intitulou *Poesia de 26 séculos – de Arquíloco a Nietzche*, não inclui nenhum desses, com exceção de Cino de Pistoia.[12] Contudo, como se explica a seguir, a hipótese do diálogo mantém-se.

No livro *Rime* de Guido Cavalcanti,[13] as mais de quatro dezenas de sonetos são transcritas de modo a indicar o esquema estrófico 4 + 4 + 3 + 3, ao passo que em *The sonnets and ballate of Guido Cavalcanti*[14] os 35 sonetos ali publicados têm os seus 14 versos transcritos em sequência, havendo um recuo à esquerda dos versos 1, 5, 9 e 12, o que assinalaria o arranjo 4 + 4 + 3 + 3. Curioso é que nessa edição, traduzida para o inglês por Ezra Pound, haja uma mudança no arranjo das estrofes na tradução – contexto em que 27 sonetos seguem o padrão do século xiii, com o esquema estrófico 8 + 6; 3 sonetos tem esquema 4 + 4 + 3 + 3; 3 sonetos organizam-se em 4 + 4 + 6 e outros 2 seguem o esquema 8 + 2 + 4 e 8 + 3 + 3. Considerando essas duas obras de Guido e as obras de Sena citadas até aqui, é no esquema rímico que se pode ver o diálogo entre Sena e Guido, uma vez que este emprega método variado de organização de rimas – desde os esquemas que serão recorrentes em Petrarca até os que ficaram esquecidos ou são incomuns (p.ex. abba, abba, cde, edc; abba, abba, cdc, cdd; abbb, baaa, cdd, dcc).

Com relação à glosa, note-se que esse tipo de composição desponta nos Cancioneiros peninsulares e organizam-se em 2, 3 ou 4 estrofes, as voltas, que podem ter 7 versos (vilancete) ou 8 a 10 versos (cantigas) e desenvolvem o mote, alheio ou do próprio poeta. Ainda que as voltas *glosem* o mote, o que indica alguma repetição – de verso(s) inteiro(s) e, consequentemente, do argumento / mote – a glosa mantém estrutura retórico-argumentativa e o tema é apresentado num crescendo,

---

[12] Do fim da Idade Média e da Renascença, Jorge de Sena inclui composições de Cino de Pistoia, Francesco Petrarca e Giacomo Leopardi. Os outros 11 poetas italianos são de épocas posteriores. Desses 14 poetas, são reunidos 30 poemas na antologia acima referida (Cf. Gilda Santos, "Peregrinatio ad loca italica", apud Jorge de Sena, *Estudos italianos em Portugal*, Nova Série, Instituto Italiano de Cultura de Lisboa, Imprensa da Universidade de Coimbra, número 3, p. 95, 2008. Disponível em: <https://digitalis-dsp.uc.pt/bitstream/10316.2/42611/1/Peregrinatio_ad_loca_italica.pdf> acesso em: 5 nov. 2019). No mesmo texto e página citados, Gilda Santos afirma que "é amplíssimo o conhecimento que Sena revela da poesia em italiano, ratificado quando muitos desses nomes [de poetas italianos] reaparecem em epígrafes de livros seus ou em referências, aqui e ali espalhadas por sua obra de criação (o que seria impossível neste espaço rastrear)".
[13] Guido Cavalcanti, *Rime*, revisão de texto e comentários de Roberto Rea e Giorgio Inglese, introdução de Roberto Rea, 5. ed., Roma: Carocci Editore, 2016.
[14] Guido Cavalcanti, *The sonnets and ballate of Guido Cavalcanti*, tradução e introdução por Ezra Pound, Boston: Small Baynard and Company, 1912. Disponível em: <https://archive.org/details/sonnetsandballa00cavagoog/page/n8>, acesso em: 4 nov. 2019.

o que significa que a cada volta, embora se repita algum verso, o tema é ampliado, como se pode notar especialmente nas glosas do *Siglo de oiro*.[15]

O soneto "Glosa a Guido Cavalcanti" (1961) apresenta outra possibilidade de diálogo entre Guido e Sena, como se demonstrará a seguir. Leia-se o poema:

Glosa de Guido Cavalcanti
"Perch'l' no spero di tornar giammai"

Porque não espero de jamais voltar
à terra em que nasci; porque não espero,
ainda que volte, de encontrá-la pronta
a conhecer-me como agora sei

que eu a conheço; porque não espero
sofrer saudades, ou perder a conta
dos dias que vivi sem a lembrar;
porque não espero nada, e morrerei

no exílio sempre, mas fiel ao mundo,
já que de outro nenhum morro exilado;
porque não espero, do meu poço fundo,

olhar o céu e ver mais que azulado
esse ar que ainda respiro, esse ar imundo
por quantos que me ignoram respirado;

porque não espero, espero contentado.[16]

Como já dito antes, trata-se de um soneto estrambótico (4 + 4 + 3 + 3 + 1), ainda que o título o nomeie como uma Glosa. O poeta italiano do *duecento* é evocado no título – que parece querer subverter o tipo de composição e o seu autor: a "Glosa de Guido Cavalcanti" é um *soneto* composto *por* Jorge de Sena – bem como na epígrafe apensa à peça: "Perch'l' no spero di tornar giammai" é o primeiro verso

---

[15] Cf. Ana Isabel Morais, s.v. "Glosa", *E-Dicionário de termos literários* (EDTL), coord. de Carlos Ceia, 2009. Disponível em: <http://edtl.fcsh.unl.pt/encyclopedia/glosa/>, acesso em: 5 nov. 2019). Até a data de 1969, Jorge de Sena publicou, em livro, três sonetos intitulados de glosa: "Glosa à chegada do inverno", integrado a *Pedra filosofal* (1950); "Glosa à chegada do outono" (1958), incluído em *Fidelidade*; "Glosa à Guido Cavalcanti".
[16] Jorge de Sena, *Peregrinatio ad loca infecta*, Lisboa: Portugália Editora, 1969, p. 60-61.

da *Ballata mezzana* "Perch'I' no spero di tornar giammai", de Guido Cavalcanti, e da qual se lê, a seguir, a primeira estrofe:

> Perch'I' no spero di tornar giammai,
> ballatetta, in Toscana,
> vá tu, leggera e piana,
> dritt'a la donna mia,
> che per sua cortesia
> ti fará molto onore.[17]

Nessa composição de 46 versos, Cavalcanti apresenta um eu-lírico que lamenta a impossibilidade de retornar à Toscana e envia essa balada para a mulher amada que, dama da corte, a receberá com honra e gentileza. Trata-se do tema do poeta exilado, impedido de regressar à casa – que é o ponto comum entre essa composição e aquela de Sena e, nesse sentido, a "glosa" é, de fato, de Guido Cavalcanti, que é quem dá a Sena o mote "Porque não espero", repetido seis vezes ao longo daqueles 15 versos.

No seu soneto, Jorge de Sena traduz a epígrafe já no primeiro verso e retoma parte dela em todas as estrofes subsequentes (à exceção do segundo terceto), nos versos 2, 5, 8, 11 e 15. Assim, "porque não espero" torna-se o *mote glosado*, repetido no começo, meio e fim do poema e a partir do qual são apresentadas conjunturas explicativas: "jamais voltar / à terra em que nasci" (v. 1-2); "encontrá-la pronta / a conhecer-me" (v. 3-4); "sofrer saudades, ou perder a conta / dos dias que vivi sem a lembrar" (v. 6-7); "do meu poço fundo, // olhar o céu e ver mais que azulado" (v. 11-12). Tal explicação retórica, construída verso a verso é seguida de duas possíveis respostas: uma, na passagem do segundo quarteto para o primeiro terceto, na qual se lê "porque não espero nada, e morrerei // no exílio sempre, mas fiel ao mundo"; outra, no verso 15, o *extravagante*: "porque não espero, espero contentado". Assim, tem-se a síntese dialética ("hegeliano-marxista", como já disse José Fazenda Lourenço):[18] como o eu poético não espera nada (v. 8), espera tranquilo e satisfeito (v. 15); como sabe que morrerá no exílio, não espera regressar à pátria, pois, tendo ao mundo fidelidade que a pátria não lhe tem, "de nenhum outro [mundo] morr[e] exilado" (v. 8 a 11).

---

[17] Cf. Guido Cavalcanti, *Rime*, p. 195.
[18] Cf. Jorge de Sena Fragmentos, in *A Phala, cem anos de poesia portuguesa*, Lisboa: Assírio & Alvim, 1997, p. 75.

É de notar, no primeiro verso do primeiro terceto, a adversativa "mas", seguindo, em certo sentido, o modelo dito petrarquiano do século XVI, posto que abriria um contraponto em relação ao dito nos quartetos. Contudo, ela não aparece no início do verso, começado em *enjambement* com o verso (e estrofe) anterior, mas exatamente no meio dele, dividindo o verso em duas partes iguais, quer do ponto de vista sintático, quer da perspectiva da metrificação. Essa modulação sintático-sonora é também uma modulação discursivo-reflexiva na lógica cartesiana com que Jorge de Sena constrói sua argumentação: se era esperado que a sua condição de exilado o fragilizasse e o fizesse cantar a saudade e a projeção do regresso, o que se vê é a argumentação em torno do "porque não espero" retornar à pátria; se a sua pátria de origem não lhe "dá a mínima", ele a deixa "batendo os sapatos" e reiterando a sua condição cosmopolita e a sua fidelidade ao lugar que o acolheu: "porque não espero nada, e morrerei // no exílio sempre, mas fiel ao mundo," (v. 8-9). Assim, o "mas" no primeiro terceto é menos a apresentação do contraponto ao que ficou dito nos quartetos do que a provável oração principal a que estão subordinados os explicativos "porque não espero" que a antecederam – em síntese: *porque não espero regressar à pátria, encontrá-la pronta, sofrer saudades, morrerei no exílio, fiel ao mundo*. Parece ser retomada aqui a ideia da inteireza no mundo, apontada antes, no início desse texto, o que pode sugerir, senão corroborar, a coerência temática desse eloquente poeta.

É de notar, ainda, a quantidade de *enjambements* empregados nesse soneto, não somente em versos de uma mesma estrofe, mas também em versos que encerram uma estrofe e versos que abrem a seguinte. De fato, não há *enjambement* apenas entre os versos 7 e 8, 10 e 11, e 14 e 15. Esse recurso, junto com o esquema de rimas incomum nos quartetos (*abdc / bcad*), deixa a sonoridade menos incisiva, ainda que os versos do soneto "Glosa de Guido Cavalcanti" sejam todos decassílabos (tradicionalmente usado no soneto em língua portuguesa). O leitor é sempre forçado ao exercício logopaico. Desse modo, as opções estético-formais que poderiam parecer espontaneidade e desregramento no soneto seniano, se perspectivadas em relação aos sonetos quinhentistas, sejam os de Petrarca, sejam os de Shakespeare, sejam os de Wyatt, são, na verdade, regramento,[19] se consideradas contra o pano de fundo dos modelos originais do *Duecento*, dos quais derivaram o arranjo petrarquiano e

---

[19] Sobre a espontaneidade e o regramento, note-se que Jorge de Sena muitas vezes tratou do "domínio, [da] disciplina, [da] orientação exercidas sobre o [seu] espírito a todas as horas, como uma preparação constante, implacável, humilde e atenta daquele momento em que o poema aparece" (Cf. "Intelectualismo" [1959], *O reino da estupidez*, I [1961], Lisboa: Edições 70, 1984, p. 50).

o shakespeariano. A diferença está no fato de que os sonetos de Guido Cavalcanti seguiam a lógica escolástica.

Vê-se, assim, a importância do poeta italiano para Jorge de Sena – relevância que excede a sua citação em epígrafe, a qual, além de ser intertexto, também evidencia o cânone pessoal do poeta que a emprega. Nesse soneto, a epígrafe, vinda de um poema de Guido Cavalcanti, dá a ver um tema, o exílio e o seu testemunho, que a fortuna crítica seniana recorrentemente destaca em suas composições. Porém, mais do que isso, a "epígrafe, continuando a sinalizar um horizonte de sentido, ou a criar uma expectativa de leitura, desencadeia, ou explicita, os processos da glosa e da alusão"[20] e faz o leitor atentar para a estrutura formal, narrativa, lírica do soneto muito além dos modelos quinhentistas e buscar em Guido Cavalcanti e no *Duecento* a referência para o estudo dos incomuns sonetos senianos.

Se o *strambotto* foi o nome dado, na *Scuola Siciliana*, ao soneto extravagante, irregular, como já dito, essa suposta irregularidade pode ser verificada também no esquema rímico da "Glosa de Guido Cavalcanti": *abcd / bcad / efe / fef / f*. Ao passo que as rimas dos tercetos são uma variante do segundo arranjo mais comum no modelo italiano, petrarquiano (cdc / dcd), as rimas das quadras são completamente inusitadas, do ponto de vista do olhar conformado pelo modelo estabelecido a partir do século XVI. Contudo, aquele arranjo das rimas nos quartetos já era aceito na conjuntura do *duecento* italiano e configurava maneira pessoalíssima de compor. Esse esquema de rimas no soneto de Jorge de Sena parece favorecer, como dito acima, o deslocamento da musicalidade para segundo plano, de modo a deixar em primeiro plano os *enjambements* – que são sucessivos, do verso 1 ao 7; do verso 8 ao 10; do verso 11 ao 14 – e, assim, ressaltar a argumentação, que segue o *cogito* cartesiano. Guido Cavalcanti seguiu a retórica escolástica, ciente de que o soneto "surg[e] em um momento em que as regras de versificação estavam sujeitas às regras de retórica e os padrões fônicos e musicais aceitos eram considerados tão essenciais para a expressão poética como os seus temas consagrados".[21] Disso decorre a constatação de que o soneto foi uma forma poética inventada, e não de origem

---

[20] Jorge Fazenda Lourenço, *A poesia de Jorge de Sena. Testemunho, metamorfose, peregrinação*, Lisboa: Guerra & Paz, 2010, p. 385. Segundo Lourenço, "na glosa a epígrafe é geralmente traduzida (se em língua estrangeira), objeto de repetição no poema, e quase sempre logo no primeiro verso, como em 'Purificação da unidade' ou 'Glosa de Guido Cavalcanti'". Contudo, Sena não a traduz no poema em tela.

[21] "The earliest sonnets were born with the burgeoning literature in the vernacular (...) Arising at a time when rules of versification were bound by rules of rhetoric, and accepted fonic and even musical patterns were deemed as essential to poetic expression as its consecrated themes, the sonnet appears to have been an invented and artistic rather than popular form. It was created by Giacomo da Lentino (...)". (Sandra Bermann, op. cit., p. 13).

popular (como se poderia pensar por ter surgido no contexto do aparecimento das literaturas vernáculas).

E, ainda: se na glosa, a cada volta, o tema é ampliado, isso também ocorre na composição em análise, pois, como se viu, a cada "porque não espero", o poeta lança um novo argumento explicativo e duas possíveis respostas. Com isso, essa composição, considerada quer como soneto estrambótico, quer como Glosa, como indica o título, reitera o *cogito*. Se o lema de Descartes é *cogito ergo sum* (penso logo existo), esse poema de Sena mostra que o exercício se dá em via de mão dupla: "penso, portanto sou"; "sou, portanto penso" e faz o leitor atentar para um eu poético que conhece, muito bem, a si mesmo e a sua terra, a ponto de analisar detidamente porque, como Guido, não espera jamais voltar à pátria. Esse exercício poético, artístico, analítico evidente na "Glosa de Guido Cavalcanti" – e em outros tantos sonetos que Jorge de Sena escreveu – leva o leitor a constatar que ele recusa o lugar-comum, tanto dos modelos de composição, quanto o dos temas; leva o leitor a "pasmar sereno" diante de um "conhece-te a ti mesmo" carregado de desencanto ("porque não espero, espero contentado"):

Tudo está feito, tudo está escrito,
tudo está murado, e bem, com alicerces nos nossos próprios defeitos
– é só ouvir,
é só ler,
é só pasmar sereno,
é só ficar.[22]

Annie Gisele Fernandes tem pós-doutorados pela Universidade de São Paulo (USP), Universidade Nova de Lisboa e Universidade de Lisboa. Professora Associada da Faculdade de Filosofia, Letras e Ciências Humanas da USP e Livre-Docente em Literatura Portuguesa pela USP. É líder do grupo de pesquisa Poéticas e escritas da modernidade (Poem) e coordena o Laboratório de Estudos de Poéticas e Ética na Modernidade (Lepem). Mantém publicação regular, no Brasil e no exterior, em revistas e periódicos da área, em dicionário e em livros.

---

[22] Jorge de Sena, "Declaração", *Perseguição* (1942), in *Poesia I*, Lisboa: Moraes Editores, 1961, p. 59.

Pensar a experiência contemporânea: o contributo de Maquiavel e outros estudos de Jorge de Sena

• António Pedro Pita •

Descrição da obra

Maquiavel e outros estudos[1] reúne nove textos de âmbito desigual, quer na dimensão material quer no âmbito histórico-cultural e no fôlego erudito.

A obra assenta em duas traves mestras: os estudos intitulados "Maquivel e *O príncipe*" e "Marx e *O capital*".[2] Sena tornou a obra um singular ambiente teórico ao convocar, para a relação com estes dois estudos, dois artigos exclusivamente consagrados a Shakespeare, um dedicado a "Miguel Ângelo, Shakespeare e Galileu" e uma reflexão sobre o problema da sinceridade, a propósito das *Confissões* de Jean-Jacques Rousseau. Acrescentando-lhes outros três, que constituem *variações* (na acepção musical) do conceito de *situação*, mediadas pelo tema da morte em Chestov e pela obra e personalidade de André Malraux, com especial foco no romance *A condição humana*.

---

[1] Jorge de Sena, *Maquiavel e outros estudos*, Porto: Livraria Paisagem, Editora, 1974. A 2ª edição, intitula-se *Maquiavel, Marx e outros estudos*, Lisboa: Livros Cotovia, 1991. No texto que segue, a indicação das páginas no corpo do texto reporta-se sempre à 1ª edição.
[2] Os estudos "Maquivel e *O príncipe*" e "Marx e *O capital*" foram públicos em José Paulo Paes (org.), *Livros que abalaram o mundo*, São Paulo: Cultrix, 1963.

Cronologicamente, o texto (em rigor, um prefácio) sobre *A condição humana* é o mais antigo (1956-1958). Com ele, relaciona-se a reflexão sobre Chestov – destinando-se ambos a introduzir ou problematizar traduções suas.[3]

Os textos que constituem o eixo temático da obra são de 1963 e 1964. O prefácio a *Confissões* é o mais recente: 1968.

Contexto da obra

Esta descrição rápida requer ainda uma contextualização, igualmente breve.

Os textos marcam uma década (1956-1958 a 1968) do percurso biográfico de Sena particularmente produtiva e acidentada.

Acidentada: Jorge de Sena exilou-se voluntariamente no Brasil em 1959, num período de profundas transformações políticas, sociais e culturais, em Portugal, de que o rasto da campanha eleitoral de Humberto Delgado e o início da guerra colonial, o surto emigratório e o início das movimentações estudantis, a desagregação neorrealista e a reconfiguração do espaço literário-cultural são algumas expressões inequívocas. No Brasil, vinculou-se à Faculdade de Filosofia, Ciências e Letras de Assis (São Paulo). Em 1963, obteve cidadania brasileira. Em 1964, prestou provas de doutoramento em Letras e de livre-docência em Literatura Portuguesa na Faculdade de Ciências e Letras de Araraquara, com a tese *Os sonetos de Camões e o soneto quinhentista peninsular* (editada em 1969). Na sequência do golpe militar de 1964, transferiu-se para a Universidade de Wisconsin, onde se tornou catedrático em 1967.

Ao mesmo tempo, foi uma década especialmente produtiva. Depois de publicar, em 1958, a terceira série de *Líricas portuguesas* (que, com a significativa primeira parte, constitui uma ordenação singularmente atenta da poesia portuguesa da primeira metade do século XX), Jorge de Sena organizou (em *Poesia I*, 1942-1961) e consolidou (com *Metamorfoses*, 1963; *Arte de música*, 1968; *Peregrinatio ad loca infecta*, 1969) a relevância da sua própria obra poética, sistematizou a intervenção crítico-ensaística dispersa (*Da poesia portuguesa*, 1959; "O poeta é um fingidor"; e *O reino da estupidez*, 1961), impôs-se como estudioso

---

[3] Independentemente das motivações imediatas, é necessário reafirmar a importância do trabalho de Jorge de Sena como tradutor. Entre *O fim da aventura*, de Graham Greene (1953), e *Jornada para a noite*, de Eugene O'Neill (1992), encontram-se versões (normalmente prefaciadas) de *Fiesta* e *O velho e o mar*, de Ernest Hemingway (1954, 1956), e *Palmeiras bravas*, de William Faulkner (1961). Sem esquecer os dois volumes de *Poesia de 26 séculos* (1971, 1972) e *90 e mais quatro poemas de Constantino Cavafy* (1970).

erudito (os monumentais *Estudos de história e de cultura*, v. I, 1967) e renovou os estudos camonianos (com o já referido *Os sonetos de Camões e o soneto quinhentista peninsular*, 1969).

Maquiavel e outros estudos foi obra anunciada em 1973. O prefácio, que nada fica a dever à fama dos seus prefácios, está datado de maio de 1973. Para que nada falte, a edição iminente foi referida numa das não menos retumbantes entrevistas, concedida a Baptista-Bastos e publicada no *Diário Popular/Quinta Feira à Tarde*, em 9 de julho de 1973. Aí afirma: "Os leitores encontrarão nestes estudos sobeja matéria de meditação não só sobre [as personalidades estudadas] como sobre o autor dos estudos, no que respeita a equívocos maliciosamente mantidos a meu respeito."

Editado em maio de 1974, em pleno turbilhão revolucionário, o livro teve a sorte antecipada por Eduardo Lourenço, quando acusou a receção da obra: "Pelos tempos que correm o teu *Maquiavel* não encontrará muita gente disponível, com o País mergulhado nos jornais e na televisão de manhã à noite." Com este sublinhado: "Mas poucas meditações lhe deveriam ser mais úteis para o subtrair a esta nova forma de alienação, por outro lado bem justificado pelo longo jejum político de onde todos saímos."[4]

Na mesma carta – aliás, um cartão de Boas Festas situado pela organizadora em janeiro de 1975 – Eduardo Lourenço refere ter escrito sobre a obra: "Não é uma 'crítica' em nenhum dos sentidos do termo. Apenas um convite para que o leiam e meditem em tua áspera e rara companhia."[5]

Sob o título "O último Sena", é um comentário sinteticamente compreensivo do olhar histórico-cultural de Jorge de Sena. Escreve Lourenço: "A vertigem culturalista para que Jorge de Sena convida em permanência os seus leitores (...) não é a expressão de um pedantismo gigantesco, mas uma das mais extraordinárias aventuras do espírito de que a cultura portuguesa se pode orgulhar. A Cultura não é na sua perspetiva o tesouro avaramente glosado ou contemplado, mas o lugar por excelência em que os homens se experimentam como intrinsecamente vulneráveis e nesse sentimento de vulnerabilidade colhem a frágil mas insubstituível flor da sua dignidade." E embora reconheça a riqueza ("de notória finalidade informativa") dos estudos sobre Maquiavel e Marx, destaca as "páginas memoráveis consagradas a Shakespeare e a Rousseau", sobretudo estas últimas:

---

[4] Mécia de Sena (org.), *Eduardo Lourenço/Jorge de Sena, Correspondência*, Lisboa: Imprensa Nacional-Casa da Moeda, 1991, p. 96.
[5] Idem.

têm a ampla expressividade de quem "escrevendo na pele dos outros sempre se escreveu".

Sena respondeu, logo em 18 de janeiro de 1975: "Não creio que me leiam, como dizes. Os maoístas, a quem o meu Marx poderia dizer algumas coisas, consideram-me o burguês que nunca fui. Para os comunistas, não sou um deles e acabou-se. (...) O mais curioso é que eu escrevi aqueles ensaios [Sena refere sobretudo o ensaio sobre Marx] há dez anos, quando estruturalismo ainda não tinha começado a ser dessas França em que vives... e o Althusser ainda não tinha começado."[6]

Temas fundamentais

O prefácio é explícito: são estudos de "história das ideias e da cultura".[7] O fio que os torna um conjunto coerente é a noção que "nenhuma obra literária pode ser estudada, compreendida ou simplesmente admirada fora do seu contexto histórico".[8] Vivem da "lúcida consciência de que, como dizia Dilthey, o homem não tem natureza mas História; e (...) que como tal não existe nem se define senão em situação".[9]

Os textos não se querem introduções ou apresentações em qualquer modalidade de "divulgação".[10] São *interpretações*, o que significa que põem em relação ativa as personalidades estudadas e a personalidade que as estuda ("dialética histórica entre o tempo deles e o nosso"),[11] sendo que "o autor nunca cedeu a acasos ou solicitações que não estivessem profundamente afinadas com as suas preferências ou convicções fundamentais, ou não fossem uma oportunidade para as discutir ou defender".[12]

De que "afinação", de que "afinidades" se trata neste livro?

Lida na sua globalidade e entendido cada estudo como capítulo de um macrotexto, a obra pretende pensar e interpretar alguns nexos históricos fundamentais que conferem legibilidade, unidade e sentido à cultura europeia entre o século XV e o século XX.

---

[6] Ibid., p. 97.
[7] Jorge de Sena, *Maquiavel e outros estudos*, p. 9.
[8] Ibid., p. 88.
[9] Ibid., p. 123.
[10] Ibid., p. 10.
[11] Idem.
[12] Ibid., p. 11.

O primeiro desses nexos, estudado *através* de Maquivel, é a autonomização do pensamento e da prática "política", no sentido preciso de "organização das sociedades humanas". Só por equívoco o interesse de Jorge de Sena pelo filósofo florentino pode surpreender. Na sua obra, Sena lê "uma chave para a compreensão dos séculos XVI e XVII europeus, dos quais a nossa vida tão diretamente continua a depender na história e na cultura"[13] e nos quais, acrescente-se, a pesquisa histórico-cultural de Sena mergulhou extensamente.

Num plano antropológico, que ressoa na sua teorização, Maquiavel retira todas as conclusões da condição do "homem reduzido à sua *virtú*",[14] "redução que restitui o homem à sua dignidade responsável"[15] e lhe retira "a desculpa de atribuir-se o direito de ser monstruoso à escala divina".[16]

A contingência desta situação é um elemento que Jorge de Sena incorpora na sua própria atitude e no seu pensamento: "fidelidade à natureza sempre mutável do real, uma fidelidade que se não compadece de obediência a nada que, por via transcendente, se sobreponha à atenção sempre expectante que a realidade exige para ser plenamente humana",[17] uma libertação da "nossa herança milenária de escravos do além de nós mesmos".[18]

Em relação com o problema da contingência, encontra-se a questão do devir histórico: já não é no plano da transcendência que residem os fundamentos (ontológicos, antropológicos, morais), mas sim no plano de uma transcendência histórica em que as individualidades se superam em comunidades, sendo essa superação por sua vez o resultado de mediações incessantes entre o passado e o presente.

Assinalar a historicidade (quero dizer: as vinculações às circunstâncias epocais) de grandes obras ou de grandes figuras não é, pois, diminuí-las mas justamente assinalar como elas foram capazes de concentrar essas circunstâncias e de as tornar condição e pressuposto para novidades por-vir, as quais vão ampliar, aprofundar e enriquecer o *continuum* abismal e abissal que é a história humana. As grandes obras de arte o que fazem é corresponder – produzindo formas adequadas – "aos sentimentos e às concepções profundas e instintivas de uma

---

[13] Idem.
[14] Ibid., p. 50 (cf. também p. 46).
[15] Ibid., p. 50.
[16] Idem.
[17] Ibid., p. 46.
[18] Ibid., p. 50.

humanidade que ainda mal saiu da noite da pré-história, aterrada com o seu poder e com a sua liberdade".[19]

O eco marxiano que ressoa na frase – que poderia ampliar-se através de um passo do prefácio, em que Jorge de Sena explicita que o pensamento de Marx "é o substrato filosófico da poesia e da crítica que o autor tem publicado"[20] – não deve sobrepor-se nem às coordenadas de um fundamentado e sistemático pensamento da arte, largamente explicitado, em graus diferentes de extensão e de coerência, nos textos reunidos em *Dialécticas da literatura* (1973),[21] nem às condições de inteligibilidade histórica do pensamento científico.

Em 1964, os terceiros centenários dos nascimentos de Shakespeare e de Galileu e da morte de Miguel Ângelo constituem a oportunidade para traçar um quadro geral das "três dádivas" de que "se fez o melhor da consciência do nosso tempo", a saber, "a dignidade do homem em face de si mesmo", "a agonia existencial" e a confiança na ciência como a grande libertadora.[22]

Estamos, assim, perante uma noção historicista da cultura, entendida (a cultura) como o processo progressivo da emergência (ou libertação) da "condição humana", que é a do animal perdido numa natureza e numa sociedade que o regem e de escolha entre dominá-las ou ser dominada por elas.[23]

Percebe-se que a esta história da cultura subjaz uma filosofia da cultura de extração hegeliano-marxista: "a cultura não progride em linha reta mas em progressões e regressões de que se cria a tensão dialética em relação ao futuro, que possibilitará, em arte, a exploração de novas formas e de diversos aspetos da realidade" (entrevista ao *Diário Popular*).

Historicidade da obra

Façamos o exercício de referir uma já citada afirmação – "nenhuma obra literária pode ser entendida, compreendida ou simplesmente admirada fora do seu contexto histórico" – à obra de Jorge de Sena.

Encontramos um marxista que valoriza, na obra de Marx, a "exposição metodológica, *aberta* ao enriquecimento constante dos factos e da reflexão sobre eles; e, sem uma compreensão do que chamaríamos, em especulação filosófica, forma

---

[19] Ibid., p. 76.
[20] Ibid., p. 13.
[21] Valeria a pena aprofundar a hipótese de esta obra constituir a dimensão estético-literária do que *Maquiavel e outros estudos* será a vertente histórico-cultural.
[22] Jorge Sena, op. cit., p. 67.
[23] Ibid., p. 172.

aberta, não é possível distinguir entre o caráter sempre disponível do pensamento de Marx, que se recusa a uma visão sistemática e fechada sobre si mesma, e as circunstâncias da sua vida, que fizeram de *Das Kapital* uma obra inacabada, mas não uma obra inconclusiva".[24]

Por outras palavras, Sena quer libertar o movimento da dialética do determinismo da necessidade. Ou melhor, quer valorizar a "indeterminação" a priori do momento negativo: o "negativo" não é, simplesmente, a reação à positividade mas o elemento (o "par") indissociável do elemento "positivo", sendo que essa indissociabilidade é que é a dialética.

Trata-se de uma peculiar noção de dialética que é preciso analisar mais profundamente porque ela se encontra no centro do pensamento estético de Jorge de Sena, como exuberantemente mostra o *Dialéticas da literatura* e é o instrumento por excelência para conferir à obra de arte um estatuto singular: a grande obra de arte é a expressão (termo recorrente) de – vale a pena repetir um passo já citado – "sentimentos e de concepções profundas e instintivas de uma humanidade que ainda mal saiu da noite da pré-história, aterrada com o seu poder e a sua liberdade".[25]

Hoje, o leitor de Jorge de Sena talvez não permaneça alheio, pelo menos, à interrogação das limitações do culturalismo do *continuum* transhistórico, a que é imanente a lógica emancipatória na infinita dialética entre a consciência individual e a consciência coletiva; nem à deslocação das fronteiras entre o público e o privado. Na sociedade do espetáculo, que é uma sociedade de controle, todo o privado é tendencialmente público e, por isso, o individual e a individualização deixam de constituir argumento de reserva contra as afirmações totalitárias.

O caráter exemplar conferido a *Cartas sobre a educação estética do homem*, de F. Schiller,[26] é expressivo e elucidativo na justa medida em que é um texto fundador de uma sociabilidade burguesa que, mediada pela beleza da Arte, transforma o Estado natural em Estado Moral.

Neste sentido, o "terrível dilema" da "complexidade social do mundo moderno" ("como pode o Estado obrigar os homens a ser livres, sem roubar-lhe a liberdade, e como podem os homens, sem garantia alguma de sanção transcendente, assumir a sua própria liberdade")[27] deve pôr-se em relação com alerta de Adorno e Horkheimer: como os instrumentos da libertação são instrumentos de controle, o processo

---

[24] Ibid., p. 145-146.
[25] Ibid., p. 76.
[26] Cf. "Sobre a ideia de decadência nas artes e nas letras", in Jorge de Sena, *Dialéticas da literatura*, Lisboa: Edições 70, 1973, p. 199.
[27] Jorge de Sena, *Maquiavel e outros estudos*, p. 177.

de emancipação tornou-se um enigma – e, como a felicidade de Jorge se Sena, deve considerar um grande mistério o seu próprio nome.

António Pedro Pita leciona na Faculdade de Letras da Universidade de Coimbra, vinculado ao Centro de Estudos Interdisciplinares do Século XX (Ceis20). É autor de livros como *A experiência estética como experiência do mundo* (1999), *Conflito e unidade no neo-realismo português* (2002) e *O aprendiz do mundo e outros fantasmas* (2007). Entre suas publicações recentes estão "Cândido Portinari entre Mário Pedrosa e Mário Dionísio" in Isa Alves e Gilda Santos, *Relações luso-brasileiras. Imagens e imaginários* (2019); "A 'infância' do neorrealismo português" in Carina Infante do Carmo e Violante F. Magalhães (coord.) *Nova Síntese – Neo-realismo e infância* (2019), e "Novo Cancioneiro: Historicidade de uma polifonia", publicado na Revista do Centro de Estudos Portugueses, Belo Horizonte, v. 37, n. 57, 2017.

O prodigioso físico do físico prodigioso
• Horácio Costa •

Este texto nasce de uma inquirição. Vai além de uma curiosidade, uma deriva leitora. Fica, entretanto, aquém de uma teoria. Possível caminho para alguma hermenêutica. Porque: a) junta retalhos de leituras e memórias de retalhos de leituras ao fio de décadas, tão frequentemente alimentadas enquanto memórias que b) envolvem o meu corpo e um seu incômodo. No duplo sentido em que carrega o mais próprio veículo meu para o texto que, neste âmbito, não apenas inquire mas também implica no envolvimento do corpo que o escreve. Se a pergunta de base em si é, digamos, fria –como se representa o corpo masculino na literatura? –, o mapeamento desse incômodo não o é. Em muitos sentidos, é mais fácil responder essa questão a partir do *porquê* das suas sucessivas representações nos movimentos da historiografia literária. Essa é a memória da leitura enquanto hermenêutica, do inquirir que constrói tipologias, por sua vez taxonomizadas e vinculadas a etapas históricas, sociais, assim por diante. O *como*, sem embargo, nos leva a levantar, enquanto projeção, zona sombreada sobre zona iluminada, a presença do *corpo* do autor no texto que produz. Por isso, desenha-se a possibilidade dessa simbiose que menciono: o rastreio da projeção da fisicalidade autoral, no seu aspecto corpóreo, implica também o meu corpo-leitor; nesse aspecto, a memória dessa perquirição/identificação torna-se também o levantamento da memória do meu corpo no grande, numinoso e numeroso, corpo da língua e seus monumentos. Arranca-me da zona de conforto da leitura desencarnada e a encarna, entre todos os corpos-físicos possíveis, no meu próprio.

Tal é a memória leitora do corpo do autor representado no texto: operação sensível, não o é apenas: é também sensória, mesmo sensual. Fará sentido o que escrevo? Percorre-me a dúvida de se poderei em termos éticos oferecer tais suposições ao leitor – mais exatamente, ao espelhamento do leitor enquanto corpo-leitor. Aqui, é conveniente esclarecer que o alvo deste texto é o leitor/a que entende o seu corpo não apenas a partir da observação e, claro, da sua vivência, mas também *constrói* o seu corpo juntamente com suas leituras. Não vale a pena aqui digressionar sobre o fato autoexplicativo de que, como tudo na existência humana, o corpo é dado tanto quanto é construído. Sempre, e não apenas nesta contemporaneidade, que tem no *body-builder* um de seus mais acabados tipos, e no culto ao gesto iterativo um de seus mais insistentes cacoetes: em nossa era, como dizia o cômico americano Jerry Seinfeld, trata-se de "getting fit in order to get fit" – exercitar-se para... exercitar-se, repetir o movimento repetido para repeti-lo em *motto continuo*. Se esta pesadelesca injunção nos leva ao risco de apagamento da linha de raciocínio que esbocei, a certeza de que a persistência do literário a tudo perfura, posto que transforma o marmóreo de qualquer discurso ou o repetitivo de quaisquer gestos em veios para a sua exploração, pois, talqualmente assiste ela a este texto que se retrai, pulsa, distende-se e se espraia no gozo do compartilhamento da memória que nele se irisa, e propõe agora o momento inicial da descoberta de seu mecanismo. Nele, o corpo do autor está em causa, como molde daquele do leitor, através de sua projeção no espaço literário. Não à imagem do sudário de Turim, que trata de retratar o espírito tornado homem e, inconsutilmente, revela o filho de deus: mas, de maneira mais pedestre, o corpo-corpo. No histórico dessa construção, o grão desse momento tem nome: Camões.

Em sua "Canção II" – "A instabilidade da Fortuna"–, nosso arquipoeta desenvolve um tema caro à poética de sua época, o do desejo insatisfeito devido à indiferença contumaz do objeto de seu amor face aos seus avanços, o que revela, claro está, a pervivência do universo petrarquista. Não obstante esse traço geral, que se insere no discurso amoroso de seu tempo e lhe confere o seu modelo diccional, na referida canção Camões pinça em mitos masculinos da Antiguidade a sua situação de sofrimento físico e psíquico, sua "descent into Hell": o "abismo infernal dos meus tormentos". Tais mitos – por ordem: Tântalo, Íxion, Tício, Sísifo – são unificados em sua variedade pela tópica comum referir-se a castigos a que foram submetidos pelos deuses, devido a seus gestos desarrazoados, aos arroubos contra o próprio estatuto da divindade, e mesmo, à sua humaníssima húbris. Se aqui a operação metafórica é previsível – leia-se a mulher inatingível como a referida "divindade" e os "castigos" como decorrência da teimosia do amor que lhe dedica o poeta –, o foco de minha atenção recai na descrição desses últimos, na qual Camões utiliza-se, creio eu, de sua economia corporal.

Poder-se-ia arguir que se trata de exploração retórica do "arquivo" da mitologia clássica, tratada, e para estar conforme ao ideário e à estética maneirista, a partir de uma lente que submete a situação narrativa do mito aos exageros de um imaginário que enfatiza um viés ciclópico, quando não grotesco, em sua representação. Lanço mão de um vocabulário próprio das artes plásticas do século XVI: pensemos nos corpos volumosos e retorcidos da gestualidade *serpentinata* com que Michelangelo pinta a Capela Sistina e, mesmo mais do que esses, nos que povoam as paredes do Palácio Te em Mântua, de Giulio Romano, que retomam, em escala ciclópica, a *Gigantomaquia*, e que constituíam um dos espaços preferidos por Carlos V, graças a que gozaram de fama europeia.

Se, portanto, a arquitetura do poema pode ser vista como uma resposta a uma proclividade cultural de valorização ou fixação do que pode ser considerado "tremendismo" no imaginário maneirista, especialmente considerando tais mitos, por outro lado, pode bem dar-nos uma plataforma para refletir sobre a relação entre corpo do poeta e sua canção.

De fato, o cantar lírico convive com um desfilar de metáforas corporais nas quais, apoiado nas narrativas míticas, o que se evidencia é um pendor masoquista na forma de tratamento de seu próprio, humilde corpo maltratado pelas vicissitudes do desejo que, esse sim, o humilha, despedaça. No limite, teríamos aqui a sublimidade da queda *ad ínferos*, no sentido luciferino, que um século mais tarde estará presente no *Paradise Lost* de Milton e que no seguinte Blake tratará em *The Marriage of Heaven and Hell* (1790-1793), ilustradas pelo próprio autor, nos albores do Romantismo. Recuperemos as passagens da "Canção II" que se referem às figuras míticas mencionadas e que, para lá das convenções retóricas de época, para mim revelam a sombra, a corporalidade do poeta.[1]

Comecemos por Tântalo e sua impossibilidade de satisfazer-se. Parte de "Morto de sede estou posto num rio" e termina "Assi que em fome e sede me mantenho/ Não tem Tântalo a pena que eu sustenho." (vs 43 e 47-48). Agora, Íxion, cujo castigo é desfilar pelos céus sujeitado a uma roda de fogo que eternamente o tisna: "Atado em uma roda estou penando" e continua "E assi, de mim fugindo trás mim ando/E assi me tem atado u'a vingança/Como Ixião, tão firme na mudança." (vs. 58 e 62-64). O castigo sofrido pelo gigante Tício foi permanecer

---

[1] Desde já é importante frisar que não respeito a convenção crítica do "eu-poético", forjada no século XIX para afastar o poeta de seu poema. Para mim, o poeta está em seu poema *sempre*, e o fato de o poema ser autorizado em primeira pessoa apenas reforça essa evidência. Alguma figuração do "eu" do poeta encontra-se lá, particularmente quando tal se encontra indicializado: não se trata de "eu-poético", mas de "algum-eu" que, à imagem da Trindade, paradoxalmente é parte mas não é menor do que a totalidade do eu de quem seja, deus ou gentio que o concebe.

amarrado no Hades enquanto abutres se deleitam perenemente com o seu fígado: "Que nunca o pensamento/(...) Destas entranhas tristes bem se farte/(...) Assi que pera a pena estou vivendo/Sou outro novo Tício e não me entendo." (vs. 73-80, *passim*). Finalmente, a "via circular" de Sísifo fá-lo subir ao "monte da aspereza" do objeto de seu amor "c'o pesado penedo do desejo/que do cume do bem me vai cair" (vs. 91-92). Tal o leva a dirigir-se ao pai de Odisseu, cujo castigo deveu-se a ser demasiado astuto: "Sísifo, não te espantes deste alento/Que às costas o subi do sofrimento" (vs. 95-96).

De Tântalo a Sísifo, o poema sobe um a um quatro degraus gráficos que remetem ao envolvimento físico do poeta, em sua condição retórica de amador frustrado, através de chamamentos fortes à empatia, *voire* à compaixão do leitor. Além das convenções estéticas, a "Canção II" trata do despedaçamento da integridade física do poeta. Trata, nesse sentido, da tortura como parte da experiência amorosa da masculinidade. Não separa amar do prazer da dor. Ao tornar cênico o gasto do corpo masculino, é corajoso em sua utilização do arquivo mitológico. Usa-o Camões com a mesma liberdade com que inventa as Tágides n' *Os Lusíadas*. Sublinho: é inovador no contexto da literatura portuguesa. Da época em que foi escrito a esta em que é (re)lido e passa a fazer parte de minha/nossa memória leitora. Não dissocio o processo que sofre o poeta amador na "Canção II" do despedaçamento do prodigioso físico do Físico n'*O físico prodigioso*. Mas não termino de identificá-lo no relato. Interpor-se-á apenas a dita-cuja, i.e., minha memória leitora, nessa indissociação/não identificação? Vejamos.

Sem biografemas, mas com algumas pontuações, assinalo: Sena escreve – cito – "crê o autor que, boa ou má, nunca se fez em português uma *diablerie* tão inescapável como o seu conto ou novela" – no calor de Araraquara, nos seus 40 e poucos anos, "à solta", como havia pouco imaginara no Brasil os lusos Vitorino Nemésio. O *Orto do esposo* na edição Maler saíra dez anos antes no Rio de Janeiro, e se ele, Sena, já conhecia os entrechos que pinça nessa obra desde antes – Livro II, cap. I, no qual se narra a cena das três donzelas e sua ama à espera de um médico/mágico portador das três condições de castidade, nobreza e beleza – e Livro IV, cap. IV, no qual se narra a preferência do demônio por um homem mau ao qual não conseguiam matar –, tais fatos, mais o calor, devem ter-lhe lançado fogo à fogueira de como havia que fazer para reler, ensinar, preservar e conviver com o arquivo da literatura portuguesa nestas plagas. A necessidade de reciclar tudo ao *air du temps* disso adviria naturalmente, inclusive o *quid* da Idade Média, num cenário que nunca a experimentou.

Entretanto, se o intertexto *high-brow* com o *Orto do esposo* é indicado pelo próprio escritor, não menor deve ser atentarmos para outros veios que colaboram na concepção do Físico e seu prodigioso, pois, físico. Há que considerar o ambiente que Jorge de Sena vive na São Paulo dos primeiros anos 1960, como descreve em sua correspondência com José Régio, sobre a qual já me dediquei.[2] A efervescência da vida cultural no Brasil daqueles anos simplesmente fascina o português que dera as costas à sonolência vigiada do salazarismo. Mas o mais importante desses veios me parece a incorporação do cinema, tanto através do predomínio da técnica da montagem e conexas – recorte e colagem, edição e remontagem –, como operação básica de linguagem na estrutura narrativa descontínua do relato, tanto como pela descrição mesma do Físico e de seus atributos. Sigo pontuando: nos anos 1960 há uma presença crescente de personagens masculinas sexualmente ambíguas nas telas – recordemo-nos do Terence Stamp em *Teorema*, de Pasolini, ou do Helmut Berger em *Deuses malditos*, de Visconti –, que se contrapõem ao padrão viril e heterossexual dos atores hollywoodianos prototípicos, como John Wayne ou Henry Fonda.

Ora, já no começo do relato vemos a alteração da receita de representação do corpo masculino do cavaleiro medieval ser literalmente transtornada na descrição primeira do Físico: ele destapa a sua eroticamente ambivalente nudez aos olhos do leitor sem pejo, e a bem dizer se oferece, embora o texto diga que com enfaro, à insistência contumaz e penetrante do demônio, tendo como cenário o convencionado para a apresentação de qualquer cavaleiro andante que se preze: seu cavalo e um ribeirão e um prado, tudo sob o sol caricioso de alguma agradável primavera. Ahhh! Assim não se apresenta uma personagem masculina que pertence(ria), pois, à linhagem de heróis bondosos, *sans peur et sans tâche*, que sai do Ivanhoé de Scott e termina, muito alterada no Velho Oeste é claro, justamente em representações do *physique* viril tais como os de Wayne e Fonda. O mundo tinha de fato mudado, parece inferir o texto, enquanto assinala para o leitor sagaz que a *diablerie* vai em sério, embora bem humorada, e que inclui entre as suas artimanhas o empastelamento, ou ao menos: a relativização dos papéis genéricos convencionais. Assim, o Físico assumirá frequentemente um papel passivo no relato, que inclui o de sê-lo com mulheres *dominatrixes*, como a sua dolente porém equívoca Dama, em alguns trechos. Nesse sentido, é impróprio defini-lo como homossexual, uma vez que se inclina majoritariamente para o conúbio

[2] Ver Horácio Costa, "Aspectos da correspondência de Jorge de Sena e José Régio", *Revista da ANPOLL*, v. 1, n. 13, p. 41-50, 2002.

hétero. Como disse em um ensaio sobre a obra já há muito publicado, "*Post tenebras Spero Lucem*: Texto-vida e alegoria em *O físico prodigioso*, de Jorge de Sena",[3] o que prima em sua concepção – e, de resto, nas múltiplas reviravoltas do relato – é a *coincidentia oppositorum*. O seu é um caráter masculino dissonante do convencionado, do ideologicamente sancionado e está talhado a partir da eclosão da revolução sexual dos anos sessenta nas classes médias ocidentais. É, a bem dizê-lo, muito atual: possível, nesse sentido, de definir-se como uma personagem *queer*, e isso bem *avant la lettre*.

O mundo no qual se insere *O físico prodigioso* é já o presente, no qual a experimentação e a relativização dos papéis genéricos se instalou. Na medida em que a ambiguidade erótica da personagem, algo prodigiosa à época da escritura do texto, se afirma na realidade real, com o perdão pelo pleonasmo, nos damos conta uma vez mais da modernidade do relato de Jorge de Sena, inclusive em sua releitura criativa do passado da língua. Se tudo isso é bem verdade, voltemos à minha memória leitora.

Em 1967 se publicava no Brasil pela primeira vez a tradução de *Os 120 dias de Sodoma*, do Marquês de Sade, escrito em 1785. Lembro-me bem, porque foi esse o único livro que fui proibido de ler, aos meus então 12 anos, por minha mãe, o que, naturalmente, me impulsionou à sua leitura de forma compulsiva e, claro, escondida: afinal de contas, essa é a época na qual eu construía o meu corpo e seus abismos. Recupero esse fato para contrastá-lo com a exploração destrutiva do físico do Físico que acompanhamos ao longo do relato. O pobre sujeito sem nome próprio, como nos recordamos, passa por um ordálio após outro nas mãos de suas, chamêmo-las assim, órficas bacantes – considerando para esta adjetivação a versão da morte de Orfeu segundo a qual teria sido ele despedaçado pelas mulheres trácias –, e mais ainda, nas dos torquemadas e seus asseclas de plantão, durante o longo processo inquisitorial. Na descrição da aplicação da tortura, finalmente, o braço armado do *status quo* confessional se dá conta de contra quem estão lutando quando se dedicam a castigar o Físico: ora, o *darling* do Demo, enfim, o desejado de Lúcifer, razão de seu prodigioso não morrer. Em resumo: demais para os burocratas da punição, para os perseguidores do desvio, os defensores do sexo papai-mamãe mais deus. Se no plano alegórico-político esse desenvolvimento narrativo se torna transparente, devido ao cuidado de parodiar

---

[3] Horácio Costa, *Post tenebras Spero Lucem*: Texto-vida e alegoria em *O Físico prodigioso*, de Jorge de Sena", *Colóquio-Letras* 124-125, p. 105-118, 1992. Também publicado em *Mar Abierto: ensayos de literatura brasileña, portuguesa e hispanoamericana*, México D.F.: Fondo de Cultura Económica, 1998, e em tradução ao português: *Mar Aberto – literatura brasileira, portuguesa e hispano-americana*, São Paulo: Lumme Editor, 2010.

os processos inquisitoriais e censórios através do uso de formalismos júridicos, sob o ponto de vista do desvelamento de um viés que explorasse a masculinidade do Físico, pois, menos – e isso, em taxativo contraste com a cena original do relato que, como vimos, o faz magistralmente.

A maior prova do pacto demoníaco do Físico é o fato de que, apesar dos maus-tratos, "nada disso retirara uma parcela sequer da juventude irradiante e da temível beleza, que eram as suas".[4] Depois de ser-lhe aplicada a tortura, o corpo do processado torna-se, previsivelmente, um molambo. Essa não é descrita, mas Sena menciona os procedimentos de rigor: foi submetido "ao potro, à roda, à polé, às tenazes ardentes, ao chicote de ferro".[5] Na verdade, a constatação da rapidez com a qual o texto passa pelos efeitos dessa tortura sobre o corpo do Físico torna clara a intenção que subjaz ao relato, de enfatizar um viés alegórico que aponta para a manutenção de valores morais, ou ainda, de elogio do amor, no caso, heterossexual, que não de exploração dos, como disse, abismos do desejo ou dos avatares da masculinidade. Nesse sentido, torna-se previsível que o Físico e a Dama sejam a bem dizer redimidos para o final do relato, ao tornarem-se roseiras-bravas e resistentes, uma branca, e outra, vermelha. Novamente, há um aspecto *de rigueur* nisso: nosso quadro civilizacional é mariano, a Rainha-Santa já transformara pães em rosas e já seu marido D. Dinis, poeta e rei, se arrependera de ter assediado moralmente a sua pulcríssima consorte, como reza a tradição. Nosso quadro civilizacional, enfim, se dá sob a sombra do corpo abusado e torturado de Cristo, levado a cabo por indivíduos ímpios. Onde fica, contudo, a ambiguidade original do corpo do Físico nesse devir alegórico? Será por que vivo numa sociedade exemplarmente sádica, a brasileira atual, na qual a tortura do corpo masculino, especialmente dos negros e pardos, está na ordem do dia em todos os quadrantes, que sempre me pareceu tímida ou pouco gráfica a exploração da tortura a que os inquisidores submetem o físico do Físico em *O físico prodigioso*? Ainda assim, a quais abismos de desejo, culpa e êxtase responde sua destruição nas mãos chapas-brancas dos inquisidores, sob o ponto de vista, e o corpo, do autor? Fica na minha boca como resposta um travo de bom-mocismo autoral mais próximo do modernismo brasileiro, com os seus poetas funcionários públicos e heterocêntricos, que do português, que produziu a polêmica da Sodoma Divinizada e duas *locas de atar*: Raul Leal e António Botto.

---

[4] Jorge de Sena, *O físico prodigioso*, 3. ed., Lisboa: Edições 70, 1979, p. 93.
[5] Ibid., p. 101.

Retorno a Camões. Não é eco petrarquista, mas exploração do corpo masculino na literatura o que minha memória leitora identifica na "Canção II". Sem grandes alegorias. E sim com camoniana curiosidade.

Horácio Costa é poeta traduzido em várias línguas e tradutor de poetas modernos. Graduado em Arquitetura e Urbanismo pela Universidade de São Paulo (USP), com mestrados em Artes (New York University e Yale University), mestrado e doutorado em Filosofia (Yale University). Professor do Departamento de Letras Clássicas e Vernáculas/ FFLCH – USP, dedica-se sobretudo à Literatura Portuguesa e a estudos comparativos Portugal, Brasil e América Hispânica. Lecionou em vários países e integra centros internacionais de pesquisa, dentre os quais o CHAM da Universidade Nova de Lisboa (projeto Cultura, história e pensamento ibéricos e ibero-americanos) e o Instituto de Literatura Comparada Margarida Losa, da Universidade do Porto (projeto Intersexualidades).

Jorge de Sena:
um leitor da cultura brasileira[1]

• Ida Alves •

Mas a cultura é risco por excelência, é um permanente rever para aperfeiçoar e ampliar o que se sabe ou se sente.[2]

Em todos os momentos de sua obra crítica, o escritor português Jorge de Sena invocou a responsabilidade e a necessidade de leitura extensiva e profunda no tratamento das questões estético-literárias e histórico-culturais. Fortemente questionador em relação aos que emitiam opiniões ligeiras e irresponsáveis, negando-se também a compactuar com a incultura e os compadrios acadêmicos, Jorge de Sena foi considerado por muitos como uma figura difícil e a ser evitada. Mas sua obra literária e também a ensaística de alta qualidade demonstram ainda hoje, passados mais de quarenta anos de seu falecimento (1978), a importância de sua voz, a força de seu pensamento e a contribuição imensa para a cultura de língua portuguesa, seja pela produção estética que nos deixou (poesia, narrativa e teatro), seja pela reflexões sempre argutas, ainda que em textos breves, ou articulações argumentativas densas, em obras de temas específicos, em diferentes domínios dos estudos literários e culturais. Assim, com seu centenário de nascimento celebrado em 2019, é de justiça repensar e valorar essa contribuição sobretudo no âmbito das relações luso-brasileiras, tema de que tanto tratou em seus estudos histórico-literários.

---

[1] Há muito que procuramos estudar e escrever sobre Jorge de Sena e as relações luso-brasileiras. Este estudo retoma, assim, textos nossos já publicados, como artigo relativamente recente em *Revista E-Letras com Vida*, n.3, Lisboa, jul/dez 2019, p.80-87, sob o título "O exercício da crítica: 'minha prosa mais áspera', mas com modificações. Conservamos a norma portuguesa nos fragmentos senianos transcritos.
[2] Jorge de Sena, *O reino da estupidez – I*, Lisboa: Edições 70, 1984, p. 59.

Lembremos rapidamente que, por oposição ao regime salazarista, o escritor exilou-se no Brasil no período de 1959 a 1965,[3] vindo a realizar aí seu projeto há muito acalentado de uma carreira docente em Letras e parte substancial de sua obra poética, para além da composição de numerosos e fundamentais estudos sobre a obra camoniana[4] e sobre as literaturas brasileira e portuguesa, que seriam publicados em livros, a partir dos anos 1960. Nos Estados Unidos, terceiro espaço geográfico de sua vida, onde viria a falecer, foi professor visitante e depois professor catedrático do Departamento de Espanhol e Português da Universidade de Wisconsin. Mais tarde, mudou-se para a Universidade da Califórnia (Santa Barbara) da qual foi também professor catedrático do Departamento de Espanhol e Português. Embora tenha se tornado cidadão brasileiro com a naturalização em 1963 e atuado ativamente em prol do fortalecimento da área de Letras no Brasil, especialmente dos estudos de teoria literária e literatura portuguesa, além de produzir e divulgar estudos importantes sobre a cultura brasileira, sua contribuição ensaística nesse campo é ignorada pelos estudiosos da área, ausente mesmo da fortuna crítica dos autores que examinou com cuidado e argúcia. Contra o desconhecimento desse aporte intelectual, é necessário mostrar como Jorge de Sena vivenciou a realidade brasileira e sobre ela escreveu em diversos momentos, com análise de diferenciados

---

[3] Sobre esse período, anota Eugénio Lisboa (*Versos e alguma prosa de Jorge de Sena*, Lisboa: Arcádia e Moraes, 1979, p. 12): "Tomada a decisão de um exílio voluntário, fixa-se no Brasil, como catedrático contratado de Teoria da Literatura na Faculdade de Filosofia, Ciências e Letras de Assis, no Estado de São Paulo. Dois anos depois, em 1961, mudava-se para a Faculdade de Filosofia, Ciências e Letras de Araraquara, como catedrático contratado de Literatura Portuguesa, cargo de que se virá a licenciar em outubro de 1965, altura em que decide partir para os Estados Unidos, e do qual pedirá a demissão em 1967. Entretanto defendera no Brasil tese de doutoramento em Letras e de livre-docência em Literatura Portuguesa, com o tema: 'Os sonetos de Camões e o soneto quinhentista peninsular'. Adquirira também a cidadania brasileira".

[4] Destacamos: *Uma canção de Camões* (análise estrutural de uma tripla canção camoniana precedida de um estudo sobre a canção petrarquista e sobre as canções e as odes de Camões, envolvendo a questão das apócrifas), 1ª edição de 1966; *Os sonetos de Camões e o soneto quinhentista peninsular* (as questões de autoria, nas edições da obra lírica até as de Álvares da Cunha e de Faria e Sousa, revistas à luz de um critério estrutural à forma externa e da evolução do soneto quinhentista ibérico, com apêndice sobre as redondilhas em 1595-1598, e sobre as emendas introduzidas pela edição de 1598), 1ª edição de 1969; *A estrutura de 'Os lusíadas' e outros estudos camonianos e de poesia peninsular do século XVI*, 1ª edição de 1970. Aos interessados dessa produção específica, ver o Mauricio Matos, "Podereis roubar-me tudo: subsídios para uma antologia da presença de Camões na produção literária de Jorge de Sena", 1999, p. 241-266. É de observar, porém, que desde 1942, Jorge de Sena publicara outras obras, algumas extensas, sobre diferentes poetas portugueses, especialmente Fernando Pessoa.

aspectos das relações históricas e culturais luso-brasileiras e de obras de escritores e poetas desse país que também amou.

Como referimos, o Brasil foi o porto seguro do escritor e sua família quando se viu na contingência de se exilar de Portugal, em 1959, devido a algumas atividades clandestinas contra o sistema político vigente. Porém, bem antes de sua vinda, Jorge de Sena não ignorava alguns nomes da literatura brasileira, demonstrando mesmo grande interesse pelo estudo do modernismo brasileiro.

> Um primeiro contato com a literatura brasileira, menos romântica e mais moderna, tive-o quando adolescente cheguei ao Brasil, e nele estive, cadete de Marinha, por escassas semanas em Santos e em São Paulo. Foi isto nos fins do ano de 1937, princípio de 1938, quando eu já escrevia, com alguma consciência, desde 1936. Nesses anos 30 e nos 40, a literatura brasileira moderna, e muito especial a poesia, teve para os poetas portugueses uma importância enorme, e poetas como Manuel Bandeira, Carlos Drummond de Andrade, Cecília Meireles, Murilo Mendes, Jorge de Lima, Ribeiro Couto, etc. Eram a imagem complementar de uma modernidade que, em Portugal, se manifestara quase só em Pessoa, Sá-Carneiro e Almada Negreiros, cujas obras, até aos fins dos anos 30 e princípios de 40, eram mais mitológicas e menos acessíveis do que as daqueles poetas brasileiros.[5]

No país do primeiro exílio, Jorge de Sena torna-se professor universitário de literatura, com a tese *Uma canção de Camões* (alentado estudo sistemático das canções camonianas), e continua com maior aprofundamento o processo de conhecimento crítico da literatura e da cultura brasileira. Foi um dos estrangeiros, tal como Otto Maria Carpeaux, Casais Monteiro, Paulo Rónai e alguns mais, que buscaram compreender acuradamente a cultura do *outro*, o Brasil. Como eles, não foi e nem podia ser um mero 'escritor turista'[6] e, por isso, enfrentou temas menosprezados ou silenciados. No âmbito desses estudos, o seu itinerário crítico foi partir do estudo atualizado das relações luso-brasileiras

---

[5] Jorge de Sena, *Estudos de cultura e literatura brasileira*, Lisboa: Edições 70, 1988, prefácio inacabado.
[6] "Eu invejo sinceramente os escritores-turistas, aqueles que são capazes de visitar um país que nunca viram e de que quase nunca ouviram senão generalidades, cuja língua não falam, cuja população não contactam, de cujos problemas não inquirem, e que, no entanto, regressados de uma estadia de quinze dias nos hotéis de luxo – iguais em todo o mundo, e com o mesmo 'pudim caramel' – e de vários sobrevoos por entre as nuvens que cobrem um país de escala continental, opinam com a ligeireza encantadora e com deliciosa ou ponderosa irresponsabilidade. E os leitores de boa-fé acreditam" (Ibid., p. 95, destaque no original).

para uma crítica da historiografia oficial de formação da nação brasileira e da participação portuguesa nesse projeto. A produção a esse respeito foi divulgada em livro quando, em 1988, a incansável curadora de sua obra, Mécia de Sena, fez publicar *Estudos de cultura e literatura brasileira* com "48 estudos, resenhas ou crônicas que sobre o Brasil ou a propósito do Brasil Jorge de Sena escreveu, e cremos que nada ficou de fora").[7] Destacam-se nessa obra as "Primeira, segunda, terceira, quarta e quinta carta do Brasil" em que debate de forma aprofundada a relação complexa entre Brasil e Portugal marcada pela ignorância e preconceito mútuos. Ele mesmo explicara: "eu vivo no Brasil vai para quatro anos, amo o Brasil, tenho-o percorrido de ponta a ponta, tenho estudado dele e de nós o que não estudara ainda, e não faço parte da colônia portuguesa, mas dos quadros do funcionalismo brasileiro, entre brasileiros".[8] O analista pretende, sim, discutir a veracidade dos fatos e desmontar as ideologias por trás das "verdades" aceitas – para se entender um fenômeno cultural tão complexo como é a literatura. É uma questão de fidelidade – uma das palavras mais caras ao ideário estético e reflexivo seniano.

Como bem explicou em texto intitulado "Sobre a liberdade do dislate ou dos fundamentos da crítica",[9] Sena considera a importância em distinguir, no campo dos estudos literários, como "nos estudos jurídicos", a "matéria de facto", a "matéria de direito, e matéria de opinião".[10] Daí sua exigência crítica, a defesa de uma metodologia de leitura e o conhecimento vertical do que precisa ser analisado. "Eu acho que, em Literatura, não podemos dispensar-nos da História, uma história cada vez mais exigente nos seus *métodos* e nos seus *factos*, como não podemos dispensar-nos de uma crítica, uma crítica cada vez mais rigorosa, mais pluralizada em níveis, em orientação e em instrumentos."[11]

Com esse horizonte de trabalho, enfrentou com acuidade o quadro problemático que envolve as literaturas brasileira e portuguesa que tanto buscou compreender e ensinar, considerando suas historiografias de nação e cultura. Entre os tópicos que debateu estão as recorrentes discussões sobre a *nacionalidade* de determinados escritores,[12] as polêmicas sobre a correção ou não do português

---

[7] Ibid., p. 11.
[8] Ibid., p. 97.
[9] Jorge de Sena, *O reino da estupidez – I*, p. 99-105.
[10] Ibid., p. 99.
[11] Idem.
[12] No caso brasileiro, ver as afirmações que Jorge de Sena, em seu artigo sobre o Brasil colonial, tece sobre as nacionalidades dos escritores do período colonial e, em especial, sobre o padre Antônio Vieira. Sena considera esse período como sendo patrimônio cultural comum das duas nações (Jorge de Sena, *Estudos de cultura e literatura brasileira*, p. 377-436).

escrito por brasileiros, as tensões coloniais e pós-coloniais e outras questões de menor calibre. Ao seu tempo de produção crítica, as relações entre as literaturas brasileira e portuguesa eram marcadas por casualidade, superficialidade e aceitação tácita de ideias ou modelos de leitura, bem longe das categorias críticas necessárias no ponto de vista seniano: dúvida metódica, juízo analítico e visão sintética. Para Jorge de Sena, tais relações não formavam um conjunto, nem mesmo um conjunto de influências, sendo ocasionais e fortuitos os diálogos entre uma e outra pela barreira de preconceitos, pela falta de interesse, tornando-se ainda mais gritantes as diferenças. Sena, na condição de professor de literatura portuguesa e de teoria da literatura, no Brasil, foi um dos que mais lutou para modificação desse quadro, mas foi, em parte, vã a tentativa. A cultura brasileira subsistia cada vez mais da negação de Portugal, sobretudo como elemento de sua memória histórica.

Por isso, Sena discutiu, de forma recorrente, como o Brasil negava Portugal para se afirmar como nação. E foi exatamente para tentar fortalecer a ideia de nação brasileira que se formaram determinados critérios de nacionalidade (a enumeração é de Sena): a paisagem luxuriante e exótica; o homem índio idealizado; a descrição pitoresca e/ou dramática dos costumes; entre outros. E, segundo ainda o analista, "um dos resultados mais evidentes e desastrosos deste critério foi a desconfiança de grande parte da crítica em relação ao primeiro grande escritor de estatura universal, que o Brasil produziu: Machado de Assis. Este escritor refinadamente urbano e carioca seria 'brasileiro'?".[13] No ensaio que dedicou a Machado, Sena ainda foi mais claro sobre a questão da grandeza literária: não são as literaturas nacionais grandiosas por si, mas sim os escritores que são notáveis pela importância literária de sua obra. Ora, do ponto de vista seniano, Machado de Assis é o primeiro que subverte as tendências oficiais e oficiosas da literatura brasileira de então, de uma literatura exótica e pitoresca (que atendia ao diferencial de mercado em comparação às literaturas europeias...), e foi ele quem "longamente pagou criticamente o preço de ter buscado ser 'brasileiro' por dentro, quando não mais se lhe pedia que o fosse por fora".[14]

O crítico português provoca, nos estudos a que se dedicou sobre importantes escritores brasileiros, o confronto entre a existência do grande escritor e a nação mesquinha (ou que se considera mesquinha...). Considera que, nas literaturas ditas periféricas, há sempre duas formas igualmente perniciosas de provincianismo: o ufanismo glorificador, por meio do qual qualquer

[13] Ibid., p. 387, destaque no original.
[14] Ibid., p. 328, destaque no original.

obra nacional é um grande feito na história da humanidade; e – mais sutil – o derrotismo cosmopolita, em que tudo o que é feito na terra não tem importância, sendo só digno de valor o que provém do exterior (ontem França, hoje os EUA...). São duas faces da mesma moeda que a crítica lúcida de Jorge de Sena tenta separar.

Em referência a essa imagem brasileira de contínuos atrasos, o ensaio mais incisivo que Sena escreveu sobre um escritor brasileiro, é *"Os sertões* e a epopeia do século XIX",[15] uma das leituras mais argutas e instigantes da obra de Euclides da Cunha.[16] Tal obra, misto de reportagem documentada, obra de arte e panfleto gigantesco, é, segundo o intérprete português, uma verdadeira epopeia da luta fratricida no interior do Nordeste, onde a História e a negação da História se confrontaram, em um dos momentos mais sombrios da memória brasileira.

Se é verdade que, por um grande período no século XX (anos 1930 a 1960), a literatura brasileira foi muito popular em Portugal, sobretudo o romance dito nordestino, tornando-se até paradigma para os escritores neorrealistas que viam na produção regionalista brasileira modos e formas novas de abordar os problemas sociais, com um discurso livre e ousado de questionamento nacional, Sena constata, em seus textos da década de 1960, o "absentismo português", o desconhecimento que os portugueses mantêm em relação à realidade brasileira, sua diversidade natural e social, sua complexidade econômica e cultural. Frente a esse conjunto de obra reflexiva, o fato que deve ser salientado é a antecedência crítica seniana em pensar de forma metódica e vertical as relações luso-brasileiras e apontar possíveis explicações para velhos problemas de incompreensão e desconhecimento. Os estudos senianos sobre o Brasil na perspectiva de um olhar português são, sem dúvida, um mergulho fundo em sua multiforme cultura e uma reflexão consciencosa e sagaz sobre os entraves sociopolítico-culturais

---

[15] Ibid., p. 207-221.
[16] Não será inútil lembrar que Em *Os sertões: campanha de Canudos* (1902), Euclides da Cunha (1866-1909) descreve, no nordeste da Bahia, a reação do governo republicano contra o arraial de Canudos e sua gente liderada por Antônio Conselheiro (1897). Acompanhando de perto a investida das tropas republicanas (quatro expedições), conseguiu reunir material para, durante cinco anos, elaborar *Os sertões,* que se divide em três partes: "A terra", "O homem" e "A luta". Nelas o autor descreve e analisa as características geológicas, botânicas, zoológicas e hidrográficas da região, os costumes e a religiosidade sertaneja, para além dos acontecimentos em torno de Antônio Conselheiro. Para acompanhamento da biografia e bibliografia detalhadas dessa figura literária brasileira, verificar www.euclides.site.br.com, onde se afirma que *"Os sertões* valeram ao autor grande notoriedade e vagas na Academia Brasileira de Letras e no Instituto Histórico e Geográfico Brasileiro".

que impediam que os dois países, ditos irmanados nos discursos circunstanciais, realizassem realmente o projeto da lusofonia.

Não vamos prosseguir com essa discussão, optando por agora referenciar a importância de seu trabalho de leitura a respeito de tantos escritores brasileiros, sobretudo poetas. Em relação a eles, Jorge de Sena tanto estudou os clássicos como os modernos. Assinou inúmeros estudos críticos, palestras, prefácios, resenhas, verbetes e outros textos sobre vários autores brasileiros como Domingos Caldas Barbosa, Manuel Inácio da Silva Alvarenga, Claudio Manuel da Costa, José Basílio da Gama, Tomás António Gonzaga, Santa Rita Durão, Pe. António Vieira. Mas também sobre Olavo Bilac, Sousândrade, Manuel Bandeira, Ribeiro Couto, Mario de Andrade, Oswald de Andrade, Cecília Meireles, Raul Bopp, Jorge de Lima, Murilo Mendes, Carlos Drummond de Andrade, Vinícius de Morais e Hilda Hilst entre outros nomes mais. Na prosa ficcional e ensaística, José de Alencar, Machado de Assis, Euclides da Cunha, Jorge Amado, Cyro dos Anjos, Graciliano Ramos, Erico Veríssimo, João Guimarães Rosa, José Veríssimo, Gilberto Freyre.

Sobre Cecília Meireles, alguns estudos específicos já demonstraram como Sena bem considerava a poeta brasileira, buscando compreendê-la no quadro do pós-simbolismo internacional. Detendo-se sobre sua obra poética, Sena valoriza fortemente o seu lugar na poesia de língua portuguesa destacando "Versos de uma pureza e de uma densidade raras (...) Versos de uma poesia impossível no mundo de hoje, em que a expressão poética é chamada a algo mais que ser responsável apenas perante si mesma".[17] Enfatiza ainda a sua "complexidade imagética" e sua universalidade.[18]

No entanto, é sobre Manuel Bandeira ("incrível poeta"),[19] que mais discorre Jorge de Sena, dizendo:

> Manuel Bandeira é, para mim, como que um mestre; ou, mais do que isso, a sua poesia é como aquele banho lustral, tão raro, do qual, nas horas amargas da vida ou nos instantes mais vacilantes da poesia, saímos reanimados, reconstruídos, e no entanto admiravelmente simplificados. De todas as grandes figuras dos primeiros grupos de modernistas brasileiros (...) é ele talvez o que oferece à poesia de língua portuguesa um mais puro exemplo de total libertação poética.[20]

---

[17] Jorge de Sena, op. cit., p. 32.
[18] Jorge de Sena, *Sobre teoria e crítica literária*, Porto: Edições Caixotim, 2008, p. 23.
[19] Idem.
[20] Jorge de Sena, *Estudos de cultura e literatura brasileira*, p. 111.

Eu creio que Manuel Bandeira exemplifica, como raros, o supremo equilíbrio da autêntica libertação: aquela que é, ao mesmo tempo, esclarecida consciência, dramática angústia, terno e delicado sentimento, aguda ciência dos meios de expressão e dos valores da linguagem, perfeita disponibilidade da imaginação criadora, e, acima de tudo, humor, sentido irónico da insignificância da poesia, da humildade do poeta, da pequenez grandiosa da condição humana.[21]

Ao destacarmos esse lado crítico da obra seniana, queremos enfatizar também a contribuição de leitura e análise que deu a seus leitores nos anos 1960 e 1970, alargando para fora do Brasil o conhecimento sobre sua cultura e literatura. As apresentações orais e os textos publicados ecoavam, sem dúvida, em muitos dos seus melhores pares, impondo-se, como já afirmara Eduardo Prado Coelho,[22] como uma das figuras tutelares para muitos dos poetas mais novos que vão traçar sua vida literária pós-anos 1960. Não à toa, Ruy Belo, poeta que inicia suas publicações em 1961 e que falece no mesmo ano de Jorge de Sena, refere-o como mestre: "E aqueles que têm como fatal vocação a necessidade de serem sempre, pela vida fora, alunos de alguém não deixarão de lamentar só lhes chegar assim, através da letra impressa, o forte e torrencial magistério de Jorge de Sena."[23]

Em sua última década de vida, Sena discute a situação da produção literária brasileira no panorama da América Latina e a incompreensão de Portugal sobre a importância do Brasil para a cultura de língua portuguesa. Ainda em seu último ano de vida, 1978, escreve um longo ensaio intitulado "Aleixandre ou o Prémio Nobel aos insignes-ficantes", referindo-se ao sistema de escolha do Nobel de Literatura, que insistia no descaso da língua portuguesa, não reconhecendo nem mesmo a literatura brasileira num "dos maiores romancistas da língua como do fim do século em qualquer parte do mundo: Machado de Assis".[24] Questiona:

---

[21] Ibid., p. 112.
[22] Ver texto sobre poesia portuguesa contemporânea em Eduardo Prado Coelho, *A noite do mundo*, Lisboa: Imprensa Nacional-Casa da Moeda, 1988.
[23] Ruy Belo, *Obra poética de*, [org. de Joaquim Manuel Magalhães e Maria Jorge Vilar de Figueiredo], Lisboa: Presença, 1984, p. 471.
[24] Jorge de Sena, *Sobre teoria e crítica literária*, p. 219. O prêmio havia sido atribuído ao poeta espanhol Vicente Aleixandre.

Como a Mistral Gabriela, com Cecília Meireles viva? Como se deixaram morrer fenómenos de grandeza universal reconhecida (e traduzida) como Guimarães Rosa, Manuel Bandeira, Murilo Mendes? Como se ignora que está vivo, e sempre gigantesco e mestre de todos nós, um Carlos Drummond de Andrade? Mesmo um Jorge Amado, já várias vezes mencionado, é infinitamente superior a muito romancista de borra escandinava (...), e tem recebido amplo reconhecimento internacional. Julgará aquela gente, como é tão comum na América, que o Brasil fala e escreve espanhol e não português?[25]

Infelizmente, como constatamos, apesar de seu forte trabalho de leitura da produção brasileira até o final dos anos setenta, a contribuição crítica e ensaística desse intelectual português em terras brasileiras não é referida por muitos de nós no campo dos estudos literários comparados. O que Sena desejava era o reconhecimento da herança portuguesa como uma exigência para o Brasil melhor se compreender, alterando a sua realidade de desigualdade, assim como Portugal deveria compreender o seu real lugar histórico em relação ao imenso país de língua portuguesa do outro lado do Atlântico. Seu trabalho crítico-analítico demonstrou muito claramente que era questão vital (e ainda é[26]...) a aproximação real entre os dois países, não só para o fortalecimento de um patrimônio cultural diversificado em língua portuguesa, como também para instituir novas relações sociopolítico-econômicas no mundo contemporâneo de então. Com muita lucidez, em texto "Sobre a Espanha e sobre a Latina-América", de 1971, afirmava:

> A cultura portuguesa tem de encontrar o seu caminho político de sobrevivência e de reintegração entre a Espanha de que a fazem parte e o Brasil de que a excluem. Nem para ser simples apêndice de uma, nem para imaginar que a outra é apêndice seu. Não é com larilolés hispânicos ou transatlânticos que isto se faz, nem com a exportação de meia dúzia de professores demasiado jovens, nem com prestigiar constantemente institutos portugueses que não têm alunos, só porque são nos países da velha Europa. Não se fará também com uma ingénua 'colonização' do Brasil, que é impossível, absurda, e só daria aos anti-portugueses o pretexto que sempre procuram para os seus clamores de angústia. Não se fará também com a indiscriminada política de mostrar o Portugal dos avós a quantos mais brasileiros melhor, até porque muitos deles

---

[25] Idem.
[26] Eduardo Lourenço, pensador incontornável da cultura portuguesa, continua emblematicamente essa discussão em Eduardo Lourenço, *A nau de Ícaro seguido de imagem e miragem da lusofonia*, Lisboa: Gradiva, 1999.

não tiveram nunca avós portugueses. Mas com inteligência e planificação supra-política, e, sobretudo, não-provinciana. E por dois caminhos: estudos espanhóis e brasileiros desde o ensino secundário, e uma política cultural que o seja da cultura e não de meia dúzia de caixeiros-viajantes de um produto que sempre venderam tão mal.[27]

Homem de Letras, buscou especialmente mostrar aos portugueses o Brasil para além de imagens míticas e/ou turísticas e, para os brasileiros, a importância vital de entender a literatura como um processo permanente de configuração e refiguração do que seu povo foi e é, com a discussão perspicaz de diferenças e possibilidades de diálogo. Projeto empenhado que Jorge de Sena, diferente dos escritores-turistas, propôs e buscou realizar ao longo de sua vida literária.

Do lado brasileiro, poucos tomaram ciência do que ia publicando lá fora sobre a cultura brasileira. Mas quem o conheceu de perto e com ele dialogou pôde compreender sua vasta cultura e sua atenção ao Brasil, como testemunharam em diferentes ocasiões Antônio Cândido e Carlos Drummond de Andrade. Este, aliás, em crônica publicada em dezembro de 1978, no *Jornal do Brasil*, ano de falecimento de Jorge de Sena, registrou:

> Não soubemos conservá-lo conosco, nem sequer chegamos a conhecê-lo na plenitude de seu espírito. Foi um professor que passou pelo Brasil, de 1959 a 1965. Mas que sonhou em dar ao Brasil, através da língua portuguesa, uma situação de prestígio na literatura mundial. Se não o conseguiu, não foi por omissão. Merece a nossa lembrança, embora tardia.

Que não esqueçamos disso.

Ida Alves é Professora Titular de Literatura Portuguesa do Instituto de Letras (Programa de Pós-Graduação Estudos de Literatura) da Universidade Federal Fluminense (UFF) e integra o Polo de Pesquisas Luso-Brasileiras (PPLB) / Real Gabinete Português de Leitura. Pesquisadora-bolsista do Conselho Nacional de Desenvolvimento Científico e Tecnológico (CNPq) e Cientista do Nosso Estado (Fundação de Amparo à Pesquisa do Estado do Rio de Janeiro –Faperj). Colidera os grupos de pesquisa Estudos de paisagem nas literaturas de língua portuguesa – UFF/CNPq e Poesia e contemporaneidade – UFF/CNPq. Coordena a Plataforma Páginas Paisagens Luso-Brasileiras em Movimento.

---

[27] Jorge de Sena, op. cit., p. 162-163, destaque no original.

"Fazem cá um barulho com a morte do gajo!": a morte de Jorge de Sena na imprensa portuguesa

• Inês Espada Vieira •

A Jorge Fazenda Lourenço, de novo e sempre.

As primeiras páginas de todos os diários, fotografias, editoriais, telegramas oficiais, declarações à Agência Noticiosa Portuguesa (Anop), invocações públicas, abertura de telejornal, moções de pesar na Assembleia da República, aplausos de pé, "êxito" de vendas nas feiras do livro de Lisboa e Porto, programa especial na RTP: a morte de Jorge de Sena foi ruidosa naquela segunda-feira de junho de 1978 e ecoou ao longo da semana, até à sua presença nas comemorações do Dia de Portugal, celebradas oficialmente em Portalegre, mas com outras manifestações em outros lugares de Portugal e junto das comunidades portuguesas, num total de 37 países, conforme antecipava o *Diário de Lisboa*, em notícia de dia 3 de junho de 1978.[1]

No texto publicado no *Expresso* de dia 9 de junho, intitulado "Quem foi mais que a outra gente", João Bénard da Costa perguntava se o país que derramou

---

[1] Nesse texto de antevisão, o jornal refere a programada presença de alguns intelectuais nas celebrações, nomeadamente a de Sena: "Num relance pelos programas divulgados anotámos um aspecto interessante: é a participação de alguns intelectuais nas celebrações. Nomes: José Fernandes Fafe, actual embaixador de Portugal na Cidade do México, que dará uma entrevista para a televisão mexicana; Jorge de Sena e Arnaldo Saraiva, professores numa universidade norte-americana; e Fernando Namora." *Diário de Lisboa*, "Dia 10 de junho. Celebrações em 37 países", 3 jun. 1978, p. 8.

lágrimas "copiosas e unânimes" dera pela morte do poeta e se ele fará falta. Termina com o relato da compra do vespertino:

> (...) Na segunda-feira, quando comprava a "Capital" que dava a notícia a toda a largura da primeira página, alguém a meu lado perguntou a outro: "Quem era este tipo? Já tinhas ouvido falar?" – "Eu não", responderam-lhe. "Mas fazem cá um barulho com a morte do gajo".
> Não sei de melhor epitáfio Português.[2]

Bénard da Costa quer ilustrar essa mítica falta de (re)conhecimento do país no que diz respeito à obra e à figura de Jorge de Sena. Trata-se, aliás, de um tom de zanga e desencanto que perpassa vários dos textos publicados por ocasião da morte do Poeta. Todavia, reconhecendo a autenticidade deste lamento, não creio que seja esse o retrato completo da relação de Portugal com Sena e espero mostrá-lo aos leitores ao longo das próximas páginas. Esta minha afirmação resulta da leitura e estudo dos jornais portugueses do mês de junho de 1978, bem como de um estudo dos mesmos jornais entre 25 de abril de 1974 e 4 de junho de 1978, e ainda de um trabalho já publicado sobre a dimensão pública e a cobertura jornalística da intervenção do Poeta no 10 de junho de 1977, na cidade da Guarda.[3]

No presente texto, vamos cingir-nos à análise das edições do mês de junho de 1978 dos seguintes doze títulos da imprensa de referência portuguesa:

1. *A Capital*
2. *A Luta*
3. *Diário de Lisboa*
4. *Diário de Notícias*
5. *Diário Popular*
6. *Expresso* [semanário]
7. *Jornal de Notícias*
8. *O Comércio do Porto*
9. *O Diabo* [semanário]
10. *O Jornal* [semanário]
11. *O Primeiro de Janeiro*
12. *Tempo* [semanário][4]

---

[2] João Bénard da Costa, "Quem foi mais que a outra gente", *Expresso-Revista*, p. 21-R, 9 jun. 1978.
[3] Inês Espada Vieira, "Jorge de Sena y el exilio literario español", *Setenta años después. El exilio literario español de 1939*, Oviedo: KRK ediciones, 2010, p. 217-229.
[4] No semanário *Tempo* apenas encontrámos uma referência à morte de Jorge de Sena durante o período em apreço, na secção "A semana através dos jornais", *Tempo*, 8 jun 1978, p. 26.

Naturalmente, a linha corte não garante (nem pretenderia) que não haja mais textos a propósito da morte de Jorge de Sena na imprensa portuguesa. Desde logo, fica de fora da presente leitura, o magnífico "A amarga fúria. – Na não-morte de Jorge de Sena", texto de Eduardo Lourenço publicado no suplemento do *Diário Popular, Letras e Artes*, um mês após a morte do poeta (em 6 de julho de 1978)[5] ou ainda o depoimento de António Cirurgião publicado, a pedido do diretor do jornal, Nuno Rocha, no *Tempo* na mesma data.

Este trabalho tem como principais objetivos, por um lado, conhecer as reações públicas à morte de Jorge de Sena, por outro, perceber que aspetos da sua obra e vida foram destacados nos artigos publicados com assinatura. Finalmente, disponibilizar a eventuais interessados um acervo bibliográfico organizado que possa servir em pesquisas futuras.

O presente artigo insere-se numa investigação em curso mais ampla sobre a presença de Jorge de Sena na imprensa no pós-25 de abril de 1974, o que inclui não só as grandes entrevistas (essas já reunidas em volume em 2013 por Jorge Fazenda Lourenço, *Entrevistas* (1958-1978)), como as sugestões de livros, as recensões, as "breves", as citações em artigos de opinião, as notícias etc.

Ler a imprensa portuguesa contemporânea da morte do Poeta é recorrer a uma fonte de informação privilegiada porque, mesmo sob a perspetiva do tempo, ela nos dá hoje o pulso daquele exato momento, agora pretérito. É este justamente o meu propósito: ler os jornais antigos e fazer uma breve viagem ao Portugal de há quarenta anos, para que possamos conhecer o ambiente evocativo do eminente intelectual falecido na Califórnia, no domingo 4 de junho de 1978.

A presente investigação deixa de lado os periódicos especializados, nomeadamente as revistas literárias, centrando-se na imprensa generalista, tanto nos primeiros cadernos como nos suplementos.

As primeiras páginas dos jornais do dia 5 de junho de 1978

A morte de Jorge de Sena fora conhecia em Lisboa cerca das 19h do dia 4 de junho de 1978,[6] com as redações em funcionamento a preparar uma semana que

---

[5] Agradeço a Jorge Fazenda Lourenço o conhecimento deste artigo.
[6] "A notícia chegou inesperadamente às redacções dos jornais, inesperadamente apesar de se saber que Jorge de Sena todos os dias se encontrava entre a vida e a morte, entrava em estado de crise, de doença que não perdoa, para logo reagir e voltar a ocupar-se dos seus trabalhos literários. A morte de Jorge de Sena, ocorrida ontem à tarde, e conhecida em Lisboa, cerca das 19 horas, é, assim, uma realidade invencível na tristeza, no vácuo que traz à cultura portuguesa, que nos últimos meses, recordando nesta hora Vitorino Nemésio, tão rudes golpes vem sofrendo", "M.A. Uma figura portuguesa da cultura internacional", *Diário de Notícias*, 5 jun 1978, p. 9.

culminaria no sábado, com a celebração do Dia de Portugal, de Camões e das Comunidades Portuguesas.

Os oito diários consultados noticiam a morte de Jorge de Sena na primeira página da edição de segunda-feira dia 5, na sua maioria à esquerda, convencionalmente o lado mais nobre e de maior destaque. À exceção do *Diário de Notícias* (DN), os restantes sete jornais publicaram a notícia acompanhada de uma fotografia do Poeta.

A primeira página de *A Capital* é "efusiva", ocupando dois terços com o tema e com o editorial de Francisco Sousa Tavares (que continua na página 2). O DN, que como dizíamos antes é o único jornal que não utiliza fotografia na primeira página, dá à notícia do falecimento de Sena o destaque do início da página, não só com o título, mas já com o texto que continua nas páginas 9 e 10, onde também se encontram outras peças. A morte do Poeta é notícia na primeira página deste matutino em três dias consecutivos: o anúncio do falecimento, no 5 de junho, o editorial do diretor, Mário Mesquita, no dia 6 de junho, e, a 7 de junho, a notícia da homenagem feita no Parlamento.

As fotografias escolhidas para acompanhar os títulos de primeira página são fotos de Jorge de Sena em primeiro plano. Há uma exceção, porém, no *Comércio do Porto*, cuja edição de dia 6 de junho também faz chamada de capa para um texto sobre Sena, assinado por Carlos Gomes, que vem acompanhado de uma fotografia lateral dos nove membros da mesa de honra do 10 de junho de 1977 na Guarda, em que podemos ver Jorge de Sena em pleno discurso, concentrando em si os olhares atentos do presidente da República e do primeiro-ministro.[7]

Embora tal facto não venha sempre referido nos jornais, todos se "alimentam" da informação preparada pela Anop, a agência noticiosa portuguesa. É possível verificar isso porque muitas peças, no todo ou em parte, repetem quase sem alteração a descrição das condições da morte (devido a uma paralisação renal), o cancro no pulmão e os tratamentos com cobalto, as melhorias aparentes etc. De igual modo, a biografia do autor é genericamente a mesma e reproduz-se até o erro de que Jorge de Sena só regressara a Portugal depois do 25 de abril.[8]

---

[7] Carlos Gomes, "Jorge de Sena. Um cadáver incómodo... inamovível!", *Comércio do Porto*, 6 jun 1978, p. 5.
[8] Lê-se na página 10 do DN de 5 de junho de 1978: "Em 1974, com a queda do fascismo e restituição da liberdade ao povo português, veio pela primeira vez a Portugal, depois de um longo e forçado exílio." Igual informação equivocada é reproduzida na página 17 de *A Luta* de 5 de junho de 1978 ou na página 11 do *Diário Popular* da mesma data. *A Capital* retifica esse erro na página 2 da sua edição de dia 6 de junho de 1978.

Na sistematização que tentamos fazer acerca do que foi publicado na imprensa generalista portuguesa por ocasião da morte de Jorge de Sena, devemos assinalar os seguintes tipos de peças: notícias com informação biográfica (via Anop); reprodução das declarações dos pares (igualmente via Anop); editoriais; depoimentos de escritores e intelectuais; notícias sobre iniciativas públicas (oficiais ou não), de homenagem; colunas de opinião sobre Jorge de Sena.

Em seguida, folhearemos as páginas dos jornais para ler algumas destas peças e deter-nos em textos que pela sua singularidade, dimensão ou autoria devemos destacar, todavia sem esgotar as várias leituras que o material poderá proporcionar.

"Sepultado com admiração unânime e palavrório encomiástico"

Num pequeno texto não assinado, na coluna "Política de A a Z" do *Diário de Lisboa*, o autor[9] escreve uma nota intitulada "Não matem os mortos".[10] Essas poucas linhas, que são as primeiras de três temas abordados no dia, referem-se à morte de Sena no exílio e à previsível disputa interessada do "morto ilustre", levada a cabo principalmente por aqueles que "deram dele conta" apenas após o 10 de junho de 1977 na Guarda. Concluindo que "Jorge de Sena não quis morrer", o redator anunciara antes um perigo evidente: "corre Jorge de Sena (...) o risco de ser sepultado em admiração unânime e palavrório encomiástico." Tomamos emprestada a frase para intitular a presente secção deste artigo em que, justamente, apresentamos o encómio (não necessariamente "palavrório") evocativo da vida, da obra e do legado de Jorge de Sena.

Editoriais

Comecemos com uma visão sistemática dos artigos publicados nos jornais consultados durante o mês de junho de 1978 sobre Jorge de Sena ou com referências a ele no contexto do seu falecimento. Como referi acima, debruçamo-nos principalmente sobre os artigos assinados.

---

[9] O responsável pela coluna era o jornalista Fernando Piteira Santos (1918-1992).
[10] [Fernando Piteira Santos], "Não matem os mortos", Política de A a Z, *Diário de Lisboa*, 8 jun. 1978, p. 8.

Autores de peças jornalísticas / depoimentos dedicados a Jorge de Sena por ocasião da sua morte:[11] Afonso Praça, Carlos Gomes, Carneiro Jacinto, [Fernando Piteira Santos], Francisco Sousa Tavares (E), Hugo Rocha, Jacinto Baptista (E), Joaquim Manuel Magalhães, João Bénard da Costa, José Augusto Seabra, José Augusto França, José Saramago, Mário Mesquita (E), Raul Rêgo (E) e Vergílio Ferreira.

Aqueles que conhecem a obra e a vida de Jorge de Sena identificam de imediato que a maioria dos nomes citados acima são amigos próximos do Poeta o que, aliás, se torna evidente pela leitura dos textos. Na impossibilidade de, por questões de espaço, aqui falarmos de todos os artigos, leremos brevemente os quatro editoriais de Francisco Sousa Tavares, Jacinto Baptista, Mário Mesquita e Raul Rêgo.

As três palavras em letras garrafais do editorial de Francisco Sousa Tavares no vespertino *A Capital* – "Sena, meu amigo"[12] – registam a amizade desenvolvida no texto de primeira página (continuado na página dois) em que o autor situa a relação de trinta anos com Jorge de Sena na intimidade familiar:

> Conheci Jorge de Sena ainda era estudante. Quando casei Jorge tornou-se meu amigo, como já era de Sofia [de Mello Breyner Andresen], e durante 30 anos mantivemos essa amizade sem sombra, uma amizade profunda em que existia admiração e solidariedade e da minha parte um reconhecimento de grandeza. Quando emigrou, quando o Brasil o prendeu pela oferta de uma cátedra, a sua ausência ficou sentada em seu lugar à nossa mesa.

Ao percorrer o itinerário biográfico de Jorge de Sena, Sousa Tavares escreve sobre a obra poética e em prosa, mas sobretudo sobre a mágoa da distância da Pátria, sobre a "dureza da vida" em Portugal e sobre "a amargura permanente do exilado". Três vezes o autor escreve a palavra "dor" (porventura também procurando dizer a dor de quem acaba de perder um amigo), envolvendo a vida de Sena com mesmo manto de mágoas várias sobre que escrevem outros jornalistas e intelectuais.

A capacidade de trabalho de Jorge de Sena é também referida no editorial de Francisco Sousa Tavares, um assunto que, aliás, reencontraremos adiante noutros textos. Sena escreveu e publicou "numa cadência quase alucinante,

---

[11] A indicação entre parêntesis curvos (E) refere-se a editoriais, o nome de Fernando Piteira Santos está entre parêntesis retos pelo facto de o texto não estar efetivamente assinado.

[12] Francisco Sousa Tavares, "Sena, meu amigo", *A Capital*, 5 jun 1978, p. 1-2. Um excerto deste editorial foi citado na secção "Jornal de Jornais" do *Diário Popular*, 6 jun 1978, p.2.

reveladora de uma capacidade rara de criação", respirando a "obsessão de dizer mais, de dizer tudo, de exprimir a riqueza densa da sua própria visão do mundo e das coisas". Testemunha-o Sousa Tavares neste texto, como outros o reiteram noutros artigos, Jorge de Sena escreveu até à morte, certamente num último esforço de superação do tempo vital, que é efémero.

No editorial do *Diário Popular* de dia 5 de junho de 1978,[13] Jacinto Baptista testemunha esta insistência na vida intrinsecamente ligada à obra: "Jorge de Sena teimava em viver. Não propriamente pela vida em si, mas pela obra que queria legar-nos e que lhe importava menos que a saúde ou, afinal de contas, a vida". No seu texto tão pessoal, centrado no presente, em que fala sobre as circunstâncias da doença do amigo, a última carta recebida, o último artigo publicado no *Diário Popular*, o Nobel da literatura, Jacinto Baptista defende que Jorge de Sena não quis "arriscar a vida-suporte-da-obra". A sua vida-obra levada ao limite, "[f]ebrilmente, mas com extraordinário rigor e lucidez", descrevia-a assim o próprio Sena em carta citada neste editorial:

> 'Tenho trabalhado activamente', confessava-me, confiante. Depois de ter dactilografado, ele próprio, o ensaio sobre Aleixandre, ainda escreveu uma folha suplementar de cunho pessoal, manuscrita em letra vacilante que acusava extrema fadiga. 'O escrever à máquina às vezes arrasa-me – confidenciava –, tenho horas o dia de não poder com uma gata pelo rabo'.[14]

O ensaio sobre Aleixandre aqui referido[15] é o último artigo publicado na imprensa portuguesa em vida de Jorge de Sena. Saíra no suplemento "Letras e Artes" do *Diário Popular*, no dia 1 de junho de 1978, e nele Sena reflete, entre outros temas, sobre a diferença de qualidade entre os escritores espanhóis exilados e aqueles que ficaram na Espanha de Franco, os *insignes-ficantes* do título do ensaio de Sena de que Jacinto Baptista se apropria para o título e para a conclusão do editorial.

O editorial de Mário Mesquita no DN é o único publicado no dia 6 de junho.[16] A coluna de primeira página, "Espírito de heterodoxia", é menos o registo de uma relação pessoal bem patente nos textos de Sousa Tavares e de Jacinto Baptista vistos anteriormente, antes trata, sobretudo, de identificar "a presença

---

[13] Jacinto Baptista, "Adeus ao companheiro que nunca quis ser insigne-ficante", *Diário Popular*, 5 jun. 1978, p.1 e 28 [última].
[14] Idem, destaques no original.
[15] Ensaio incluído em Jorge de Sena, *Sobre teoria e crítica literária*, Porto: Edições Caixotim, 2008.
[16] Mário Mesquita, "Espírito de heterodoxia", *Diário de Notícias*, 6 jun 1978, p. 1.

vigilante do escritor 'emigrado'", uma presença "amargurada" e desde logo nada apaziguadora. Citando longamente a última carta recebida de Jorge de Sena, o autor sublinha a insubstituível "herança espiritual" heterodoxa do Poeta.

Deixo para o fim o editorial de Raul Rêgo, diretor de *A Luta*, intitulado "Um humanista".[17] Talvez o menos apaixonado dos quatro editoriais escritos na sequência da morte de Jorge de Sena, em todo o caso nele se destacam os mesmos traços de carater, a mesma relação com a Pátria, aquela capacidade de trabalho fora do comum e a obra notável, o exílio e a representação da cultura portuguesa no mundo. Para Raul Rêgo, Jorge de Sena encarna "a figura do humanista a quem nada é estranho" e é esta qualidade, sublinhada no título e no parágrafo final, que é destacada, num texto que, de forma dissonante, não se reduz ao "palavrório encomiástico", mas apresenta o Poeta também como "escritor de poucos, que o grande público nunca sentiu", existindo na sua obra "uma cortina entre ele e o leitor corrente". O diretor de *A Luta* deixa em suspenso a pergunta sobre qual será o lugar de Sena "no tempo de nossos netos".

Permita-se-me o excurso: esse é, afinal, o tempo em que nos encontramos e em que, justamente, com as diferentes leituras presentes no conjunto deste livro damos a resposta mais expressiva, colocando Jorge de Sena no lugar central do nosso pensar sobre o mundo e do nosso amar a literatura.

Depoimentos de figuras da cultura

Retomando o nosso folhear dos jornais, após a leitura dos quatro editoriais publicados por ocasião da morte de Jorge de Sena, vejamos algumas das declarações de figuras da cultura, na sua maioria prestadas à Anop e difundidas pela agência. São depoimentos de Agustina Bessa Luís, Almeida Faria, Eugénio de Andrade, João José Gomes, José Augusto França, José Augusto Seabra, José Blanc de Portugal, José Morgado, [Mário Sacramento], Óscar Lopes, Ruy Luís Gomes, Sophia de Mello Breyner e Vasco Graça Moura.

A declaração de João José Gomes, antigo presidente da Subcomissão Regional da Guarda para as comemorações do 10 de junho de 1977, publicada no *Diário Popular*, reclama para si a única responsabilidade de ter tido a ideia de convidar Jorge de Sena para discursar na Guarda.[18]

---

[17] Raul Rêgo, "Um humanista", *A Luta*, 5 jun 1978, p. 1 e 20. Uma parte importante deste texto é reproduzida na já referida secção "Jornal de Jornais" do *Diário Popular*, de dia 6 jun 1978, p. 2.
[18] "(...) Fui eu, e mais ninguém – esta é que é a verdade da História – que sugeri e propus à Subcomissão que Jorge de Sena fosse convidado para falar, então, em nome de todos os emigrantes portugueses, que, por qualquer modo, vivem condenados ao exílio da Pátria. (...)". João José Gomes, "Uma palavra brilhante, arrebatadora, quase convulsiva e até profética", *Diário Popular*, 5 jun. 1978, p. 11.

Importa também registar brevemente, por ser de certo modo uma marca do exílio brasileiro, um curto telegrama de condolências que Ruy Luís Gomes e José Morgado enviaram ao *Diário de Lisboa,* numa prática não estranha à época (hoje totalmente em desuso) e que o vespertino publica na página quatro da edição de 6 de junho: "Vimos intermédio Diário de Lisboa manifestar nosso profundo pesar falecimento Jorge de Sena grande perda da cultura portuguesa".[19]

O tom global das várias evocações é obviamente de louvor pela vida e pena pelo falecimento do Poeta, em particular devido à distância de Portugal, fruto de uma ausência especialmente dolorosa no pós-25 de abril, como um regresso/reconciliação que ficou "aquém", que ficou por cumprir.

Da lista de nomes acima indicada, vale a pena recordar que Mário Sacramento, citado no DN, falecera em 1969 e, portanto, o depoimento sobre Jorge de Sena não fora recolhido por ocasião da sua morte. Este pormenor não passou despercebido ao jornal *Expresso* que na edição de 9 de junho publica, assinado por J. L. (Jorge Listopad, certamente), uma breve nota provocadoramente intitulada "Necrofilia".[20] Depois de invocar o diagnóstico seniano sobre a necrofilia, "doença bem portuguesa" a que Sena já não pode "escapar", o pequeníssimo texto remata:

> Mas foi o *Diário de Notícias* da segunda-feira que bateu o 'record' [do carpideirismo suspeito]. Incluiu sobre a obra do falecido, havia 24 horas apenas, um comentário de Mário Sacramento, morto há anos. Um morto a falar de doutro morto. É o que se chama a especialização.[21]

Dos depoimentos a que nos estamos a referir, interessa destacar ainda o de Vasco Graça Moura, recolhido pela Anop quando Graça Moura assistia a um concerto da Camerata Académica, no Solar de Mateus em Vila Real:

> Seria vulgar dizer (...) que Sena foi um génio, mas de qualquer maneira foi-o e os génios também erram: Sena ao considerar-se 'estrangeirado' que, cá e lá onde andou, de certo modo foi, errava ao pensar que muitos de nós não seríamos capazes de o considerar o maior dos portugueses vivos.[22]

---

[19] "Grã-Cruz de Santiago para Jorge de Sena", *Diário de Lisboa,* 6 jun 1978, p. 4.
[20] Jorge Listopad, "Necrofilia", *Expresso Revista,* 9 jun 1978, p. 21.
[21] Idem, destaques no original.
[22] As declarações de Vasco Graça Moura recolhidas pela Anop são reproduzidas nas edições de dia 5 de junho de 1978, no DN (p.9), n'*A Capital* (p. 2) e n'*A Luta* (p.17), por exemplo.

Sublinho a frase final: "o maior dos portugueses vivos", sem especificar se "poeta", "autor", "crítico" ou "intelectual".

Declarações e evocações oficiais e/ou no espaço público

Depois de termos percorrido as evocações privadas, dos seus amigos e companheiros, vale a pena fazer um balanço das declarações e homenagens oficiais a Jorge de Sena. Mesmo fora do meio exclusivamente literário, a figura de Sena estava presente e a sua imagem era muito viva, após a "mítica" intervenção nas cerimónias do Dia de Portugal, de Camões e das Comunidades, na Guarda em 1977.

Nos dias seguintes ao da notícia da morte, os vários jornais fazem eco dos telegramas-declarações oficiais enviados a Mécia de Sena pelo presidente da República, general Ramalho Eanes, pelo primeiro-ministro, Mário Soares; e ainda da mensagem e do despacho do secretário de Estado da Cultura, António Reis.[23]

Na sessão parlamentar de dia 6 de junho de 1978, noticiada pelos jornais no dia seguinte, foi Almeida Santos quem tomou a palavra em nome do governo na evocação da figura de Jorge de Sena. Foram aprovados por unanimidade votos de pesar do Partido Socialista e do Partido Comunista Português e, conforme relata a pormenorizada notícia do DN, os trabalhos parlamentares foram suspensos pelo presidente da Assembleia da República, Vasco da Gama Fernandes, durante cinco minutos em memória do Poeta.[24]

Como comentavam os cidadãos que Bénard da Costa ouviu à conversa junto da banca de venda de jornais, "fez-se barulho" com a morte de Jorge de Sena. Além da homenagem na Assembleia da República e de uma evocação na Academia das Ciências de Lisboa,[25] as cerimónias oficiais do 10 de junho, nesse ano convocadas para a cidade alentejana de Portalegre, bem como as celebrações do

---

[23] Segundo notícia de *A Luta*, o secretário de Estado da Cultura aprovara por despacho de dia 7 de junho de 1978, "a publicação de um 'In Memoriam' à altura da personalidade de Jorge de Sena, recentemente falecido (...)." 'In Memoriam' sobre Jorge de Sena, *A Luta*, 16 jun 1978, p. 11.

[24] "Parlamento homenageou Jorge de Sena", *Diário de Notícias*, 7 jun 1978, p. 1. Lê-se ainda na notícia do DN: "Como denominador comum, ambos os votos concluem pelo desejo de serem trasladados para Portugal os restos mortais de Jorge de Sena e que o Governo decrete, à sua chegada, funerais nacionais." Como bem sabemos, esta "boa intenção" só se concretizaria mais de três décadas depois, em 2009, menos pela vontade da Assembleia da República do que pela persistência de Jorge Vaz de Carvalho e pela sensibilidade do ministro da Cultura José António Pinto Ribeiro.

[25] "Mosés Amzalak e Jorge de Sena homenageados pela Academia de Ciências de Lisboa", *O Primeiro de Janeiro*, 12 jun 1978, p. 6.

dia nacional que tiveram lugar no Porto, foram ocasiões de preito intelectual, cultural e político ao português que morrera na Califórnia, longe da Pátria.

O DN cita o discurso de Henrique Barros, que "[r]ecordou Jorge de Sena e [Vitorino] Nemésio como 'dois gigantes da cultura portuguesa'", ambos condecorados a título póstumo nesse 10 de junho de 1978,[26] mas é o *Diário de Lisboa* que assinala os aplausos que interromperam os discursos oficiais: "O anúncio de cada um destes dois últimos nomes levantou as cerca de duzentas pessoas que estavam na tribuna e deixou-as muito de pé durante muito tempo, a aplaudirem."[27]

Como dizíamos antes, na cidade do Porto também se celebrou o Dia de Portugal com alguma pompa e desde logo com a circunstância concedida pelos seus ilustres, que participaram na cerimónia que teve lugar na Praça Humberto Delgado. Nessa ocasião, intervieram Eugénio de Andrade (que disse poemas de Sena), Xavier Coutinho, Óscar Lopes e José Augusto Seabra.[28] Elementos da companhia de teatro Seiva Trupe também recitaram poemas de Sena. A sessão contou ainda com a participação da cantora Palmira Troufa e com um concerto do Coral de Letras do Porto.[29]

Segundo o jornal *A Luta*,[30] a morte de Jorge de Sena foi a notícia de abertura do telejornal de dia 5 de junho. A RTP emitiu também um programa especial sobre Sena no dia 15 de junho. A propósito deste programa, o suplemento televisivo do semanário *A Luta* dedicou a capa e duas páginas ao autor,[31] incluindo fotografias, longa nota biobibliográfica e um excerto de *Sinais de fogo*.[32]

---

[26] A atribuição da Grã-Cruz da Ordem de Sant'Iago a Jorge de Sena tinha sido comunicada telefonicamente ao próprio durante a visita que o presidente Eanes fizera aos Estados Unidos para discursar perante a Assembleia Geral Extraordinária das Nações Unidas no dia 1 de junho de 1978.
[27] Ramalho Eanes, "É urgente alertar a consciência nacional para os problemas da emigração", *Diário de Lisboa*, 12 jun 1978, p. 8.
[28] O texto desta intervenção foi publicado na íntegra no DN: José Augusto Seabra, "Camões, Pessoa, Sena. Três poetas da língua", *Diário de Notícias*, 2º Caderno, 29 jun 1978, p. 17-18.
[29] A reportagem das páginas 2 e 3 d'*A Capital* de dia 12 de junho, sobre as celebrações do Dia de Portugal, descreve com detalhe a "manifestação cultural" realizada no dia 11 à noite.
[30] *A Luta*, 6 jun 1978, p. 17.
[31] "Teleguia", *A Luta*, 12 a 18 jun 1978, p.1, 4 e 5.
[32] Outros textos de Sena foram citados ou publicados na ocasião. De destacar o excerto do poema "A morte, o espaço e a eternidade", *A Luta*, 6 jun 1978, p. 17; o inédito "Algumas palavras de californiana introdução", prefácio preparado para o livro que o jornalista d'*A Capital*, Helder Pinho, viria a publicar ainda em 1978 com o título *Portugueses na Califórnia*, *A Capital*, 5 jun 1978, p. 3 (com chamada de 1ª página); o crítico Mário Castrim, na sua coluna "Canal da Crítica" publica "Pablo Neruda morreu de cancro", Mário Castrim, "Poema de Jorge de Sena", Canal da Crítica, *Diário de Lisboa*, 17 jun 1978, p. 16.

É oportuno também referir – na verdade situando-se a meio caminho entre uma espécie de depoimento/testemunho do âmbito da cultura e uma evocação pública – os anúncios necrológicos que duas das editoras de Sena fizeram publicar: no *Diário de Lisboa* de 6 de junho de 1978, a Morais e a Inova Porto, que repete o anúncio no semanário *O Jornal* de 9 de junho de 1978.

Os ecos da morte de Jorge de Sena prolongaram-se para além dessa curta semana entre a passagem e o dia da invocação do país que ele amara. No dia 26 de junho, por exemplo, tanto o *Diário de Lisboa* como o *Diário Popular* noticiam, em linhas breves, que "o 3º Festival de Teatro de Setúbal (...) será dedicado à memória de Jorge de Sena, sendo em todos os espetáculos lidos textos da sua autoria".[33] A abertura do festival, celebrado de 7 a 16 de julho nos claustros do Convento de Jesus, ficou a cargo da companhia Seiva Trupe, que participara na homenagem no Porto, com a representação de "Contos cruéis".[34]

"Os artigos que não publicará amanhã"[35]

Como já vimos de forma breve e como certamente conhecemos de outras leituras, dois dos aspetos referidos em diferentes peças jornalísticas de evocação de Jorge de Sena são tanto a capacidade de trabalho do Poeta como a diversidade de géneros de uma obra absoluta e absolutamente prolífica, um pensamento fecundo sobre todos os temas nela (por ela) tocados. Agora definitivos, a distância e o silêncio são ainda mais dolorosos.

No citado editorial de 5 de junho de 1978, Francisco Sousa Tavares lamentava a relação que fica suspensa como o lugar vazio à mesa, ou campainha da porta em silêncio: "(...) Nunca mais ouviremos o seu canto, nunca mais voltaremos a ler os seus actos de acusação universal. Nunca mais tocará à porta e dirá, com a força da sua presença, perante o espanto de quem não o reconhecia: 'Sou o Jorge de Sena'."[36]

Num dos textos de *A Luta*, lastima-se o que Sena deixa por dizer e por fazer:

(...) o nosso egoísmo – mas um egoísmo justificado, se algum o pode ser – não consegue deixar de lamentar as obras que Jorge de Sena não pôde concluir,

---

[33] "Homenagem a Jorge de Sena", *Diário de Lisboa*, 26 jun 1978, p. 20.
[34] "Sob a égide de Jorge de Sena. T. A. S. promove festival de teatro em Setúbal", *Diário Popular*, 26 jun 1978, p. 25.
[35] Expressão em que ressoam os versos de "Carta a meus filhos sobre os fuzilamentos de Goya": Nenhum Juízo Final, meus filhos, pode dar-lhes / aquele instante que não viveram, aquele objeto / que não fruíram, aquele gesto /de amor, que fariam 'amanhã'.
[36] Francisco Sousa Tavares, "Sena, meu amigo", *A Capital*, 5 jun 1978, p. 2.

os artigos que não publicará amanhã ou dentro de um ano, as entrevistas que não dará nunca denunciando pela milésima vez a estupidez do Reino, a mistificação, a cobardia, a incompetência ou a estreiteza mental.[37]

De novo, servimo-nos de uma frase de um dos artigos lidos para intitular uma parte da nossa reflexão. O que Jorge de Sena não fará "amanhã" é também referido, por exemplo no DN, que fala de um dos projetos que obviamente se suspendem com a morte do Poeta: "(...) Jorge de Sena seria a grande figura portuguesa para encabeçar as actividades de um centro de estudos camonianos, a instalar na Casa de Camões em Constância".[38]

A eventual atribuição do prémio Nobel a Sena, e o seu artigo "Aleixandre, ou o prémio Nobel aos insignes-ficantes", a que já nos referimos, são o motivo central da reflexão no primeiro de dois textos de Joaquim Manuel Magalhães n'*A Capital*.[39] No extenso texto de evocação do Poeta, anteriormente citado, *A Luta* refere-se também à muito falada candidatura ao Nobel:

> Escritores britânicos e portugueses tinham, não há muito tempo, proposto a sua candidatura àquele prémio, cujos critérios Sena verberara num artigo que o 'DP' inseriu na passada quinta-feira (e que é talvez o último texto de Jorge de Sena publicado em vida na Imprensa portuguesa).[40]

Um centro de estudos camonianos, um discurso, um poema, um prémio literário, a sua presença física, são exemplos da vida que se suspende para sempre e que deixa nos mais chegados uma permanente sensação de incompletude que só se aplaca, porventura, com o reencontro com o homem na perene vitalidade da sua obra.

A fechar

No início deste artigo, quiçá excessivamente descritivo e desde logo demasiado breve perante a diversidade de textos, escrevi que a leitura da imprensa generalista de referência contradizia a ideia tradicional de afastamento do País de Jorge de Sena.

---

[37] "Jorge de Sena morreu – a sua obra permanece", *A Luta*, 5 jun 1978, p. 17.
[38] "Uma figura portuguesa da cultura internacional", *Diário de Notícias*, 5 jun 1978, p. 9.
[39] Joaquim Manuel Magalhães, "Algumas palavras. Sobre Jorge de Sena I", *A Capital*, 9 jun 1978, p. 7; e "Algumas palavras. Sobre Jorge de Sena II", *A Capital*, 17 jun 1978, p. 7.
[40] "Jorge de Sena morreu – a sua obra permanece".

Creio ter ficado demonstrado que, pelo menos a elite intelectual e política testemunhada pelos jornais, presente na imprensa, foi unânime no louvor à obra do Poeta, à importância da intervenção pública de Sena, ao reconhecimento do seu amor por Portugal, apesar dos pesares. Em todo o caso, isto não retira legitimidade ao sentimento de injustiça em relação ao silêncio da crítica especializada sobre a obra de Jorge de Sena, não minimiza o sofrimento de "mal de amores" pátrios de que falam os seus amigos na hora da morte no exílio do Poeta, então definitivamente exilado.

A mágoa maior (sem querer fazer uma despropositada hierarquia de sofrimentos) parece estar relacionada com uma "sede" de Portugal[41] nunca saciada: de um Portugal que o esperasse, que o ouvisse, que o lesse, que o chamasse, que o reconhecesse voz urgente para a vida em liberdade. E embora Joaquim Manuel Magalhães tenha escrito que "Não vale a pena tentar criar uma lenda de poeta incompreendido e perseguido"[42] ela criou-se, segura, sobre sólidos alicerces.

Mas a vida não se conta apenas como narrativa unívoca e mítica; ela é uma trama complicada de caminhos e personagens, em locais e tempos diversos. No tempo da morte e no tempo que é o nosso, os amigos de Jorge de Sena, os seus pares, os seus leitores, mantiveram e mantêm o interesse pela obra e pela figura do Poeta, com sinceras e eloquentes demonstrações de admiração.

Mas é claro, para Jorge de Sena, com esse "coração cheio de fúria e de amor" por Portugal, tudo foi sempre pouco.

Inês Espada Vieira é doutora em Estudos de Cultura pela Universidade Católica Portuguesa. Na mesma instituição, é professora auxiliar na Faculdade de Ciências Humanas, onde coordenou a licenciatura em Línguas Estrangeiras Aplicadas e foi vogal da Direção. É pesquisadora do Centro de Estudos de Comunicação e Cultura, integrada no grupo de investigação Media Narratives and Cultural Memory. Tem publicado artigos sobre literatura e cultura portuguesa e espanhola, nomeadamente sobre relações entre intelectuais durante o século XX e a sua presença na imprensa; sobre tradução, memória, cultura e conflito. É autora de *Intelectuais, modernidade e memória* (2012).

---

[41] Uso a palavra "sede" devedora das palavras de Francisco Sousa Tavares: "(...) tal era a sua sede de ser em Portugal o que na América era em nome de Portugal". *A Capital*, 5 jun 1978, p. 2.
[42] Joaquim Manuel Magalhães, "Algumas palavras. Sobre Jorge de Sena I", p. 7.

Questão da crítica literária no discurso directo de Jorge de Sena[1]

JOSÉ CÂNDIDO DE OLIVEIRA MARTINS

Lugar da crítica literária na obra seniana

"(...) desde o início da minha carreira de escritor, o poeta e o crítico sempre foram aparecendo paralelamente" declara Jorge de Sena,[2] em 1976, já no final de uma vida intensíssima. Entre outras dimensões da sua escrita, o autor tem plena consciência do que significa a *dupla condição* de poeta e de crítico, do "escritor *doublé* de crítico", ao longo de cerca de quarenta anos, sem nisso ver nenhuma incompatibilidade significativa, além de implicar um incansável e contínuo labor do docente e investigador.

Ao tema da crítica literária, consagrou o autor grandes ensaios de preocupação teórica e histórica, com destaque para "Sistemas e correntes críticas",[3] publicado na revista *O Tempo e o Modo* (1966).[4] Aliás, não deixa de ser significativo que um dos primeiros grandes eventos académicos que Jorge de Sena organiza no Brasil seja, justamente, o I Congresso Brasileiro de Crítica e História Literária (Universidade de Recife, 7 a 14 de agosto de 1960),[5] ele

---
[1] Estudo desenvolvido no âmbito do Projeto Estratégico do Centro de Estudos Filosóficos e Humanísticos (CEFH) UIDB/00683/2020, financiado pela Fundação para a Ciência e Tecnologia (FCT).
[2] Jorge de Sena, *Dialécticas teóricas da literatura*, Lisboa: Edições 70, 1977. p. 237.
[3] Cf. ibid., p. 109-167.
[4] Sobre este importante ensaio seniano mostram-se bem significativos os comentários de Eduardo Prado Coelho, *Os universos da crítica*, Lisboa: Edições 70, 1987, p. 139 ss.
[5] Congresso em que apresenta trabalho intitulado "Ensaio de uma tipologia literária", posteriormente editado na *Revista de Letras*, v. I, 1960 (Assis, São Paulo), depois reeditado em *Dialécticas teóricas da literatura*, p. 23-106.

que tinha chegado ao Brasil cerca de um ano antes, para o seu voluntário, mas forçado exílio.

De facto, para qualquer leitor minimamente atento, o universo vasto e enciclopédico da obra de Jorge de Sena causa necessariamente uma impressão de enorme assombro e de inegável coerência.[6] Da criação literária, em diversos géneros – da poesia, à ficção (romance, novela, conto) e ao teatro –, até às mais diversas publicações no domínio dos estudos literários – da teoria e história literárias ao campo vasto do ensaio e ao capítulo tradução –, desencadeando no leitor uma impressão de assombro e de esmagamento, perante a quantidade e a qualidade da sua obra, alicerçada numa espantosa erudição e capacidade de trabalho absolutamente invulgar.[7]

Dos vastos domínios da obra seniana, o da crítica literária – quer da teoria da crítica, quer da "crítica aplicada" (da crítica mais leve ao ensaio, sem esquecer múltiplos textos de introdução e de prefácio, a obras suas e a obras alheias) – é provavelmente o que tem sido objecto de bem menor atenção por parte dos estudiosos do autor. E a par dos numerosíssimos ensaios críticos que preencheram a sua carreira de investigador, não descurou a sua regular colaboração na imprensa periódica, até como crítico de teatro e de cinema. Quase poderíamos dizer que, para Sena, além de complemento natural do seu lavor de investigação, a actividade crítica era-lhe indispensável e congenial.

Ora, este exercício da crítica é o domínio que justamente nos merece agora atenção, apenas a partir de um ângulo bem determinado, e mesmo assim bastante exigente – reflectir sobre o modo como Jorge de Sena pensa a crítica literária em discurso directo ou de primeira pessoa, nas múltiplas entrevistas que concedeu? De facto, nas mais diversas circunstâncias biográficas e profissionais, a par da ocasional teorização sobre a crítica literária e, sobretudo, do assíduo exercício da crítica em diversos tempos e modos (da crítica jornalística ao ensaio académico), Jorge de Sena legou-nos naturais e abundantes reflexões dispersas, quer sobre a natureza e o papel da crítica literária, quer mesmo sobre uma tipologia da crítica, apontando caminhos e denunciando vícios. Com esse intuito, a nossa breve indagação toma como *corpus* principal as 44 entrevistas dadas pelo escritor,

---

[6] Como se lê em uma entrevista de 1965, ao jornal *O Globo*, do Rio de Janeiro, Jorge de Sena é comparado (por Augusto Meyer) ao "'nosso Diderot' pela amplitude e pelo vigor da sua actividade enciclopédica". Jorge de Sena, *Entrevistas (1958-1978)*. Lisboa: Gradiva (Col. Obras completas de Jorge de Sena), 2013, p. 52.
[7] De Emily Dickson ou Kaváfis, a par das muitas outras traduções dos volumes antológicos *Poesia de 26 Séculos* (2 vols., 1971-72) e *Poesia do Século XX* (1978), autores a que o entrevistado se refere algumas vezes. Ibid., p. 144.

entretanto recolhidas em livro e cobrindo o significativo arco cronológico de duas décadas (1958-1978), tendo como entrevistadores nomes tão relevantes como Óscar Lopes, Arnaldo Saraiva ou Baptista Bastos, entre tantos outros.[8]

Entre outros, um dos consideráveis desafios destas reflexões senianas nas múltiplas entrevistas está justamente no seu caráter aparentemente disperso, quer em termos temporais, quer na diversidade de situações, quer ainda na multiplicidade de interlocutores. Deste modo, seria fácil depararmo-nos com natural dispersão, mudanças significativas ou contradições. Há um pensamento coerente de Sena em matéria tão complexa e num contexto espácio-temporal tão diverso e evolutivo?

Desde logo, convém observar que são muitíssimo raras as reflexões sobre a crítica literária em Portugal, quer neste registo seniano, quer ainda mais do ponto do vista teórico. Uma das excepções é o labor de Fidelino de Figueiredo, no primeiro quartel do século XX, ao repensar os mais recentes métodos de crítica literária, por um lado; e, por outro, ao ter a coragem de propor, de modo eclético e inovador, um novo método de crítica, que, a par de outras reflexões ao nível da história e da teoria literárias, bem como da literatura comparada, pretendiam superar o esgotado e desactualizado paradigma romântico-positivista, personificado no influente magistério de Teófilo Braga.

Interligadamente, outro desafio não menos considerável é que a reflexão seniana surge num contexto de considerável evolução dos estudos literários. Após a o império da história e da crítica literárias de matriz positivista, mas também da perniciosa herança biografia,[9] e ainda da prática da crítica impressionista, a primeira metade de Novecentos mostrou-se rica numa sequência de propostas de profunda renovação, de que cabe apenas enumerar as principais: Formalismo

---

[8] A estas reflexões dispersas e também com considerável amplitude temporal, poderiam acrescentar-se ainda alguns volumes da abundantíssima correspondência com vários e ilustres interlocutores – Eduardo Lourenço, José-Augusto França, Vergílio Ferreira, Eugénio de Andrade e Sophia M. Breyner Andresen, entre outros. Mas só essa meditação sobre a correspondência daria matéria para outra alongadíssima reflexão complementar, como já brevissimamente sugerido por José Francisco Costa, *A Correspondência de Jorge de Sena: um outro espaço de escrita*, Lisboa: Salamandra (Pref. de Francisco Cota Fagundes). 2003, p. 36: "Tais paratextos [prefácios, notas, introduções] são outras tantas páginas de autocrítica literária onde se apontam caminhos de leitura da obra. Se observarmos o mapa, apercebemo-nos de que as referências críticas às suas obras ultrapassam, em larga margem, o que se diz sobre crítica literária em geral."

[9] Em epígrafe ao conto "Super Flumina Babylonis" [1964], de *Antigas e novas andanças do demónio*, Jorge de Sena escolherá uma expressiva citação de Latino Coelho (*Luís de Camões*, Lisboa, 1880): "É que os génios não têm, não precisam de ter biografia". Porém, como bem sabia Jorge de Sena, esta notável lição de crítica literária ainda precisaria de ser sublinhada, enfaticamente, pela teoria literária contemporânea, no sentido da superação da tentadora falácia biografista.

Russo, Estilística (Dámaso Alonso), *New Criticism* anglo-americano, Estruturalismo francês, etc., sem esquecer outras vias, como o "método tópico de Curtius".[10] Convém observar que o olhar de Sena sobre o assunto é elaborado tendo em conta o seu progressivo e plural conhecimento do que se passa em Portugal e na Europa, mas também o que ele conhece do Brasil e dos EUA, acompanhando a sua actividade docente. Neste contexto, cabe também observar quais são as grandes referências senianas em matéria de crítica literária, tendo em conta as suas declarações a vários interlocutores.

Atentemos, pois, nessas declarações paratextuais de Jorge de Sena, sobre uma temática que lhe era muito cara – a crítica literária, sua natureza, evolução histórica e função nos estudos literários e no meio cultural –, em discursos onde, ao mesmo tempo e muito naturalmente, fala também na sua própria obra literária e ensaística, nunca esquecendo que é criador e crítico ao mesmo tempo, antes fazendo gala nisso. E o tom geral com que fala da crítica revela-se quase sempre em registo bastante assertivo e, às vezes, bem contundentemente crítico, como em geral na sua obra.[11]

Necessidade de repensar a crítica literária

Urgência de renovação da crítica: desde logo, neste discurso seniano, sobressai o notável poder de actualização de Jorge de Sena, no plano teórico e no domínio da criação literária, ainda mais notável numa figura que andou literalmente com a casa-biblioteca às costas por várias universidades, cidades e países. Nas suas abundantíssimas reflexões, nunca despe a figura do leitor e sobretudo do teorizador e crítico literário, estando atento ao que se vai publicando, quer em língua portuguesa, quer em outros países. Por isso, não estranha que se sinta à vontade para responder a questões sobre a situação dos escritores portugueses e brasileiros, ou mesmo sobre os "novos escritores". Isso também significa que está informado sobre a dinâmica (ou a falta dela) do meio literário, evolução das tendências estéticas, e ainda as limitações de vária ordem que, no caso português, condicionam esse meio literário – da existência da censura, falta de formação, de actualização e de independência dos escritores/críticos, até à existência de "capelas de toda a ordem".[12]

---

[10] Jorge de Sena, *Entrevistas (1958-1978)*, p. 274.
[11] Cf. Ida Alves, "O exercício da crítica: 'minha prosa mais áspera'", in *E-Letras Com Vida*, n. 3, p. 80-87, 2019.
[12] Jorge de Sena, op. cit., p. 25. Capacidade de actualização, lendo o que de mais relevante se ia publicando, mas de forma naturalmente selectiva, com as devidas ressalvas, como salientado por Jorge

Isso também significava a capacidade de se pronunciar sobre os autores mais consagrados, mostrando a sua considerável biblioteca afectiva, de vastos horizontes – Thomas Mann, Hemingway, Faulkner, Proust, Joyce etc.; dos autores brasileiros, as entrevistas realçam nomes tão diversos como João Guimarães Rosa ou os concretistas brasileiros, entre tantos outros; sem esquecer os autores africanos lusófonos; a par, obviamente, de muitos autores portugueses que merecem a sua admiração, de poetas como Camões aos romancistas contemporâneos (Raul Brandão, Ferreira de Castro, Aquilino Ribeiro etc.); sem esquecer os escritores mais novos, que iam publicando as suas primeiras obras, tópico recorrente de vários entrevistadores. Referindo-se em 1959, por exemplo, à evolução ou herança do "triunfo do modernismo" luso de Pessoa e Sá-Carneiro, sintetiza assim a dinâmica dos vários movimentos:

> Mas, após Fernando Pessoa, assistiu-se ao triunfo do modernismo simbolizado por ele e pelo grande Mário de Sá-Carneiro. Esse triunfo, para que contribuíram decisivamente a insistência crítica do grupo da *presença* e depois a insistência política do realismo social, encontra-se hoje numa fase de superação artística e crítica, caracterizada pela aparição de diversas personalidades bem vincadas, mas conscientes da independência da poesia e também da responsabilidade dela, num país onde as consciências nunca são demais.[13]

Ao mesmo tempo, como sugerido, Jorge de Sena tem plena consciência da multiplicidade e da evolução dos métodos críticos. Assim, ainda nos anos 1950, refere-se a métodos como os da estilítica, da crítica intuicionista ou da crítica sociológica, entre outros métodos. No caso português, observa que se passou "de uma crítica racionalista, de base moralista (à António Sérgio), para uma crítica intuicionista, que é a de um João Gaspar Simões,[14] um dos poucos, aliás, que conseguia manter uma actividade crítica constante.[15]

de Sena no seu frequente tom irónico: "Além do mais, eu penso que ninguém, ao contrário do que muita crítica julga que é sua obrigação, ninguém tem a obrigação de ser o registo civil de tudo quanto se publica num país." (Ibid., p. 188). O contrário desta atitude selectiva equivaleria ao suicídio do crítico, afogado literalmente em "obras medíocres".
[13] Ibid., p. 25, destaque no original.
[14] Apesar da admiração por João Gaspar Simões, um dos críticos mais assíduos e respeitáveis, Sena não deixa de ser contundente na distância que mantém em relação ao seu método crítico, acusando-o de fazer uma crítica psicológica e de "se apoiar demasiado no 'palito freudiano' (expressão que ele não me terá perdoado)" (Ibid., p. 30, destaque no original). Essa linguagem agreste de Sena não invalida a admiração pelo trabalho de João Gaspar Simões, aliás visível na correspondência trocada entre ambos.
[15] Ibid., p. 29.

Neste afã modernizador, o mais importante e decisivo era a crítica literária contemporânea ser uma aproximação interpretativa dotada de *espírito científico* – "na medida em que pode existir uma ciência da literatura" –, de forma a que se "evitem as aproximações subjectivas, e as críticas impressionistas de que acho que já se escreveram numerosas páginas inúteis".[16] Deste modo, as propostas "novas formulações da crítica" tomavam, em grande medida, todas as formas de impressionismo crítico e seus praticantes como a *bête noire* do exercício da crítica.

Para o autor do estudo "Sistemas e correntes críticas",[17] ou da "Introdução metodológica" ao ensaio *Uma canção de Camões*,[18] o *problema da crítica* e dos seus *métodos* reveste-se da maior e mais premente acuidade. Afinal, todo o crítico precisa de conhecer bem diversas metodologias críticas (da estilística, à sociologia e à filologia, passando pela estatística), sem esquecer a exigência de rigor e assunção da própria ideologia do crítico, que também transparece no seu trabalho.[19] Sobre a verificação estatística, observa assertivo: "Por exemplo. Eu posso achar que o estilo de um escritor se caracteriza pela alta frequência de certos vocábulos e construções arcaizantes. Como posso saber ao certo, antes de estatisticamente o verificar?"[20]

Usar o método adequado é uma condição *sine qua non* para o fecundo e adequado exercício da crítica; e para Sena, a crítica literária em Portugal apresenta o problema de ausência de "instrumentais adequados", isto é de "falta de metodologia ou de rigorosa aplicação", caindo facilmente em atitude "impressionista"; e, ainda pior, na tentação didáctica e popularizadora, ou mero "noticiarismo crítico", que não chega a ser crítica.[21]

Isto não significa que na imprensa não há lugar para a crítica, mas o desafio é considerável: "Uma crítica em rigor e profundidade dificilmente pode ser feita à escala de um artigo de jornal; e o espírito dela raro poderá sobreviver à preocupação judicativa". Mais do que isso, para Sena, o nível da crítica portuguesa não está à altura da qualidade da literatura portuguesa, havendo mesmo, em terras lusitanas como em outros países, comportamentos reveladores da "estupidez e

---

[16] Ibid., p. 237.
[17] Jorge de Sena, *Dialécticas teóricas da literatura*, p. 109-167.
[18] Jorge de Sena, *Uma canção de Camões*, Lisboa: Edições 70, 1984.
[19] Cf. Jorge de Sena, *Entrevistas (1958-1978)*, p. 64.
[20] Idem.
[21] Ibid., p. 157-158.

[d]a malignidade da crítica".[22] A chamada "crítica judicativa" tem, ou teve, o seu lugar, mas são conhecidos os seus falhanços históricos.[23]

Uma das grandes batalhas senianas reside na defesa do rigor e da objectividade do discurso crítico, que se centra na obra ou texto literário e lança mão dos métodos críticos mais adequados, com o grande objectivo de compreender a estrutura da criação e de propor sentidos interpretativos. Em vários casos, no seu entender, justifica-se a adopção de estudos de base matemática e estatística, de modo a quantificar e comprovar melhor determinadas leituras interpretativas, seja na leitura da poesia de Camões ou de António Gedeão.[24] Para Sena, não colhe de todo o argumento muitas vezes repetido, de que os críticos impressionistas, apenas com base na intuição, podem chegar às mesmas conclusões, como declara em 1972, mais uma vez com laivos de ironia:

> (...) não devia ser novidade para ninguém também, que hoje a quantificação de todos os estudos em ciências humanas é um caminho natural de toda e qualquer crítica. É possível que a gente chegue, ao fim de tanta quantificação, a certos resultados que certos génios da crítica intuíram, mas com uma diferença: é que a gente chega a eles comprovadamente, ao passo que os génios da crítica intuíram e não há prova nenhuma de que eles estejam certos até prova em contrário.[25]

Se não for assim, recorrendo muitas vezes a esta metodologia comprovada, a crítica escorrega facilmente para o domínio da mera opinião, descambando não raras vezes para uma "briga entre comadres". Perfeitamente a par do espírito do tempo, da voga estruturalista (mas não por efeito de moda),[26] para Sena, a *ciência*

---

[22] Ibid., p. 158.
[23] Para ilustrar essa sua visão distanciada e precavida da crítica literária, convoca o estudo de Henri Peyre, *The failures of criticism*, para demonstrar o "fracasso da crítica judicativa e normativa". Idem.
[24] Cf. ibid., p. 235. A análise formal da "forma externa" é, por exemplo, exigida pela poesia de Camões, pelo que neste caso, Jorge de Sena afirma a intenção de "dar uma lição técnica de crítica, para mostrar o que significa analisar os diferentes níveis de um texto poético e as suas variantes". Ibid., p. 274.
[25] Ibid., p. 204.
[26] Por diversas vezes, Jorge de Sena afirma que as tendências formalistas e sobretudo estruturalistas dos estudos literários dos anos 1960-1970 não lhe trazem, pessoalmente, novidade especial, pois já há muito vinha fazendo crítica literária dentro desse espírito analítico, imanentista e estrutural, como declara em 1972: "Eu acho imensa graça, por exemplo, agora, a certos entusiasmos com o estruturalismo francês (que me merece imenso respeito... considero-me estruturalista) mas a verdade é que antes dos teóricos franceses eu e muitas pessoas em vários pontos do mundo já tínhamos lido o *new criticism* americano e inglês, já tínhamos lido formalistas russos, conhecíamos a Escola de Praga, de maneira que tudo aquilo, a nós, nos cheirou um pouco a *déjà vu*." Ibid., p. 237.

literária tem muito a aprender em matéria de exactidão e de provas com outras ciências. O contrário disto seria persistir nos erros e não sair do "patinhar de confusão que se chama crítica literária".[27]

Ao mesmo tempo, o problema da crítica impõe a necessidade de uma aprofundada educação literária e estética, por exemplo ao nível do conhecimento da *técnica* canção e da sextina camoniana, ou do soneto anteriano; o estilo de um autor; ou a estrutura do romance. Há um conhecimento técnico especializado que o crítico não pode ignorar, sob pena de afirmar generalidades não comprovadas textualmente; ou, ainda pior, de repetir, com falta de honestidade, certos lugares-comuns de outros críticos anteriores, propalando juízos apressados.[28]

No centro da actividade da crítica está a obra literária – a "concepção fenomenológica da obra literária" – e tudo o que envolve a leitura crítica, enquanto *juízo* de valor. Para além do já referido, no *exercício da crítica*, o desejável rigor do acto crítico não é contraditório nem expulsa a natural subjectividade do crítico, incluindo as suas ideias políticas ou mesmo as eleições em matéria literária: "O que não quer dizer que eu não tenha preferências pessoais de ordem estética ou política. Mas a honestidade defende-me de as misturar com o exercício da crítica enquanto actividade científica." Como também o crítico não aprecia positivamente certos aspectos da obra de um autor apenas porque a ideologia desse criador lhe é simpática. Para Sena, este é um dos aspectos que macula e diminui a qualidade da "maior parte da chamada crítica portuguesa".[29]

Neste âmbito, quando Óscar Lopes o questiona em 1969 sobre determinadas características da sua análise crítica, referindo expressamente "a análise estatística quantificada, a cronologia, a genealogia, a lexicografia datada", permitindo-lhe uma "intuição sintética" ou "fenomenológica", Sena confirma o lugar destas metodologias enquanto *estratégias de verificação*, numa visão fenomenológica da obra literária, que impede pressuposições por parte do crítico:

Em outra entrevista (de 1972), afirma: "Sou partidário do estruturalismo científico, como base de integração de todos os métodos críticos. Devo dizer que não considero os métodos críticos como mais do que efectivamente são, isto é, técnicas de investigação." Ibid., p. 274; cf. p. 360.
[27] Ibid., p. 204.
[28] Cf. ibid., p. 65.
[29] Ibid., p. 66.

Devo dizer que tenho horror dos palpites, e que jamais me entrego a eles. Em face de qualquer obra ou de qualquer problema, quero-me inteiramente sem palpites, para que a abordagem se faça *sem* qualquer ideia preconcebida. [...] Quando falo, como tenho falado, em crítica fenomenológica, nunca quis referir-me a 'intuições sintéticas', mas a uma atenção *a um objecto enquanto tal*.[30]

Quando o mesmo estudioso o interroga sobre os seus interesses dominantes em matéria crítica, "obras ou correntes literárias", Sena responde que tudo lhe importa, com algumas reservas, como certas manifestações epigonais de "experimentalismo gratuito" ou "certo tradicionalismo realista".[31] Apesar das ressalvas, em várias declarações sobressaem os "omnívoros interesses culturais" e literários do olhar de Sena.[32] E é sempre com a mesma coragem e frontalidade que, um tanto pedagogicamente, aponta nomes que, no seu entender, são modelares seja no campo da crítica – Eugénio Lisboa, por exemplo –, seja no domínio dos novos autores – os poetas Rui Knopfli ou Eugénio de Andrade.[33]

"Perigos da crítica contemporânea": ao mesmo tempo que propõe rumos de renovação da crítica contemporânea, Jorge de Sena tece um conjunto de reparos, advertências e de julgamentos, mais ou menos directos e ferozes, sobre alguns "perigos da crítica contemporânea",[34] em particular sobre a "crítica analfabético-lusitana", segundo uma expressão bem elucidativa do seu diagnóstico. Numa constante dialéctica, ora sugere vias de modernização, ora censura frontalmente alguns dos vícios do exercício da crítica – da ignorância do crítico ao snobismo da crítica –, num diagnóstico genericamente negativo, enquanto poética e crítico empenhado na novidade e mudança para ambos dos domínios da sua especial predilecção: "Daí as minhas relações com a crítica, em Portugal e no Brasil, terem sido sempre tensas. Nestes dois países não se ganha nada procurando caminhos novos para a poesia e a crítica encontra-se a um nível muito baixo, coisa de que não tenho culpa."[35] Num registo tantas vezes incisivo e até amargo, persiste no discurso crítico seniano uma indisfarçável ideia de acerto de contas com o meio literário luso.

---

[30] Ibid., p. 101, destaque no original.
[31] Ibid., p. 102.
[32] Cf. ibid., p. 152.
[33] Cf. ibid., p., 210.
[34] Jorge de Sena, *Dialécticas teóricas da literatura*, p. 248.
[35] Jorge de Sena, *Entrevistas (1958-1978)*, p. 272.

Com efeito, o olhar seniano é frequentemente muito severo sobre a realidade da crítica literária em Portugal: além da pequenez do meio literário português, assevera que há muito poucos bons críticos, e, sobretudo, que exerçam a sua actividade de forma segura e consistente. No final da década de 1950, aponta desde logo dois nomes relevantes – A. Casais Monteiro e João Gaspar Simões.[36] Para Sena, apesar de haver um número significativo de páginas e colunas de crítica na imprensa portuguesa por volta de 1970, era patente que a crítica não usava de "instrumentais adequados",[37] ou seja, de métodos e de linguagens exigidos para a elaboração de um consistente discurso analítico e interpretativo. E nesta matéria, o pensamento seniano é claro: "todos os métodos são válidos, conforme o assunto, o tema e a área de conhecimento"[38]; e ainda: "qualquer método crítico é válido, na medida em que se aplique de um modo consequente";[39] e, neste espírito, determinados processos de análise mais quantitativa tanto podem ser usados em autores clássicos como contemporâneos.

Falando em meio literário português, o autor assevera que o facto de estar fora de Portugal não o impede de se mostrar muito atento e actualizado do que se passa. Aliás, em diversas ocasiões insiste neste tópico – "sempre estive, ainda que à distância, profundamente envolvido na vida portuguesa".[40] O que significa também que o seu conhecimento e mesmo envolvimento abrangiam uma perspectiva política, dimensões (crítico e cidadão) de que nunca se demitiu, protestando a legitimidade do seu "portuguesismo" – "o meu portuguesismo estará comigo onde eu estiver" –,[41] contra todas as insinuações e acusações. Além disso, como insiste em diversos momentos, poderá haver vantagens nessa distância física a que se encontrava, mais propícia à visão da floresta nacional: "quando nós estamos longe temos pelo menos uma possibilidade que é escapar àquele problema que sempre existe de, no meio da floresta, não se ver a floresta por causa das árvores. E também erros de perspectiva".[42]

Para além do afirmado, há vícios da crítica que merecem a Jorge de Sena a mais severa condenação: a incompetência e a ausência de visão cosmopolita de

---

[36] Ibid., p. 29.
[37] Ibid., p. 157.
[38] Ibid., p. 235.
[39] Ibid., p. 274.
[40] Ibid., p. 152.
[41] Ibid., p. 153-154.
[42] Ibid., p. 187-188.

outras literaturas e culturas,⁴³ a par da falta de independência ou mesmo a atracção especulativa. De facto, uma tendência lhe merece profundo reparo é a da impreparação do crítico, por exemplo, dado a voos especulativos vácuos, "em que o crítico fala de tudo menos da obra criticada" (Sena, 2013, p. 55).⁴⁴ Entre esses vícios censuráveis avulta o da incompetência, interrogando-se o autor: "Posso eu, sem cultura filosófica, e sem crítica dessa ordem, compreender o pensamento de Camões ou de Antero?"⁴⁵

Entre os muitos erros que enfermam o exercício da crítica, Jorge de Sena (i) regista o seu pendor exageradamente judicativo, por um lado; por outro, (ii) aponta o exagero de "dar mais importância aos movimentos do que às obras"; mas também (iii) reprova a "grande tendência para acreditar nas proclamações dos escritores" (Sena, 2013, p.192);⁴⁶ (iv) ao mesmo tempo, denuncia a facilidade com que a crítica se deixa influenciar pelo peso da centralidade de certos meios literários (seja Lisboa, seja o Rio de Janeiro), desprezando o que se publica em outros espaços; e ainda, a um outro nível; (v) enfim, censura o facto de a crítica descurar a qualidade da fixação textual, sobretudo dos clássicos: "Toda a gente faz crítica literária em cima de textos que não estão sequer fixados."⁴⁷. Insistentemente, o crítico reitera que a prática da crítica não pode abdicar da centralidade da obra ou do texto; e que o discurso crítico tem de analisar, verificar, comprovar.

Por estes e outros vícios da crítica literária, sobretudo tal como praticada em Portugal, é que Jorge de Sena se refere, em repetidos momentos, à má crítica portuguesa ou ao mau exercício da crítica. Por exemplo, os bons poetas contemporâneos não são tão conhecidos como deveriam, sobretudo no estrangeiro,

---

⁴³ Em jeito de censura a um certo nacionalismo patriótico, culturalmente fechado, observa Jorge de Sena: "Portugal não se salva, enquanto todos os portugueses não forem obrigados, por lei, a fazer um estágio de alguns anos no estrangeiro, mas proibidos de encontrarem-se uns com os outros". (Ibid., p. 59). Esta é, no entender do crítico, uma das faces do provincianismo de qualquer povo, mas com prevalência entre os portugueses (cf. ibid., p. 122): "Todos os povos têm a tendência de fechar-se sobre si mesmos na ignorância do que se passa lá fora." Para o crítico, grande parte dos escritores portugueses maiores viveram parte da sua existência fora da pátria lusa, são os "estrangeiros" Camões, Eça de Queirós ou Fernando Pessoa. Para o tópico que nos importa, o pensamento seninano reiterava a necessidade de desprovincianizar a cultura e a crítica portuguesas: "o escritor português deve sair de Portugal para poder ver o país à distância, porque Portugal é um daqueles países que de perto fica extremamente pequeno e que cresce com a distância", assevera o crítico. Cf. ibid., p. 124, 386.
⁴⁴ Ibid., p. 55.
⁴⁵ Ibid., p. 65.
⁴⁶ Ibid., p. 192.
⁴⁷ Ibid., p. 125.

devido à "mesquinharia da crítica lusitana", como o autor observa em 1968.[48] Outro traço da má crítica nacional é o da repetição de estereótipos, como da "ideia permanentemente repetida de que somos um povo de líricos", que para Sena não passa de uma "cantiga".[49] Outro lugar-comum, de molde romântico, mas perpetuado por alguma crítica, segundo a ironia seniana, concebe o escritor como "um génio pela graça dos deuses, e que quanto mais analfabeto seja mais o génio sai puro".[50]

Como sugerido, sendo ele também escritor, Sena não cai na tentação fácil de defender que só o escritor-crítico é que garante a melhor qualidade do exercício crítico, pela capacidade criadora inerente. Reconhece que no seu caso, as duas actividades correm em paralelo.[51] Porém, não chega a pronunciar-se sobre potenciais questões de parcialidade, por exemplo, de poder ser demasiado severo com críticos que silenciaram ou se pronunciarem menos positivamente sobre a sua obra.[52]

Neste caso, Sena mostra plena consciência do antigo debate em torno do duplo papel de escritor e de crítico, considerando-o um "falso problema": "É velha a polémica sobre se o escritor, ou em particular o poeta, tem mais capacidades críticas que o simples crítico." Para o autor, há grande autores que também foram críticos notáveis;[53] como também tem existido críticos dotados de capacidade criadora e de penetração (Auerbach, Curtius, Spitzer). Para o autor, ainda que a potencial "sobreposição ou conflito de interesses entre a criação e a crítica existam no escritor-crítico", essa condição peculiar exige ainda mais "a objectividade da sua crítica", com base na segurança dos seus "métodos de análise".[54]

---

[48] Ibid., p. 72.
[49] Ibid., p. 124.
[50] Ibid., p. 192.
[51] Ibid., p. 35.
[52] A este propósito, veja-se o texto seniano "O poeta e o crítico na mesma pessoa – um depoimento sobre algumas décadas de experiência pessoal" (Jorge de Sena, *Dialécticas teóricas da literatura*, p. 237-251). Na dupla facete de escritor-crítico, e até de poeta pertencente ao "grupo" dos *Cadernos de Poesia*, Jorge de Sena está bem longe de ser caso único no cenário português contemporâneo, em que sobressaem nomes significativos como os de Vitorino Nemésio, David Mourão-Ferreira, Adolfo Casais Monteiro, Vergílio Ferreira (cf., por exemplo, José Cândido de Oliveira Martins, "Vergílio Ferreira, crítico literário de vocação impressionista e ensaística", in Ana Paula Coutinho et al. (org.), *Vergílio Ferreira, escrever e pensar ou o apelo invencível da arte*, Lisboa: Âncora Editora / ILCML, p. 329-348, 2017), entre vários outros.
[53] T. S. Eliot, *Ensaios de doutrina crítica*, Lisboa: Guimarães Editores, 1997.
[54] José Cândido de Oliveira Martins, "Vergílio Ferreira, crítico literário de vocação impressionista e ensaística", p. 244-245.

E quando o poeta-crítico exemplifica rapidamente, como faz de modo assíduo para fundamentar as suas opiniões, relembra o ensaio que Balzac escreveu sobre Stendhal, após o que a "crítica profissional" tinha publicado, texto que "é uma das coisas mais interessantes sobre Stendhal", logo acrescentando categoricamente:

> Em contrapartida, um Sainte-Beuve, 'o grande crítico' da literatura francesa, não percebeu nada dos escritores seus contemporâneos. Um Baudelaire, um Gautier são grandes críticos e grandes poetas. Não existe nenhum grande escritor que não tivesse também uma profunda consciência crítica.[55]

Crítica literária em equação

Face ao afirmado, torna-se evidente que a questão da crítica literária era para Jorge de Sena um tema tão relevante que não podia estar ausente das entrevistas que foi dando ao longo de duas décadas, acompanhando assim uma etapa fundamental do seu labor no campo dos estudos literários de língua portuguesa. E, como fomos referindo antes, no capítulo destas reflexões senianas sobressaem algumas ideias fundamentais: primeira, já referida, a de relevância inequívoca do tema para o autor – não basta ter pensado teoricamente sobre a crítica e de a ter praticado abundantemente ao longo de décadas; também a ela regressa frequente e obsessivamente nas entrevistas e na correspondência.

Face ao afirmado, cremos poder realçar-se a prolongada reflexão seniana sobre este tema axial desenvolvida em diversos registos – do informativo e pedagógico, ao invectivo e amargo –, mas sempre de forma actualizada, atribuindo à crítica um espaço muito relevante no campo dos estudos literários. É que, quando se pronuncia sobre a evolução dos movimentos ou das tendências estéticas,[56] sobre os estilos de época, géneros literários e outras formas, temas de literatura comparada, Jorge de Sena demonstra um saber ávido, seguro e amplo, alicerçado

---

[55] Jorge de Sena, *Entrevistas (1958-1978)*, p. 273.
[56] Merece realce o contributo inovador que o teórico e crítico Jorge de Sena deu na sua proposta sobre o Maneirismo em Portugal, iniciado com Camões e prolongado até ao início de Seiscentos (Ibid.,, p.143): "O Maneirismo, como período da cultura ocidental em todos os campos, só hoje começa a ser reconhecido pelos críticos e historiadores da cultura". Sabemos bem hoje como o contributo seniano para a caracterização estético-periodológica do Maneirismo português se mostrou absolutamente pioneiro (cf. Vítor Aguiar e Silva, *Jorge de Sena e Camões: trinta anos de amor e melancolia*, Lisboa: Angelus Novus, 2009, p. 29 ss; e idem, "Para uma revisão do conceito de Maneirismo", in Maria do Céu Fraga; José Cândido Oliveira Martins et al. (Org.). *Camões e os contemporâneos*, Braga: CIEC – Centro Interuniversitário de Estudos Camonianos, Universidade dos Açores, Universidade Católica Portuguesa, 2012, p. 19-34).

em informação variada, da teoria à história literária, da filosofia à estética, da cultura à sociologia, como convém a um crítico literário bem formado. Neste sentido, assume a qualidade do seu trabalho crítico sem falsa imodéstia: "penso que escrevi alguns dos melhores ensaios da crítica portuguesa em qualquer época",[57] como declara em 1977 a Manuel Poppe.

Por conseguinte, e perante o afirmado, concluir-se também, sem grande exagero, que em língua portuguesa e a partir de meados do século, de modo *sui generis*, Jorge de Sena protagonizou a *querela da nova crítica*,[58] sob a forma de confronto entre antigos e modernos. Essa natureza e objectivos são visíveis quer na sua valorização de métodos plurais de análise do texto literário; quer, complementarmente, no seu afã de superar as reconhecidas limitações quer das tentações do biografismo e da erudição historicista, quer sobretudo das debilidades do impressionismo e ainda das complexas incursões freudianas. Para Sena, o exercício da crítica literária moderna tinha de apoiar-se em novas metodologias críticas, com muito rigor e numa natureza estruturalista, recorrendo mesmo a trabalho matemático e estatístico, de forma a fundamentar objectivamente todo o ensaio de compreensão dos sentidos da obra literária analisada.

Decorre implicitamente do apontado antes que a actividade crítica literária de Jorge de Sena – além do leitor omnívoro que sempre foi – está bastante interligada com o seu percurso académico e as inúmeras investigações, bem como com a produção da sua própria obra literária. Também aqui, nesta ligação entre o crítico e as suas circunstâncias, se aplica uma pertinente afirmação de Eduardo Lourenço,[59] que não deixa de se impressionar diante da "extraordinária *obra crítica*" seniana: "Jorge de Sena nunca escreveu nada em que não se escrevesse". Depois do exposto antes, decorre também um evidente corolário: não é possível fazer a história da crítica literária em Portugal sem destacar o decisivo papel de Jorge de Sena neste domínio importante do campo dos estudos literários.[60]

---

[57] Jorge de Sena, *Entrevistas (1958-1978)*, p. 385.
[58] Naturalmente, alude-se à famosa querela da nova crítica, que opôs Raymond Picard e Roland Barthes por 1965, com tudo o que representou de confronto de duas concepções de crítica literária – cf. P. Brunel et al, *A crítica literária*, São Paulo: Martins Fontes, 1988, p. 105 ss.; Manuel Ascensi Pérez, *Historia de la teoría de la literatura*, v. II. Valencia: Tirant lo Blanch, 2003, p. 378 ss.
[59] Eduardo Lourenço, "Viagem no imaginário crítico de Jorge de Sena", in Gilda Santos, *Jorge de Sena em rotas entrecruzadas*, Lisboa: Edições Cosmos, 1999, p. 43-50, p. 44.
[60] Entre outros exemplos do merecido destaque concedido a Jorge de Sena em abarcantes balanços históricos sobre a crítica literária portuguesa, cf. Arnaldo Saraiva, "Para uma teoria da crítica portuguesa", in *Literatura marginal/izada*, Porto: [s.n.], 1975, p. 67-100, p. 96; e "Historiografia e crítica literária: um balanço", in Fernando Pernes (coord.), *Panorama da cultura portuguesa no século XX*, v. 2, Porto: Fundação de Serralves, p. 403-427, 2002, p. 403-427, p. 417.

Se dúvidas houvesse sobre a competência e perspicácia crítica de Jorge de Sena, bastaria verificar os nomes dos autores – dos clássicos aos contemporâneos, sobretudo estes –, para constatar que não existem erros clamorosos de interpretação ou de valoração estética. E isto só bastaria para aquilatar da solidez do seu método crítico. A par disso, os seus textos de prática crítica sobre autores contemporâneos continuam a ser uma referência até hoje, no seu estilo peculiar, rigoroso, clarividente e desassombrado. Em suma, não é nada recomendável estudar a literatura portuguesa contemporânea, sobretudo a poesia, ignorando completamente o contributo do olhar crítico de Jorge de Sena, desde logo nas interessantíssimas entrevistas que concedeu a diversos interlocutores.

José Cândido de Oliveira Martins é Professor Associado da Universidade Católica Portuguesa. Integra a Direção da Associação Internacional de Lusitanistas (AIL), sendo Editor responsável da *Plataforma 9*. Autor de artigos e obras teóricas (*Teoria da paródia surrealista* (1995); *Fidelino de Figueiredo e a crítica da teoria literária positivista* (2003); *Viajar com Vasco Graça Moura* (2020), entre outros) é também editor e organizador de livros e volumes temáticos de revistas internacionais (*Leituras do desejo em Camilo Castelo Branco* (2010); *Pensar a literatura no século XXI* (2011); *Maria Ondina Braga: viagens e culturas em diálogo* (2019).

Tradução e talento individual: Jorge de Sena tradutor e antologiador
• Joana Meirim •

Jorge de Sena e a tradução de poesia

Aquando da receção de *Poesia de 26 séculos*, numa carta de novembro de 1972, Sophia apresenta a sua visão sobre tradução e em particular sobre as traduções de Sena: o ideal de tradução passa por levar o leitor até ao original, contrariando a tendência de Sena, que privilegia a comunicabilidade acima de tudo, sendo fundamental levar a obra original ao leitor. É como se de duas fidelidades distintas se tratasse: Sophia prefere a fidelidade à letra do poema e Sena privilegia a fidelidade ao sentido do poema, o que configura o famoso binómio forma/conteúdo, o grande desafio na tradução de poesia : "(ii) poetry is difficult, cryptic, ambiguous and exhibits a special relationship between form and meaning."[1] É este o diálogo na correspondência:

> Gostei muito de muitas das tuas traduções – mas por mim só creio na tradução obcecadamente literal. Quando leio Homero ou Platão quero traduções tal e qual. E, quando alguém me traduz, as diversões e derivações dos tradutores, por mais brilhantes que sejam, arrepiam-me sempre. Quero traduções mas que deixem em branco o vazio entre duas línguas.[2]

---

[1] Cf. Jean Boase-Beier, "Poetry", in Mona Baker; M Gabriela Saldanha (eds.), *The Routledge Encyclopedia of Translation Studies*, London, New York: Routledge, Taylor and Francis e-library, 2009, p. 381.
[2] Sophia de Mello Breyner; Jorge de Sena, *Correspondência 1959-1978*, 2ª ed., Mécia de Sena e Maria Andresen Sousa Tavares (Eds.). Lisboa: Guerra & Paz, 2006, p. 127, destaque no original.

Não, Sophia, não há Grécia literal em verso que signifique alguma coisa, a não ser para quem saiba grego (...).[3] No fundo, voltando aos livros, creio que não gostaste nem dos *Exorcismos* nem das traduções. Estas por o serem (e tudo é tradução na vida ou mistificação se o não for), e aqueles por uma violência e um erotismo que estão escondidos em ti e temes em ti mesma.[4]

Na resposta de Sena, é evidente desde logo o entendimento lato que tem do termo "tradução": não é só a transferência de um texto de uma língua para outra, mas é também matéria de interpretação, de pensamento. O ato tradutório é intrínseco ao ser humano, como o próprio reconhece na introdução a *Poesia de 26 séculos*. Ser anti-tradução seria, de certa maneira, negar a humanidade que há em nós:

Tudo na vida é tradução: e, nas mais intensas vivências, o homem capaz de senti-las sabe quanto isso é verdade – haverá tradução mais difícil que traduzirmo-nos, ainda que só pelos gestos do prazer físico, para quem amamos? Por certo mais difícil, mais impossível, que traduzir para uma língua quem amemos e admiremos noutra.[5]

As reflexões teóricas de Sena sobre o que é traduzir poesia são essencialmente constituídas por artigos publicados em periódicos (e.g. "Traduções de versos", de 1956, e "Forma, conteúdo e tradução", de 1974),[6] que apresentam a sua perspetiva sobre tradução de poemas, perspetiva esta indissociável da forma como encara a história da literatura e o lugar que o poeta nela ocupa; pelas notas introdutórias e pelos prefácios às antologias de poesia traduzida; e ainda pelas inúmeras considerações que faz na sua correspondência, sobretudo em finais dos anos 1960 e inícios da década de 1970, a propósito da publicação de *Poesia de 26 séculos* e *Poesia do século* XX, a par de outros momentos reflexivos nos seus *Diários*.

Nos textos de Sena especificamente sobre tradução, é clara a sua vontade de tentar corrigir certa visão compartimentada da história literária, assim como apresenta argumentos contra o mito da impossibilidade de traduzir poesia. Criticando o descaso do passado literário e a estreiteza cultural, escreve Jorge de

---

[3] Ibid., p. 129.
[4] Ibid., p. 131.
[5] Jorge de Sena, *Poesia de 26 séculos (de Arquíloco a Nietzsche)*, Coimbra: Fora do Texto, 1993, p. 21.
[6] Estes artigos estão reunidos no volume *Sobre teoria e crítica literária*, Mécia de Sena (Ed.), Porto: Edições Caixotim, 2008.

Sena: "Nada é mais actual que uma tradução – e traduzir poetas de todos os tempos e vários lugares só é possível, se se acredita que a humanidade se sobrepõe a todas as barreiras não só da distância, mas dos misticismos e oportunismos fáceis, dos quais o mito da intraduzibilidade não é o menor".[7]

Num artigo de 1953, primeiro texto teórico exclusivamente dedicado ao assunto, Sena considera a tradução como forma de evitar a confusão babélica, permitindo o convívio e a comunicabilidade universais: "Se os homens, que vivem lado a lado, tentam constantemente falar uns com os outros, nesta cifra tão comum, e tão individual que é a linguagem, porque havemos de aceitar de boa mente, ou com altiva e solopsística suficiência a confusão de Babel? Porque não havemos de redimir este castigo pela tradução?"[8] É curioso notar que esta reflexão de Sena ecoa, ainda que involuntariamente, em George Steiner, na introdução a *The Penguin Book of Modern Verse Translation*. Steiner não é tão assertivo quanto Sena, mas defende a tentativa de traduzir poesia e o facto de a tradução ser um característica intrínseca à condição do ser humano e uma das formas de proporcionar o convívio entre todos: "But the attempt to translate must be made, the risks taken, if that tower in Babel is to be more than ruin."[9]

Numa carta de 1973 a Carlo Vittorio Cattaneo, Sena apresenta o resumo[10] dos seus principais argumentos sobre a tradução de poesia, posteriormente retomados num ensaio de 1974.

> Quanto às traduções, se elas, meu caro, lhe deram a impressão de não serem os seus poemas, por certo é porque serão más... Eu não tive a mesma impressão quando me li nas suas. Também pode ser que V. se prenda muito mais ao específico som das palavras e mesmo à escrita imagem delas do que eu. Ainda que o som faça parte do que importa num poema, sempre

---

[7] Jorge de Sena, *Poesia de 26 séculos (de Arquíloco a Nietzsche)*, p. 19.
[8] Jorge de Sena, "Sobre traduções, umas breves notas", in *Sobre teoria e crítica literária*, p. 41.
[9] George Steiner (introd. and edited), *The Penguin Book of Modern Verse Translation*, London: Penguin Books, 1966, p. 29.
[10] Uma síntese das ideias de Sena sobre tradução de poesia encontra-se num artigo de Margarida Braga Neves: "para o autor de *Fidelidade* a tradução de poesia configura um lugar privilegiado – onde é possível o convívio com os autores mais afastados, tanto no tempo como no espaço, um lugar onde as suas vozes resgatadas do silêncio e da escuridão ecoam e se perpetuam numa herança universal, milenária e sem fronteiras. Daí que ela constitua o antídoto mais eficaz contra alguns dos venenos que corroem a humanidade – a ignorância, o desconhecimento, o solipsismo e os nacionalismos de todo o tipo." Margarida Braga Neves, "Rilke e(m) Sena", in AAVV, *Rilke – 70 anos depois. Colóquio Interdisciplinar*, org. Maria Teresa Furtado et al., Lisboa: Edições Colibri, 1996, p. 242-243.

isso é parte do que sinto querer dizer, e mais importante para mim é isto do que aquilo. Outra língua é sempre outra e soa diversa: mas eu cada vez mais creio que os "efeitos sonoros" então são o que, não transponível, importa menos, ou torna uma poesia mais provincial. No meu ódio a todos os nacionalismos, creio que começo a odiar até as próprias línguas enquanto tais, refúgios da incomunicabilidade humana. Os poetas e críticos que têm dito que a poesia é o que se perde na tradução são os que, no fundo, ainda querem crer na 'magia' da linguagem, no mito religioso dela – que eu odeio também.[11]

Quer nesta carta, quer no ensaio "Forma, conteúdo e tradução" (1974), Sena defende a traduzibilidade de tudo, contra a ideia da "magia das palavras" (como chama pejorativamente à sua peculiaridade fonológica), contra o provincianismo e contra aquilo que entende ser a "superstição" dos que consideram que a poesia se perde na tradução, reflexões que vão plenamente ao encontro dos versos do poema "Noções de linguística", particularmente reveladores da atitude de Sena em relação à poesia e à possibilidade de a traduzir. É com evidente sarcasmo que nos fala do pretenso mistério da poesia e da presumível intraduzibilidade de uma língua.

> As línguas, que duram séculos e mesmo sobrevivem
> esquecidas noutras, morrem todos os dias
> na gaguez daqueles que as herdaram:
> e são tão imortais que meia dúzia de anos
> as suprime da boca dissolvida
> ao peso de outra raça, outra cultura.
> Tão metafísicas, tão intraduzíveis,
> que se derretem assim, não nos altos céus,
> mas na caca quotidiana de outras. [12]

No artigo de 1974, Sena apresenta ainda qual o perfil ético do tradutor, e nele é também possível reconhecer o método principal que vai reger a sua atividade tradutória: "Se uma música evoca, numa língua, certas associações, haverá

---

[11] Jorge de Sena; Carlo Vittorio Cattaneo, *Correspondência 1969-1978*, Mécia de Sena, Jorge Fazenda Lourenço e Joana Meirim (Eds.), trad. Jorge Vaz de Carvalho, Lisboa: Guimarães Editores, 2013, p. 275-276.
[12] Jorge de Sena, *Poesia I*, Jorge Fazenda Lourenço (Ed.), Lisboa: Guimarães Editores, 2013, p. 600-601.

noutra uma equivalência para elas. Sem dúvida que essa música é, em cada obra literária, parte inseparável da estrutura – mas o recriá-la noutra é a obrigação do tradutor. Não há traduções impossíveis: o que há é, por um lado, superstições, e, por outro, tradutores maus ou preguiçosos".[13]

O método de Sena

Na introdução a *80 poemas de Emily Dickinson*, Sena diz-nos que "traduzir não é fazer poesia nossa com a poesia dos outros, mas fazer com a nossa língua o que uma Emily Dickinson teria feito e dito se, em português, experimentasse idêntico poema".[14] Ora, o verdadeiro tradutor, segundo Schleiermacher, tem dois únicos caminhos possíveis: *ou o tradutor move o leitor em direção ao escritor; ou deixa o leitor em repouso e move o escritor em direção a ele*.[15] É este segundo método – traduzir a poesia dos outros com a finalidade principal de ser lida como se tivesse sido escrita na língua para que se traduz – o critério eleito por Jorge de Sena para a sua atividade tradutória. Na verdade, o caso de Jorge de Sena configura, de acordo com João Barrento, uma tendência portuguesa quanto à tradução de poesia, reconhecendo na história da tradução de poesia em Portugal duas famílias: a dominante é aquela que traduz assimilando o outro ao próprio; a que tem menos partidários é a do "estranhamento deliberado que deixa marcas (...) no tecido da língua de chegada", como nos diz num ensaio sobre David Mourão-Ferreira e a tradução.[16]

Em Jorge de Sena não é possível dissociar o método escolhido das suas preocupações teóricas sobre tradução e literatura. O método privilegiado responde assim à necessidade de facilitar a comunicabilidade, recusando a estranheza, e de potenciar o convívio entre diferentes literaturas. De alguma maneira, as antologias de poesia traduzida publicadas por Sena refletem a ideia central de defesa de uma literatura universal, tese fundamental que está presente em vários ensaios de *Dialécticas da literatura*, reveladores, aliás, de uma leitura atenta da crítica de T. S. Eliot. A tradução deve cumprir dois propósitos fundamentais: corrigir a historiografia literária e a visão romântica que a domina, nomeadamente o seu critério "evolucionista e nacional" ("Nenhuma literatura

---

[13] Jorge de Sena, "Forma, conteúdo e tradução", in *Sobre teoria e crítica literária*, p.129.
[14] Jorge de Sena, *80 poemas de Emily Dickinson*, Lisboa: Guimarães Editores, 2010, p. 29.
[15] Cf. Friedrich Schleiermacher, *Sobre os diferentes métodos de traduzir*, apres., trad., notas e posfácio de José M. Miranda Justo, Porto: Porto Editora, 2003, p. 61.
[16] João Barrento, "A mão esquerda de Orfeu: David Mourão-Ferreira, poeta-tradutor", in *O poço de Babel. Para uma poética da tradução literária*, Lisboa: Relógio d'Água, 2002, p. 216.

em nenhum período da sua história se explica inteiramente por si mesma, e nenhum movimento estético, a não ser em raríssimos casos especiais, tem a sua história confinada ao país ou à língua da sua origem");[17] e defender a aplicação do conceito de literatura universal, "para o qual nenhum autor é de mérito apenas porque elucida com muito pitoresco e visão a vida dos planaltos do Tibete, do sertão da Baía, ou da aldeia de Paio Pires. Só este conceito pode salvar a literatura igualmente do imperialismo das grandes culturas e do provincianismo das pequenas".[18]

A par destes dois propósitos, o ato tradutório para Sena é uma forma de *atualizar* a tradição literária. A disciplina da história, entendida por Sena como "continuidade humana",[19] é fulcral na teoria seniana sobre literatura e sobre tradução, e é devedora, em grande medida, das leituras da crítica de T. S. Eliot. Se grande parte da reflexão teórica de Sena fala da literatura universal, não deixa de ponderar ainda o lugar que cabe a um poeta tradicional, em sentido eliotiano, e não descura a legítima possibilidade de pertencer à poesia universal.

O poema "Envoi", de 1970, publicado postumamente, encerra em si, uma "particular *poética da tradução*", como lhe chamou Jorge Fazenda Lourenço:[20] "Se vos traduzo para vós em mim, / não é porque vos use para dizer o que não disse, / ou para que digais o que não haveis dito – / mas para que sejais da minha língua, / aquela a que eu pertenço e me pertence, / e assim nela eu me sinta em todo o mundo e sempre, / por vossa companhia."[21] Na edição revista e aumentada de *O essencial sobre Jorge de Sena*, Jorge Fazenda Lourenço, comentando este poema, sublinha a tarefa da tradução como forma de consolo do exílio,[22] chamando a atenção para o facto de esta circunstância ter estimulado em Jorge de Sena a atividade criativa, na qual se inclui também a tradutória. De facto, a tradução pode atenuar o seu isolamento, mas a procura desta companhia é também uma

---

[17] Jorge de Sena, "Sobre a dualidade fundamental dos períodos literários", in *Dialécticas da literatura*, Lisboa: Edições 70, 1973, p. 165.
[18] Jorge de Sena, "Sobre a existência de valores literários e a sobrevivência da literatura", in *Dialécticas da literatura*, Lisboa: Edições 70, 1973, p. 208.
[19] Cf. Jorge de Sena, "A poesia e a vida", in *Poesia e cultura*, Mécia de Sena (Ed.), Porto: Edições Caixotim, 2005, p. 106.
[20] Jorge Fazenda Lourenço, "Redimir Babel", in *O brilho dos sinais. Estudos sobre Jorge de Sena*, Porto: Edições Caixotim, 2002, p. 111.
[21] Jorge de Sena, *Poesia II*, Jorge Fazenda Lourenço (Ed.), Lisboa: Guimarães, 2014, p. 831-832.
[22] Cf. Jorge Fazenda Lourenço, *O essencial sobre Jorge de Sena*, 2ª ed., rev. e aum., Lisboa: INCM, 2019, p. 64.

forma de se sentir integrado na tradição literária, "em todo o mundo e sempre", como diz no poema citado.

O desejo de ser um escritor universal, de pertencer plenamente à tradição literária, fazer uma obra universal e não paroquial, é um dos tópicos recorrentes na sua vasta correspondência, como forma muitas vezes de se demarcar da literatura do seu país. Não deixa, contudo, de ser tópico sensível e ambíguo, pois Jorge de Sena sempre se viu entre a ambição de ser escritor universal e, no entanto, desejar apenas o reconhecimento da aldeia onde nasceu ("E tudo isto me sabe a nada – a gente só quer ter a seus pés, rendido e submisso, o povo da aldeia em que nasceu").[23] Nesse sentido, a tradução repete o gesto de se dirigir aos seus contemporâneos (e compatriotas), demasiado atuais e ignorantes da tradição literária.

Tradução e talento individual

A tradução, para Jorge de Sena, não é tanto uma "escola de experiência de expressão"[24] como uma forma de um poeta com agudo sentido histórico e crítico tornar acessível a tradição, *atualizá-la*, consciente de que a noção clara, que só os grandes detêm, do passado literário é aquilo que permite a sua integração numa poesia de 27 séculos. Assim, a reflexão tradutológica de Sena confunde-se com a sua maneira de encarar o seu lugar na história da poesia. Disso nos dá conta em várias passagens da nota de abertura a *Poesia de 26 séculos*.

> Uma imensa viagem por vinte e sete séculos de poesia, postos em português no acaso de encontros tradutórios (...) recorda ao público interessado uma modernidade de sempre, do mesmo passo que lhe permite conviver com poetas e poemas de outras línguas que acaso ignore. Aos poetas, quanto de poesia se traduza pode ajudá-los a sentirem-se, no concreto da linguagem, *mais parte de um processo milenário que nunca conheceu fronteiras apesar da diversidade das línguas*, e, portanto, mais integrados nessa coisa estranha que é a humanidade.[25]

A pertença à humanidade, através da tradução, é também a integração do poeta Jorge de Sena na tradição literária e na literatura universal. A atividade de tradutor e antologiador revela a sua preocupação com o sentido histórico da

---

[23] Eduardo Lourenço; Jorge de Sena, *Correspondência*, Mécia de Sena (Ed.), Lisboa: INCM, 1991, p.47.
[24] Jorge de Sena, *Poesia de 26 séculos (de Arquíloco a Nietzsche)* p. 21.
[25] Ibid., p. 10-11, destaques meus.

literatura e corresponde a um projeto de *Weltliteratur*,[26] ao qual não é alheia a sua preocupação de pertença à história e literatura universais. Esta preocupação legítima evoca, na verdade, a reflexão de T. S. Eliot em "Tradition and the individual talent". Na primeira parte deste ensaio, Eliot apresenta uma noção ampla de tradição, que não é o mero legado que um poeta herda da geração precedente, mas implica antes um sentido histórico: a conciliação do passado de toda a literatura com aquilo que é feito pelos seus contemporâneos. Assim, o poeta escreve "não apenas com a sua própria geração no sangue, mas também com o sentimento de toda a literatura europeia desde Homero, e nela a totalidade da literatura da sua pátria, possui uma existência simultânea e compõe uma ordem simultânea. Esse sentido histórico (...) é o que torna um escritor tradicional".[27] Nos termos de Sena, e a propósito dos poetas que traduziu, os grandes autores têm de ser "homens do seu tempo e de sempre".[28]

A possibilidade de escrever no seu tempo sempre consciente da grandeza do passado literário que o precede está bem presente na atividade de Jorge de Sena enquanto tradutor e antologiador de poesia, de que as duas magnas colectâneas *Poesia de 26 séculos* e *Poesia do século* XX são importantes exemplos. Traduzir e antologiar os grandes nomes "Modernos Antigos e Modernos"[29] é uma forma de se inscrever na tradição poética e na história da poesia.

Etna-Taormina

Se, por um lado, a tradução permite quebrar as fronteiras linguísticas, condição essencial para a integração plena na humanidade, por outro, é também via tradução que Jorge de Sena acede ao "panteão da poesia".[30] No discurso de recepção do XV Prémio Internacional de Poesia Etna-Taormina (1977), o único prémio literário atribuído à sua obra poética, que resulta da tradução de uma antologia poética (*Esorcismi*, 1975) para italiano por Carlo Vittorio Cattaneo, Sena, inscre-

---

[26] Ana Maria Bernardo entende as antologias de poesia traduzida de Jorge de Sena como projetos de literatura mundial. Cf. Ana Maria Bernardo, "Poetry anthologies as *Weltliteratur* projects", *Translation in anthologies and collections (19th and 20 th centuries)*, Teresa Seruya *et al.* (Eds.), Philadelphia: John Benjamins Publishing Company, 2013, p. 107-121.
[27] T.S. Eliot, *Ensaios de doutrina crítica*, 2ª ed., trad. J. Monteiro-Grillo com a colaboração de Fernando de Mello Moser, Lisboa: Guimarães Editores, 1997, p. 23.
[28] Jorge de Sena, *Poesia de 26 séculos*, p. 19.
[29] Idem p. 9.
[30] Jorge de Sena, "Discurso do Prémio Etna-Taormina", in *Poesia e cultura*. Porto: Edições Caixotim, p. 203.

vendo-se na tradição literária do Ocidente, explica a relação da sua poesia com a poesia do mundo.

Neste discurso, sublinha então a universalidade da poesia, a recusa de provincianismos, e, não menos importante, legitima a sua inscrição na tradição poética e assume-se como poeta tradicional: "a minha poesia nada tem de patriótica ou de nacionalista, e eu sempre me quis e me fiz um cidadão do mundo, no tempo e no espaço. É uma poesia que sabe de tudo e que se escreveu em toda a parte, desde a épica de Gilgamesh, até à falta de comunicação com que os poetas mais jovens de hoje fingem que não estão calados".[31]

Joana Meirim é doutora pelo Programa em Teoria da Literatura da Faculdade de Letras da Universidade de Lisboa. Professora na Universidade Católica Portuguesa e pesquisadora do Centro de Estudos de Comunicação e Cultura (CECC) da mesma universidade. Coeditora da correspondência entre Jorge de Sena e Carlo Vittorio Cattaneo e do site de poesia e crítica *Jogos florais*, publicou um livro coletivo de ensaios *E a minha festa de homenagem? Ensaios para Alexandre O'Neill* (Lisboa, 2018).

---

[31] Ibid. p. 205.

Jorge de Sena e as cores da liberdade

• Jorge Vaz de Carvalho •

Quando se dá em Portugal o golpe de 28 de maio de 1926, Jorge de Sena é um menino a iniciar a instrução primária. Viveria quarenta anos na pátria sob o regime de partido único, até ao seu envolvimento no frustrado "golpe da Sé" para o derrubar. Pelo direito de ser o que mais desejava, não andar coagido, dispor de si e agir segundo as escolhas e vontade próprias, dizer o que pensava de modo independente, publicar sem censura as obras que escrevia, optou por se expatriar da ditadura portuguesa no Brasil, em 1959, e da ditadura brasileira nos Estados Unidos da América, em 1965. Prosseguiu a enérgica oposição ao salazarismo, desempenhando importantes papéis tanto nos meios intelectuais e académicos como no esclarecimento das comunidades portuguesas emigrantes, antes e após o 25 de abril de 1974. No plano político, Sena defende a democracia representativa e o socialismo, sem jamais aceitar a filiação num partido organizado. No plano estético e cultural, afirma sempre a plena independência criativa insubmissa a ismos doutrinários. A sua elevada consciência, revoltadamente crítica do lugar infecto que é o mundo, sem por isso desesperar da Humanidade, fez do cidadão, intelectual e escritor alguém absolutamente fiel aos valores de dignidade do ser humano, de liberdade, justiça e respeito. A obra ensaística e literária de Sena é a expressão permanente dessa inquietação, entusiasmo, furor, amargura e demanda, no mundo que também à literatura compete transformar.

Para uma tal personalidade, a liberdade começa por ser a consciência dela e a disposição irredutível da vontade. A vida é condicionada pelas formas de organização que a sociedade adopta ou lhe impõem, desde logo, o regime que a governa. Porém, mesmo na ditadura mais despótica, a liberdade pode vigorar no pensamento que não se deixa alienar. Cada um possui no seu espaço mental a faculdade de criticamente ajuizar as regras da existência, aceitar ou contestar os padrões impostos e se despir de normas que a consciência recusa por ilegítimas

– não apenas as coerções dos regimes políticos e suas instituições, mas também as que a sociedade e os grupos exercem para conformar o indivíduo aos seus modelos e valores. Em graus distintos, as ditaduras e as democracias interferem na vida privada dos cidadãos, ditam o que devem pensar, impõem e reprimem comportamentos, censuram e punem atitudes, descriminam socialmente e inferiorizam economicamente, com base em normas que se pretendem absolutas, desconsiderando as contingências históricas. Não obstante, Sena defende: "Uma *ética* moderna visa precisamente a estruturar, por forma racional e dialéctica, o relativismo mútuo de todas as superstruturas, que a nenhuma é lícito interferir na liberdade de quantos a não reconheçam."[1] E o conceito de poesia como *testemunho*, confirmado amiúde em versos como os de "'La cathédrale engloutie', de Debussy" ("Passei a ser esta soma teimosa do que não existe:/ exigência, anseio, dúvida, e gosto/ de impor aos outros a visão profunda,/ não a visão que eles fingem,/ mas a visão que recusam"), comporta a determinação de ser

> a mais alta forma de transformação do mundo, porque nele, com ele e através dele, que é antes de mais *linguagem*, se processa a remodelação dos esquemas feitos, das ideias aceites, dos hábitos sociais inconscientemente vividos, dos sentimentos convencionalmente aferidos.[2]

Se há escritor para quem o acto poético de criar vale essencialmente como experiência de liberdade é Jorge de Sena. Entendendo a cultura como "livre discussão e esclarecimento e conquista pessoal da liberdade de reflexão e expressão", tem por força de agir contra todas as forças constringentes, "como poeta, como ser humano, como cidadão, como pessoa politicamente envolvida e sempre independente".[3]

Ao dar conta da sua obra no "Prefácio à segunda edição" de *Poesia I*, para o "primeiro livro de um jovem poeta", *Perseguição* (1942), reivindica "«uma linguagem totalmente diversa»", que experimenta já técnicas surrealistas, mas demarcar-se-á dos seguidores tardios do bretonianismo:[4] "Eu não pertenci depois

---

[1] Jorge de Sena, "Considerações morais à guisa de prólogo", *O reino da estupidez*, Lisboa: Moraes Editores, 1961, p. 13.
[2] Jorge de Sena, "Prefácio da primeira edição", *Poesia I*, Lisboa: Moraes Editores, 1977, p. 26.
[3] Jorge de Sena, "Prefácio à segunda edição", ibid., p. 11.
[4] Contra esse seguidismo institucionalizado do que datava já em França de 1924, escreverá Sena, em 1948, o poema "Ode ao surrealismo por conta alheia" (in *Pedra filosofal*). Não custa perceber aonde levaria a integração num tal grémio: o surrealismo, com toda a ambição de liberdades, descambou num movimento papista, regimental, policiador e acusatório, implacável nas avaliações arbitrárias de pureza, intolerante com supostos desvios, marcado por cisões, desautorizações, exclusões e expulsões.

ao grupo surrealista, quando o movimento foi lançado em Portugal, em 1947".
Coroa da terra (1946), como explica, "reflectia a angústia dos anos de guerra, a que correspondia, e as preocupações sócio-políticas que eram, então como hoje, as minhas", e se prosseguia ainda as técnicas surrealistas, buscava a expressão própria "nos termos marxistas da minha formação filosófica". Sena orgulha-se: "creio que há nele – como em todos os meus livros, de resto, alguns dos mais directos e sentidos poemas de protesto político desse tempo e depois"; mas questiona que fosse "um livro neo-realista", porque não cai no equívoco de uma poesia de intenção socialmente progressista, mas expressão verbalmente convencional, e nunca admitiria alienar a sua independência estética a uma ortodoxia ideológica *a priori* directora da criatividade. Esbraveja: "eu nunca fui escritor 'oficial' de ninguém."[5] Sena rejeita ser membro da corporação surrealista ou correligionário da comunidade neo-realista: importa-lhe abrir novas linhagens ao discurso poético, para tudo transmutar numa substância outra, que é a sua obra inovadora e livre.

Em 1956, no poema "Quem a tem...", de *Fidelidade* (1958), quinto título de poesia e o último que publicou em Portugal antes de se expatriar, Sena predizia:

Não hei-de morrer sem saber
qual a cor da liberdade.

Lirismo culto nutrido pelo popular, a velha forma tradicional das redondilhas que o poema assume, com os versos finais das glosas repetindo os dois do mote, possui evidentes afinidades com a ideia estética neo-realista: a espontânea singeleza do canto, a reapropriação do património poético nacional, material de riquíssimas virtualidades e o compromisso da criação literária com a problemática política real, em que o optimismo de molde materialista-histórico vem iluminar o amor à pátria, na convicção do inevitável porvir libertador. Também a concepção do processo histórico como "consciência de liberdade", de matriz hegeliana, orienta para idear um futuro desoprimido da crueldade e da repressão, e faz brilhar, mais do que a "pequenina luz bruxuleante" da esperança, a plena certeza de que o despotismo teria os dias contados. Sena esperaria 18 anos até poder dedicar *Às Forças Armadas e ao povo de Portugal* a sua "Cantiga de abril":

---

[5] No P. S. de uma carta (nunca enviada) a João José Cochofel, de 1955, Sena afirma: "A questão toda é que eu sou, ou pareço ser o poeta que o "neo-realismo" esperou, e é ou parece ser um contrassenso que eu, precisamente eu, o seja". Citado por Jorge Fazenda Lourenço, *A poesia de Jorge de Sena: testemunho, metamorfose, peregrinação*, Paris: Centre Culturel Calouste Gulbenkian, 1998, p. 33.

Qual a cor da liberdade?
É verde, verde e vermelha.

Por fim, com a Revolução dos Cravos, o poeta descobre as cores da liberdade, limpas da longa ocultação pela treva da ditadura: são as da bandeira e simbolizam os ideais de justiça social e democracia parlamentar da I República, que o golpe de 28 de maio de 1926 aniquilara. Tem a conotação dos campos da nação e da esperança, da coragem e do sangue que custou aos que "morreram sem ver/ o dia do despertar!". As estrofes, em redondilha maior, e o processo de significação de evidente simplicidade e comunicação directa, lembram o país degradado "quase cinquenta anos" pelos crimes ignóbeis do regime, as prisões, a censura, o abismo social, a emigração, as guerras coloniais insanas e ruinosas, o desprestígio internacional, para aderirem finalmente ao regozijo colectivo ("Saem tanques para a rua,/ sai o povo logo atrás"). O refrão repete oito vezes o dístico inicial, celebrando em eufórica camaradagem com a festa popular a revelação maravilhada das cores vitoriosas da liberdade.

É na sequência do 25 de abril de 1974 que Sena escreve esta série de poemas que leio como os mais anacronicamente próximos da expressão neo-realista, inseridos na IX secção "Poemas 'políticos e afins' (1972-1977)" do livro póstumo *40 anos de servidão*. Foram enviados de Santa Barbara, Califórnia, entre 27 de abril de 1974 e 4 de maio de 1976, a Jacinto Baptista, parte publicada no *Diário Popular*, e são a forma possível de o escritor, mesmo com o oceano de permeio e no outro lado do continente americano, se envolver determinadamente no destino da pátria, em momento histórico tão ansiado e decisivo, com o sentimento sempre presente da sua responsabilidade intelectual no compromisso interventivo.

No poema escrito a 27 de abril de 1974, Sena confessa emocionado:

Nunca pensei viver para ver isto:
a liberdade – (e as promessas de liberdade)
restauradas. Não, na verdade, eu não pensava
– no negro desespero sem esperança viva –
que isto acontecesse realmente. Aconteceu.

Porém, na sua lúcida atenção ao real concreto, Sena tem a consciência de que o "dia inicial inteiro e limpo", como lhe chamou Sophia de Mello Breyner Andresen, é o começo apenas de um processo audacioso, demorado e árduo. Após esta primeira sextilha e a segunda que anaforicamente relembra os desastres da ditadura, incluindo o facto de tantos terem desaprendido "que a liberdade existe", eis que o poeta trava a comoção e a euforia, para lançar a apreensiva interrogação sobre o futuro. A liberdade é ainda "promessas de liberdade"; para a cumprir, imprescindível se torna que o povo "creia mais em si mesmo do que nelas" e, passando de agido a sujeito agente, assuma efectivamente o processo da sua construção. A dupla pergunta dos refrães ("E agora meu general?", que alterna e se confronta com "E agora povo português?") é, dois dias após a revolução militar, quando estavam ainda no ar as interrogações sobre as verdadeiras intenções das Forças Armadas, de uma fulgurante clarividência: um povo viciado em alienar o seu destino a uma figura tutelar, ou como Sena dirá em 1977, no discurso da Guarda, que vive no "desejo de ter-se um pai transcendente que nos livre de tomar decisões ou de assumir responsabilidades, seja ele um homem, um partido, ou D. Sebastião",[6] poderia facilmente deixar que um "general" se tornasse o perigoso substituto do vulto que chefiara décadas de opressão. A apóstrofe final questiona a capacidade desse povo, ao mesmo tempo que o incentiva para que à exaltação festiva sobrepusesse o empenho infatigável em cumprir "com serenidade e coragem,/ aquilo que, numa hora única, te prometem". Na convicção marxista de Sena, a liberdade só se concretizaria liderando o povo, devidamente esclarecido e no acordo conjunto das vontades, a orientação do destino português.

Estes poemas lucram em ser lidos na relação com "A liberdade concedida e a liberdade ganha", texto que Sena escreveu em Santa Barbara, em março de 1975.[7] Nota ele que "as actuais liberdades democráticas de que o país goza não resultaram de uma conquista progressiva, nem de um irresistível levantamento popular. O povo português (...) *aderiu* entusiasticamente a uma *revolução militar*". Não foi, pois, uma insurgência consciente das massas populares que ganhou a possibilidade democrática, mas o patriotismo dos militares que admiravelmente decidiu outorgá-la. Reconhece com admiração: "Nunca, que se recorde, uma revolução militar havia triunfado e concedido imediatamente tão ampla liberdade". Mas a sua preocupação é, sobretudo, a "alienação sócio-política das massas portuguesas". Sem complacência, ele deplora: "O povo em geral, ao confiar sobretudo nas Forças Armadas, segue infelizmente os hábitos de décadas de menoridade política, para não dizermos de séculos de tutela oligárquica, e rezará às Forças Armadas que o livrem de todo o mal, como rezava à Nossa Senhora de Fátima e outros patriarcas". E também sem demagogia, adverte: "é necessário que a população portuguesa, pela consciencialização e pela actividade política pacífica, *legitime* as liberdades que aquelas forças lhe concederam.".

---

[6] Jorge de Sena, *Rever Portugal: textos políticos e afins*, Lisboa: Guimarães, 2011, p. pág. 330.
[7] In Jorge de Sena, *Rever Portugal: textos políticos e afins*, Lisboa: Guimarães, 2011, pp. 238-241.

Substituindo a forma melódica da cantiga tradicional pelo verso prosaicamente discursivo, que chega a exceder em extensão a dimensão gráfica da página, escreve Sena o poema "Com que então libertos, hein?...", de 2 de maio de 1974, que desde o título insiste em controverter uma imprudente e precipitada aceitação da liberdade como facto indiscutível e definitivamente consumado:

Com que então libertos, hein? Falemos de política,
Discutamos de política, escrevamos de política,
Vivamos quotidianamente o regressar da política à posse de cada um,
Essa coisa de cada um que era tratada como propriedade do paizinho,
Tenhamos sempre presente que, em política, os paizinhos
Tendem sempre a durar quase cinquenta anos pelo menos.

Há na exortação sentenciosa dos versos uma intencionalidade pedagógica e moral evidente: o intelectual esclarecido percebe a obrigação de elucidar, influenciar e mobilizar a consciência do povo, para que ele se eleve responsavelmente acima da condição amorfa de massa, de modo a não deitar a perder o que tanto custara alcançar. Os versos, sem complicações de ornamentação retórica, refreiam a efusão sentimental com uma educação de bom senso. O poeta entende a razão do júbilo: "Porque é belo e é magnífico/ o entusiasmo e é sinal esplêndido de estar viva uma nação inteira". No entanto, insiste em persuadir para o compromisso patriótico da acção cívica, além da distracção da festa:

Mas a vida não é só correria e gritos de entusiasmo, é também
o terrível desafio de ter-se de repente nas mãos
os destinos de uma pátria e de um povo (...).

Depois do silêncio imposto, os gritos de euforia pela palavra devolvida não poderiam alienar a árdua tarefa de reconstruir a pátria livre, e isso exigia, desde logo, a disponibilidade colectiva para se adestrarem e amadurecerem na experiência nova do diálogo democrático:

há que aprender, re-aprender a falar política e a ouvir política.
Não apenas pelo prazer tão grande de poder falar livremente
e poder ouvir em liberdade o que os outros nos dizem,
mas para o trabalho mais duro e mais difícil de – parece incrível –
refazer Portugal (...).

A liberdade não é o relâmpago de um momento, nem a dádiva benevolente de outrem, nem uma conquista definitivamente adquirida; é um processo persistente de aprendizagem que requer o investimento dos cuidados devidos à "pátria que renasce". Adverte-o Sena a um povo sem memória ou experiência dela, ao modo neo-realista de colocar a poesia ao serviço da revolução (com a diferença que esta não é já um ideal amarguradamente ausente, mas a experiência histórica que se realiza), num discurso lúcido e imperativo, sem formalismos ou ambiguidade, de quem fala a compatriotas na linguagem comum, no "Poema do 28 de maio ao contrário",[8] 48 anos após a outra revolução militar que implantara a ditadura:

> Todos têm de aprender que a liberdade não existe
>
> apenas porque é dada, pois pode ser tirada,
> ou apenas porque é conquistada, pois pode ser
>
> licença em que não reste senão ela perder-se.
> Têm de aprender que não pode ter-se num só dia
>
> o que se perdeu em décadas. E que a Justiça
> é a Liberdade que pensa mais nos outros que em si mesma.

As cores da liberdade não deixaram de estar ameaçadas por forças externas e internas. As quintilhas da "Cantiga de maio"[9] apontam e denunciam os perigos: ao arraial popular, incauto de euforia, precipitam-se os oportunistas e ávidos de poder que "correndo apressados/ querem ter-te só p'ra si", a clamar "tão de esganados/ só por tachos cobiçados"; misturam-se os demagogos com enganosas "promessas de felicidade"; conspira traições o inimigo embusteiro que "quer matar-te à falsa fé". No refrão ressoa o alerta ininterrupto: "Liberdade, liberdade/ tem cuidado que te matam". Na "Cantiga de junho", assomam os problemas políticos e sociais a resolver, todos prementes num país de tal atraso (falta de esclarecimento, reivindicações precipitadas, demagogia fácil, aspirações de passadistas, independência das colónias), com o povo ignorante, imaturo e justamente ávido de melhor vida. O refrão reitera a mais sensata advertência: "Quem te amar, ó liberdade,/ tem de amar com paciência". No "país novo", ela é toda uma experiência recém-chegada, que só se consolida com a perseverança sem precipitações,

---

[8] Permaneceu inédito até ser publicado no *Diário de Notícias* de 25 de maio de 1978.
[9] Publicada no *Diário Popular* de 27 de junho de 1974.

na solidariedade conjunta de "governo e povo" e sob a protecção da "junta militar".

O "Grito do silêncio"[10] data de mais de um ano depois, 19 de outubro de 1975, aniversário da noite furiosa de assassínios de 1921,[11] que Jaime Cortesão toma como sintoma da dissolução moral da sociedade portuguesa e historiadores têm visto como referência de sucessivas conspirações militares que culminaram no 28 de maio de 1926. Sena antepõe em epígrafe uma citação de Maquiavel: "um povo corrompido que atinge a liberdade tem a maior dificuldade em mantê-la". O episódio sangrento é tratado como terrível e radical exemplo da incapacidade de o povo português superar divergências e agir em concórdia, qual morbo congénito nunca erradicado que lhe envenenasse o "sangue secular", lição a reter no tempo em que, depois da esperança na liberdade fraterna, "o país/ em que nasceste e sempre tu quiseste/ como teu mundo (...)/ se despedaça". O poeta justifica o seu longo silêncio ("Como te calas, poesia, longamente/ deixando-me em silêncio dentro em ti") pela inquietação com a pátria natal, por cujo destino teme com angustiado amor de ausente, "na solidão do longe em tempo ou espaço". Mas considera que é seu "dever gritar além dos gritos", ao ver traídas as ilusões de paz e liberdade, por um "povo que se esquece inteiro/ de que viver-se povo e ser-se povo é mais/ que apenas desejar-se morte e sombras, em nome seja de que for". Note-se, num tempo que Sena sabia de fragmentações na sociedade portuguesa, da exacerbação dos conflitos e dos ódios fratricidas, a coerência da lição de respeito pelo ser humano com os versos do insuperável hino à dignidade, à justiça e à liberdade que é a "Carta a meus filhos sobre os fuzilamentos de Goya", e dizem: "Acreditai que nenhum mundo, que nada nem ninguém/ vale mais que uma vida ou a alegria de tê-la".

O longo poema "Não, não, não subscrevo,...", de fevereiro de 1976, foi escrito no aniversário da revolta militar de 7 de fevereiro de 1927, no Porto, que tentara sem sucesso, à custa de dezenas de mortos e feridos, travar a ditadura (e a subsequente consolidação do Estado Novo), que entretanto encerrara o parlamento e abolira as liberdades cívicas. Essa memória, ignorada ou desaprendida, paira na mente lúcida e sábia do poeta que furiosamente se angustia com a ameaça de regresso à ditadura, por força da insensatez de "golpes, contra-golpes, intentonas", infantilidades do esquerdismo, prisões arbitrárias, ambições egotistas de fama e

---

[10] Publicado no *Diário Popular* de 18 de dezembro de 1975.
[11] Na noite de 19 para 20 de outubro de 1921, uma turba de marinheiros, guardas republicanos e civis armados andou por Lisboa de camioneta a assassinar selvaticamente o primeiro-ministro demissionário António Granjo, o almirante Machado Santos, o comandante Carlos da Maia, o comandante Freitas da Silva, o coronel Botelho de Vasconcelos e o motorista Jorge Gentil.

poder, paralisação económica, no país "à beira de uma guerra civil" (até ao 25 de novembro de 1975). Recusa pactuar com o desvirtuamento da democracia e da liberdade, e dolorosamente distancia-se: "Não, não, não subscrevo, não assino/ que a pouco e pouco tudo volte ao de antes". A desilusão pelo processo histórico pede aos versos uma objectividade sem retórica e a poderosa linguagem de imediatismo cru. Se a dureza prosaica refreia toda a efusão de lirismo sentimental, recorre ao violento sarcasmo para denunciar erros tão crassos. Acusa: "Tiveram todos culpa no chegar-se a isto". A solução judiciosa e séria exigiria que o assumissem: "Democracia é isso: uma arte de diálogo/ mesmo entre surdos. Socialismo a força/ em que a democracia se realiza". Determina a empresa indispensável: "E vamos ao que importa: refazer/ um Portugal possível em que o povo/ realmente mande sem que o só manejem".

Nunca a poesia de Sena foi tão circunstancial. Ciente do momento histórico extraordinário e imperdível, face à premência de não se deixar retroceder o que fora tão longamente ansiado e acabado de conquistar, o poeta sacrifica a revolução estética da linguagem à revolução político-social, orientando a criatividade para a intervenção nos problemas reais da pátria e tornando o tempo, de facto, "co-responsável" de uma arte comprometida e útil. Afirma mesmo a opção de sacrificar os efeitos retóricos, sobrepondo a prioridade da comunicação pronta e inteligível, com a intencionalidade didáctica de favorecer a consciencialização social e salvar a democracia e a liberdade. A diferença para o neo-realismo é que Sena não participava então num movimento nascente, já trazia consigo quase quatro décadas de um percurso da mais diversificada e originalíssima criatividade poética. Mas o final do poema recorda de alguma forma as palavras de Alves Redol na introdução a *Gaibéus*: "Este romance não pretende ficar na literatura como obra de arte". Dizem os versos:

> E tu, canção-mensagem, vai e diz
> o que disseste a quem quiser ouvir-te.
> E se os puristas da poesia te acusarem
> de seres discursiva e não galante
> em graças de invenção e de linguagem,
> manda-os àquela parte. Não é tempo
> para tratar de poéticas agora.

A democracia sobreviveu, mas da liberdade Sena só pôde apreciar as cores durante quatro anos, quase sempre com um oceano e um continente de permeio. Portugal, amou-o com tanto amor, que lhe era insuportável outra distância não menos cruel: a que medeia entre a sonhada excelência da pátria e o "país dos sacanas" que permaneceu. Por isso, não pode fisicamente voltar, a não ser cinquenta anos após o exílio, em 2009, quando alguém finalmente insistiu com um ministro da Cultura para que os seus restos mortais se transladassem de Santa Barbara para Lisboa. Alguém muito grato, que o não conheceu, mas que com ele aprendeu, também poeticamente, a infindável e maravilhosa conquista que é a liberdade. Ela exige-nos que indaguemos a cada momento: quem a tem? qual a cor da nossa liberdade?

Jorge Vaz de Carvalho é poeta, ficcionista, ensaísta e tradutor. Licenciado em Literaturas Modernas pela Faculdade de Letras da Universidade de Lisboa, tem mestrado em Literaturas Comparadas pela Universidade Nova de Lisboa e doutorado em Estudos de Cultura pela Universidade Católica Portuguesa. Professor da Faculdade de Ciências Humanas da Universidade Católica Portuguesa.

Um jogo demoníaco
• Lucas Laurentino de Oliveira •

A noção de *experimento* e seus termos correlatos (experimentação, experimental, experimentalismo) tem como principal campo de atuação o das ciências, mais especificamente as ciências naturais. De fato, o empirismo, conceito relacionado ao de experimento, representou uma grande transformação na maneira como estruturamos o conhecimento. Uma vez que a intuição, o senso comum, ou a autoridade catedrática já não se mostravam suficientes para embasar uma teoria, tornou-se necessário prová-la por meio de testes, de *experimentos*. A invenção do telescópio, considerado o primeiro objeto criado para fins puramente científicos, costuma ser considerada o ponto de partida para uma ciência cada vez mais empírica. Os sentidos humanos não são seguros na aferição dos fenômenos, é indispensável que se construam instrumentos capazes de suprir as deficiências do olho, do ouvido, do tato a fim de se chegar a uma realidade mais precisa, mais controlável. Dessa forma, o experimento passou a ser o principal método para confirmar ou refutar teorias e hipóteses. Daí a sua associação com o significado mais comum da palavra, que a torna sinônima de "ensaio", "teste", "tentativa". Já que não se pode ter certeza dos resultados de um experimento até que ele se realize, ele adquire o caráter de algo não finalizado, não absoluto. Está próximo, dessa maneira, da prova: primeiro provar se algo é bom e só então comprar o produto.

Na poesia (e nas artes como um todo) é essa última acepção que costuma prevalecer. Quando nos referimos a um poema ou a um livro como experimental, geralmente é porque não o encaramos como integrante da obra mais "séria" do autor, ou porque queremos relativizar as possíveis falhas encontradas no texto em questão, suavizando, dessa forma, a crítica negativa. Os textos experimentais comumente são associados às vanguardas, aos movimentos que buscam novas formas de expressão e, por isso, lançam mão de diversos experimentos, sejam plásticos, sejam sonoros ou linguísticos. No entanto, não raro esses textos vanguardistas aparecem como os que abriram caminho para as obras "maduras", as que de fato conferem uma elaboração definitiva ao que fora tentado anteriormente. Desse modo, podemos dizer que uma vertente da crítica de arte estabelece uma divisão básica entre obras *experimentais* e obras *maduras*, seja para esclarecer o desenvolvimento técnico e criativo dos artistas num sentido positivo/progressivo, seja para situar movimentos e períodos numa escala cronológica e/ou numa rede de influências.

Se está fora dos limites deste artigo fazer um levantamento exaustivo de exemplos que provem o nosso ponto, um outro método pode ser útil para indicar que, se essa divisão não é corrente, ela ao menos existe ou existiu em algum grau de importância. Quando lemos alguns dos vários paratextos que Jorge de Sena escreveu para os seus livros, um tópico volta e meia é mencionado, em tom de justificação. É precisamente a noção de experimentalismo da sua obra. No prefácio ao volume *Poesia II*, diz-nos o autor:

> Sem querer entrar na questão ou alongar este prefácio, limitar-me-ei a dizer que, sem dúvida, estes três livros encerram alguns dos mais densos e fundos poemas, se não mais belos, que escrevi; mas que isso igualmente se sucede em livros ulteriores (e *Peregrinatio* é contemporâneo destes, por exemplo), que não são menos densos, por vezes, **nem menos experimentais (como tenho sido em trinta e cinco anos de publicar poemas em livro)** do que estes ou do que os anteriores.[1]

Ao comentar o conjunto de três livros que se reeditam em *Poesia II* (a saber, *Fidelidade*, *Metamorfoses* e *Arte de música*) Sena faz questão de pontuar que, apesar de considerar alguns dos poemas ali contidos como os melhores que já escrevera na vida, isso não é uma exclusividade desse livro, tanto que se encontram iguais densidade e beleza em livros anteriores e posteriores, assim como não são exclusivos os experimentalismos nele contidos (que podemos exemplificar pelos sonetos a Afrodite ao final de *Metamorfoses*). Ainda mais, Sena marca que o caráter experimental é frequente em toda a sua obra, tal como expressa nos parênteses do trecho, e, com isso, indica que há uma paridade entre o experimentalismo e a qualidade dos textos, uma vez que alguns dos seus "mais densos e fundos poemas" são também experimentais. Em outra passagem deste mesmo prefácio, logo depois da que citamos, Sena diz: "E os ulteriores, publicados depois que passei a voltar regularmente a Portugal (...),

---

[1] Jorge de Sena. *Poesia II*, 2ª ed., Lisboa: Edições 70, 1988, p. 14, destaques meus.

continuavam a ser tão experimentais como os anteriores".[2] Novamente temos a referência ao experimentalismo como elemento fundamental do fazer poético seniano. Os comentários sobre sua própria poesia não se limitam a esse prefácio e, em *Poesia III*, encontramos outra passagem, referente ao livro *Peregrinatio ad loca infecta* (1969): "É um livro cheio de continuidades e cheio de experiências e de experimentalismos (como os anteriores o foram sempre)".[3] Mais uma vez a palavra experimentalismo consta como índice que marca a sua poesia.

Não bastassem essas três referências em prefácios, nos quais Sena comenta sua obra, encontramos um volume póstumo que é composto por poemas experimentais. Trata-se de *Sequências*, publicado em 1980, tendo sido organizado e editado por Mécia de Sena. Foi iniciativa dela organizar as várias sequências de poemas num único volume sob o critério de serem *experimentalismo*, como ela comenta na "Nota prévia":

> Optámos pela publicação separada, não só porque cada uma das séries de poemas representa um experimentalismo formal ou estético diferente que só lucra em ser visto paralelamente, como porque esse experimentalismo se perderia como tal se publicado na enorme massa de poemas que constituirão *Visão perpétua* que deixará de fora apenas parte da vastíssima obra de juventude.[4]

E é nesse outro volume póstumo a que a viúva se refere que encontramos uma segunda menção a *Sequências*. Na "Nota introdutória", Mécia de Sena, ao explicar a organização das publicações inéditas do poeta, comenta o seguinte: "e, um terceiro livro, que se nos impunha como lógico: os poemas-em-série de carácter experimentalista a que, reunidos, chamámos o que são – *Sequências* e está também já publicado."[5]

Através das passagens citadas, podemos perceber a preocupação do poeta (e de sua viúva) em deixar claros alguns dos princípios que norteiam a sua escrita, seja poética, ficcional, ensaística ou teatral. Essa preocupação quase obsessiva se reflete na profusão de paratextos que acompanham os seus livros, nos quais Sena discute o processo de desenvolvimento dos textos, circunstâncias biográficas que influíram, além de se voltar contra leituras pobres (ou que ele assim o julga)

[2] Idem.
[3] Jorge de Sena, *Poesia III*, 2ª ed. Lisboa: Edições 70, 1989, p. 13.
[4] Jorge de Sena, *Sequências*, Lisboa: Moraes Editores, 1980, p. 7.
[5] Jorge de Sena. *Visão perpétua*, Lisboa: Edições 70, 1989, p. 11.

e despretensiosas dos poemas, contos e ensaios que foi publicando. Se de fato houve (e há) uma visão da obra experimental que a associe ao não sério, ao "imaturo", Jorge de Sena aparece como um autor que complica as divisões básicas, as categorizações fáceis, uma vez que mesmo os textos mais densos, profundos e complexos são marcados pela experimentação.

Estando constantemente em contato com as demais ciências e por vezes integrando-as à sua escrita, Jorge de Sena afirma, por exemplo, que as *Metamorfoses* são "meditações aplicadas – e aplicado deve entender-se aqui no mesmo sentido em que se diz 'ciência aplicada' em contraste com 'ciência pura'".[6] Se a ciência pura é eminentemente teórica, do cálculo denso, especulativa, a ciência aplicada, por sua vez, é prática, ligada aos problemas humanos, respondendo a estes com novas invenções, novas descobertas, oriundas de diversos *experimentos*. Nesse caso, parece lícito pensar a constante experimentação como um princípio de composição da poética seniana, desde que se tenha em mente uma concepção de experimentalismo que não o associe à frivolidade, à mera tentativa.

Quando levamos adiante a reflexão acerca do experimentalismo, tendo em vista principalmente o espaço poético, e nos deparamos com alguns dos poemas menos imediatos da obra seniana, tais como "Outra estrofe de Camões", "Colóquio sentimental em duas partes" e o grande exemplo que são os sonetos a Afrodite, uma interrogação surge: como abordar esses textos? Ou melhor, como abordar esses textos de maneira que se leve em conta o aspecto inventivo e inusitado que eles exploram sem os categorizar simplesmente como experimentais? Que tipo de método pode nos ajudar a desdobrar algumas das potencialidades que tais textos carregam, mas que não se oferecem de pronto? Ou então, como ir além do adjetivo "experimental"?

O que sugerimos aqui é uma abordagem da poesia seniana, mais especificamente desses "poemas incompreensíveis", através da concepção de *jogo*, desenvolvida por Johan Huizinga em seu livro *Homo ludens – o jogo como elemento da cultura*, publicado originalmente em 1938. Nele, o autor parte do pressuposto de que o jogo é anterior à cultura e um dos seus elementos formadores. Ele destaca ainda que pouca atenção havia sido dada ao jogo, e as explicações antropológicas que procuravam ver nele uma utilidade biológica não se mostravam suficientes. "Há um elemento comum a todas estas hipóteses: todas elas partem do pressuposto de que o jogo se acha ligado a alguma coisa que não seja o próprio jogo, que

[6] Jorge de Sena, *Poesia II*, p. 158.

nele deve haver alguma espécie de finalidade biológica".[7] É justamente na ideia de que o jogo possui uma finalidade em si mesmo que Huizinga desenvolve seus estudos, descartando, dessa maneira, uma explicação utilitária. Ele mostra que o jogo, apesar de frequentemente se opor à seriedade, não se resume a uma "atividade não séria", uma vez que se pode levá-lo profundamente a sério sem que por isso se perca o aspecto lúdico. Em uma passagem, logo no primeiro capítulo, o autor diz

> Na criação da fala e da linguagem, brincando com essa maravilhosa faculdade de designar, é como se o espírito estivesse constantemente saltando entre a matéria e as coisas pensadas. Por detrás de toda expressão abstrata se oculta uma metáfora, e toda metáfora é jogo de palavras. Assim, ao dar expressão à vida, o homem cria um outro mundo, um mundo poético, ao lado do da natureza.[8]

Para uma primeira associação, bastaria adicionarmos a esse trecho os versos finais do poema "Felicidade", presente em *Perseguição*: "E, como menino que era,/ achava um grande mistério no seu próprio nome."[9] Se, no poema, a *felicidade* enquanto ideia vai ganhando características humanas de "menino impúbere" até espantar-se com o mistério do próprio nome, no trecho de Huizinga a criação da fala tem como raiz a brincadeira com as palavras, o jogo de nomear, que é capaz de criar um mundo único, *poético*, à parte do mundo natural. A "felicidade" seniana encantada com o próprio nome está, de certa forma, descobrindo o jogo das metáforas, das designações.

Não à toa, o crítico dedica dois capítulos para a relação entre jogo e poesia. Num deles, temos a seguinte passagem:

> Enumeremos uma vez mais as características que consideramos próprias do jogo. É uma atividade que se processa dentro de certos limites temporais e espaciais, segundo uma determinada ordem e um dado número de regras livremente aceitas, e fora da esfera da necessidade ou da utilidade material. O ambiente em que ele se desenrola é de arrebatamento e entusiasmo, e torna-se sagrado ou festivo de acordo com a circunstância. A ação é acompanhada por um sentimento de exaltação e tensão, e seguida por um estado de alegria e de distensão.

---

[7] Johan Huizinga, *Homo ludens: o jogo como elemento da cultura*, Trad. João Paulo Monteiro, São Paulo: Perspectiva, 1980, p. 4.
[8] Ibid., p. 7.
[9] Jorge de Sena, *Poesia I*, 3ª ed., Lisboa: Edições 70, 1988, p. 64.

Ora, dificilmente se poderia negar que estas qualidades também são próprias da criação poética. A verdade é que a definição de jogo que agora demos também pode servir como definição da poesia. A ordenação rítmica ou simétrica da linguagem, a acentuação eficaz pela rima ou pela assonância, o disfarce deliberado do sentido, a construção sutil e artificial das frases, tudo isto poderia consistir-se em outras tantas manifestações do espírito lúdico. Não é de modo algum uma metáfora chamar à poesia, como fez Paul Valéry, um jogo com as palavras e a linguagem: é a pura e mais exata verdade.[10]

Se a definição de poesia é algo que suscita muito debate e discussão, é difícil discordar que, dentro de uma concepção de poesia que se queira abrangente, não haja nenhum dos elementos destacados por Huizinga. De fato, a própria relação do leitor com o poema é marcada pelo caráter lúdico, um jogo no qual se entra por livre e espontânea vontade, aceitando as regras que organizam o texto e sempre podendo "jogar uma nova partida", cada uma com um resultado diferente. Se encaramos um texto poético como jogo, a relação que estabelecemos com ele muda, ainda que não radicalmente. Os métodos de interpretação, de leitura, serão menos a busca por um sentido último que revele todo o significado do poema (resumido em frases como "este poema é sobre isso"), ou um trabalho de decodificação das palavras, atendo-se somente ao que elas significam e à temática desenvolvida ao longo dos versos e estrofes (resumido em frases como "este poema fala disso"), e muito mais uma confrontação, um desafio de decifração de enigma, uma incursão que leve em conta as próprias regras que regem o jogo. Essa abordagem ganha força quando nos deparamos com poemas que oferecem resistência à interpretação mais direta, que, a princípio, se configuram como incompreensíveis. Tal é o caso de um poema seniano presente em *Exorcismos* (1972), intitulado "Homenagem a Sinistrari (1622-1701), autor de 'De Daemonialitate'":

Os homini sublime dedit, coelumque tueri
Iussit et erectos ad sidera tollere vultus (Ovídio, *Met.*, I, 85-6)

Ó Belfagor Rutrem e Bafomet
Baclum-Chaam Sabazius Basiliscus
Mutinus Hautrus Chin Liber Strenia
Tchu-vang Tulpas Egrigors Churels

---

[10] Johan Huizinga, op. cit., p. 147.

Lâmias Larvas Telazolteotl
Caballi Caballi Caballi Ca-
balli Caballi Caballi Caballi.
Melav oan em sonamuh euq
mim a edniv! Ó Laquiderme efiast!
Caste castina castinata cast!

Only he was heavie lyk a malt-sek
a hudge nature verie cold as yce. (Boguet, *An Examen of Witches*)[11]

É útil também citar o comentário feito pelo poeta e posto ao final do livro:

É de notar que o original de Boguet, citado, era em francês. Mas a antiga tradução inglesa, com a sua ortografia, possui um sabor que se pretendeu usar. Um crítico, que era sobretudo um admirável poeta e um grande amigo meu, convidado a escrever sobre este livro, quando já estava bem doente do tremendo sofrimento que acabou por matá-lo poucos anos depois, para minha grande perda entre tantas outras semelhantes, não se apercebeu de que este poema *não era*, senão na aparência, análogo aos "Sonetos a Afrodite Anadiómena", porque não é feito de uma única palavra inventada: todos são nomes do demónio ou de entes equivalentes em diversas religiões antigas e ainda modernas de vários continentes, ou fórmulas de invocação. E o estranho verso e meio que ainda parece ser menos palavra existente do que as outras não é senão, como fórmula invocatória, uma desesperada exclamação, escrita às avessas, como cumpre: "Vinde a mim, que humanos me não valem!"[12]

A partir daí, temos uma série de considerações a fazer. A primeira e mais imediata é o estranhamento visual que esse poema provoca. Para falantes de língua portuguesa, a mera vista de olhos sobre esse texto já causa uma certa surpresa, algo que inclusive pode levar um leitor despreocupado a se deter sobre o poema, parar para lê-lo atentamente. Em seguida, podemos notar que o comentário explicativo na prática esclarece muito pouco do que é dito e inclusive não economiza palavras para falar do "crítico, que era sobretudo admirável poeta..." sendo que o ponto principal é o equívoco desse crítico ao associar "Homenagem a Sinistrari" com os sonetos a Afrodite. Mais importante para lermos o poema certamente são as poucas linhas finais que falam sobre o fato

[11] Jorge de Sena, *Poesia III*, p. 148.
[12] Ibid., p. 253.

de os nomes se referirem a demônios e outras entidades demoníacas além do verso e meio que está em português ao contrário. Munidos dessas informações, retornamos ao texto na tentativa de descobrir, então, quais demônios são mencionados. Para nossa surpresa, não apenas demônios relativamente conhecidos como "Belfagor" e "Bafomet", mas entidades de mitologias diversas, de difícil localização, seja pela ortografia utilizada por Sena não estar de acordo com outras transliterações entre alfabetos (caso de Tchu-vang, que também é encontrado como Zhou Wang e Chou Wang), seja pela distância cultural (como o caso de Telazolteotl, ou Tlazolteotl, deusa asteca).

Duas importantes análises sobre o poema foram feitas, explorando o jogo enigmático posto por Sena. A primeira, de Jorge Fazenda Lourenço, comenta o seguinte:

> A epígrafe está assimilada no poema, de tal modo que não há diferença entre paratexto e texto. É o que acontece em "Homenagem a Sinistrari (1622-1701) Autor de *De Daemonialitate*", caso único de poema entre duas epígrafes, e cujo título contém já uma citação explícita. Com efeito, neste poema, as duas epígrafes, destacadas em itálico, têm a disposição tipográfica de estrofes (de dois versos cada), sendo a primeira epígrafe-estrofe de Ovídio (*Metamorphoseon* I, 85-86), no latim original, e a outra (a terceira do poema) de Henri Boguet, em tradução inglesa (a escolha da tradução em detrimento do original francês é intencional, conforme a nota ao poema). Entre estas duas epígrafes-estrofes situa-se a estrofe de autoria seniana, constituída por uma série de invocações satânicas, em diversas línguas, incluindo um verso e meio em português escrito "às avessas, como cumpre" (*Poesia – III*, 253). De acordo com a disposição gráfica, o primeiro verso do poema é de Ovídio (o que pode ser confirmado consultando o índice de primeiros versos do livro), e o último de Boguet. Trata-se, pois, de um poema a três vozes (e será que a segunda voz é mesmo a do poeta?), ou poema de vozes entre vozes.[13]

Ressaltando a disposição tipográfica do poema, além da polifonia proporcionada pelas citações diretas, Fazenda Lourenço indica dois elementos bastante interessantes: o "caso único" de poema entre epígrafes e o fato de que elas estão incorporadas ao texto como pertencentes a ele, daí derivando o caráter polifônico. De fato, podemos entender os versos de Ovídio como a primeira

---

[13] Jorge Fazenda Lourenço, "Notas sobre a citação na poesia de Jorge de Sena com algumas observações afins", in *O brilho dos sinais: estudos sobre Jorge de Sena*, Porto: Edições Caixotim, 2002, p. 73-107, p. 80-81.

estrofe, seguida pelas invocações demoníacas e, por fim, o trecho de Boguet como encerramento do poema. É significativo que, em sua nota explicativa, Sena não tenha comentado o conteúdo das citações, nem o fato de elas constituírem um texto multilíngue, uma espécie de micro-Babel que entrelaça as diversas vozes, inclusive com a presença de um "eu" que se torna explícito quando lemos o verso e meio ao contrário: "Vinde a mim que humanos me não valem". Cuidadosamente inseridos nessa expressão (separando o período em três segmentos, "vinde a", "que humanos" e "não valem") os pronomes oblíquos são os únicos índices que revelam um sujeito poético por trás das invocações. Interessante notar que "mim" é palíndromo, servindo como espécie de espelho, chave para decifrar a invocação. Mas quem é esse eu? O outro estudo que mencionamos procura responder a essa pergunta. Trata-se da análise feita por Luciana Salles:

> Não servindo Deus à poética seniana, o diabo é convocado – e particularmente neste poema, convocado em várias culturas, sob diversos nomes que lhe foram atribuídos por diversos povos em diversas épocas. (...)
> A menos que o "vinde a mim que humanos me não valem", de Jorge de Sena, não seja uma declaração do poeta que, ecoando as imprecações de "Camões dirige-se aos seus contemporâneos" ("Podereis roubar-me tudo/ (...)/ não importa nada/ que o castigo será terrível") num momento de desgosto com a humanidade, estivesse buscando outra companhia mais compreensiva. Talvez, mascarado pela escrita em espelho, estivesse ali no poema um apelo do próprio Deus, exaurido pela decepção com o homem, assim como se o próprio Camões ameaçasse seus ladrões no poema das *Metamorfoses*.[14]

Seria então o próprio poeta se inserindo sorrateiramente no texto? Ou, mais radical ainda, Deus quem clamasse a companhia de outras divindades, uma vez que o homem o decepcionara e, para não ficar sozinho na imensidão do universo, precisou chamar quem havia rejeitado há muito tempo? Nesta leitura, a invocação é o apelo ao diálogo, à convivência com o outro, o diferente, e o sujeito que invoca é, talvez, um Deus-poeta, falando aos humanos (e não só) por meio de suas palavras enigmáticas e misteriosas, sempre envoltas em uma atmosfera sagrada.

---

[14] Luciana Salles, "O minotauro e a hidra: poesia e mitologia", in *Poesia e o diabo a quatro: Jorge de Sena e a escrita do diálogo*, São Paulo: Livronovo, 2009, p. 47-82, p. 80-81.

Por sinal, ao retomarmos o livro de Huizinga, encontramos no referido capítulo sobre o jogo e a poesia o seguinte: "Toda poesia tem origem no jogo: o jogo sagrado do culto, o jogo festivo da corte amorosa, o jogo marcial da competição, o jogo combativo da emulação da troca e da inventiva, o jogo ligeiro do humor e da prontidão."[15] Ou então "para a expressão de coisas solenes ou sagradas, a poesia é o único veículo adequado".[16] Se de fato esse eu é de um Deus-poeta, também podemos pensar que é um Deus-jogador. Aquele que fala através de enigmas, cujo nome é sua própria condição divina (não sendo *um* deus, mas *o* Deus), e que por isso mesmo proporciona as vias de comunicação com o sagrado, ou seja, estabelece o diálogo por meio de um jogo de decifrações.

Pensando nessa forma poética como um enigma, outra passagem de *Homo ludens* se mostra interessante:

> O enigma é uma coisa sagrada cheia de um poder secreto e, portanto, é uma coisa perigosa. (...) A vida do jogador está em jogo. Um corolário disto constitui a formação de um enigma que ninguém consiga resolver como sendo considerada a mais alta manifestação de sabedoria.[17]

E, mais adiante,

> As regras são de ordem gramatical, poética ou ritualística, conforme o caso. É preciso conhecer a linguagem secreta dos iniciados e saber o significado de todos os símbolos – roda, pássaro, vaca, etc. – das diversas categorias de fenômenos.[18]

O enigma é sagrado. As regras de decifração podem variar, sendo inclusive de ordem poética. É necessário conhecer uma linguagem secreta, de iniciados. "A vida do jogador está em jogo." O limite disso, em termos de interpretação de poesia, é correr o risco da ininteligibilidade. Se o jogador não tomar cuidado, acabará por ser consumido pelo poema, perdido entre a multiplicidade de leituras possíveis. O enigma diante de nós, o de "Homenagem a Sinistrari", é algo perigoso. E, justamente por isso, não pretendemos uma interpretação absoluta. No entanto, algumas pistas deixadas pelo próprio Sena nos permitem traçar um caminho que desemboca em "achados" e "perdidos".

---

[15] Johan Huizinga, op. cit., p. 143.
[16] Ibid., p. 142.
[17] Ibid., p. 123.
[18] Ibid., p. 124

Os achados são peças que conseguimos decifrar com alguma segurança e os perdidos são as questões que ainda levantamos sem ter uma explicação razoável para elas.

Por exemplo, o verso em meio ao contrário não é uma exclusividade desse poema. Parece que Jorge de Sena tinha um gosto particular pelos reflexos e inversões. Podemos citar, a título de ilustração, o trecho do conto "A razão de o Pai Natal ter barbas brancas": "Ora, o diabo percebe tudo ao contrário, e ficara portanto a saber a verdade.";[19] ou então a invocação satânica em *O físico prodigioso*: "Sanctus e sutcnas, sanctus e sutcnas";[20] ou ainda uma visão sociopolítica, expressa em carta a Sophia de Mello Breyner Andresen a respeito da guerra colonial que estourava em África: "Pensar o contrário em tudo é sempre o mais seguro."[21] Além disso, o próprio poema de epígrafe à seção II de *Exorcismos*, em que encontramos "Homenagem a Sinistrari", de Morgenstern, intitulado "Canção noturna dos peixes", de aspecto inventivo, experimental, por ser composto apenas de símbolos indicativos de sílabas breves e longas, está invertido. Desse modo, a noção de avesso parece atravessar a obra seniana tanto poética quanto ficcional e refletir uma concepção de mundo dupla, que não se contenta em pensar apenas de um jeito, mas a partir dos contrários.

Não só isso, um dos grandes achados desse poema é o critério segundo o qual os demônios foram escolhidos. De fato, todos os nomes invocados possuem alguma relação com o erotismo, sendo ou divindades eróticas, fálicas, ou representantes da fertilidade, e, derivado disso, do começo. É digno de nota perceber que não só há entidades que representam a heterossexualidade, como também há as que representam a homossexualidade e a transexualidade. O próprio livro citado no título do poema, "De daemonialitate", é uma obra que tem como principal assunto o estudo de um tipo de heresia diferente da bestialidade (relações entre humanos e animais) e da sodomia (relações entre humanos do mesmo sexo). A "demonialidade" se daria quando uma pessoa tivesse relações sexuais com um cadáver animado por um íncubo ou súcubo, demônios sexuais tentadores. Assim, é como se todas as entidades invocadas o fossem com o objetivo de ir contra essa normativa clerical, de afrontar essa concepção cristã de prazer sexual como sinônimo de pecado. Daí que surge a interrogação seguinte: quem foi Sinistrari? Não há qualquer menção a ele na nota explicativa tampouco a respeito desse

---

[19] Jorge de Sena, "A razão de o Pai Natal ter barbas brancas", in *Antigas e novas andanças do demónio*, Lisboa: Edições 70, 1984, p. 20.
[20] Jorge de Sena, *O físico prodigioso*, Rio de Janeiro: 7Letras, 2009, p. 110.
[21] Sophia de Mello Breyner; Jorge de Sena, *Correspondência 1959-1978*, Lisboa: Guerra & Paz, 2010, p. 48.

livro. De fato, trata-se de Ludovico Maria Sinistrari, padre de Ameno e estudioso da Igreja católica. No entanto, suas obras são pouco conhecidas, principalmente quando comparadas a livros da Inquisição bem mais populares, como o *Martelo das feiticeiras* e, particularmente, "De demonialitate" permaneceu desconhecido até o século XIX, quando um editor de nome Isidore Liseux comprou um exemplar numa velha livraria de Londres em 1872, sendo publicado apenas em 1875, conforme ele narra num prólogo ao livro.[22]

É aí que algumas relações numéricas começam a se desenhar. Primeiramente, o livro de Jorge de Sena é de 1972, exatos cem anos após a descoberta de Liseux. No entanto, o poema é datado de 1970, sem indicação nem de dia nem de mês, semelhante a vários poemas de *Sequências*, o que nos sugere que "Homenagem a Sinistrari" possa ter sido composto no mesmo período. Ainda assim, o fato de o poema ser publicado em um livro de 1972 é significativo. Indo mais adiante, percebemos um destaque esquisito às datas de nascimento e morte de Sinistrari, no título do poema, algo incomum e, até onde sabemos, único na poética de Jorge de Sena.

Para entendermos que tipo de relações podemos estabelecer com essa data, cabe agora investigar a citação final do poema, supostamente retirada do livro de Boguet, *An examen of witches*, publicado em 1602. No entanto, o que talvez seja mais interessante é o fato de o trecho citado não pertencer a Boguet, mas ser parte do depoimento de uma bruxa escocesa, Isobel Gowdie, tomado em 1662, portanto sessenta anos após o livro de Boguet e 43 anos após a sua morte. Como explicar, então, essa discrepância? Teria Jorge de Sena cometido um equívoco? Não nos parece plausível, uma vez que seu caráter criterioso e rigoroso é bem conhecido. Isso nos reconduz à nota explicativa, quando ele diz que utilizou intencionalmente a tradução inglesa. Pois é numa edição inglesa, editada e introduzida por Montague Summers, que encontramos uma nota[23] em que é citado o depoimento de Isobel, com as exatas palavras e uma ortografia ligeiramente modificada da que aparece no poema seniano. O mais provável, dessa forma, é que Sena se tenha valido dessa edição para construir o seu jogo testemunhal: fazer com que uma silenciada da História possa falar através do silenciador, subvertendo, assim, o texto de Boguet, ele próprio conhecido como um impiedoso perseguidor de bruxas, não poupando nem crianças da fogueira. Nesse caso, a

---

[22] Cf. Ludovico Maria Sinistrari, *Demoniality or Incubi and Succubi. Now first translated into English with the Latin text*, Paris: Isidore Liseux, 2. Rue Bonaparte, 1879, p. V.
[23] Cf. Henry Boguet, *An examen of witches*, edited and with an introduction by Montague Summers, New York: Dover Publications, 2009, p. 262.

polifonia atinge níveis ainda mais inesperados. O texto traduzido (portanto a duas vozes) se multiplica quando uma voz fala através de outra, confluindo, desse modo, inquisidor, bruxa, escritor, tradutor e poeta, já que o trecho está num poema, que por sua vez congrega a voz clássica de Ovídio e todo um panteão erótico pagão representando diversas culturas.

Outra coisa interessante, justamente em relação à disposição gráfica do poema, é que ele se divide em três estrofes, totalizando catorze versos, se contarmos as citações. Sabemos que Sena era um habilidoso sonetista, sendo prova disso o livro *As evidências* (1955), no qual há 21 variações da forma soneto, incluindo algumas pouco conhecidas. Além disso, tanto os poemas a Afrodite quanto poemas assêmicos presentes em *Peregrinatio ad loca infecta*, intitulados "Na transtornância" e "Anflata cuanimene" são sonetos, indicando uma certa predisposição de Sena em trabalhar a inventividade linguística por meio de sonetos. Portanto, a ideia de que esse poema se estrutura em três estrofes com catorze versos, numa organização semelhante à de um soneto, ainda que com diferenças visíveis, não nos parece absurda, e inclusive proporciona reflexões importantes a respeito das relações internas que se trançam ao longo dos versos.

Agora, começamos a adentrar o terreno dos "perdidos". Não passará despercebido a um leitor atento que as datas que mencionamos possuem uma estranha familiaridade. Justapondo-as, temos o livro de Boguet em 1602, o nascimento de Sinistrari em 1622, o depoimento of Isobel em 1662. Jogando com os números, vemos que Sinistrari viveu 79 anos (1701 − 1622 = 79); sabemos que 7 + 9 = 16 e que 9 − 7 = 2, ou 02; juntando os dois resultados temos 16 e 02, ou 1602, precisamente a data do livro de Boguet. Se multiplicamos 7 por 9, temos 63, número interessante, uma vez que 6 + 3 = 9, assim como 1 + 8, de 18, número que é produto da multiplicação de 6 por 3, ou 6 + 6 + 6, no qual vemos mais claramente o famigerado "número da Besta". Por sinal, é o próprio Sena quem comenta que 18 costumava ser usado para se referir ao 666 sem a carga negativa advinda desse número. 18 também é a soma dos algarismos de 1872, data em que Isidore Liseux alega ter encontrado o exemplar de "De daemonialitate". Uma constante inquietante nessas relações numéricas é a presença do 6 e do 2, não só nas datas que elencamos, mas nas operações que fazemos com elas. Por exemplo, em 1622, nascimento de Sinistrari, quando isolamos os números das laterais, 1 e 2, temos 12, que é precisamente o produto dos números do meio, 6 e 2. Quando olhamos a posição que o poema ocupa no livro como um todo, vemos que ele é o $32°$, sendo $3 \times 2 = 6$; e é o $13°$ poema da 2ª parte, sendo $13 \times 2 = 26$, que é 62 invertido. É digno de nota, ainda, que Isidore Liseux alega ter comprado o livro de Sinistrari pelo valor de 6 pences.[24] Todo esse jogo numérico parece nos colocar num labirinto em que cada nova combinação fornece um resultado ao mesmo tempo aleatório e coincidente. Qual a razão para a recorrência do 6 e do 2, ou do 9 e do 18? Há uma razão? Ou ela é parte do enigma, do jogo que tem um fim em si próprio, não precisando, para isso, de uma utilidade? Parece-nos que esse tipo de informação nos revela um entendimento da poesia seniana como uma estrutura bem organizada e construída de modo que não se chega facilmente a uma resposta ou respostas possíveis. O desafio ao leitor é constante, sempre convidando-o a revisitar os mesmos versos em busca de novas relações, novas coincidências, intuições que nos fazem ir além do significado imediato das palavras. De certa forma, interpretar um poema repleto de termos desconhecidos coloca a questão de interpretar os poemas em que entendemos perfeitamente as palavras, ou seja, decodificamos mais facilmente o que está registrado. Mas se for de outra forma? E se essas palavras que julgamos conhecer bem contiverem novos sentidos em potencial, seja pela associação com outras fonicamente semelhantes, ou mesmo com as suas raízes etimológicas que acorrem para desenvolver a leitura em novos níveis?

O poema "Homenagem a Sinistrari" se apresenta como um enigma ao leitor, desafiando os seus métodos de interpretação e seduzindo-o para leituras desviantes. É preciso "entrar no jogo" das referências para, aos poucos, deslindar alguns dos seus aspectos mais complexos. No entanto, em se tratando de um jogo *demoníaco*, nenhuma solução será definitiva e o texto sempre apontará para outro lado, assumindo um novo disfarce e nos convidando a pensar o contrário do que havíamos pensado antes, já que o "contrário é sempre mais seguro".

Lucas Laurentino é mestre em Letras Vernáculas (Literatura Portuguesa) pela Universidade Federal do Rio de Janeiro (UFRJ), onde se graduou em Letras (Português-Literaturas) e obteve bolsa de Iniciação Científica.

---

[24] Ludovico Maria Sinistrari, op. cit., p. 13.

Dos olhos de Artemidoro: reflexo e reflexão em Jorge de Sena

Luciana Salles

> *O homem – se pode viver e criar abstracções –
> é pelo rosto e pelos seus gestos, e pelo que ele,
> com o olhar transfigura, que podemos,
> interrogativamente, incertamente,
> inquietamente, angustiadamente, conhecer-lhe
> a vida.*
> Jorge de Sena

A física clássica nos ensina desde cedo o que são espelhos: superfícies perfeitamente lisas, perfeitamente planas, perfeitamente polidas. Desde a primeira infância aprendemos a nos olhar e reconhecer em tais objetos. Construímos teorias inteiras sobre inteligência e capacidades cognitivas de humanos e de outras espécies a partir da interação de cada criatura com os espelhos que lhe são oferecidos. Construímos nosso senso de identidade a partir da imagem que esses objetos nos proporcionam.

Levanta-se, no entanto, uma questão de consequências trágicas: fora do mundo ideal e perfeito da física clássica, no mundo real e imperfeito que habitamos, qual é o objeto perfeitamente liso, plano, polido, qual o objeto *per/fecto*, isto é, no sentido mesmo da etimologia, inteiramente "feito", pronto, acabado? Levemente convexos ou côncavos, por vezes turvos ou embaçados, sempre ligeiramente deformadores – às vezes bem mais que ligeiramente –, espelhos nos oferecem, no melhor dos casos, versões aproximadas de nossa própria imagem. Nunca uma versão exata, sempre alguma distorção.

Daí, a conclusão terrível (embora óbvia) de que não somos, não seremos nunca capazes de conhecer aquilo que nos parece o mais simples – nosso próprio rosto. Visão impossível sem o recurso dos tais objetos imperfeitamente polidos e reflexivos, incluindo nisso naturalmente as tentativas fotográficas, posto que câmeras nada mais são do que câmaras internamente tão escuras quanto espelhadas, a intuição dessa nossa incapacidade de autoconhecimento acaba por nos lançar a uma série de obsessões mais ou menos graves: da busca por superfícies remotamente reflexivas em toda vitrine, janela, poças d'água, à mania de fotografar a si mesmo compulsivamente, inundando o espaço digital de imagens repetidas dos mesmos rostos sorridentes, às vezes mais pálidos, às vezes mais corados, seja pela manipulação deliberada de filtros, seja mesmo pela já atestada incompetência dos objetos de que dispomos para a prática desse jogo.

A consciência dessa impossibilidade nos leva, entretanto, a um outro universo de possibilidades. Por exemplo, resgata-se a honra do pobre Narciso, a quem há tantos séculos se acusa de obsessão pela autoimagem, quando agia apenas como mais um humano em busca de autoconhecimento, como todos nós, num tempo em que terapias e psicanálises ainda não existiam e, portanto, o mergulho em si mesmo não poderia ser metafórico mas tão-somente mergulho mesmo, literal e consciente, de quem percebe que o conhecimento de um sujeito só é possível quando ele está *per-fecto,* feito, pronto, acabado. O que só seremos na-hora-de-nossa-morte-amém, ou nem nisso, posto que cabelos e unhas continuam a crescer e alterar-nos mesmo quando já não somos.

Milenarmente associado ao conhecimento, seja em castelos de madrastas-feiticeiras, nos laboratórios dos alquimistas ou nos ateliês dos criadores da perspectiva pictórica, espelhos – quando se compreende sua infinita falha – passam a ser não apenas um tipo específico de objeto, mas uma possibilidade para qualquer objeto, a depender de quem os olha.

Pela tão sabida condição de indivíduo exilado que precede até mesmo seu exílio literal, Jorge de Sena é alguém que vive e, sobretudo, escreve em busca de espelhos que possam ajudar a compor a imagem de seu próprio rosto. Leva a construção de uma identidade poética ao extremo da exploração de, não apenas objetos, mas mesmo de outras linguagens como espelho. Em pleno mergulho narcísico, retorna das águas da mitologia, da história, das ciências, das artes visuais, sonoras etc., encharcado de referências para a construção de uma obra extensa em que tudo é busca ambivalente por conhecimento/autoconhecimento, tudo é fragmento de sua própria identidade "em pedaços repartida", e tudo faz parte de um intrincado e complexo quebra-cabeças que poderíamos talvez chamar de sua autobiografia.

Autobiográfico é, por exemplo, o exercício das *Metamorfoses* senianas. Fazendo de cada elemento de cultura ali representado uma imagem refletida em poema, temos, lado a lado (nas edições tradicionais), objeto e imagem, de frente um para o outro como sujeito e espelho, dando a ver o aprofundamento do reflexo em reflexão. Cada poema, como exercício de composição crítica, surge da projeção do autoconhecimento seniano sobre o conhecimento irradiado pelo objeto observado, em acordo com a observação de Benjamin de que "onde não há autoconhecimento, não há em absoluto nenhum conhecer", e de que "a coisa, na medida em que aumenta a reflexão em si mesma e abrange em seu autoconhecimento outras essências, irradia sobre estas seu autoconhecimento originário".[1]

Dessa forma, poderíamos ler em cada poema de *Metamorfoses* o produto de uma reflexão gerada a partir do encontro de dois sujeitos que se observam mutuamente, servindo de espelho um ao outro, num processo de busca que é a um só tempo pelo outro e por si mesmo. E se esse é o caso, faz sentido que o objeto-sujeito que serve de inspiração para o procedimento adotado no livro todo seja justamente aquele que encara o poeta de modo mais explícito, o jovem Artemidoro:

Artemidoro

A tua múmia está no Museu Britânico
entre as fileiras tristes do segundo andar.
Alguém ta descobriu num cemitério copta,
que os areais e o tempo haviam ocultado,
por séculos de calma e eternidade
que em teu caixão não profanado por
ladrões de sepulturas conheceste.
Secaste assim serenamente, enquanto
quem tu eras se perdeu depressa
nas memórias humanas que habitaste.
Não eras rei, nem príncipe. E célebre
talvez o tenha sido para os mercadores
que trataram contigo, para os teus amigos
com quem ceavas altas horas, para
tua mulher, teus filhos (só ressequida pele

---

[1] Walter Benjamin, *O conceito de crítica de arte no romantismo alemão*, 2ª.ed., trad. Márcio Seligmann-Silva, São Paulo: Iluminuras, 1999, p. 64.

rasgada aqui e ali, mostrando os ossos
por onde as sujas ligaduras se soltaram)
não se distingue de outras na fileira
envidraçada em que há decénios pó,
um fino pó, será de ti ou Londres.
Importa o teu caixão, ou mais, a tampa
em que, segundo os usos do teu tempo,
um pintor cujo ofício principal seria
retratar os mortos te compôs um rosto.
É bem possível que tu próprio encomendasses,
risonho e pensativo, esse retrato, ou que,
depois de ter's morrido, teus irmãos de igreja
te hajam decidido e colocado
essa máscara nobre de tragédia,
convencional tragédia em palcos de outro mundo.
Possível é também que esse retrato fosse
menos que tua máscara um rosto
que se escolhia – por ti ou só por eles escolhido
para esse último acto: o de estar morto
de olhos abertos para o que desse e viesse.
E o teu líquido olhar ficou fitando
– num jeito que passou a Creta,
atravessou incólume Veneza,
o Tintoreto e Roma até Toledo,
em que é de Apostolado para o Greco.
Mas para ti e os teus – um pouco egípcios,
um pouco sírios, gregos e romanos,
cristãos e persas: Cristo Pantocrator,
Ísis, Pan-háguia, os anjos e os profetas,
Deméter, a Fortuna, o Jano bifrontal,
Ormuzd e Ariman, Pitágoras, Platão,
o deus Ptah, Adónis, Minotauro,
e as bacantes agitando o tirso –
mas para ti e os teus, entre esse mar
de Ulisses e de António, de Pafos e de Chipre,
e o deserto da Esfinge e dos Colossos
que à madrugada num gemer saúdam,

SENA: "CAPITÃO DE TEMPESTADES"

mas para ti e os teus, nas margens debruçados
para o murmúrio lamacento que afogou Antínoo –
que seria esse olhar tão líquido e profundo que me fita
envidraçado pela morte e pelas crenças todas
e também pela vidraça que, interposta,
nos não separa menos do que os séculos?

Artemidoro: escuta! No silêncio ouves
os "buses" que passam, a gralhada que
em salas mais curiosas visitantes fazem.
Que mais escutarás com esses olhos que ouvem
atentamente os breves estalidos que o eterno,
como o romper da aurora nas estátuas,
provoca em nós e em nossas coisas, fissurando
a pouco e pouco a carne, a pele, os ossos, tudo
o que de deuses palpita e ressuscita em nós
e em que talvez, sereno mercador, nem mesmo acreditasses?

Lisboa, 28/4/1959

Em um discurso muito tipicamente seniano, o poema é erguido em suspensão e apoiado em pontos de interrogação, em dúvidas, questionamentos hipotéticos expressos pelo uso frequente dos termos "talvez" e "possível". Tendo como única certeza a morte fixada na presença da múmia no Museu Britânico, todo resto é incerteza: quem foi, quem ilustrou o sarcófago, por que mereceu tal atenção, será que acreditava em deus ou deuses, será que nos escuta, o barulho do museu, os ônibus ingleses no pesado trânsito de Londres, será que enxerga de volta com esse olhar líquido e profundo em que o poeta mergulha em busca de poesia?

O poema não é o primeiro texto de Jorge de Sena sobre Artemidoro. Nas cartas que compõem o volume *Inglaterra revisitada*, há o registro de seu primeiro encontro:

tanto quanto as estátuas gregas sem olhos são uma presença da forma que se nos impõe e comove como arte, como representação de uma forma aberta em si própria, assim aqueles olhos ingénuos das tampas dos caixões egípcios nos olham, senão com arte consumada, com uma penetrante e imediata vida. E é ingénuo esse olhar, porque, a milhares de anos de nós, tem já milhares de anos de sabedoria, uma sabedoria mais vivida que meditada. Eu, por anos que viva, nunca esquecerei o olhar de Artemidoro, jovem egípcio já do período helenístico, em cuja melancolia e serena expressão se funde todo o mundo antigo que o Mediterrâneo banhou. Um fervor discreto, como o de uma pequena lâmpada. Naquele olhar está tudo o que Roma vai herdar e perder. Tudo o que nós, filhos de Roma e da cristandade que Roma tornou possível, sonhamos de Grécia e de Oriente. A harmonia das civilizações amalgamando-se para morrerem, como fénix, num clarão de suprema dignidade. Esse momento para nós o mais precioso. E que renasce e rebrilha, com tamanha singeleza, ao passarmos diante de uma vitrina de museu![2]

Já se nota, desde essa visita original, que o encontro entre Sena e Artemidoro é um fator determinante para o que viria depois, na construção das *Metamorfoses* e, por consequência, dos poemas dialógicos que se seguiriam, em *Arte de música* e em composições críticas sobre cinema e outras artes, incluídas nos demais volumes de sua poesia. O que encontra no olhar de Artemidoro é toda uma teoria que já vinha construindo em sua obra desde os primeiros poemas publicados, a intuição de que uma pequena luz pode guardar em si a potência especular e representativa de toda a humanidade necessária para a sua existência. Ao se olhar no espelho-Artemidoro, Jorge de Sena encontra sua própria face de cidadão do mundo, produto de séculos de cultura e história. E, amparado por essa imagem, reivindica para si o papel de reflexo vivo de tanta arte, reescrevendo cada elemento formador de sua bagagem para dar voz e visibilidade a tudo que estivesse recoberto pelo pó dos séculos ou da ignorância.

Mergulhado em lago de Narciso, o poeta ressurge das águas como um pescador-Orfeu que traga à superfície pedaços de humanidade e história que estivessem afogadas, vítimas de naufrágio.

Há, no entanto, algo que parece ter passado desapercebido pelo olhar comovido de Sena diante do encontro com o amigo de tantos séculos. A identidade de Artemidoro, representado no poema como um jovem que talvez tivesse sido um mercador, é marcada nas edições ilustradas de *Metamorfoses* por um retrato específico: o do sarcófago em exposição no Museu Britânico até hoje, acompanhado por uma legenda pouco esclarecedora mas que sugere que o rapaz ali preservado viveu no início do segundo século, na região de Éfeso e, supostamente, morreu por volta dos vinte anos de idade.

---

[2] Jorge de Sena, *Inglaterra revisitada*, Lisboa: Edições 70, 1986, p. 42

O problema é que, segundo a Enciclopédia Britânica, a tal múmia do museu seria de um homem que viveu muito mais que apenas duas décadas. O Artemidoro de Éfeso do segundo século d.C (não confundir com o Artemidoro de Éfeso do século II a.C., geógrafo, autor de um papiro famoso porém comprovadamente falso) tinha uma profissão algo peculiar: era um onirocrítico.

Torna-se aqui necessário, em primeiro lugar, esclarecer a diferença entre onirocrítica e oniromancia. A leitura divinatória de sonhos, com previsões de futuro a partir das imagens produzidas pela mente durante o sono, ocupou algum tempo na vida de Artemidoro, mas foi logo substituída por uma ciência diferente – a interpretação de sonhos não mais como premonições ou mensagens enviadas por uma força mística qualquer, mas efetivamente como recados da própria mente do indivíduo. A onirocrítica se preocupava com a busca de soluções para questões individuais, mas sobretudo para situações que envolviam a atuação do sujeito na *pólis*. Além disso, havia uma preocupação por parte do "leitor de sonhos" em oferecer sua resposta de maneira acessível, porém com sofisticação de linguagem. Enfim, uma proposta ético-estética, muito semelhante ao testemunho seniano.

Artemidoro deixou para a posteridade uma obra em cinco volumes intitulada *Oneirokritikon*, normalmente traduzida como "Sobre a interpretação dos sonhos", que serviu de fonte bibliográfica para os estudos de Freud na virada do século XIX para o XX. Mas a herança não foi deliberadamente pensada para chegar ao psicanalista alemão, e sim ao filho de Artemidoro – o quinto volume, quase um testamento de suas pesquisas para o futuro do herdeiro, é iniciado com uma "Carta ao meu filho", em que o pai diz deixar para ele seu aprendizado, ainda que não seja de seu interesse seguir o que o pai imaginou.

Quem estaria com a razão, o Museu Britânico ou a Enciclopédia Britânica? Era um jovem mercador desconhecido ou um experiente leitor crítico de sonhos o Artemidoro visitado por Jorge de Sena?

Quero acreditar na segunda possibilidade. Num Artemidoro que tenha sonhado um dia com a visita de um poeta ao museu. Que na troca de olhares entre eles tenha havido um sussurro, uma dica, um bate-papo. Que tenham ido um ao outro em sonhos através dos séculos até o encontro físico registrado nas cartas inglesas e no poema. E mesmo depois. Que tenham ensinado um ao outro, imagem e reflexo mútuos, o conhecimento proibido de seus verdadeiros rostos, face a face, discutido a criação dos filhos e decidido escrever-lhes cartas.

Tudo especulação, claro. Mas não é mesmo na especulação que nascem as reflexões?

Luciana Salles é Professora de Literatura Portuguesa na Faculdade de Letras da Universidade Federal do Rio de Janeiro (UFRJ). Mestre em Poética pelo Programa de Pós-Graduação em Ciência da Literatura e Doutora em Literatura Portuguesa pelo Programa de Pós-Graduação em Letras Vernáculas, ambos na UFRJ. É membro do Polo de Pesquisas Luso-Brasileiras do Real Gabinete Português de Leitura. Autora de *Poesia e o Diabo a quatro: Jorge de Sena e a escrita do diálogo* (São Paulo, 2010).

Golden shower *segundo Jorge de Sena: "diálogo místico" e "filmes pornográficos" para o Brasil de hoje*

• Luis Maffei •

Uma das lições que aprendi com Camões, poeta cuja dimensão libertária foi vista, mais do que ninguém, por Jorge de Sena, tem a ver com a necessária transladação da experiência amorosa para a experiência da escrita amorosa – digo trasladação na falta de termo melhor, pois existe, na escrita, também uma prática do viver, por isso a "escritura", palavra escolhida pelo poeta em "Enquanto quis Fortuna que tivesse",[1] é, ela própria, experiência – de risco, de incerteza, erro, "verdades puras" enquanto partilha dessas mesmas *experimentações*, lugar de encontro da estética com a vida. A poesia de Camões, dentro e fora d'*Os lusíadas*, é amorosa, como prática inclusive política. A um poeta, a única linguagem que se oferece é a poética, e é nesse terreno que Camões foi um notável teórico da linguagem – de seus limites, fingimento inclusive, e sua potência, silêncio inclusive.

Uma das lições que aprendi com Jorge de Sena é estar disposto a *sentar-me à mesa onde as pessoas humanas comem* e comer com elas. Nesse sentido, encontro enorme dificuldade em ler, pensar, fazer poesia neste país, neste momento histórico, sem que ela, a poesia, responda – e ela tem muitos modos, vozes, para fazê-lo – a um estado de coisas que nos obriga a falar. Foi Barthes[2] quem entendeu o fascismo da língua como sujeição nossa a diversas vontades desse lugar em que moramos, não desprovido de afeto mas um bocado prisional. Vivemos, no Brasil, uma realidade que nos quer calar, muitas

---

[1] Luís de Camões, *Rimas*, Ed. Álvaro J. da Costa Pimpão, Coimbra: Almedina, 2005, p. 117.
[2] Roland Barthes, *Aula*, Trad. Leyla Perrone-Moisés, 7. ed., São Paulo: Cultrix, 1997.

vezes ameaçando os corpos, sobretudo os mais expostos ao ódio e ao ressentimento, de quem ousa falar – os corpos das mulheres, das pessoas negras, trans etc. À poesia, pois, se impõe a questão de se sentar a uma mesa, criar uma mesa, talvez, à qual toda a gente possa se sentar. Junta, como muito bem indica o com- em *comer*.

A língua é fascista porque nos obriga a dizer, mas os fascismos, inclusive uma face do nosso neofascismo de cada dia, tampam nossas bocas. Há, porém, um novo fascismo da língua, que tento pensar a partir do estabelecimento de uma espécie de não gramática. Vivemos um estado de coisas que ainda carece, por tão novo, de uma teorização mais aprofundada, que deve contemplar, inclusive, o que Janice Caiafa entende como "dispositivos alucinatórios" – os smartphones e seus et ceteras.[3] Nesse estado, não é que sejamos sempre silenciados, mas nossa fala, por mais farta que seja, se situa fora de um regime de entendimento. Isso não deixa de ter a ver com o que Eliane Brum[4] chama de autoverdade, ou seja, um tipo de fala-escuta quase tautológica em seu afastamento de zonas muito concretas da experiência partilhável entre gente.

É nos dispositivos com potencial alucinatório que Jair Bolsonaro, em particular, e o bolsonarismo, em geral, deitam e rolam. Ali, não há de haver diálogo, especulação ou risco intelectual, pois aquilo é, no mínimo, profundo redutor dialogal, no máximo, um Velho Oeste sem Ennio Morricone, posto que a incivilidade é lucrativa nesses espaços – penso nas trocas de mensagens rápidas e aprisionadoras, além das redes sociais – e esse espaços existem para ser lucrativos. Então, é inevitável pensarmos em como dizer o que é preciso dizer. O discurso dos bolsonaristas é, a um tempo, pornográfico e moralista, fundamentalista e desencantado. Segundo Byung-Chul Han,[5] nosso tempo é pornográfico já a partir de seu imperativo da transparência: precisamos mostrar tudo, especialmente em imagens, o que nos faz perder boa parte da dimensão erótica da nossa experiência humana, ligada, indelevelmente, ao que há de secreto na beleza.[6] O outro lado disso é termos ainda imensa vergonha de certas coisas, especialmente as que se ligam, em nós, ao fracasso do corpo. "Filmes pornográficos", o poema de Sena, tem em seu fundo (especialmente, como logo ficará claro, em seu segundo

---

[3] Janice Caiafa, "Comunicação, subjetividade e transporte nas cidades", *Novos olhares*, USP, v. 8, n. 1, p. 7-19, 2019.
[4] Eliane Brum, "Bolsonaro e a autoverdade", *El País Brasil*, 16 jul. 2018. Disponível em: <https://brasil.elpais.com/brasil/2018/07/16/politica/1531751001_113905.html>. Acesso em: 11 set. 2019.
[5] Byung-Chul Han, *Sociedade da transparência*. Trad. Enio Paulo Giachini, Petrópolis: Vozes, 2017.
[6] Byung-Chul Han, *A salvação do belo*, Trad. Gabriel Philipson, Petrópolis: Vozes, 2019.

movimento), uma profunda consciência de finitude e fracasso, o que faz de "A morte, o espaço, a eternidade", obra-prima de *Metamorfoses*, um seu poema gêmeo.

Golden shower foi a prática sexual, altamente performática e multivalente, que espantou Jair Bolsonaro durante o carnaval – seu espanto, exposto numa rede social, não passou também de performance, mas num viés perverso. A neopornografia brasileira, muito além da sociedade transparente rascunhada por um Byung-Chul Han que nunca atravessou a Linha do Equador, adora expressões genitais (o mais das vezes fálicas e anais), mas odeia o sexo e o êxtase, simplesmente porque odeia sair de si, não suporta qualquer desenho de alteridade – nesse sentido, odeia também qualquer manifestação de fala que recupere o erotismo, pois a repetição de chavões é pornográfica, não erótica; para ser erótica, à palavra é exigido que esteja cheia de outro. Alteridade é o movimento que Jorge de Sena se vê obrigado a fazer diante de um filme pornô. Cito a íntegra deste magnífico poema:

> Estes que não actores se alugam para filmes
> da mais brutal pornografia crua
> em que não representam mas só fazem
> tudo o que possa imaginar-se e a sério
> com a máquina espreitando bem de perto
> por ângulos recônditos os gestos,
> os orifícios penetrados e
> quanto os penetra até que o esperma venha,
> por certo são dos que prazer mais sentem
> sabendo que afinal se exibem para tantos olhos.
> São máquinas de sexo. Às vezes belas,
> sem dúvida atraentes muitas delas,
> imagens escolhidas como sonhos de
> que possa ser a máquina perfeita.
> Mas na verdade sentirão prazer?
> E na verdade o dão no que se mostram?
> Tão máquinas apenas – sem de humano
> não digo só que o toque da carícia abrupta
> mas mesmo uma atenção de sábio acerto
> profissional de orgasmos a filmar –
> que nada resta destes actos vistos

sequer desse animal mais que espontâneo
em corpos se afirmando que não falam
mas se penetram ao acaso dados.
Nada de humano ou de animal humano
flutua nestes ou na imagem deles:
até porque são vistos como nunca vistos
os actos cometidos ou espreitados,
e mesmo o esperma do interrupto coito
(para quem paga estar seguro de
não ser fingido nada o que foi feito)
ejaculado ou vendo-se escorrer
do corpo mais passivo numa cena
é como imitação que nada inunda
senão o olhar tornado a mesma máquina
que tão de perto o foi filmar ampliado.
Horrível é tudo isto. Mas no entanto,
mecânico e brutal, sem graça nem beleza,
porque se amor se faz mal pode ver-se,
isto possui uma nobreza estranha
e uma franqueza nua que nenhum amor
a si mesmo confessa: e contradiz
quanto mistério exista, que outro mais profundo
assim nos revela: actos de amor
são tanto actos de amor quanto são actos
de actores ocasionais para ele feitos
que todos somos desde que ele se faça.

13/10/1972[7]

No primeiro verso, a luz incide sobre "Estes que não actores", ou seja, as criaturas humanas envolvidas no resultado da feitura de um filme pornográfico no começo dos anos 1970. Na altura, encontrava-se em seus albores esse filão como indústria, e ainda não estavam segregadas as salas especiais para esse tipo de produção, que era exibida em cines comuns. Por isso, imagino Mécia e Jorge de Sena lado a lado, assistindo com susto àquilo que, na altura, não era corriqueiro,

---

[7] Jorge de Sena, *Poesia III*, Lisboa: Moraes Editores, 1989, p. 210, 211.

apesar de o corpo em situações de exposição sexualizada ser filmado praticamente desde o advento da câmera.

O primeiro problema do poema são os trabalhadores, sem direito sequer à escolha de suas parcerias sexuais. A "mais brutal pornografia crua" contraria, em grande medida, o erotismo, e o corpo posto ali em cena não é exatamente um corpo amante em estado de resistência histórica. Nesse sentido, o cinema pornô em nada se liga à arte erótica, seja mais, seja menos, obscena, produzida ao longo dos tempos como grito libertador. A "máquina" de fato espreita "bem de perto" "ângulos", "orifícios" e "esperma". É particularmente perversa a "distorção" praticada por um tipo de filme que bem poderia ser chamado *genital*. A cena vista por Mécia e Jorge supõe até uma política de adestramento do corpo erotizável, pois a diversos conservadorismos serve a transformação de um todo erótico em genitais repetentes, repetidores. O Bataille d'*O erotismo* afirmou: "A 'animalidade', ou a exuberância sexual, é em nós aquilo pelo que não podemos ser reduzidos a coisas";[8] os filmes pornográficos não possuem essa exuberância, pois neles nada há de "humano ou de animal humano".

Sabemos que o cinema, em sua expressão ainda inicial, não capturou o coração ou o fígado de Walter Benjamin. Estou meditando (palavra tão seniana...) sobre um, daqui a pouco dois, poema(s) de Jorge de Sena num lugar do mundo aviltado por *ethos* que avança, com a força que testemunhamos, dado o auxílio insidioso de aparelhos fabricantes de imagens. Essas imagens, confirmando, com muitas sobras, a ideia de "sociedade do espetáculo" engendrada por Guy Debord,[9] afastam-se enormemente de qualquer possibilidade narrativa, e o belo, nos lembra Byung-Chuk Han, precisa da reminiscência: "Essenciais para a beleza são as correspondências secretas entre as coisas e as representações que ocorrem através de um longo espaço temporal."[10] O mesmo Han recupera um espírito benjaminiano para entender que obras de culto à beleza enquanto lembrança, como a de Marcelo Proust, estão "contra o tempo cinematográfico que se desintegra em sequências rápidas de pontos do presente".[11] É em vereda como essa (beleza, reminiscência, narrativa) que o belo se encontra com uma ideia de verdade que, neste espaço seniano, posso chamar de ética (que é franqueada ao sexual, pois, como indica verso de "Arte de amar", de *Exorcismos*, "Que gestos há

---

[8] Georges Bataille, *O erotismo*, Trad., apresentação e organização Fernando Scheibe, Belo Horizonte: Autêntica, 2013, p. 184.
[9] Guy Debord, *A sociedade do espetáculo / Comentários sobre a sociedade do espetáculo*, Trad. Estela dos Santos Abreu, Rio de Janeiro: Contraponto, 1997.
[10] Byung-Chul Han, op. cit., p. 105.
[11] Ibid., p. 104.

mais belos que os do sexo?").¹² Pelo contrário, essa mesma ética, essa verdade, se vê ameaçada quando se perde a possibilidade das "correspondências secretas" – indo ainda além, quando "correspondências" até simples deixam de se fazer. Ou não é necessária uma extrema violação da própria noção de correspondência, cujo étimo guarda a ideia de harmonia por juntar o *cum-* ao *respondere*, para, por exemplo, um país violado há séculos eleger um violador para a presidência da República?

O cinema, desde muito tempo, é lugar de experiências estéticas radicais, que, inclusive, perquirem o próprio problema do tempo. Citei o estar "contra o tempo cinematográfico" querendo pensar em filmes como os pornográficos, "sequências rápidas de pontos do presente" sem sintaxe profunda, sem sombra de correspondência secreta – e não há muito em comum entre essa temporalidade sem vinculação ou relação e a que domina a comunicação contemporânea, espectral, alucinatória? Não é exagero afirmar que as condições necessárias ao advento do cinema pornográfico se assemelham às que precisam ser atendidas para o advento de um fenômeno como o bolsonarismo, nome que tenta indicar braço de algo bem mais amplo e global que a mera figura de Jair Bolsonaro.

Não obstante, terá de haver prazer para as pessoas que atuam nesse tipo de filmes, com as quais um poeta como Jorge de Sena tem de se sentar, num gesto de reconhecimento ético mais ou menos como o entende Judith Butler: "a ética requer que nos arrisquemos precisamente nos momentos de desconhecimento, quando aquilo que nos forma diverge do que está diante de nós".¹³ O escritor, já que intervém no mundo, é intervindo pelo mundo e mergulha no "desconhecimento" a fim, obviamente, de conhecer. As atrizes e atores de filmes como aquele "são dos que prazer mais sentem/ sabendo que afinal se exibem para tantos olhos": ao desfrute do corpo alheio, o desfrute da visão de seu próprio corpo em estado de desejo, uma radicalização do que, na chamada vida real, justifica, por exemplo, a grande quantidade de espelhos nos motéis. O prazer sexual exige que cada amante se entenda como desejável, não apenas desejante – a nada nova história de que nosso tesão é o tesão do outro por nós etc. Nesse momento, cada corpo em ação encena a possibilidade de se configurar como protagonista no jogo da sexualidade, e, no caso-limite dos filmes pornográficos, como parceiro virtual de incontáveis mulheres e homens que replicarão seus movimentos, imitarão sua performance, projetarão

---

[12] Jorge de Sena, op. cit., p. 124.
[13] Judith Butler, *Relatar a si mesmo – crítica da violência ética*, Trad. Rogério Bettoni, Belo Horizonte: Autêntica, 2015, p. 171.

sua companhia ou simplesmente se masturbarão recuperando, ou mesmo vendo, a cena do filme. Existe, pois, um resíduo de sexo na banalização do sexo, um resto de erotismo na impossibilitação do erotismo, na existência das "máquinas de sexo" que, por "vezes belas" e "atraentes", são projeções de uma "máquina perfeita".

Na última expressão sua citada, o poema, construído com cuidado e risco, chega ao fim de seu primeiro movimento. Até esse verso, o décimo quarto de um poema de quarenta e sete, testemunhamos a detecção de algo novo, o espanto, a crítica, um apaziguamento precário – a dança do que Butler chamou de "desconhecimento". Os versos décimo quinto e décimo sexto, "Mas na verdade sentirão prazer?/ Mas na verdade o dão no que se mostram?", são o *intermezzo* que prepara o segundo movimento, perguntas que dão conta, não apenas da vontade de entender, como da vontade, tão estranha ao Brasil de hoje, de conversar. A construção poemática é também arriscada, por vezes dada ao barroco, sempre aberta a rever o que diz, pois se pensa enquanto diz e vai surpreendendo (sendo surpreendida) suas (pelas suas) "correspondências secretas". Um exemplo dessa construção barrocamente incerta são os versos seguintes às perguntas-*intermezzo*:

> (...)
> Tão máquinas apenas – sem de humano
> não digo só que o toque da carícia abrupta
> mas mesmo uma atenção de sábio acerto
> profissional de orgasmos a filmar –
> que nada resta destes actos vistos
> sequer desse animal mais que espontâneo
> em corpos se afirmando que não falam
> mas se penetram ao acaso dados
> (...)

O período é longo, o raciocínio, fino, problematizador do prazer que sentem ou não sentem os "não actores que se alugam pra filmes/ da mais brutal pornografia crua": "Mas na verdade sentirão prazer?/ Mas na verdade o dão no que se mostram?": como o prazer se põe, impõe, num contexto produtivo, técnico no sentido menos erótico? Como o prazer se mantém na reprodução, não humana, mas industrial? Como se pode gozar sem que o erotismo, necessariamente hostil a uma visibilidade pornográfica, inclusive pela falta de fala desta, reja o concerto? Como tocar o prazer, pergunto, não ao, mas com o poema seniano, a partir de agora com os poemas senianos, num país pornográfico e fundamentalista, que recusa qualquer transcendência, erótica ou religiosa? Um santo poeta conversa, transa, com uma santa poetisa em "Diálogo místico", poema, também de 1972, em que Sena visita San Juan de la Cruz e Santa Teresa. Diz o primeiro à segunda:

> – Teresa amiga minha de Jesus
> Teresa quanto não disseste nunca,
> homem nenhum chegara para ti
> e nem Deus sempre era tão macho que
> arqueada te elevasse pelo ar puro
> aonde te pairaras ainda quando
> Deus homem se não fôra e, Deus, não existira.
> Que te direi amiga pobre humano
> a Cristo dado como se não homem?"[14]

O único substantivo comum (aqui no sentido evidente da criação de um Eros em partilha) do primeiro verso da fala de S. Juan é "amiga". Recuperando o *ethos* das cantigas medievais e deslocando o gênero, esta cantiga de amigo revela que estar com alguém em Cristo é um amor cujo favor pode causar, nos corações humanos, amizade. A parte que cabe ao autor do "Cántico espiritual", afim a uma dicção quinhentista, erotiza o amor até de Deus, gostando sua parte humana, Cristo (buscando fazer possível gostar Cristo mesmo, não apenas a hóstia que o representa, ainda que, na fé, a hóstia seja Cristo), e vendo nela, nele, um corpo a que o religioso, de modo nada estranho à sexualidade, gostaria de se dar. Cristo, o nome de uma das paixões mais intensas do Ocidente, então, é outro dos desejados desta cantiga de amigo *e* amigo, pois deseja amiga *e* amigo. Responde a amiga:

> – Juan, hermano mio, quem não de homem
> Homem não é de um Deus que, se existira,
> era mulher como água, se sentindo
> ardências escorrer, o ventre palpitar,
> e os seios estalando só de amor vazios?
> Canta, Juan, teus versos de homem fêmea
> como eu soletro a prosa de mulher e macho:
> nem Deus existirá, hermano mio,
> se os dois o não criarmos para amor a quatro.

[14] Jorge de Senna, op. cit., p. 204, 205.

Caminho de Ávila, 29/08/1972[15]

São hermafroditas espirituais a santa e o santo, praticantes de um amor a quatro – duas fêmeas e dois machos na prosa de uma e na poesia do outro, o que, "homem fêmea", oferece a alma a Deus como uma amada que cantasse, agora sim, uma cantiga de amigo, "amada en el Amado transformada!" (o verso é de "Noche oscura", de Juan).[16] Hermafroditas, essas vozes e almas (e corpos) criam um Deus a ser criado e recriado num retorno eterno, movimento cheio do ritmo do encontro sexual, bem ao modo da percepção de um mundo encantado, século XVI ainda grávido da herança medieval. O ritmo da cópula literária de Teresa e Juan, amiga e amigo em reciprocidade, depende do ritmo de suas escritas, o que implica dizer que o amor divino passa pelo amor do texto, lugar de alteração e de efetiva prática amorosa. O país que não sabia o que é *golden shower*, tendo aprendido da mais torpe maneira, tem como uma das faces de seu neofascismo o afastamento brutal da experiência religiosa dos textos que a sustentam, venham eles de algum dos livros da Bíblia ou da poesia, ou mesmo da poesia que mora em alguns dos livros da Bíblia. Nesse sentido, o problema não é tanto um país que substitua o conhecimento científico, erudito etc. pela leitura e entendimento de textos religiosos, bíblicos inclusive; o problema é o silenciamento inclusive desses textos, em virtude de sua potência contraditória e libertária – por exemplo, nenhuma infame teologia da prosperidade resiste ao Jesus que, nos três Evangelhos sinópticos, indicar ser mais fácil um camelo passar pelo buraco de uma agulha que um rico entrar no Reino dos Céus.

Hermafroditas espirituais Teresa e Juan inclusive pela palavra "hermano", grafada na parte que cabe a ela. Talvez seja exagero associar "hermano" a "hermafrodita" pela coincidência entre os grafemas que abrem ambas as palavras. Certamente não o é considerar que o sintagma teresino "ardências escorrer" indica uma grande humanidade no desejo físico e espiritual que une as duas vozes do poema. Penso imediatamente no quanto milhões de cristãos neste país (e não só) são treinados a abdicar cada vez mais do corpo, repudiando os gozos mais plenos de vitalidade que alcança nossa humanidade precária, mas técnica. Gozar, humanamente, exige o "escorrer", o corpo liquidado em orgasmo e/ou dor – e agora penso que orgasmo e dor são duas faces de uma múltipla moeda que configura nossa condição humana. Antes de dizer o que diz em "Diálogo místico", Teresa

---

[15] Ibid., p. 205.
[16] San Juan de la Cruz, *Poemas selecionados*, ed. bilíngue, Trad. Hugo Langone, Rio de Janeiro: 7Letras, 2012. p. 16.

de Jesus é personagem suposta (ainda que a trama se passe na Idade Média) do conto "O grande segredo", presente em *Novas andanças do demônio* e datado de 2 de setembro de 1961. Na ficção, o êxtase místico que dominou a santa é vivido em termos profundamente eróticos. E ali está a dor, como se lê nas linhas finais: "O clarão recomeçou a encher a cela, mas não aumentou mais, nem ressoava. Antes ficou em torno dela, como um dossel, uma atenta e vigilante ternura, que, debruçada sobre ela, a contemplasse, tão dorida e esmagada, respirar tranquila."[17]

Apenas para não deixar Cristo fora de uma cena "dorida" e com "escorrer", volto à Bíblia, mais precisamente a dois versículos de Lucas que não estão presentes em diversas edições do Novo Testamento, talvez em virtude do acento agudo que ali se vê sobre o aspecto humano do Filho da Humanidade. No monte das Oliveiras, a um passo de ser capturado pelos soldados, Jesus padece: "Apareceu-lhe um anjo do céu, que o confortava. E, cheio de angústia, orava com mais insistência ainda, e o suor lhe tornou semelhante a espessas gotas de sangue que caíam por terra."[18] Outro líquido importante que participa do corpo de Cristo é o perfume que uma mulher da Betânia espalha sobre a cabeça do Mestre, justo no limiar da paixão. Em Marcos, em cena não exclusiva de seu evangelho, alguns discípulos reagem com indignação: "Para que esse desperdício de perfume? Pois poderia ser vendido (...) por mais de trezentos denários e distribuído aos pobres"; "Mas Jesus disse: 'Deixai-a. Por que a aborreceis? Ela praticou uma boa ação para comigo'."[19] Seria impróprio localizar esse momento gozoso de Jesus no intervalo entre a consolação da morte que se avizinha e o erotismo possível para ele, vindo de uma "boa ação", ou melhor, de um gesto de puro amor feito por uma mulher?

É o amor que finaliza o "Diálogo erótico", ou melhor, o "Diálogo místico", e, iluminado por esse poema, volto a "Filmes pornográficos", no qual o amor também é problema central. Segundo Sophia de Melo Breyner Andresen, que não poderia se ausentar deste texto porque é coprotagonista deste livro, o nu é onde o "artista grego lê a ordem do mundo onde está",[20] como se lê no indispensável ensaio "O nu na Antiguidade Clássica". Indo além, Sophia verifica, na mentalidade grega que mais lhe interessa, o nu como um modo de o divino começar a se pictorizar. Haverá, desse nu, algum vestígio no filme pornô? Algum traço de divindade, nem que seja a contrapelo, apesar do vil interesse e sede imiga do dinheiro, "para quem paga estar seguro de/ não ser fingido nada o que foi feito"?

---

[17] Jorge de Sena, "O grande segredo", in *Antigas e novas andanças do demônio*, 4. ed., Lisboa: Edições 70, 1984, p. 149-153, p. 153.
[18] Lc. 22:43, 44, *Bíblia de Jerusalém*, Nova edição revista e ampliada, São Paulo: Paulus, 2002.
[19] Mc, 14, 4-6, idem.
[20] Sophia de Mello Breyner Andresen, *O nu na Antiguidade Clássica*, Lisboa: Portugália, 1978, p. 37.

O poema se complica com a adversativa "Mas no entanto": mesmo "mecânico", "sem graça" e até desonesto, pois rouba "ao imaginar quanto é sentido/ porque se amor se faz mal pode ver-se", "isto possui uma nobreza estranha". Se não deturpo o poema, o que se entende em seu segundo movimento é, entre outras coisas, o fato de o ser humano ser não apenas transcendência, erotismo e beleza, mas "orifícios" e líquidos, o que obriga olhos e ouvidos atentos a considerar a corrupção que espera qualquer corpo – mesmo o dos santos, pois deles sentimos "ardências escorrer", em fluidos que são desejo, corpo e morte. Talvez essa seja uma contribuição da pornografia, cheia de buracos e esperma, para o pensamento sobre o erótico: não obstante a transcendência, a santidade, o poder da palavra amorosa, um filme pornô nos dá a ver de modo muito radical a morte que radica no corpo, e performatizar o sexo pornograficamente é performatizar também uma morte sem qualquer glória, ao menos imediata, morte só de um corpo em putrefação adiada, pois só o corpo tem direito de morrer. Esta a nobreza.

Referi, algumas páginas atrás, que "A morte, o espaço, a eternidade" é um poema gêmeo de "Filmes pornográficos". Por quê? Porque, no poema de *Metamorfoses*, a morte é recusada como derrota – ao ataque sinfônico "De morte natural nunca ninguém morreu", verso de abertura, seguem-se: "Não foi para morrer que nós nascemos,/ não foi só para a morte que dos tempos/ chega até nós esse murmúrio cavo,/ inconsolado, uivante, estertorado,/ desde que anfíbios viemos a uma praia/ e quadrumanos nos erguemos (...)."[21] Por outro lado, não é a derrota, ou seja, o desviar-se da rota, o gesto humano mais libertário? O que isso tem de ambiguidade e erro, errância, é o que aproxima "A morte, o espaço, a eternidade" a "Filmes pornográficos", permitindo, inclusive, que se intua a transcendência possível que há em ambos os poemas como devedora do humano.

Golden shower segundo Jorge de Sena – que, não ignoro, produziu, em 1977, uma aguda relativização do liame exclusivo entre pornografia e distração capitalista;[22] Sena entende que "os capitalistas mais reacionários (...) apoiam a máxima repressividade sexual", apesar de que, "numa sociedade" que "se baseia no

---

[21] Jorge de Sena, *Trinta anos de poesia*, 2. ed., Lisboa: Edições 70, 1984, p. 171.
[22] Para além da relativização citada acerca da pornografia, já havia outra na obra seniana: meses depois da escrita de "Filmes pornográficos", Sena, em 4 de fevereiro de 1973, escreve "A 'mais valia' ou o Marx quanto se pode", que aparecerá em *40 anos de servidão* (Lisboa: Edições 70, 1989, p. 124), livro onde os poemas são indicados em relação ao édito seniano mais próximo a cada um deles. No texto, do "Tempo de Conheço o sal...", o poeta avança na sua tentativa de lidar com o cinema pornô, investigando sarcasticamente a relação de distintas mentalidades nacionais (a soviética e a lusitana, inclusive) com o universo que vai do corpo à pornografia. Indico a leitura desse poema feita por Beatriz Helena Souza da Cruz em sua dissertação de mestrado, apresentada em 2013, que tive a honra de orientar e cujo título é *Trabalhadores do século XX em poemas de Jorge de Sena*. O

negócio e no lucro, a própria filosofia dominante", "ainda que puritanamente a abomine", "suscita a pornografia, desde que os 'consumidores' existam".[23] Por isso é que, neste Brasil, podem estar do mesmo lado uma maciça quantidade de neopentecostais e Oscar Maroni, bolsonarista militante, dono do bordel Bahamas, um dos mais caros do país. Este Brasil é o mesmo que recusa, por ódio e medo, o que digo metonimicamente citando um verso de "Diálogo místico": "ardências escorrer, o ventre palpitar". Recusar a performance que Bolsonaro, a fim de difamar um carnaval que o criticava, expunha, ridicularizava, replicou digitalmente em março de 2019 é recusar, inclusive, um líquido humano que indica sermos fisiologicamente constrangidos (precisamos urinar, sem transcendência) e, ao mesmo tempo, podermos gozar disso e com isso, liquidamente: nada nos impede de dourar a urina, transformando-a, quente que ela é, em alquimia e clímax.

Portanto, eu dizia, *golden shower* segundo Jorge de Sena: "actos de amor/ são tanto actos de amor quanto são actos/ de actores ocasionais para ele feitos/ que todos somos desde que ele se faça"; o corpo que resiste politicamente não difere do corpo que trabalha, tampouco do que se vê sujeito a diversas vontades. É com corpos em inesperada aliança, pensando mais uma vez com Judith Butler,[24] que poderemos recuperar mística, reconstruir gramática e gaguejar uma fala não fascista, antifascista. E Jorge de Sena, nesse momento em que um de seus países (mais de um, na verdade, vide os EUA de Trump) padece de um elenco inédito de horrores, é um enorme aliado.

Luis Maffei é Professor de Literatura Portuguesa da Universidade Federal Fluminense (UFF) e bolsista de produtividade do Conselho Nacional de Desenvolvimento Científico e Tecnológico (CNPq). Poeta e autor de obras de ficção e ensaios (*Signos de Camões*; *Do mundo de Herberto Helder*; *Manuel de Freitas por Luis Maffei*, entre outros), além de editor e coorganizador de coletâneas de ensaios e dos *Poemas eróticos* de Maria Teresa Horta. Foi um dos contemplados com o prêmio Icatu de Artes – Literatura, em 2013.

---

fragmento a que remeto se situa entre as páginas 73 e 75. Disponível em: <https://app.uff.br/riuff/bitstream/1/9755/1/DISSERTA%C3%87%C3%83O%20MAR%C3%87O%202013.pdf>.
[23] Jorge de Sena, "Resposta a um inquérito sobre pornografia", in *Dialécticas teóricas da literatura*, Lisboa: Edições 70, 1977, p. 273-290, p. 276.
[24] Judith Butler, *Corpos em aliança e a política das ruas – notas para uma teoria performativa de assembleia*, Trad. Fernanda Siqueira Martis, Rio de Janeiro: Civilização Brasileira, 2016.

O natal, a alquimia, o tempo, e o espírito

• Marcelo Pacheco Soares •

Trataremos de "O urso, a pantufa, o quadro, e o coronel", conto de Jorge de Sena das *Novas andanças do demónio*, publicadas em 1966, narrativa muito conhecida mas não necessariamente estudada, talvez por seu enredo hermético. Para nos contextualizarmos, vamos a um necessário resumo seu, em que priorizaremos os elementos pertinentes à nossa leitura.

Um sexagenário militar reformado, o coronel Chagas, e seu amigo um pouco mais novo, doutor Figueiredo, numa tempestuosa noite de Natal, chegam a uma isolada pensão serrana, já conhecida pelo segundo. Enquanto fumam à noite no grande salão do hotel, o doutor apresenta a Chagas a gerente local, dona Sofia, ainda jovem mulher que enviuvara há dois anos e cuja figura, das unhas bem feitas ao decote ao colo, desperta olhares furtivos do militar. Ela lhes fala sobre a véspera de Natal em que o esposo morrera, lembrando que ele sempre exigia que a pantufa da mulher fosse posta na lareira, e que, naquela ocasião funesta, ainda assim o presente que ele comprara para ela estava pela manhã junto ao calçado, tendo o mesmo acontecido no ano seguinte. Daí que traga consigo no momento uma pantufa vermelha para depositar no mesmo local naquela noite. A história fantasmagórica que emociona o coronel, sem que ele nela creia necessariamente, parece causar reação a Figueiredo porque, lívido, ele afasta-se sob o pretexto de tomar ar. Chagas então se aproxima de um quadro que o falecido dono da pousada retocava constantemente, pintura de gênero que parece retratar aquela mesma pousada, ficando sugerido que o próprio velho militar possa ser reconhecido na imagem enquanto chegava à estalagem com o seu amigo. A mulher desaparece repentinamente e o coronel sobe ao andar dos quartos para procurar Figueiredo, encontrando em seu lugar um homem que traz o estranho recado de que o doutor resolvera seguir viagem à vila e deixara a pousada com a promessa de retornar na manhã seguinte para buscá-lo. Chagas então se recolhe a seu aposento e passa uma fria noite extremamente mal dormida em que visões do espaço do quarto, que indicam um semissono, intercalam-se com seus sonhos ou delírios de passagens diversas da sua vida, inclusive a ocasião da infância em que, na véspera de Natal, sobre a chaminé, teria reconhecido os sapatos de todos os da sua família, dos pais e da avó aos irmãos, exceto por uma pantufa vermelha; naquela mesma manhã natalícia (ou seria outra?), ganhara de presente, segundo as narrativas de suas visões noturnas, um urso de pêlo. Após acordar, vai ao salão da pousada e vê o urso junto à pantufa da lareira. Há uma carta para ele, com que, sem ler, o coronel presenteia o jovem recepcionista da pousada. Encontra o amigo no desjejum, que não sabe dizer a que mulher ele se refere ao perguntar por Sofia. Na partida, no banco de trás do automóvel, ele outra vez vê o urso de pêlo.

Em nota explicativa sobre a narrativa, Jorge de Sena revela: "Quanto ao conto da pantufa, (...) eu mesmo não saberia dar a chave do mistério, se o é."[1] — proposição que nos chama a atenção inclusive pela possibilidade levantada de não haver aqui o que se investigue na camada mais superficial do enredo da narrativa, proposição reforçada pela sua veemente condenação, no Prefácio de 1966 às *Novas andanças do demônio*, de que "contos de fantástico realismo devam ser entendidos como parábolas simbólicas".[2] Mas, subversivos leitores que somos, preferindo entender essa espécie de conselho como retórica desafiadora, apostamos na existência dessas chaves e, baseados no título quaternário do conto, fragmentamos nossa leitura em quatro temáticas para, a partir delas, tentar compreender essa composição: o Natal, o Tempo, o Espírito, e a Alquimia.

1) Sua temática natalina incluiria o conto em uma potencial coletânea da obra do autor cujo volume final teria tido, sem dúvida, algum peso. A narrativa surge após frustrada tentativa de ser, segundo o autor, brinde de Natal encomendado por uma editora em 1961 (rejeição que o levou a escrever outra em substituição, "A noite que fora de Natal"). O Natal é uma ocasião muito propícia à poética seniana, que produz sobre a data não apenas contos ("Razão de o Pai Natal ter barbas brancas" é mais um que poderíamos citar) mas especialmente poemas. Ao aproveitar a data festiva para desvelar os desvalidos (os famintos, os que sofrem e morrem na Segunda Guerra Mundial ou nas Guerras Coloniais, os que são calados pelo Estado Novo português), o poeta encara com desesperança e melancolia a data que a sociedade usa para enaltecer valores ditos

---

[1] Jorge de Sena, *Antigas e novas andanças do demônio*, Lisboa: Edições 70, 1989, p. 226.
[2] Ibid., p. 222.

positivos, os quais, porém, lhe parecem servir apenas como anestésico que a impede de encarar os males do mundo. Daí que, em um dos seus trabalhos mais pungentes, "Natal", poema de 1943, descreva os horrores da guerra e, contrapondo os festejos por um nascimento de dois mil anos antes, traz em seu dístico final o infanticídio em massa causado pelos conflitos bélicos: "Crianças se sumiram no incêndio... / Que rósea aurora as ressuscitará?"[3] — pergunta provocadora que ele retomará ao fim do poema "Sobre uma antologia lírica do Natal – 1969", a que se seguirá a constatação: "(há já vinte anos perguntei — não digam)."[4] Reparemos: esses "antinatais" senianos — assim os batizou Eugénio Lisboa — abandonam o lúdico da festa para desvelar a realidade, como talvez também faça esse conto ao ultrapassar a sua dimensão de fantástica história de fantasmas para representar o real hodierno português, segundo ainda proporemos mais à frente.

2) Ao contrário dos poemas, que se identificam sempre sob ano claramente referenciado, nesse conto estamos diante de uma sobreposição de natais. Tal efeito alcança-se em razão de uma imprecisão temporal constante na narrativa. No início, enquanto aguarda a meia-noite que anuncia o 25 de dezembro, o coronel verifica que seu relógio está três minutos atrasado em relação ao do salão da pousada: "o meu relógio atrasa-se assim estes minutos, e aqueles relógios funcionam muito bem, quando estão regulados",[5] explica Chagas a Figueiredo, mas este levanta a hipótese de que o aparelho local não estivesse calibrado, mantendo a indefinição e sugerindo uma distensão temporal, isto é, uma quebra da linearidade do tempo. Também a pantufa vermelha que aparece nos sonhos do coronel e que ele não reconhece quando criança — e esta é a história que tenta contar ao doutor desde a noite, fazendo-o somente no desjejum do dia seguinte, sem nunca precisar se é um episódio dos seus oito ou doze anos — é a mesma peça que ele só poderia ter visto pela primeira vez no encontro com dona Sofia, já idoso. Assim é que os natais surgem embaralhados ou em paralelo, em distintos espaços-tempos mas chocando-se entre si durante todo o conto — e não apenas no auge das visões noturnas, quando o fenômeno intensifica-se, mas também pela manhã (lembremos a presença do urso de pêlo na lareira e no banco traseiro do automóvel). Semelhante confusão temporal ocorre ainda com o quadro do salão, já que o coronel titubeia em lhe precisar a

---

[3] Jorge de Sena, *Poesia II*, Lisboa: Edições 70, 1988, p. 140.
[4] Jorge de Sena, *Quarenta anos de servidão*, Lisboa: Moraes Editores, 1978, p. 111.
[5] Jorge de Sena, *Antigas e novas andanças do demónio*, p. 186.

época de produção: "E estão todos vestidos... não sei a que moda. O estalajadeiro, é difícil saber-se. Os dois sujeitos... bem, pode ser tanta coisa... Século Dezoito, até século passado também, com aquelas casacas e aqueles calções... Ah, mas são calças, é mais recente."[6] Desse modo, o quadro igualmente traz uma sobreposição de tempos, tornando-o signo dessa simultaneidade temporal que se espalha pela narrativa, fazendo-nos crer que, no espaço fantástico da pousada, vários natais sincronizam-se, permitindo assim que dona Sofia continue recebendo os presentes do marido já falecido em sua pantufa vermelha, a qual aparece ao mesmo tempo nas lembranças longínquas de um Natal da infância do coronel, em que ele ganhou o urso de pêlo, que reaparece agora nesse Natal de sua velhice. Coisas de fantasmas, para quem o tempo deve ser mesmo inexistente? Coisas de espíritos?

3) Para chegar ao tema do Espírito, precisamos investigar a origem do cenário do conto, já que, como o próprio Sena atesta em sua nota sobre a narrativa, a estalagem em que os dois amigos se abrigam da tempestade era "uma pousada montanhesa e de luxo, que se estava mesmo a ver que podia ter sido a do Marão".[7] A Pousada Regional de São Gonçalo, localizada na serra do Marão (nas fronteiras entre o Minho, Trás-os-Montes e o Douro), foi edificada em 1942. Enfatizemos a pequeníssima diferença de datas (tão pequena que escancara mais uma manifestação de uma disrupção temporal, como, proporcionalmente falando, a de três minutos entre os relógios do coronel e do salão da pensão) entre a que Sena usa para datar o conto (30 de agosto de 1961, algo estranha para uma narrativa destinada a ser brinde de Natal) e a da real inauguração da Pousada do Marão (29 de agosto de 1942, tendo aniversariado na véspera daquela data e estando a passar por reformas de ampliação nesse mesmo ano de 1961). O hotel surgira na esteira do projeto chefiado por António Ferro, ideólogo do Estado Novo, de criar uma rede de pousadas regionais que atraíssem os turistas para um ambiente bem reservado que servisse de propaganda de um país bucólico e familiar. Segundo o cientista político Orlando Raimundo:

> Os preços são relativamente baratos, para o poder de compra da generalidade dos estrangeiros que não podem pernoitar mais de três noites seguidas em cada uma delas, numa estratégia destinada a evitar que possam vir a aborrecer-se e que resulta em pleno. O aviso de António Ferro aos gestores dos es-

[6] Ibid., p. 189.
[7] Ibid., p. 225.

paços não podia ser mais explícito: 'Quando um hóspede deixar de ser tratado pelo nome, para ser conhecido pelo número de quarto que ocupa, estaremos completamente desviados do espírito das Pousadas.'
O turismo é para ele não só um 'factor de riqueza e civilização', mas sobretudo um 'meio seguríssimo de alta propaganda nacional', para inglês ver, e de 'simples propaganda política' de consumo interno.[8]

A arquiteta Susana Lobo faz semelhante leitura ao descrever, nas pousadas, os "subtis enquadramentos de sabor rústico, agenciados pelos artistas do SPN [o Secretariado de Propaganda Nacional, chefiado por Ferro de 1932 a 1950] sobre idílicas interpretações de uma vivência rural que se prestava ao imaginário nacionalista e conservador do Regime".[9] A carga ideológica que o espaço emana, portanto, legaria ao conto uma leitura que levaria mesmo a desconfiar sobre o que fariam ali em plena noite de Natal o coronel e o doutor (a alcunha deste referindo-se a atividades advocatícias, dada a menção à procuração que ele solicita para vender a quinta de Chagas) e quais seriam seus destinos entre Porto e Lisboa, nunca revelados. Dentre os fragmentos das visões de Chagas,

---

[8] Orlando Raimundo, *António Ferro: o inventor do salazarismo – mitos e falsificações do homem da propaganda da ditadura*, Alfragide: Dom Quixote, 2015, p. 222, destaques no original.
[9] Susana Lobo, *Pousadas de Portugal – reflexos da arquitectura portuguesa do século XX*, Coimbra: Imprensa da Universidade de Coimbra, 2006, p. 45.

aliás, sugere-se seu envolvimento no Golpe de 1926, na lembrança de que "o general tinha telefonado, a revolução era um facto consumado sem tiros".[10] Desse modo, se no primeiro poema de *Arte de música*, "'La cathédrale engloutie', de Debussy", Sena, em menção à sua infância, fala de "almas penadas como as do Marão e que eu temia / em todos os estalidos e cantos escuros da casa",[11] diríamos que, agora, na maturidade de Sena, a provocar bem mais do que *estalidos* nos *cantos escuros da casa* — a "casa portuguesa, com certeza" em que o salazarismo transformara o país —, as figuras fantasmáticas refeririam alegoricamente outras bem mais temíveis (pois reais) do que os *espíritos* típicos de uma literatura de terror, agora concretizados nos espaços políticos e sociais: e lembremos que a missão que Salazar confia a António Ferro é precisamente a de implantar a sua estetizante *Política do Espírito*, que Ferro cunha em 1931 em uma série de artigos no *Diário de Notícias* e que assim explica já em um discurso de 1934:

> Política do Espírito é aquela que se opõe, fundamental e estruturalmente, à política da matéria (...), é estabelecer e organizar o combate contra tudo o que suja o espírito, fazendo o possível para evitar certas pinturas *viciosas* do vício que prejudicam a beleza, como certos crimes e taras ofendem a humanidade, a felicidade do homem. Defender a Política do Espírito é combater sistematicamente (...) tudo o que é maléfico, doentio, por simples volúpia ou satanismo![12]

Ora, é por fazer de sua literatura resistência a tais disposições moralistas, conservadoras e censoras do salazarismo (ou de qualquer outra ditadura) que Sena marca toda a sua obra precisamente pelo signo do diabo (como é desnecessário explanar), do satânico que arrepia Ferro mas que representa, por exemplo, um contraponto consciente ao conceito alienante de arte do ideólogo, do que aliás seus citados poemas natalícios são modelos paradigmáticos, sendo por isso inconcebível pensar, a partir de tal contexto, que, no conto em análise, pudesse vir a ser algo alvissareiro a transformação do corpo em espírito, ensejada por Ferro, ainda que indicada desde a epígrafe do conto.

---

[10] Jorge de Sena, op. cit., p. 193.
[11] Jorge de Sena, *Arte de música*, Lisboa: Moraes Editores, 1968, p. 10.
[12] António Ferro apud Luís Reis Torgal, *Estados novos, Estado Novo: ensaios de história política e cultural*, vol. II, Coimbra: Imprensa da Universidade de Coimbra, 2009, p. 124.

4) Quanto a essa epígrafe, de Zósimos de Panápolis, ei-la:

(...) E ouvi uma voz do Alto que me dizia: — Cumpri a acção de *descer* os quinze degraus para as trevas, e a acção de *ascender* os degraus para a luz. O sacrifício renova-me, rejeitando a densa natureza do corpo. Assim consagrado pela necessidade, *tornei-me espírito*.[13]

Místico gnóstico egípcio (ou talvez grego) da virada do século III para o IV, Zósimos consta como autor dos mais antigos livros da alquimia (o que nos encaminha para a nossa quarta chave, a partir do que nos debruçaremos mais sobre o enredo do conto). Em um dos seus textos mais difundidos, descreve uma série de noturnas visões fantásticas interrompidas por breves momentos de vigília, nos quais acerca delas reflete. Essas interposições entre momentos de sono e de espertina assemelham-se à noite mal dormida do general Chagas, de que trazemos trechos que demonstram análogas intercalações entre os sonhos e presumíveis vigílias:

Estendeu a mão para o relógio, eram duas e dez. Levantou-se, foi à casa de banho, seguido pela Maria que fora enterrada com aquele vestido preto, e bebeu um copo de água. Veio sentar-se na borda da cama. Pegou no sapato. Esquecera-se de o pôr na chaminé. Desceu a escada que era um corredor comprido, onde ele fingia que a passadeira eram os carris de uma via férrea, e o comboio vinha, do lado da sala, apitando e fumegando, a uma velocidade incrível. (...) A chuva recomeçara, mas não caía violentamente. E a porta do guarda-fato abria-se devagar, o Figueiredo, curvado, com o cabelo a brilhar de penteado, desceu dele e fechou a porta. E aproximou-se, em pijama azul, da maleta. O coronel sentou-se na cama, e disse: — Figueiredo, por onde andou você? — O Figueiredo olhou para ele, com a maleta na mão, e fez-lhe sinal que se calasse, sorrindo afectuosamente; e entrou na casa de banho. O coronel sentiu, repentinamente, que não tinha ninguém, e entrou na loja de antiguidades, atrás do Figueiredo.[14]

Aqui, porém, o espaço do quarto apenas sugere instantâneos de lucidez despertada. Dissolvem-se as fronteiras entre as imagens do aposento e episódios claramente oníricos, amalgamando os dois estados de consciência. Potencializa o fenômeno o fato de as lembranças que Figueiredo terá pela manhã da

---

[13] Jorge de Sena, *Antigas e novas andanças do demónio*, p. 183.
[14] Ibid., p. 193-195.

noite anterior não serem, mesmo com elementos que as evidenciem, aquelas a que o leitor assistiu. Com isso, toda a realidade da narrativa é tomada pela atmosfera de sonho ou, por extensão, a nossa realidade física (ou a sua ilusão) estraçalha-se mimetizada a partir do substrato onírico que lhe seria inerente.

Já os sonhos de Zósimos limitam-se a variantes de uma mesma cena: um amplo altar em forma de taça rasa com quinze degraus que é palco desde discursos de um sacerdote (a *voz do Alto* da epígrafe), que se autossacrifica nas águas, até a imagem de várias pessoas sucumbindo nessas mesmas águas então ferventes a separarem seus corpos e almas, passando por torturas que envolvem desmembramentos e escalpelamentos, tudo a representar os processos alquímicos da composição das águas, os quais Zósimos sói decifrar para transformar o cobre em prata e ouro. Repare-se que a vasta referência aquática também envolve o conto de Sena: a forte tempestade, assídua na narrativa. Ora, em artigo de 1954 intitulado "As visões de Zósimo", o psiquiatra suíço Carl Jung, em cujo livro de 1944 *Psicologia e alquimia* já analisara psicanaliticamente os sonhos do egípcio, acrescenta que "a alquimia (...) trata da água milagrosa, da *aqua divina* ou *permanens*, que é extraída da *lapis*, (...) mediante a tortura do fogo. (...) A água divina possui uma capacidade de transmutação em geral".[15] Curioso: é mesmo possível que a obra do psicanalista estivesse em evidência em 1961, ano de produção do conto — concluído em agosto, reiteremos — pois foi também o ano do falecimento do médico, em junho. Sena poderia já ter alcançado a obra do gnóstico grego em razão de seu interesse pela alquimia (*Pedra filosofal* e *O físico prodigioso* o atestam), mas seria igualmente factível que o tivesse alcançado por esses estudos psicanalíticos.

Pois o trecho de Zósimos eleito por Sena para sua epígrafe é precisamente fragmento do texto estudado por Jung. Sobre as escadas de quinze degraus descritas pelo alquimista, analisa o médico: "o tema dos degraus e das escadas indica o processo de transformação anímica e suas peripécias. Zósimo dá-nos um exemplo clássico disso, com sua ascensão e descida pelos quinze degraus de luz e escuridão."[16] Ora, por todo o conto, o coronel sobe e desce escadas — as da pousada, que se transfiguram nas de sua casa na infância. Por isso também, ao partir da pousada, o automóvel dos dois homens desça por uma "estrada perigosa, húmida, cheia de curvas"[17] — aliás, a Curva da Morte em frente a qual foi de

---

[15] Carl Jung, "As visões de Zósimo", in *Estudos alquímicos*, Trad. M. L. Appy et al., Petrópolis: Vozes, 1986, p. 89.
[16] Carl Jung, *Psicologia e alquimia*, Trad. M. L. Appy et al., Petrópolis: Vozes, 1991, p. 72.
[17] Jorge de Sena, op cit., p. 199.

fato construída a Pousada do Marão — que ora revela ora esconde a imagem da estalagem (a estrada, então, é nova forma dos degraus de Zósimos que o coronel, nas antípodas da epígrafe, subira para a luz e pelos quais agora descia para as trevas, desfecho, afinal, positivo se encararmos o binômio luz *vs.* trevas sob uma lógica ética e irrevogavelmente inversa à dos discursos de António Ferro). A pousada seria então uma autorrepresentação do coronel, arquétipo jungiano, já que, em sua autobiografia *Memórias, sonhos, reflexões*, de 1957, Jung interpreta em seus sonhos o arquétipo da *casa* como representação da sua personalidade.

Ainda na investigação de Jung, o simbolismo dos números três e quatro na alquimia surge-nos como elemento interessante à leitura do conto. Segundo o psiquiatra:

> ao lado da nítida tendência para a quaternidade da alquimia (como também do inconsciente), sempre há uma incerteza marcante entre o três e o quatro. (...) O quatro significa o feminino, o materno, o físico; o três, o masculino, o paterno, o espiritual. A incerteza entre o quatro e o três significa portanto o mesmo que a hesitação entre o espiritual e o físico: um exemplo marcante de que toda verdade humana é apenas uma penúltima verdade.[18]

Pois retomamos, agora através de Jung, a oposição *espiritual vs. material* que encontramos na epígrafe de Zósimos e na ideologia de Ferro. Observemos que o título do conto em análise é justamente quaternário (seria físico), mas fora ternário (espiritual), segundo confessa Sena quando narra seu atendimento à encomenda da editora: "escrevi *O urso, a pantufa, o quadro, e o coronel*, que remeti (sem 'quadro' no título)".[19] Sua opção, portanto, da ampliação posterior — e, mais, esse fortuito esclarecimento que não queremos crer inocente — promove com mais clareza a alternância do protagonista entre suas existências, nessa ordem, *espiritual* e *física* (por expansão, entre os pares *paternidade* e *maternidade* e *masculino* e *feminino*, que igualmente transpassam a narrativa).

Se o conto representaria uma autorreflexão psicanalítica do coronel, justifica-se a regressão que se constrói sobre sua vida, fragmentada na madrugada, a incluir rotinas de quartel e um soldado alemão morto (provavelmente nas fronteiras das colônias na Primeira Guerra Mundial), presenças da avó e da mãe entre afetos e flagras sexuais (a instigar seu Complexo de Édipo), relacionamentos amorosos, casamento, morte do filho e da esposa e de quase todos

---

[18], Carl Jung, op. cit., p. 37.
[19] Jorge de Sena, op.cit., p. 225.

os familiares, proximidade com sobrinhos, além de algumas passagens com o doutor Figueiredo desde a infância, o que parece menos factual do que nova evidência de distensão temporal — se é que o Figueiredo existe, porque cabe pensar se o personagem do amigo não seria espécie de consciência auxiliar sua, *superego* que simbolicamente lhe guia pela pousada e dirige o carro em que transitam e tem procuração para vender a quinta que marca negativamente, como veremos, a vida do coronel, mas que ambiguamente, por sua função psíquica censora e repressora, o aproximaria — aqui numa associação mais livre de ideias — de uma representação da ditadura: e sublinhemos que é necessariamente na sua ausência que Chagas está liberto para vivenciar o processo de — para usar a expressão alquímica — *transformação anímica* durante a madrugada, após a qual consegue afinal verbalizar a história que não lhe era possível concretizar em fala na noite anterior, indicativo de alguma mudança em si.

Destaca-se também dentre as visões as referências à filha, Lúcia — do latim *lux*, um dos sentidos portanto da epígrafe que prevê um caminho para a luz — mas nome também de uma antiga namorada sua, coincidência que sugere agora um Complexo de Electra na contramão, reforçado por toda a sexualização de dona Sofia, que aparece no sonho à janela da pousada, "cujos seios pousavam nus no peitoril, muito redondos, com os mamilos róseo-escuros",[20] culminarem na cena, também do sonho, em que o abraçará dizendo: "Meu pai, meu pai."[21] Ora, Lúcia, a filha, após envolvimento com um empregado da quinta que Chagas então castiga fisicamente com chibatadas (reação que reforça a evidência do complexo), [Lúcia] saíra de casa, mais tarde escrevendo-lhe em carta: "Meu pai, sabe bem que não poderia voltar."[22] As visões de Chagas seriam um embate, no seu inconsciente, do personagem consigo mesmo (talvez daí a necessidade das disrupções temporais): por isso, se, no início da noite, resiste em encarar-se — "lavou as mãos cuidadosamente, sem olhar para o vulto que se projectava no espelho"[23] — pela manhã já o faça, embora numa superfície que não o delineia por completo — "No espelho, embaciado pelo vapor do banho, que enevoava o quarto, viu se estava perfeitamente em ordem.":[24] nova evidência de mudança. Há uma aparente resistência de Chagas a *espiritualizar*-se e *ascender os degraus para a luz* (que afinal é sua filha e, pelo tabu, para ela ele não deveria mesmo encaminhar-se

[20] Ibid., p. 193.
[21] Ibid., p. 195.
[22] Ibid., p. 192.
[23] Ibid., p. 191.
[24] Ibid., p. 196.

e, se o fez, a sequência só poderia mesmo ser, de novo nessa ordem, um posterior caminho para as trevas), ratificada na carta que encontra pela manhã e não lê: e que duplica a carta de Lúcia (a filha? a amante?).

Caso Sena *soubesse dar a chave do mistério*, talvez tivéssemos (personagem e leitores) acesso ao conteúdo da carta. Chagas a entrega ao rapazote da recepção, que nos sonhos da madrugada identifica-se com o empregado chicoteado (superação então do Complexo de Electra? remissão de erros? compensações?), mas poderia ser ainda um duplo do próprio coronel (distensão temporal novamente), versão jovem que ganha do velho oportunidade de refazer caminhos que ele mesmo deveria mas não pode mais corrigir. Fosse essa a *chave do mistério* e, ainda que sob uma ética mais elaborada que não a rasa de António Ferro, esse conto de Jorge de Sena deveria ter sido o citado brinde da editora porque, quem diria?, terminaria até com um milagre de Natal.

Marcelo Pacheco Soares é Mestre e Doutor em Literatura Portuguesa pela Universidade Federal do Rio de Janeiro (UFRJ), com pós-doutorado em Estudos Literários pela Universidade Federal Fluminense (UFF). Professor Efetivo do Instituto Federal de Educação, Ciência e Tecnologia do Rio de Janeiro, onde leciona Literatura Afro-Brasileira na especialização em Ensino de Histórias e Culturas Africanas e Afro-Brasileira do campus São Gonçalo, curso que coordenou de 2014 a 2018.

Casa e casas nalguma ficção breve de Jorge de Sena
• Margarida Braga Neves •

> *Oh as casas as casas as casas/*
> *as casas nascem vivem e morrem*
> Ruy Belo, *Homem de palavra[s]*

Pretende-se com esta comunicação abordar o modo como as casas, lugar no centro do mundo e imagem do universo, mas também espaço de intimidade e de protecção contra o exterior, e ainda lugar de inscrição nesse mesmo exterior, são abordadas nalguns dos textos incluídos na primeira colectânea de prosa ficcional publicada, em 1960, por Jorge de Sena, *Andanças do demónio*,[1] cujo processo de composição procuraremos acompanhar. Porque a ficção não merece ficar na sombra da poesia, mesmo quando nos encontramos perante um poeta da dimensão de Jorge de Sena.

Em 1960, o autor, exilado no Brasil desde o ano anterior e dedicado à carreira académica a que não tinha podido consagrar-se em Portugal, encontrara por fim as condições necessárias à redacção ou à revisão de textos ficcionais, que vinha escrevendo desde a juventude e que não considerava "violino de Ingres" relativamente à poesia e à crítica. Os diversos modos de escrita sempre lhe surgiram paralelamente, como esclarece no "Elucidativo prefácio (1960)" ao volume em causa, o primeiro dos seus famosos prefácios, tanto mais necessários quanto se interpunha uma considerável distância física em relação a Portugal, e certos sectores da crítica portuguesa tudo faziam para o ignorar: "Nos horrores inéditos ou destruídos da minha adolescência, os versos, o teatro e o conto apareceram lado a lado".[2] E refere ainda

---

[1] Edição atualizada: Jorge de Sena, *Antigas e novas andanças do demónio*, Lisboa: Edições 70, 1989.
[2] Idem, p. 213.

a existência de outros escritos de ficção impublicáveis à época, tanto por razões pessoais e poéticas como políticas:

> Também se não resumem neste livro, de mais de vinte anos de experiências em prosa imaginosa, os escassos frutos que julgo aproveitáveis. Outros escritos, demasiado pessoais, demasiado cruéis, demasiado impossíveis por enquanto, ou ainda pouco decantados (...), não tinham neste volume, neste primeiro volume, lugar.[3]

Confirma-se, pois, logo na primeira recolha de ficção breve de Jorge de Sena, em que o texto mais antigo, "'Porto Grande' (S. Vicente de Cabo Verde)" está datado de 1940, e é portanto anterior à sua estreia como poeta, em 1942, que os diferentes modos de escrita lhe surgiram em paralelo e que a nenhum o autor desvalorizava. Os contos foram escritos durante um período de exactamente vinte anos, datando os mais recentes de 1960, da atmosfera do Brasil democrático onde Sena voluntariamente se radicara.

Jorge de Sena refere-se ainda à existência de escritos em prosa não passíveis de publicação no Portugal da época, por este ser rigorosamente vigiado por uma censura que não deixava passar quaisquer denúncias ao regime salazarista. Denúncias como as que se encontram logo nesta primeira recolha de ficções breves, sobretudo no tríptico "Duas medalhas imperiais, com Atlântico", resultante da sua experiência como cadete da Marinha em 1937-1938, a bordo do navio-escola Sagres, e cujos originais "tiveram de ser 'podados'"[4] para poderem ser publicados, como esclarece em nota de 1977. Com efeito, nesse ano que antecede o início da Guerra Colonial, que viria a deflagrar em Angola, em 1961, seria impensável a violenta condenação das arbitrariedades do colonialismo português empreendida nesta breve série de três contos.

Foi portanto necessário aguardar a instauração da democracia, em 25 de abril de 1974, e a concomitante abolição da censura, para que esses outros textos, "demasiado pessoais, demasiado cruéis", contendo uma denúncia feroz dos pilares do Estado Novo – Deus, Pátria, Família –, pudessem finalmente ver a luz do dia na sua integr(al)idade. Falamos, é claro, do terceiro volume de ficções breves de Jorge de Sena, *Os grão-capitães. Uma sequência de contos*, publicado em 1976. Uma sequência que é, juntamente com o romance póstumo *Sinais de fogo*, de 1979, prova irrefutável da existência, durante a ditadura, de obras autocensura-

---

[3] Idem, ibid.
[4] Idem, p. 217.

das e de obras guardadas "na gaveta", facto que certos sectores da sociedade portuguesa sempre se obstinaram em negar.

Voltando a 1966, e já com Jorge de Sena no exílio norte-americano, era dada a lume uma segunda recolha de contos, colocada como a primeira sob a égide demoníaca, que lhe confere a sua unidade: *Novas andanças do demónio*, onde se inclui o conto "Os Amantes", que a editora excluíra da colectânea anterior para não despertar a ira dos censores, como o autor explica em carta para António Ramos Rosa de 27 de fevereiro de 1961: "Um conto, que eu acho o melhor que jamais escrevi, é de uma audácia tal que os Cores [a Editorial Cor] me suplicaram que o não incluísse... De facto, meu caro, nem o Lawrence da Lady Chatterley se atreveu a tanto".[5]

A edição utilizada neste trabalho é, por isso, a do volume da reedição conjunta intitulada *Antigas e novas andanças do demónio*, preparada pelo autor em 1977 e publicada no ano seguinte, já após a sua morte. Nela, para além da ausência da novela *O físico prodigioso*, que tivera entretanto edição autónoma no mesmo ano, os textos foram publicados na íntegra. Na verdade, em 1978, afastada a ameaça do lápis azul, as "Duas medalhas imperiais, com Atlântico" puderam ser enfim publicadas tal como haviam sido escritas: isto é, por um lado, como condenação clara de actos aviltantes e cruéis perpetrados pelo colonialismo português, cujo relato o jovem Sena testemunhara *in loco*, verificando-se, por outro lado, a reposição de uma linguagem vernácula de cariz sexual explícito que a pudicícia do regime do Estado Novo nunca deixaria passar. Na edição conjunta, seis dos contos receberam importantes anotações, de acordo com uma prática que se tornara comum e acompanhava a escrita de criação do autor.

Embora significativa, a questão da habitação não será porventura das mais óbvias nesta colectânea, composta por oito contos – a que haveriam de acrescentar-se mais oito das *Novas andanças* –, cuja acção decorre em espaços e tempos variados, que vão da Palestina do século I à Inglaterra do século VIII, da ilha de São Vicente, em Cabo Verde, à de São Tomé, ou ao oceano Atlântico, nos anos de 1930, do Porto dos anos de 1940 a Lisboa dos anos de 1940 e 1950, com passagem por um espaço e um tempo deliberadamente vagos: "Era uma vez (...), lá para as bandas das Áfricas, das Índias ou dos Brasis".[6]

Espaços e tempos variados, pois, numa recolha em que, como acontece em grande parte da obra poética e novelística do autor, a presença do mar é notória,

---

[5] Jorge de Sena, António Ramos Rosa, *Correspondência 1952-1978*, Lisboa: Guimarães Editores, 2012, p. 233.
[6] Jorge de Sena, *Antigas e novas andanças do demónio*, p. 29.

nem que seja apenas no plano metafórico como acontece em "Mar de pedras". Para além do mar, atente-se ainda na presença de meios de transporte, desde a carrocinha de brincar do menino Jesus levada pelo diabo, em "Razão de o Pai Natal ter barbas brancas", até ao comboio ronceiro de "O comboio das onze", passando pelo navio de "Duas medalhas imperiais, com Atlântico" e pelo eléctrico no qual o protagonista se desloca ao cemitério em "A comemoração". Também as vias de comunicação se revelam importantes, com destaque para a estrada onde o menino Jesus se encontra pela primeira vez com o diabo, sendo igualmente numa estrada enlameada que se dá o encontro entre o Venerável Beda e os dois salteadores, embora o centro espiritual do conto, a casa das casas, seja o mosteiro de Jarrow, para onde o velho frade começa por tentar orientar os jovens desencaminhados. No meio urbano as estradas dão lugar a ruas, as ruas do Porto incessantemente percorridas pelo protagonista de "A campanha da Rússia", estudante pobre, afugentado pelos espíritos que assombravam o seu quarto alugado numa casa modesta e lhe tornavam quase impossível a concentração nas tarefas de leitura e de escrita.

Desta breve síntese se pode concluir que o protagonista seniano é, nalguns casos, um *homo viator*, um ser em trânsito, em deslocação, em viagem, em demanda, mesmo se voluntariamente enclausurado em casa, em consonância de resto com as andanças presentes no(s) título(s), que confere(m) uma unidade própria a cada uma destas recolhas, alargando-se esta à reunião de ambas consumada em 1978. Quanto ao demónio destas andanças, uma das mais sucintas e mais precisas definições é apresentada por Jorge de Sena em carta de 23 de outubro de 1967 a Eduardo Lourenço: "para mim [o demónio] é realmente a ambiguidade em si e símbolo do mal e da impotência divina".[7]

Forçado a deslocar-se de modos diversos em busca do centro perdido ou nunca encontrado que é a casa, ou do seu equivalente simbólico, sucede em dois outros contos de *Andanças do demónio* que o protagonista seniano se encontra fortemente limitado na sua capacidade de se movimentar. Assim, em "História do peixe-pato", de que falaremos adiante. Mas é sobretudo n' "A janela da esquina" que se verifica o caso mais flagrante de circunscrição voluntária da protagonista feminina a um espaço sombrio e fechado. Na verdade, D. Felisberta vive praticamente reclusa e isolada em sua casa, que não é de todo um espaço acolhedor dada a sujidade acumulada ao longo dos anos e a obscuridade prevalecente. Confinada à sua cadeira baixa que lhe permite observar

---

[7] Eduardo Lourenço, Jorge de Sena, *Correspondência*, Lisboa: Imprensa Nacional-Casa da Moeda, 1991, p. 56.

o exterior através da janela da esquina, pela qual a rua e os seus transeuntes penetram no interior e a fazem sentir, por interposta pessoa de um casal de jovens namorados, uma experiência amorosa plena como nunca até então sentira, a velha senhora oferece a sua casa para que o amor nela se concretize sem obstáculos, mas a rejeição da oferta e a desilusão subsequente à transformação do amor em mercadoria conjugam-se para precipitar a sua morte.

Da cabana sucessivamente reconstruída no mesmo sítio pelo protagonista anónimo da "História do peixe-pato", à casa onde D. Felisberta se refugia do mundo e oferece abrigo ao amor, a casa é raiz a partir da qual se sucedem as andanças, no plano ficcional, ou a situação de exílio que, no plano biográfico, Jorge de Sena sempre afirmou ser a sua, dentro e fora de Portugal. Veja-se a este propósito o seguinte fragmento da carta datada de Madison, 8 de junho de 1967, para Eduardo Lourenço: "Regressar a Portugal é hipótese que não encaro, embora me doa perder a raiz que a casa é. Tê-la é alguma coisa, ainda quando eu saiba que, exilado que era lá, mais exilado me tornei".[8] Donde, ter casa contribui para atenuar a sensação de exílio embora não a anule totalmente. Além de que a casa estabelece com o sujeito que a habita um vínculo de complementaridade, funcionando ambos como prolongamento um do outro. Não se trata, pois, apenas de um cenário, assumindo esta muitas vezes um papel activo e determinante.

Como o autor sublinha ainda no "Elucidativo prefácio (1960)" ao seu primeiro volume de contos:

> O que aí vai pretende ter uma unidade própria, que é a do título, há tantos anos repetidamente anunciado: Andanças do Demónio. (...) uma unidade de serem todos estes textos, por certo, perambulações demoníacas. Seria arrojo ou prosápia, ou perigoso descuido, identificar, neles todos, o viajante indesejável. (...). Ficções – verdadeiras ou fantásticas – estes trechos são-no, mesmo quando haja neles muito de autobiográfico ou não sejam senão isso.[9]

Por aqui se vê que, para Jorge de Sena, a ficção não só não é incompatível com a autobiografia como – virá a repeti-lo insistentemente – quanto mais ficcional mais verdadeiro, uma vez que a ficção permite uma proximidade com a realidade vedada por pudor em textos de natureza autobiográfica.

Contudo, prossegue ressalvando que não seria correcto identificar o autor com nenhum dos seus protagonistas, porque se trata não apenas de ficções mas

---

[8] Idem, p. 43.
[9] Jorge de Sena, *Antigas e novas andanças do demónio*, p. 213-214.

de contos "e que neles qualquer coincidência com seres ou casos existentes, é a expressão da verdade deles e da minha".[10] E apresenta de seguida uma breve definição de conto que importa reter: "um conto é, ao contrário de uma novela, uma narrativa momentânea, uma suspensão no tempo."[11] Enquanto narrativa breve, o conto seniano centra-se em experiências subjectivas, de natureza estranha ou inesperada. Acresce a dimensão momentânea dos contos aqui reunidos, em que o tempo como que se suspende num instante de revelação do lado mais obscuro e improvável da realidade – o encontro com o peixe-pato, o milagre das pedras, a oferta da criança etc. Está também presente, desde esta primeira colectânea, a dimensão fantástica, alargada e aprofundada no volume seguinte, mormente na novela "O físico prodigioso", que Jorge de Sena afirma ser a mais autobiográfica das suas criaturas, não obstante o seu carácter inteiramente fantástico – ou por isso mesmo.

Porque para o autor a lógica hegeliana se sobrepõe à aristotélica, os contrários não se excluem mutuamente. Na carta para Eduardo Lourenço citada anteriormente, de 8 de junho de 1967, Sena sublinha ainda: "Eu não sei viver sem contradições que seja forçado a superar a cada instante, e não sei existir sem opções irremediáveis."[12] Na verdade, embora Jorge de Sena sempre tenha defendido com veemência o carácter realista da sua ficção, não deixou ainda assim de salientar que desde o início nela coexistem "duas linhas de realismo, um fantástico e/ ou historicista, outro 'contemporâneo'",[13] que ora seguem paralelas ora se sobrepõem nas duas *Andanças* reunidas em 1978. Do mesmo modo que o realismo fantástico coexiste com o realismo que também designa por "fenomenológico", a existência na sua ficção de seres em trânsito não exclui a existência de um centro estável como a casa – as várias e mais ou menos frágeis casas.

Se analisarmos estes contos em busca de um espaço de conforto relativo e de salvaguarda contra o exterior como se espera que seja a casa, verificamos, logo no primeiro caso, "Razão de o Pai Natal ter barbas brancas", de 1944, que é antecedido por uma tripla e significativa dedicatória – "aos filósofos, às crianças grandes e aos meninos pequenos" –, o que constitui um alerta para a pluralidade de camadas de leitura que nele, deliberada e ironicamente, se configuram, a Sagrada Família tem efectivamente uma habitação, embora: "muito pequena e

---

[10] Idem, p. 214.
[11] Idem, ibid.
[12] Eduardo Lourenço, Jorge de Sena, op. cit., p. 49.
[13] Jorge de Sena, *Antigas e novas andanças do demónio*, p. 43.

pobre, (...) os quartos eram só um só, dividido em dois, por cortinas muito velhas, que Nossa Senhora se cansava a remendar e o menino Jesus a esburacar".[14] Apesar disso, a casa é um lar, o lugar do lume que vai esmorecendo à medida que a noite avança, como o conto também acentua.

 É nessa habitação modesta e precária da família arquetípica da cultura cristã, desprotegida porém contra intrusões estranhas e malévolas, que o menino Jesus, criança de quase sete anos, inteligente, travessa, e dotada de uma retórica consumada, vai receber, sucessivamente, a visita do diabo e do Pai Natal, durante a noite mais longa do ano. O primeiro, que tinha começado por abordá-lo na estrada, acaba por dar um estoiro e sair precipitadamente através da porta, arrebatando-lhe a carrocinha, construída com todo esmero por S. José, como presente de Natal, enquanto o segundo, depois de se deixar persuadir pelos argumentos da criança, lhe devolve uma carroça em tudo idêntica à primeira, após o que o menino Jesus, como todas os meninos de todos os tempos e em todos os lugares, adormece agarrado ao seu novo brinquedo, sem se dar conta de que tinha realizado um milagre e de que, a partir daquela noite, o Natal era Pai e passara a ter longas barbas brancas para não mais ser confundido com o outro.

 O segundo conto, o único escrito por Jorge de Sena no ano da sua chegada ao Brasil, em 1959, a pedido dos filhos, facto que merece ser destacado porque o conto é tudo menos uma história infantil, transporta o leitor para um cenário completamente diverso, num tempo e num espaço incertos e indecidíveis: "Era uma vez um homem que vivia numa pequenina cabana à beira-mar."[15] Passa-se isto em paragens remotas e exóticas quanto baste, onde "o homem, coitado, quase não tinha onde pôr a cabana. Havia entre as ondas e as árvores só uma tirinha de areia muito estreita, que não dava para nada".[16] Os elementos da natureza em estado bruto circunscrevem o homem solitário na sua liberdade de movimentos, inviabilizando a possibilidade de abandonar o pequeno território em que se encontra por razões desconhecidas, na ausência de um qualquer meio de transporte, embora tal não pareça perturbar a sua rotina, a não ser em momentos excepcionais.

 A natureza tropical na sua pujança, e em especial o mar, que "parece de vidro azul",[17] surge neste conto com uma força extraordinária, deixando o homem,

---

[14] Idem, p. 21.
[15] Idem, p. 29.
[16] Idem, ibid.
[17] Idem, ibid.

sobre o qual quase nada se sabe, inteiramente à sua mercê. A cabana onde mal se abrigava "era uma construção muito fraca, feita de uns paus e de umas folhas e de umas algas".[18] Sempre que a tempestade se aproximava a frágil habitação não resistia à fúria dos elementos e o homem refugiava-se mais adiante, num grande cabo rochoso que entrava pelo mar dentro. Passada a tormenta, voltava a construir a sua cabana na mesma tirinha estreita de areia, qual Sísifo dos mares do Sul, "porque do sítio gostava, era nele que sempre queria estar".[19] Por vezes, quando se encontrava à porta da cabana, à noite, uma certa melancolia se apoderava dele: "Mas não era triste, não!".[20]

E os dias vão-se passando, bonançosos ou tempestuosos, até que um dia em que o homem flutuava com o espeto, que era o seu único instrumento e toda a mobília da sua casa, viu passar um peixe como nunca vira até ali: "um peixe grande e estranho, como que tendo patas em vez de barbatanas ou um par de barbatanas como patas, e de corpo luzidio e esbranquiçado, muito redondo, que parecia coberto de penas."[21] Fitando-o com o seu olho azul e redondo debruado a vermelho não mostra qualquer receio e, com movimentos desajeitados, segue o homem até à praia e roça-se-lhe "amigavelmente pelas pernas".[22] O que se segue é a descrição de momentos de enlevo e de enamoramento mútuos, em que os sentidos do olhar e do tacto assumem um papel primordial, concluindo o homem que aquele ser híbrido a quem tanto se afeiçoara era na verdade um peixe-pato, isto é, um "animal que ele nunca tinha visto, que não conhecia, nem sabia que alguma vez tivesse sido conhecido",[23] facto que não o afasta, antes o aproxima ainda mais.

Quando, tempos depois, o peixe-pato volta, trazendo-lhe como presente o seu peixe favorito, o homem ergue-o nos braços fortes, "como quem pega numa criança ao colo".[24] Ao aperceber-se de que o elemento do peixe-pato, sem o qual ele não pode respirar é a água, trá-lo até à zona da rebentação onde lhe faz um berço ou um ninho com um braço, usando o seu corpo como o abrigo possível para um ser marinho, enquanto com a outra mão o afaga, "longamente, cuidadosamente, carinhosamente".[25] Importa sublinhar o uso sequencial dos três advérbios de modo que definem uma relação amorosa, e a que não falta o aconchego

---

[18] Idem, ibid.
[19] Idem, p. 30.
[20] Idem, p. 31.
[21] Idem, p. 32.
[22] Idem, p. 33.
[23] Idem, p. 34.
[24] Idem, p. 35.
[25] Idem, p. 36.

do ninho, um microcosmo da casa, uma casa na água por assim dizer, onde o peixe-pato ronrona e vibra levemente enquanto o homem continua a acariciá-lo com ternura e enlevo. E os dias sucedem-se com o homem a sentir-se "inquieto e aflito"[26] sempre que o peixe-pato não vem, mergulhando à sua procura ou de olhos fitos no mar à espera do sinal que tarda.

Desde o início da relação entre ambos, nunca mais o homem se embebera da melancolia que avançava com as trevas, nem sentira vontade de falar com os pássaros marinhos, embora com o peixe-pato não falasse nunca, tão perfeita era a cumplicidade amorosa que entre os dois se estabelecera. Uma noite, porém, quando estava a preparar-se para dormir, "sentiu que a cabana lhe desabava em cima".[27] Procurou de imediato refúgio no cabo rochoso à espera que a tempestade passasse, durante aquilo que lhe pareceu uma eternidade, ou apenas um instante, dado que aquela não era uma tempestade como as outras.

No final "todo o seu corpo notava a mudança que houvera".[28] A paisagem tinha-se alterado radicalmente e a tirinha estreita de areia dera lugar a um "areal imenso", que criara amplas clareiras na floresta. Perante tamanha mudança o homem fica sem referências espaciais, uma vez que "nem sabia onde era o sítio da cabana em que vivera tanto e que tantas vezes facilmente reconstruíra".[29] Homem insensato porque, tal como o homem verberado por Jesus Cristo no "Sermão da montanha", erguera a sua cabana sobre areia, perde o abrigo efémero, mas não pensa sequer em reerguê-lo porque o seu centro se deslocara entretanto em sentido contrário. Com efeito, é no plano dos afectos que se manifesta a sua única preocupação e isso leva-o a perscrutar o mar, "que parecia o mesmo e outro",[30] em busca do peixe-pato, pois "foi dele exactamente que se recordou numa tristeza funda, tão funda quanto o que tudo mudara".[31] Procura-o incessantemente, ao longo de dias e dias, no mar e na areia, sempre "numa ansiedade inquieta, desesperada".[32]

Uma tarde avista pontos negros no céu – pássaros marinhos que sobrevoam uma "forma branca enrodilhada".[33] Profundamente emocionado, apro-

---

[26] Idem, ibid.
[27] Idem, ibid.
[28] Idem, p. 37.
[29] Idem, p. 38.
[30] Idem, ibid.
[31] Idem, ibid.
[32] Idem, p. 39.
[33] Idem, p. 40.

xima-se da linha de rebentação e toma nos braços o peixe-pato, flácido e de olhos fechados, que vai embalando até que este, num esforço desmedido, abre os olhos e o fita "azuladamente, arregaladamente, debruadamente de vermelho, numa ternura terrífica, demorada, concentrada, grata".[34] A sequência de três advérbios de modo e de quatro adjectivos alonga o momento final e convoca a morte do papagaio verde, do conto "Homenagem ao papagaio verde", coligido em *Os grão-capitães*, de 1976, onde o autor evoca a sua infância solitária.

Quase como o papagaio verde, animal também ele fabuloso, o peixe-pato morre no colo do homem, enquanto o círculo sobreposto das aves marinhas se intensifica, grasnando à volta de ambos. O homem não resiste à comoção da perda e, tal como o peixe-pato, é levado pela ondulação. Ao amanhecer, contudo, os dois vultos estão na praia, na orla da água escura, no momento em que o adejar das aves em círculos se torna cada vez mais ameaçador. Embora se trate de uma cena muito cinematográfica, não seria contudo pertinente invocar aqui Hitchcock, uma vez que *The birds* é posterior, tendo sido lançado em 1963. Porém, constituindo o filme a adaptação do conto homónimo de Daphne du Maurier, publicado em 1952, na colectânea *The apple tree*, é de admitir que Jorge de Sena, leitor omnívoro, o conhecesse, o que não empana de modo nenhum o alto conseguimento a todos os níveis deste conto.

O bando aproxima-se dos corpos. Um dos pássaros vem e pica um dos olhos do homem, que fita o alto, "com um vago jeito de abraçar".[35] Logo outro lhe pica o outro olho. E um terceiro bica o pescoço de peixe-pato. E vem mais um que traça o sexo do homem. A enorme massa de aves grasna e entrechoca-se sobre os cadáveres, de onde escorre um filamento ensanguentado, até que se abate em hélice sobre os corpos nus e expostos.

Terrível, a punição vinda dos céus abate-se sobre os amantes, mutilados lá onde se concentrara a sua pulsão amorosa. Mas também os pássaros, como bem sublinhou Vaz de Carvalho,[36] se despenham envenenados pelos fluidos mortíferos dos amantes. A paisagem idílica fica assim juncada de cadáveres insepultos.

É conhecida a aversão de Jorge de Sena pela paisagem não humanizada. Como se lê no último terceto do poema "Imensos de searas":

---

[34] Idem, p. 41.
[35] Idem, p. 42.
[36] Jorge Vaz de Carvalho, "A 'História do peixe-pato.' Um conto fabuloso", Colóquio/Letras, nº 200, janeiro/abril de 2019, p. 98.

Não, não, paisagem nunca. Nas portelas,
nos vales, nas quebradas, nas estevas longínquas,
este uivo que uiva, este uivo, este uivo – nada"
19/6/50
In *Fidelidade*[37]

O uivo do poema de 1950 dá lugar neste conto, onde a paisagem não é campestre mas marítima, a um "estralejar de asas e grasnidos",[38] som sinistro entre todos que antecede o mergulho final dos pássaros sobre os corpos mutilados, antes de eles próprios tombarem "com a peçonha que em ella [a carne] andava", como se lê na epígrafe extraída do *Orto do esposo*. E deste modo a paisagem outrora paradisíaca fica contaminada pela castração e pela morte.

Com o cristianismo a consolidar-se nas Ilhas Britânicas, o cenário do terceiro conto da colectânea, "Mar de pedras", de 1960, é agora uma estrada lamacenta e fustigada pelo vento e pela chuva, e tem como protagonista a personagem histórica do grande erudito medieval anglo-saxão que foi o Venerável Beda, por quem Jorge de Sena nutria grande admiração. Trata-se, aliás, no entender de Fagundes,[39] de uma espécie de "retrato histórico de Beda", em que as suas qualidades humanas são ficcionalmente ampliadas.

Tendo-se atrasado na sua deslocação à aldeia onde fora pregar, a noite cai antes que o Venerável Beda consiga regressar ao seu mosteiro beneditino de Jarrow, próximo de Canterbury. Mergulhado no fluxo dos seus pensamentos, uma plenitude o invadia "quando tudo parava dentro dele [e] era como se ouvisse uma música celeste, sem instrumentos, sem cânticos, mas música".[40] É neste estado de absorção, mas simultaneamente de aflição pela angústia que a sua demora estaria a causar no convento onde o esperavam, que o velho frade se ajoelha na água para rezar uma oração que ele mesmo compusera em latim e em verso.

Por pouco não é decapitado por dois jovens, dos muitos que abandonavam o país por falta de emprego, que o tomam por um camponês de regresso da feira com os proventos da venda de gado. Com boas palavras e orações, o velho frade quase cego abençoa os jovens porque, diz ele: "Nunca vos falaram como a filhos, nunca vos pagaram como a homens, nunca vos trataram como a anjos."[41] E os jo-

---

[37] Jorge de Sena, *Poesia I*, Lisboa: Edições 70, 1988, p. 146.
[38] Jorge de Sena, *Antigas e novas andanças do demónio*, p. 42.
[39] Francisco Cota Fagundes, *Metamorfoses do amor. Estudo sobre a ficção breve de Jorge de Sena*, Lisboa: Edições Salamandra, 1999, p. 82.
[40] Jorge de Sena, *Antigas e novas andanças do demónio*, p. 45.
[41] Idem, p. 48

vens decidem fazer caminho com o frade, que fala incessantemente, até que o agravamento das condições meteorológicas os leva a procurar o abrigo possível numa zona descampada. Há nas proximidades um templo megalítico, usado pela população em ritos de fertilidade que o frade condena mas a que os três viajantes acabam por acolher-se em busca de protecção ainda que precária contra a chuva e o frio: "Era umas pedras ao alto, em redondo, cobertas por uma enorme pedra."[42]

E então, tendo por cenário o abrigo improvisado, o velho templo pagão, o frade fala-lhes "longamente, minuciosamente, das virtudes, da castidade, da piedade, dos deveres",[43] ao que os rapazes respondem de modo agastado ou sonolento até adormecerem de todo. E Beda pensa em como a sua vida poderia ter sido diferente se em criança o não o tivessem encaminhado na direcção da verdade e do bem, no mosteiro onde sempre vivera na sua paz estudiosa: "Nunca fora longe para fora de Jarrow. Todos viajavam tanto! Havia Escotos por toda a parte, havia gregos em Londres, atraídos pelo arcebispo Teodoro. A sua Terra Santa era o claustro de Jarrow, o lajedo largo sob o qual tão poucos frades dormiam o sono eterno."[44]

O dia rompe luminoso e os jovens mostram-se arrependidos do seu comportamento da véspera. Ao regressarem à estrada encaminham-se no sentido contrário ao de Beda, embora este afirme que "Todos os caminhos vão dar a Jarrow",[45] o que é um modo de sublinhar a centralidade do convento e do caminho de salvação que ele representa. Os jovens, contudo, não se deixam demover do seu intento de partir para longe. O velho frade insiste e pede-lhes que o acompanhem, ao que o jovem da espada responde que o farão, mas apenas no caso de as pedras falarem: "Não sabeis, meu pai, o que é a vida. Só se as pedras falassem, para serem como gente, já que as gentes, meu pai, são como as pedras."[46] O frade mostra-se seguro e, apesar de ser mau orador, dirige-se longa e pormenorizadamente à multidão de pedras que cobre as encostas. A instâncias dos dois rapazes pergunta-lhes por fim se haviam percebido, se haviam gostado, ao que as pedras respondem afirmativamente em coro.

Perante o milagre, originalmente relatado na *Legenda aurea*, compilada por Jacopo de Varazze durante o século XIII, um milagre que revela o imenso poder da palavra, os rapazes preparam-se para acompanhar o velho frade ao convento,

---

[42] Idem, p. 49.
[43] Idem, p. 50.
[44] Idem, p. 46.
[45] Idem, p. 50.
[46] Idem, p. 51.

mas Beda desliga-os da sua promessa afirmando que "O que elas entenderam, vós entendereis".[47]

De regresso a Jarrow, a agitação causada pela sua ausência era grande e as perguntas sucediam-se: "Beda, de olhos vagos, sorria sem responder."[48] Para o despertar, o abade toca-lhe no braço, mas o hábito, como já acontecera anteriormente, cai no chão sem ninguém lá dentro.

O corpo do Venerável Beda encontra desse modo a casa, a única casa que verdadeiramente poderia acolhê-lo.

Ao contrário dos contos anteriores, que apenas têm a data de composição, o quarto conto da colectânea, "O comboio das onze", está datado de 1948-1960, significando isto que foi revisto no Brasil. Ao contrário também dos contos anteriores, está dividido em seis partes breves, cada uma com um título próprio, nele predominando uma atmosfera e uma imagética surrealistas que fazem *pendant* com uma parte significativa da poesia seniana, nomeadamente a coligida na sua primeira colectânea, *Perseguição*, de 1942.

Os espaços onde se desenrola a acção do conto são dois: primeiro a barraca do guarda da passagem de nível, onde ocorre o homicídio, por motivos desconhecidos, do guarda por um passageiro que, após o crime, salta para uma carruagem da terceira classe do comboio das onze; e de seguida a carruagem de terceira classe, onde vão ter lugar as manobras de aproximação erótica entre os quatro passageiros que a ocupam: Pancrácio, o assassino, Infesta, a mulher de branco, uma mulher de meia-idade e um saloio adormecido.

E o conto, que deve ser lido em clave irónica, termina com o regresso do assassino à casa do guarda a quem dirige as palavras de Jesus ao paralítico: "Ergue-te e caminha!". O episódio bíblico vem descrito em Mateus 9:1-8, Marcos 2:1-12 e Lucas 5:17-26, e em todos eles se segue ao perdão dos pecados do paralítico, o que escandaliza os doutores da Lei presentes entre a multidão.

As personagens deste conto são seres em trânsito que, na ausência de um espaço a que possam chamar casa, consumam o acto sexual numa sórdida carruagem de comboio, a caminho de um lugar indefinido.

O conto seguinte, "A janela da esquina", datado de 1950-1960, o que significa também que foi revisto no Brasil, decorre quase na totalidade no interior da casa de D. Felisberta, viúva idosa que vive praticamente em reclusão após a morte do marido que a maltratava. Solitária na sala obscura, onde se sucedem os dias sempre iguais, D. Felisberta passa o tempo sentada à janela, revelando

---

[47] Idem, p. 52.
[48] Idem, ibid.

certa curiosidade triste pelo mover dos outros contemplado, na rua e nos vizinhos, através dos defeitos das vidraças, em que as cortinas ardidas do sol em pregas e refegos nunca removidos satisfaziam a curiosidade isenta de malícia, com que D. Felisberta gostava de estar vendo, sem ser vista.[49]

No prédio antigo e de esquina, os fechos das janelas da sala estavam emperrados desde a época longínqua em que D. Felisberta soubera que o marido tinha posto casa a uma vizinha da frente. "Com o andar do tempo, D. Felisberta fora-se imobilizando na janela da esquina, junto da qual se sentava numa cadeira baixa"[50] e onde se dedicava a uma "costuras vagas, intermináveis, em trapos que pescava nas gavetas".[51] Da sua janela dominava uma "acanhada encruzilhada de bairro meio excêntrico",[52] cujo centro era ocupado por uma mercearia onde fazia o seu parco abastecimento mensal. Apenas uma vez por mês saía para ir à Baixa receber o magro pecúlio que o marido lhe deixara e com que pagava a renda antiga. Os seus gastos eram quase nulos em virtude do "programa tácito de abandono e desleixo em que, ainda em vida do marido, fora refinando".[53] A casa estava suja, tal como estava suja a própria D. Felisberta, que, por vezes, se entregava a recordações de juventude, "uma cada vez mais luminosa ainda que não lúcida paisagem de felicidade que só nas vésperas do casamento, na ansiedade convencional da agitação doméstica, chegara a desejar".[54]

Um dia, porém, ela tem uma visão premonitória: "*viu-se* de mão dada a um vulto esguio, virando a esquina em direcção ao troço sem saída. Foi apenas um instante."[55] A visão repete-se nessa mesma noite, na cama, "e mais uma vez se viu de mão dada ao vulto esguio",[56] após o que a velha senhora se aconchega, mergulhada numa estranha beatitude. No dia seguinte, de novo no seu poiso junto à janela, repete-se o baque do dia anterior ao observar, desta feita, a realidade material de "um par de jovens, que parara um pouco adiante da esquina da mercearia".[57] Desabituada de firmar a vista, algo na figura da jovem se lhe apresenta familiar, fazendo-a recordar o retrato da avó, mas é interrompida na sua observação. De regresso à "contemplação atenta, a que se dava pela

[49] Idem, p. 63.
[50] Idem, ibid.
[51] Idem, ibid.
[52] Idem, p. 64.
[53] Idem, p. 66.
[54] Idem, p. 67.
[55] Idem, p. 68.
[56] Idem, p. 69.
[57] Idem, ibid.

primeira vez"[58] das manobras dos namorados, D. Felisberta tem um "vislumbre de identificação", inédito para quem apenas namorara o falecido, não guardando dele outras memórias felizes.

Quando os namorados desaparecem do seu horizonte visual, D. Felisberta continua a contemplar a esquina fronteira, apercebendo-se pela primeira vez dos traços, manchas e formas que se estendem pelo passeio "em metamorfoses vagarosas".[59] Estas metamorfoses, que do exterior alastram para o interior, vão provocar uma série de alterações nas rotinas da protagonista, começando por lhe causar um mal-estar indefinido que a leva até à sala onde se encontra o retrato da avó, a Berta infeliz, no dizer grosseiro do falecido Henriques. Ao contemplá-lo, no espelho onde também se reflecte a sua própria imagem, que não reconhece contudo, desabituada que estava de se olhar, D. Felisberta tem "a sensação repentina de não estar sozinha".[60] Na verdade, a velha senhora tinha acabado de se reintegrar na linhagem feminina que era a sua e que lhe permite sentir-se parte de um todo de que se encontrava arredada desde o seu casamento estéril e infeliz.

Senta-se de seguida na borda de uma das cadeiras da mobília comprada pelo marido, que oferecera uma similar à amante, facto que continua a fazê-la sentir-se desconfortável na sua própria casa, mas, apesar disso, acaba por se apropriar simbolicamente do espaço. Recosta-se e deixa-se estar, respirando fundo: "D. Felisberta derivava num bem-estar que não era sensação nem consciência."[61] Um bem-estar proporcionado pelo facto de sentir a presença benfazeja dos antepassados, o que lhe vai permitir, pela primeira vez na sua já longa vida, vislumbrar o amor, ainda que por interposta pessoa, da jovem do passeio oposto.

O resto do dia e a noite decorrem sem mais incidentes e é na manhã seguinte, manhã de verão, que o narrador seniano se alonga na descrição minuciosa do interior da casa de primeiro andar, do quintal maltratado e das redondezas descuidadas: "A casa organizava-se em torno de um corredor que, entrando-se, tinha à direita a porta da sala, ao fundo a do quarto da esquina, e à esquerda, sucessivamente, as portas da cozinha, do quarto de dormir e da sala de jantar."[62] No seu dia-a-dia, a velha senhora restringia-se apenas a uma parte da casa: por motivos óbvios, a cozinha, a retrete e, "pela manhã e à noite, ao quarto emparedado que a mobília de madeira escura, envernizada, tornava

---

[58] Idem, p. 70.
[59] Idem, p. 71.
[60] Idem, ibid.
[61] Idem, p. 72.
[62] Idem, p. 73-74

ainda mais sombrio".⁶³ A sua relação com o exterior começara por se cingir ao "compartimento da esquina"» e, dentro deste, ao ângulo de visão permitido pelo seu posto de observação, o que não deixa de evocar a situação do protagonista de *Rear window*, de Alfred Hitchcock, de 1954, também ele imobilizado frente à janela do seu apartamento. Não apenas confinada à casa, com raríssimas e indispensáveis incursões ao exterior, d. Felisberta vivia reclusa nalguns compartimentos, não usando de todo outros como a sala de jantar ou a sala.

A própria visibilidade de que desfruta é muito limitada. Da cozinha contempla distraidamente a empena da frente através dos vidros sujos e remendados com papel; do quarto da esquina o campo visual é mais amplo, mas ainda assim perturbado pelo ângulo de observação, já que se encontra sempre sentada na sua cadeirinha baixa, afeiçoada ao longo dos anos ao seu corpo, e limitada pelo vidro, sujo também, e pela cortina em mau estado que tem de levantar para poder acompanhar o que se passa na rua. Por outro lado, a sua vista fraca e desabituada de se fixar ao longe não ajuda a sua relação com o mundo exterior.

Mas a situação vai-se alterar e d. Felisberta, sem bem saber como, vai dar por si a fazer coisas fora da sua rotina habitual. Vê-se a espreitar a rua através da cortina da sala de jantar, onde também se depara com um paliteiro partido que fora da avó, representando uma figura masculina esguia, num "requebro estranho, inexplicável".⁶⁴ Ora, esta posição não deixa de evocar a do namorado do passeio defronte, pelo que o restabelecimento da ligação passado-presente-futuro está finalmente consumada, representando a avó o passado, D. Felisberta, que se reapropria da sua casa e dos objectos que nela se encontram, o presente, e os jovens namorados do passeio o futuro. Esse é um dia de desordem nas rotinas da velha senhora que só reencontra a calma quando, à tardinha, se senta na posição mais cómoda para dominar melhor a esquina fronteira, onde o par de jovens costuma encontrar-se.

Ao observar demorada e pormenorizadamente o jovem, d. Felisberta pensa "no paliteiro, o que se depreendia do fosco brilho metálico que, a seus olhos, a figura do rapaz parecia estar exalando".⁶⁵ Um brilho metálico que dardejava impaciência, contrariedade pela espera e "desejo traído" visível nas suas "andanças breves",⁶⁶ que o faziam mudar rapidamente de posição. E, ao segui-lo com os olhos das janelas da sala de jantar, ao vê-lo afastar-se, apodera-se dela "um

---

⁶³ Idem, p. 74.
⁶⁴ Idem, p. 75.
⁶⁵ Idem, p. 76.
⁶⁶ Idem, ibid.

desconsolo para além dela mesma, ou para além de sequer identificar-se com alguém esperando ou com alguém sendo esperado".[67] Mergulha então no seu mundo interior de que a desperta o vulto da rapariga, sozinha e bem iluminada pelo candeeiro da esquina. "Disse-lhe mentalmente que ele ali estivera, parara na esquina e seguira depois pela rua adiante."[68] Mas ela não a pode ouvir, é evidente, e após várias hesitações regressa à esquina onde acaba por reencontrar o rapaz. D. Felisberta apercebe-se então com surpresa de que "estava chorando. Mas chorando porquê?, interrogou-se. E, de novo, olhou para fora,"[69] onde vai acompanhando a coreografia dos namorados, um "contorno confuso" encostado à porta de um dos prédios, que acaba por se abrir, com os dois quase caindo para dentro, o que provoca um "palpitar de baques sufocando d. Felisberta".[70]

Enquanto os jovens consumam a sua relação fora da vista dos passantes, a velha senhora vai sentir por interposta pessoa o que nunca sentira em toda a sua vida de casada: sentada na cadeira a cabeça descai-lhe, enquanto uma "tremura ligeira" se concentra nos joelhos e é invadida por "um suor gelado, o qual não escorria, mas era como um orvalho matutino a condensar-se nela".[71] Ao regressar a si e ao orvalho fecundante, a rua está deserta. Então, "numa espécie de estrondo fulgurantemente luminoso, d. Felisberta riu".[72] A presença regeneradora da água e da luminosidade é decisiva nesta passagem crucial do conto que determina uma mudança radical na vida da protagonista:

> Desde esse dia em diante a vida modificou-se-lhe por completo. Num esforço enorme, numa dorida humilhação, curtindo uma constante sensação de alguma coisa não estar em ordem, D. Felisberta catou-se, lavou-se, lavou a roupa, limpou a casa, ou melhor, tentou catar-se e lavar-se, deu caça aos percevejos, varreu as salas todas, sacudiu as teias de aranha (...). Diariamente, a luta prosseguia num afã constante, de que D. Felisberta só repousava, exausta e feliz, na sua cadeira, à janela, ao fim da tarde, para seguir com os olhos risonhos os manejos do par que não havia voltado mais àqueles extremos (...).[73]

---

[67] Idem, p. 77.
[68] Idem, p. 78.
[69] Idem, ibid.
[70] Idem, p. 79.
[71] Idem, ibid.
[72] Idem, ibid.
[73] Idem, p. 79-80.

O amor concretizado do jovem casal faz com que tudo mude na rotina da velha senhora, que se afirma como dona de uma casa que nunca sentira na verdade como sua dadas as recordações dolorosas a que a associava, e apropriando-se de todos os espaços que até então tinham permanecido no maior desleixo. A sua higiene pessoal melhora, os cozinhados apuram-se, dentro do possível, na costura ocupa-se apenas em restaurar a sua escassa roupa, e chega mesmo a sair de casa para se livrar do lixo que ao longo de anos se acumulara.

Nos domingos e feriados em que o casal não aparece, ou aparece mais cedo, preparando-se para uma excursão ao campo ou à praia, D Felisberta não se interroga sobre as suas vidas nem sobre as razões dos seus encontros ali: "Era como se, para ela, não tivessem segredos; como se ela vivesse, em cada um, qual testemunha tácita do que não é preciso saber-se, a cada instante, na sequência de instantes que era a sua participação naquelas vidas."[74]

Mas mais do que uma testemunha do amor dos jovens que também é, D. Felisberta ressurge por interposta pessoa e descobre-se outra: mais segura de si, mais aprumada, mais confiante, ousando mesmo pequenos gestos de autonomia que nunca antes tivera. Na casa anteriormente escura e suja e agora aberta ao exterior a protagonista renasce à luz do sol vinda de fora:

> Um sorriso despontou nos lábios de D. Felisberta, um sorriso de confiança, de segurança, dir-se-ia que até de esperança. E um reflexo empoalhado da luz do sol, uma claridade alaranjada e suspensa que permeava a encruzilhada, punha-lhe no cabelo grisalho uma brancura sedosa, uma ondulação de serena transparência, e dava-lhe à cabeça um porte senhoril, que as clavículas ossudas, espetando-se no colo, e o seio descaído e seco completavam de paradoxal dignidade.[75]

A dignidade que em toda a sua vida adulta lhe faltara encontra-a D. Felisberta no influxo benéfico do exterior para o interior. Acresce que a mudança operada na sua envolvente e no próprio corpo permite inclusivamente à velha senhora recuperar um estatuto social de média burguesia urbana que o seu desastroso casamento a fizera perder.

Continuando a olhar a rua, a protagonista segue absorta os transeuntes, concentrada que está em ser "o cúmplice testemunho, sem palavras nem gestos, daquela conjunção amorosa".[76] Até que alguma coisa de muito profundo se passa

---

[74] Idem, p. 81.
[75] Idem, p. 83.
[76] Idem, ibid.

no imo do seu corpo: "Era como que um dilaceramento, uma ablação, um despegar-se de alguma coisa muito íntima, física, carnal."[77] E d. Felisberta, que não só não conhecera o amor mas também não conhecera a maternidade, prepara-se para dar à luz o fruto da relação amorosa entre os dois jovens.

Ao assistir a uma inusitada discussão entre o casal, a velha senhora sente, no mais íntimo do corpo, "um frio, uma aragem cortante e áspera"[78] – e toda a extraordinária capacidade dialéctica de Jorge de Sena avulta nesta passagem – o que a leva a intervir activamente, pela primeira vez, no namoro dos jovens ao abrir com estrondo a janela emperrada e ao dar-se, num regougo, "e à sua casa para que o amor, se era amor, se não perdesse".[79] A reacção dos jovens àquela intervenção inesperada manifesta-se através de uma série de adjectivos magistralmente alinhados que, por breves instantes, irmana os três numa intimidade e numa "juventude invencível",[80] mas que logo torna a afastá-los. E então D. Felisberta sentiu "– como nunca sentira – uma fecundação que se expandia nela, um arredondar-se o ventre, e se sentiu parir, e que os seus filhos teriam filhos brincando-lhe nos joelhos".[81] Enquanto isto os namorados afastam-se, definitivamente separados.

Contra os seus hábitos de décadas, d. Felisberta precipita-se para a rua e depara-se com o rapaz que a olha fixamente e que a segue de regresso a casa, no seu andar "gingado e ondulante em que as costas e o baixo-ventre se recurvavam".[82] Num "terror saboroso"[83] – evidencia-se uma vez mais a presença do oxímoro tão caro a Jorge de Sena, que conjuga a observação fenomenológica com o estilo dialéctico como força motriz da narrativa – pela virilidade assim ostentada, a velha senhora corre escada acima e refugia-se atrás da porta que fecha com o corpo. A casa serve-lhe novamente de refúgio contra a ameaça e a desilusão vindas do exterior.

Fiel às suas rotinas, que só por uma circunstância muito especial quebrara, a velha senhora senta-se de novo no seu posto frente à janela e depara com o olhar do rapaz encostado à parede, que se exibe e ostenta a sua disponibilidade remexendo nos bolsos. Exposto perante o olhar condescendente e sarcástico do vulto por detrás da cortina – e atente-se na mudança de perspectiva, uma vez que agora surge também a do namorado – o rapaz toca à campainha, sem

[77] Idem, ibid.
[78] Idem, p. 84.
[79] Idem, ibid.
[80] Idem, ibid.
[81] Idem, ibid.
[82] Idem, p. 85.
[83] Idem, ibid.

que esse som perturbe D. Felisberta, cuja cabeça já descaíra sobre o peito, enquanto a claridade do exterior alastra multiplicada pelas vidraças na obscuridade da casa vazia e silenciosa.

Intimamente associada à mulher que a habita, a casa é para a protagonista o lugar de uma metamorfose em duas etapas que a faz sentir pela primeira e única vez o poder transformador do amor e da fecundidade na sua plenitude.

Tal como na 'História do peixe-pato", e não obstante as diferenças entre ambos, o conto conclui-se com a morte da protagonista, que se segue à morte e à mercantilização do amor.

Concluindo, a casa revela-se, pois, um lugar de evolução e de transformação, assumindo um carácter sagrado, no caso da habitação modesta da Sagrada Família, um carácter transitório e precário no caso das sucessivas cabanas frágeis do Robinson dos Mares do Sul, novamente um carácter sagrado pagão, no caso do templo megalítico, e cristão no mosteiro de Jarrow, um carácter sórdido e instável no caso da carruagem da terceira classe de "O comboio das onze", e finalmente um carácter de clausura voluntária para d. Felisberta. A casa é, simultaneamente, palco e elemento determinante de ritos de passagem e de metamorfoses profundas que instauram um percurso ascendente em direcção ao conhecimento, como se verifica nos contos aqui abordados – percurso esse mediado, na maior parte deles, pelo amor, como sói suceder em grande parte da obra seniana.

Margarida Braga Neves é professora da Faculdade de Letras da ULisboa, onde se doutorou em 1996, e leciona Literatura Portuguesa Moderna e Contemporânea e Didáctica da Literatura na graduação e pós-graduação. É pesquisadora do CLEPUL. Colaborou em obras coletivas como o *Dicionário de Personagens da Novela Camiliana*, a atualização do *Dicionário de Literatura Portuguesa, Brasileira, Galega, Africana e Estilística Literária*, a enciclopédia BIBLOS ou o *Dicionário de Camões*, e em diversas revistas. Organizou e apresentou, em parceria, os seguintes volumes: *Ensino da Literatura – Reflexões e propostas a contracorrente* (1999), *O domínio do instável – A Jacinto do Prado Coelho* (2008), *O conto na lusofonia – Antologia crítica* (2010) e *O conto na lusofonia 2 – Antologia crítica* (2012) e *Reflexões em torno das literaturas de língua portuguesa para crianças e jovens – Actas* (2013).

O "Pick Up" de Jorge de Sena: sobre o suporte material da Arte de música

• Rui Vieira Nery •

Mandam as boas normas da retórica clássica que o orador comece o seu discurso com uma auto-minimização ritual, uma espécie de "Domine, non sum dignus" que, por sinal, tende com frequência a disfarçar mal a arrogância da exposição que se lhe segue. No meu caso, não se trata, contudo, de uma mera formulação retórica, mas de uma simples constatação de facto: sou, pela formação e pela prática, um musicólogo e um historiador cultural. Não sou, nem alguma vez me poderia apresentar como tal, um crítico literário ou um historiador da literatura. Se me atrevo a intervir neste debate especializado, diante de algumas das maiores autoridades dos estudos senianos, é apenas porque o faço, precisamente, na estrita perspectiva do olhar exterior do musicólogo, que pode, no exercício do seu *métier* próprio, prestar um eventual contributo para uma melhor compreensão da componente incontornavelmente musicológica – no sentido etimológico preciso de qualquer *logos* que incida sobre a *musikê* – que também está contida numa obra como a *Arte de música*, sem prejuízo do evidente predomínio da sua dimensão poética autónoma. De resto, é o próprio Sena que implicitamente legitima esta leitura do foro extra-literário pelo extenso aparato analítico, crítico e historiográfico de natureza musical inequívoca com que decide complementar o texto poético da obra. Até certo ponto, Sena faz questão, ele mesmo, de ser aqui, também, para lá de poeta, um "musicólogo" – aspecto a que regressarei em devido tempo mais abaixo.

Já houve, na extensíssima bibliografia sobre Jorge de Sena, estudos magníficos sobre a presença da música na sua obra. Estou a pensar, entre outros, nos textos fundamentais de Óscar Lopes,[1] de Francisco Costa Fagundes,[2] de Jorge

---
[1] Óscar Lopes, *Arte de música e outros ensaios*, Porto: Oficina Musical, 1983.
[2] Francisco Costa Fagundes, *A poet's way with music: humanism in Jorge de Sena's poetry*, Providence: Gávea-Brown, 1988.

Fazenda Lourenço,[3] de Luís Adriano Carlos[4] ou de Isabel Allegro de Magalhães,[5] ou ainda nas teses de mestrado de Teresa Tomás Ferreira,[6] de 2002, e de Sebastião Edson Sousa Macedo,[7] de 2009. Mas estes estudos tenderam a centrar-se numa abordagem da relação entre poesia e música a partir das perspectivas gerais da filosofia, da estética ou da teoria da literatura. O que me proponho aqui apresentar-vos é uma pequena reflexão, de certo modo a montante desses grandes modelos interpretativos, que incide antes sobre a própria substância musical concreta com base na qual Jorge de Sena construiu a sua *Arte de música* e também, por extensão, sobre a visão histórico-musical implícita que transparece das escolhas de repertório que presidiram à compilação desse *corpus* de algumas dezenas de peças e compositores individuais específicos associados, quer aos 44 poemas da obra, propriamente dita, quer às anotações do "Pós-fácio" e das "Notas a alguns poemas" que o autor posteriormente lhes acrescentou.

O próprio Sena é, nesse sentido, simultaneamente, um generoso aliado e um perigoso inimigo. Aliado, pela riqueza das informações que faz questão de nos fornecer para o enquadramento da génese de cada um dos poemas, desde a sua datação precisa à indicação da versão discográfica ou do concerto ao vivo, em particular, que lhe terá servido de ponto de partida, bem como às extensas considerações estético-musicais e às revelações auto-biográficas que lhes acrescenta nos comentários finais. Inimigo, também, no entanto, porque deste modo nos aprisiona nas grades dessa sua visão pessoal com que entende dever fixar as balizas de leitura da obra e do autor, estreitando – e, a meu ver, empobrecendo, se não mesmo, em alguns casos, até, objectivamente distorcendo – a riqueza do campo expressivo autónomo dos seus versos. Contrariamente ao velho provérbio latino, por vezes *quod abundat nocet*, e este excesso de informação e de instruções de leitura, se em alguns aspectos é uma bênção para o leitor ou para o analista, noutros pode ser um verdadeiro presente envenenado, ao estabelecer uma barreira

---

[3] Jorge Fazenda Lourenço, *A poesia de Jorge de Sena: testemunho, metamorfose, peregrinação*, Paris: Centre Culturel Calouste Gulbenkian, 1998.
[4] Luís Adriano Carlos, *Fenomenologia do discurso poético: ensaio sobre Jorge de Sena*, Porto: Campo das Letras, 1999.
[5] Isabel Allegro de Magalhães, "Poesia dodecafónica? Jorge de Sena e Schönberg, à luz de Adorno", in *Capelas imperfeitas*, Lisboa: Livros Horizonte, 2002, p. 83-97.
[6] Teresa Tomás Ferreira, *A transformação poética e* Arte de música *de Jorge de Sena*, tese de mestrado em Estudos Portugueses e Brasileiros, Faculdade de Letras, Universidade do Porto, Porto, 2002.
[7] Sebastião Edson Sousa Macedo, *As metamorfoses do sujeito em* Arte de música *de Jorge de Sena*, tese de mestrado em Letras, Universidade Federal do Rio de Janeiro, Rio de Janeiro, 2009.

normativa que é necessário questionar para se chegar a uma interpretação mais rica da obra.

Há, de facto, na *Arte de música* a mão de dois Senas: a do Sena poeta e a do Sena crítico e pedagogo – ou, se preferirmos, neste caso, do Sena "musicólogo". O primeiro, o Sena poeta, é o que, a partir de um estímulo musical concreto, dá largas a um processo criativo de encadeamento e de associação livre de imagens e conceitos, mesmo que sempre disciplinado por um absoluto rigor de pensamento e de escrita que faz parte da sua *forma mentis* – e para quem, nas suas palavras, essas composições musicais se traduzem, assim, sob a forma de poemas, "em correlativo objectivo das emoções que despertam".[8] O segundo, o Sena "musicólogo", é o que tenta construir, a partir dos resultados dispersos desse seu percurso criativo, uma lição organizada de estética e de história da música erudita ocidental. E se é nos versos, como seria de esperar, que podemos identificar a presença criativa dominante do primeiro, enquanto o segundo pontifica sobretudo nos comentários, há também ocasiões em que cada um deles atravessa a fronteira e interfere no terreno do outro: há momentos em que o próprio texto poético incorpora diligentemente, já na sua génese, alguns dos pressupostos historiográficos e analíticos do autor, enquanto musicólogo, e outros em que o comentário crítico, mesmo dentro do seu registo teórico geral de alguma austeridade dogmática, nos surpreende ao criar espaços de legitimação para uma abordagem poética à obra musical que pode ser também de ordem intuitiva, afectiva, emocional e de uma liberdade por vezes quase subversiva.

Podemos, é claro, ler a *Arte de música* como uma reflexão abstracta sobre os próprios processos fundamentais da criação e da comunicação em música, em que as peças e autores abordados são meros pretextos para se chegar à essência da expressão sonora, e nesse caso a questão do repertório específico em causa seria até certo ponto irrelevante. Mas a verdade é que a identificação do universo musical preciso de que Sena parte, tanto passivamente, pelas escolhas que o mercado do concerto e do disco lhe oferece, como activamente, pelo seu próprio critério de valoração e selecção, pode oferecer-nos uma perspectiva complementar que nos ajuda a situá-lo de forma mais reveladora no quadro do debate estético-musical do seu tempo. De que música – ou melhor, de que músicas, em concreto – nos fala afinal Jorge de Sena na sua *Arte*? De que músicas não pode – ou não quer – falar-nos? E qual a razão, tanto dessas escolhas, como dessas omissões?

---

[8] Jorge de Sena, "Pós-fácio", in *Poesia II*, Lisboa: Edições 70, 1988, p. 207.

2.

Sena explica-nos, no seu "Pós-fácio", que a sua cultura musical se baseou, inicialmente, nas aulas de piano que recebeu na infância e na frequência da vida concertística de Lisboa na juventude, ao que se somaria mais tarde a possibilidade de assistir ocasionalmente a concertos e recitais nas sucessivas etapas da sua vida itinerante. Vale a pena reflectirmos, no entanto, mais aprofundadamente sobre o significado real destas asserções no que toca a uma possível avaliação do seu grau de conhecimento técnico-musical e do âmbito da sua familiaridade com o cânone do repertório musical erudito à data da génese da *Arte de música*.

Vejamos o que nos diz o próprio autor:

Recebi educação musical e instrumental (...). Na primeira adolescência, imaginava-me um pianista e compositor ilustre, que dava concertos nas reuniões de íntimos ou de famílias amigas, com muito estrondo de acordes e de emocionados ainda que não direi emocionantes 'smorzandos'... Não fui uma coisa nem a outra, não só porque a vida me distraiu de continuar os estudos, mas porque, sem dúvida, esse não era o meu destino 'artístico'.[9]

E atribui seguidamente, com evidente azedume, "as contrariedades" que lhe "suprimiram essa carreira" a uma oposição burguesa do seu círculo familiar ao seu interesse "por música e por letras e artes", interesse que seria alegadamente "aberto a todas as catástrofes" e sobretudo incompatível com uma eventual carreira profissional de maior distinção social consentânea com o estatuto da família. É possível que assim tenha sido e, em qualquer caso, não vale muito a pena debatermos em maior profundidade esta possibilidade frustrada de, num outro contexto familiar hipotético mais favorável às artes, podermos ter vindo a poder admirar um Sena pianista e compositor como hoje veneramos o poeta, o romancista e o pensador.

Em 1999, em entrevista a Teresa Tomás Ferreira, Mécia de Sena seria mais explícita: "Meu marido tinha estudado alguns anos de piano e gostava imenso de tocar embora fossem raras as ocasiões de o fazer e, depois que saímos de Portugal, nem sequer tínhamos piano (...)."[10]

Nem Jorge nem Mécia nos confirmam que o autor tenha frequentado, quer o Conservatório Nacional, quer a Academia de Amadores de Música de Lisboa,

---

[9] Idem, p. 205-206.
[10] Teresa Tomás Ferreira, op. cit., p. 72.

as únicas escolas de ensino vocacional da música então existentes em Lisboa. Se tal tivesse acontecido, seria de esperar que Sena não deixasse de o referir expressamente, ou nos comentários à própria *Arte de música* ou até na sua nota biográfica publicada em 1968 em *O tempo e o modo*, onde tem o cuidado de mencionar os estabelecimentos de ensino de que foi aluno, o Colégio Vasco da Gama e o Liceu Camões.[11] A ausência de uma referência específica a uma escola de música formal parece sugerir que a sua aprendizagem musical nos anos da infância e da primeira adolescência tenha sido feita pelo processo habitual nas famílias de classe média e média-alta de Lisboa, que era a da contratação de um professor de piano que ia à casa do aluno e lhe ensinava simultaneamente, de forma gradual, as bases da técnica instrumental e os rudimentos de solfejo e teoria musical necessários à leitura de partituras. Quem quer que tenha sido esse professor ou professora, não deixa de ser sintomática, mais uma vez, a omissão do seu nome nos vários apontamentos autobiográficos do poeta, sugerindo uma avaliação pouco entusiástica da sua intervenção pedagógica. Em qualquer caso, fosse ela mais ou menos competente, desta aprendizagem doméstica estaria, em princípio, excluído, ao contrário do que era já então a prática curricular dos conservatórios, o estudo sistemático, tanto da harmonia e do contraponto como da estética e da história da música – aquilo a que no programa do Conservatório Nacional, estabelecido em 1919 pela comissão de reforma presidida por Viana da Mota, se designava, numa tradução quase literal do alemão *Musikwissenschaft*, por "ciências musicais". Não é por acaso que no primeiro poema da própria *Arte de música* nos diz que essa sua primeira fase de estudo do piano se fizera "sem distinção entre a *Viúva alegre* e Mozart",[12] precisamente para sublinhar esta relativa ausência de uma dimensão teórico-musical e histórico-estilística nessa sua aprendizagem inicial.

Neste quadro plausível, a formação musical de Sena terá sido a de uma aquisição gradual de competências de nível pouco mais do que intermédio como pianista, a suficiente para lhe permitir "na primeira adolescência", como ele próprio relata, algum sucesso nas suas apresentações no circuito doméstico e sonhos românticos de triunfo futuro como virtuose e compositor. Não é irrelevante, a este respeito, ainda que salvaguardando sempre a necessária prudência na transposição do foro poético para o da referência auto-biográfica objectiva, o que ele próprio escreve, já aos dezanove anos, no seu soneto "Ignorância", de 1938:

---

[11] Jorge de Sena, "Quem é Jorge de Sena (À maneira de curriculum)", in *O tempo e o modo*, 59, abr 1968, p. 396-312.
[12] Jorge de Sena, *Arte de música*, in *Poesia II*, Lisboa: Edições 70, 1988, p. 165.

> Do piano lentamente vou tirando
> vagos sons que não sei fazer brilhar...
> Se eu soubesse, se eu soubesse tocar
> mais do que sei (...)
> (...)
> De tudo o que podia aliviar-me
> não conheço senão os rudimentos (...)[13]

Se admitirmos, como abaixo procurarei sugerir, que a audição da emissão radiofónica da "Cathédrale engloutie" de Debussy que o terá levado a querer começar a aprofundar os seus conhecimentos musicais, por sua própria iniciativa, através sobretudo da "música que comprei e estudei ao piano",[14] não deverá ter tido lugar antes de, pelo menos, a segunda metade de 1935, esta admissão pelo próprio, talvez já três anos mais tarde, de que o seu nível desse conhecimento era então ainda a seu ver rudimentar sugere-nos que o seu percurso de aprendizagem da música terá sido a partir daí um processo lento e essencialmente autodidático, menos enraizado no ensino formal da infância e adolescência do que no seu esforço de estudo pessoal ao longo da vida.

O mesmo se pode dizer da sua alegada vocação potencial como compositor. Mais uma vez é Mécia de Sena quem nos esclarece, em 1999, com grande lucidez, a este respeito:

> (...) sonhou ser compositor. E deixou algumas composições, quase impossíveis de tocar só com duas mãos porque superabundam de acordes e sobretudo arpejos, que ele adorava creio que sempre, no fundo, no fundo, por sugestão da "Cathédrale engloutie". Claro que o sonho era de adolescente, nada mais.[15]

A fixação romântica numa linguagem musical impressionista é também ela, diga-se de passagem, uma etapa característica de uma sensibilidade adolescente, tipicamente fascinada pela liberdade inesperada de um jogo de coloridos sonoros encadeados sem aparente plano formal (ou, melhor dizendo, no caso dos prelúdios de Debussy, sem um plano formal facilmente discernível por um aluno que ainda não possua uma formação técnico-musical aprofundada), e pode até parecer curioso que Sena tenha assim guardado, em plena

---

[13] Jorge de Sena, *Post-Scriptum* II, Lisboa: Moraes Editores/Imprensa Nacional-Casa da Moeda, 1985, vol. I, p. 231.
[14] Jorge de Sena, *Arte de música*, p. 165.
[15] Teresa Tomás Ferreira, op. cit., p. 72-73.

fase adulta, e com o grau de auto-exigência teórica que se lhe conhece, estes testemunhos de uma criatividade musical embrionária ainda tão imatura, a não ser como mais um testemunho – talvez até inconsciente – da persistência, na sua relação com a música, de uma outra abordagem menos obsessivamente rigorosa do fenómeno musical do que aquela que tanto gosta de registar nos seus comentários críticos.

Do ponto de vista da formação técnico-musical, o que podemos, pois, concluir é que os estudos de música de Jorge de Sena lhe terão dado alguma literacia musical básica e alguma familiaridade com o repertório pianístico de nível intermédio mas não lhe terão conferido competências de análise musical avançada, como sejam as de uma análise harmónica, contrapontística, formal ou histórica de nível verdadeiramente profissional. E nada na obra ou nos vários testemunhos autobiográficos do autor nos sugere que mesmo as leituras sobre temáticas musicais que possa ter feito a partir de aí tenham incidido sobre uma bibliografia musicológica ou teórico-musical especializada.

É, por sinal, isso mesmo que podemos constatar de uma leitura atenta dos poemas ou dos comentários da *Arte de música*: em nenhum momento nos deparamos com observações que relevem verdadeiramente de um "saber fazer" técnico interno ao discurso musical, apenas com a expressão da sensibilidade artística requintada e da experiência auditiva acumulada de um melómano culto, aquilo a que o próprio Sena designa por um "amador de música com alguma experiência e informação"[16] ou, com auto-ironia inteligente, por "um como que profissional amador de música".[17] Esta junção dos termos "profissional" e "amador", aparentemente contraditórios entre si, parece aqui sugerir, precisamente, a consciência simultânea da relativa fragilidade do ensino musical recebido – e daí a sua natureza amadorística – e da persistência e da dedicação, em alternativa, do seu processo constante de autoaprendizagem da música ao longo da vida, que adquiriria deste modo, pela própria continuidade, um estatuto de algum modo "profissionalizante".

Quanto à sua experiência de frequentador de concertos, há que ter em conta, igualmente, que se a vida musical de Lisboa a partir dos anos 1930 ganhou algum dinamismo, nem por isso eram muitas as oportunidades de contacto ao vivo com um repertório que não fosse o de um *mainstream* prudente. A criação em 1934 da Orquestra Sinfónica da Emissora Nacional, sob a regência do Maestro Pedro de Freitas Branco, a reabertura das temporadas regulares de ópera

---

[16] Jorge de Sena, "Pós-fácio" à *Arte de música* in *Poesia II*, p. 211.
[17] Idem, p. 208.

do Teatro Nacional de São Carlos, dirigido por José de Figueiredo, desde 1945, e as temporadas de recitais do Círculo de Cultura Musical, presidido por Elisa de Sousa Pedroso, vieram, efectivamente, alargar o espectro do repertório que se dava a ouvir ao público melómano da capital portuguesa no período entre a instauração da ditadura e o final da Segunda Guerra Mundial, mas sempre fundamentalmente a partir de uma produção musical centrada nos compositores e obras mais consagrados no âmbito cronológico de entre meados do século XVIII e inícios do século XX – aquilo a que em inglês se designa correntemente por *common practice*. Sena faz questão de mencionar o seu sincero entusiasmo pioneiro pelas primeiras obras de Stravinsky e Bartók estreadas em Lisboa, por contraste com a recepção negativa ou o aplauso hipócrita que atribui aos *habitués* dos concertos mais rotineiros, mas trata-se manifestamente de ocasiões de excepção no quadro da programação concertística lisboeta, e por conseguinte também da experiência de ouvinte do nosso poeta.

Significativamente, apenas um dos poemas da *Arte de música* deriva explicitamente de uma experiência presencial de música ao vivo nesses anos de juventude em Lisboa, "À morte de Isolda", inspirado por uma récita do *Tristão e Isolda* no Teatro de São Carlos pela companhia de Bayreuth, em 1943 – por sinal uma das últimas digressões a Portugal de agrupamentos musicais alemães patrocinados pelo Ministério da Propaganda de Goebbels. De resto, se pensarmos que Sena faz questão de referir que só em 1959, já no Brasil, pôde adquirir o seu primeiro gira-discos – ou, nas suas próprias palavras, "aquele objecto de luxo e para raros portugueses, que era o chamado 'pick up'",[18] também é duvidoso que na sua juventude tivesse tido possibilidades económicas de suportar o custo de uma frequência verdadeiramente regular e intensa do circuito operático e concertístico da capital, cujo acesso se fazia em muitos casos apenas por bilhetes avulsos consideravelmente caros, se não mesmo por assinaturas bastante dispendiosas por temporada.

As oportunidades de assistência frequente a temporadas de concertos também não se terão alargado de forma significativa nas etapas imediatamente posteriores da sua carreira, após a partida de Portugal e ao longo do período de escrita do núcleo duro da *Arte de música*, até 1967. Se São Paulo lhe poderá ter oferecido uma programação musical mais cosmopolita, em salas com a tradição e o prestígio do Teatro Municipal, já Araraquara, no interior paulista, ou mesmo Madison, Wisconsin, em pleno *corn belt* norte-americano, na década de 1960, terão por certo sido muito mais limitadas nessa oferta de oportunidades de con-

[18] Ibid., p. 207.

tacto com um repertório alargado. Só muito limitadamente, por conseguinte, se pode atribuir à assistência de concertos e recitais ao vivo a cultura musical de que Sena dá provas na sua poesia.

Um outro elo de contacto relevante do autor com o repertório musical erudito, ainda em Portugal, terá sido por certo a rádio, o que é expressamente reconhecido em alguns dos poemas. Em agosto de 1935 tinha começado a emitir a estação radiofónica oficial do Estado Novo, a Emissora Nacional, que além de transmitir regularmente espectáculos musicais ao vivo, como as récitas de ópera do Teatro Nacional de São Carlos, os concertos da Orquestra Sinfónica Nacional (de resto formalmente integrada na estrutura orgânica da própria emissora), ou até pequenos recitais de música de câmara gravados em estúdio, tinha programas de música gravada preenchidos com a discografia clássica disponível. Considerando que a nova estação se inaugurara quando o autor estava ainda à beira de completar os dezasseis anos, a experiência de audição de "La cathédrale engloutie" de Debussy no "rádio *Pilot* da minha Avó"[19] que refere, logo no primeiro poema da *Arte de música*, como tendo marcado decisivamente a vivência musical da sua adolescência, terá correspondido precisamente a essa primeira fase da Emissora Nacional – o que nos ajuda, por sinal, a datar melhor as etapas desse processo de amadurecimento musical, que Sena só refere genericamente, sem marcos cronológicos precisos.

A partir de maio de 1948 a Emissora Nacional passou a desdobrar as suas emissões, reproduzindo assim na sua grelha de programação a divisão entre "Alta cultura" e "Cultura popular e espectáculos" que estava no cerne da política cultural do Estado Novo desde a sua formulação inicial por António Ferro. Manteve-se assim um primeiro canal, de carácter agora mais generalista, e criou-se um segundo exclusivamente consagrado à música erudita e a programas de natureza cultural – aquilo a que a partir de outubro do ano seguinte se passaria a designar, respectivamente, por "Programa A" e "Programa B". Este desdobramento, estendendo o horário de radiodifusão exclusiva do repertório erudito, terá possibilitado ao público melómano em que Sena se integrava uma experiência musical alargada, compensando até, de certa forma, pelas transmissões frequentes de concertos ao vivo, as experiências pessoais de audição presencial que porventura não terão estado ao seu alcance.

O mesmo terá continuado a suceder durante os anos de itinerância do poeta no Brasil e nos Estados Unidos: o recital radiofónico de canto que deu origem em São Paulo ao poema "Ouvindo canções de Dowland", com data de 29 de

---

[19] Jorge de Sena, *Arte de música* in *Poesia II*, p. 165.

dezembro de 1960, terá sido provavelmente uma das emissões de música erudita da Rádio Cultura AM, activa desde 1936, que fora adquirida em 1959 pelo grupo Diários Associados, do célebre jornalista e empresário paulista Assis Chateaubriand.[20] Na própria Araraquara, para onde Sena se transferiria em 1961, existia já uma Rádio Cultura de Araraquara, a funcionar desde 1932 e licenciada em 1936, que emitia, designadamente, um repertório de música erudita.[21] E em Madison teria à sua disposição a programação clássica da estação radiofónica WHA, propriedade da própria Universidade de Wisconsin e uma das pioneiras da rádio pública nos Estados Unidos, com emissões experimentais desde pelo menos 1920 e licenciamento oficial em 1922.[22]

Mas se todos estes factores foram essenciais para a formação da cultura musical – admiravelmente vasta, tendo em conta as limitações de fundo que referi – de Jorge de Sena, não há dúvida, como o próprio reconhece de forma inequívoca, que ela se terá alargado substancialmente a partir do momento da mencionada aquisição no Brasil, em 1959, do seu primeiro *pick up*. Não só ela lhe proporcionou o acesso a um universo muito mais vasto de obras e compositores, como lhe permitiu escolher ele próprio, sem depender do critério de programação dos promotores de concertos e dos produtores radiofónicos, o seu itinerário pessoal de descoberta e fruição do repertório, dentro de uma oferta de discografia clássica que estava então já em plena expansão. Não será excessivo considerar que esta passagem do campo limitado da oferta esporádica de concertos ao vivo e da audição passiva da programação radiofónica para um novo território muito mais amplo de escolhas disponíveis veio modificar significativamente, tanto em termos quantitativos como sobretudo qualitativos, a relação específica do poeta com a própria música, e que, enquanto tal, condicionou decisivamente a natureza e a génese dos poemas da *Arte de música*.

De facto, a partir deste momento, Sena não "entra", por assim dizer, nas obras de música como um intérprete que lhes dá vida, como um analista capaz de as desconstruir na partitura, ou sequer como um espectador de concertos ou um ouvinte de rádio que vai registando na memória sucessivas impressões únicas e irrepetíveis geradas por outras tantas interpretações singulares. Cada peça está agora indissociavelmente presa a uma determinada interpretação estável fixada pelo disco, que, por isso mesmo, acaba por fazer, ela própria,

---

[20] Disponível em: <https://pt.wikipedia.org/wiki/Rádio_Cultura_Brasil>. Acesso em: 29 ago. 2019.
[21] Disponível em: <https://pt.wikipedia.org/wiki/Rádio_Cultura_(Araraquara)>. Acesso em: 29 ago. 2019.
[22] Randall Davidson, "PXM talking: the early history of WHA Radio". Disponível em: <http://www.portalwisconsin.org/archives/9xm.cfm>. Acesso em: 29 ago. 2019.

como que parte da obra que executa e que, acima de tudo, ao contrário de uma execução ao vivo, pode ser repetidamente revisitada. E ambas – a obra e a sua interpretação gravada – constituem, pois, um objecto perene relativamente ao qual o poeta pode ir desenvolvendo, por essa audição reiterada, uma teia cada vez mais densa de sucessivas percepções entretecidas.

O processo de gestação da *Arte de música* não é a este nível, muito diferente do que conduziu à escrita das *Metamorfoses*, na medida em que ambas constituem elaborações poéticas assentes na relação interpretativa do poeta com um objecto artístico fixo que repetidamente, ora ouve, ora contempla. Neste sentido, a sua abordagem poética da música, como a das artes visuais, acaba por coincidir, afinal, com a sua relação com a literatura: Sena ouve e vê recorrentemente um mesmo *corpus* de composições musicais e de quadros e esculturas, como quem lê e relê sucessivamente um livro favorito, ora pelo prazer de saborear de novo passagens familiares, ora pelo desafio da descoberta constante de novos ângulos de leitura. É o que nos diz o autor, ao sublinhar como a compra do primeiro gira--discos lhes permitiu "recapitular *ad libitum* a música amada":

> Estes poemas representam repetidas vivências de uma obra ou de um compositor, que acabaram por cristalizar-se verbalmente – e, se muitas vezes de uma audição surgiram os primeiros versos, não menos a cristalização não reflecte impressões de uma peça musical pela primeira vez ouvida. No entanto, porque algumas vezes o estado de espírito premonitório em relação a uma obra foi conferido pela audição atenta dela em disco, é essa a razão pela qual, em nota final, se dá a lista das interpretações a que os poemas acaso primacialmente se reportem.[23]

Sublinhe-se, nesta mesma citação, a referência expressa à génese gradual de cada poema a partir de sucessivas escutas de uma mesma gravação. Não se trata de "impressões de uma peça musical pela primeira vez ouvida", o que quando muito terão motivado os "primeiros versos", mas de uma relação amadurecida pelas "repetidas vivências" despertadas pela revisitação múltipla da composição em causa e da sua interpretação escolhida. A data de escrita referida para cada poema deve assim entender-se como um ponto de chegada, a culminar um processo porventura muito longo de familiarização com o objecto musical em causa pela sua audição repetida.

---

[23] Jorge de Sena, "Pós-fácio" à *Arte de música* in *Poesia II*, p. 207.

Numa era em que a discografia internacional e as plataformas *online* como o YouTube nos permitem um acesso fácil, imediato, sistemático e quase ilimitado ao acervo acumulado de mil anos de produção musical erudita, é-nos difícil conceber que esta realidade se foi construindo sobretudo nas últimas três ou quatro décadas. Até então, o contacto directo com as obras mais representativas da história da música ocidental estava circunscrito ao universo rotineiro dos programas de concerto, tendencialmente limitado ao cânone mais consagrado, que assegurava o sucesso de bilheteira às grandes orquestras sinfónicas e aos solistas vocais e instrumentais de maior reputação internacional. E na realidade as anotações críticas de Sena deixam bem claro que terá sido através do disco, a partir de 1959, que terá contactado pela primeira vez com a maior parte das obras a que dedicará em seguida a *Arte de música*.

Os anos de escrita do corpo principal do livro, entre 1960 e 1967, coincidem, por sinal, com um período de grande expansão da produção de discos de música erudita. Isto deve-se, antes de mais, à generalização do disco de vinil de 33 1/3 rpm – o chamado LP, por abreviação de *long playing* – com uma duração média de cerca de 25 minutos por face. Isto facilitava, pela primeira vez na história da indústria discográfica, a gravação integral de peças de maior duração, como sonatas, concertos, sinfonias, óperas ou oratórias, por oposição aos velhos discos de laca de 78 rpm em que cada face não podia ultrapassar os três ou quatro minutos de música. As grandes empresas internacionais do disco podem assim lançar agora, a par com as suas edições de música popular urbana, catálogos de prestígio consagrados exclusivamente à música erudita, tanto os europeus – os da EMI, da Decca, da Philips e da Deutsche Grammmophon – como os norte-americanos – os da RCA, da Columbia ou da Mercury. No mercado do disco dos Estados Unidos circulavam tantos as gravações europeias (embora a EMI e a Decca, por razões técnico-jurídicas, tenham criado para esse efeito, as marcas locais Angel/Seraphin e London, respectivamente) como, por maioria de razão, as das empresas locais. E era a partir deste mercado que se processava a distribuição da discografia clássica no Brasil, por vezes na sequência imediata do lançamento norte-americano, outras vezes com um ligeiro *décalage* na sua disponibilização ao público brasileiro – ou seja designadamente, ao nosso Jorge de Sena. São estas, portanto, as marcas predominantes nas gravações citadas na *Arte de música*, embora também encontremos exemplos isolados de discos de fabrico europeu que tinham menor distribuição transcontinental, como é o caso dos da Westminster, que acabou por falir depois de um início auspicioso em Inglaterra, e da Telefunken alemã.

Todas estas grandes editoras, com elevados custos permanentes de estrutura e com alguns dos artistas mundiais mais bem pagos da época, e que dependiam, por isso, para o seu sucesso financeiro, de grandes vendas de cada título que lançavam, tendiam a basear os seus catálogos num cânone de repertório limitado a um *mainstream* seguro, que é aquele que vemos representado, por isso mesmo, pela maioria do *corpus* musical selecionado por Sena. Mas também nos deparamos na sua obra com alguns exemplos de edições da Vox/Turnabout, uma empresa americana de *mid price* que, por ter menores custos de produção, se atrevia a lançar compositores que à época tinham ainda um reduzido apelo de mercado, como sucedia com Mahler ou com Schönberg.

Graças às "Notas a alguns poemas" da *Poesia II* podemos datar com precisão o lançamento no mercado da gravação específica que Sena indica como estando na origem de cada poema da *Arte de música* – a mais antiga data de 1953 e a última de 1965. Se além disso levarmos em conta que as compras de discos pelo autor só se iniciaram em 1959, no Brasil, e que alguns dos títulos selecionados poderão só ter chegado ao mercado brasileiro algum tempo depois do seu lançamento na Europa e nos Estados Unidos, isto permite-nos perceber que o tempo efectivo da "recapitulação *ad libitum* da música amada" que o poeta refere, entre o momento da compra e primeira audição do LP em causa e a conclusão da escrita do poema que lhe corresponde, é em alguns casos bastante curto – por vezes tudo se passa até no mesmo ano, como se pode constatar no quadro seguinte, que lista por ordem cronológica os poemas que se baseiam em gravações discográficas identificadas pelo autor:

Autor/Obra	Ano de edição	Data do poema
Mozart /*Requiem*	1962	16 abr. 1962
Bach/Concerto Brandenburguês I	1959	4 mai. 1963
Mahler/*Das Lied von der Erde*	1963	8 mai. 1963
Schönberg/Concerto	1958	21 out. 1963
Haydn/Andante com variações	1960	12 nov. 1963
Bach/Prelúdios e fugas	1957	19 fev. 1964
Mozart/Concerto K. 466	1956	24 fev. 1964
Scarlatti/Sonatas para cravo	1964	7 abr. 1964 e 10 abr. 1964
Tchaikovsky/*Romeu e Julieta*	1957	24 mai. 1964
Bartók/Concerto para orquestra	1961	29 mai. 1964

Puccini/*Bohème*	1959	26 jul. 1964
Puccini/*Turandot*	1960	7 ago. 1964
Schönberg/*Verklärte Nacht*	1957	28 set. 1964
Smetana /*Ma Vlást*	1959	1 out. 1964
Beethoven/Quarteto Op. 131	1962	10 out. 1964
Berlioz/*Symphonie fantastique*	1960	23 out. 1964
Beethoven/*Missa solemnis*	1959	2 nov 1964
Debussy/*Images*	1953	31 nov. 1964
Richard Strauss/*Zarathustra*	1954	11 set. 1965
Mozart/Fantasias	1963	18 set. 1965
Mozart/Sonata K. 331	1963	26 set. 1965
Bach/*Variações Goldberg*	1965	9 jan. 1966
Sibelius/Segunda Sinfonia	1960	27 mar. 1966
Mahler/Segunda Sinfonia	1958	28 jul. 1967
Mozart/*Requiem*	1962	15 out. 1967
Satie/Obras para piano	1956	8 jan. 1972
Mussorgsky/*Boris Godunov*	1963	8 set. 1972
Wagner/*Die Walküre*	1954	4 jul. 1973
Wagner/*Götterdämmerung*	1960	13 jan. 1974

O que daqui emerge é o retrato típico de um melómano apaixonado, visita regular das discotecas da sua preferência, atento às novidades discográficas que lhe vão chegando e que correspondem mais directamente aos seus critérios de selecção, ouvindo depois repetidamente cada nova aquisição e deixando que algumas delas desencadeiem um processo de criação poética com dinâmicas internas próprias que só parcialmente o próprio autor controla.

3.
Vale a pena reflectirmos sobre o significado da escolha do título do livro. No seu "Pos-fácio" de 1967, Sena explica que a *Arte de música* e a obra que imediatamente a antecedeu, as *Metamorfoses*, se encadeiam cronologicamente, até com algum *enjambement* temporal entre uma e a outra:

Os poemas que constituíram as *Metamorfoses* haviam-se encerrado em Janeiro de 1963: pelo que é evidente que a série musical, após alguns poemas preliminares (o de 1960 e o de 16-4-62), se desencadeou três meses depois de conclusa a série plástica.[24]

Esta referência aos dois livros como abordagens de certo modo idênticas, em termos poéticos, a matérias artísticas distintas – uma série "plástica" e uma "musical" – é retomada depois no mesmo texto, quando o poeta alude, numa acepção idêntica, à sua "anterior série de 'metamorfoses'" e à "série actual". No "Pós-fácio" de 1963 às *Metamorfoses*, por outro lado, tinha-nos já explicado que este livro tinha começado por ter o título provisório de *Museu* e que a designação definitiva se tinha devido ao facto de em sua opinião a primeira poder, para um público menos preparado, cheirar "a pó e a animal empalhado", em vez de sugerir adequadamente a "apreensão estética, quando não apenas sentimental" das obras de arte abordadas, sob a forma de "meditações aplicadas".[25] Neste caso, portanto, Sena passa de uma designação que parece sugerir alguma noção de proposta de um cânone selectivo e sistemático de excelência absoluta nas artes visuais – *Museu* – para outra que antes sublinha as leituras pessoais do poeta a partir de um conjunto de obras plásticas sem esse carácter tão assumidamente canónico.

No caso da *Arte de música* é interessante constatar que se deu um percurso precisamente oposto. *Arte de música*, curiosamente, é o título do primeiro tratado teórico sobre polifonia e contraponto publicado em Portugal e em português por um autor nacional – a obra homónima de António Fernandes, impressa por Pedro Craesbeeck em Lisboa, em 1626.[26] Não é provável que Jorge de Sena tenha tido conhecimento directo deste pequeno tratado de teoria musical seiscentista, que na década de 1960 era lido apenas por uma meia dúzia de musicólogos especializados. Mas também não é impossível que pelo menos tenha sabido da sua existência pelas referências elogiosas que o mesmo mereceu a João de Freitas Branco na sua *História da música portuguesa*, uma obra publicada em 1959 pelas Edições Europa-América e desde logo muito divulgada nos meios culturais portugueses, por ser a primeira síntese moderna disponível sobre esta temática, que dificilmente teria deixado de suscitar o interesse imediato de um melómano convicto como Sena. Seja como for, com ou sem inspiração remota no manual de António Fernandes, o título *Arte de música* acaba por ter uma conotação

---

[24] Idem, p. 205.
[25] Jorge de Sena, "Pós-fácio" a *Metamorfoses*, in *Poesia II*, pp. 157-158.
[26] Ed. moderna in Rui Vieira Nery (coord.), *Obras pioneiras da cultura portuguesa: primeiros tratados de música*. Lisboa: Círculo de Leitores, 2017.

até certo ponto tratadística, por assim dizer, como se dele se esperasse, à partida, uma lição, uma antologia canónica de boas práticas de escrita musical, e portanto também um conteúdo de algum modo normativo. Enquanto na "série plástica", Sena desiste de um título que indicia uma natureza canónica do repertório artístico abordado – *Museu* – e opta antes por outro que alude à apropriação poética subjectiva desse repertório – *Metamorfoses* – na "série musical" prefere fazer exactamente o contrário.

Em ambas as obras, Sena decide apresentar os seus poemas, não pela ordem da respectiva redacção, mas antes pela sequência histórica dos objectos artísticos de que tratam – ou seja, no caso da *Arte de música*, como ele mesmo diz, "segundo uma cronologia aproximada dos compositores a que se referem". E acrescenta, ainda neste último caso, como justificação adicional para esse critério de arrumação histórico-musical:

> A nossa fruição estética da arte do passado, e isso é mais evidente no caso da música, depende estritamente de uma experiência cultural dela; e se podemos fruir igualmente de música medieval ou barroca ou contemporânea, é precisamente porque culturalmente a nossa consciência estética se abriu, numa consciência de historicidade, para lá da música da nossa primeira educação musical e do nosso "meio".[27]

Nas *Metamorfoses*, esta opção pela cronologia histórica não parece violentar especialmente a natureza essencial da relação do poeta com cada uma das obras de arte abordadas. Em primeiro lugar, porque o âmbito temporal coberto é de tal modo mais vasto (de uma estatueta ibérica do século VII à *Ofélia* de Fernando de Azevedo) que uma vintena de poemas não poderia nunca ter a pretensão de constituir um itinerário histórico sistemático através desses quase quatorze séculos de criação plástica. Não está aqui implícita nenhuma teoria da história da arte que os poemas individuais sejam de algum modo chamados a ilustrar, nem uma qualquer função antológica que transcenda o olhar casuístico do poeta sobre uma série dispersa de objectos artísticos que atraíram a sua atenção, vindos de momentos históricos também eles avulsos.

Já na *Arte de música*, se excluirmos a excursão isolada pelo universo isabelino das canções de Dowland, tudo se passa entre as obras de juventude de Bach (a mais antiga citada é o *Prelúdio e fuga* BWV 531, de 1703) e o *Concerto para orquestra* de Bartók, que data de 1943, isto é, num arco temporal que não chega aos

---

[27] Jorge de Sena, "Pós-fácio" a *Arte de música*, in *Poesia II*, p. 209.

dois séculos e meio e que é aqui preenchido por 44 poemas, o que permite que cada subperíodo histórico-estilístico dentro dessas balizas cronológicas tenha alguma correspondência num ou mais poemas. A narrativa histórico-musical global decorrente desta seriação cronológica ganha assim uma evidência e uma manifesta vontade de coerência unificadora que lhe dão um peso consideravelmente maior, face à temática autónoma de cada poema e às circunstâncias até certo ponto aleatórias da sua génese.

O primeiro poema a ser escrito, ainda em dezembro de 1960, é precisamente "Ouvindo canções de Dowland", na época em que Sena estava em plena redacção das *Metamorfoses*, e terá nascido da súbita atenção do autor, porventura despertada pelo seu conhecido interesse pela mundivisão do Maneirismo, por uma emissão radiofónica de canções deste compositor na interpretação do tenor Peter Pears – por certo um dos programas com este repertório que Pears gravou com o alaudista Julian Bream para a BBC e que mais tarde, já em 1970, viria a registar em disco. Só mais de um ano depois, a 29 de fevereiro de 1962, surge o magnífico "Potpourri" em torno de um imaginário encontro amoroso passageiro, ainda que de uma sensualidade explosiva, com a figura de Giacomo Carissimi, mas esse sem o estímulo concreto de uma determinada composição, em particular, ao que se segue, no mesmo ano, o primeiro dos quatro poemas agrupados em "'Requiem' de Mozart". E a partir daí temos quatro poemas em 1963, dezanove (o núcleo duro da obra) em 1964, três em 1965 e outros tantos em 1966, e por fim dois em 1967, a que mais tarde o poeta acrescentará um de 1971, três de 1972, quatro de 1973 e os dois últimos de 1974.

No que respeita aos compositores e às obras assim "analisados" (o termo é do próprio Sena), não há qualquer fio condutor evidente que justifique esta sequência de escrita em termos da cronologia da história da música: de Bach avançamos para Mahler, deste recuamos a Haydn, segue-se-lhe o *Concerto* de Schönberg (cronologicamente a penúltima composição do *corpus*), regressamos a Bach para em seguida saltarmos para Mozart, deste para Wagner, e daí por diante, num constante zigue-zague cronológico. Tudo indica que, à medida que lhe vão chegando novos discos que vai ouvindo repetidamente, como nos revela, o poeta se vai sentindo motivado, ora por um, ora por outro, a uma reflexão poética sobre alguns deles, sem um plano prévio estruturado. A partir do universo da discografia existente no seu tempo, da disponibilidade dos novos lançamentos no mercado do disco a que tem acesso e do ritmo das suas próprias aquisições, Sena vai assim, simultaneamente, constituindo a sua discoteca segundo os critérios de selecção daquilo a que ele mesmo designa por "gosto 'moderno'" (com aspas no adjectivo no próprio original), alargando a sua cultura musical e identificando a cada momento, a partir da sua audição, novas fontes de inspiração poética.[28]

A primeira constatação a fazer quanto a este *corpus* de repertório que assim se vai constituindo é a da quase completa exclusão da chamada "música antiga". Sena menciona no "Pós-fácio" o seu gosto por Monteverdi, Palestrina, e, genericamente, sem indicar autores específicos, pela "música medieval e do Renascimento",[29] mas o que é certo é que, com a já referida excepção de Dowland, pode afirmar ele próprio que estas músicas mais remotas "se me não traduziram em *correlativo* objectivo das emoções que despertam em mim". Em parte, esta omissão pode explicar-se pelo facto de os catálogos das principais editoras de música erudita da época serem ainda relativamente pobres neste domínio, em especial no que se refere à redescoberta da música antiga com interpretações historicamente informadas e instrumentos de época, que nomes pioneiros como Gustav Leonhardt, Nikolaus Harnoncourt ou Frans Brüggen começavam então a gravar para nichos especializados da indústria discográfica como as marcas "Das alte Werk", da Telefunken, ou "Archiv", da Deutsche Grammophon. Sena não pode "poetizar" o que não teve ocasião de ouvir, e é, a este respeito, curioso constatar a sua reacção de alguma estranheza face à sonoridade, para si menos familiar, do cravo de Wanda Landowska na reedição póstuma das suas gravações de sonatas de Scarlatti: "morta música / num morto cravo / tocado pela morta".

Se a música antiga, no seu todo, como campo musical de dignidade artística própria e não como mero prolegómeno de um florescimento musical posterior, não tem aqui grande destaque, já Bach está, obviamente, presente, e inspira, até, alguns dos poemas mais geniais da obra, como o que trata das *Variações Goldberg*. Mas é muito significativo que a abordagem que Sena faz à obra do Kantor de Leipzig seja inteiramente na linha de pensamento dos primo-românticos alemães, como E. T. A Hoffmann, descontextualizando o compositor do seu tempo, do seu espaço e do seu universo estético específicos e preferindo ver nele antes uma espécie de grande percursor ideal do próprio Romantismo. E até em relação ao chamado Classicismo vienense, é mais uma vez na linha de Hoffmann que o poeta valoriza sobretudo o Mozart final, assumidamente pré-romântico, o das *Fantasias para tecla*, do *Concerto em Ré menor* K. 466 e em especial do *Requiem*, desvalorizando a vertente mais galante de algumas das obras anteriores, e que não se coíbe, mesmo no contexto de uma avaliação global elogiosa, de classificar com alguma

---

[28] Idem, p. 226.
[29] Ibid., p. 207.

displicência a própria *Criação* de Haydn, como "uma dessas grandezas coral-sinfónicas barrocas e rococós".[30] A "consciência de historicidade" alargada que o autor reivindicava na citação acima, alegando um domínio e uma valorização crescentes dos repertórios musicais que transcendem a *common practice*, deve assim ser lida com alguma relativização.

O mesmo sucede, em boa verdade, com a música contemporânea: se excluirmos o *Concerto para piano* de Schönberg, de 1942, e o *Concerto para orquestra* de Bartók, de 1943, as obras mais recentes que aborda são a *Verklärte Nacht* do mesmo Schönberg, que é de 1899, a *Cathédrale engloutie*, de Debussy, que é um dos *Préludes* de 1910, e a *Turandot* de Puccini, estreada postumamente em 1926. Fala-nos, nos comentários críticos, como "obras que profundamente admiro e não me canso de ouvir", das de Prokofiev, Stravinsky, Falla e Alban Berg, refere como "obras isoladas que admiro muitíssimo" algumas de Vaughan Williams e de Benjamin Britten, e enumera ainda como autores que "poderia ter poetizado", Boulez, Stockhausen, Ned Rorem e John Cage (estranha associação, por sinal, esta que alinha, de um só fôlego, como expoentes idênticos de vanguardismo, o neo-tonal Rorem com os pontífices, ora da absoluta atonalidade da Escola de Darmstadt, ora da música aleatória). Mas trata-se de afinidades do foro sobretudo intelectual, e a verdade é que nenhum deles lhe despertou os laços de sensibilidade conducentes a um poema.

Um segundo aspecto que importa constatar é o do predomínio quase exclusivo da música instrumental neste *corpus*, aquela em que Sena reconhece claramente a natureza de expressão artística verdadeiramente autónoma do discurso musical, que tantas vezes faz questão de sublinhar. Isto aproxima-o, mais uma vez, singularmente dos ideais de "música absoluta" propostos pelos pensadores do primeiro Romantismo alemão – além de E.T.A. Hoffmann, autores como Wilhelm Wackenroder, Ludwig Tieck ou Jean Paul – e que prosseguem na tradição idealista germânica até pelo menos à figura emblemática de Eduard Hanslick. Se há no *corpus* da *Arte de música* alguns poemas – ainda que poucos – sobre obras de música vocal, só em dois deles, os que se referem aos *Lieder* de Schubert e de Schumann, a problemática da relação entre poesia e música no canto é directamente abordada no próprio texto poético, muito embora seja uma questão a que o "Pós-fácio" dedica extensas reflexões.[31]

---

[30] Ibid., p. 224.
[31] Sobre estes dois poemas cf. Rui Vieira Nery, "Müller e Heine cantados por Schubert e Schumann", in *Metamorfoses-Edição do Centenário de Jorge de Sena*. Rio de Janeiro: Cátedra Jorge de Sena para Estudos Literários Luso-Afro-Brasileiros/UFRJ – Moinhos, 2019, pp. 112-113.

A isto se soma uma concepção da história da música manifestamente assente numa hierarquia de valores típica da visão evolucionista – por assim dizer quase "darwiniana" – do pensamento musical que liga os românticos "progressistas" da chamada "música do futuro", como Wagner e Liszt, na segunda metade do século XIX, à própria fundamentação teórica do primeiro Modernismo musical nos alvores do século XX – a de uma história da música ocidental assente numa sucessão cronológica daqueles compositores aos quais se atribui uma capacidade única de constante inovação, como se cada um representasse uma etapa mais avançada do que as anteriores numa caminhada inexorável e unilinear em direcção ao progresso musical ideal. O universo musical em que assenta fundamentalmente a *Arte de música*, tanto pelas escolhas do repertório representado como pela perspectiva histórico-estilística subjacente à sua abordagem, é, pois, afinal, bem vistas as coisas, surpreendentemente romântico, por mais convictas que sejam as proclamações de "gosto 'moderno'" do seu autor e sua taxativa profissão de fé de que "claramente em música, como em tudo, a minha posição é firmemente anti-romântica".[32]

Um outro aspecto fundamental do repertório musical abordado na *Arte de música* é uma preocupação quase obsessiva de Jorge de Sena com a escolha de obras e compositores que possam constituir, a seu ver, exemplos de uma excelência artística excepcional, em termos absolutos, o que o leva, antes de mais, a uma postura de concentração exclusiva num repertório de natureza estritamente erudita. Ficam assim expressamente excluídos do *corpus*, designadamente, todos os géneros de música popular, quer a tradicional rural (a "música folclórica"), quer, por maioria de razão, a urbana (a "música chamada ligeira"), sobretudo se esta última for apresentada como "música nacional" (a "chamada música popular ou popularizada"). Contra estes, o Sena "musicólogo" produz no "Pós-fácio" uma violenta catilinária, por sinal bastante confusa e redigida ao sabor de um fluir pouco filtrado de ideias em associação livre, disparando em todas as direcções ("o fado, o samba, o flamenco, etc. são-me grandemente repugnantes", ou a "masturbação mental de música comercial", ou ainda o "analfabetismo nacionalista" e a "mentalidade tribal" etc.)[33] e recheada das habituais pequenas contas a ajustar com o meio cultural português. Não é este o contexto próprio para discutir, no plano teórico, a validade desta postura estética e da sua fundamentação. Registe-se apenas que, nesta sua hostilidade aberta à música popular urbana, Sena está muito perto da argumentação idêntica de um Fernando Lopes Graça, por exem-

---

[32] Jorge de Sena, "Pós-fácio" a *Arte de música*, in *Poesia II*, p. 210.
[33] Idem, ibid.

plo, mas que deste último se afasta já, por completo, na desvalorização da música tradicional rural, que Graça – tal como, no Brasil, Mário de Andrade ou como o mesmo Bartók em que Sena tanto se revê – valoriza, pelo contrário, como base potencial de uma expressão musical simultaneamente identitária e moderna.

Mas mesmo dentro do repertório erudito, o Sena "musicólogo" é implacável na sua procura de um paradigma absoluto de perfeição de fabrico que não admite qualquer concessão ao gosto fácil do grande público e que por isso mesmo desconfia abertamente de géneros como a ópera italiana mais popular, a opereta, a música de salão ou o repertório de concerto mais ligeiro – tudo aquilo a que os ingleses dão em geral a designação de *light classical*. Em cerca de dois terços da *Arte de música* as escolhas das obras e dos compositores reflectem precisamente esta preocupação de selecção de exemplos musicais de uma consistência estrutural a toda a prova, de um controlo formal implacável, de uma capacidade de transformação orgânica ilimitada de um material temático prévio conciso e restrito, com clara desvalorização, por exemplo, do mero princípio da variação – tudo aquilo, afinal, que possa legitimar um cânone musical dotado de uma *auctoritas* rigorosa e inabalável. A sequência, a este nível, é como que uma extensa colunata de pilares monumentais, todos eles de respeitabilidade intacável: Bach, Händel, Scarlatti, Haydn, o Mozart final, Beethoven, Schumann, o Liszt da velhice, Wagner, Brahms, Smetana, Mussorgsky, Mahler, Debussy, Satie, Bartók, Schönberg. E dentro destes, há momentos em que percebemos da parte do poeta uma especial veneração para com a perfeição paradigmática que atribui à obra abordada, como sucede em "Bach, Variações Goldberg", em "'Requiem' de Mozart", em "Ouvindo o Quarteto Op. 131, de Beethoven", em "Ouvindo poemas de Heine como 'Lieder' de Schumann" ou em "Oitavas, ouvindo a Primeira Sinfonia de Brahms".

Não deixa de ser relevante, no entanto, que mesmo nesses casos de perfeição formal devidamente certificada, a montante, pelo Sena "musicólogo", o Sena poeta se lance, a partir deles, numa reflexão apaixonadamente subjectiva, convocando sentimentos, emoções, percepções à flor da pele, metáforas e associações remotas que prescindem de qualquer epistemologia severa e relevam de um foro marcadamente intuitivo e criativo. O *Primeiro Concerto Brandenburguês* de Bach será, por certo, notável pelas suas características objectivas de "timbre e andamento / e proporção de altura", nas "madeiras, cordas, gestos, sopros", mas o que é importante é o facto de conseguir "desdobrar-se na serena angústia / de um nada preenchido. Intensamente. Quietação / Vácuo. Tudo." E se nas *Variações Goldberg* há por certo os sinais de consistência intrínseca que "os grupos, e os grandes números, e as proporções / conhecem necessários", o que ao poeta interessa sobretudo é sublinhar "a própria liberdade dos acasos lógicos" dessa necessidade.

Mas depois há quase um terço adicional de poemas em que essa sintonia confortável entre a validação crítica exterior e a vivência afectiva interior face à obra musical é claramente posta em causa. Nestes, Sena sente-se compelido, é verdade, a começar por denunciar o que a sua vertente "musicológica" o leva a considerar, ora como fragilidades de fabrico, ora como indícios de frivolidade gratuita ou até de vulgaridade, mas, por outro lado, não pode deixar de confessar e veicular o impacto subjectivo profundo que mesmo essa música desconfortavelmente imperfeita provocou no poeta. O Mozart da Sonata K. 331 pode assim evidenciar "frívola angústia, antecipada em percussões galantes", e o do Trio K. 496 uma "melancolia graciosa vulgar"; o Schubert da *Schöne Müllerin* e da *Winterreise* mostrar "mau gosto" e "uma simplicidade quase idiota"; Chopin proporcionar "melodia das virgens, esteio de castrados, requebros de meia-tigela, nostalgia dos analfabetos"; Bruckner escrever "singelos temas, ingénuos mal desenvolvidos"; Tchaikovsky ser "cheio de estrondos, lirismos fáceis"; Puccini pecar por "romântico sentimental, mesmo piegas"; Mahler usar uma "orquestração estranha e convencional" ou ser "uivante e repetido"; Richard Strauss fazer música de "grosseria satisfeita" e "tão de brilhante papelão"; e Sibelius revelar-se "pomposo e grandiloquente. Ingénuo mesmo, até ridículo", se não mesmo "cantante de mediocridade". O próprio Carissimi, pai da oratória barroca romana, começa por ser caracterizado no "Pot-pouri" como um mero "compositor de opereta para violoncelo de igreja", sugerindo que a transposição para dentro da liturgia das convenções profanas da ópera nascente implicaria uma frivolidade censurável.

Só que a esta vénia ao paradigma crítico do Sena "musicólogo" se contrapõe o grito de liberdade do Sena poeta, um grito que sentimos ser tanto mais intenso quanto mais estanque pareceria anunciar-se, à primeira vista, o filtro desse primeiro veredicto crítico demolidor. A mesma sonata de Mozart sobrevive, assim, "a um mundo revoluto" e transmite "a segurança entressonhada a que viemos ser" e o trio é uma "proposta, apelo, suspirar" que "existe não-contida nem contível / tanto em Mozart / como na vida"; as canções de Schubert dão, afinal, provas de "génio" e "de uma doçura, de um encanto, / de uma amargura profunda que rasgam / quanto seja análise da vida para chegarem / lá onde o analisado é um feixe de angústia / sem análise possível, necessária"; Chopin, mesmo demolido no poema, suscita nas "Notas" uma confissão de "contraditória admiração"; Bruckner tem "uma amplidão de humanidade dentro / como a que existe no silêncio da alma"; Tchaikovsky, ainda que muito jovem ao compor o *Romeu e Julieta*, "tem a doçura ingénua / da confiança pura e de uma ignorância inocente / que faz ser bela a morte"; a música de Puccini é "uma coisa tão simples / que é como bondade, como que tristeza, / como que morte, / e é uma fúria de fugazmente viver"; Mahler ouve-se como um "sonhar de vida"; Richard Strauss evidencia a "ruidosa alegria de compor-se e ouvir-se música"; e a sinfonia de Sibelius é "um clamor pela grandeza / (...) concebido em majestoso fogo que em contraponto avança triunfante". Para não falar da identificação exultante do poeta com o alegadamente frívolo Carissimi no "Pot-pouri". Ou do reconhecimento comovido de que Edith Piaf, por ter perdido "toda a alegria e toda a esperança / é que pode cantar com esta ciência do desespero de ser-se um ser humano / entre os humanos que o são tão pouco", apesar do pecado original de ser um expoente da tão desprezível "música ligeira".

É por isso que esta *Arte de música,* que o *pick up* de Jorge de Sena lhe foi sussurrando ao ouvido, a um ritmo descontínuo, nos seus anos de exílio brasileiro, se liberta com uma força poética avassaladora dos grilhões do seu próprio aparato crítico exterior e dos pressupostos (ou até preconceitos) teóricos que pretendiam condicioná-la e espartilhá-la. E que a dimensão tratadística e normativa que esse aparato circunstancial e datado lhe tenta impor cede o lugar a uma cumplicidade celebratória e festiva entre poesia e música no que ambas pressupõem de um mesmo gesto criador livre e transcendente.

E é também por isso que na *Arte de música* o Jorge de Sena "musicólogo" acaba por ser, em última análise, tão conjuntural e tão epifenoménico, e que o Jorge de Sena poeta – e poeta genial – evidencia, pelo contrário, uma absoluta intemporalidade.

Jorge de Sena é uma figura complexa, contraditória, marcada por tensões existenciais tremendas, e a sua obra reflecte, precisamente, esse universo pessoal convulso, com uma gama multifacetada de forças e fragilidades que interagem para lhe dar um cunho de humanidade que afinal só a engrandece e a torna ainda mais fascinante. Como em todos os criadores geniais, há por certo em Sena uma centelha de divino, mas prefiro, pelo meu lado, ver nela não a presença majestática de um Deus bíblico perfeito, omnisciente, omnipotente, rigoroso e implacável – imagem que, bem vistas as coisas, talvez não desagradasse por completo ao nosso poeta em certos dias – mas antes o reflexo de um desses deuses do panteão helénico em que os poderes miraculosos e a sabedoria transcendente conviviam com uma vulnerabilidade intrinsecamente humana aos afectos e aos desejos, aos melindres e às vinganças, aos impulsos e aos caprichos. Procurar identificar e compreender essa teia intrincada de facetas que se cruzam na sua personalidade e na sua escrita é, por isso, afinal, a mais sentida das homenagens que podemos fazer ao seu génio. Foi essa a homenagem que nesta breve apresentação procurei prestar-lhe ao abordar, na óptica remota do musicólogo, esta *Arte de música* que considero, sem qualquer dúvida, a mais bela declaração de amor da poesia à música que me foi dado conhecer, em qualquer tempo e em qualquer língua.

Ruy Vieira Nery é musicólogo e historiador cultural, licenciado em História pela Faculdade de Letras de Lisboa e Doutor em Musicologia pela Universidade do Texas em Austin, que frequentou como Fulbright Scholar e bolsista da Fundação Calouste Gulbenkian. Desempenha atualmente as funções de Diretor do Programa Gulbenkian Cultura e de Professor Associado do Departamento de Ciências Musicais da Universidade Nova de Lisboa. Membro das Academias Portuguesa da História, Nacional de Belas Arte e de Marinha, é igualmente membro do Conselho Nacional de Cultura de Portugal e do Parlamento Cultural Europeu. É autor de livros como *História da música portuguesa* (1991); *Para uma História do Fado* (2004) *Fados para a República* (2012), *As músicas luso-brasileiras no final do Antigo Regime* (2013) e *Os sons da República* (2016).

Anexo
Os poemas da Arte de música *e as músicas a que se referem*

[Número de ordem do poema na obra / Título original do poema (Data de escrita) / Compositor, Título da obra musical (Data de Composição) / Intérprete(s) (Editora discográfica, Data de lançamento do disco)]

1
"La cathedrale engloutie", de Debussy (21 nov. 1964)
Claude Debussy, "La cathédrale engloutie", *Préludes* (1910)
Walter Gieseking, piano (Angel, 1953)

2
Ouvindo canções de Dowland (29 dez. 1960)
Obras individuais não identificadas
Peter Pears, Tenor [+ Julian Bream, alaúde], emissão radiofónica

3
Prelúdios e fugas de J. S. Bach, para órgão (19 fev. 1964)
Johann Sebastian Bach, Prelúdio e fuga em Dó menor BWV 531 (1703); Prelúdio e fuga em Ré menor BWV 539 (a fuga é a transcrição da fuga da Sonata para violino solo BWV 1001, de 1720); Prelúdio e fuga em Sol maior BWV (1712); Prelúdio e fuga em lá menor BWV 543 (1708/1717)
Carl Weinrich, órgão (Westminster, 1957)

4
Concerto "brandenburguês" nº 1 em Fá menor, de J. S. Bach (4 mai. 1963)
Johann Sebastian Bach, Concerto brandenburguês nº 1 em Fá menor BWV 1046 (1721)
Orquestra da Accademia di Santa Cecilia, Arturo Basile, dir. (RCA, 1959)

5
Bach, Variações Goldberg (9 jan. 1966)
Johann Sebastian Bach, *Variações Goldberg* BWV 988 (1741)
Peter Serkin, piano (RCA, 1965)
(refere também execução ao vivo de Rosalyn Turek, piano)

6
Water music, de Händel (16 mar. 1964)
Georg Friedrich Händel, *Water music* (1717)
Interpretação específica não identificada

7
Wanda Landowska tocando sonatas de Domenico Scarlatti (7 abr. 1964)
Domenico Scarlatti, Sonatas (1720/1757)
Wanda Landowska, cravo (Angel, 1964, reedição das gravações originais de 1934/1940)

8
Ainda as sonatas de Domenico Scarlatti para cravo (10 mai. 1964)
Cf. n° 7

9
"Andante com variazioni", em fá menor, de Haydn (12 nov. 1963)
Franz Joseph Haydn, *Andante com variazioni* em Fá menor Hob. XVII:6 (1793)
Jörg Demus, piano (Deutesche Grammophon, 1960)

10
A criação, de Haydn (8 mar. 1963)
Franz Joseph Haydn, *Die Schöpfung* Hob. XXI:2 (1798)
Execução ao vivo em Londres, por um coro amador

11
Sonata n° 11, para piano, K 331, de Mozart (26 set. 1965)
Wolfgang Amadeus Mozart, Sonata n° 11, em Fá maior, K. 331 (c. 1778/1783)
Wilhelm Kempf, piano (Deutsche Grammophon, 1963)

12
Concerto em Ré menor, para piano e orquestra, de Mozart, K 466 (24 fev. 1964)

Wolfgang Amadeus Mozart, Concerto para piano e orquestra em Ré menor K. 466 (1785)
Clara Haskill, piano & Orquestra Sinfónica de Viena, Rudolf Paumgartner, dir. (Epic, 1956)

13
Mozart: Andante do Trio K 496 (23-I-1973)
Wolfgang Amadeus Mozart, Trio com piano em Sol maior K. 496, II – Andante (1786)
Execução ao vivo em Paris, por um agrupamento da Orquestra Gulbenkian

14
Fantasias de Mozart, para tecla (18 set. 1965)
Wolfgang Amadeus Mozart, Fantasia para piano em Dó menor K 396 (1782); Fantasia para piano em Ré menor K 397 (1782); Fantasia para piano em Dó menor (1785); Fantasia para piano em Fá menor K 608 (1791, originalmente escrita para realejo e transcrita para piano a quatro mãos por Ferruccio Busoni)
Wilhelm Kempf, piano (Deutsche Grammophon, 1963)

15
"Requiem" de Mozart (16 abr. 1962; 15 out. 1962; 15 out. 1967)
Wolfgang Amadeus Mozart, *Requiem* em Ré menor K. 626 (1791)
Das Bach Münchener Orchester, Karl Münchiger, dir. (Telefunken, 1962)

16
Missa solene; op. 123, de Beethoven (2 nov. 1964)
Ludwig van Beethoven, *Missa solemnis* em Ré maior Op. 123 (1823)
Orquestra Sinfónica de Viena, Otto Klemperer, dir. (Vox, 1959)

17
Ouvindo o quarteto Op. 131, de Beethoven (10 out. 1964)
Quarteto de Cordas nº 14 em Dó sustenido menor Op. 131 (1826)
Julliard Quartet (RCA, 1962)

18
Canções de Schubert sobre textos de Wilhelm Müller (20 abr. 1974)
Franz Schubert, *Die schöne Müllerin* D. 795 (1823); *Winterreise* D. 911 (1828)
Interpretação específica não identificada

19
Sinfonia fantástica, de Berlioz (23 abr. 1964)
Hector Berlioz, *Symphonie fantastique: épisode de la Vie d'un artiste* em Dó menor Op. 14 (1830)
Orquestra dos Concertos Lamoureux, Igor Markevitch, dir. (Deutsche Grammophon, 1960)

20
Chopin: um inventário (19 dez. 1966)
Fryderyck Chopin, obras não identificadas
Interpretação específica não identificada

21
Ouvindo poemas de Heine como "Lieder" de Schumann (27 abr. 1964)
Robert Schumann, *Liederkreis* Op. 24 (1840); *Belsatzar* Op. 57 (1840); *Myrthen* Op. 25 (1840); *Romanzen und Balladen* I Op. 45 (1840); *Id.* II Op. 49 (1840); *Id.* III Op. 53 (1840); *Id.* IV Op. 64 (1841/47); *Vier Gesänge* Op. 142 (1852)
Dietrich Fischer-Dieskau, barítono, Gerald Moore e Hertha Klust, piano (Angel, 1957)

22
A última música de Liszt para piano (17 mar. 1973)
Ferenc Liszt, obras não identificadas
Emissão radiofónica

23
A morte de Isolda (8 mar. 1964)
Richard Wagner, *Tristan und Isolde* www 90 (1859, estreia em 1865)
Interpretação específica não indicada (referência a uma récita da Companhia do Festival de Bayreuth, Robert Heger, dir., no Teatro Nacional de São Carlos, em 1943)

24
Final da "Valquíria" (4 jul. 1973)
Richard Wagner, *Die Walküre* www 86 B (1856, estreia em 1870)
Orquestra Filarmónica de Viena, Ferdinand Frantz, barítono, Wilhelm Furtwängler, dir. (Angel, 1954)

25
Marcha fúnebre de Siegfried, do "Crepúsculo dos deuses" (13 jan. 1974)
Richard Wagner, *Götterdämmerung* www 86 D (1874, estreia em 1876)
Philharmonia Orchestra, Otto Klemperer, dir. (Angel 1960)

26
Pobre Brückner (19 niv. 1971)
Anton Brückner, obras não identificadas
Interpretações específicas não identificadas

27
Oitavas, ouvindo a Primeira sinfonia de Brahms (18 abr. 1863)
Johannes Brahms, Sinfonia nº 1 em Ré menor Op. 68 (1896)
Symphony of the air, Igor Markevitch, dir. (Deutsche Grammophon, 1963)

28
"Má vlást", de Smetana (1 out. 1964)
Bedřich Smetana, *Má vlast* (1874)
Orquestra do Concertgebouw de Amsterdão, Antal Doráti, dir. (Philips, 1959)

29
"Boris Godunov" (8/9 jan. 1972)
Modest Mussorgsky, *Boris Godunov* (1872, estreia em 1874, estreia da orquestração de Rimsky-Korsakov em 1896)
Boris Christoff, baixo, Orquestra da Société des Concerts du Conservatoire, André Cluytens, dir. (EMI, 1963). Sena refere também, da mesma obra, George London, baixo, Orquestra do Teatro Bolshoi, Alexander Melik-Pashayev, dir. (Columbia, 1964)

30
"Romeu e Julieta", de Tchaikovsky (24 mai. 1964)
Piotr Ilitch Tchaikovsky, *Romeo i Julietta* Abertura-Sinfonia TH 42 CW 39 (1870, versão final 1880)
Orquestra Filarmónica de Nova Iorque, Leonard Bernstein, dir. (Columbia, 1957)

31
"La Bohème", de Puccini (26 jul. 1964)
Giacomo Puccini, *La Bohème* (1896)

Renata Tebaldi, soprano, Carlos Bergonzi, tenor, Orquestra da Accademia di Santa Cecilia, Tullio Serafin, dir. (London, 1959)

32
"Principessa di morte" (7 ago. 1964)
Giacomo Puccini, *Turandot* (1924, estreia em 1926, com conclusão de Franco Alfano)
Birgit Nilsson, soprano, Jussi Björling, tenor, Orquestra da Ópera de Roma, Erich Leinsdorf, dir. (RCA, 1960).
Sena cita também Giuseppe Verdi, *Aida* (1870), Renata Tebaldi, soprano, Carlo Bergonzi, tenor, Orquestra Filarmónica de Viena, Herbert von Karajan, dir. (London, 1960)

33
"Fêtes", de Debussy (6 set. 1964)
Claude Debussy, *Nocturnes*, II : "Fêtes" (1899)
Interpretação específica não identificada

34
"Das Lied von der Erde", de Mahler (8 mai. 1963)
Gustav Mahler, *Das Lied von der Erde* (1909)
Grace Hoffmann, meio-soprano, Helmut Merchert, tenor, Orquestra Sinfónica da Rádio do Sudoeste da Alemanha, Baden-Baden, Hans Rosbaud, dir., (Vox, 1958)

35
Mahler: Sinfonia da ressurreição (28 jul. 1967)
Gustav Mahler, Sinfonia nº 2 em Dó menor *Auferstehung* (1895)
Lee Venora, soprano, Jeannie Tourel, meio-soprano, Orquestra Filarmónica de Nova Iorque, Leonard Bernstein, dir. (Columbia, 1963)

36
"Assim falou Zaratustra", de Richard Strauss (11 set. 1965)
Richard Strauss, *Also sprach Zarathustra* (1896)
Orquestra Sinfónica de Chicago, Fritz Reiner, dir. (Vox, 1954).
Sena cita também Richard Strauss, *Der Rosenkavalier* (1911), Elizabeth Schwarzkopf, soprano, Philharmonia Orchestra, Herbert von Karajan, dir. (Angel, 1957)

37
Final da Segunda sinfonia de Sibelius (27 mar. 1966)
Jean Sibelius, Sinfonia n° 2 em Ré maior, IV: Finale:*Allegro moderato – Moderato assai – Meno moderato e poco a poco ravvivando il tempo – Tempo I – Largamente e pesante – Poco largamente – Molto largamente* (1902)
Orquestra Sinfónica de Detroit, Paul Paray, dir. (Mercury, 1960)

38
Erik Satie para piano (9 jan. 1972)
Erik Satie, *Gymnopédies* (1888); *Gnossiennes* (1893)
Aldo Ciccolini, piano (Columbia, 1956)

39
Ouvindo o "Sócrates" de Satie (8 jan. 1972)
Erik Satie, *Socrate* (1919)
Interpretação não identificada. Poderá ser Orquestra Filarmónica de Paris, René Leibovitz, dir. (Everest, 1952)

40
Concerto para orquestra, de Bela Bartok (29 mai. 1964)
Bela Bartók, Concerto para Orquestra Sz. 116 (1943)
Orquestra do Concertgebouw de Amsterdão, Bernhard Haitink (Philips. 1961)

41
"Noite transfigurada", de Schönberg (28 set. 1964)
Arnold Schönberg, *Verklärte Nacht* (1899, versão orquestral 1924)
Orquestra Sinfónica da Rádio do Sudoeste da Alemanha, Baden-Baden, Jascha Horenstein, dir. (Vox, 1957)

42
Concerto para piano, op. 42, de Schönberg (21 out. 1963)
Arnold Schönberg, Concerto para piano e orquestra op. 42 (1942)
Alfred Brendel, piano, Orquestra Sinfónica da Rádio do Sudoeste da Alemanha, Baden-Baden, Michael Gielen, dir. (Vox, 1958)

43
A Piaf (6 out. 1964)
Repertório de Edith Piaff, não identificado
Edições discográficas não identificadas

44
"Pot-pouri" final (29 fev. 1962)
Obras não identificadas de Carissimi, Palestrina, Mozart e Dvořák
Interpretações não identificadas

Non de trás para frente é non: a negatividade em Jorge de Sena

• SABRINA SEDLMAYER •

> *Ah meu Deus! Se toda esta tristeza,*
> *se toda esta consciência amarga do desprezo alheio,*
> *se toda esta raiva contra mim,*
> *se toda a melancolia que essa raiva me deixa,*
> *são unicamente para que saia um poema...*
> *Pode ter certeza que o esmago.*
> JORGE DE SENA
> 30 JUL. 1940

Com reiterado afinco, a negatividade perpassa toda a obra de Jorge de Sena: em sua lírica testemunhal, a desavença com o mundo tem expressão imediata; nos contos, os enredos encenam contradições familiares, éticas e políticas que emparedam os personagens; no romance de formação que é *Sinais de fogo*, o jovem protagonista tenta decifrar a guerra civil espanhola e, numa espécie de *tour de force*, conflitos morais agudizam a sua consciência cindida; nos ensaios, a leitura crítica identifica paradoxos e oximoros nas produções de Camões e de Pessoa; nas cartas, nos relatos do vivido, as coisas reles do cotidiano adquirem aridez e descontinuidade e reverberam uma atenção expectante junto a um desacordo diante das ideologias vigentes, tanto em termos nacionais e civis, como no seio da instituição literária.[1]

Este caráter poliédrico de estar no mundo, e de dizer desta maneira, foi descrito pelo próprio poeta, em um conhecido poema: "E sou clássico, barroco,

---

[1] Uma considerável parcela de críticos descreve uma *cena* ruidosa, malcriada, insolente, ousada, furiosa, maledicente, obcecada, preocupada, colérica e satírica envolvendo frontalmente o autor de *Exorcismos*. Eugênio Andrade, por exemplo, descreve Sena como "um elefante numa casa de louças".

romântico, discursivo, surrealista, anti-surrealista, obnóxio, católico, comunista, conforme as raivas de cada um."

Mas a raiva que Sena localiza no outro, tópico insistente em sua poética, curiosamente é, também, uma afecção que anima parte dos seus poemas. Pretende-se localizar, neste ensaio, o lugar do não na obra poética seniana para tentar demonstrar como uma espécie de revolta anima a obra de Jorge de Sena. A princípio, o não será considerado uma coordenada do seu método de fazer poesia que parece motivar e instituir o pensamento ao articular uma recusa que não renuncia a perda e a subtração. Posteriormente, se oferecerá exemplos, poemas do autor, capazes de iluminar tal hipótese.

O tema da revolta, recentemente desenvolvido por Guilherme Gontijo Flores no ensaio *A revolta do poema*,[2] levanta algumas perguntas importantes que aqui nos interessa: nessa revolta haveria um germe de vida? A forma do poema seria fundamental na potência desestabilizadora da revolta? O que diferiria a revolução da revolta? A revolta *no* poema se distingue da revolta *do* poema? A revolução prepararia o futuro, enquanto a revolta somente evocaria o futuro?

Apoiado em uma constelação de teóricos – Furio Jesi, Guy Debord, Achille Mbembe, Alfredo Bosi, entre outros –, Flores argumenta inicialmente que para se ter revolta, o poema não necessita expressar crítica política e social. Em Albert Camus, a resposta sobre o que seria o homem revoltado é pontual: "Um homem que diz não. Mas, se ele recusa, não renuncia: é também um homem que diz sim, desde seu primeiro movimento."[3]

A revolta do poema parece ser capaz, assim, de abrir portas instáveis e criativas, resistir à falsa ordem da barbárie e do caos (no caso específico de Sena, tanto do salazarismo quanto do golpe militar que também vivenciou no Brasil) ou de qualquer outra coisa ligada ao não amor. A revolta possuiria uma espacialidade particular e um modo singular de fincar pé no mundo, como adverte Flores:

> A recusa é o gesto inicial e destrutivo que rejeita um projeto de futuro fechado, mas como não é plena renúncia, é também, no seu abrir espaço, um fundar espaço que não precisa ser revolucionário. Por isso mesmo, Camus ao fim do livro contrapõe o projeto revolucionário que prefere o homem abstrato à força de vida da revolta, para afirmar que esta "sem pretender tudo resolver, pode

---

[2] Guilherme Gontijo Flores, *A revolta do poema*, Belo Horizonte: Chão da Feira, 2019.
[3] Albert Camus, *O homem revoltado*, Trad. Valerie Rumjanek, Rio de Janeiro/São Paulo: Record, 2011, p. 25.

pelo menos tudo enfrentar". Nesse sentido, é a abertura da revolta, seu caráter destrutivo e sem renúncia, que configura sua maior generosidade.[4]

Fincar pé nas questões é uma feliz expressão para descrever a poética seniana. Sabe-se, pelas teorias filosóficas tradicionais, que a negatividade tem um poder tremendo ao caminhar ao lado da lógica, e não da metafísica. Para Hegel, por exemplo, toda a realidade tem opostos, já que não existe realidade sem contradições. Por negatividade, o filósofo defende que toda realidade teria negação, senão não seria real pois a realidade é contraditória consigo mesma. O que surge em Sena, entretanto, é uma operação particular do universo hegeliano. Há defesa da negatividade, mas também abundam os usos de juízos e proposições negativas, em especial o uso do negativo através da negação. Afinado ao que Eric Toms explica como sendo as quatro concepções fundamentais da negação: a possibilidade negada; a oposição, a diferença e a não existência.

É como se por um lado Sena assumisse posições que acentuam o enunciado negativo, uma vez que exerce força de subtração e de separação, por outro, faz da mesma forma uma dialética renovada, num regime que dá conta da singularidade que é o poema.

O poeta parece inicialmente selecionar uma proposição para, posteriormente, negá-la com a sua crítica que a tudo enfrenta. Sena parece estar mais próximo da contrariedade aristotélica do que da dialética hegeliana, uma vez que a solidariedade dos opostos não se efetiva. Seria interessante reconhecer em que medida esse modo de negação desenha o conceito de *Verneinung*, como esclarece Vladimir Safatle:

> A operação lógica pressuposta pela *Verneinung* pode ser compreendida como uma inversão, *uma passagem no contrário que resulta da posição plena de um termo*. Quando nega de maneira peremptória a representação, o sujeito é levado a afirmar seu oposto. (...) Nesse sentido, a *Verneinung* está mais próxima de uma lógica da contrariedade do que de uma lógica dialética da contradição, cuja dinâmica suporta a *Aufhebung*.[5]

Para que que esses comentários fiquem mais claros, tento, a seguir, demonstrar a importância do uso da partícula *não* na obra seniana e passo à leitura de

---

[4] Ibid., p. 6, destaques no original.
[5] Vladimir Safatle, *A paixão do negativo: Lacan e a dialética*, São Paulo: Editora Unesp, 2006, p. 56.

um poema[6] que demonstra como a negatividade movimenta toda as suas cinco estrofes e se torna um exemplo luminoso da potência das variações em torno da negação na obra de Jorge de Sena.

Não é de poesia que precisa o mundo

Uma quantidade considerável de poemas de Jorge de Sena começam com o *não* e este surge como uma espécie de advertência: "*Não* procures o que é efêmero...;/ *não* procures o que é Eterno,/ tu não chegas para saber, tu não chegas para saber/ o que é ou não é eterno./ *Não* procures senão o silêncio fechado,/ recolhido e morno...", nos quais o tom é próximo de um ensinamento. O procedimento interlocutório, a evocação do tu, da figura do leitor, vai adquirindo uma função especial – no caso específico deste poema, que é uma releitura da *Imitação de Cristo* –, que vai muito além da encenação de dicotomias entre o efêmero *versus* o eterno.

Outro poema, intitulado "Alcance eficaz" também trata de um aviso: "*Não* falo para os consolados, / os satisfeitos de si, / os que nem riem/ porque o riso ainda é sinal de alguma coisa que falta". Aqui, trata-se de um alerta também dirigido a quem o lê. No famoso "Camões dirige-se aos seus contemporâneos", em determinado momento também recorre à advertência similar ao *non* do Velho do Restelo: "*Não* importa nada: que o castigo/ será terrível."

Sena segue no viés da exortação, encarnando a figura do poeta que sabe muito, como é viável verificar também em "Tentações do Apocalipse": "*Não* é de poesia que precisa o mundo", em que os termos *nunca* e *nem* são empregados, no caso específico deste poema, com a mesma função negativa.

Noutro exemplo, que também carrega a imagem do Camões, já que as maneiras, modos, circunstâncias mudam de acordo com o tempo, a partícula *não* vem no início do poema: "*Não* é que ser possível ser feliz acabe, / quando se aprende a sê-lo com bem pouco." Também como espécie de conselho, o irônico "Aviso de porta de livraria": "*Não* leiam delicados este livro."

Outros tantos poemas se abrem para a lacuna e a dúvida: "*Não* sei, meus versos, que dizeis de mim" e caminham para um fraturado questionamento da própria identidade do poeta: "*Não* entristeço, pois. /Apenas sou pergunta." Ou como se mostra mais claramente em "Post-scriptum": "*Não* sou daqueles cujo ossos se guardam/ nem sou sequer dos que os vindouros lamentam/ não hajam sido

---

[6] A leitura deste poema, "Paraísos artificiais", foi publicada em *Metamorfoses*, Revista da Cátedra Jorge de Sena, Faculdade de Letras da UFRJ, Rio de Janeiro, 2019, p.15-17.

guardados a tempo de ser ossos (...) *Não*, não serei nada do que fica ou serve, / e morrerei, quando morrer, comigo."

O tópico do desprezo alheio, recorrente em sua escrita, vem acompanhado neste poema com a confecção do seu autorretrato. Como também reconhecemos em "*Não* passam, Poeta, os anos sobre ti,".

Mas tanto diverso em termos formais quanto de motivos, é o que escreve a partir de um verso de Sophia de Mello Breyner:

Nunca mais servirei senhor que possa morrer
Nunca mais servirei quem possa morrer
Nunca mais servirei quem morra
Nunca mais servirei mortais
Não mais servirei mortais
Jamais servirei mortais
Não servirei mortais
Não servirei

Quase um exercício concreto, algo raro em Sena, no qual vemos o "Nunca" evocado pela Sophia de Mello Breyner repetido por quatro vezes no início dos versos, e substituído pelo *não* no quinto verso, pelo *jamais*, no sexto, e depois veemente surgindo duas vezes nos dois últimos versos. Sena lê Sofia, acolhe a sua poesia e impregna, ali, com a força da sua negativa, a não submissão a nenhum mortal.

Os paraísos artificiais

Na minha terra, não há terra, há ruas;
mesmo as colinas são de prédios altos
com renda muito mais alta.

Na minha terra, não há árvores nem flores.
As flores, tão escassas, dos jardins mudam ao mês,
e a Câmara tem máquinas especialíssimas para desenraizar as árvores.

Os cânticos das aves – não há cânticos,
mas só canários de 3º andar e papagaios de 5º.
E a música do vento é frio nos pardieiros.

Na minha terra, porém, não há pardieiros,
que são todos na Pérsia ou na China,
ou em países inefáveis.

A minha terra não é inefável.
A vida da minha terra é que é inefável.
Inefável é o que não pode ser dito.

Aqui, a negação possui papel tensor, ativa o conhecimento pelo exercício dialético e parece mover o que Carlos Drummond de Andrade apelidou um dia de *oficina irritada*, lugar capaz de elaborar um claro enigma.

Sena não somente dá prosseguimento às suas composições críticas que versam sobre a dessacralização da terra natal valendo-se da inquieta ferramenta da negação, como agrega o "não" a outras vozes não contemporâneas à sua: a do Velho do Restelo, em Camões; a do Padre Antônio Vieira, que diz ser *non* uma palavra terrível, que "não tem direito, nem avesso, por qualquer lado que a tomeis, sempre soa e diz o mesmo... Mata a esperança, que é o último remédio que deixou a natureza a todos os males"; a de Manoel de Oliveira, que em *Non, ou a vã glória de mandar*, enumera as tragédias e derrotas que marcaram Portugal: Viriato e a resistência ao domínio romano, o delirante *non* de Alcácer-Quibir, a desastrosa Guerra Colonial em África, onde se passa a ação na enunciação fílmica, até o não como suplemento, com desejo de alterar a história, empregado pelo humilde revisor Raimundo Benvindo da Silva, na *História do cerco de Lisboa*, de José Saramago.

Se o "não" é uma espécie de *ritornello* na literatura e na cultura portuguesa, ele sobressai em relação a outros traços da poética seniana também identificados em "Os paraísos artificiais", tais como a poesia como prática de diálogo entre poetas, a experiência do exílio como força disruptiva e a criação de versos ancorados na esfera do vivido. O verbo *haver* é empregado reiteradamente no primeiro verso de cada uma das quatro estâncias para reforçar a ausência – na minha terra não *há* terra, não *há* árvores, não *há* cânticos, não *há* pardieiros –, sendo somente substituído pelo verbo *ser* na última estrofe, quando cessa a descrição substantiva *do que não há na minha terra* para dar lugar a um adjetivo precioso: inefável.

Se sobre aquilo de que não se pode falar, deve-se calar, o poema se fecha resolutamente em silêncio, com o que não pode ser dito. Mas a negação empreendida durante todo o processo de construção não se opera somente através dos aspectos formais porque a leitura exige linhas de fuga. E entre nomadismos e palimpsestos, surgem duas importantes referências: a primeira, *Les paradis artificiels*, de Baudelaire, com a oposição entre um local natural, aprazível, acolhedor, aparelhado lado a lado ao artifício, ao simulacro. A segunda, o poema "Canção do exílio", de Gonçalves Dias. Sena parece não só retomar e atualizar o que se tornou a alegoria da constituição da identidade nacional brasileira, através de um virulento gesto modernista de rasura, de *contra-dicção* da tradição, como também dar continuidade às críticas à "antiga e fácil pátria da amargura", Portugal. Convém lembrar que o poema foi escrito em 1947, e abre *Pedra filosofal*, obra publicada em 1950, durante o severo período do regime salazarista.

No canto romântico a epistemologia da distância, como a denominou João Cezar Castro Rocha, é colocada a funcionar entre os pares "*being there*" e "*being here*", num vai e vem incessante, num jogo entre o lá e o cá, o poema de Sena se distancia tanto da versão de Dias quanto da de Goethe (autor evocado na epígrafe do brasileiro) uma vez que o sujeito *não* deseja o *lá* porque na "minha terra" *não* florescem laranjeiras, palmeiras, sabiás e sequer é um país inefável. Inexiste, dessa forma, a contraposição entre distâncias que separam o sujeito da terra natal, como operam os românticos, com os respectivos dêiticos condutores dos sentimentos de saudade e de nostalgia, e reforça uma frase desassossegada do Sena, que aqui se faz pertinente: "Eu sempre fui um exilado, mesmo antes de sair de Portugal."

Sena exila-se no Brasil, terra das palmeiras e dos sabiás, em 1959. No pouco tempo morando aqui, amplia e agudiza o tema do desterro, cuja dolorosa ambivalência de pertencimento já estampa em "Os paraísos artificiais". Produz, em terras brasileiras, uma escritura genial, mefistofélica, gigantiforme, híbrida nos gêneros, amalgamada e contrastante, como define Haroldo de Campos o *Fausto*, de Goethe. E como Baudelaire, poeta moderno homenageado no título deste poema, Sena é forçado a fazer instalações provisórias e mudar de endereço outra vez, em 1965, talvez porque tenha constatado que aqui, como lá, o paraíso chamado nação é sempre artificial, como podemos recuperar no exemplo clássico e fundamental, "Em Creta, com o Minotauro".

Oposto à síntese apaziguadora da lusofonia, o eu é um colecionador de nacionalidades, cuja origem é somente uma questão de contingência. Exílio, banimento, desterro, refúgio, se tornam revolta contra o ufanismo e o nacionalismo. Reconhece estar subjugado ao mundo das mercadorias – desde a marca do simples café até a patrimonização instrumentalizada da cultura erudita ocidental, e diferente do que afirma na fala a seguir, individualiza a pátria:

Antigamente, havia sujeitos que andavam pelo mundo exilados do outro. Eu acabei prezando-me de ser exilado deste mesmo, até porque não acredito no outro. Talvez que, para complicar as coisas, eu me torne americano nos Estados Unidos, já que tenho, ao que parece, tendência para nascer e renascer nas nacionalidades que mais detesto. A minha pátria é a cultura portuguesa, primeiro, e a cultura universal depois – e ser português é assim uma espécie de deformação congênita, que antropologicamente não nos é dado sacudir.

Sena que, como Bernardo Soares, palavreia e diz não possuir "alto sentimento patriótico", inverte a palavra *língua* por *cultura*, coloca diferenças cruciais nesse diálogo desassossegado. A seguir, tentarei demonstrar como não só com Fernando Pessoa, mas como há estilisticamente algo do Barroco (ou do Maneirismo?) em Jorge de Sena.

Arte do engenho

Ettore Finazzi-Agrò em *Álibi infinito* recupera certa definição de Óscar Lopes de Pessoa como o "poeta do não", e nos lembra como, junto a Raphael Baldaya, o escritor chegou a compor um *Tratado da negação*. Já para Eduardo Lourenço, Pessoa era o "poeta do nada": "é sob a forma intensamente *negativa* que ele vive a sua relação com todas as manifestações vitais ou culturais, reflexo que mais não faz do que exprimir a relação 'negativa' consigo mesmo".[7]

Pelo que foi exposto até o momento, caberia nos perguntar se a relação negativa que Sena performatiza não estaria alinhavada também a outras "figuras tutelares"[8] que ele também, da mesma forma como trouxe para dentro da sua obra Camões e Pessoa, o faz com a figura do Pe. António Vieira e Baltazar Gracián. Para que tais afinidades fiquem um pouco mais próximas, vale lembrar o poema em homenagem ao poeta jesuíta:

Homenagem a Baltazar Gracián

Segundo Gracián, aquele tremendo jesuíta que como o seu contemporâneo Vieira, pôs a Companhia no Inferno aonde ela sempre gosta de ter um servidor que a coloque para as ocasiões (claro que Gracián, mestre de pensamento,

---

[7] Apud, Ettore Finazzi-Agrò, *EAlibi infinito: o projeto e a prática na poesia de Fernando Pessoa*, Lisboa: Imprensa Nacional- Casa da Moeda, 1987, p. 159.
[8] Vincenzo Russo. *Suspeita do avesso: Barroco e Neobarroco na poesia contemporânea portuguesa*, Lisboa: Quasi, 2008, p.49.

escritor excepcional, etc., não entra na lista da lusitana ignorância ibérica das suas fontes), disse sobre o seu *discreto* (ele tratou também do *herói*) que ao discreto (ou seja mais ou menos o *honnête homme* da França de então) cumpre dividir a vida em três partes: numa, pela leitura, conversamos com os mortos; noutra, viajando, convivemos com os vivos; e noutra ainda, com pensar, estamos com nós mesmos.

Estes barrocos (ou seria ele um maneirista?) estimavam especialmente tais dialécticas trinitárias que os põem tão perto do nosso materialismo como da Santíssima Trindade de todas as religiões e Igreja ou de política.

Mas este Baltazar (que estimava profundamente, imagine-se, Portugal e suas coisas, sua gente) com aquele arranjo paralelístico e contrapontístico parece querer a gente não leia os vivos, e não fique em casa (qualquer que seja) com a família, os amigos ou a pátria, além de, pelo pensamento, nos encontrarmos ou perdermos, o que está certo.

O caso é que, na verdade, só está vivo quem esreve como se tivesse morrido há séculos.

E só podemos conviver mesmo sem sairmosde onde estivermos, se continuamente o nosso encontro com os outros, for uma constante viagem, cheia de novas amizades dentro das antigas, e de despedidas para sempre renovadas. Quanto a nós mesmos...pensemos que *discreto*, em matemática é o contrário de *concreto*, sem que "concreto" dê qualquer garantia de realidade. O que vale é que, segundo Gracián, o discreto humano deve possuir *genio* e *ingenio*, de cuja dialéctica se ilumina e realiza a vida.

Claro que, e nisso ele é categórico, tais coisas não são para todos. Tenham paciência (e consolem-se pensando que ele detestava tanto os asnos como as distinções de classe, que homem dos diabos o tratadista da *agudeza y arte de ingenio*, estudo e guia de escrever os cursos grandes que só os pequenos são incapazes de entender por lhes faltar a ponta da agudeza mais os seus pertences, e a arte do engenho, mais sua cabeça).

Sena pontua, entre outras tantas considerações, os arranjos paralelísticos e contrapontísticos, as dialéticas trinitárias, os contrários, e relê, fincado no século XX, os pares antitéticos da prática barroca. Pontualmente sobre este assunto, o crítico Vincenzo Russo esclarece:

Desde a proposta dos vinte e dois pares antitéticos de "atitudes estéticas" (Sena, 1970), cuja aplicação proporcionaria a leitura da obra literária e onde se colocava, ao nível da *expressão*, a oposição entre a tipologia do clássico e do barroco, até ao reconhecimento do moderno "barroquismo" na lírica de António Gedeão, passando pelo estudo pioneiro que representa "Maneirismo e Barroquismo na Poesia Portuguesa dos Séculos XVI e XVII", toda a obra de Jorge de Sena, enquanto "relação tensional", é sustentada por uma concepção dialéctica em que o barroco é o segundo termo na estrutura elementar da sua textualidade: Clássico-Barroco.[9]

Neste percurso empreendido, em que tentou-se um levantamento parcial da importância do *não* na poética seniana, aproximamos, por último, dessa faceta barroca que demonstra, como defendido por Russo, um jogo especular entre Sena e a prática artística do Barroco (ou seria do Maneirismo?) capaz de expor a tensão não resolvida tanto em termos estilísticos-formais como na *hybris* que movimentou a vida deste poeta, sempre entre gênio e ingenio. Se Sena põe em jogo a antítese teorética de clássico-barroco, a tensão não resolvida, podemos, por hora, concluir que ela é também essência estruturante da sua própria poesia, força capaz de iluminar e realizar a vida, e de nos aproximar, no ato de leitura do seu poema, mesmo que momentaneamente, do nosso resistente materialismo.

Sabrina Sedlmayer é Professora Associada da Faculdade de Letras da Universidade Federal de Minas Gerais (UFMG). As suas pesquisas situam-se no campo da literatura comparada, com ênfase nas literaturas de língua portuguesa e na teoria das culturas de língua portuguesa.

---

[9] Ibid., p. 133, destaques no original.

Jorge de Sena, um olhar atento sobre seu tempo

• Silvio Renato Jorge •

São de Sophia de Mello Breyner Andresen os versos com que inicio essa reflexão sobre Jorge de Sena. Não recorro àqueles que podemos ler em "Carta(s) a Jorge de Sena", escritos após a morte do autor em 1978, nos quais lamenta a perda do amigo afirmando "A morte vem como nenhuma carta",[1] mas a outros que, sem serem a ele dedicados, desenham com agudeza a perspectiva a partir da qual se constitui sua atuação literária e política. Refiro-me ao poema "Porque",[2] presente em *Mar novo*, de 1958. Inserido de modo marcante no grupo dos textos publicados naquele período por Sophia, seja nesse livro ou, alguns anos após e de forma mais intensa, em *Livro sexto* (1962), assinala sua crescente preocupação com o cenário político português: a já longa ditadura afiava suas garras em busca de conter a crise progressivamente instaurada no país – e que viria a se acentuar com a guerra de libertação das colônias africanas –, aprofundando seu caráter repressivo diante dos intelectuais que, resistindo aos princípios totalitários, assumiam uma postura de intervenção e enfrentamento.

Cito Sophia:

Porque os outros se mascaram mas tu não
Porque os outros usam a virtude
Para comprar o que não tem perdão
Porque os outros têm medo mas tu não

Porque os outros são os túmulos caiados
Onde germina calada a podridão.
Porque os outros se calam mas tu não.

---

[1] Sophia de Mello Breyner Andresen, *Obra poética* III, Alfragide: Editorial Caminho, 1996, p. 315.
[2] Sophia de Mello Breyner Andresen, *Obra poética* II, Alfragide: Editorial Caminho, 1991, p. 71.

Porque os outros se compram e se vendem
E os seus gestos dão sempre dividendo.
Porque os outros são hábeis mas tu não.

Porque os outros vão à sombra dos abrigos
E tu vais de mãos dadas com os perigos.
Porque os outros calculam mas tu não.

Ao contrário dos homens que, adaptados às relações de interesse, se escondiam em túmulos nos quais crescia a podridão, permanecendo à sombra dos abrigos, Sena fez parte de um grupo de intelectuais que não se negou a correr riscos, desvelando os contornos sibilinos da ideologia de sustentação ao regime, fosse por meio de poemas que gritavam de forma incisiva a hipocrisia da sociedade portuguesa de então, fosse por meio de uma articulação sensível de ideias que paulatina e sucessivamente descortinava aspectos menos evidentes dessa ideologia, associando ética e estética como instrumentos capazes de iluminar seus pontos de vista. Nesse sentido, não posso me furtar a citar Ida Alves, quando a pesquisadora brasileira afirma:

> A poética seniana não se exime de participar de seu tempo e muito atentamente segue o existir e suas consequências. Profundamente político, também seu discurso poético assume o testemunho como tarefa primordial, porque a Arte não pode estar à margem do mundo, já que o artista é um homem entre homens, é o olhar indagador do que o cerca.[3]

Sena, em busca dessa perspectiva humana e política, soube enfrentar em inúmeros versos o conservadorismo pseudo-ascético difundido pela própria imagem pública de Salazar, recorrendo a uma poesia marcadamente erótica, em que a escrita enuncia a indissolubilidade entre corpo e espírito, entre desejo e afeto, como lemos em "Conheço o sal da tua boca, o sal / da tua língua, o sal dos teus mamilos, / e o da cintura se encurvando em ancas" ("Conheço o sal", escrito em 16 de janeiro de 1973)[4] ou ainda em "As pernas que se juntam quanto abri-las / a duras mãos com dedos titilantes / para depois se unirem apertando / em úmidas paredes o que se entesa vendo-a..." ("No comboio de Edimburgo a Londres",

---

[3] Ida Alves, "Jorge de Sena e a ética da poesia: um testemunho para os poetas de 70", in Gilda Santos (org.), *Jorge de Sena: ressonâncias e cinquenta poemas*, Rio de Janeiro: 7 Letras, 2006, p.35.
[4] Jorge de Sena, *Poesia III*, Lisboa: Edições 70, 1989, p. 232.

escrito em 1 de março de 1973).[5] Ainda nessa linha, também não se furtou a questionar outras características próprias daquilo que podemos entender, na esteira de Umberto Eco[6] e, mais recentemente, Jason Stanley,[7] como marcas gerais do discurso e da ideologia fascista, características essas das quais destaco dois aspectos contra os quais Sena não se cansou de insurgir-se.

O primeiro deles é o anti-intelectualismo latente do regime, que não se manifestava, no caso da política sustentada por Salazar, por uma negação absoluta do valor da universidade ou da pesquisa científica, como temos visto mais recentemente no Brasil por parte de um segmento político retrógrado e oportunista, ou mesmo da arte e da literatura como expressão de cultura, mas, sim, como um processo de valoração seletiva no qual só se valorizava aquilo que, no campo intelectual, estaria alinhado aos princípios do Estado Novo.

Já destaquei em outro artigo[8] o quanto a política do espírito levada adiante sob o comando de António Ferro selecionou aspectos da cultura portuguesa de matriz conservadora para, com uma roupagem de modernidade, reforçar os laços dessa cultura com uma certa ideia de tradição, aliás, ideia essa construída de forma a moldar suas manifestações a traços largamente difundidos pela propaganda oficial como intrínsecos ao "ser" português: a simplicidade pacífica do povo, a grandiosidade heroica do passado de conquistadores, a forte religiosidade, em suma, como já tragicamente ironizou Eduardo Lourenço, ao pensar a relação do país com o resto da Europa em fins do século XX, o Portugal "lírico, bucólico, de hortas e sardinha assada".[9]

Assim, ao lado, por exemplo, da Companhia Portuguesa de Bailado Verde-Gaio, criada em 1940, por iniciativa de Ferro, para promover a difusão da dança folclórica, interessava ao governo salazarista valorizar a arquitetura monumental, semelhante à do fascismo italiano, e a literatura colonial, que destacava o exotismo do espaço africano, bem como a suposta superioridade civilizacional do português diante dos povos dominados. Como se pode perceber, ao lado do anti-intelectualismo, desenha-se um outro aspecto próprio do pensamento fascista, que é a idealização do passado, um passado constituído como paradigma único

---

[5] Ibid.,, p. 229.
[6] Umberto Eco, *O fascismo eterno*, Rio de Janeiro: Record, 2018.
[7] Jason Sanley, *Como funciona o fascismo: a política do "nós" e "eles"*, Porto Alegre: L&PM, 2019.
[8] Silvio Renato Jorge, "Relações entre o modernismo português e o regime salazarista: variações sobre um mesmo tema", in Patrícia da Silva Cardoso; Luís Bueno (Orgs), *Nós e as palavras*, São Paulo: Ateliê Editorial, 2018, p. 237-247.
[9] Eduardo Lourenço, "Identidade e memória: o caso português", in *Nós e a Europa ou as duas razões*, 2.ed., Lisboa: Imprensa Nacional-Casa da Moeda, 1988, p. 12.

(e possível) de grandeza e que se apoia sobretudo numa perspectiva historiográfica que estabelece uma dicotomia entre os traços de virtude e vício, inerentes à própria existência humana, para, a partir disso, propor a prevalência de heróis e mitos que devem ser incessantemente cultuados. Como afirma Jason Stanley,

> Recuando mais no tempo, o passado mítico era um tempo de glória da nação, com guerras de conquistas lideradas por generais patriotas, com exércitos repletos de guerreiros leais, seus compatriotas, fisicamente aptos e cujas esposas ficavam em casa cuidando da próxima geração.
> (...)
> O passado mítico fascista tem uma estrutura particular, que sustenta sua ideologia autoritária e hierárquica. O fato de que as sociedades do passado raramente eram tão patriarcais, ou tão gloriosas, quanto a ideologia fascista as faz imaginar não vem ao caso. Essa história imaginária fornece provas para apoiar a imposição de hierarquia no presente, e dita como a sociedade contemporânea deve ser e agir.[10]

A voz poética de Jorge de Sena foi, em todo seu percurso, uma voz contrária a esse projeto. Edward Said, em *Representações do intelectual*, livro no qual divulga sua participação nas Conferências Reith de 1993, afirma ser o papel público do intelectual o de "um outsider, um amador e um perturbador do status quo",[11] que tem por objetivo "promover a liberdade humana e o conhecimento".[12] Nesse sentido, não será difícil percebermos nos versos do poeta os traços de um sentido crítico, que busca, para além da perturbação do referido modelo autoritário de conformação das práticas artísticas e culturais, o estabelecimento de um conhecimento crítico acerca daquilo que foi e é o existir em modo português. A constante retomada da figura de Camões sintetiza, de certo modo, a percepção crítica que o poeta teve desse lugar do intelectual como alguém que, situando-se como um *outsider*, enfrenta o discurso hegemônico para nele desmascarar seu caráter redutor e reacionário. O Camões de Sena escapa à imagem petrificada no cenotáfio do Mosteiro dos Jerónimos para recuperar o seu lugar de poeta e, consequentemente, de homem corroído por sua própria humanidade. Vejamos o que diz "Camões dirige-se aos seus contemporâneos", poema publicado em *Metamorfoses*, livro de 1963:

---

[10] Jason Stanley, op. cit., p. 20
[11] Edward W. Said, *Representações do intelectual*, São Paulo: Companhia das Letras, 2005, p. 10.
[12] Ibid., p. 31.

Podereis roubar-me tudo:
as ideias, as palavras, as imagens,
e também as metáforas, os temas, os motivos,
os símbolos, e a primazia
nas dores sofridas de uma língua nova,
no entendimento de outros, na coragem
de combater, julgar, de penetrar
em recessos de amor para que sois castrados.
E podereis depois não me citar
suprimir-me, ignorar-me, aclamar até
outros ladrões mais felizes
não importa nada: que o castigo
será terrível. Não só quando
vossos netos não souberem já quem sois
terão de me saber melhor ainda
do que fingis que não sabeis,
como tudo, tudo o que laboriosamente pilhais,
reverterá para o meu nome. E mesmo será meu,
tido por meu, contado como meu,
até mesmo aquele pouco miserável
que, só por vós, sem roubo, haveríeis feito.
Nada tereis, mas nada: nem os ossos,
que um vosso esqueleto há-de ser buscado,
para passar por meu, e para outros ladrões,
iguais a vós, de joelhos, porem flores no túmulo.[13]

Desse modo, ao recuperar Camões, Sena o convoca como uma imagem do poeta exilado que, de certa forma, se desenha como um espelho de sua própria experiência do exílio. Se essa figura ambígua elaborada em seus versos traz em si, portanto, as marcas daquilo que foi o poeta do século XX, também ele, a voz angustiada que seus contemporâneos não sabem ou não podem ouvir, contém todavia os traços fortes daquele homem que, peregrino miserável em terras de África e Ásia, teve a genialidade reduzida por uma leitura parcelar e doutrinária de sua obra. O que se valoriza aqui, no poema de Sena, é justamente esse lugar em dissonância que faz dos versos camonianos algo mais forte do que qualquer leitura que deles se proponha, porque frutos de um amor que não é castrado,

[13] Jorge de Sena, *Poesia II*, Lisboa: Edições 70, p. 95.

porque constituídos por uma experiência que não se pode reduzir ao lugar comum que nela se buscou.

Nesse sentido – e considerando a poesia de Sena como uma resposta ao imaginário construído pelo salazarismo –, seria interessante recuperar as palavras com que Eduardo Lourenço encerra o seu incontornável "Da literatura como interpretação de Portugal", ao dizer:

> Aceitemo-nos com a carga inteira do nosso passado que de qualquer modo continuará a navegar dentro de nós. Mas não autorizemos ninguém a simplificar e a confiscar para benefício dos privilegiados da fortuna, do poder ou da cultura uma imagem de Portugal, mutilada e mutilante através da qual nos privemos de um Futuro cuja definição e perfil é obra e aposta da comunidade inteira e não dos seus guias providenciais.[14]

Como bem diz Lourenço, a carga do passado português, daquilo que ele foi como experiência sociocultural, é herança da qual os portugueses não se livrarão. Todavia, tanto ele quanto Sena apontam para a importância de não restringir esse passado – e a literatura dele decorrente – a uma leitura unívoca, simplificada, que aposta na sua idealização mítica como instrumento de controle e conservação. De certa forma, Sena libera Camões dessas peias quando, em outros textos, realça sua miséria, seu desejo incontrolável pelas ninfas, desejo esse que impõe ao poeta a necessidade de levar as mãos ao pênis para no mar se masturbar; ou, por fim, quando mostra o poeta defecando no mar que tanto cantou. As fezes do Camões cantado por Sena reduzem o mar português, na forma como foi lido pelo regime de Salazar e por tantos outros antes dele, a sua real dimensão, humanizando a aventura marítima portuguesa para nela encontrar sentidos escamoteados, diria mesmo, intencionalmente apagados.

Assim, posso afirmar que a poesia de Sena luta contra a hipocrisia das relações sociais, na forma como foi desenhada por anos de conservadorismo, recorrendo a imagens que, muitas vezes chocantes por seu tom direto, fazem um esforço de debridamento da "tinta com que cobriram as nossas emoções", para citar Pessoa/Caeiro. Creio que aqui é inevitável recorrer aos versos de "No país dos sacanas", poema de 1973, quando o poeta diz:

> Que adianta dizer-se que é um país de sacanas?
> Todos os são, mesmo os melhores, às suas horas,

[14] Eduardo Lourenço, "Da literatura como interpretação de Portugal" in *O labirinto da saudade*, 3.ed., Lisboa: Dom Quixote, 1988, p.188.

e todos estão contentes de se saberem sacanas.
Não há mesmo melhor do que uma sacanice
para poder funcionar fraternalmente
a humidade de próstata ou das glândulas lacrimais,
para além das rivalidades, invejas e mesquinharias
em que tanto se dividem e afinal se irmanam.

Dizer-se que é de heróis e santos o país,
a ver se se convencem e puxam para cima as calças?
Para quê, se toda a gente sabe que só asnos,
ingénuos e sacaneados é que foram disso?

Não, o melhor seria aguentar, fazendo-se que se ignora.
Mas claro que logo todos pensam que isto é o cúmulo da sacanice,
porque no país dos sacanas, ninguém pode entender
que a nobreza, a dignidade, a independência, a
justiça, a bondade, etc., etc., sejam
outra coisa que não patifaria de sacanas refinados
a um ponto que os mais não são capazes de atingir.
No país dos sacanas, ser sacana e meio?
Não, que toda a gente já é pelo menos dois.
Como ser-se então nesse país? Não ser-se?
Ser ou não ser, eis a questão, dir-se-ia.
Mas isto foi no teatro, e o gajo morreu na mesma.[15]

Ao contrapor o país dos heróis e santos ao "país dos sacanas", o poeta enfrenta um dos mais fortes signos presentes no discurso salazarista, talvez aquele que o ditador busca encenar como síntese do que ele mesmo seria para a nação – lembremo-nos das imagens de Salazar presentes em selos, por exemplo, trajado de cavaleiro medieval e reproduzindo a pose da maioria das estátuas de Afonso Henriques que se encontram em sítios históricos do país. Em face do herói, Sena apresenta o "sacana"; diante dos santos, revela a mesquinharia, a inveja, a rivalidade, traços que, destacados de forma agressiva e contrapostos às virtudes que o poeta efetivamente não vê nos "homens de bem" que povoam seus país, são, contudo, traços que revelam a humanidade dessas pessoas (mesquinha é claro, mas não seria o homem um ser mesquinho?), restituindo

---

[15] Jorge de Sena, *40 anos de servidão*, Lisboa: Edições 70, 1989, p. 16.

também o povo a um lugar que foge ao estereótipo constituído pelo discurso do Estado Novo. Não pretendo dizer que o poema tem por objetivo traçar um caminho de redenção para aqueles que aqui são apresentados, de forma negativa, pelo viés da indignidade. O que afirmo é que sua visão crítica rompe com a imagem cristalizada do povo português, bem como de seus heróis, na forma como foram desenhados pelo regime, para, na ruptura, no enfrentamento do *status quo*, na dissonância, criar um espaço de reflexão. E é isso que interessa, essa busca por construir um saber poético capaz de, enfrentando o discurso redutor do salazarismo, abrir espaço para o conhecimento.

Nesse contexto, seria possível levantar uma série de outros poemas em que se contrapõe à castidade mórbida da moral religiosa encenada pelo governo a volúpia e o desejo a arder nos corpos dos amantes ou nos quais se esvazia de qualquer glória a imagem heroica da construção do império: "os impérios gastam o seu povo até que ele seja / uma raça agachada, mesquinha e traiçoeira", afirma o poeta no segundo texto do grupo "Borras do império".[16] Mais adiante, no mesmo poema, completa: "já que nada glorioso se constrói humanamente / sem 10% de heróis e 90% de assassinos". Todavia, no conjunto de sua obra, o que talvez afronte e combata com mais força a ideia perversa de comunidade presente na ideologia salazarista e em sua promoção no seio das distintas colônias de emigrantes portugueses seja a afirmação constante e reiterada de sua inexorável condição de exilado, afirmação essa que, sendo recorrente, ganha, contudo, síntese particularmente instigante na "Glosa de Guido Cavalcante":

> Porque não espero de jamais voltar
> À terra em que nasci; porque não espero
> Ainda que volte, de encontrá-la pronta
> A conhecer-me como agora sei
>
> Que eu a conheço; porque não espero
> Sofrer saudades, ou perder a conta
> Dos dias que vivi sem a lembrar;
> Porque não espero nada, e morrerei
>
> Por exílio sempre, mas fiel ao mundo,
> Já que de outro nenhum morro exilado;
> Porque não espero, do meu poço fundo,

[16] Jorge de Sena, *Poesia III*, p.172-173.

Olhar o céu e ver mais que azulado
Esse ar que ainda respiro, esse ar imundo
Por quantos que me ignoram respirado;

Porque não espero, espero contentado.[17]

A poesia de Sena, que obviamente está para além de seu sentido político, não se furta, todavia, a constituir-se como palavra poética de força na luta contra o fascismo, buscando na linguagem os elementos que desvelam as inconsistências ideológicas do regime, as estrias por onde escorrem seus mais profundos humores: o ódio à liberdade, à diferença, ao prazer. Por isso, seu fazer poético dá testemunho sobre o seu tempo, sobre sua luta por um espaço autônomo de liberdade e de sentido para a existência, contrariando a ideia oficial do que é ser português para afirmar-se em outra sintonia. Diz a segunda estrofe de "Aviso de porta de livraria":

E quem de amor não sabe fuja dele:
qualquer amor desde o da carne àquele
que só de si se move, não movido
de prémio vil, mas alto e quase eterno.
De amor e de poesia e de ter pátria
aqui se trata: que a ralé não passe
este limiar sagrado e não se atreva
a encher de ratos este espaço livre
onde se morre em dignidade humana
a dor de haver nascido em Portugal
sem mais remédio que trazê-lo n'alma.[18]

Amor, pátria e poesia, nesse poema datado de 1972, se entretecem para proteger o espaço da escrita da vileza e daqueles ratos que, "vestais do puro", para citar já agora a primeira estrofe do poema, com a terceira mão "vão tapando a boca / dos que andam com dois pés sem medo das palavras". É o poema que concede à dor de se haver nascido em Portugal a possibilidade de morrer em "dignidade humana", constituindo-se como casa e território. Mitos desfeitos, heróis humanizados, pudores esquecidos, a escrita de Sena se quer transgressora – "O mal de perguntar não tem resposta / e só incita os uivos dos sepulcros", diz ele no

[17] Ibid., p. 51.
[18] Ibid., p. 117.

quinto dos "Epigramas"[19] –, revelando a existência de um olhar inquiridor que não se conforma nem com imagens redutoras de sua pátria, nem com a repressão ao dissenso ou mesmo com a imposição de um paradigma centralizador. Apresenta-se, dessa forma, como enfrentamento claro aos atos de imunização estabelecidos pelo regime, considerando, junto com Guilherme Radomsky, que "Imunizar é saber lidar com conflitos, não cancelá-los (sic)".[20] Por isso, não estaríamos errados em afirmar que essa poesia procura novos sentidos para a ideia de comunidade, potencializando o humano, investindo na vida para contrabalançar a política de morte levada adiante pelo Estado Novo.

Silvio Renato Jorge é doutor em letras pela Universidade Federal do Rio de Janeiro (UFRJ), com estágios pós-doutorais na Universidade de Coimbra e na Universidade de São Paulo (USP). Professor na Universidade Federal Fluminense (UFF), coordenador do Programa de Pós-Graduação em Estudos de Literatura da UFF e Professor Colaborador no Doutoramento em Patrimónios de Influência Portuguesa do Centro de Estudos Sociais da Universidade de Coimbra. Bolsista de produtividade nível 1C do Conselho Nacional de Desenvolvimento Científico e Tecnológico (CNPq). Coordena os projetos "A memória do fascismo português: releituras críticas do salazarismo após a Revolução dos Cravos" (CNPq) e "História, circulação e análise de discursos literários, artísticos e sociais" (Capes/Print/UFF).

---

[19] Ibid., p. 121.
[20] Guilherme F. W. Radomsky, "Roberto Esposito: comunidade, biopolítica e imunização", *Política & sociedade*, Florianópolis, v. 16, n. 35, p. 464, jan.-abr. 2017.

Sophia:
"no esplendor da maresia"

*A Sophia de Mello Breyner Andresen
enviando-lhe um exemplar de
Pedra Filosofal*

*Filhos e versos, como os dás ao mundo?
Como na praia te conversam sombras de corais?
Como de angústia anoitecer profundo?
Como quem se reparte?
Como quem pode matar-te?
Ou como quem a ti não volta mais?*
5/12/1950

Jorge de Sena, *Peregrinatio ad loca infecta*, Lisboa: Portugália, 1969.

A presença humana e a dimensão política em Contos exemplares

• ÂNGELA BEATRIZ DE CARVALHO FARIA •

> *O poeta é aquele que vive com as coisas, que está atento ao real, que sabe que as coisas existem; é aquele que irá contribuir para a formação de uma consciência comum" e é, "por direito natural, herdeiro da liberdade e da dignidade do ser".*
> *Aquele que vê o espantoso esplendor do mundo é logicamente levado a ver o espantoso sofrimento do mundo. /.../ É por isso que o poeta é levado a buscar a justiça pela própria natureza da sua poesia.*
> (SOPHIA DE MELLO BREYNER ANDRESEN, PALAVRAS PRONUNCIADAS POR OCASIÃO DA ENTREGA DO GRANDE PRÊMIO DE POESIA A *LIVRO SEXTO*, EM 1964.)

A partir da leitura dos contos "Homero" e "O homem", inseridos em *Contos exemplares* (1ª ed.,1962), pretende-se discutir alguns temas recorrentes na obra de Sophia de Mello Breyner Andresen, tais como: (a) a criação de personagens singulares – corpos errantes e desamparados – inseridos na sociedade contemporânea e desumana e que se tornam metáforas do corpo político; (b) as ressonâncias de vestígios arcaicos e imutáveis, retidos no inconsciente coletivo; (c) a valorização do ato de ver como teoria e fundamento de toda reflexão; (d) a conaturalidade homens-deuses; (e) o ato genesíaco da nomeação e a evidência do real; (f) o entrelugar do som e do silêncio; (g) a incorporação de valores éticos como liberdade e justiça;

e (g) a presença de um "discurso fundador de uma nova sensibilidade social inspirada na noção estética do sublime".[1]

O entrelaçamento entre o político e o estético que se pretende ressaltar somente tornou-se possível a partir da incorporação de outras vozes à minha, capazes de desvendar o impacto causado pelas imagens de forte apelo estético e emocional inerentes à poética de Sophia. Entre as reflexões críticas e literárias, encontram-se os ensaios de Federico Bertolazzi (Prefácio a *Contos exemplares*), Helena Carvalhão Buescu ("Sophia no País das Maravilhas") e Eduardo Prado Coelho ("Sophia: a lírica e a lógica"). As reflexões filosóficas sobre a "partilha do sensível" pertencem à Jacques Rancière, a permanência da imagem sobrevivente diante do tempo e a dialética do olhar à Georges Didi-Huberman, e o conceito filosófico do sublime à Edmund Burke, retomado por Márcio Seligmann-Silva e Maria Stella Bresciani, ao focalizarem as escrituras da história e da memória. E, além dos autores citados, convoco a própria voz da Sophia manifestada em entrevistas e pronunciamentos – apelo irresistível de uma "voz muito real e viva, uma voz que a cal e as pás de terra, e a pedra e o tempo, e ainda a distância"[2] não conseguiram sepultar. E, por isso, a sua voz ressurge entre nós, neste Congresso, junto à de Jorge de Sena, em comemoração aos 100 anos de ambos.

Passo, portanto, a dividir com vocês algumas ideias ou inquietações que me ocorreram, diante da leitura dos contos "Homero" e "O homem". Em ambos, evidencia-se uma "poética do deslizamento de sentido e da deslocação, capaz de apontar para temporalidades múltiplas e interrogar os valores fundamentais invariavelmente espelhados na relação dos indivíduos com os espaços e tempos e a alteridade cultural".[3]

O conto "Homero" inscreve, desde o seu título, de uma forma lacunar e subentendida, um outro nome para a personagem Búzio, capaz de expressar a sua identidade e essência espiritual. A esse mendigo errante, considerado, pela comunidade, um "velho louco e vagabundo",[4] rejeitado pelas casas burguesas quando vai à procura de "pão" e "tostões", é atribuído o nome de "Homero", análogo ao

---

[1] Edmund Burke, "A philosophical inquiry into the origin of our ideas of the sublime and beautiful (1756)", *The works of Edmund Burke*, v.1. Londres: G. Bell &Sons, Ltd., 1913, apud Maria Stella Bresciani, "A compaixão pelos pobres no século XIX: um sentimento político", in Márcio Seligmann-Silva (Org.), *Palavra e imagem: memória e escritura*, Chapecó: Argos, 2006, p. 95.
[2] Maria Judite de Carvalho, "George", in *Seta despedida.*, 2 ed., Portugal: Publicações Europa-América Ltda., 1995, p. 32.
[3] Maria Graciete Besse, "Olhar ético e sentido da responsabilidade" a respeito da ficção de Lídia Jorge, JL: *Jornal de Letras, Artes e Ideias* de Lisboa, 11 a 24 de maio de 2016, p. 8.
[4] Sophia de Mello Breyner Andresen, "Homero", in *Contos exemplares*, Prefácio de Federico Bertolazzi, Porto: Assírio & Alvim, 2015, p. 157.

do poeta grego, de cerca do século VII a.C., provável autor da *Ilíada* e da *Odisseia*. Semelhante ao artista grego, a poeta portuguesa contemporânea, "ao esculpir um corpo, tenta mostrar a relação do homem com a ordem que é a íntima estrutura do *kosmos*, da *physis*, do mundo do qual o homem brota e se ergue".[5] A descrição física da personagem, apresentada através do olhar fascinado de uma criança pequena, contrapõe-se, poeticamente, ao ponto de vista usual e coletivo e assinala a singularidade da personagem e do olhar da narradora. Observa-se "um processo de exaltação dos seres que corresponde a um devir-estátua, a uma hierarquização do humano, suscetível de ser descrito nestes termos":[6]

> O Búzio era um monumento manuelino: tudo nele lembrava coisas marítimas. A sua barba branca e ondulada era igual a uma onda de espuma. As grossas veias azuis das suas pernas eram iguais a cabos de navio. O seu corpo parecia um mastro e o seu andar era baloiçado como o andar dum marinheiro ou dum barco. Os seus olhos, como o próprio mar, ora eram azuis, ora cinzentos, ora verdes, e às vezes mesmo os vi roxos. E trazia sempre na mão direita duas conchas.[7]

A analogia estabelecida entre o sujeito e os elementos da natureza, plena de metáforas que refletem o sentimento de fascínio diante do outro, configura um apelo estético e emocional, inerente à fenomenologia do sublime. Burke, um dos teóricos-chave do conceito de sublime em meados do século XVIII, ao refletir sobre "a relação entre imagens mentais e sentimentos despertados",[8] correlaciona tal criação estética com a atitude política ao afirmar que seu objetivo é "nos capturar como uma força irresistível".[9] E é exatamente isso que a poética de Sophia se propõe a fazer, ao colocar "em jogo, na relação dos homens com o mundo, os sentidos, a imaginação e o juízo..[10] É interessante observar que as metáforas ou imagens marítimas utilizadas para descrever o corpo da

---

[5] Isabel Nery, "Sophia de Mello Breyner Andresen. Biografia", apud Miguel Real, JL: *Jornal de Letras, Artes e Ideias*, 22 de maio a 4 de junho de 2019, p. 8.
[6] Eduardo Prado Coelho, "Sophia: a lírica e a lógica", in *A mecânica dos fluidos: literatura, cinema, teoria*, Lisboa: Imprensa Nacional-Casa da Moeda, 1967, p. 116. (Col. Temas Portugueses).
[7] Sophia de Mello Breyner Andresen, op. cit., p. 157.
[8] A esse respeito, ver Márcio Seligmann-Silva, "Do delicioso horror sublime ao abjeto e à escritura do corpo", in *O local da diferença: ensaios sobre memória, arte, literatura e tradução*, São Paulo: Editora 34, 2005.
[9] Edmund Burke, *Uma investigação filosófica sobre a origem de nossas ideias do sublime e do belo*, Campinas: Editora Unicamp-Papirus, 1993, p. 65-66.
[10] Maria Stella Bresciani, op. cit., p. 99.

personagem não são aleatórias nem gratuitas, uma vez que os elementos da natureza surgem mediatizados por uma expressão resultante da civilização e da cultura – "monumento manuelino" – passível de revisitar as conquistas ultramarinas portuguesas em seu período de grandeza imperial. O olhar da narradora, em seu processo de apreensão do outro e de empatia com ele (diferente dos habitantes das casas burguesas que o rechaçavam), torna-se passível de revelar os espaços paradigmáticos da cultura portuguesa – "terra" e "mar". E, dessa forma, um dos princípios inerentes à poética de Sophia – "a fidelidade à terra como construção do mundo" – está presente no conto "Homero", uma vez que o Búzio, "que nada possuía", "vivia com a terra toda que era ele próprio": "A terra era sua mãe e sua mulher, sua casa e sua companhia, sua cama, seu alimento, seu destino e sua vida."[11] Além disso, "os seus pés descalços pareciam escutar o chão que pisavam".[12] Tais fragmentos textuais, que assinalam a abolição da barreira que separa o homem da natureza, parecem concretizar o "sublime sensualista de Burke". Como afirma Márcio Seligmann-Silva, "a linguagem simbólica produz seus efeitos sobre o ouvinte por meio de três canais: do som, da imagem que representamos e da afecção da alma que os dois anteriores provocaram".[13] Vejamos como isso ocorre em "Homero".

O Búzio, ao ir de porta em porta, "rodeado", constantemente, de dois elementos míticos de renovação, "luz" e "vento", entoava "longos discursos cadenciados, solitários e misteriosos como poemas",[14] marcados pelo ritmo de duas conchas atadas por um fio. E, ao final de sua trajetória, dirige-se ao mar nomeando-o e ao real à sua volta, através de

> palavras moduladas como um canto, palavras quase visíveis que ocupavam os espaços do ar com a sua forma, a sua densidade e o seu peso. Palavras que chamavam pelas coisas, que eram o nome das coisas. Palavras brilhantes como as escamas de um peixe, palavras grandes e desertas como praias. E as suas palavras reuniam os restos dispersos da alegria da terra. Ele os invocava, os mostrava, os nomeava: vento, frescura das águas, oiro do sol, silêncio e brilho das estrelas.[15]

---

[11] Ibid., p. 160.
[12] Idem.
[13] A esse respeito, ver Marcio Seligmann-Silva, "Do delicioso horror sublime ao abjeto e à escritura do corpo".
[14] Sophia de Mello Breyner Andresen, op. cit., p. 158.
[15] Ibid., p.163-164.

Esse ato genesíaco da criação, ao evidenciar a beleza concreta do mundo, reúne "os restos dispersos da alegria da terra" e revela o livre-arbítrio da personagem antes excluída e marginalizada. E, como sabemos, que "é somente através da essência linguística das coisas que o homem, a partir de si mesmo, alcança o conhecimento delas",[16] pode-se afirmar que a personagem, ao nomeá-las, através da "palavra oral ritualizada", reveste-as de sacralidade e, mimeticamente, institui-se como um duplo de Deus, ao insuflar-lhes vida. Cumpre-se, assim, uma "harmonia transcendente", e a visibilidade ou a materialidade do verbo, assinalado pela sua "forma", "densidade" e "peso", desperta em nós uma consciência crítica e uma sensibilidade própria. Em ambos os sujeitos, Búzio (personagem ficcional) e Homero (aedo grego) – imagens fantasmáticas retidas na memória da autora e dos leitores – será possível "reconhecer essa felicidade nua e inteira, esse esplendor da presença das coisas",[17] e o poder das palavras em liberdade. Segundo Federico Bertolazzi, no conto "Homero", "encontra-se a realização de uma esperança" – o encontro do homem com ele mesmo, uma vez que "o protagonista faz do seu aparente desnorteamento a chave da harmonia em que vive, representada em termos metaliterários e metalinguísticos reveladores da importância da palavra como gesto exemplar".[18]

Em "O homem", evidencia-se, no espaço textual, a reaparição de uma imagem arquetípica e sobrevivente, retida no inconsciente coletivo – a de Jesus Cristo em seu processo de martírio e crucificação. "Um obscuro jogo entre o recalcado e seu eterno retorno" sustenta a narrativa e instaura o *páthos*.[19] O leitor depara-se com a errância de "um homem muito pobremente vestido que levava ao colo uma criança loira"[20] de uma beleza indescritível pelas ruas de uma cidade desumana e indiferente que "erguia as suas paredes de pedras escuras".[21] Esse ser ex-cêntrico e marginalizado, apenas notado pela narradora, caracterizava-se pela invisibilidade e, enquanto "caminhava muito lentamente", levantava os olhos"[22] para uma divindade que não o

---

[16] Mikhail Bakhtin apud Helena Carvalhão Buescu, "Sophia no País das Maravilhas", in *Cristalizações: fronteiras da modernidade*, Lisboa: Relógio D'Água, 2005. p. 55.
[17] Sophia de Mello Breyner Andresen, "A respeito de Homero", palavras pronunciadas por ocasião da entrega do Grande Prêmio de Poesia a Livro Sexto, em 1964.
[18] Federico Bertolazzi, Prefácio a *Contos exemplares*, 39ª ed., Porto: Assírio & Alvim, 2015, p. 12.
[19] A respeito das potências fantasmáticas da imagem, ver as reflexões críticas de Georges Didi-Huberman em *A imagem sobrevivente: história da arte e tempo dos fantasmas segundo Aby Warburg*, Trad. de Vera Ribeiro, Rio de Janeiro: Contraponto, 2013.
[20] Sophia de Mello Breyner Andresen, "Homero", p. 167.
[21] Idem.
[22] Tal imagem reincidente na narrativa remete-nos à asserção de Walter Benjamin – "Quem é olhado ou se crê olhado levanta os olhos" – aludida por Helena Carvalhão Buescu, op. cit.

acolhia e "olhava para o céu que "eram planícies e planícies de silêncio".[23] "A sua cara escorria sofrimento" e "a sua expressão era simultaneamente resignação, espanto e pergunta".[24] Tal "potência fantasmática da imagem abala as relações causais, desmantelando as cronologias e as clássicas demarcações temporais",[25] e observa-se, no texto de Sophia, que tal "história de fantasma" baseia-se na "sobrevivência das imagens como forma de perturbação da história, como uma memória que irrompe pelos tempos a bordo das silhuetas e dos ícones exalados pelas culturas".[26] Assim, Jesus Cristo, "fantasma não redimido para a casa que habitamos", será o símbolo de "alguém que volta sempre, sobrevive a tudo, reaparece de tempos em tempos, enuncia uma verdade quanto à origem".[27] Por isso, o conto de Sophia, "O homem", cujo título possui um artigo definido, que define o ser, antes do substantivo comum, termina da seguinte forma: "Muitos anos se passaram. O homem certamente morreu. Mas continua ao nosso lado. Pelas ruas."[28]

E, novamente, o leitor se depara com "o discurso fundador de uma nova sensibilidade social inspirada na noção estética do sublime", na acepção de Edmund Burke. O desconforto causado pela visão do sofrimento alheio, a compaixão e a afinidade com a miséria do outro permeiam todo o texto, cujo objetivo é despertar a necessidade de intervenção no processo de degradação moral, econômico e político existente no país e no mundo. As relações entre política e estética instauram a "partilha do sensível", na ótica de Jacques Rancière, capaz de dar forma à comunidade,[29] o que é inerente à gênese da escrita de Sophia de Mello Breyner Andresen. "A tomada de consciência da autora contra a violação dos princípios fundamentais da doutrina católica, no período em que o conto foi publicado",[30] vem a ser partilhada, sensivelmente, com a comunidade em busca da supressão da desigualdade e do desejo de instauração de justiça social. Como a própria Sophia declarou, em mais de uma ocasião, "a sua luta contra o fascismo é um

[23] Sophia de Mello Breyner Andresen, op cit, p. 169.
[24] Idem.
[25] Tadeu Capistrano, Reflexão crítica presente na orelha da edição de Georges Didi-Hubermann, op. cit.
[26] Idem.
[27] Idem.
[28] Sophia de Mello Breyner Andresen, op. cit., p. 173.
[29] Jacques Rancière, *Políticas da escrita*, São Paulo: Editora 34, 2017, p. 7, onde o autor explicita o conceito da seguinte forma: "Pelo termo de constituição estética deve-se entender aqui a partilha do sensível que dá forma à comunidade. Partilha significa duas coisas: a participação em um conjunto comum e, inversamente, a separação, a distribuição em quinhões. Uma partilha do sensível é, portanto, o modo como se determina no sensível a relação entre um conjunto comum partilhado e a divisão de partes exclusivas."
[30] Federico Bertolazzi, op. cit., p. 30.

aspecto da sua luta contra o espaço e o obscuro". "Ao contrário do conceito renascentista do Belo como representação da *Idea* que atuava no sentido de uma idealização do objeto, o sublime, como sentimento que nasce da dor e do perigo, é despertado por fatos reais ou que sejam representados de modo extremamente realistas."[31] Aqui, observa-se a atitude da narradora – transeunte testemunha do acontecimento e observadora do real – que, ao "ver" o homem", "em cujo rosto estavam inscritos a miséria, o abandono e a solidão", "adivinha um corpo comido pela fome".[32] "E constata-se que o sublime, ao "se relacionar com as paixões mais intensas", revela a nossa insignificância e nos impede de raciocinar. Por isso, a narradora, ao lembrar-se "do fato" desbotado do homem, da sua cara, do seu olhar e dos seus gestos, pronuncia-se da seguinte forma: "não consigo rever com clareza o que se passou dentro de mim. Foi como se tivesse ficado vazia olhando o homem", e, em meio a "rios de gente [que] passavam sem o ver",[33] sentia-se impotente para agir, pois "era como se estivesse de mãos atadas".[34] "Ao invés do campo das ideias claras e distintas, a estética do sublime privilegia o campo – típico da *aisthesis*, isto é, do âmbito dos órgãos dos sentidos – que é o do obscuro e das ideias confusas, sem limites delineados".[35] Com "a imagem do homem suspensa em seus olhos",[36] a narradora tem "a sensação confusa de que nele havia alguma coisa ou alguém que ela reconhecia" e, "ao desenrolar para trás o filme do tempo",[37] julga reconhecê-lo e às palavras paradigmáticas pronunciadas por Cristo em seu calvário ("– Pai, Pai, por que me abandonaste?").[38] Através da sua reminiscência, superpõe as imagens, estabelece a analogia (homem em desamparo = Cristo) e constata, mais uma vez, "o silêncio de Deus". Atinge-se, assim, após a iluminação da consciência crítica da narradora, o clímax da narrativa: em meio aos "céus que parecem desertos e vazios sobre as cidades escuras", "o homem cai no chão". "Da sua boca corria um rio de sangue e nos seus olhos havia ainda a mesma expressão de infinita paciência". "A criança caíra com ele e chorava no meio do passeio, escondendo a cara na saia do seu vestido manchado de sangue".[39] E apenas nessa hora trágica, a multidão indiferente forma "um único corpo fechado"[40]

---

[31] Edmund Burke, op. cit., p. 55.
[32] Sophia de Mello Breyner Andresen, op .cit., p. 168.
[33] Ibid., p. 169.
[34] Idem.
[35] Márcio Seligmann-Silva, "Do delicioso horror sublime ao abjeto e à escritura do corpo", p. 34.
[36] Sophia de Mello Breyner Andresen, op. cit., p. 170-171.
[37] Ibid., p. 171.
[38] Idem.
[39] Ibid., p. 172.
[40] Ibid., p. 173.

que impede a visão e o acesso da narradora à cena final: a chegada de uma ambulância e o desaparecimento do homem e da criança. O impacto causado pela presença – imagem, provocado pelo face a face com a morte, transita do texto fundacional do cristianismo para o foro íntimo ou coletivo. E os *Contos exemplares,* da autoria de Sophia de Mello Breyner Andresen, revestidos de sentido ético e político, inscrevem a necessidade de se proclamar a justiça e a igualdade social, de se restaurar a esperança e de se amar o próximo, de se permitir a dignidade do ser humano e a pronúncia da palavra em liberdade.

Ângela Beatriz de Carvalho Faria é Mestre e doutora em Literatura pela Faculdade de Letras da Universidade Federal do Rio de Janeiro (UFRJ). Professora de Literatura Portuguesa da mesma instituição, é autora de artigos e ensaios críticos em livros e periódicos especializados sobre as obras de Teolinda Gersão, Maria Teresa Horta, Maria Judite de Carvalho, José Saramago, António Lobo Antunes, Mário Cláudio, Gonçalo M. Tavares, Almeida Faria e Augusto Abelaira, entre outros.

Figurações do feminino em Sophia, a poeta que amava os gregos

• Angela Maria Rodrigues Laguardia •

A escolha de nosso tema parte de um texto de Teresa Furtado, intitulado "Uma voz e um rosto", inserido na "Nota de abertura" da revista *Faces de Eva – Estudos sobre a Mulher*, de 2004, que homenageava a escritora Sophia de Mello Breyner Andresen. Num sentido depoimento sobre a amizade, Teresa Furtado recorda a primeira vez que viu e ouviu aquela voz da poesia portuguesa que já tanto amava. Segundo ela, nos longínquos anos 1960, quando estudava na Faculdade de Letras, realizou-se na vizinha Faculdade de Direito, uma mesa-redonda sobre "A mulher na sociedade contemporânea", "(...) algo impensável naqueles tempos, mas foi verdade",[1] como ela rememora. E entre as autoras participantes, encontrava-se Sophia, "(...) que falou com clareza e desassombro, como sempre".[2]

Na continuidade de seu relato, do qual omitimos algumas partes, destacamos a passagem que nos inspirou, quando num posterior encontro entre ambas, já na década de 1990, na Casa dos Bicos, a autora entrega a Sophia um exemplar da 1ª edição de *Elegias*, de Hölderlin, em tradução feita por ela, em 1992, e pontua : "Sophia aceitou-o com satisfação, dizendo que, como ela, Hölderlin amava os gregos."[3]

Segundo Teresa Furtado, em 1967, na edição de 30 de dezembro do *Jornal do Comércio*, Sophia havia publicado um artigo intitulado "Hölderlin ou o lugar do poeta", justificando esta afirmativa sobre o amor aos gregos que ambos partilhavam, e ressaltando a grande contribuição do poeta e filósofo alemão:

---

[1] Teresa Furtado, "Uma voz e um rosto", *Faces de Eva – Estudos sobre a Mulher*, n. 12, p. 5-7, Lisboa: Edições Colibri, 2004.
[2] Idem.
[3] Idem.

Hölderlin é um daqueles homens que afirmava a santidade da criação, a dignidade do terrestre. Foi esta a lição que aprendeu dos Gregos e foi por isto que ele aprofundou e revolucionou toda a visão que a idade moderna tinha do mundo helênico.[4]

Foi deste legado que veio a lição deixada por ele, como concluiria Sophia em seu artigo: "A poesia cada vez mais é para nós aquilo que Hölderlin ensinou: mestra do ser, conhecimento que precede todo o conhecimento, escolha que precede todas as escolhas."[5]

A aproximação ao mundo grego constitui-se, assim, como uma das raízes fortes em Sophia; a outra foi o cristianismo. A convivência com as obras clássicas desde a infância; o curso em filologia clássica em Lisboa que não chega a concluir; a tradução de obras da Antiguidade Clássica e a primeira viagem à Grécia em 1963 fizeram parte de sua formação. Porém, em Sophia, a compreensão e aprofundamento neste universo vão mais além, emergem de seu âmago, transcendem para encontrar o sentido da poesia.

A poesia nela surge como uma vivência de fato, com a familiaridade de quem conhece profundamente o engenho, o ato de criação poética, como poderemos verificar em seu texto "A arte poética II", em que aborda o tema:

> A poesia não me pede propriamente uma especialização pois sua arte é uma arte do ser (...) Pede-me antes a inteireza do meu ser, uma consciência mais funda do que minha inteligência, uma fidelidade mais pura do que aquela que posso controlar (...) Pois a poesia é minha explicação com o universo, a 'minha convivência' com as coisas, a minha participação no real, no encontro com as vozes e as imagens. Por isso o poema não fala de uma vida ideal mas sim de uma vida concreta: ângulo da janela (...), sombra nos muros, aparição dos rostos, silêncio (...).[6]

Outros exemplos citados por ela neste texto, mas omitidos aqui, podem ser pretextos para esta "convivência", como ela bem nomeou, e enfatiza: "É esta relação com o universo que define o poema como poema, como obra de criação poética. Quando há apenas relação com a matéria há apenas artesanato."[7] Segundo ela ain-

---

[4] Idem.
[5] Idem.
[6] Sophia de Mello Breyner Andresen, *Coral e outros poemas*, Seleção e apresentação Eucanaã Ferraz, São Paulo: Companhia das Letras, 2018, p. 362, destaques meus.
[7] Idem.

da, apesar de o poeta ser um artesão da linguagem, "o artesanato das artes poéticas nasce da própria poesia à qual está consubstancialmente unido".[8]

Em "A arte poética III", ela daria sequência a esta reflexão metalinguística, ao descrever a lembrança da "descoberta da presença do real" e sua apreensão pelo olhar, este instante que não é algo fantástico ou imaginário: "(...) em frente do mar dentro do qual estava poisada em cima duma mesa, uma maçã enorme e vermelha. Do brilho do mar e do vermelho da maçã erguia-se uma felicidade irrecusável."[9] Ela confirmaria esta fulguração com a leitura dos gregos: "Em Homero reconheci esta felicidade nua e inteira, esse esplendor da presença das coisas."[10] A busca do real é, para ela, a busca da verdade, da justiça para com as coisas, com a Natureza e com o Homem, e faz parte da natureza da poesia do poeta. Como fundamentação de sua poesia, ela se reporta ao teatro grego para o qual: "(...) o tema da justiça é a própria respiração das palavras".[11]

Segundo Maria Andresen Sousa Tavares, em prefácio da recente antologia sobre a obra poética de Sophia, lançada no Brasil em 2018, "A poesia era, de facto, vivida por Sophia como 'o Verbo' (...)".[12] Ela era imbuída por esta consciência poética, e pelo papel de arauto, assim como fizeram os poetas, "desde a gênese da civilização",[13] como referiu Carlos Sousa e Silva, em seu artigo sobre poesia e mitologia.

Assim, sob esta perspectiva, está a imanência da cultura clássica e da paixão de Sophia pelo mundo grego, assim como a escolha de seus poemas que evocam a mitologia. Trazemos aqui algumas das considerações de Carlos Sousa Silva sobre o tema referido que podem corroborar esta predileção de Sophia pelos gregos, pela fundamentação de sua poesia: "(...) a explicação de origem de mito coincide, quase rigorosamente, com as primeiras concepções de *ars poetica* e que, na sua raiz, mitologia e poesia são igualmente sagradas, e quem as representa, o poeta, um deus".[14] Ainda para Carlos Sousa Silva, "A poesia é filha da Mitologia (...) mas, ao mesmo tempo, é mãe daquela (...)".[15]

[8] Ibid., p. 363.
[9] Ibid., p. 364.
[10] Idem.
[11] Ibid., p. 365.
[12] Sophia de Mello Breyner Andresen, *Obra poética/ Sophia de Mello Breyner Andresen*, Rio de Janeiro: Tinta-da-china, 2018, p. 19.
[13] Carlos Sousa e Silva, "A poesia, A e ff da mitologia – Das origens poéticas do mito à mitificação da poesia", *Boletim de Estudos Clássicos*. Disponível em: <https://impactum-journals.uc.pt/bec/article/view/522>. [Informar data de acesso]
[14] Ibid., p. 29.
[15] Ibid., p. 30.

Da plêiade das referências mitológicas femininas presentes na obra poética de Sophia, selecionamos alguns poemas da coletânea de *Coral e outros poemas*, selecionada e apresentada por Eucanaã Ferraz. E iniciamos por "Níobe transformada em fonte" (adaptado de Ovídio), que pertence à primeira obra de Sophia, *Poesia*, publicada em 1944. Na trágica história, Níobe, rainha de Tebas, desafia a deusa Latona, impedindo que o a povo cultuasse, por se considerar muito superior a ela. A razão maior de seu orgulho eram os sete filhos e sete filhas que possuía, ao contrário da deusa, que só tinha dois, e, ainda mais, acreditava que a Deusa Fortuna nunca iria desampará-la, por ser aquinhoada com tanta sorte. Mas, ao despertar a ira de Latona, Níobe tem todos os filhos assassinados e se torna apática com tamanho sofrimento.

Na segunda estrofe do poema, temos a transformação da orgulhosa Níobe em pedra: "Mas os olhos de pedra não esquecem. / Subindo do seu corpo arrefecido/ lágrimas lentas rolam pela face,/ lentas rolam, embora o tempo passe".[16] A passagem da alegria confiante para a dor intensa emudece Níobe. Transformada em pedra interna e externamente, seus olhos continuariam a verter lágrimas, em tributo a uma dor sem fim.

O segundo poema selecionado, "Eurydice", com remissão ao mito de Orpheu e Eurydice, aparece inicialmente na obra *Dia do mar*, de 1947, mas será recorrente em outras obras da escritora. Comentaremos todos em sequência, "simulando uma unidade temática". A perda e a morte também assombram este mito, que se inicia com o inesperado falecimento de Eurydice, picada por uma cobra, e com Orpheu, seu amado, inconformado. Desesperado, vai até os portões de Hades, onde a nenhum mortal era permitido entrar. Porém, com a música inebriante de sua lira, encanta o severo barqueiro Caronte, sendo transportado até o mundo das sombras. Lá chegando, convence Hades e Perséfone a deixar que Eurídice retorne com ele ao mundo dos vivos, mas sob a condição de não olhar para trás, enquanto subisse para o mundo superior, em companhia de Eurydice. Mas, atormentado pela dúvida, Orpheu não resiste, não cumpre o que prometeu e perde a amada, que vai desaparecendo com os braços estendidos para ele.

A última estrofe do poema traz o espectro da amada Eurydice: "Veio com ar de alguém que não existe, / Falava-me de tudo quanto morre/ E devagar no ar quebrou-se, triste/ De ser aparição, 'água que escorre'".[17] Neste último verso, surge a presença, mais uma vez, da água que escorre, como contínua perda.

---

[16] Sophia de Mello Breyner Andresen, *Coral e outros poemas*, p. 54.
[17] Ibid., p. 74, destaques meus.

Em *No tempo dividido*, de 1954, entre os nove poemas intitulados de "Poemas de um livro destruído, o segundo é "Eurydice". O eu lírico se dirige à eterna amada, utilizando a sua pena para mantê-la próxima, como descreve nos versos da primeira estrofe: "Este é o traço que traço em redor do teu corpo amado e perdido/ Para que cercada sejas minha".[18] Na segunda parte da obra, nomeada com o mesmo título, "Tempo dividido", temos o "Soneto de Eurydice", e, inversamente, é Eurydice que está à procura de Orpheu no mar – elemento marcante da poesia de Sophia – mas só encontra o silêncio. Os três últimos versos da segunda estrofe, "E deixei de estar viva e de ser eu/ Em procura de um rosto que era meu/ O meu rosto secreto e verdadeiro",[19] traduzem esta frustração, a angústia de Eurydice, ou do eu lírico, na busca pela completude.

Em *Dual*, de 1972, o poema "Eurydice", composto por quatro versos, já revela distanciamento e ruptura: "O teu rosto era mais antigo do que todos os navios/ No gesto branco das tuas mãos de pedra/ Ondas erguiam seu quebrar de pulso/ Em ti celebrei minha união com a terra".[20] O rosto de Eurydice já se distanciara e suas mãos se tornaram pedra, sem vida, e Orpheu já retornou à terra, a um novo ciclo.

Os últimos poemas que contemplam o mito de Orpheu e Eurydice estão no segundo "andamento" de *Musa* de 1994, nome dado à divisão da obra em suas três partes. No primeiro, "Orpheu e Eurydice", temos um dístico: "Juntos passavam no cair da tarde/Jovens luminosos muito antigos".[21] O primeiro verso sugere a atualização do par mítico, embora, no segundo verso, a palavra "antigos", se contraponha à luminosidade do amor entre os jovens sugerido pelo poema. O segundo poema, "Eurydice em Roma", assinala o protagonismo de Eurydice. Nos dois primeiros versos, ela ouve a música de Orpheu: "Por entre clamor e vozes oiço atenta/A voz da flauta na penumbra fina",[22] mas continua sem olhar para trás, como revelam os últimos dois versos do poema: "Intensa absorta – sem se virar para trás – / E já separada – Eurydice caminha".[23] A aliteração das sibilantes e os travessões marcam a cadência desta mudança de "Eurydice". Seria a razão desta mudança a palavra Roma, como um anagrama de AMOR?

---

[18] Ibid., p. 102.
[19] Ibid., p. 111.
[20] Ibid., p. 232.
[21] Ibid., p. 336.
[22] Ibid., p. 337.
[23] Idem.

Concluindo nosso trabalho, retornamos à seleção inicial dos poemas da antologia, e destacamos dois deles que aparecem intercalados na "sequência" de Orpheu e Eurydice. São eles, "Penélope" e "As três parcas".

Em "Penélope", o mito da lendária esposa fiel e paciente é recriado em quatro versos: "Desfaço durante a noite o meu caminho/ Tudo quanto teci não é verdade,/ Mas tempo, para ocupar o tempo morto,/ E cada dia me afasto e cada noite me aproximo".[24] Da mulher sempre à espera, a fiar o seu destino, ela, astuciosamente, refaz a matéria deste tempo despendido nas tessituras que o destino lhe impôs, enigmaticamente sugerido pela marca da contradição do último verso: dia/noite, afasto/aproximo.

Porém, em "As três parcas" surgem as deusas do Destino, as fiandeiras, representadas pelas três figuras míticas, Cloto, que puxa o fio da existência; Láquesis, que desenrola este fio; e Átropos, a quem cabe cortá-lo, ou eliminá-lo.

A recriação do mito no soneto aponta para a inflexibilidade do destino comandado por estas figuras equivalentes às Meras ou *Moiraí* gregas, personificações do destino individual, e da parcela que toca a cada um, ligadas à "Moira universal, senhora inconteste do destino de todos os homens".[25]

No primeiro quarteto, o destino é a "trama" que desconhecemos, tecida pela ingenuidade, que nos impedirá de atingir os cumes da existência, ou evitar as situações que somente as deusas do destino conhecem: "As três Parcas que tecem os errados/ Caminhos onde a rir atraiçoamos/ O puro tempo onde jamais chegamos/ As três Parcas conhecem os maus fados".[26] O segundo quarteto confirma a constatação destes "fios" que nos prendem em nossas equivocadas escolhas, na cegueira que conduz a dominação deste destino: "Por nós elas esperam nos trocados/ Caminhos onde cegos nos trocamos / Por alguém que não somos nem amamos/ Mas que preso nos leva e dominados".[27]

O primeiro terceto é a condenação, encenada através da negação repetida: "E nunca mais o doce vento aéreo/ Nos levará ao mundo desejado/ E nunca mais o rosto do mistério".[28] O segundo terceto dá continuidade a este fado ou destino que já estava escrito, apesar de ser acenado pelos deuses para que persigamos

---

[24] Ibid., p. 292.
[25] Junito de Sousa Brandão, *Dicionário mítico-etimológico da mitologia grega*, Petrópolis: Vozes, 1991, p. 141.
[26] Sophia de Mello Breyner Andresen, op. cit., p. 125.
[27] Idem.
[28] Idem.

um caminho: "Será o nosso rosto conquistado/ nem nos darão os deuses o império/ Que à nossa espera tinham inventado".[29]

Assim, neste ato de "fiar/narrar", onde tudo vive e morre, moram os inúmeros mitos da poesia de Sophia, que atravessam os mares de suas palavras e emergem no "mundo sensível da inspiração" de cada leitor e/ou leitora. Como no texto de Teresa Furtado que encontramos; na escolha das figuras femininas que percorremos aqui e em muitas obras de autores de que gostaríamos de falar. E como afirmou Eucanaã Ferraz, organizador e apresentador da antologia, "A poesia de Sophia está entre nós, concreta e viva. É uma *voz*, vem de uma natureza – um corpo – que nunca se repete (...) na qual o particular e o coletivo se reconhecem num tecido sem fissuras".[30]

Angela Maria Rodrigues Laguardia é doutora em Estudos Portugueses pela Universidade Nova de Lisboa, mestre em Teoria da Literatura pela Universidade Federal de Minas Gerais (UFMG) e possui o Curso de Especialização em Literatura Brasileira (Prepes) pela Pontifícia Universidade Católica de Minas Gerais (PUC-MG). É membro do Grupo de Pesquisa Letras de Minas/ Mulheres em Letras da Fale/UFMG e do Centro de Literaturas e Culturas Lusófonas e Europeias da Faculdade de Letras da Universidade de Lisboa (Clepul). Autora das obras *Fazes-me falta de Inês Pedrosa: uma alegoria contemporânea da "saudade"* (2012) e *Aproximações: Clarice Lispector e Inês Pedrosa* (2017).

---

[29] Idem.
[30] Ibid., p. 17.

Toda a vida vivida

• Carlos Mendes de Sousa •

I

O título do meu texto é uma citação de Sophia de Mello Breyner Andresen encontrada num dos seus contos, "Praia", que biograficamente recorta um tempo preciso: os dias da juventude passados na praia da Granja. Em entrevistas e em testemunhos autobiográficos, Sophia refere um dos seus grandes amigos, José Zarco da Câmara, o conde da Ribeira Grande, como inspirador e personagem deste seu texto de *Contos exemplares*. Encontramos no arquivo de Sophia (Biblioteca Nacional de Portugal),[1] um dos primeiros esboços deste conto que recria a vivência das noites de verão num clube da Granja, a Assembleia. O esboço é antecedido de um relato na primeira pessoa, situado na célebre casa onde, desde a infância, Sophia passava as longas férias do verão. A vivência do espaço apresentada no fragmento aproxima-se daquilo que, alguns anos mais tarde, aparecerá no maravilhoso texto "A casa do mar".[2] Contrariamente à dominante claridade diurna deste conto de *Histórias da terra e do mar*, no fragmento acima referido há uma preponderância da claridade lunar: "Naquela noite quente de verão o mar estava espantosamente azul e tudo sob o luar parecia magnetizado e suspenso. Todas as noites eu ficava muito tempo na varanda."[3]. Um curto parágrafo destaca a presença do relógio que bate as horas dentro da casa. O movimento para o interior é profundamente marcado pela exaltação que o exterior (o mar) oferece e que conduz à suspensão do tempo e da morte: "Julgava ter em frente um prazo ilimitado de demora suspensão e escolha. // Dentro do quarto reinava a felicidade do verão. As paredes eram caiadas, o chão esfregado. Cheirava a coisas

---

[1] Agradeço a Maria Andresen de Sousa Tavares, responsável pela organização do espólio de Sophia, a autorização para consultar e trabalhar o material deste acervo. Agradeço igualmente à doutora Fátima Lopes, da Biblioteca Nacional de Portugal, o apoio dada na referida consulta.
[2] Sophia de Mello Breyner Andresen, "A casa do mar", in *Histórias da terra e do mar*, Lisboa: Assírio & Alvim, 2013, p. 71-84.
[3] "Naquela noite quente de verão" incipit, Espólio Sophia de Mello Breyner Andresen, Biblioteca Nacional de Portugal.

limpas a mar e a cravos. // Os homens procuram a felicidade – diz-se. Eu creio que a encontrei ali, naquele tempo em que eu vivia com tudo. E o mundo parecia aceso e povoado de presenças translúcidas."

Parto daqui para inscrever a minha intenção de leitura em torno de um sentido óbvio: a obsessiva busca da unidade que, em Sophia, coloca a vida no centro dessa demanda. Lemos num dos seus últimos poemas (publicado na revista *Relâmpago* e integrado na *Obra poética*): "Quem me roubou o tempo que era um / quem me roubou o tempo que era meu / o tempo todo inteiro que sorria / onde o meu Eu foi mais limpo e verdadeiro / e onde por si mesmo o poema se escrevia." Do primeiro ao último livro (seja poesia, ficção ou ensaio) impõe-se o extremo sentido de unidade. Em "O jardim e a casa", que integra o primeiro livro, *Poesia*, já líamos: "Trago o terror e trago a claridade, / E através de todas as presenças / Caminho para a única unidade."[4]

É nesta linha que Sophia, quando conhece Ruy Cinatti, o entrevê como um "guru". Porque "mestre é aquele que reconhece a unidade entre a poesia e a vida."[5] Uma das mais poderosas recorrências na obra da poeta é justamente essa aspiração: "Nem deixes que o poema te adie ou divida: mas que seja / A verdade do teu inteiro estar terrestre".[6]

II

Existe em Sophia uma tensão dialéctica determinante: uma obra que se pretende liberta do tempo e dos espaços, mas que está intrinsecamente ligada ao tempo transcorrido, à vivência dos lugares. Sendo das mais depuradas, no seu recorte clássico, a obra é, em simultâneo, das mais intensamente centradas em vivências pessoais da autora. Uma paisagem mitológica torna-se-nos familiar a partir dos lugares recorrentes. Nesse quadro, as casas assumem um particular relevo. No conto "O silêncio"[7] é espantosamente fotográfico o quadro referencial que nos leva ao reconhecimento da casa da travessa das Mónicas. Joana, a protagonista (curiosamente um nome repetido em muitos esboços ficcionais inéditos, onde se pode entrever um alter-ego de Sophia), integra uma ordem que a qualquer momento pode sofrer um abalo.

---

[4] Sophia de Mello Breyner Andresen, *Poesia*, Lisboa: Assírio & Alvim, 2013, p. 56.
[5] "Cinatti", Espólio Sophia de Mello Breyner Andresen.
[6] Sophia de Mello Breyner Andresen, "A casa térrea", in *O nome das coisas*, Lisboa: Assírio & Alvim, 2015, p. 64.
[7] Sophia de Mello Breyner Andresen, "O silêncio", in *Histórias da terra e do mar*, Lisboa: Assírio & Alvim, 2013, p. 61-68.

Com efeito, a união do ser com o universo não anula a dimensão misteriosa e violenta do real. A primeira parte do livro *Dual* (intitulada "A casa")[8] é a impressionante dicção de uma ferida – a morte da mãe (em novembro de 1967); a perda insta o contínuo movimento para a recuperação que encontra na poesia o impulso redentor. Numa carta a Jorge de Sena, de 31 de dezembro de 1967, um mês depois, escreve: "A minha Mãe estava para mim ligada à raiz de coisas essenciais: é uma das raras pessoas que aparece nos três primeiros livros onde quase só há árvores e praias".[9] Encontramos diversos testemunhos de Sophia, no ano de 1968, que dão conta do abalo e também da crença de que a poesia "ajuda a viver no eterno".

A centralidade da figura materna é explicitada num apontamento inédito escrito em francês que começa assim "L'aîné était beaucoup plus agé que moi (...)"[10]. Aí se lê: "A minha Mãe foi para mim um modelo humano exemplar absoluto. A sua inteligência era íntima e maravilhosamente justa. // Eu vivia num meio onde se falava muito pouco de política. A minha Mãe foi a primeira pessoa que me ensinou o dever da justiça e o dever da revolta. E foi ela que me ensinou a desprezar o fascismo e a desprezar a falsidade dos valores oficiais. // Os dois amigos a quem eu lia os meus poemas [António Cálem e José Zarco da Câmara] e a minha Mãe influenciaram profundamente a minha adolescência. Eles foram a minha universidade real. Eles foram os meus Sócrates." (tradução livre).

O poema é na origem a afirmação de um dizer que ancora numa linha materna em que se destacam figuras fundadoras: Laura, a criada associada ao momento inaugural da descoberta da poesia de tradição oral (importa lembrar também que Laura ficou com a letra igual à da mãe de Sophia, que a ensinou a escrever); o avô materno, que a levou a decorar Camões e Antero; José Zarco da Câmara, o amigo mais velho a quem, na juventude, lia os poemas que escrevia e que era próximo da mãe. Todas a presenças vão ter a esse lugar que expande a voz (e a letra) da mãe. *A menina do mar* partiu de uma história que lhe fora contada pela mãe; e na infância, no Natal, a história dos Reis Magos, tão importante no imaginário de Sophia, era-lhe contada pela mãe, enquanto o pai fazia o presépio, na rua António Cardoso, antes de se

---

[8] Sophia de Mello Breyner Andresen, "A casa", in *Dual*, Lisboa: Assírio & Alvim, 2013, p. 19-26.
[9] *Sophia de Mello Breyner Andresen & Jorge de Sena. Correspondência 1959-1978*, Lisboa: Guerra & Paz, 2006, p. 97.
[10] "L'aîné était beaucoup plus agé que moi" [incipit], Espólio Sophia de Mello Breyner Andresen.

dirigirem para a ceia na casa da avó, na quinta do Campo Alegre, ali ao lado. E sabe-se também da importância da biblioteca de Maria Amélia de Mello Breyner Andresen na formação de Sophia.

III

"A casa do mar"[11] é uma das mais extraordinárias figurações do poético na obra de Sophia. A narração na terceira pessoa implica um distanciamento que, paradoxalmente, comporta uma intensificação. O uso do presente do indicativo aponta para um reforço da intemporalização, levando a cena para fora do tempo contingente. A culminação manifesta-se num assinalado processo de transferência – a casa animiza-se e, nesse processo, conforma-se a própria figuração da poeta e da poesia: "aberta e secreta, veemente e serena", "atenta a cada coisa". É do aposento onde se adivinha a presença da mãe que se passa para o quarto onde o perfume dos cravos na jarra se funde com o cheiro do mar. É aqui que, na mesa, emergem os poemas dentro dos cadernos de capa de oleado preto.

Existem vários planos que importa considerar em torno do propósito revisitador, de âmbito memorialístico. É a Granja que abre para o mundo dos jardins da casa do Campo Alegre. Existe um obstáculo, na história da família: a casa grande foi fechada, E, no entanto, a barreira transforma-se em abertura: "cada quarto parecia o palco duma tragédia que na verdade acontecia"[12]. O problema (a despossessão da casa) configura um dos caminhos que leva ao encontro com a poesia: a casa passa a ser celebrada no seu exterior. Habitar a casa passa a ser vivê-la poeticamente do lado de fora: "Agora a casa estava fechada, inabitada. Ver as suas altas janelas com as portadas fechadas por detrás dos vidros era para mim sossego e liberdade. Agora eu entrava livremente pelo portão de ferro e a quinta deserta era minha, era o meu reino. A casa dormia o sono dum dragão que não me tinha devorado, e eu caminhava cá fora, no mundo do exterior, no mundo exposto ao sol e ao vento, no mundo das coisas nuas que se mostram, no mundo em que eu acreditava, no mundo que era para mim a verdade, no mundo com o qual eu queria ser um."[13]

---

[11] Sophia de Mello Breyner Andresen, "A casa do mar", in *Histórias da terra e do mar*, Lisboa: Assírio & Alvim, 2013, p. 71-84.
[12] "A casa estava fechada há já três anos" [incipit], Espólio Sophia de Mello Breyner Andresen.
[13] Id. Ibid.

Em *O nome das coisas*, o poema "O palácio" traduz essa realidade tensiva.[14] E todas as aparições da casa desmesurada conduzem à ultrapassagem do aprisionamento. É o que acontece no livro *A noite de Natal*:[15] a presença salvífica está do lado de fora; ou em "Saga", onde caminho que se impõe é o da abertura: o cais, o mar.[16] É por isso que no universo de Sophia é da Granja que tudo parte. No pequeno microcosmos é revelada a imensidade. Nos anos 1950, Sophia confessava a Alberto Lacerda que aquilo que ela apreciava na sua própria poesia era o ter captado um pouco do que é a Granja.

A habitação plena ocorre quando se abre o espaço, quando a casa se funde com a natureza, quando por fim os jardins, a quinta, os pinhais, se encontram com o mar. Se, por um lado, a memória sustenta a criação de grande parte da obra poética de Sophia, por outro lado, a rememoração assume também uma notável expressão explicitadora nos textos narrativos da autora. Num relato autobiográfico sobre a Quinta do Campo Alegre, Sophia enquadra o belíssimo poema "Paisagem", do seu primeiro livro,[17] numa leitura que não o restringe mas que o suplementa, reforçando a dimensão fusional que admiravelmente traz o mar para o jardim. O mar torna-se presente e a clareira devém figuração da paisagem poética primordial:

> Na clareira do pinhal cresciam cerrados os fetos que em pequena me chegavam aos ombros e formavam uma grande massa verde ondulada, onde eu e os meus irmãos pretendíamos tomar banho de mar. Mergulhávamos nos fetos como em ondas, fingíamos nadar, o que nos divertia infinitamente e me punha em grande estado de euforia – saltávamos, ríamos, mergulhávamos entre as folhas ásperas dos fetos, rente ao perfume da terra. Lá em cima baloiçavam as grandes copas dos pinheiros mansos. De repente passavam bandos de pássaros. Estalavam ramos, tudo estava cheio de murmúrios. Ao longe agitava-se o mar brilhante e o friso branco das espumas. Tomar banho nos fetos do pinhal como tomar banho de mar na praia, era a nossa união com a fidelidade do terrestre.[18]

---

[14] Sophia de Mello Breyner Andresen, "O palácio", in *O nome das coisas*, Lisboa: Assírio & Alvim, 2015, p. 45-46.
[15] Sophia de Mello Breyner Andresen, *A noite de Natal*, Porto, Figueirinhas, s/d.
[16] Sophia de Mello Breyner Andresen, "Saga", in *Histórias da terra e do mar*, Lisboa: Assírio & Alvim, 2013, p. 87-123.
[17] Sophia de Mello Breyner Andresen, "Paisagem", in *Poesia*, Lisboa: Assírio & Alvim, 2013, p. 54.
[18] Sophia de Mello Breyner Andresen, "A casa desmedida", *Revista Ler*, dez. 2012, p. 37.

Esta mesma imagem aparece num dos livros para crianças, onde fabulosamente encontramos a descrição destes jardins, do parque e do pinhal, transportados para uma esfera maravilhosa e interventiva. Refiro-me ao livro *A floresta*. No início do texto, no quadro da extraordinária expressão poética e rítmica da prosa de Sophia, é-nos dito que a protagonista, Isabel, "caminhava entre o trigo, que era como um doce mar, aéreo e leve".[19]

IV

Num pequeno texto intitulado "Falar do que vi", ao apontar coisas que foram essenciais à sua arte, Sophia convoca a metáfora da casa, quando rememora o primeiro encontro com a poesia de Camões, pela mão do avô materno, Thomaz de Mello Breyner. A aprendizagem da língua é indissociável desse encontro com a poesia, entrevista como casa dos sons: "Camões parecia-me um palácio de vidro, transparente luminoso atravessado por uma luz doirada. (...) A linguagem de Camões, a sua musicalidade, a sua nitidez, a maravilhosa modulação das vogais confundiram-se para mim com a própria língua que falo."[20]

Remontando a esses primeiros anos da revelação da poesia, importa dar conta de um testemunho que não aquele que, na primeira pessoa, Sophia nos revela em impressivas artes poéticas. Trata-se de um singular ponto de vista exterior. Poucos hoje conhecerão o nome e a obra de Maria Madalena Martel Patrício. É muito acertada a afirmação de Eduardo Lourenço, quando refere em algumas entrevistas que, quando muito, o que ficará de quase todos nós é uma simples nota de rodapé. Quando se dá o caso de ficar. Sobre esta autora a nota – que mesmo assim escapará, pois talvez tenha sido necessário um artigo há algum tempo no jornal *Expresso* a lembrá-lo, para de novo sobre ela cair o véu do esquecimento – é o facto de ter sido a única mulher portuguesa nomeada (14 vezes!) para o Prémio Nobel da Literatura. Madalena Martel Patrício escreveu uma crónica sobre Sophia que foi publicada no Jornal *O Comércio do Porto*. O que causa espanto, desde logo, é a data: 20 de dezembro de 1924. Sophia tinha cinco anos acabados de fazer. A crónica recebe o nome "A Chicha" (o "petit nom" de Sophia) e é dedicada a "Maria de Mello Breyner Andresen, mãe da Chicha".

Poder-se-ia pensar num retrato meramente exterior, de feição mundana, numa secção com o título "Mulheres e crianças". Sim, não deixa de o ser, mas é

---

[19] Sophia de Mello Breyner Andresen, *A floresta*, Porto: Figueirinhas, s/d, p. 5.
[20] Sophia de Mello Breyner Andresen, "Falar do que vi", *Revista Ler*, ago-set 1990, Espólio Sophia de Mello Breyner Andresen (BNP).

muito mais do que isso. Não deixa de o ser porque o retrato da criança é o retrato de uma neta dos condes de Mafra; o recorte de jornal arquivado por Thomaz de Mello Breyner tem uma dedicatória manuscrita da autora: "Para os meus amigos condes de Mafra".[21] Lateralmente, pela letra do avô de Sophia, encontramos esta nota: "Esta 'Chicha' ou 'Xixa' aqui celebrada com bondade, talento e carinho pela cultíssima D. Maria Magdalena Trigueiros de Martel Patrício vem a ser uma das minhas netas, a mais velha do Porto." Dado tratar-se de um texto muito pouco conhecido e bastante revelador do ponto de vista do seu contributo para a biografia poética de Sophia, gostaria de lhe dar aqui um particular destaque em duas citações extensas.

Sublinho alguns aspectos que suscitam atenção. Sobre a criança de que se fala recai uma projecção iluminadora, quando a crónica é lida hoje, na distância dos anos, depois de conhecido o percurso da poeta. Poder-se-á falar de uma espantosa e clarividente antevisão. A criança não aparece a declamar poemas, de modo convencional, abrilhantando saraus ou reuniões familiares, na linha dos salões do século XIX. O retrato mostra um processo criativo em termos muito expressivos. Antes de tudo, o destaque dado ao olhar e ao fascinado modo de encontrar a beleza das coisas: "a Chicha é poetisa... é poetisa sem fazer versos porque há muitos poetas que não fazem versos e muita gente que faz versos e não é poeta! // A Chicha sabe ver com os seus grandes olhos azuis a beleza das coisas. A Chicha olha para o céu, para o mar, para a chuva caindo crepitante nas vidraças, para os pinhais, para uma jarra de faiança com as últimas rosas do outono, para uma colcha antiga estampada de passarões coloridos em fundo azul, e com os seus grandes olhos azuis profundos e sonhadores apreende a beleza, o encanto, a graça, o mistério das lindas coisas que viu (...)". Seguidamente, é-nos dado a ver o processo da criação, o dizer poético, pela via da concentração: "Esconde então a cabecinha nas mãos para não ser distraída na sua meditação e vai compondo, à maneira de uma composição musical, a que servem de *leit motifs* as coisas que impressionaram os seus olhos e a sua almazinha, um poema em prosa. // Recita-o, alheia à gente crescida que a rodeia, recita-o para ela, com o dedinho indicador marcando no ar o compasso da sua prosa, com os olhos azuis vagueando longe do mundo, embalando-se na sua vozinha arrastada a que ela tenta dar uma entoação de verso e de canção (...) // Na composição dos poemas da Chicha, entram como motivos obrigatórios fadas vestidas de platina e setim, flores, o céu, o mar, criancinhas pobres esfarrapadas, chuva muito escura, santos e anjinhos.

---

[21] Agradeço ao Prof. Doutor Gonçalo Vasconcelos e Sousa, o ter-me dado a conhecer este documento do arquivo de D. Thomaz de Mello Breyner e a sua cedência para ser aqui apresentado.

// Nos seus poemas a que podemos também chamar manchas da pintura de um esquisito futurismo, há sempre bocados de histórias que ela ouviu contar, de versos que lhe leu a mãe, de estampas do Abezinho, de frases e de palavras que a impressionaram e lhe ficaram no ouvido."

Num texto em que fala dos "diversos entendimentos da poesia" por si partilhados ao longo da vida, Sophia detém-se, a dada altura, numa memória dos tempos da aprendizagem no Colégio, para destacar uma anotação feita num dos cadernos escolares, acrescentando-lhe, no presente da escrita, uma frase de Francis Ponge. Estas frases dialogam com o retrato feito por Madalena Martel Patrício, complementando-o numa leitura totalizadora sobre o modo de entender, vivenciar e criar o poema: "Quando eu era muito nova, ainda estava no Colégio, escrevi em latim, no meu caderno de latim: 'Opus est mihi versus facere ne fa scire quod'. É-me necessário fazer versos, é-me vedado saber porquê. // Ao fim de muitos anos continuo fiel a estas palavras que não são argumento nem teoria nem definição mas só constatação. //Apenas lhes acrescentarei uma frase do poeta francês Ponge a qual frase também não é definição nem argumento mas só constatação: 'A diversidade do mundo exterior é aquilo que me constrói'."[22]

A afirmação da beleza é encontrada na amplidão – numa sintonia absoluta com a respiração infinita do universo. O que parece ser um propósito de pendor romântico tem um alcance muito vasto, que visa uma totalização, uma busca de unidade essencial perseguida pela via da despersonalização: "Eu penso que todo o poema é dado por uma atenção que é atenção ao mundo e não atenção a nós próprios. A arte é um espelho mas onde o artista vê não o seu rosto mas aquilo que viu e que lhe é exterior."[23]

V

Num dos muitos textos sobre a sua memória do Porto, Sophia refere que foi nesta cidade que, na "ilimitada disponibilidade interior da adolescência", sonhou "as cidades distantes".[24] O impulso da viagem confere à obra um sentido de abertura que se manifesta desde o princípio e que amplamente projecta o desejo de integração da palavra na *physis*. Também aqui encontramos episódios e relatos fundadores. Veja-se o acesso privilegiado ao escritório do avô materno, neste caso em Lisboa, "um lugar de espanto e maravilhas", onde

---

[22] "Na realidade creio que todo o artista só consegue escrever" [incipit], Espólio Sophia de Mello Breyner Andresen.
[23] Id. Ibid.
[24] "Nasci no Porto" [incipit], Espólio Sophia de Mello Breyner Andresen.

a impressionavam os mapas e um grande globo terrestre.[25] E quando começou os estudos no Colégio, no Porto, os dois pólos de atração que lhe abriam o mundo eram "as janelas que davam para o jardim e os mapas que cobriam as paredes".[26] Encontramos em *Mar novo*, um poema da memória desses dias no Colégio: "O mapa na parede desenhava / Verde e cor-de-rosa a geografia: / Aérea e dispersa eu vivia / No colo das viagens que inventava." Na poesia e na prosa, mesmo que afirme que "são duas navegações diferentes", acima de tudo é necessário viver para escrever.[27]

Em palavras inscritas em diários e cadernetas de viagens, a par da precisão informativa irrompe a todo o momento o registo poético (por exemplo, nas notas relativas a uma ida ao Louvre, a respeito da Vénus de Milo, entre indicações precisas sobre o pescoço e os pés da escultura surge um parênteses, uma impressão, como um verso: "– sorriso leve onde passa a sombra do desafio –").[28] As imagens captadas comportam sempre um movimento amplificador. Como quando paramos diante do mar movente. Como no ritmo que move o poema. É essa a força que, na imóvel contemplação no museu, torna vivificante o encontro. A preciosíssima arte poética que é *O nu na Antiguidade Clássica* revela isso mesmo: "a nossa primeira aprendizagem da Grécia não começou em nenhum livro erudito". A segunda edição deste livro apresenta um capítulo novo – "Os dois bronzes de Riace". Numa viagem programada à Sicília com amigos (João e Ana Maria Bénard da Costa, Helena e Alberto Vaz da Silva) impôs-se uma paragem em Reggio di Calabraia. Sophia escreveu num texto sobre esta viagem, depois da passagem por Roma: "No dia seguinte à tarde partimos para Reggio di Calabria para ver os 'Bronzes de Riace', as duas grandes estátuas de guerreiros que, em 1972, foram encontradas no mar da Calabria e que, para mim, eram o motivo fundamental da viagem. Já sobre elas tinha lido diversos textos e já delas tinha visto numerosas fotografias, sob todos os ângulos. Mas é preciso vê-las ao natural na sua dimensão, no seu espaço, na sua respiração, na força da sua matéria."[29]

Creio que a viagem mais marcante e de mais fundas implicações poéticas na obra de Sophia foi a sua primeira ida à Grécia em 1963, na companhia de Agustina e Alberto Luís. Existem imensas referências (cartas, diários, memórias,

---

[25] Sophia de Mello Breyner Andresen, "O meu Avô Thomaz de Mello Breyner", *Estudos Anterianos*, n. 11/12, abr.-out. 2003.
[26] "O meu primeiro dia de aulas", Espólio Sophia de Mello Breyner Andresen.
[27] Sophia de Mello Breyner Andresen, *Mar novo*, Lisboa: Assírio & Alvim, 2013, p. 35.
[28] "Diário de Viagem", Espólio Sophia de Mello Breyner Andresen.
[29] "Ida à Sicília: viagem", Espólio Sophia de Mello Breyner Andresen.

poemas) que testemunham o impacto deste encontro com o lugar. Mas essa viagem teve também um momento decisivo que foi a passagem por Itália, a qual se reflectiu claramente, em textos de Sophia, como por exemplo a publicação, no ano seguinte, de *O cavaleiro da Dinamarca*.[30]

Muitos anos mais tarde, o regresso a Veneza, em 1997, constituiria em vários planos uma importante revisitação (há inclusivamente interessantes depoimentos que dão conta desse impacto). Veneza conformará a expressão máxima da figuração de um momento do não-vivido, comportando em simultâneo uma dimensão resolutiva, no sentido da obstinada perseguição do um todo inteiramente vivido. Com Veneza como que se procurará dar voz a uma fugaz e interrompida paixão por um conhecido pianista checo de origem judia, de passagem por Portugal, Rudolf Firkušný, que Sophia conheceu num concerto no Porto, na sua juventude, e que lhe foi apresentado por Helena Sá e Costa (depoimento que me foi concedido nos anos 1980 por Alberto de Lacerda). A cidade italiana é um lugar que idealisticamente proporciona o acolhimento da expressão de vivências, encontradas e desencontradas. É o caso da peça *O colar*,[31] onde deparamos com uma belíssima materialização poética transposta para esse cenário. Luis Miguel Cintra, que acompanhou de perto a escrita da peça e dialogou com Sophia, leu-a admiravelmente. E com clareza disse que Vanina era uma projecção de Sophia jovem, assim como a Condessa Zeti era também Sophia nos últimos tempos.[32] Na curta peça inédita "Ana e Igor" (que me foi revelada por Maria Andresen), embora não existam enquadramentos espaciais referenciáveis, eu entrevejo o esboço daquilo que teve um desenvolvimento em *O colar*.

VI

Na poesia e também na ficção de Sophia de Mello Breyner Andresen, impõe-se a presença de vastos espaços que incorporam a respiração ilimitada do universo. A clareira, lugar intenso e intensificador, é uma das expressivas figurações do poético, como processo, mas também como ponto de chegada. Entre tantos exemplos, destaco, nos contos para crianças, a clareira da alegria onde se realiza a festa, em *O rapaz de bronze*; no livro *A floresta*, a clareira como fecho libertador; ou na *A fada Oriana* e no *Cavaleiro da Dinamarca*, como culminação de processos iniciáticos.

---

[30] Sophia de Mello Breyner Andresen, *O cavaleiro da Dinamarca*, Porto: Figueirinhas, s/d.
[31] Sophia de Mello Breyner Andresen, *O colar*, Lisboa: Assírio & Alvim, 2003.
[32] Luis Miguel Cintra, Prefácio, in Sophia de Mello Breyner Andresen, *O colar*, Lisboa: Assírio & Alvim, 2003, p. 9-15.

E se o mar é entre essas presenças a assunção mais nítida das amplificações espaciais, relevem-se as extraordinárias formas de incorporação. Concretamente na casa, no poema. O espaço atento e o "silêncio imóvel" da casa tornam-se animados, quando "recebem em si a larga respiração oceânica que no quarto implanta seu tumulto ébrio e lúcido".[33] É essa mesma respiração marinha que impregna ritmicamente o poema.

O fim último do poema, que se escreve por si mesmo, é fundir-se com a natureza – como o vento que se confunde com o mar ou com o poço, quando os rodeia, e passa a ter o mesmo rosto, o mesmo som. É o próprio recuo despersonalizador, que esvazia e conduz ao poema: lugar vibrante e aceso como o quarto irradiante da casa do mar, em que tudo se suspende e reflecte.

A unidade encontrada na casa do mar, "um mundo" que comporta "em seu redor grandes espaços vazios, tumultuosos e limpos onde tudo se abre e vibra",[34] é a obsessiva busca do viver inteiro do poema. Esse é um dos princípios ordenadores da obra: seguir a linha onde os versos por si mesmo se escrevem. As leituras que convoquem a biografia implicam um diálogo com a proposição que a autora inscreveu nos versos de "Poema", em *Geografia* (o que não pressupõe qualquer forma de sujeição ou limitação hermenêuticas): "A terra o sol o vento o mar / São minha biografia e são meu rosto".[35] Por isso, Sophia persegue o princípio da despersonalização que comporta um vazio essencial e pleno: "Na realidade creio que todo o artista só consegue escrever na medida em que é capaz de inventar uma disciplina de despersonalização – na medida em que é capaz de se tornar uma página em branco, uma tela em branco ou o puro vazio de um silêncio total onde o poema a música ou o quadro se inscrevem eles próprios."[36] Por isso é que na casa do mar, no centro do quarto onde as palavras se alinham, se destaca "em frente do espelho, um espaço livre como um palco onde a luz, o nevoeiro e os gestos dançam".[37] Aí se aguarda que o poema acolha, em nitidez luminosa e sombra tumultuante, a vida toda vivida.

---

[33] Sophia de Mello Breyner Andresen, "A casa do mar", in *Histórias da terra e do mar*, Lisboa: Assírio & Alvim, 2013, p 83.
[34] Id., p.71.
[35] Sophia de Mello Breyner Andresen, "Poema", in *Geografia*, Lisboa: Assírio & Alvim, 2014, p. 107.
[36] "Na realidade creio que todo o artista só consegue escrever" [incipit], Espólio Sophia de Mello Breyner Andresen.
[37] Sophia de Mello Breyner Andresen, "A casa do mar", in *Histórias da terra e do mar*, Porto: Assírio & Alvim, 2013, p. 81-82.

Carlos Mendes de Sousa é professor na Universidade do Minho. Tem-se dedicado especialmente ao estudo da literatura brasileira e da poesia portuguesa moderna e contemporânea. Entre os seus trabalhos estão os livros *Clarice Lispector. Figuras da escrita* (2012) e *Clarice Lispector. Pinturas* (2013). Organizou a edição da Obra poética, de Sophia de Mello Breyner Andresen (2010, 2015). É co-diretor da Fundação Miguel Nava e da revista de poesia *Relâmpago*.

Navegar, derivar:
o dizer para ver de Sophia
• Carolina Anglada •

1

"A omnipotência do sol rege a minha vida enquanto me recomeço em cada coisa".[1] Assim Sophia de Mello Breyner Andresen inicia *Geografia*, com um fragmento intitulado "Ingrina", nome de uma pequena e discreta praia situada na Vila do Bispo, ao sul de Portugal, que, na altura, ainda mantinha a característica do intocado. Originalmente publicada em 1967, época em que a geopolítica portuguesa, mas também a de outros espaços de língua portuguesa, se caracterizava pela violação e pela invasão, a partir das diversas formas de ocupação, arbitrariedade e clausura também espacial, na figura de estados de exceção colonialistas, que avançavam em direção à potência, a obra, porém, decide, a partir da imagem de uma "pequena praia", de um "primeiro dia", e de um "primeiro espelho", guardar os movimentos de renascimento do mundo.

O que nos movimenta em direção à pergunta sobre a potência da poesia em atender, atravessar ou ultrapassar um cenário como o da ditadura salazarista, ao associar vida e onipotência, claridade e totalidade, regência e absoluto. Os numerosos títulos de livros e de poemas que referenciam cidades, campos, oceanos, marca de sua extrema habilidade em criar paisagens, ao longo dessa e de outras obras publicadas durante os mais de quarenta anos de regime, demarcam o percurso muitas vezes inebriado por uma luminescência a que a poética de Sophia se entrega, ainda depois de findado o Estado Novo. Não por acaso, clareza, transparência e nitidez compõem parte do vocabulário de sua fortuna crítica, atenta aos modos como a linguagem cria uma política da visibilidade, ou uma "poética

---

[1] Sophia de Mello Breyner Andresen, *Obra poética*, Rio de Janeiro: Tinta-da-china, 2018. p. 501.

do olhar",[2] em ressonância com outros poetas das imagens contemporâneos a ela como Eugénio de Andrade.

Essa geração, na perspectiva de críticos como Eduardo Lourenço, se situaria em um ponto de viragem da tradição da negatividade, colaborando para a afirmação de um movimento dos mais "impregnados de positividade",[3] singular pela forte confiança no dizer poético, de modo que nos versos da escritora portuguesa se vislumbraria, inclusive, uma possível reconciliação especular entre sujeito, mundo e linguagem, como em "Ingrina", cuja imagem é também a da "alegria do encontro".[4] Nesse sentido, Lourenço menciona uma busca não exatamente *pelo* mas *no* "espelho do mundo", por algo próximo a uma "evidência elementar".[5]

Mas seria esse instante solar, esse elementar simbólico, algo além, e mais possível, do que uma metáfora milagrosa? Como ler o banhar-se de graça senão como alegoria redimida, dado o contexto em que se situa? Se a luz é o que permite a visão, não é também a fragmentação alegórica que condiciona não só o olhar, mas também ser olhado pelo que não vemos? Ao entrarmos nesta fulgurância que é "Ingrina", percebemos como ela é inscrita por "sobre a areia sobre a cal e sobre a pedra",[6] isto é, por sobre uma superfície formada pelo ínfimo sem tamanho que é não só as coisas somadas, agrupadas, reunidas, mas também os *nomes das coisas*, por onde elas irradiam-se em diferença, nem sempre isentas do polemismo e da intrínseca negatividade de que fala Lourenço. Afinal, se não fosse pelo irradiação fulgurante do rigor de cada palavra, pelo fato de sermos olhados pelo que em todo nome nos olha e que só com o tempo vemos o que não víamos, "Quem ousaria dizer:/ Seda nácar rosa"?[7]

Ainda no fragmento de abertura de *Geografia*, a poeta escreve: "O meu reino é meu como um vestido que me serve."[8] Uma primeira leitura desse fragmento inaugural de *Geografia*, poderia sugerir, como dissemos, o espelhamento entre o corpo, a roupa como linguagem, e o reino como metonímia do universo, de modo que, em perspectiva, essas medidas se corresponderiam, interligando o império ao domínio solar, o movimento ao acontecimento, o querer dizer ao

---

[2] Caio Gagliardi, "O que é uma ânfora?", *Revista do* CESP, Belo Horizonte, v. 38, n. 60, p. 15, 2018.
[3] Eduardo Lourenço, "Para um retrato de Sophia", in Sophia de Mello Breyner Andresen, *Antologia*, Lisboa: Moraes Editores, 1975, p. 2-3.
[4] Sophia de Mello Breyner Andresen, op. cit., p. 501.
[5] Eduardo Lourenço, op. cit., p. 2.
[6] Sophia de Mello Breyner Andresen, op. cit., p. 501.
[7] Ibid., p. 576.
[8] Ibid., p. 501.

dito, o olhar à paisagem. A imagem aqui poderia ser a daquele "reino indiviso",[9] de que fala Eduardo Prado Coelho em um ensaio no qual dialoga inclusive com o texto de Lourenço. No entanto, a exatidão se faz às custas da repetição do pronome possessivo "meu" e do pronome pessoal "me", ressaltada a exigência da pessoalidade para toda relação entre justeza e justiça (aqui, referencio o crítico Manuel Gusmão no ensaio "Da evidência poética").[10] Em outras palavras: para se poder afirmar a justiça com propriedade, é preciso antes que a propriedade tenha sido fruto da busca por justiça. Vestir-se é, portanto, o medir-se da voz com o seu próprio *ethos*, da vestimenta com a vergonha de saber-se nu.

A imagem do vestido também corrobora a ideia de uma síntese, na medida em que veste a nudez, entrevista pelas descrições dos verões no Algarve e da presença de corpos resplandecentes a se banharem daquela mesma graça cintilante de Ingrina. No entanto, o nu, como expressão de um negativo não incluído, de uma condição até pouco pessoal porque sem participação, marcará um limite na experiência da potência absoluta. Recorro, neste caso, à perspectiva teológica de Giorgio Agamben para quem haveria não uma teologia da nudez, mas uma teologia da veste, afinal, o nu só apareceria como "privação da veste de graça e como presságio da esplendorosa veste de glória que os beatos receberão no Paraíso".[11] Um reino, como produto de um ato invariavelmente colonizador, precisa se ocupar dos corpos, e para isso se lança à conquista também desse estado em íntima relação com o desejo e com a natureza que é a nudez, mas que, por sua vez, responde pelo que se mantém inapreensível. Agamben nos diz "a nudez não é um estado, mas um acontecimento".[12] E um acontecimento resiste fortemente à colonização.

Nesse caso, a "positividade original" de que fala Lourenço parece encontrar uma turgidez ao banhar-se nas águas de Sophia. O nu da experiência originária não se oferece como possibilidade nem para a vivência nem para a evidência poética, como a poeta mesmo irá revelar em um poema posterior, nomeado de "No quarto", no qual reescreve: "A nossa vida é como um vestido que não cresceu conosco".[13] De um verso para o outro, o coletivo do mundo é adicionado ao

---

[9] Eduardo Prado Coelho, "Sophia, a lírica e a lógica", in *A mecânica dos fluidos: literatura, cinema, teoria*, Lisboa: Imprensa Nacional-Casa da Moeda, 1984, p. 128.
[10] Cf. Manuel Gusmão, "Da evidência poética: justeza e justiça na poesia de Sophia", *Tatuagem e palimpsesto: da poesia em alguns poetas e poemas*, Lisboa: Assírio & Alvim, 2010, p. 267-285.
[11] Giorgio Agamben, *Nudez*, Tradução Miguel Serras Pereira. Lisboa: Relógio D'Água, 2010, p. 74.
[12] Ibid., p. 81.
[13] Sophia de Mello Breyner Andresen, op. cit., p. 537.

pronome possessivo plural, dando a ver tanto o débito quanto a desarticulação em relação a um escrever que se propõe coletivo, mas que não se garante por pressupor ritmos distintos entre a justeza íntima e a justiça coletiva. A indivisão só se sustenta no mínimo da areia, da cal e da pedra de uma praia intocada, nas dimensões em que se percebe o mais exposto e o mais inacessível simultaneamente. O poder absoluto, a visão total, contrariamente ao que se espera, não une todos os homens em uma paisagem, mas separa-os, isolando-os em dimensões que tornam impraticável qualquer agir em comum, qualquer nudez ou natureza humana

Se a potência absoluta nos foi subtraída, ou subtrai-nos violentamente de nossas próprias possibilidades, antes mesmo de conjecturarmos sua inclusão no campo do imaginário ou da regência, o poema trabalha para recomeçar um reino que não existe antes da impotência ou da potência de não possuí-lo. Enquanto operação e acontecimento, é a memória e a partilha das riquezas e dos afetos inesperados e inacabados, além da exposição frente a uma nudez que a ultrapassa e lhe escapa, que importa à *Geografia* do poema, não a soma do que se buscava nos mapas terminados. Mesmo quando a poeta escreve, ainda em "Ingrina", "Perdi a minha memória da morte da lacuna da perca do desastre",[14] o poema é já experiência elegíaca de um dizer que não pode mais reinar univocamente, agregando-se plenamente ao dito ou ao visto. Não mais manejamos o que se mostra quando nos cobrimos, nem o que se esconde ao nos despirmos: sobre aquela claridade desejada como recomeço, pode a poeta, contudo, não ser clara.

Ainda que as palavras pareçam compor o corpo, prestando-lhe os seus serviços, elas, como vestidos, não se ajustam espontaneamente à nossa medida. Não decidimos em absoluto, tal como nas escolhas rítmicas da linguagem, pelo estilo – somos abandonados nessa ausência do nome da coisa, para que algo da nudez pese na "balança interior",[15] fazendo oscilar as relações que travamos com o reino ao mesmo tempo recordado e recriado, o reino repetido e o reino diferido. O próprio Lourenço se acerca desse espaço litoral entre a vestimenta e a nudez, entre a lembrança e a criação, consentindo com o inegável "mistério repassado de claridade".[16] O claro enigma poético assegura a prevalência do olhar sobre o olhado, assegurando dignidade e inteireza ao que jamais se descortina por completo, na medida em que o visível da *Geografia* não nos oferece o todo do possível, mas nos abre para a sempre hesitante decisão entre o nomear como ato de descobrir, e

---

[14] Ibid., p. 501.
[15] Ibid., p. 530.
[16] Eduardo Lourenço, op. cit., p. 1.

um encobrir inerente à posição do sujeito declinado e recomeçado na língua que fala por ele, antes dele, à sua revelia.

2

O ato de despir-se em Sophia será reiteradamente evocado, portanto, como contínuo variante entre um expor-se às palavras e ao movimento contínuo da visão, no desejo do encontro, e o reconhecimento de uma geografia como acontecimento que é também um descobrir do ser encoberto. Escreve a poeta, ainda nessa obra: "Não tenho explicações/ Olho e confronto/ E por método é nu meu pensamento".[17] A nudez, por mais diretiva que pareça ao pensamento, prometendo-lhe transparência e autoevidência, é o que não se dispõe ao conhecimento – descobrir-se é encobrir-se de outro modo. A perfeição se deseja às custas do próprio sentido, pois nesse momento já não se determina tanto a direção. No poema "Acaia", cujo título anuncia a pulsão para o Oriente, haja vista a referência à região da Grécia Ocidental, confessa-se: "Aqui despi meu vestido de exílio/ E sacudi de meus passos a poeira do desencontro".[18] Se a onipotência do sol força os versos à errância, a esperança de um encontro é já exílio no sentido de que é a criação de um lugar que não existe a não ser por derivação, aonde não se pode chegar senão alegoricamente. Não sabemos mais o caminho, não conhecemos mais a matéria nem falamos a mesma língua que os corpos quando eles se espelham. Assim, talvez o exílio não seja como um vestido, porque não é algo que se retira do corpo – o exílio é já a experiência da própria nudez impossível de ser alcançada, mas que suporta a pequena distância e a desejada contaminação entre encontro e conhecimento, nascimento e pertencimento, potência e recomeço.

Nessa seção de *Geografia*, cujo nome referencia o maior mar interior continental do mundo, o Mediterrâneo, a interioridade lírica se forma a partir da lógica das margens que desenha o contorno das águas, definindo a sua forma e o seu fluxo. A rigor, o que acontece no dístico anterior é exemplar desse movimento, em parte barroco, de manutenção de forças contrárias, mas mutuamente implicadas, que estabelecem uma relação intrincada entre continente e conteúdo, isto é, entre vazio e o que lhe dá forma. Em "Sunion", outro poema de "Mediterrâneo", a nudez é reiteradamente recoberta pela sua própria inviabilidade: "Na nudez da luz (cujo exterior é o interior)/ Na nudez do vento (que a si próprio se rodeia)/ Na nudez marina (duplicada pelo sal)// Uma a uma são ditas as colunas de Sunion".[19]

---

[17] Sophia de Mello Breyner Andresen, op. cit., p. 579.
[18] Ibid., p. 551.
[19] Ibid., p. 553.

Originária é portanto essa mecânica que indetermina caráter e destino, decisão e liberdade, na qual o nu da coisa não é ela mesma, mas uma relação entre passividade e atividade, olhar e ser olhado.

Este é o trágico da história que cumpre a sua promessa às avessas: Electra, Epidauro, Antinoos, Tolon, assim como Posseidon, figurado pela visita ao templo no Cabo do Sunião, convocam-nos para o espaço onde a dignidade aprendeu a conviver com o terror, onde a maior graça equivale ao obscurecimento. A busca pelas origens culmina no poema onde tudo começa, mas onde tudo também inacaba, o "Crepúsculo dos deuses", no qual se narra o momento em que o raiar do sol cede lugar ao apagamento dos "antigos deuses sol interior das coisas", fazendo emergir um "vazio que nos separa das coisas".[20] No princípio está este ponto a partir do qual há uma ligação imaterial entre as coisas e seus devires, em que nos tornamos "alucinados bebidos pela ausência",[21] ao mesmo tempo motivados e desencorajados pelo desejo.

Nesse sentido, a forma estática dos corpos das estátuas também não é reconhecida enquanto nudez, como se seu estado imobilizado nos revelasse o lugar da falta da graça, ou um "corpo sem glória",[22] que não é, porém, indiferente aos movimentos desejantes operados pela fantasia e pela imaginação. Assim, olhar esses corpos dos antigos deuses imortalizados é confrontar-se com o ritual ao mesmo tempo celebrativo e elegíaco dessa separação nem tanto original. Afinal, da Grécia, Sophia parte na seção seguinte de *Geografia* para "Brasil ou do outro lado do mar", um outro lado que não é tão outro assim, visto que a torção ou o giro assemelham as construções de Arthemis aos arranha-céus e aos coqueiros. Como um músculo alongado à beira de estirar-se, todos esses lugares ou imagens exiladas precisam se criar como origem para mostrar sua falta de originalidade e, portanto, as suas semelhanças com outros tantos lugares, assegurando a aproximação por alucinação e derivação. A dobra mostra, então, a sua máxima habilidade em fazer emergir pelo mar, ao mesmo tempo "muito novo e muito antigo",[23] Brasília sobreposta à Grécia, Lúcio Costa e Niemeyer a Pitágoras, de modo que o próprio poema é recomposto em termos de fazer durar o interminável, ou de recomeçar o tempo dividido. As curvas nivelam, as retas arredondam, e o espaço de navegação se refaz a cada verso, recriando o percurso e a relação entre imagem e dizibilidade, visão e sensibilidade, exílio e tradição. O mundo aqui

---

[20] Ibid., p. 560.
[21] Idem.
[22] Giorgio Agamben, op. cit., p. 75.
[23] Sophia de Mello Breyner Andresen, op. cit., p. 567.

não é só olhado, revelando a sua disposição para nos interpelar e fazer do ato de visão um ato de interpenetração.

3

No ritmo do verso de Sophia, observamos como o espanto da evidência e da paisagem poética não é exclusividade nem dos que se sentem abandonados na negatividade, descobertos portanto, nem dos que consideram as vestimentas apanágio contra a impotência – mas uma aventura na palavra que coloca em questão a existência. Como um de seus versos nos diz: uma viragem dos passos para o avesso. Se o tempo divide o poema entre a consciência de uma omnipotência interditada e o desejo por uma cognoscibilidade ilimitada, o dizer para ver de Sophia move-se entre as referências não reduzidas aos corpos ou aos mapas, surpreendendo-se com uma paisagem que regressa como acontecimento inesperado, tal como um filho pródigo.

No célebre poema "Lisboa", de *Navegações*, a poeta escreve: "Digo o nome da cidade/ – Digo para ver".[24] A palavra aqui é dita para que a imagem por vir da cidade, faça seu movimento de aparição junto ao "Seu conivente sorrir de intriga e máscara".[25] Essa encenação de um mostrar-se por sombra, de um aparecer camuflando que condiciona o aparecimento, é inerente ao "secreto rebrilhar de coisa de teatro".[26] Se o homem foi perdendo o terror do exterior ao criar a religião, a moral, a política, o dizer de Sophia nos reconduz, enquanto desejo, a um contato com o externo e com a existência que não se reduz à expectativa. Segundo Aristóteles, em sua *Metafísica,* é o espanto que dá origem ao filosofar, ao que comenta: "Ora, quem experimenta uma sensação de dúvida e de espanto, reconhece que não sabe".[27]

Os espelhos tão presentes em *Geografia* "nos refletem. Nunca nos decoram".[28] Eles também não nos possuem, afinal, o nu refletido nos devolve uma imagem de nós mesmo, que, a rigor, é apenas imagem do que não sabemos, imagem na qual já não nos reconhecemos, mas que diz da raridade de nossa existência. Como se a servidão ao ato da visão devolvesse a soberania do tornar-se vista pelo próprio poema. A defesa de uma poesia não decorada, isto é, de uma poesia que possa ser um trazer à luz, ainda que violento, produz um ritmo poético aparentemente imediato, mas que dá a ver paradoxalmente o que ainda não teve lugar, "a palavra

---

[24] Ibid., p. 723.
[25] Idem.
[26] Idem.
[27] Aristóteles, *Metafísica*, São Paulo: Edições Loyola, 2002, p. 11.
[28] Sophia de Mello Breyner Andresen, op. cit., p. 546.

não ouvida",[29] "a revelação dos deuses que não sei".[30] Por não saber, por esbarrar-se no limite do que recusa a visão, ou do que na visão recusa a apreensão, Sophia recomeça o mundo fazendo do conhecimento uma experiência que Gusmão descreve como co-nascimento, auto-nascimento gerado junto ao que se pretende conhecer.

Assim, esse rodear-se da nudez como a mais exilada revelação, a busca em torno da imagem justa, a saber, uma imagem lírica sempre em movimento, desdobra-se nas *Navegações*, obra de 1983, publicada, portanto, em um Portugal já desertado pelos seus próprios destinos, pelo desencontro entre a liberdade da nudez sonhada e a solidão e o desencanto da graça e da glória perdidas. Escrita nos anos imediatamente posteriores ao fim do regime salazarista, a obra é uma tentativa de retorno ao passado não cumprido, navegando mais uma vez rumo ao Oriente, dedicando-se à história, a qual liricamente é atravessada ao criar um lugar para o que nela não aconteceu, recomeçando-a camonianamente, "Que não se muda já como soía".[31] A "branca praia cor de rosas",[32] as "safiras azuis no mar luzente",[33] não são mais apenas vistas, mas compõem imaginariamente a "veemência do visível", o que Sophia qualifica de "O aparecer total exposto inteiro".[34] Essa inteireza só existe, ou re-existe, agora, por um tomar consciência do não acontecido, do que na geografia ainda não se localiza, mas que tem a capacidade de mudar-se a cada dia.

A imagem da imagem, que não pertence nem ao olhar nem ao ser olhado, compõe a historicidade desta "rota do oiro",[35] tantas vezes antes navegada, e agora recriada em imanência. Os primeiros versos do poema "Navegação", nos dizem: "Distância da distância derivada/ Aparição do mundo: a terra escorre/ Pelos olhos que a vêem revelada."[36] As imagens derivam as distâncias, e os desencontros agora escorrem como lágrimas de mais um desencanto e de uma vergonha para com os rumos da história. Não encontramos sequer o que buscamos, e se encontramos já não conseguimos reconhecê-lo. O futuro do pretérito só se anuncia em fresta, só permite a entrada, mas não a permanência. Os "homens nus e negros" que Sophia avista na "grande praia branca", os da "nudez recém-criada",

---

[29] Ibid., p. 557.
[30] Idem.
[31] Luís de Camões, *Versos e alguma prosa de Luís de Camões*, Lisboa: Moraes Editores, 1977, p. 45.
[32] Sophia de Mello Breyner Andresen, op. cit., p. 727.
[33] Ibid., p. 728.
[34] Ibid., p. 731.
[35] Ibid., p. 738.
[36] Idem.

"que dançavam/ Pra sustentar o céu com as lanças",[37] reencenam o desencontro fatal do nu com o vestido que representa a escravização. Porém, esse encontro não pode ser senão o ter-lugar da vergonha, afinal, a nudez testemunha o desconcerto do ver-se vendo, de um afastar-se de si no próprio ato de se olhar, como se a história pudesse a contrapelo observar suas observações, seus atos, suas injustiças. "E ouvi o fundo som de suas falas/ Que já nenhum de nós entendeu mais",[38] escreve a poeta, revelando *a posteriori* como nós nos tornamos mutuamente irreconhecíveis, incompreensíveis, ilegíveis.

Dessas *Navegações* que refazem o percurso aventuroso e disjuntivo da violência do nu à nudez da violência, da lírica-épica à lógica, do dizível ao visível, do desejo ao constrangimento, alegorizando uma comunidade política imanente ao ato de escrevê-la, em cenas de escrita que se multiplicam, Sophia parte para *O nome das coisas*, "Como quem parte do sol do mar do ar/ Como quem parte da terra onde os homens estão/ Para construir a festa do terrestre/ Na nudez da alegria que nos veste".[39] Alegria, essa nudez que já não vemos, ou se vemos, nos vemos vergonhosamente, desconhecendo e reconhecendo-nos problematicamente, no instante breve em que uma praia alegoricamente se descobre em espelhos. Reconhece-a, portanto, apenas aqueles que não sabem o caminho, e estão de saída, os que fazem da alegria e da nudez que nos veste, uma questão (de) partida.

Carolina Anglada é doutora em literaturas modernas e contemporâneas pela Universidade Federal de Minas Gerais (UFMG), Professora Adjunta de literaturas de língua portuguesa na Universidade Federal de Ouro Preto (Ufop), com pesquisa em poesia contemporânea, teoria da forma, poética e política, arte e transdisciplinaridade.

---

[37] Ibid., p. 742.
[38] Ibid., p. 744.
[39] Ibid., p. 674.

Paisagem e palavra;
Sophia e silêncio

• CONSTANCE VON KRÜGER •

HARPA
A juventude impetuosa do mar invade o quarto
A musa poisa no espaço vazio à contraluz
As cordas transparentes da harpa

E no espaço vazio dedilha as cordas ressoantes
(SOPHIA DE MELLO BREYNER ANDRESEN)

Todo poeta estabelece uma relação íntima com a palavra: pelo afeto, pelo desejo, pelo escárnio ou por sobrevivência. Há os poetas pacificadores, que demandam as palavras para seu uso e as incorporam à sua obra sem maculá-las. Há também os poetas violentos, que destroem as palavras, sua forma material e também seu sentido, em busca da criação assassina, que profana o uso comum da linguagem e a arremessa a outro nível. Mas há também poetas como Sophia de Mello Breyner Andresen, para quem a operação das palavras não se basta na oposição entre usar e reinventar a língua. Ou, segundo Fernando Cabral Martins,

> é uma operação sagrada mas também profana, porque aqui o sagrado e o profano não se opõem. O gesto de dar um nome às coisas não vem só da cabeça, vem do corpo inteiro, e não tem nada de ritual, é a fala de quem acredita no que vê.[1]

O trecho de Martins citado acima compõe o prefácio de 2015 da Assírio & Alvim para *O nome das coisas*, reedição do livro originalmente publicado em

---
[1] Fernando Cabral Martins, "O nome poesia", in Sophia de Mello Breyner Andresen, *O nome das coisas*, Porto: Assírio & Alvim, 2015, p. 27.

1977. O título do volume tem em si o peso de anunciar a distância entre o que é a palavra e o que são as coisas por ela nomeadas. A língua, nesse sentido, aparece como retrato do que se pode chamar realidade – ou, no caso específico de Sophia – de paisagem. Isto porque, em toda sua obra, é perceptível a intensa e volumosa aparição de cenários: não por acaso a sua primeira obra editada tem o nome de *Poesia* (1944), mas a segunda é intitulada *O dia do mar* (1947). O olhar de Sophia, por muito que seja pujante a sua palavra, atravessa o papel e estabelece uma relação de contemplação diante de tudo que se mostra. Como afirma Herberto Helder, que anuncia Sophia como a poeta portuguesa do século XX que resistirá à passagem dos anos, a paisagem é um ponto de vista. No caso de Sophia, a paisagem é também um ponto de escuta. Parafraseando Martins, o gesto de Sophia dar nome às coisas é a fala de quem acredita no que ouve.

No banalíssimo caso de Sophia, a paisagem é o mar. A justificativa para a banalidade desse local de observação se dá diante da genealogia do mar para o povo lusitano – e, consequentemente, para a poesia portuguesa. De Camões a Pessoa, o mar é um *ritornelo* que muito exige dos olhos e ouvidos que se dispõem à poesia dos portugueses.

No singularíssimo caso de Sophia, a paisagem é o mar. A justificativa para a singularidade desse local de observação se dá diante do que Sophia faz com a herança do mar português. Toda a sua obra se situa à beira do litoral, e grande parte de suas publicações leva esse universo para a capa: *Coral* (1950), *Mar novo* (1958), *Geografia* (1967), *Navegações* (1983), *Ilhas* (1989), *O Búzio de Cós* (1997), *Mar* (antologia de 2001). Nas publicações restantes, embora a palavra "mar" não se apresente como título, é mote recorrente.

A partir da associação entre o nome de Sophia e o nome do mar, por invocação de sua poesia, a ambiguidade se ilumina sobremaneira quando se pensa no que Sophia entende como o seu "eu":

> A minha vida é o mar o Abril a rua
> O meu interior é uma atenção voltada para fora
> O meu viver escuta
> A frase que de coisa em coisa silabada
> Grava no espaço e no tempo a sua escrita
> Não trago Deus em mim mas no mundo o procuro
> Sabendo que o real o mostrará
> Não tenho explicações
> Olho e confronto

E por método é nu meu pensamento
O quadrado da janela
O brilho verde de Vésper
O arco de oiro de Agosto
O arco da ceifeira sobre o campo
A indecisa mão do pedinte
São minha biografia e tornam-se meu rosto
Por isso não me peçam cartão de identidade
Pois nenhum outro senão o mundo tenho
Nem me peçam opiniões nem entrevistas
Não me perguntem datas nem moradas
De tudo quanto vejo me acrescento
E a hora da minha morte aflora lentamente
Cada dia preparada[2]

A leitura do poema permite a assimilação da identidade da poeta como aquela que vê e ouve, que dirige o seu interior pela minúcia da atenção ao que lhe é exterior, como o mar, o Abril e a rua. O mar de Sophia, apalavrado e cortante, inventor do vaivém, é aquele que está justaposto, sem vírgula ou qualquer separação, ao mês de abril, que remete à experiência de uma liberdade inaugural para os seus contemporâneos portugueses: foi em 25 de abril de 1974 que ocorreu a Revolução dos Cravos, evento que consolidou o fim do salazarismo, regime ditatorial sempre atacado (em atos e palavras) por Sophia – o que marcou em grande importância sua obra.[3] A rua, lugar político e de encontro com os pares, compõe a tríade a que se filia o olhar de Sophia nesse poema. O seu pensamento nu, que anuncia como método, é aquele que se apresenta como papel em branco, a ser maculado pelas percepções do que rodeia essa poeta, cuja biografia é escrita no corpo a partir do mundo – e a ele devolverá o corpo-em-si no dia de sua morte, que é preparada pela ação da passagem do tempo. O relevante do poema assinalado para a análise que aqui se propõe, contudo, parece ser como a palavra potente de Sophia contrasta com o silêncio relativo ao sujeito da poeta: é na paisagem que a sua existência se consolida como elemento verbal, mas é na poeta que o silêncio se elege como ética: uma espécie de ação da escuta diante do barulho do mundo – e do mar.

[2] Sophia de Mello Breyner Andresen, *Geografia*, Lisboa: Editorial Caminho, 2004, p. 525.
[3] Observa-se tal importância no poema "25 de abril": "Esta é a madrugada que eu esperava / O dia inicial inteiro e limpo / Onde emergimos da noite e do silêncio / E livres habitamos a substância do tempo".

Ouvir a paisagem é o modo andreseniano de fazer a poesia e de levar o elemento sonoro à condição de formador do mundo como texto, como se pode ler no "Poema de Helena Lanari":

Gosto de ouvir o português do Brasil
Onde as palavras recuperam sua substância total
Concretas como frutos nítidas como pássaros
Gosto de ouvir a palavra com suas sílabas todas
Sem perder sequer um quinto de vogal

Quando Helena Lanari dizia o 'coqueiro'
O coqueiro ficava muito mais vegetal[4]

A escuta do significante torna o elemento no mundo mais intenso, o que corrobora a atenção como elemento fundador da percepção andreseniana do mundo – e o som da palavra coqueiro é a paisagem do Brasil. Mas a escuta da tradição também é método: por essa razão, Sophia escreve o paradigmático poema "Cíclades", evocando Fernando Pessoa: da tradição clássica em plenas ilhas gregas ao poeta da heteronímia que viveu no avesso, toda a agitação reverbera nos ouvidos da poeta. De som em som, Sophia constrói sua palavra – como no poema intitulado "Arte poética":

A dicção não implica estar alegre ou triste
Mas dar minha voz à veemência das coisas
E fazer do mundo exterior substância da minha mente
Como quem devora o coração do leão

Olha fita escuta
Atenta para a caçada no quarto penumbroso[5]

Em sua obra em prosa, há um conto em que Sophia narra a história de um homem chamado Búzio, que era capaz de falar com o mar em uma língua que ela própria não conseguia apreender ou sequer conseguiria reproduzir, passados tantos anos desde o acontecimento. Búzio era uma espécie de estátua manuelina: em tudo lembrava o mar. E assim como as ondas, ia e voltava, à

---

[4] Sophia de Mello Breyner Andresen, op. cit., p. 81, destaque no original.
[5] Sophia de Mello Breyner Andresen, *Musa | O Búzio de Cós e outros poemas*, Porto: Porto Editora, 2016, p. 92.

medida em que era enxotado pelos moradores da localidade e logo depois retornava para entoar a sua voz, que dizia coisas sobre o mar. A narradora retoma então o episódio em que seguiu Búzio sem ser notada, para vê-lo jogar ao mar as palavras que ela não conseguia reproduzir, mas ouviu com atenção:

> Não posso repetir as suas palavras: não as decorei e isto passou-se há muitos anos. E também não entendi inteiramente o que ele dizia. E algumas palavras mesmo não as ouvi, porque o vento rápido lhas arrancava da boca.
> Mas lembro-me de que eram palavras moduladas como um canto, palavras quase visíveis, que ocupavam os espaços do ar com a sua forma, a sua densidade e o seu peso. Palavras que chamavam pelas coisas, que eram o nome das coisas. Palavras brilhantes como as escamas de um peixe, palavras grandes e desertas como praias. E as suas palavras reuniam os restos dispersos da alegria da terra. Ele os invocava, os mostrava, os nomeava: vento, frescura das águas, oiro do sol, silêncio e brilho das estrelas.[6]

Não por acaso o conto do qual o fragmento foi retirado e que conta a história de Búzio se chama "Homero". Nesse trecho destacado, revela-se a importância das palavras, e como elas têm peso, densidade e forma, o que enseja uma reflexão sobre os significantes na poesia andreseniana.

Os signos "palavra" e "paisagem" se opõem aos signos "Sophia" e "silêncio" pela própria fonética de seus significantes. "Palavra" e "paisagem" (e, acrescentem-se, "poesia" e "poema") são iniciadas com a consoante /p/, uma oclusiva: sua existência se deve à barreira do ar que vem dos pulmões. No caso do "p", o obstáculo são os lábios. Já "Sophia" e "silêncio" (e, acrescente-se, "sujeito") são iniciadas com a consoante /s/, uma fricativa surda: seu som se baseia na passagem de ar por um canal estreito. No caso do "s", entre os alvéolos dos dentes e a ponta da língua. Essa diferença fonética dá a ver como o primeiro grupo de palavras se relaciona à violência, o que corrobora a visão do mundo como lugar de acontecimentos, enquanto o segundo grupo se anuncia pela escuta do primeiro, em passagem silenciosa do interior para o exterior. O próprio nome da poeta apresenta tal ambiguidade. Na oralidade, o potente "p" seguido do mudo "h" dá lugar ao silencioso "f". Sophia para os olhos, Sofia para os ouvidos.

---

[6] Sophia de Mello Breyner Andresen, *Contos exemplares*, Porto: Porto Editora, 2013, p. 128-129.

Ao se pensar no sujeito como aquele que cala e no mundo como aquele que fala, a reversibilidade proposta é marca de como a palavra opera como mediadora entre o interior e o exterior dos seres. No caso de Sophia, entre o sujeito-Sophia-silêncio e a poeta-paisagem-palavra.

> Só a palavra nos põe em contato com as coisas mudas. A natureza e os animais são desde logo prisioneiros de uma língua, falam e respondem a signos, mesmo quando se calam; só o homem consegue interromper, na palavra, a língua infinita da natureza e colocar-se por um instante diante das coisas mudas. A rosa informulada, a ideia da rosa, só existe para o homem.[7]

O trecho citado, de autoria do pensador italiano Giorgio Agamben, reformula a condição do signo, assinalando-o como a comunicação mais primitiva da natureza e dos animais. Por sua vez, a palavra é lida como o silêncio, como a audição – como a possibilidade de interromper o discurso tão antigo quanto totalizante da natureza para então encontrar o silêncio. A reversão de sentido operada por Agamben, além de possibilitar a leitura do mundo como o lugar do ruído e a ideia como lugar do silêncio, indica um itinerário na contramão do que é proposto pela linguística tradicional, por exemplo. O signo é, nesse caso, o real natural, o que é comprovado diante da percepção do pensador de que a ideia informulada das coisas só existe para o homem. Especialmente, acrescente-se, para o poeta. Agamben, diante do que intitula "Ideia do silêncio", propõe que os filósofos, segundo uma fábula da Antiguidade, sejam considerados aqueles capazes de vivenciar a experiência em silêncio.

> Ela [a Filosofia] está exposta no silêncio absolutamente sem identidade, suporta o sem-nome sem encontrar nisso um nome para si própria. O silêncio não é a sua palavra secreta – pelo contrário, a sua palavra cala perfeitamente o próprio silêncio.[8]

Sophia de Mello Breyner Andresen, poeta de nome longo,[9] é da estirpe do silêncio. A autoridade do gesto de escuta, da impressão do próprio corpo como

---

[7] Giorgio Agamben, *Ideia da prosa*, Belo Horizonte: Autêntica Editora, 2013, p. 112.
[8] Ibid., p. 110.
[9] À guisa de glosa, parece bastante curioso que o longo nome de Sophia de Mello Breyner Andresen, lido por suas iniciais, forme a palavra SoMBrA – o que, em outra perspectiva (dessa vez com a luz), pode ser uma analogia ao silêncio em relação ao verbo.

registro biográfico, da substituição do rosto pela memória do vivido é inflexão de autoria de força penetrante – o que explica como o mar, exemplo extremo, é uma paisagem andreseniana de maneira distinta do que se apresenta na genealogia do mar português. O mar de Sophia é quem fala, é a voz, é o signo, é o alfabeto inteiro. Sua poesia, que canta o mar, o faz sem som, no silêncio, na total incorporação da paisagem pela atenta audição. Onde se lê Sophia, leia-se .

Constance von Krüger cursou mestrado em Literaturas Modernas e Contemporâneas na Universidade Federal de Minas Gerais (UFMG), é doutoranda em Teoria da Literatura pelo Programa de Pós-Graduação em Estudos Literários na mesma instituição. É atualmente vinculada ao grupo de estudos SAL (Sobre Alimentos e Literatura).

No centro do reino de Ártemis
A viagem de Sophia ao Brasil
• Eucanaã Ferraz •

"Tomando banho de mar em Copacabana a famosa poetisa portuguesa Sofia [sic] de Mello Breyner Andresen, ora no Brasil, a convite do Itamarati [sic]." A nota no diário carioca *Tribuna da Imprensa*, coluna Fatos e rumores, assinada pelo eminente jornalista Hélio Fernandes em 10 de junho de 1966, dá a ver algo bem mais prosaico do que as imagens extraordinárias de versos como: "As ondas quebravam uma a uma/ Eu estava só com a areia e com a espuma/ do mar que cantava só para mim." Em vez da solidão absoluta, ao mesmo tempo silenciosa e ritmada, desponta a orla ruidosa de Copacabana, nome inscrito no imaginário brasileiro e mundial como símbolo de urbanidade, com seu glamoroso hotel e sua calçada de pedras portuguesas. Sophia terá percebido que as ondas calcárias em preto e branco repetiam de Lisboa o desenho Mar Largo na Praça do Rossio? Não é difícil imaginá-la de maiô, chapéu, óculos escuros, a reservada poeta de *Coral*, que decerto se supunha anônima ali, mas cujo banho de mar convertera-se em carioquíssima nota social.

Tinha então 46 anos. Desembarcara no Rio de Janeiro havia aproximadamente um mês, no dia 12 de maio, convidada pelo Itamaraty. Um telegrama da Divisão de Difusão Cultural da Embaixada do Brasil em Lisboa para a Secretaria de Estado das Relações Exteriores (sede do Itamaraty no Brasil), datado de 4 de maio de 1966, quarta-feira, e transmitido às 17h55, consigna que a escritora, atendendo ao convite que lhe fora feito, viajaria num voo da Varig para o Brasil, onde se demoraria um mês. Assina Aguinaldo Boulitreau Fragoso, na época embaixador do Brasil em Portugal. Segue-se um segundo telegrama, de 11 de maio, quarta-feira, 14h15, com idênticos remetente e destinatário (os documentos se encontram no arquivo do Itamaraty, em Brasília):

> Escritora e poetisa Sophia Mello Breyner Andresen atendendo convite Governo brasileiro segue hoje onze de acordo com programa que vier a ser organizado pela Secretaria Estado. Senhora Andresen é figura primacial na vida intelectual portuguesa contemporânea sendo de destacar que mediante programação prévia seja posta em contato com seus colegas brasileiros e lhe seja facultada uma visita coordenada aos principais centros culturais e universitários do país. à noite pela Varig para o Rio. Encabeço significação dessa visita que deverá prolongar-se por um mês

Não havia, portanto, programa definido; datas, nomes, endereços seriam acertados depois da chegada. Mais importante era que a agenda correspondesse à estatura da "escritora e poetisa". Assim, a visita, ainda que encaminhada por vias diplomáticas, parece ter transcorrido desde o início de maneira muito livre.

Sei de apenas três comparecimentos aos "principais centros culturais e universitários do país". Os dois primeiros foram registrados pela própria Sophia num caderno que não chegou a ser uma agenda, tampouco um diário de viagem:[1] no dia 1º de junho falou às 9 horas na Pontifícia Universidade Católica do Rio de Janeiro (PUC-Rio) sobre o tema "Poesia e realidade" e às 14 horas, na Universidade do Brasil (atual Universidade Federal do Rio de Janeiro), sobre "A poesia na unidade do homem".

Na PUC, o encontro foi no Departamento de Letras, onde conversou com os alunos de literatura portuguesa da professora Cleonice Berardinelli. A autora correspondeu perfeitamente à imagem que dela faziam os estudantes: "Idealizada à imagem e semelhança de seus versos, tinham diante de si uma bela figura feminina, harmoniosa e serena", lembra dona Cleo, acrescentando que Sophia, "sem se fazer rogar, falou sobre sua criação poética e disse poemas com uma voz quente e branda, musical e envolvente. Às perguntas curiosas dos jovens respondeu sem desvios, sem disfarces, lisa, livre, limpa, para usar adjetivos que habitam suas páginas e bem a definem".[2]

Não descubro informações sobre a palestra na Universidade do Brasil, mas sei que o terceiro encontro ocorreu no dia 8, já no final da estadia, quando Sophia discursou e leu poemas na Academia Brasileira de Letras. A sessão foi pouco concorrida, pois contou com a presença de apenas sete dos quarenta acadê-

---

[1] O documento se encontra no espólio da autora, depositado na Biblioteca Nacional de Portugal, em Lisboa.
[2] "Um encontro com Sophia de Mello Breyner Andresen", *Relâmpago*, nº 9, p. 88, Lisboa: Fundação Luís Miguel Nava, out. 2001.

micos. O presidente da instituição, Austregésilo de Athayde, lamentou o baixo comparecimento e justificou-o, dizendo que a sessão fora antecipada devido a um feriado no dia seguinte, louvou a "maior poetisa de Portugal", queixou-se do fraco intercâmbio cultural entre os dois países, não sem observar que a academia era também uma casa lusitana, citou João Cabral de Melo Neto e Cecília Meireles, e, por fim, ao pedir que Sophia tomasse seu lugar, arrematou com a afirmação de que todos ali a admiravam e amavam – referia-se aos pouquíssimos presentes e aos muitos ausentes. A homenageada fez um breve balanço de sua estadia no país e acrescentou:

> Eu creio que a melhor maneira de me exprimir é ler dois poemas, um dedicado a Manuel Bandeira, onde está sintetizada a minha grande admiração, minha apaixonada admiração pela poesia brasileira; e outro poema que escrevi sobre Brasília, onde realmente tentei exprimir a emoção do meu encontro com Brasília. Vou ler estes dois poemas que trouxe, e esta será a minha maneira de agradecer a honra que me deram dentro desta academia.[3]

É possível que Sophia tenha visitado outros centros de ensino e cultura, interessada por aproximações que, suponho, fossem mais íntimas do que cerimoniosas. Também não é difícil conjecturar que os dias fluíram sem muitos planos, ao gosto das novidades, conforme a vontade da hora, ao acaso das conversas. Mas, se os jornais quase nada assinalaram das prováveis visitas a entidades educativo-culturais, não descuidaram do registro das homenagens festivas, daí resultando algumas notas de sabor especial.

No *Correio da Manhã* de 22 de maio, a seção Vamos Falar de Mulheres, assinada por Ylcléa, fez o seguinte registro sob o título *Visita portuguesa*:

> Passando curta temporada no Rio, a poetisa Sophia de Mello Breyner tem sido imensamente festejada.
> Domingo passado, José Paulo e Adalija Moreira da Fonseca reuniram para drinks em sua casa amigos brasileiros e portugueses da poetisa, em noite que se esticou até a madrugada com muita alegria e inteligência reunidas.
> E, na terça, foi Bob Cy Carvalho Silva quem homenageou Sophia com reunião íntima, promovendo encontro da poetisa com escritores brasileiros, entre estes Elsie Lessa, Millôr Fernandes e Flávio Rangel.

---

[3] *Revista Brasileira*, n° 111, p. 84, Rio de Janeiro: ABL, jan-jun, 1966.

O colorido típico do estilo das colunas sociais dos anos 1960 aparecerá mais vibrante no dia 12 de junho, quando a mesma Ylcléa se refere a duas outras festas em torno de Sophia. A primeira nota, intitulada *À moda portuguesa*, assinala a homenagem prestada pelo decorador dom Fausto Albuquerque, que "recebeu para jantar – feijão branco com pernil à moda portuguesa – em seu bem decorado apartamento, reunindo poetas e escritores brasileiros e portugueses".

A segunda nota, com o título *Um mergulho no passado*, diz:

Também a senhora Anna Amélia Carneiro de Mendonça homenageou a poetisa portuguesa com uma recepção, terça-feira passada, reabrindo os portões do velho e tradicional casarão do Cosme Velho, em noite que lembrava uma página de Machado de Assis. Entre os presentes: Paulo Celso e Stella Moutinho, Lêdo Ivo, Stella Leonardos e a cantora Luiza de Albuquerque. Durante a reunião foram servidos doces típicos brasileiros e a dona da casa leu fragmentos de tradução que fez de Hamlet, sua filha Barbara Heliodora declamou outros trechos e Sophia leu alguns de seus poemas.

Retratos de nossos imperadores presidiram a recepção, que lembrava um delicioso sarau de outros tempos com poesias extremamente modernas.

No extremo oposto da frivolidade de tais apontamentos, o esplêndido "Poema de Helena Lanari" inscreverá na obra de Sophia sua passagem pelo Rio de Janeiro, cidade que nele comparece, digamos, subentendida no modo de falar da amiga recente.

Contudo, antes de chegar ao Rio Sophia passou pelo Recife, ou melhor, pelo aeroporto da cidade.

Voo da Amizade era o nome algo sentimental para um serviço aéreo exclusivo ligando Brasil e Portugal operado entre 1960 e 1967 graças a um acordo entre as companhias aéreas TAP (Transportes Aéreos Portugueses), Panair do Brasil (até 1965) e Varig (de 1965 a 1967). O serviço se distinguia pela venda de passagens por um preço mais baixo para cidadãos brasileiros, portugueses ou estrangeiros com residência permanente em um dos dois países; não havia senão classe turística, e as refeições eram servidas nos restaurantes dos aeroportos durante as escalas para reabastecimento. A viagem seguia a rota Lisboa, Sal (ilha do arquipélago de Cabo Verde, então província ultramarina portuguesa), Recife e Rio de Janeiro.

Sophia escreveu sobre o voo que a trouxe. As três folhas manuscritas com caligrafia de difícil legibilidade, depositadas no espólio da poeta, permanecem inéditas. São impressões que avançam para além da descrição do momento e das respostas imediatas a ele. O relato inicia de modo estritamente circunstancial, mas logo se converte numa reflexão sobre a descontinuidade entre o "pensamento lógico" e o "pensamento profundo". Tal desequilíbrio dá o tom de *humour* ao quadro, que oscila entre o trivial e a íntima sensação de absurdo; ou entre, de um lado, a aceitação de um inescapável mundo artificial, desprovido de sentido, no qual todos os gestos humanos parecem mecânicos, daí ridículos, e, de outro lado, a consciente e obstinada reação àquela falta de sentido que a morte acidental, em última instância, confirmaria. Por conseguinte, em vez da tragédia – quando estão em cena redes de significados que entrelaçam vida e morte, o humano e as leis que o transcendem, o indivíduo e a comunidade –, sobreviria o rebaixamento absurdo, cômico, a vida submetida ao acaso. Eis o texto:

> A viagem pareceu-me extraordinariamente comprida voando direto ao coração da noite. Mergulhávamos num azul cada vez mais insondável e profundo. Do outro lado do mar a terra parecia estar longe demais para poder ser atingida.
> A leve angústia do terror suspenso dobrava o tempo e era como um finíssimo arame atravessado na nossa garganta.
> Os motores trabalhavam sem descanso cumprindo a sua tarefa exaustiva. Eu auscultava o seu rumor. Também no circo se diz: "Qualquer distração pode causar a morte do artista."
> Voava. Estava suspensa. O terror vive dentro de nós policiado e escondido, mas espera a menor frincha para poder surgir. Sabemos sempre que alguém nos pode apunhalar no meio da noite. Sabemos que o chão pode tremer e abrir-se. Sabemos que a terra equilibrada na matemática das nebulosas se pode despenhar de repente nos espaços.
> Estávamos suspensos. O avião, às vezes, de súbito tremia e afundava-se no poço de ar. Parecia que íamos cair indefinidamente. Mas também sabíamos que isso era só um parecer, um parecer desmentido pela ciência, sabíamos que os poços de ar não são infinitos. O que nos assustava não era o perigo, mas sim a presença subitamente desvendada daquela coisa impensável a que chamamos o vazio.
> Sabíamos que os aviões não caem. Isto é: caem tão pouco que é como se não caíssem. As estatísticas são eloquentes. Um automóvel numa estrada enredado em curvas, cruzamentos e ultrapassagens corre muito maior perigo. Mas a hipótese é muito mais assustadora do que o perigo. As coisas cientificamente calculadas produzem uma angústia especial. O nosso

pensamento lógico aceita as suas leis, mas o nosso pensamento profundo, o pensamento que é a nossa substância, não as identifica nem as reconhece.

As pessoas falavam em voz baixa como num velório. Mexiam-se com cautela como se tivessem medo de se partir. Algumas passageiras arvoravam um pequeno sorriso estoico como quem, com muita dignidade, caminha sobre picos. O avião subia e descia como uma aranha suspensa no fio. O fio parecia fino, o fino fio do acaso puro. O esguicho de ar-condicionado trazia-me uma frescura sintética.

E assim como numa noite antiga houve uma mão que escreveu na parede Mane, thecel, phares, também agora me parecia ver escrito no ar o verso de Carlos Drummond de Andrade: "Caio subitamente e me transformo em notícia."[4]

Tentei olhar para fora, para a noite. Mas além de que não se via nada do ritmo das coisas, o surdo ritmo dum grande coração batendo não me podia confortar. Porque eu estava separada. Estava num mundo que não tinha nada a ver com o ritmo das coisas. Um pequeno mundo de máquinas, motores, fios, alumínio e parafusos, um pequeno mundo desligado e suspenso. O mundo não religado. Tudo navegava rente ao acidente. Por isso tinha medo. Porque o acidente é aquilo que não foi escolhido. Aquilo que intrinsecamente não é nós.

Aceitamos morrer – mas não por acidente.

Queremos que a nossa morte responda ou a um ritmo cósmico ou a um plano de salvação.

Encontra-se aqui um tema fundamental de Sophia: o afastamento do "ritmo das coisas" em contraste com o desejo de religação a um plano cósmico. Cabe observar as duas citações que, apesar das origens diversas, aqui se equivalem. A primeira é oriunda do Antigo Testamento. O livro de Daniel em seu quinto capítulo conta que, durante um banquete oferecido pelo rei Baltasar, misteriosos dedos de mão inexistente escreveram na parede palavras enigmáticas, que Daniel, mais adiante, interpretou como profecia de uma desgraça que se abateria sobre o reino.[5]

---

[4] Sophia refere-se a "Morte no avião", poema de *A rosa do povo*, de 1945. O verso correto (o último do poema) é: *Caio verticalmente e me transformo em notícia* (destaque meu).

[5] As palavras significariam: foi numerado, foi calculado, foi removido. Daniel interpreta-as assim: "Este é o sentido da escrita: o tempo do teu reino foi calculado; o teu reino chega ao fim. Foi cerceado; e acabou. Aos medos e aos persas está a ser dado." *Bíblia*, v. III, Antigo Testamento; os livros proféticos. Trad. do grego, Frederico Lourenço, Lisboa: Quetzal, 2017, p. 965.

No avião, o verso de Carlos Drummond de Andrade surge de modo semelhante, como se escrito no ar, convertido em presságio. Baltasar fora castigado porque na grande festa que dera em seu palácio bebera com seus convidados em vasos de ouro e de prata, e todos "louvaram os ídolos deles, feitos por mão humana, mas não louvaram o Deus eterno que detinha a autoridade sobre o espírito deles".[6] De modo análogo, o avião, "pequeno mundo de máquinas, motores, fios, alumínio e parafusos", era também uma festa na qual tudo – inclusive a desejada segurança, certificada pelas "estatísticas" – era um encômio exclusivo à tecnologia, sem lugar para uma autoridade que respondesse pelo "ritmo cósmico" ou por um "plano de salvação". Mas, como se emergisse do vazio no ato mesmo da escrita, um outro fio, pleno de significações, simbolismos, memórias, ata a poesia moderna e a antiguidade bíblica, ainda que o vaticínio drummondiano irrompa para predizer a funesta consequência daquela festa sem Deus, arremedo de "circo" e de "velório".

O avião, entretanto, não desponta apenas nessa prosa de circunstância, já que surpreendentemente frequentou os versos de Sophia. Surge pela primeira vez em *Geografia*, livro marcado por viagens, entre elas a que a trouxe ao Brasil: "Na noite de luar o avião passa como um prodígio/ Rápido inofensivo e violento (Os aviões)";[7] a aeronave rompe a calma da noite e o ritmo doméstico, até que desaparece, e tudo volta à paz lunar e silenciosa; todavia, a descrição logo se converte em reflexão, a particularidade é substituída pelo plural, "aviões", e aquilo que era "inofensivo", ainda que "violento", ganha um caráter terrível e letal: "Porém noutro lugar noutro silêncio/ Bandos passaram em voos de terror/ E a morte nasceu dos ovos que deixaram." Em outros céus, portanto, os "aviões" são máquinas de guerra, aves monstruosas que procriam.

Quatro livros adiante, em vez de coisa contemplada e meditada, o avião será de novo máquina de viagem, na qual o sujeito está diretamente implicado. O poema de *Ilhas* traz à cena o amigo Ruy Cinatti, que chegando de navio viu a terra "emergir dos longes da distância/ no lento aproximar (Ilha do príncipe)";[8] já os versos que abrem a segunda estrofe, contrastantes, asseveram: "Eu cheguei mais tarde no ronco do avião/ Na bruta rapidez."[9]

---

[6] Ibid., p. 963.
[7] Todas as citações de poemas terão por base o volume *Obra poética*, Lisboa: Assírio & Alvim, 2015. Aqui, p. 509.
[8] Idem, p. 816.
[9] Ibid.

Em entrevista, Sophia resumirá seu incômodo com os voos, afirmando que "no avião uma pessoa é empacotada de um lado para o outro".[10]

O sexto número da revista *Relâmpago*, de outubro de 2001, traz um poema inédito, apenas um terceto, que afirma: "Amanhã voltarei ao ritmo solar/ No céu azul os aviões passarão/ Quasi devagar (Aviões)."[11] Se mais uma vez encontramos a incompatibilidade entre os ritmos da máquina, com sua "bruta rapidez", e o tempo da natureza, vigora aqui a expectativa de que no dia seguinte os aviões serão percebidos de outro modo, porque o sujeito estará em sintonia com o "ritmo solar", um tempo reencontrado, a partir do qual todas as coisas à volta se modificarão.

Andresen aterrissou no Recife no dia 12 de maio, provavelmente em torno das duas da manhã, horário em que a aeronave costumava parar ali para reabastecer, antes de chegar ao Rio de Janeiro, permanecendo por quase uma hora. No dia seguinte, enviou um cartão-postal para sua mãe: "Fiz muito boa viagem. Cheguei no Recife numa madrugada espantosa, quente e roxa." Também não demoraria a dar notícias ao amigo Jorge de Sena, pois já no dia 13 escreveu-lhe uma carta em que registrou: "O Rio é lindo mas a maior impressão que recebi foi desembarcar no aeroporto do Recife, a madrugada roxa, o calor roxo, o perfume roxo da terra, fruta, flor. Senti-me mergulhada em pleno Lautréamont." Vê-se bem que do cartão-postal para a carta a descrição ganhou pormenores e sobretudo se intensificou: o roxo da madrugada quente se irradia e o próprio calor ganha cor, torna-se roxo, assim como os perfumes da terra e do que nela brota. São descrições de grande síntese e força plástico-sugestiva, cujos termos retornariam adiante, como na entrevista concedida a Walmir Ayala, publicada no Segundo Caderno do jornal *Correio da Manhã*, no dia 28 de maio:[12] "Nas minhas viagens pela Europa fui ver terras. Ao Brasil vim ver a terra. O desembarque no Recife, numa madrugada roxa, onde havia um perfume roxo a húmus, flor e fruta, foi verdadeiramente a descoberta de um mundo novo." Impressiona nas três passagens a mesma redução monocromática, que num movimento oposto ao da concentração propaga-se numa exuberância sinestésica que permanecerá na memória como assombroso encontro com "a terra".

Em carta para João Cabral de Melo Neto, de 30 de janeiro de 1967, enviada de Lisboa, todas as referências anteriores não apenas se somam como se intensificam pela explicitação do aspecto religioso daquela visão, quando tudo evocava

---

[10] "Sophia Fala a Eduardo Prado Coelho", ICALP *Revista*, n° 6, p. 64, ago./dez., 1986.
[11] Sophia de Mello Breyner Andresen, *Relâmpago*, n. 6, 2001, p. 8.
[12] Entrevista a Walmir Ayala, *Correio da Manhã*, Segundo Caderno, 28 mai 1966.

a própria origem do mundo, e ver não era menos que uma vinculação imediata com o divino:

> Numa madrugada roxa de maio pisei religiosamente a terra do Recife. Estava um calor úmido e roxo de Gênesis. Uma maravilha. Parecia um poema do Lautréamont. Havia uma espécie de medusa no ar. Bebi no bar do aeroporto um sumo duma fruta que também sabia a roxo, um sabor extraordinário. Senti-me no reino de Ártemis, deusa da natureza inviolada.[13]

Muito antes da vinda ao Brasil, em seu segundo livro, *Dia do mar*, Sophia, exímia construtora de paisagens, elabora a visão de um "perfil roxo das montanhas" (VI).[14] O efeito da luz sobre a terra dará lugar, em *Mar novo*, a uma imagem aquática: "um noturno mar roxo de peixes" (Cais).[15] Se *O Cristo Cigano* traz outra vez a hora noturna e a água, o ambiente é agora pluvial: "Ao longo do rio a noite acende as suas luzes/Roxas verdes azuis" (VI – A solidão).[16] Em *Livro sexto*, deparamos com "o azul do mar e o roxo da distância" (O hospital e a praia)[17] e com uma marinha "gruta roxa e rouca" (Gruta do Leão).[18] Efeitos cromáticos magníficos surgem em *Geografia*, resultantes da reversibilidade entre literatura e natureza – "E Homero fez florir o roxo sobre o mar" (Crepúsculo dos deuses)[19] – ou da indiferenciação entre sujeito e paisagem, o que faz com que a "gruta" marinha de *Livro sexto* se transforme em caverna no próprio corpo e ali a submersão encontre mais uma vez o roxo, revelado num amálgama de matérias, afeto, som, luz e sombra: "Mergulho até meu coração de gruta/ Rouco de silêncio e roxa treva" (Manhã).[20] Por fim, em *O Búzio de Cós*, assiste-se de uma varanda ao tempo da natureza, na natureza, quando "setembro" se prolonga "em mil estátuas" tingidas de "roxo azul" (Varandas).[21]

Talvez fosse possível ler as obras dos poetas averiguando a presença ou a ausência de determinadas cores; o maior ou o menor comparecimento delas; como se agregam umas às outras; a que matérias estão associadas; enfim,

---

[13] A carta está depositada no Arquivo-Museu de Literatura Brasileira, da Fundação Casa de Rui Barbosa, no espólio de João Cabral de Melo Neto.
[14] *Obra poética*, 2015, p. 193
[15] Idem, p. 397.
[16] Ibid., p. 421.
[17] Ibid. p. 475
[18] Ibid., p. 436.
[19] Ibid., p. 556.
[20] Ibid., p. 498.
[21] Ibid., p. 872.

como o cromatismo entra na composição das imagens e que significados engendram então. Se uma mirada breve não poderia dar conta da assiduidade e da relevância do branco na obra de Sophia, mesmo assim não seria difícil reconhecer de imediato o quanto está integrado aos domínios da casa, da paisagem marinha, da geometria luminosa, da razão, da liberdade e do silêncio. A presença da cor roxa, por sua vez, surpreende. Mas, se os exemplos não são muitos, não são desprezíveis, já que mostram o alcance dessa espécie de paleta da escrita, na qual o roxo liga-se a uma natureza misteriosa, selvagem, áspera, mais próxima do negror que da brancura, compondo atmosferas que sugerem o ininteligível, paisagens emocionais onde a luz não atenua ou suaviza, antes destaca a intensidade.

O formidável e roxo crepúsculo matutino no aeroporto do Recife foi uma entrada fantástica no Brasil. A estadia no Rio de Janeiro transcorreu sem espantos daquela ordem, ainda que Sophia tenha se referido às belezas naturais desta cidade. Mas, na já citada carta a Jorge de Sena, todas as impressões parecem fundidas, como se a experiência sensitiva daquela aterrissagem não cessasse de constituir – como uma *memória em ação* – o presente das futuras paisagens: "Do Brasil ainda vi pouco: só alguns passeios e alguns escritores. Mas adoro este cheiro a madeira e a fruta e esta paisagem tão grande e deslumbrante que a cidade não a consegue destruir."[22]

Sena, diferentemente da amiga, conhecia bem o Brasil e os brasileiros, a vida intelectual e os avessos das primeiras comoções, enfim, um conjunto de experiências filtradas por seu temperamento mais arredio e pelas marcas de seu primeiro exílio, passado em São Paulo de 1959 a 1965. Por isso, a pressa de ponderar em sua resposta, de 21 de maio: "Mas não se deixe prender pelo exotismo do Brasil – respire, por trás dele, uma humanidade que tem muitos defeitos portugueses, mas não perdeu alguma das qualidades."[23] Conselho inútil, decerto, pois o breve intervalo na madrugada roxa do Recife parecia ter contagiado o olhar de Sophia a tal ponto que não era mais possível respirar qualquer coisa "por trás dele". Todo o vivido seria respirado *com ele*. Pouco contariam os defeitos e as qualidades da herança lusitana diante da experiência concreta com *o lugar*, quando o "exotismo" referido por Sena não seria uma sedutora ilusão a que se resistir, mas antes uma verdade a ser reconhecida, vivida e procurada. O termo "exotismo" não dá conta de tal processo.

---

[22] Sophia de Mello Breyner; Jorge de Sena, *Correspondência 1959-1978*, Lisboa: Guerra & Paz, 2006, p. 83.
[23] Ibid., p. 85.

As terras cariocas foram pródigas sobretudo em encontros literários, amizades, afagos. Retornada a Lisboa, a poeta volta a escrever para Sena, em 27 de junho, e então, ao resumir tudo o que vivera, faz os nomes das cidades desparecerem sob a ampla designação "o Brasil", e então natureza, pessoas, mitos, nomes, literatura aparecem recortados e avizinhados numa operação espacial e temporal que é ainda *memória em ação*, porque com Sophia se deu o que acontece com todos nós: não apenas não podemos apagar as paisagens que nos constituem, como elas estão sempre em permanente combinação com o que vemos:

> Adorei o Brasil – adorei as praias enormes, as praias de areia e seda e o mar de água levíssima quase gasosa e os montes azuis e as palmeiras e os coqueiros, e o perfume roxo de Ártemis. E adorei as pessoas e a simpatia e simplicidade das pessoas.
> O Manuel Bandeira e o Carlos Drummond [de Andrade] receberam-me como uma irmã que vem de longe.[24]

Diante de tal síntese paisagística, vem a propósito assinalar que Sophia esteve em Cabo Frio e Arraial do Cabo, na chamada Região dos Lagos do estado do Rio de Janeiro, e é possível que suas lembranças litorâneas provenham daquela costa, coincidindo plenamente com o universo marinho de seus poemas, nos quais a beira-mar de sua infância e juventude no Porto, o mar grego e as praias do Algarve ora se desenham geograficamente delimitados, ora se diluem numa paisagem que os reúne num mesmo e único "mar", numa "praia" que é todas as praias.

A crítica já observou o quanto a cidade guarda um sinal negativo na poética de Sophia de Mello Breyner Andresen. Em texto emblemático, Eduardo Prado Coelho detectou nos poemas dois inimigos decisivos: o tempo e a cidade. Esta "começa por ser o espaço do sujo e do ruidoso",[25] conforme se vê nuns versos do livro de estreia: "Cidade, rumor e vaivém sem paz das ruas,/ Ó vida suja, hostil, inutilmente gasta (Cidade)".[26] Sob tal perspectiva, o Rio de Janeiro afigurou-se a Sophia como uma cidade em luta consigo mesma, tendo de um lado a natureza e de outro tudo o que à vida urbana se somou à custa de violentamente subtrair o ambiente natural. Vale talvez assinalar uma circunstância: as obras de duplicação

---

[24] Ibid., p. 89.
[25] Eduardo Prado Coelho, *A mecânica dos fluidos: literatura, cinema, teoria*, Lisboa: Imprensa Nacional-Casa da Moeda, 1984, p. 119.
[26] *Obra poética*, 2015, p. 74.

da avenida Atlântica tiveram início em 1965 e se arrastaram até 1971. Portanto, aquele banho de mar em Copacabana registrado pela *Tribuna da Imprensa* teve lugar numa orla que vivia os efeitos de uma drástica cirurgia urbana. Tal quadro faz mais eloquente esta avaliação: "paisagem tão grande e deslumbrante que a cidade não a consegue destruir".

Em dezembro de 2012, a revista portuguesa *Ler* estampou um admirável texto em prosa que até então permanecera inédito.[27] Nele, Sophia relata a viagem de carro que fez do Rio de Janeiro a Brasília. De imediato, como se presumisse um leitor assombrado pela distância – mil quilômetros separam as duas cidades –, assevera:

> A viagem de automóvel do Rio a Brasília não me pareceu comprida porque eu ia à procura da distância. A distância não era um contratempo, mas sim um valor em si mesmo.
> Noutras viagens fui "ver terras". Ao Brasil vim "ver a terra", vim ver desdobrar-se o tamanho da terra.[28]

Aqui estão as mesmas palavras que utilizaria mais adiante, na entrevista concedida a Walmir Ayala ("Nas minhas viagens pela Europa fui ver terras. Ao Brasil vim ver a terra"). De modo semelhante, o texto prossegue repercutindo o impacto vivido no aeroporto da capital pernambucana:

> Foi no Recife, onde o avião em que vim de Lisboa parou 45 minutos, que pisei pela primeira vez o chão do Brasil. Na madrugada roxa, sob o grande céu roxo, povoado de enormes nuvens roxas, num calor roxo de Gênesis, bebi o sumo dum fruto desconhecido, e, ao lado do aeroporto, reconheci Artemisa, deusa da natureza inviolada.

O tema do avião também retorna. Praticidade, comodidade e rapidez são vantagens desprezadas diante da expectativa de uma viagem que se pode efetivar como experiência "existencial", o que significa uma experimentação da paisagem, encontro íntimo e sensorial com a terra:

> Quem vai do Rio a Brasília em geral toma o avião. Mas o avião é uma máquina abstrata que resume as distâncias, sintetiza as montanhas, geometriza os campos. Os países ficam reduzidos a cidades e perdem a ligação consigo próprios. Muito cômodo, mas pouco existencial. Eu queria viajar perto da

---

[27] O texto foi fixado por Maria Andresen, escritora e filha de Sophia.
[28] "Viagem de automóvel do Rio a Brasília", *Revista Ler*, dez. 2012, p. 42. As próximas citações são extraídas do mesmo texto.

terra para a ver bem, para ouvir a sua voz e o seu silêncio, para sentir a sua respiração e o seu perfume.
Parti do Rio ainda com noite e cheguei a Brasília por volta da uma da manhã.

Tal viagem só foi possível porque o país, desde o final da década anterior, investira no chamado "rodoviarismo", e tanto a Rio-Belo Horizonte quanto a Belo Horizonte-Brasília, autoestradas construídas durante o governo de Juscelino Kubitschek e planejadas pelo célebre engenheiro Regis Bittencourt, eram exemplos acabados daquele modelo de desenvolvimento, combinado a circunstâncias históricas, econômicas e políticas peculiares, das quais Sophia talvez não tivesse conhecimento.

É sempre desafiador acompanhar a história do viajante. Por um lado, as bisbilhotices da biografia – limítrofe do interesse crítico em determinadas abordagens – topam com dúvidas insolúveis, lugares não sabidos, tempos desocupados, insuficiências de ordens e alcances diversos, e tais lacunas tanto podem se conservar irrelevantes quanto são capazes de influir sobre toda a escrita, mais ou menos como vazios que se mantêm *em atividade*, ou seja, que agem no interior de todo o texto. Por outro lado, a pesquisa pode considerar relevantes pormenores que, despercebidos pelo viajante, terão atuado em sua viagem de modo semelhante àqueles vazios que, na escrita, perduram *em atividade*.

Se, sob muitos aspectos, o Brasil vivia uma hora incerta, o país foi largamente generoso ao dar à poeta de *Mar novo* aquilo que veio ver – "a terra". A viagem de carro do Rio de Janeiro a Brasília como que prolongou as sensações vividas naquela aterrissagem no Recife. As vastidões ainda duravam à beira das estradas, e para expressar a visão de tais espaços invulgares era justo recorrer a outras paisagens, geograficamente divergentes, mas capazes de expressar semelhanças físicas e sensoriais. O "mar" será, por conseguinte, a única imagem possível para descrever o "sertão": "Foi só depois de Belo Horizonte que começou o verdadeiro sertão, a distância lisa, a estrada vazia, a solidão a perder de vista como num mar. A vegetação baixa deixava o espaço aberto até aos confins do horizonte."

Mas o ermo magnífico não era incompatível com o povoamento, e a presença humana faria mesmo com que "a solidão" se manifestasse mais próxima, patente numa espécie de urbanidade rarefeita, na qual a vida era "vivida à boca do vazio". O quadro composto por "uma bomba, uma casa e uma árvore com duas araras" exibe agudo sabor modernista, oswaldianamente pau-brasil. A locomoção confunde-se com o fluxo de um mundo em construção, ou em marcha, cujas paisagens se dão em processo, num espaço-tempo definido como "Aqui será":

Seriam cinco horas da tarde quando paramos num posto de gasolina. Havia só uma bomba, uma casa e uma árvore com duas araras. Admirei a gente que vivia ali, sob aquele difícil sol de deserto e silêncio. Na sala do bar, nua e rudimentar, não estava mais ninguém senão o homem que serviu os refrescos. Imaginei aquela vida vivida à boca do vazio, na solidão só interrompida pela paragem dos carros apressados porque ainda têm de percorrer tão longa distância. Mas imaginei também a povoação que nascera casa por casa, a cidade que se construíra rua por rua. Porque estava nos lugares onde não se diz "Aqui foi", mas "Aqui será".

A certa altura, a monotonia dos grandes vazios interrompe-se por um pequeno acidente – um pneu furado –, o que Sophia considera "sorte". Surgem então novos espaços e cenas, sob outra luz, tomados por outras cores; a experiência sensorial e afetiva faz com que se descole da memória tanto a mitologia quanto a literatura na composição de um quadro onde nada recorda já as sínteses alegóricas de Oswald de Andrade, reverberando antes as perambulações dos escritores do Romantismo:

Muito mais adiante, ao cair da tarde, a minha sorte foi tanta que furou um pneu. Em frente do arvoredo já escurecido e do grande céu vermelho do poente pude contemplar longamente a terra, a terra sozinha consigo mesma. E pude respirar o perfume virgem do reino inviolado de Artemisa.
De Norte a Sul de Leste a Oeste a solidão vibrava como uma corda elástica muito esticada. E sobre a sua vibração, aqui e além, a pequena conversa modulada dos pássaros escondidos pontuava o ar.
De repente à esquerda ouviram-se gritos e um barulho de galope e por sobre o arvoredo vi duas cabeças de cavalos e duas cabeças de rapazes. Vieram correndo até a estrada, mas na beira da estrada pararam. Os cavaleiros pareciam ter 13 ou 14 anos. Esperávamos que se aproximassem, mas permaneceram a distância. Guardaram sua reserva. Pareceu-me que estava a viajar através de um livro de Guimarães Rosa.

A paisagem rosiana emerge da memória à maneira de uma *surpresa construída*: o inesperado – motivo de admiração e espanto – surge integrado num tempo e num espaço de tal modo favoráveis à sua irrupção, que tudo – cada coisa, cada acontecimento – parece obedecer a uma *ordem natural*. Assim, "um livro de Guimarães Rosa" – a indefinição expressa pelo artigo instaura uma universalização – desponta na narração, assim como no momento de contemplação ouvem-se "gritos e um barulho de galope" e "por sobre o arvoredo" surgem "duas cabeças de cavalos e duas cabeças de rapazes". A literatura equivale a um arquétipo, similar à terra que exala "o perfume virgem do reino inviolado de Artemisa".

Brasília emergirá daquelas estradas sem fim, da solidão, das grandes extensões, do silêncio, do sertão, do "Aqui será", de um mítico "reino inviolado". O "mar" volta como paisagem-modelo, servindo a uma expressão que não se restringe à descrição naturalista, e dele surge Brasília, vagarosamente, do horizonte noturno, "como uma estrela". A escrita é em si mesma uma contemplação em movimento:

> Muitas horas depois no fundo da noite, da distância e da solidão Brasília surgiu, como uma estrela que se levanta no horizonte do mar. Foi crescendo devagar direita e lisa, destacando os seus volumes, desenhando as suas linhas, cada vez mais luminosa e fabulosa. É sabido que as cidades modernas, vistas ao longe de noite são feéricas. Mas Brasília é mais feérica. Os seus volumes lisos, as suas linhas direitas foram-se progressivamente destacando e subiram luminosas e ritmadas no céu escuro da noite.
> E à medida que nos aproximávamos e penetrávamos nela parecia-nos sempre mais fabulosa.
> Os altos prédios de vidro cintilavam de cima a baixo. As imagens desdobravam-se translúcidas e geométricas como as imagens dum caleidoscópio. A cidade funcional brilhava como uma cidade mágica.
> O que eu via não era apenas mais uma cidade, não era apenas aquela cidade. Brasília apareceu-me como um arquétipo, como a cidade desejada e possível, desde sempre suspensa na imaginação das cidades.

Assim como "um livro de Guimarães Rosa" era *a escrita* de Guimarães Rosa e o próprio sertão, Brasília não era apenas *aquela* cidade, pois fulgurava também como entidade arquetípica: ela existiria virtualmente em todas as outras cidades como proposição fundamental e elementar da civilização, nelas mantendo-se incorruptível diante do tempo ("desde sempre"), como um mito ("suspensa na imaginação das cidades"). Sophia testemunha, portanto, uma realização inteiramente humana, mas irredutível a dicotomias e contradições, sendo por isso "funcional" e "mágica", ou, numa formulação ainda mais reveladora, "lógica e lírica", como uma espécie de poema total, ou um poema "desde sempre" suspenso nos poemas – a poesia:

> De dia Brasília é uma cidade clara. Uma cidade lógica e lírica. Limpa de pitoresco. E não tem nada de faraônico, não tem nada de oficial, não tem nada de retórica, não tem nada de discurso. É exata, esguia e lisa como um coqueiro. E nunca é enorme, nunca sucumbe à retorica da monumentalidade. A sua beleza é contida e discreta como a beleza dum coqueiro.[29]

Sophia surpreende na cidade a estética e a moral que guiam sua escrita, "clara", "exata", ao mesmo tempo "lógica e lírica", "limpa de pitoresco", sem nada de "oficial" ou de "retórica". A comparação com um "coqueiro" é em si mesma uma imagem surpreendente, plena de uma "beleza contida e discreta"; mas, se a aproximação repercute de imediato inúmeras fantasias estrangeiras ou autóctones em torno da natureza tropical, não se limita a revisitar velhas representações.

Em toda a obra da autora, a nomeação "coqueiro" apareceu em verso pela primeira vez no poema "Brasília" e retornou no seguinte, "Poema de Helena Lanari", ambos na seção Brasil ou do Outro lado do mar (composta por quatro poemas) do livro *Geografia*, publicado em 1967, ano seguinte à viagem. A terra brasileira deu a Sophia, portanto, um signo novo, ou, ainda, uma coisa e o seu nome. Mais tarde, em *Navegações*, a descoberta do Novo Mundo terá como cenário "(...) praias baloiçadas por coqueiros".[30]

Antes da vinda ao Brasil, a imaginada paisagem de *Babilônia* surgira em *Livro sexto* "com pátios interiores e com palmeiras".[31] A "palmeira" – assim, no singular – aparecerá em mais quatro poemas, situada no Algarve, na Síria, em ilhas gregas e numa pintura de Árpád Szenes.[32] Um quinto poema, "Palmeiras geometria" (em *Geografia*), traz de novo o plural, mas agora as "palmeiras" não

---

[29] O documento está depositado no espólio da autora.
[30] *Obra poética*, 2015, p. 734.
[31] Idem, p. 488.
[32] "Portas da vila" (*Geografia*): "Com um barulho de papel o vento range na palmeira"; "Homenagem a Ricardo Reis" (*Dual*, de 1972): "Palmeiras nas ruínas de Palmira"; "Em Hydra, evocando Fernando Pessoa" (*Dual*): "Desde a praia onde se erguia uma palmeira chamada Nausikaa"; "Para Árpád Szenes" (*O nome das coisas*, de 1977): "Pinta o bicho egípcio os dedos da palmeira." Árpád Szenes (1897-1985), artista plástico húngaro, foi casado com a pintora Maria Helena Vieira da Silva. O casal viveu no Rio de Janeiro de 1940 a 1947.

se situam em nenhuma paisagem concreta ou obra de arte: aqui, a *coisa* é também *conceito*:

> Palmeiras geometria
> São meu alimento
> Secura silêncio
> São minha bebida
> E a infinita ausência
> É a minha vida
> A funda a secreta
> Com sabor a pedra
> E perfume de vento.[33]

Livres de geografias, as palmeiras *são* uma geometria, como se depreende desde o título, no qual os dois termos, sem conectivos entre eles, se equivalem. Elas evocam princípios de um regime existencial inseparável da escrita, que se quer – voltando aos termos utilizados para definir Brasília – "clara", "exata", "lógica e lírica", "limpa de pitoresco", do "oficial" e da "retórica". Estamos diante de um sistema ético fundado no despojamento construtivo, muito próximo do ascetismo de João Cabral de Melo Neto. A "palmeira" tropical é, assim, uma *imagem* que, carreando seus valores plástico-construtivos e morais, toma parte na composição de outra *imagem*. Resulta daí uma fascinante paisagem composta pelo visível e pelo invisível: o coqueiro não está lá, mas se faz presente na cena, em sua matéria arquitetônico-urbanística. Vale guardar este dado: no poema "Brasília" retornarão, daquela prosa de viagem, a magnífica equação "lógica e lírica", o adjetivo "lisa", e a imagem do "coqueiro", à qual virá se somar a da "palmeira".

Na capital federal, Sophia ficou hospedada na residência de Álvaro Ribeiro da Costa e sua mulher, Gelsa. Tal informação seria apenas uma curiosidade, não fossem estes os nomes que aparecerão na dedicatória do antológico poema "Brasília".

O contato com o presidente do Supremo Tribunal Federal e sua mulher ocorreu graças a uma longa amizade de Sophia com o genro do casal, José Paulo Moreira da Fonseca, poeta da geração de 1945 e pintor, personagem memorável nos meios intelectuais e artísticos cariocas, que ele frequentava em companhia de sua mulher, Adalija. Além de haver reunido Sophia e seus sogros, foi também

---

[33] *Obra poética*, 2015, p. 540.

ele quem a apresentou a duas pessoas que se tornariam, cada uma a seu modo, importantes para ela: João Cabral de Melo Neto e Helena Lanari.

Em 1958, José Paulo e Adalija convidaram Sophia e seu marido, o advogado Francisco Sousa Tavares, para uma viagem pela região Sul de Portugal e por cidades espanholas. No fim do verão, com a temperatura alcançado os 39 graus, os quatro seguiram pelas estradas do Alentejo e da Andaluzia num Fusca – ou Carocha, como se dizia em Portugal – a 100 km/h. Em Sevilha, às oito da noite, em meio à confusão da Plaza Mayor, foram se encontrar com João Cabral, cônsul adjunto na cidade. O poeta pernambucano, que Sophia mais tarde descreveria como tendo "um ar muito triste", se dirigiu a ela sem rodeios, dizendo: "Gosto muito da sua poesia, tem muito substantivo concreto." Sophia ficou espantada, pois não estava a par das ideias de Cabral sobre poesia nem lera seus livros. Não poderiam desconfiar de que nasciam fortes ali a amizade e a afinidade literária.

Anos depois, numa carta datada de 2 de fevereiro de 1965, Sophia escreveria ao poeta, tentando evocar o impacto daquele primeiro encontro: "Eu lembro-me de algumas coisas que você me disse a respeito dos meus versos (...). Creio que até hoje você é a única pessoa que viu que a minha poesia é feita com substantivos concretos!!!"[34] Não se tornaram a ver em terras brasileiras, porque numa espécie de desencontro exemplar Cabral viajara para Portugal, conforme se lê em carta de 30 janeiro de 1967, na qual Sophia diz ao amigo: "Tive a maior pena de me ter destrocado consigo quando veio a Lisboa. Foi a única vez que eu estava no Brasil."

A carioca Helena Lanari não era escritora nem intelectual, mas, interessada em artes e literatura, frequentava os cursos informais dados a pequenos grupos – majoritariamente femininos – por José Paulo Moreira da Fonseca. Este, amigo de vários escritores e artistas plásticos, costumava levar convidados para que falassem sobre suas próprias obras, e foi assim que Sophia e Helena se conheceram. A amizade fluiu fácil. "Te lembras de quando fomos visitar Manuel Bandeira? E da maravilhosa missa em Ouro Preto – a missa mais missa que ouvi! Tenho saudades do Brasil", escreverá Sophia a Helena uma década depois da viagem ao Brasil, em carta datada de fevereiro de 1976, na qual o dia está substituído por um ponto de interrogação. A poeta também não se esquecerá dos dias de sol passados em Arraial do Cabo, na casa de praia de Helena e seu marido, Cássio Lanari. Tal amizade reveste-se de interesse crítico pelo fato

---

[34] A carta está depositada no Arquivo-Museu de Literatura Brasileira, da Fundação Casa de Rui Barbosa, no Rio de Janeiro, no espólio de João Cabral de Melo Neto.

de que está na base do emblemático "Poema de Helena Lanari", publicado em *Geografia*:

> Gosto de ouvir o português do Brasil
> Onde as palavras recuperam sua substância total
> Concretas como frutos nítidas como pássaros
> Gosto de ouvir a palavra com as suas sílabas todas
> Sem perder sequer um quinto de vogal
>
> Quando Helena Lanari dizia o "coqueiro"
> O coqueiro ficava muito mais vegetal[35]

Cada estrofe corresponde a um momento: o primeiro é o da reflexão sobre o português falado no Brasil, e seus versos iniciais instalam uma abordagem a um só tempo objetiva e afetiva das palavras consideradas como matéria do discurso oral. Mas logo terra e idioma se confundem, uma vez que as palavras são comparadas a "frutos" e "pássaros", o que exprime a concretude e a nitidez da fala, mas também as qualidades da própria natureza. A seguir, em tom descritivo, a percepção exprime-se com a franqueza e a espontaneidade de uma ciência da fonação inventada no próprio ato da escuta. É seguro que o poema, implicitamente, compara o português falado em Portugal e o falado no Brasil, e a afirmação de que neste último as palavras são articuladas com suas "sílabas todas/ sem perder sequer um quinto de vogal" faz ver a língua em termos de nitidez e materialidade.

O segundo momento, mais narrativo que o primeiro, compõe-se de um breviíssimo flashback, ilustrativo daquilo que se desenvolvera anteriormente de modo mais conceitual. Ao mundo concreto, nítido, leve da *língua-paisagem* trazida à cena na estrofe anterior vem somar-se o "coqueiro", o que sem dúvida faz soar na *paisagem cultural* brasileira o romantismo singelo de alguma iconografia oitocentista, mas também o colorido exaltado de *Aquarela do Brasil*, a popularíssima canção de Ary Barroso: "Oh, esse coqueiro que dá coco/ Onde eu amarro a minha rede/ Nas noites claras de luar." No poema, porém, o "coqueiro" não se limita à cor local, pronto e exterior à contemplação. Sendo indiscerníveis a natureza e as palavras que a nomeiam, a *língua-paisagem* refaz o que é dito, ou seja, acrescenta-lhe qualidades, intensifica seu caráter, faz surgir sua "substância total"; assim, o "coqueiro" se torna "mais vegetal" ao ser nomeado por Helena Lanari.

[35] *Obra poética*, 2015, p. 567.

Volto à carta enviada a João Cabral de Melo Neto:

> Estou há meses para lhe escrever para lhe dizer quanto gostei e me senti envaidecida com o Elogio da Usina e de Sophia. E também lhe quero agradecer o seu livro que tanto gostei de receber. O poema que prefiro é talvez Rios sem Discurso, que me fez meditar na evolução brasileira da língua portuguesa. Aqui a língua está ficando dicionária e perde as vogais. Mas os brasileiros têm um gênio de língua que me maravilha. Creio que uma coisa que me liga à poesia brasileira é o fato de eu falar com as sílabas todas.

O livro em questão é *A educação pela pedra*, de 1966. A reflexão de Sophia provém do poema "Rios sem discurso", que contrapõe um "discurso-rio de água" e um rio "cortado", com a seguinte formulação: "Em situação de poço, a água equivale/ a uma palavra em situação dicionária:/ isolada, estanque no poço dela mesma,/ e porque assim estanque, estancada."[36] Sophia, recorrendo ao neologismo do amigo – "dicionária" – acusa, ainda que de modo vago, um processo de dicionarização da língua em Portugal, compreendido, nos termos cabralinos, como esgotamento, ao qual se soma uma realização oral que lhe parece desagradável.

Nesse sentido, a viagem ao Brasil foi também uma viagem *na* língua, e o "Poema de Helena Lanari" pode ser entendido como um claro testemunho do que chamei *língua-paisagem*. Ao fluxo entre aeroportos, cidades, ao tempo dos deslocamentos, às experiências vividas em espaços diversos e a outras movimentações correspondia uma natureza vária, exuberante e nítida sob uma luminosidade deleitável – vale lembrar que era outono –, mas também uma língua que soava igualmente fluida, em marcha, com "sua substância total", o que, em última instância, equivale no universo de Sophia à inteireza e à nitidez que devem presidir quaisquer instâncias da vida humana.

Sua poesia, também é preciso consignar, está diretamente ligada à escuta e à fala, e, assim, ao ouvir a língua portuguesa realizar-se numa emissão – Helena Lanari era apenas uma falante entre falantes, mas destacada como personagem metonímico – em que não se perdia "sequer um quinto de vogal", a poeta julgou que o que a ligava à poesia brasileira era o fato de ela, Sophia, "falar com as sílabas todas". Coincidiam, portanto, a realização individual e um traço coletivo

---

[36] *A educação pela pedra*, in. *Poesia completa*. Lisboa: Glaciar; Rio de Janeiro: Academia Brasileira de Letras, 2014, p. 461.

adventício; a predisposição particular afinava-se com padrões culturais estrangeiros à sua formação.

Quando ouvimos Sophia lendo seus poemas, compreendemos como falar e escandir cumprem-se simultaneamente na sua voz pela pronúncia bem destacada das sílabas, pelo acento das curvas melódicas dos versos, pela franca obediência aos andamentos que parecem sempre atraídos pelo repouso no silêncio, enfim, pela plasticidade da dicção, como se a voz desenhasse os elementos métricos do poema e então tudo o que é dito passasse ao campo do visível. Falar é, para Sophia, uma ação *no tempo*, mas também *no espaço*. Não é por acaso que, em entrevista concedida a Eduardo Prado Coelho duas décadas depois da visita ao Brasil, ela se queixará da dicção dos atores portugueses, afirmando que "salvo raríssima exceção é um desastre que mata qualquer peça", para concluir: "Comem as vogais, nada se entende, não sabem colocar as palavras no espaço."[37]

Nomeado ministro do Supremo Tribunal Federal (STF) em 1946 e eleito seu presidente em 1963, Álvaro Ribeiro da Costa era antes de tudo um carioca, o que significava alguma inadaptação a Brasília, onde passou a residir em 1961. Desgostoso, queixava-se, por exemplo, da falta de montanhas. Amava o Rio de Janeiro e sentia imensa falta do convívio com os amigos, entre eles os escritores Murilo Mendes e sua mulher, Maria da Saudade Cortesão, Dante Milano, Manuel Bandeira, Aníbal Machado, e os artistas plásticos Alberto da Veiga Guignard, Oswaldo Goeldi, Candido Portinari, Bruno Giorgi e Celso Antônio.

Reuniam-se aos sábados para os animados almoços que Ribeiro da Costa e Gelsa serviam em sua casa em Ipanema, projetada pelo arquiteto modernista Marcelo Roberto – o mais velho dos irmãos que mais tarde se reuniriam no célebre escritório MMM Roberto – e construída no início dos anos 1930 no número 63 da rua Barão de Jaguaripe, ainda sem calçamento na época. Era nessa rua, aliás, que Ribeiro da Costa gostava de jogar futebol com uma turma, à qual sempre se juntava o poeta Augusto Frederico Schmidt. Por coincidência – penso em Brasília – Ribeiro da Costa era primo-irmão de Lucio Costa, além de amigo de Oscar Niemeyer. O fato é que o ministro do STF esteve sempre ligado às artes, e guardava predileção pela poesia, escrevendo versos modestos com o pseudônimo Álvaro Madaia.

A proximidade com a música devia-se a Gelsa Ribeiro da Costa, cantora lírica que, diferentemente do marido, logo se adaptou a Brasília, ou melhor, fez com que Brasília se adaptasse a seu temperamento solar e festivo. Recebia amigos, organizava concertos na cidade, apresentava-se em recitais, foi professora

[37] ICALP *Revista*, n. 6, p. 65, ago-dez, 1986.

do Departamento de Música da Universidade de Brasília e esteve à frente, com Sylvia Mazzili, da Casa do Candango, instituição de assistência a famílias de trabalhadores locais.

Um de seus grandes amigos era o compositor e maestro Claudio Santoro, que entre 1955 e 1959 compusera com Vinicius de Moraes um ciclo camerístico denominado *Canções de amor*. O trabalho veio a público apenas em 1962, no Teatro da Escola Parque, em Brasília, nas vozes de Gelsa e Vanda Oiticica, acompanhadas ao piano por Hermelindo Castelo Branco. Se não fez uma carreira brilhante, há que assinalar pelo menos um feito pioneiro: em 1959, portanto ainda no Rio, Gelsa Ribeiro da Costa apresentou quatro canções do compositor e poeta Jayme Ovalle, acompanhada pela pianista Ana Cândida, no programa *Música e Músicos do Brasil*, da Rádio MEC, com palestra de Andrade Muricy. Ovalle morrera quatro anos antes, e considera-se aquela a primeira apresentação pública de suas canções.

Quando recebeu a visita de Sophia, Gelsa Ribeiro da Costa estava já afastada das salas de aula. A Universidade de Brasília, entendida como antro de subversão pelo governo militar, tivera seu campus invadido em 9 de abril de 1964 por tropas do Exército e policiais de Minas Gerais. Em seguida, Anísio Teixeira, o grande educador, e Almir de Castro, respectivamente reitor e vice-reitor, foram demitidos. A situação chegaria ao extremo no ano seguinte. No dia 18 de outubro, quinze professores considerados "subversivos" foram sumária e arbitrariamente afastados da universidade. Em resposta, 223 professores pediram demissão, entre eles nomes bastante conhecidos, como Paulo Emílio Sales Gomes, Athos Bulcão, Rogério Duprat, Jean-Claude Bernardet, Nelson Pereira dos Santos, Alfredo Ceschiatti, Marília Rodrigues, Damiano Cozzella, Suzy Botelho, Cláudio Santoro e também Gelsa Ribeiro da Costa.

No momento do golpe militar, Álvaro Ribeiro da Costa, como presidente do STF, legitimou a deposição de João Goulart, mas logo seria protagonista de conflitos entre a ordem jurídica e os militares. No livro *Tanques e togas*, o jornalista Felipe Recondo observa que, apesar da ditadura, o Supremo permaneceu julgando seus processos "tendo como premissas as leis e o direito vigentes". Ou seja, "o Supremo julgava de uma forma e o Executivo pensava de outra".[38] O STF esteve sob permanente ameaça durante a presidência de Álvaro Ribeiro da Costa.

---

[38] Felipe Recondo, *Tanques e togas: O STF e a ditadura militar*, São Paulo: Compahia das Letras, 2018, p. 31.

Vale aqui pelo menos um exemplo, envolvendo a figura mítica de Miguel Arraes, que, eleito governador de Pernambuco em 1962, foi deposto e preso assim que se instalou a nova ordem. Após ter uma liminar negada pelo Superior Tribunal Militar, a defesa de Arraes recorreu ao STF, que lhe concedeu *habeas corpus*. A decisão gerou uma grave contenda entre Ribeiro da Costa e o chefe do Estado-Maior do Exército, o general Édson Figueiredo. O caso se prolongou em permanente tensão, até que o presidente Castelo Branco, mesmo temendo reações das alas mais radicais que o apoiavam, decidiu-se por manter a decisão do Supremo. As altercações entre o governo dos militares e Ribeiro da Costa tornaram-se, no entanto, mais duras e seguiram até janeiro de 1967 – um ano antes de sua morte –, quando ainda no papel de presidente do STF aposentou-se por limite de idade.

Quando Sophia se hospedou por três dias no apartamento de Gelsa e Álvaro Ribeiro da Costa, no andar térreo de um prédio na Asa Sul, respirava-se um clima de estranha normalidade em Brasília. Ribeiro da Costa permanecia desempenhando seu papel à frente do Supremo Tribunal Federal, fazendo cumprir a Constituição e assegurando o direito ao *habeas corpus*; Gelsa, após ter sofrido diretamente com a injustiça e o abuso de poder da nova ordem, agora dava aulas em casa. A instalação definitiva do horror pelo AI-5 viria três anos após o retorno de Sophia de Mello Breyner a Portugal e um ano depois da morte de Álvaro Ribeiro da Costa.

"Cheguei hoje ao Rio, voltando de Brasília, Ouro Preto e Congonhas. É tudo muito bonito e Brasília é deslumbrante. As pessoas amáveis e boas." Datado de 24 de maio, o postal dá notícias à mãe, Maria Amélia de Mello Breyner. Finda a permanência na capital federal, Sophia seguiu dali de avião para Belo Horizonte, onde se encontrou com Helena Lanari e, com a amiga, foi visitar as cidades históricas mineiras. Na primeira estadia carioca, Sophia hospedou-se no hotel Argentina, no bairro do Flamengo; nesse segundo momento, instalou-se no hotel Apa, em Copacabana.

Na visita à Academia Brasileira de Letras (ABL), após ler o poema intitulado *Manuel Bandeira*, Sophia informou que leria um outro, sobre Brasília, acrescentando este dado precioso: "Escrevi no avião que me trouxe de lá para Belo Horizonte, e quando realmente compreendi como o entusiasmo é uma forma de esquecer a angústia."[39] Tratava-se de uma primeira versão. O espólio da autora, depositado na Biblioteca Nacional de Portugal, em Lisboa, guarda um caderno com anotações esparsas, algumas delas referentes à estadia no Brasil, que traz, manuscrita a caneta, uma versão bastante semelhante àquela lida na ABL.

---

[39] *Revista Brasileira*, n° 111, Rio de Janeiro: ABL, jan-jun, 1966.

Trata-se, provavelmente, da primeira versão, ou seja, aquela escrita no voo entre Brasília e Belo Horizonte. No mesmo espólio, há um datiloscrito mais próximo da versão definitiva, no qual um carimbo, sem data, do Serviço de Censura certifica: "Autorizado com cortes."

Na ditadura de António de Oliveira Salazar, a censura prévia à imprensa foi estabelecida por decreto em 11 de abril de 1933. Conforme conta Graça Almeida Rodrigues, em *Breve história da censura literária em Portugal*,[40] publicações periódicas, mas também folhas volantes, folhetos, cartazes e outros impressos tinham de ser autorizados pelo governo quando tratassem de assuntos de caráter político ou social. Em 1944, a censura alcançou a condição de órgão de formação e propaganda política, ficando a Direção-Geral dos Serviços de Censura integrada ao Secretariado Nacional de Informação, o SNI, sigla homônima do brasileiro Serviço Nacional de Informações, criado em junho de 1964.

Os livros não estavam sujeitos a censura prévia, mas qualquer edição podia ser apreendida depois de publicada. O carimbo no datiloscrito de *Brasília* garante que antes do aparecimento do poema em livro, em 1967, considerou-se sua publicação em periódico, quando passou pela análise prévia dos Serviços de Censura; no entanto, desconheço qualquer publicação dele em revista ou jornal portugueses. Hipótese fácil: Sophia teria desistido de tornar público um poema descaracterizado pelo "corte" que o carimbo consigna. Mas o texto ali é praticamente o mesmo da versão final, não cabendo dúvida quanto ao fato de que as pouquíssimas diferenças decorreram de aperfeiçoamentos empreendidos pela própria Sophia. Há, porém, algo que recomenda atenção: no datiloscrito carimbado pelo Serviço de Censura não consta a dedicatória a Gelsa e Álvaro Ribeiro da Costa.

É bastante plausível que o poema tenha sido objeto de um olhar diligente dos censores. Sophia e seu marido, Francisco, eram há mais de uma década adversários declarados do regime salazarista e viviam sob permanente vigilância da Polícia Internacional e de Defesa do Estado, a famigerada Pide. Um ano antes da vinda de Sophia ao Brasil, por exemplo, ambos assinaram o célebre Manifesto dos 101 Católicos. Não deixa de surpreender a coragem com que questionavam ali a política colonial do Estado Novo. Afirmavam que a Igreja católica propunha valores como amizade, fraternidade, e com eles a importância das relações internacionais, enquanto o governo de Salazar afirmava-se "orgulhosamente só"; protestavam contra a existência de uma polícia política detentora de poderes que

[40] Graça Almeida Rodrigues, *Breve história da censura literária em Portugal*, Lisboa: ICLP, 1980.

violavam "as mínimas exigências da consciência cristã"; apontavam as anomalias e as injustiças do processo político em Portugal, os entraves ao direito de associação, bem como as expulsões, prisões e torturas na vida acadêmica, mas não só nela; e citavam diretamente o Brasil, cuja "política governamental" era vista como "razão de opróbrio e de vergonha". Tratava-se, enfim, de uma declaração contundente contra a injustiça, o ódio e a repressão, encaminhada por intelectuais importantes, e de algum modo ligados à Igreja católica, entre eles Helena Cidade Moura, João Bénard da Costa, Pedro Tamen, Ruy Belo, António Alçada Baptista, Nuno Teotónio Pereira e Lindley Cintra, signatários que não desconheciam, como afirmavam, os riscos a que se expunham ao subscrever o documento, pois muitos deles haviam passado pela "experiência dos interrogatórios da Pide, dos processos judiciais, dos entraves ou impedimentos no acesso a lugares públicos e a empregos particulares, das buscas domiciliárias, da vigilância e repressão policial".[41]

Há de ter despertado a atenção do Serviço de Censura o nome da capital federal do "país irmão" já no título do poema – *Brasília* – e a consequente possibilidade de o texto exibir algum conteúdo político. É igualmente fácil imaginar que os censores tenham se surpreendido com o fato de o poema parecer, pelo menos à primeira vista, uma inocente e fantasiosa sequência de elogios à arquitetura e ao urbanismo da cidade. Mas e a dedicatória? Naquela nomeação haveria um disfarçado propósito de disseminar uma opinião desfavorável, um aceno ideológico, uma mensagem subversiva? Quem eram Gelsa e Álvaro Ribeiro da Costa? Não haveria dificuldades para que deles se elaborassem perfis desabonadores, próximos de algo como: ela, uma professora envolvida em uma demissão em massa na universidade do Distrito Federal, tomada por agitadores; ele, uma autoridade pública, o mais alto administrador da Justiça do país, que, em vez de colaborar com a ordem, afrontava o governo. O que acrescentava ao texto a referência àquele casal? Por que a dedicatória? Não parece descabido supor que os censores, movidos pela desconfiança e pela prudência dos covardes, tenham decidido pelo "corte" da dedicatória.

Será no próprio Brasil que o poema virá à luz pela primeira vez, no *Correio da Manhã*, de 1º de julho de 1967, com algumas variantes em relação à versão definitiva, mas incluída a dedicatória. No mesmo ano, o livro *Geografia* apresentará sua forma acabada:

---

[41] O manifesto encontra-se reproduzido no site da Biblioteca Nacional de Portugal, em sua parte dedicada a Sophia de Mello Breyner Andresen.

> Brasília
>> a Gelsa e Álvaro Ribeiro da Costa
>
> Brasília
> Desenhada por Lúcio Costa Niemeyer e Pitágoras
> Lógica e lírica
> Grega e brasileira
> Ecumênica
> Propondo aos homens de todas as raças
> A essência universal das formas justas
>
> Brasília despojada e lunar como a alma de um poeta muito jovem
> Nítida como Babilônia
> Esguia como um fuste de palmeira
> Sobre a lisa página do planalto
> A arquitetura escreveu a sua própria paisagem
>
> O Brasil emergiu do barroco e encontrou o seu número
>
> No centro do reino de Ártemis
> – Deusa da natureza inviolada –
> No extremo da caminhada dos Candangos
> No extremo da nostalgia dos Candangos
> Athena ergueu sua cidade de cimento e vidro
> Athena ergueu sua cidade ordenada e clara como um pensamento
>
> E há no arranha-céus uma finura delicada de coqueiro[42]

A recusa e os sentimentos ambíguos que vigoram na poesia de Sophia de Mello Breyner Andresen em relação às cidades simplesmente inexistem aqui. Brasília dá a ver na realização humana o que era divino na natureza exuberante da madrugada no Recife ou no sertão vizinho do planalto.

Nome e coisa, projeto e presença, voz e visão, tudo coincide na abertura do poema. O gesto arquitetônico é *origem*. Se a sequência "Lúcio Costa Niemeyer Pitágoras" situa historicamente a cidade em relação a seus principais criadores, o terceiro nome surge inesperado, desprendido de um passado longínquo. A ausência de conectivos ou sinais de pontuação entre eles instala uma

---

[42] *Obra poética*, 2015, p. 566.

continuidade, mais ou menos como uma linha ininterrupta que desenha uma figura completa, una e triangular. Desde aí, tudo se anuncia como experiência fora do tempo, ou como atualidade em que todos os tempos, sem fraturas, se encontram. Brasília instaura tal confluência e simultaneamente surge dela, convocando figuras mitológicas como Ártemis e Athena, mas também um signo algo legendário, como Babilônia, enquanto a Grécia, presente desde a evocação de Pitágoras, reaparece na caracterização da cidade como "grega e brasileira", ou na imagem "esguia como um fuste de palmeira". Mítico é também o tempo, que move a cena e faz com que tudo se harmonize num *continuum* em que se fundem natureza e construção, universalidade e singularidade. O arquiteto é outra vez, como na Antiguidade grega, artífice da ordem, demiurgo, e o projeto, ato cosmogônico, divino.

Vislumbrado como território mítico, o planalto é o "centro do reino de Ártemis", para onde os candangos convergem na marcha iniciada com o nostálgico abandono da terra natal. Como se procurassem uma terra prometida que fosse também oásis planejado – a cidade que nasceu da ideia – chegam lá onde "Athena ergueu sua cidade", e são eles mesmos que a erguem no árido quadrilátero central.

O ecumenismo para o qual aponta o poema é tanto uma constatação quanto uma proposição, como se um *éthos* católico se manifestasse em "formas justas" e delas dependesse para produzir uma justiça universal, destinada "aos homens de todas as raças". Retorno à entrevista a Walmir Ayala, quando Sophia fala de sua "impressão de ecumenismo". Cito-a também pelo gosto de observar a continuidade entre o poema e a fala, o nexo flagrante entre a vivência e a escrita:

> Mas uma das minhas maiores emoções tem sido a impressão de ecumenismo. (...) Eu disse: "Que bonitas que são as árvores brasileiras." E um amigo explicou: "Esta árvore é brasileira de origem, mas aquela foi trazida da Índia pelos portugueses, e a outra veio do Japão." E também as pessoas que vejo nas ruas vieram de todos os cantos do mundo para se unirem num humanismo novo. Sinto aqui um espírito ecumênico, já presente e vivo, e pronto a desabrochar maravilhosamente no futuro. Este ecumenismo apareceu-me com maravilhosa clareza em Brasília, cidade onde Pitágoras colaborou com Lúcio Costa e Niemeyer. Cidade lógica e lírica, cidade funcional do século XX, mas penetrada de miragem como as antiquíssimas cidades do Oriente. Um "obstinado rigor" de proporção, ritmo e número, onde o espírito reconhece a sua

lei. O planalto é como uma página lisa onde a arquitetura do homem criou a sua própria paisagem.[43]

Deparamos com *uma Brasília* que é potência e virtualidade, que vive em todas as cidades, inclusive naquela, sobretudo naquela. Na "lisa página do planalto" inventou-se uma cidade, e na "lisa página" do caderno inventou-se o poema, no qual a cidade, outra vez inventada, vê-se, como no princípio, "despojada e lunar como a alma de um poeta muito jovem", como se pulsasse aqui, subentendido, outro mito: Orfeu. Sophia vê em Brasília *o projeto de Brasília*, sua lição de estética e de moral baseada na austeridade e na disciplina, mas também na imaginação e na fantasia. Assim, é eloquente que estejam ausentes do poema dramas políticos, econômicos ou sociais, não porque a "página" os tenha ignorado, mas porque pôde ver acima deles – como uma "miragem" – o plano de ultrapassá-los.

A imagem "o Brasil emergiu do barroco" sugere bem mais que uma viragem estética; afirma sobretudo a possibilidade de uma transformação histórica, aponta para a superação do passado colonial, escravista, substituído por um outro "número" – projeto, construção, harmonia, memória viva e festiva de Pitágoras; emergir do barroco seria ainda uma ação "ordenada e clara", entendida como expansão da civilização ocidental moderna em moldes originais. Em vez de reter seu olhar sobre as belezas do passado colonial – Ouro Preto e Congonhas seriam cidades ideais para tal usufruto – e, consequentemente, sobre os vestígios de estruturas sociais arcaicas, Sophia deixa-se mover pelo vigor da abstração, que desapropria os conteúdos da velha representação e instala a liberdade da pura geometria.

No fim de sua temporada brasileira, ela escreveu para Álvaro Ribeiro da Costa:

> Gostei imenso de Ouro Preto e Congonhas, mas gostei mais de Brasília. Ouro Preto é português e brasileiro. Brasília é universal. Aquilo que no Brasil é português comove-me, mas aquilo que no Brasil é universal exalta-me e maravilha-me, como progresso para um novo humanismo.[44]

Livre das fantasmagorias herdadas do passado, Sophia não se limita a fazer uma benevolente aposta no futuro do país, ou no país do futuro, essa velhíssima promessa que empurra para o vazio as mais prementes demandas políticas,

---

[43] Entrevista a Walmir Ayala, op. cit.
[44] Este trecho da carta foi publicado pelo jornalista Ézio Pires no *Correio Braziliense*, em 12 de junho de 1966.

econômicas, culturais e jurídicas. Ao enxergar Brasília como um projeto de Brasil, mas desde já uma realização desse projeto, a poeta, sem dubiedade ou hesitações diante da conjuntura histórica, toma-se de uma disposição inteiramente afirmativa: comoção, exaltação, maravilhamento. Ainda compete dizer que no poema a *ausência* de sinais do quadro político brasileiro é também uma expressiva *recusa*. Lembro-me de uns versos de *Mar novo*: "Perfeito é não quebrar/ A imaginária linha// Exata é a recusa/ E puro é o nojo."[45]

> Brasília, 31-5-1966.
> Sophia, amiga querida:
> (...) Foi como se próximo a tivéssemos nas palavras, nos conceitos, no carinho, todo pessoal, ao lermos sua carta do Rio. Tudo admirável, personalíssimo; inconfundível. O paralelo entre Ouro Preto e Brasília é exato, perfeito; traduz o que sentimos e não sabemos exprimir do seu modo claro, translúcido. Pena foi que não pudesse por mais tempo permanecer aqui. A falta que nos faz a sua companhia é enorme e insubstituível. (...)

Datilografada numa fina folha de papel que exibe o selo do Gabinete da Presidência do Supremo Tribunal Federal, a carta de Álvaro Ribeiro da Costa – da qual reproduzo apenas um fragmento – revela que a breve estadia em Brasília criou vínculos entre Sophia e seus anfitriões e que a ilustre visitante lhes mostrou uma *paisagem* – vista, sentida, imaginada – no lugar. Naquele momento, Gelsa Ribeiro da Costa e seu marido ainda não sabiam do principal: o poema. Não poderiam supor que seus nomes passariam a morar para sempre entre um título – *Brasília* – e um verso: "Brasília". A miragem que ainda hoje procura um país.

Em Lisboa, Sophia esperou praticamente uma década – era 1974 – para viver o fim da ditadura em seu país, ou, como disse no poema "25 de abril", de *O nome das coisas,* para ver nascer "o dia inicial inteiro e limpo".[46] Enquanto isso, a noite se tornara mais espessa no Brasil, onde o regime, entre outras violações dos direitos humanos, fazia uso da tortura em sua perseguição aos chamados "subversivos". Ciente de tal quadro, Sophia tratou de denunciá-lo em seus versos. Para tanto, foi buscar modelo e mote em um poema de Manuel Bandeira, "No vosso e em meu coração", escrito em 1946 para uma manifestação pública no Rio de Janeiro contra a ditadura de Franco e publicado dois anos depois em *Belo belo,*

---

[45] P. 355.
[46] *Obra poética*, 2015, p. 668.

livro no qual, provavelmente, a poeta portuguesa teve acesso a ele. Cito um fragmento do início:

> Espanha no coração:
> No coração de Neruda,
> No vosso e em meu coração.
> Espanha da liberdade,
> Não a Espanha da opressão.
>
> Espanha republicana:
> A Espanha de Franco, não![47]

Sophia retoma "No vosso e em meu coração" e escreve "Brasil 77". Nesse retorno, vê-se uma série de homenagens. Em primeiro lugar, ao próprio Manuel Bandeira e à luta pela liberdade e pela justiça por meio da poesia. Se a intertextualidade também evoca, em particular, escritores e artistas que se envolveram direta ou indiretamente na famigerada Guerra Civil Espanhola, "Brasil 77" é sobretudo uma reafirmação de laços com o país e com os brasileiros. Foi publicado na revista literária *Loreto 13*, periódico mensal da Associação Portuguesa de Escritores, na edição de janeiro de 1978:

> Brasil dos Bandeirantes
> E das gentes emigradas
> Em tuas terras distantes
> As palavras portuguesas
> Ficaram mais silabadas
> Como se nelas houvesse
> Desejo de ser cantadas
> Brasil espaço e lonjura
> Em nossa recordação
> Mas ao Brasil que tortura
> Só podemos dizer não
>
> Brasil de Manuel Bandeira
> Que ao franquismo disse não
> E cujo verso se inscreve
> Neste poema invocado

[47] *Estrela da vida inteira*; poesias reunidas, 2ª ed. Rio de Janeiro: José Olympio, INL, 1970, p. 190.

Em vosso e meu coração
Brasil de Jorge de Lima
Bruma sonho e mutação
Brasil de Murilo Mendes
Novo mundo mas romano
E o Brasil açoriano
De Cecília a tão secreta
Atlântida encoberta
Sob o véu dos olhos verdes
Brasil de Carlos Drummond
Brasil do pernambucano
João Cabral de Melo que
Deu à fala portuguesa
Novo corte e agudeza
Brasil da arquitetura
Com nitidez de coqueiro
Gente que fez da ternura
Nova forma de cultura
País da transformação
Mas ao Brasil que tortura
Só podemos dizer não

Brasil de D. Hélder Câmara
Que nos mostra e nos ensina
A raiz de ser cristão
Brasil imensa aventura
Em nossa imaginação
Mas ao Brasil que tortura
Só podemos dizer não[48]

Versos de musicalidade flagrante, construídos com a popular metrificação em sete sílabas poéticas, pleiteiam um colóquio direto, ou seja, a transparência de uma intervenção no debate sobre a política brasileira. A palavra de ordem bandeiriana – "A Espanha de Franco, não!" – ecoa e mantém-se com o mesmo propósito, o de concluir as estrofes estruturalmente como refrão, que as arrema-

---

[48] *Obra poética*, 2015, p. 912.

ta com o incitamento à luta contra a tortura, chamado que equivale, por contiguidade, à confrontação com a ditadura militar.

Se o poema não sacrifica os domínios do que é subjetivo em favor de um engajamento que exigisse a impessoalidade, manifesta-se outrossim como memória pessoal que não se esgota no estreito circuito da individualidade. Desse modo, reconhecemos, por exemplo, a presença de Helena Lanari nos seguintes versos: "As palavras portuguesas/ Ficaram mais silabadas"; por outro lado, deparamos na mesma passagem a caracterização de um traço geral do brasileiro. A imagem "Brasil espaço e lonjura/ Em nossa recordação" parece nascer direto das recordações de Sophia, de sua vinda ao país e, em específico, de sua aterrissagem no Recife e de seus longos deslocamentos, como a viagem de carro do Rio de Janeiro a Brasília, bem como de sua ida às cidades históricas mineiras e *ao* Cabo Frio; mas, outra vez, somos colocados diante de uma representação bem mais ampla, que parece situar o Brasil em relação a Portugal tanto geográfica quanto historicamente.

Não falta sequer, na estrofe seguinte, o preito àquele que deu o mote ao poema, sem que tal demonstração de consciência metalinguística esfrie o poema, bem ao contrário, pois ativa a emotividade da memória pessoal, confundida com a celebração da história da luta pela liberdade: "Brasil de Manuel Bandeira/ Que ao franquismo disse não/ E cujo verso se inscreve/ Neste poema invocado/ Em vosso e meu coração." No seu louvor à poesia, os versos prosseguem nomeando os poetas brasileiros "de Sophia": Jorge de Lima, Murilo Mendes, Carlos Drummond de Andrade, João Cabral de Melo Neto.

Brasília é mais uma memória sophiana que comparece, subentendida na "arquitetura com nitidez de coqueiro", imagem que reenvia para o poema de 1966, do qual o ecumenismo e a potência afirmativa também ressurgem e parecem gerar a estrofe seguinte, na qual se instala a figura de dom Helder Câmara, o notável defensor dos direitos humanos durante a ditadura militar. A contingência histórica coincide de novo com algo extremamente pessoal, porquanto fala aqui a poeta que em 1965 assinou em Portugal o Manifesto dos 101 Católicos em corajoso ato contra a ditadura salazarista, e não parece exagero dizer que nesse poema, a um só tempo lamento e festejo, Sophia parece também orar por nós.

Brasil e Brasília são nomes que se confundem, como ecos, espelhamentos, e, inseparáveis, guardam um mesmo destino. No terror dos tempos – que a data, no título, situa e restringe – o poema de Sophia de Mello Breyner Andresen trouxe a primeiro plano algo bem mais permanente: "Gente que fez da ternura/ Nova forma de cultura/ País da transformação." Assim, "Brasil 77" não é só a triste imagem invertida de "Brasília", e faz ver, antes, o lúcido amor pela "aventura" de construir "no centro do reino de Ártemis" um território justo, de "formas justas".[49]

Eucanaã Ferraz é poeta, publicou entre outros, *Desassombro* (2002, Prêmio Alphonsus de Guimaraens, da Fundação Biblioteca Nacional) e *Sentimental* (2012, Prêmio Portugal Telecom de Melhor Livro de Poesia). Seus livros de poemas, oito ao todo, foram reunidos em 2016 em um único volume pela casa da Moeda/Imprensa Nacional de Lisboa. Também escreve poesia para criança, podendo-se destacar *Palhaço, macaco, passarinho* (2010, Prêmio Ofélia Fontes, pela Fundação Nacional do Livro Infantil e Juvenil, o Melhor Livro para a Criança) e *Cada coisa* (2016, Prêmio de Melhor Livro de Poesia e de Melhor Projeto Editorial pela Fundação Nacional do Livro Infantil e Juvenil). Organizou, entre outros, dois livros de Caetano Veloso, *Letra só* (2003) e *O mundo não é chato* (2005); de Vinicius de Moraes, *Música, poesia, prosa teatro* (2017), obra compilada em dois volumes. Seu mais recente trabalho foi a organização de *Coral e outros poemas*, antologia de Sophia de Mello Breyner Andresen (2018). Também é professor de Literatura Brasileira na Faculdade de Letras da Universidade Federal do Rio de Janeiro e atua como consultor de literatura do Instituto Moreira Salles.

---

[49] Agradeço a Maria de Sousa Andresen, Rafaela Cardeal, Alexandre Vidal Porto, Ana Cristina Moreira da Fonseca, Sérgio Ribeiro da Costa, Federico Bertolazzi, Antonio Carlos Secchin, Pedro Correia do Lago, José Mário Pereira, Carlos Mendes de Sousa, Jorge Reis-Sá, Nicolas Behr, Fábio Frohwein, Gilda Santos, Gastão Cruz e Alcino Leite Neto. Esse texto – numa versão ligeiramente diversa – foi publicado na revista *piauí*, nº 159, dezembro de 2019.

"No reino terrível da pureza"
A prosa dispersa de Sophia
• Federico Bertolazzi •

"Mas a busca da transparência das coisas só é possível no reino terrível da pureza. Só aquele que tiver vivido com pureza o terrestre poderá suportar o fulgor do divino".

Assim escreve Sophia, num texto sobre Hölderlin, publicado em 1967.[1]

Entre o terrestre e o divino coloca Sophia o poeta, aquele cujo olhar é original, puro, exato, e por isso justo. Aquele que, como santo Agostinho e Keats lapidariamente escreveram, criando a beleza revela a verdade, clarificando a relação do homem com as coisas e com os outros homens.

A vivência plena e atenta "no terrestre" é, em Sophia, consequência do reconhecimento da imanência, da presença do divino nas coisas, aquilo a que Sophia chamou "a própria presença do real", descoberta quotidiana capaz de fixar no "instante" a substância da "eternidade", que é, por sua vez, emanação da transcendência — nunca separando estas duas dimensões.

Da conciliação entre imanência e transcendência, do paganismo e do catolicismo, portanto da religação e da relegação, que em termos metaliterários resulta, a meu ver, na conciliação entre Pascoaes e Pessoa, já falei em livro anterior[2] e não me irei aqui repetir.

Na obra de Sophia, esta vivência apaixonada, para além do *corpus* canônico da poesia e da prosa, parece-me refletir-se numa parte menos conhecida, porque menos divulgada. Esta parte da obra é a prosa dispersa que coligi e que está, desde 2014, aos cuidados do editor e dos herdeiros da escritora, aguardando a possibilidade de uma nova publicação.

---

[1] "Holderlin ou o lugar do poeta", *Jornal do Comércio*, 31 dez 1967, p. 9-11.
[2] Federico Bertolazzi, *Almadilha. Ensaios sobre Sophia de Mello Breyner Andresen*, Lisboa: Documenta, 2019, p. 57 ss.

Esta prosa dispersa compõe-se de quase duzentos textos de vária natureza: depoimentos, entrevistas, ensaios, panfletos, intervenções diversas, que apareceram na sua maioria em periódicos, entre 1953 (data da primeira intervenção nos *Cadernos de Poesia*, no número de homenagem a Teixeira de Pascoaes)[3] até 2003 (data da última entrevista).[4] Estes textos abrangem, portanto, toda a segunda metade do século breve e intenso e testemunham uma vivência lúcida e apaixonada na qual a cultura é sempre vista como um direito natural de todos os homens, sendo ela expressão da lúcida exigência de uma vida completa e sem enfeites. E mais, alimentam uma reflexão que — conforme disse Giacomo Leopardi, segundo o qual "a prosa é a ama da poesia" — Sophia transporta nos seus versos e na sua poética. Ou, querendo aprofundar ainda mais a nossa perspectiva, sempre em termos mutuados da reflexão poética de Sophia, estes textos são imagem daquela imanência, que o homem reconhece no seu estar atento no terrestre, que ela conjuga com a transcendência, projectando a reverberação do real para além dos limites do quotidiano.

Darei apenas alguns exemplos para que se possa perceber o teor da reflexão de Sophia.

São vários, mas não diria muitos, os artistas e os escritores dos quais Sophia fala. Já me referi a Pascoaes e a Tolstói como exímios na fusão entre vida e literatura no meu livro citado acima.

Gostaria, apenas, de mostrar como a reflexão sobre os outros artistas, sempre foi, para Sophia, uma maneira de reflectir sobre si própria. E, a quem objectar que ela não era ensaísta, e que portanto estes textos não têm importância no panorama da sua obra (coisa que já me aconteceu em conversa com um dos herdeiros), aproveito esta ocasião para dizer que o que interessa nas prosas dispersas de Sophia não é a qualidade científica de ensaios no sentido acadêmico, mas a qualidade poética de reflexão sobre poesia e arte que ela conduz a par e passo com a sua própria arte. Sophia (como de resto é habitual para os escritores) sempre escreveu sobre artistas que com ela tivessem afinidade e cuja poética fosse capaz de enriquecer a dela. Eis o porquê da comunhão, para além dos já citados Pascoaes e Tolstói, com Cecília Meireles, Miguel Torga, Jorge de Sena, Ruy Cinatti, João Cabral de Melo Neto, Escada, Vieira da Silva, Daniel Faria, Heleno Oliveira

---

[3] Sophia de Mello Breyner Andresen, "[Teixeira de Pascoaes é um poeta à margem de tudo...]", *Cadernos de Poesia*, n. 14, p. 23, 32, 1953.
[4] Sophia de Mello Breyner Andresen,, entrevista, *Revista de Cultura*, Fortaleza-São Paulo, n. 36, ou. 2003. Disponível em: <http://www.jornaldepoesia.jor.br/ag36breyner.htm>. Acesso em 14 jan 2020.

(entre outros); e da "luta" com Fernando Pessoa. Eis o porquê da proximidade com Camões, Byron, Dante, Hölderlin, Rilke, Ponge.

Um dos textos mais sintéticos e elucidativo desta atitude é com certeza o da conferência proferida em Perugia, na Itália, em 1994, a convite de Brunello Natale de Cusatis. Um texto em que Sophia evoca Camões, como exemplo de imersão poética total no corpo vivo da vida, oposto a Pessoa que, por sua vez, da vida abdica, em prol da existência literária. Entre estes dois extremos Sophia coloca a sua reflexão sobre Torga, Sena e Cinatti,[5] exemplos de uma "geração que busca e quer a participação e a vida". E, só para dar uma ideia da tonalidade em que o texto é escrito, transcrevo o *incipit*:

> O que há de mais belo, mais criador e mais bem construído na cultura portuguesa, são os descobrimentos, a poesia e a arquitetura.
> Estas três formas de criação têm sido pouco conhecidas pelos europeus.
> Pois a poesia é intraduzível, a arquitectura não pode ser transportada e mostrada em museus e exposições, encontra-se dispersa pela província portuguesa e pelas imensidões do Brasil, de África e do Extremo Oriente. Quanto aos descobrimentos, na Europa a sua história quase só é conhecida pelos historiadores ou por um ou outro leitor especial.
> E as navegações portuguesas não foram só um decisivo avanço na História. Foram um alargamento da cultura, uma nova arte de navegar e construir navios, um novo conhecimento do céu e da terra, dos ventos e dos oceanos, um novo conhecimento do homem e das civilizações. E foram também, e mais ainda, uma poética do desconhecido e da desocultação, uma poética do olhar, do aparecer vivo e concreto dos lugares e das coisas, dos longos mares, das longas costas, das surpresas, dos prodígios inumeráveis na luz irisada da diversidade. Uma poética do real mais belo do que o imaginado.[6]

Nesta exaltação do conhecimento pela presença, pelo tato e pelo con-tato, a propósito de Miguel Torga Sophia escreve:

---

[5] Cf. Sophia de Mello Breyner Andresen, "Tre poeti portoghesi del nostro tempo: scrittura e vita", trad. de Brunello de Cusatis, *Separata dos Annali della Facoltà di Lettere e Filosofia*, 3. Studi linguistici, v. XXX, nuova serie XVI, 1992/1993, p. 86-95. [Por razões editoriais a revista traz a data de 1992/1993, mas a conferência foi proferida em abril de 1994.] Cito a partir do original datilografado conservado na BN, cota E64/258-263.
[6] Ibid.

A primeira fidelidade de Torga é a fidelidade ao mundo rural em que nasceu no norte de Portugal (...) Para ele o povo das aldeias transmontanas é aquele com que ele se identifica, e no vol. II do seu "Diário" escreve:
"No meu sangue corre a pedir expressão um rio de miséria e de doçura".
(...)
Mas o amor pela gente das aldeias é também amor pelo país onde nasceu. (...) E esse amor não é apenas amor pelo solo de uma pátria. A terra de que Torga fala é o país natal, e, simultaneamente, a terra de todos os homens, a grande Demeter, a Gea que Hesíodo nos versos da Teogonia invoca:
"A terra de largos flancos, solo firme
Oferecida para sempre aos mortais"
(...)
No entanto Torga não é um pagão. O deus contra que ele se rebela é o deus de que lhe falou o catecismo da sua infância (...) Perante esse deus a sua atitude ora é de desafio (...) ora é o conflito pessoal de um Job sem paciência, ora é acusação ao deus ausente que assiste mudo ao sofrimento do homem.[7]

Seria um exercício instrutivo encontrar os pontos de contato das coisas referidas a propósito de Torga na obra da própria Sophia: por exemplo, a presença do povo; a referência ao terrestre, já vista em Holderlin; a ausência de paciência pela inexplicada e inexplicável falta de justiça; só para dar uma pequena amostra.

Quanto a Jorge de Sena ele é apresentado assim:

Como poeta e como personalidade, é uma das figuras mais importantes da cultura portuguesa deste século. Era um homem apaixonado, tumultuoso, combativo em extremo — mas também generoso e fraterno.
Entendia a poesia como um testemunho que vem dar expressão à nossa necessidade de dignidade humana. A coragem da lucidez e a coragem da liberdade eram para ele os fundamentos dessa dignidade.
Mas a sua obra é diversa e vastíssima. A tensão espiritual, a qualidade da linguagem e a lucidez intelectual continuamente dizem um violento e desesperado amor da vida.[8]

E continua Sophia citando a resposta do próprio Sena a uma entrevista onde aparece a célebre definição que ele deu da poesia, e que facilmente se pode apli-

[7] Ibid.
[8] Ibid.

car a Sophia: "uma fidelidade integral à responsabilidade de estarmos no mundo".

Sophia termina a sua conferência sobre a "relação entre a poesia e a vida" com Ruy Cinatti e diz:

> Em ninguém essa relação estava tão presente como em Ruy Cinatti.
> Quando na minha adolescência o conheci, ele era para mim, e para um pequeno grupo de gente muito nova, o poeta mítico. Trazia-nos perturbação e deslumbramento.
> Dele esperávamos que nos revelasse, mais do que a verdade intelectual, a verdade espiritual e o caminho da vida. Era o nosso guru. (...)
> Era também um homem com uma consciência aguda do passado e da diversidade das culturas. Falava dos profetas bíblicos como se os tivesse conhecido e dos sábios orientais como se tivessem sido seus discípulos.
> Talvez que a única maneira de definir o Ruy seja dizer que ele procurava em tudo um caminho sagrado para a vida. Era católico, e a sua fé estava religada à sua aventura poética, ao seu trabalho e à errância da sua vida. O que o tornava uma pessoa à parte era o fato da sua presença como pessoa ser da mesma natureza que os poemas que escrevia.[9]

Ruy Cinatti foi para Sophia o exemplo de um caminho de religiosidade em que as instâncias de exatidão e de justeza e de justiça, pessoalmente sentidas, são mais importantes do que qualquer ortodoxia, é com Cinatti que ela começa a refletir sobre o tema fundamental de conciliação entre imanência e transcendência. Com ele Sophia vê o paganismo a mover-se de acordo com o catolicismo, no emergir do sagrado dentro do horizonte exato criado pela poesia. Ruy Cinatti foi o mestre de Sophia, tudo o que ela escreveu sobre ele tem de ser lido com muita atenção.

Escusado será dizer que a cada um destes autores Sophia dedicou também outros escritos em prosa, bem como poemas, aqui uma pequena lista das prosas:

A Sena, para além da conhecida correspondência, vejam-se também:

1. "História, mito e teatro" [sobre *O indesejado*], *Diário Popular*, 7 set. 1955, p. 7, 15.

---

[9] Ibid.

2. "Texto de homenagem a Jorge de Sena", lido em sessão de homenagem feita pela APE, agora *in* Sophia de Mello Breyner Andresen, Jorge de Sena, *Correspondência 1959-1978*, Lisboa: Guerra & paz, 2010, p. 164-169.

Sobre Torga:

1. 1956 "Poemas ibéricos", *Diário Popular*, 8 fev. 1956, p. 11,15.
2. 1957 "O lirismo dos diários", *Diário Popular*, 18 abr. 1957, p. 6, 11.
3. 1975 "A beleza da língua", *Letras*.
4. 1976 "Torga os homens e a terra", *Boletim da Secretaria de Estado da cultura*, dez. 1976, p. 7-9.

Sobre Cinatti:

1. 1956 "O poeta e a liberdade", *Diário popular*, 13 jun. 1956, [sobre Ruy Cinatti], p. 6, 7.
2. 1987 "Testemunho 1", sobre Ruy Cinatti, *Salém*.

A propósito da análise de outros autores que possa reverter também para uma autodefinição ou para a definição da sua própria poética, não há exemplo melhor do que o testemunho sobre Cecília Meireles.[10] A admiração pela sua linguagem, pela sua mestria poética dizem tanto de Cecília quanto de Sophia. Avalie-se esta afirmação com este trecho e com a correspondente citação:

> A poesia de Cecília Meireles é uma poesia tão puramente lírica, tão naturalmente desligada de toda a espécie de problemas, que é impossível explicá-la. Creio que as interpretações que se façam da obra dum poeta como C.M. serão quase sempre artificiais e literárias.
> A beleza e a verdade dum poema de C.M. tem que ser vivida imediatamente e sem explicações, como a beleza e a verdade duma rosa.
> Do que a sua poesia é falou C.M. perfeitamente naquele poema chamado Motivo que é o 2.º poema da *Viagem*. Este poema, está no centro da inspiração de C.M. e é a melhor introdução à sua obra, pois nele ela nos diz qual é a sua atitude em frente do mundo e qual é a sua atitude em frente de si própria.
> E também neste poema encontramos tudo aquilo de que é feita a beleza dos versos de C. Meireles: a limpidez da linguagem, a densidade de cada palavra, a exatidão das suas imagens, a nudez do pensamento, a serenidade da atitude, a ressonância grave e profunda da voz. É um poema onde C.M. exprime com

---

[10] Sophia de Mello Breyner Andresen, "A poesia de Cecília Meireles", *Cidade Nova*, IV, série, n.6, p. 341-352, 1956.

tanta perfeição a sua mensagem e a sua imagem que basta conhecê-lo para a conhecer.[11]

Motivo

Eu canto porque o instante existe
e a minha vida está completa
Não sou alegre nem sou triste
sou poeta

Irmão das coisas fugidias
Não sinto gozo nem tormento
Atravesso noites e dia
No vento

Se desmorono ou se edifico
Se permaneço ou me desfaço
Não sei, não sei. Não sei se fico
Ou passo.

Sei que canto. E a canção é tudo
Tem sangue eterno a asa ritmada
E um dia sei que estarei mudo
Mais nada

E ainda, sob o tema de objetividade e subjetividade, ilustra assim Sophia o poema "Mar absoluto":

Objetividade e Subjetividade

A objetividade de Cecília Meireles está na forma real e exata em que ela nos fala de estrelas, ondas e árvores. Está naquelas imagens dos seus poemas que nos mostram as coisas tais como elas são em si, na sua forma própria e na sua própria natureza. Cecília Meireles é um poeta objetivo porque nos diz que o mar é um "cavalo épico" e uma "anémona suave". Porque é um poeta que vê as coisas e não um poeta que as sonha. Porque quando ela nos fala do "vento liso", da "clássica luz de Maio", do "desequilíbrio dos oceanos", a

[11] Ibid., p. 341-342.

natureza nos mostra aquela sua face divina que o homem não lhe acrescenta pois ela a possui interiormente.

Mas Cecília Meireles é um poeta subjetivo na medida em que ela se busca a si própria através de tudo, na medida em que ela é alguém que vai:
"Dando e buscando sempre a sua própria imagem".
Na sua poesia, objetividade e subjetividade cruzam-se constantemente sem nunca se misturarem. A natureza está nela mais como uma passagem do que como um alimento imediato. Por exemplo no poema "mar absoluto" — poema construído com tantas imagens objetivas e concretas — através de búzios, espaços e brisas, Cecília Meireles busca não o próprio mar real, mas o seu mar, o mar que ela imagina, o mar que lhe é necessário e é a esse que ela chama mar absoluto.[12]

O poema "Mar absoluto", ou os muitos poemas de Sophia sobre o mar podem aqui dar a ideia do que ela descreve.

Nesta relação entre arte e vida, subjetividade e objetividade, esta primeira reflexão dedicada a Cecília Meireles remete-nos para uma outra vertente absolutamente decisiva para a definição do pensamento de Sophia sobre a arte, a poesia e a vida. Refiro-me à presença de Maria Helena Vieira da Silva e ao estímulo que foi para Sophia a sua pintura.

De fato, Sophia dedica quatro textos em prosa a Vieira da Silva, e a pintora encontra-se citada no centro da mais perfeita, e curiosamente mais esquecida, das artes poéticas de Sophia, o texto "Poesia e realidade" publicado em 1960 no n. 4 da revista *Colóquio*.

Estes são os textos em prosa:

1. 1958 "Vieira da Silva o real, a pintura e a poesia", *Diário Popular*, 7 ago. 1958, suplemento "Quinta-feira à tarde", n. 86.
2. 1961 "Maria Helena Vieira da Silva", *Almanaque*, mar.-abr. 1961, p. 70-71.
3. 1964 "Um falar visível: Maria Helena Vieira da Silva", *Diário Popular*, 26 nov. 1964.
4. 1968 "Metamorfose do labirinto ou A pintura de Vieira da Silva", *Diário Popular*, 8 ago. 1968.

Estes textos alimentaram os poemas que Sophia dedicou a Vieira da Silva, como ela própria relata a propósito do primeiro em "Arte poética IV", estes são os poemas que aqui indico:

[12] Ibid., p. 344-347.

1. "Maria Helena Vieira da Silva ou o itinerário inelutável", foi publicado em *11 poemas*, em 1971, actualmente incluído em *Dual*, de 1972.
2. "Tríptico ou Maria Helena, Arpad e a pintura", *Ilhas*, de 1989.
3. "Landgrave ou Maria Helena Vieira da Silva", *Ilhas*, de 1989.
4. "Vieira da Silva", *Musa*, de 1994.
Na primeira das prosas Sophia diz:

Em Paris, Maria Helena Vieira da Silva encontrou uma escola de pintura e um ambiente de cultura. Como Amadeu de Sousa Cardoso, como Modigliani, como Picasso e como tantos artistas do nosso tempo, ela saiu do seu país à procura dum ensino real e atual e à procura dum encontro com a viva universalidade do espírito humano.
(...)
Aquilo que é o mais profundamente português e que até agora só tinha sido dito pela poesia, está na sua pintura; o lirismo da imaginação, o sentido da realidade poética do Mundo, a nostalgia do espaço, a vocação do feérico, a necessidade dum descobrimento contínuo, maravilhado e ilimitado.
Pois a sua pintura não é unicamente uma relação de formas, espaços e cores mas também uma relação do homem com as coisas.
Porque Maria Helena Vieira da Silva é um pintor que é um poeta.
(...)
A sua obra não é nem uma pintura abstrata nem uma poesia do irreal.
É uma obra que parte sempre do descobrimento da realidade. Por isso, Maria Helena Vieira da Silva diz:
— Não sei o que seja pintura não figurativa. Os meus quadros têm sempre um ponto de partida real. É preciso não esquecer que o pintor se habitua a olhar para as coisas e sabe realmente como elas são, enquanto que os não pintores só veem por fórmulas.
Maria Helena Vieira da Silva é alguém que "sabe" como as coisas são. Alguém que se habituou a olhar. Alguém que esteve sempre atento, apaixonadamente atento. A realidade que re-conhecemos na sua pintura é uma realidade fantástica porque o pintor que a mostra olhou muito para as coisas e as coisas parecem sempre mais fantásticas quando as olhamos melhor.

*

Nos quadros de Maria Helena Vieira da Silva o tempo e o espaço têm um valor muito especial: é como se houvesse um duplo tempo e um duplo espaço.

Assim como Kassandra, ao chegar ao palácio dos Atridas, vê simultaneamente a cena que nesse momento se passa no exterior do palácio e a cena que momentos depois se passará no interior do palácio. Assim Maria Helena Vieira da Silva nos dá a impressão de ver simultaneamente um primeiro espaço e um segundo espaço, um primeiro tempo e um segundo tempo.[13]

Em "Poesia e realidade", depois de definir os três sentidos da palavra 'poesia' de Poesia, poesia e poema Sophia cita novamente as palavras de M.H. Vieira da Silva:

"Os meus quadros têm sempre um ponto de partida real. É preciso não esquecer que o pintor se habitua a olhar para as coisas e sabe realmente como elas são, enquanto que os não pintores só veem por fórmulas". O não pintor, o não poeta, vê por fórmulas e a sua visão é preconcebida e morta. A visão do poeta é original, limpa de intermediários, pura, viva e descobridora.[14]

Sem poder regressar aqui ao texto que, para combater o esquecimento, citei na íntegra no meu livro *Almadilha*, cabe apenas apontar algumas considerações que Sophia faz:

Eu sei que nunca se dirá tudo o que a poesia é. Nenhuma análise, nenhuma teoria explicará o que a torna tão necessária a alguns homens e o que a torna tão indiferente a outros.
Aquele que tem o sentido da poesia reconhece-a imediatamente, como aquele que tem sede reconhece a água. Sem necessidade de análise, de conceitos ou de teorias.
Mas aquele que não tem o sentido da poesia não a reconhece nunca, por maior que seja a sua cultura e por mais vasta que seja a sua informação.
Nenhum sistema de filosofia, nenhum tratado de estética pode ensinar a distinguir um poema verdadeiro dum falso poema.[15]

Em "Poesia e realidade", Sophia fixa definitivamente os termos de uma epistemologia da fusão oposta ao conhecimento científico puramente derivante da asséptica observação. Acerca do "realismo" de Vieira da Silva, o que Sophia diz

---

[13] "Vieira da Silva o real, a pintura e a poesia", *Diário Popular*, 7 ago. 1958, suplemento "Quinta-feira à tarde", n. 86, p. 1 e sgs.
[14] Sophia de Mello Breyner Andresen, "Poesia e realidade", *Colóquio*, n. 4, p. 53, 1960.
[15] Ibid.

num dos seus textos, de certa forma acompanha-se ao que Eduardo Lourenço também diz no seu ensaio "O itinerário de Vieira da Silva ou da poesia como espaço. A propósito da exposição retrospectiva de Grenoble 1964":[16]

> Vieira da Silva nada tem de comum com a pintura "fantástica" ou do "imaginário". (...)
> Vieira da Silva não é uma "primitiva", mas uma muito consciente pintora travando por sua conta e em limites precisos um geral combate da pintura consigo mesmo que nela se vencerá sem catástrofe, mas não sem inquietude. As suas arquiteturas imaginárias – e mais imateriais não há nenhumas na pintura contemporânea – são sempre encantamento do real, mas de um real colhido ao nível da sua estrutura mais ténue, no limite em que a visão pende para a ilusão ou a ilusão mesma se reestrutura em visão. O tema único do espaço basta para que a pintura de Vieira da Silva permaneça no horizonte "realista".

Este trecho liga-se ao que Sophia diz citando Pascoaes que o poeta, o artista, reconhece. Mais uma vez uma das dicotomias citadas anteriormente a fundir-se no mundo do poema, veja-se "Um 'falar visível'":[17]

> Dante chamou à pintura um "falar visível". Os pintores falarão da obra de Maria Helena Vieira da Silva como pintores, os críticos falarão como críticos.
> Eu falarei desse "falar visível", linguagem de um mundo tão intensamente olhado, perseguido, reconstruído. Nas suas cidades suspensas, magnéticas como ímanes e como luas, nos quartos mágicos, nas pedras, nos nevoeiros, nos labirintos reconheço a contínua e apaixonada atenção da imaginação decifrando o real.
> Enquanto o nevoeiro, agora, sobe do rio e vejo a cidade tão real e tão fantástica, penso em Maria Helena Vieira da Silva.
> (...)
> Pois o "falar visível" é uma arte do ser que pede toda a inteireza dos dias e se alimenta do tempo respirado. Que pede uma consciência mais funda que a

---

[16] Edurado Lourenço, "O itinerário de Vieira da Silva ou da poesia como espaço. A propósito da exposição retrospectiva de Grenoble 1964", *O tempo e o modo*, n. 24, Lisboa, p. 199-209, fev. 1965, mais tarde reimpresso no livro *O espelho imaginário, pintura, anti-pintura, não-pintura*, Lisboa, Imprensa Nacional-Casa da Moeda, 1981.
[17] Sophia de Mello Breyner Andresen, "Um 'fala visível'", *Diário Popular*, p. 1, 15, 26 nov 1964.

da inteligência e uma fidelidade maior do que aquela que podemos definir. Que pede uma atenção de antena e o "obstinado rigor" que primeiro foi vivido momento por momento.
Na pintura de M.H. Vieira da Silva a relação com o real é sempre uma relação com o desconhecido. Como Teixeira de Pascoaes ela vê:
"O que há de aparição no seio da aparência".
A sua pintura convoca o desconhecido, chama-o, fá-lo aflorar, mostra-nos a sua presença no mundo em que vivemos, a sua presença real, interior e exterior, imanente. O seu olhar percorre as salas, os corredores e as escadas dum palácio chamado labirinto.
A faculdade de viver na orla dum mundo mágico é um dom mas é também uma conquista.
Por isso nesta obra não admiro apenas o dom visionário: admiro também a longa paixão, a concentração obstinada, o rigor da imaginação.
Maria Helena Vieira da Silva pertence ao número daqueles artistas que rompem os hábitos visuais e que tentam colocar-se no princípio das coisas. As coisas são olhadas na sua presença e não no hábito ou na ideia que temos delas. Esta presença é uma presença aprofundada. A imaginação não é a faculdade de inventar imagens mas, sim, a faculdade de ver tudo o que há nas imagens. Como Teilhard de Chardin, Maria Helena Vieira da Silva procura o fenômeno, mas todo o fenômeno. Daí o que nela há de vidente. Os videntes não são inventores de fantasmagorias. São aqueles que estão mais puramente atentos, os que escutam melhor, os que olham mais, os que sabem esperar, estar em frente, decifrar, os que estão mais rigorosamente concentrados na paixão da visão. Em Maria Helena Vieira da Silva, em cada um dos seus gestos e em cada um dos seus quadros, vemos inscrita essa paixão atenta. Porque ela é um vidente, muitas vezes a sua obra nos parece um limiar, tal como é limiar o mundo onde moramos. E nessa obra nos reconhecemos, viver debruçados sobre o espanto, portadores duma consciência mais profunda do que aquela que podemos demonstrar.

A concretude desse mundo liga-a Sophia, em duas entrevistas (de 1989[18] e de 1991[19]) a uma experiência metaliterária que a leva até Francis Ponge, via João

---

[18] Sophia de Mello Breyner Andresen, entrevista a António Guerreiro, *Expresso*, p. 56-57, 15 jul. 1989.
[19] Sophia de Mello Breyner Andresen, entrevista a José Carlos de Vasconcellos, p. 8-11, JL, 25 jun. 1991.

Cabral de Melo Neto, diz Sophia em 1991, voltando a citar o que já parcialmente dissera em 1989:

> O João Cabral de Melo Neto disse-me várias vezes que gostava muito de Francis Ponge e perguntava-me porque é que eu não o lia. Até que um dia, em França, comprei um livro dele, chamado "Methodes" e mal o abri, logo ao princípio descobri uma coisa que foi para mim uma iluminação e corresponde àquilo que penso: só nos influencia aquilo que já se parece conosco. O Ponge diz isso (vou traduzir):
> "Sem dúvida não sou muito inteligente. Em qualquer caso as ideias não são o meu forte. Sempre me desiludiram. As opiniões mais bem fundadas, os sistemas filosóficos mais harmoniosos, mais bem constituídos sempre me pareceram absolutamente frágeis e provocaram em mim um certo enjoo, um certo vazio na alma, um certo sentimento penoso de inconsistência. Não me sinto nada seguro das proposições que me acontece emitir durante uma discussão. As afirmações contrárias parecem-me sempre tão válidas como as minhas, para ser exato nem mais nem menos válidas. (...)
> As ideias pedem-me o meu acordo, exigem-no e é-me fácil dar-lho; esse dom, esse acordo não me causa nenhum prazer, antes uma certa repugnância, uma náusea. Pelo contrário os objetos, as paisagens, os acontecimentos, as pessoas do mundo exterior causam-me muito agrado. Convencem-me. (...) A variedade das coisas é na realidade aquilo que me constrói". O que eu tenho estado a balbuciar é o que o Ponge exprime aqui com grande clareza e simplicidade.[20]

Enfim, muitos seriam os exemplos de textos relevantes dentro da prosa dispersa de Sophia, que por isotopias e reverberações podem iluminar partes importantes da sua obra canônica. Terminarei dando apenas algumas pistas:

1. Os textos sobre a Grécia, que, a meu ver, têm de ser vistos não apenas numa perspectiva geopoética, mas numa verdadeira geo-poiética, isto é, como uma linguagem feita de e com a paisagem.

2. Os veementes textos pós-revolução, em que a lúcida reflexão de Sophia fustiga tanto a direita como a esquerda: só alguns títulos: "A cultura é cara, a incultura é mais cara ainda", *Expresso*, 12 jul. 1975; "Justiça e revolução", *República*, 21 mar. 1975; "Cultura e anticultura", *A luta*, 19 abr. 1976; "A liberdade para mim não é unilateral: abrange o respeito pela liberdade dos próprios inimigos", *O Século*, 15 abr. 1976; "O direito à cultura", *A Capital*, 30 abr. 1977; "A cultura deve habitar

[20] Idem.

a vida quotidiana", *A luta*, 15 mar. 1977; "Poesia é criação cotidiana da liberdade", suplemento literário n. 620, Rio de Janeiro, 19 ago. 1978.

3. Os textos extraordinários ditos nos programas radiofônicos em que ela participou e que se encontram no espólio e com os quais Sophia tentou praticar a "cultura posta em comum", e que, depois de afirmar que "fazer má literatura dizendo que se está a escrever para o povo é só uma outra maneira de explorar o povo", trazem para a atenção dos ouvintes poetas como João Cabral de Melo Neto, do qual ela lê trechos de *Morte e vida severina*, livro sobre o qual já tinha publicado um ensaio[21] ou Camões,[22] ao qual já em 1977, em Macau dedica uma atenção exemplar, e que dá como exemplo de liberdade a poesia das suas líricas, a sua língua, a sua linguagem poética, uma vez que, como ela diz

> Sabemos que a vida não é uma coisa e a poesia outra. Sabemos que a política não é uma coisa e a poesia outra.
> Procuramos o coincidir do estar e do ser. Procurar a inteireza do estar na terra é a busca de poesia.
> Por isso rejeitamos o uso burguês da cultura que separa o cérebro da mão. Que separa o trabalhador intelectual do trabalhador manual. Que separa o homem de si próprio, dos outros e da vida.
> E porque desalienar, conquistar a inteireza de cada homem é a finalidade radical de toda a política revolucionária, o projeto de uma política real é por sua natureza paralelo ao projeto da poesia. Mas olhando com atenção vemos que a tarefa específica da política é criar as condições em que a desalienação é possível. Em rigor, a política não cria a desalienação mas sim a sua possibilidade.
> É a poesia que desaliena, que funda a desalienação, que estabelece a relação inteira do homem consigo próprio, com os outros, e com a vida, com o mundo e com as coisas. E onde não existir essa relação primordial limpa e justa, essa busca de uma relação limpa e justa, essa verdade das coisas, nunca a revolução será real.[23]

[21] Sophia de Mello Breyner Andresen, "A poesia de João Cabral de Melo Neto", *Encontro*, n. 28, p. 12, 1960.
[22] Os textos extraordinários sobre Camões: Noticiário de Macau, 14 jun. 1977; "Ensombramento e descobrimento", texto dito na Universidade de Coimbra em 1980 e depois publicado na antologia *Poemas escolhidos*, Lisboa: Círculo de Leitores, 1981, p. 149-164, que resume maravilhosamente a lição da arte de Camões, e mostra entre Camilo Pessanha, Cecília Meireles, João Cabral de Melo Neto, Jorge de Sena, os ecos da sua voz nos poetas posteriores.
[23] "Poesia e revolução", intervenção no congresso APE, 10-11/5/1975, republicado com alterações in *O Nome das Coisas*, Lisboa: Moraes Editores, 1977, pp. 77-80.

4. Para terminar, sempre chamando a atenção para os laços internos à obra, no texto sobre Dante,[24] escrito a seguir à tradução do *Purgatório*, e que, mais uma vez reflete sobre poesia, realidade e vida, deixa clara qual a perspectiva de Sophia:

> No mundo da "Divina comédia" há lugar para o fantástico, mas não há nunca lugar para o irrealismo. É um mundo onde o homem criado para o eterno está intensamente atento à substância do tempo.
> (...)
> Dante é um poeta, e, por isso nele a opção política integra-se naquela busca da relação justa com todas as coisas, que é a essência da poesia. Pois, ao contrário do sábio, que apenas procura conhecimento, o poeta procura uma salvação.
> Para compreender a obra de um poeta não é preciso conhecer a sua biografia, pois a obra de arte é um mundo completo em si mesmo e que se exprime a si próprio inteiramente. Mas a unidade entre a obra a pessoa e a vida é sempre a marca da verdadeira criação. Pois não escrevemos apenas com um papel e um lápis, mas sim com todo o nosso ser.

Deixo aqui os meus votos para que a obra de Sophia possa conseguir a sua completa inteireza devolvendo-se aos leitores todos os textos dispersos que publicou em vida.

Federico Bertolazzi é doutor pela universidade de Lisboa, professor de Literatura Portuguesa na Universidade de Roma "Tor Vergata" e responsável científico da Cátedra Agustina Bessa-Luís. Entre suas obras destacam-se *Noite e dia da mesma luz. Aspectos da poesia de Eugénio de Andrade* (Lisboa, 2010); *Con la notte di profilo. Brevi saggi su Eugénio de Andrade* (Roma, 2011); *Por mares que só eu sei. Le canzoni, il teatro, la prosa di Chico Buarque* (Roma, 2011) e *Almadilha. Ensaios sobre Sophia de Mello Breyner Andresen* (Lisboa, 2019). Traduziu e organizou edições italianas de Luís de Camões; Al Berto; Sophia de Mello Breyner Andresen; Eugénio de Andrade; José Cardoso Pires e Lygia Fagundes Telles, entre outros.

---

[24] Sophia de Mello Breyner Andresen, "Caminhos da *Divina comédia*", *Vida Literária*, p. 1, 5, 13 mai 1965.

Entre flores e festa noturna, a busca da unidade em O rapaz de bronze
• Luci Ruas •

Aos meus filhos, leitores privilegiados da obra infantil de Sophia.

Divide-se a noite, para que me apareças e prolongues tua presença entre sonhos cortados.
Cecília Meireles, Aparecimento.

Para começar, neste 2019 em que se comemora o centenário de nascimento da grande escritora que foi (e é, porque a obra assim o garante) Sophia de Melo Breyner Andresen, é fundamental que se diga que tanto no seu trabalho poético quanto nos seus contos, dialogam constantemente o ético e o estético. Como afirma Helena Buescu, há uma forte presença do humano diante dos outros homens e, com ele, as coisas e a história com a qual convive no mundo. Os valores da cultura clássica, bem como os da tradição oral, a que se somam os episódios da vida cotidiana que aprende, na infância, com a mãe e um dos avós serão os alicerces sobre os quais se vai erguer a sua obra poética, "indissoluvelmente ligados a experiências do sensível e do visível".[1] O mundo da infância é indissociável de alguns elementos constantes da sua poesia. A casa, o mar, a história e a tradição são, sem dúvida, de capital importância para este trabalho em que se pretende problematizar o sensível e o visível, o ético e o estético no conto *"O rapaz de bronze"*, escrito para a infância.

---

[1] Helena Carvalhão Buescu, "Sophia no país das maravilhas", in *Cristalizações: fronteiras da modernidade,* Lisboa: Relógio D'Água, 2005, p. 48-71, p. 49.

Parece que há uma angústia inerente às mães quando chega o momento de escolher livros que possam seduzir as crianças para o mundo da leitura. Sophia de Mello Breyner não escapou a esse dilema, com a vantagem, para ela, de ser poetisa, de ser escritora. Testemunhos da própria Sophia confirmam que a sua obra para crianças nasce como reação contra o infantilismo de alguma literatura que, nas décadas de 1940 e 1950, era dada aos mais novos: "Comecei a inventar histórias para crianças quando os meus filhos tiveram sarampo" — confessa – num depoimento publicado em 1986.

> Mandei comprar alguns livros que tentei ler em voz alta. Mas não suportei a pieguice da linguagem nem a sentimentalidade da "mensagem": uma criança é uma criança, não é um pateta. Atirei os livros fora e resolvi inventar. Procurei a memória daquilo que tinha fascinado a minha própria infância. (...) Nas minhas histórias para crianças quase tudo é escrito a partir dos lugares da minha infância.[2]

Dessa preocupação surgiram os contos que escreveu para os filhos, deixando incompleto o último – *Os ciganos* –, que vem a ser concluído pelo neto, Pedro de Sousa Tavares, depois de sua morte. Entre 1958 e 1985, publica *A menina do mar* e *A fada Oriana; A noite de Natal* (1959), *O cavaleiro da Dinamarca* (1965); *O rapaz de bronze* (1966); *A floresta e o tesouro* (1968) e *A árvore* (1985).

Neste trabalho planejei privilegiar dois contos de Sophia de Melo Breyner: *A fada Oriana* e *O rapaz de bronze*. Em ambos, o narrador, ao construir os espaços por onde se movem as personagens, ao apresentar as ações de que são sujeitos e a que estão sujeitos, parece enunciar os princípios aristotélicos do belo, do bom, do justo e do verdadeiro.[3] A virtude é esse poder de produzir e conservar os bens, a faculdade de prestar muitos e relevantes serviços de toda sorte e em todos os casos.

Esse conjunto de contos define-se pela unidade que apresenta, seja do ponto de vista temático e ideológico, seja pela recorrência de traços do estilo, o que levou Maria Graciette Besse a escrever:

> A obra poética (...) exprime o amor da vida e uma profunda exigência moral, através de símbolos marinhos e aéreos, que revelam um cunho visionário

---

[2] Luísa Ducla Soares (Org.), *A antologia diferente: de que são feitos os sonhos*. Porto: Areal, 1986, p. 19.
[3] Aristóteles, *Retórica*, 2 ed., Lisboa: Imprensa Nacional-Casa da Moeda, 2005.

e uma constante busca da perfeição. Esta exigência, herdeira da liberdade e da luta pela dignidade do ser, encontra-se também nos textos em prosa.[4]

A escrita de Sophia destinada a crianças, cuja harmonia é por demais evidente, ao privilegiar o discurso do maravilhoso, tem, sem qualquer sombra de dúvida, o poder de encantar. As imagens com que dá a ver o mundo de fadas, anões, duendes, constroem-se num discurso fluente, que envolve a paisagem natural, fixando-se nos elementos ligados à água, à terra, ao ar e ao fogo, na busca obsessiva de uma harmonia cósmica, intento nunca abandonado de religar o humano à natureza, nostálgica e utópica procura da unidade perdida que a obra infantil de Sophia parece reencontrar.

Estava eu nesse ponto de escrita, quando me vi às voltas com a infância para lembrar que nem Cecília, nem Sophia ocuparam o meu tempo de leitura. Cecília não tinha ainda publicado o seu *Ou isto ou aquilo*, que somente viria a público em 1964, ano de sua morte. Sophia, sim, desde 1958 já tinha publicado dois contos para o público infantil, mas não me chegaram a tempo, muito embora eu vivesse entre fadas e bruxas, anões e gigantes, em países distantes, onde havia príncipes – fortes cavaleiros – e princesas – algumas tão frágeis, outras fortes e dotadas de iniciativa, casas de chocolates, florestas, montanhas, cavernas, jardins. Mas lá não estavam – repito – nem Cecília, nem Sophia. Quando acordei para a adolescência, encontrei, para não mais os perder, Cecília Meireles e Manuel Bandeira. Foi quando, em 1964, recém-publicado, chegou-me às mãos o volume magnificamente ilustrado por Maria Bonomi, à época uma jovem artista plástica: *Ou isto ou aquilo* foi uma descoberta feliz, num tempo em que se inaugurava uma história de sofrimento e repressão – é preciso não esquecer. Entre as cores da manhã, os verdes de grama, o azul e o verde profundo do mar, entre ondas em movimento, bolhas leves de sabão, o negrume da noite com luares, aros de lua, ruas mágicas, doação aos meninos que povoam as páginas do livro e aqueles e aquelas, crianças ou jovens, que o receberam como dádiva, como lugar de encontro, de exercício existencial, de conhecimento do outro e de si mesmo, no eterno dilema de ter que escolher entre isto ou aquilo. Devorei o livro como quem tem fome e sede de poesia. Um dia, com as páginas já meio soltas de tanto as folhear, o livro caiu-me das mãos. Desfolhou-se para sempre porque nunca mais consegui recompor as páginas, que não tinham número. Acabei desistindo. Mas hoje voltei a ele, fustigada pelas referências à sua auto-

---

[4] Maria Graciette Besse, *Sophia de Mello Breyner: Contos exemplares*. Mem Martins, Sintra: Publicações Europa-América, 1990, p. 11.

ra, tantas vezes citada na proximidade entre uma e outra poetisa. Lá estavam e estão mar e jardim. Era um ou outro. Ficou o jardim de Cecília; o mar ficou para depois.

Leilão de jardim

Quem me compra um jardim com flores,
borboletas de muitas cores,
lavadeiras e passarinhos,
ovos verdes e azuis nos ninhos?

Quem me compra este caracol?
Quem me compra um raio de sol?
Um lagarto entre o muro e a hera,
uma estátua da Primavera?

Quem me compra este formigueiro?
E este sapo, que é jardineiro?
E a cigarra e a sua canção?
E o grilinho dentro do chão?

(Este é o meu leilão!)[5]

O jardim de Cecília nos é oferecido em leilão. Múltiplos elementos o compõem, entre cores – das borboletas, dos ovos dos ninhos, dos passarinhos –, sensação de calor – um raio de sol –, pequenos animais rastejantes – caracol e lagarto –, o canto da cigarra saturando o ar de música, o sapo jardineiro, entre a hera no muro e a terra, o chão. Nesse conjunto, a estátua da Primavera é elemento fundamental, marcador do tempo. O ritmo marcado pelas anáforas constantes ("Quem me compra..."), esse desafio a um possível candidato à compra, as constantes interrogações, a aglutinante reiteração das aditivas, tudo compõe a cena que se oferece ao leitor. E todavia o leilão não pretende vender nada, que nada aí tem preço. O leilão é, na verdade, para mim, um convite à partilha, ao encontro com as coisas simples da natureza. O jardim de Cecília, nesse poema dedicado às crianças (mas não só), é diurno, solar, primaveril. Inteiro, o que não quer dizer que seja sempre assim.

[5] Cecília Meireles, *Ou isto ou aquilo*, São Paulo: Giroflê Giroflá, 1964. Ilustrações de Maria Bonomi, s.p.

Não posso dizer o mesmo do primeiro jardim de Sophia, em "O jardim e a noite", do seu primeiro livro, de 1944:

> Atravessei o jardim solitário e sem lua,
> Correndo ao vento pelos caminhos fora,
> Para tentar como outrora
> Unir a minha alma à tua,
> Ó grande noite solitária e sonhadora.
>
> Entre os canteiros cercados de buxo
> Sorri à sombra tremendo de medo.
> De joelhos na terra abri o repuxo,
> E os meus gestos foram gestos de bruxedo.
> Foram os gestos dessa encantação,
> Que devia acordar do seu inquieto sono
> A terra negra dos canteiros
> E os meus sonhos sepultados
> Vivos e inteiros.[6]

Ao contrário do jardim de Cecília, estes não são versos para as crianças, mas permitem desde o início intuir que esse jardim atravessado a medo, entre sombras e sonhos sepultados "vivos e inteiros", aponta para uma clivagem entre a alma de poeta e a da noite solitária e sonhadora. Se, todavia, não é o jardim solar de Cecília, encontra nos versos de *Mar absoluto*, com que epigrafei este trabalho: "Divide-se a noite, para que me apareças/ e prolongues tua presença entre sonhos cortados" um lugar de possível diálogo. Os "gestos de bruxedo" e os de "encantação" encarnam a tentativa de prolongar a presença desse fantasma com palavras "despidas de sua literatura", esvaziadas das figuras da tradição e de estereótipos que a língua acaba por consagrar e passam a ser indefinidamente repetidos. O que Sophia pretende é "(...) lhes dar a sua forma primitiva e pura,/ De fórmulas de magia". A ideia é fazer emergirem dos canteiros, onde estão sepultados vivos, os sonhos. Esses versos e outros mais, sobretudo os que povoam as páginas do livro *No tempo dividido* (1954) levam-me não à *Fada Oriana*, minha pretensão inicial de leitura, mas a *O rapaz de bronze*, em que já se manifesta a leitura crítica de uma sociedade em que prevalece o hierarquicamente organizado, mas marcado pela injustiça, de que Sophia jamais se afastaria, ao escrever contos destinados

---

[6] Sophia de Mello Breyner Andresen, *Obra poética*. Ed. de Carlos Mendes de Sousa, Lisboa: Caminho, 2011, p. 19.

aos adultos. São espaços divididos entre o dia e a noite; o espaço aberto do jardim e o espaço fechado da casa, de onde transbordam sons e imagens que atravessam esse espaço e invadem o jardim; o sonho e a realidade, tudo inscrito numa dimensão temporal que escapa a uma cronologia facilmente observável.

Em belíssima apresentação, ocorrida na Fundação Calouste Gulbenkian, no II Colóquio Internacional Sophia de Mello Breyner Andresen, Helder Macedo assim nos apresenta esse conto de Sophia:[7]

> Classificado como um "conto para crianças", *O rapaz de bronze*, primeiro publicado em 1965, adquire uma dimensão mais ampla quando tematicamente relacionado com a poesia de Sophia de Mello Breyner Andresen, tanto em termos de crítica social quanto, e sobretudo, de nostalgia adulta por uma totalidade perdida, como já manifestada nos poemas de *No tempo dividido*, de 1954, e amplificada em obras subsequentes.

O discurso do maravilhoso preside a narrativa de *O rapaz de bronze* como um todo. Sophia busca explicações para o nosso mundo, esse que nos coube, marcado pela mentira e pela injustiça, desprezando o bem e, por conseguinte, deixando de lado a beleza e a verdade. Reescrever esse mundo primordial vai exigir do narrador uma atitude capaz de resgatar a claridade, a luminosidade, a justiça e a beleza de uma harmonia àquela altura perdida. Recuperar "o ritmo da natureza representa a vitória contra o jugo da morte e do tempo". "Os encontros com a Primavera, com o dia e principalmente com a noite [tempo de revelação] constituem verdadeiras epifanias ou hierofanias". – diz-nos Elizabeth Vasconcellos.[8]

O rapaz de bronze, escrito para as crianças e publicado em 1965,[9] parece ultrapassar essa categoria e adquirir uma dimensão mais ampla, se lido – como sugere Helder Macedo – em paralelo com a poesia de Sophia. Nele se observa uma evidente crítica social, que se tornaria cada vez mais evidente, no tempo que aponta para a supremacia de uma sociedade feita de materialidade, futilidade e relações dominadas pela hipocrisia e pelo egoísmo. Personificado, um Gladíolo, personagem principal da trama, nos dá o argumento: há um tempo cindido, uma totalidade perdida, que só por nostalgia, ou por uma utopia, se pode resgatar o

---

[7] A comunicação de Helder Macedo está disponível no canal do Youtube <https://www.youtube.com/watch?v=7MivdxyEeP4>.
[8] Maria Elizabeth G. de Vasconcellos. "Sophia, a paixão da palavra" in *Metamorfoses*. Rio de Janeiro: Cátedra Jorge de Sena – Universidade Federal do Rio de Janeiro/Edições Cosmos, n° 1, 1990, p. 47.
[9] Sophia de Mello Breyner Andresen, *O rapaz de bronze*, 1 ed., 1965. 20 ed. Lisboa: Salamandra, [s.d.].

que também se constata nos poemas de *No tempo dividido*, de 1954, e se amplifica em obras subsequentes.

O rapaz de bronze pode também ser lido como uma fábula – o que de modo algum lhe rouba a preeminência do maravilhoso, mas lhe acrescenta uma perspectiva ética, de que a obra de Sophia nunca se divorciou – em que as flores, dispostas em espaços ordenados, personificam e, como deve ser, reproduzem atitudes humanas. "Há roseirais, jardins de buxo e pomares".[10] Há um parque de plátanos altíssimos; campo de trigo e papoilas, um pinhal. Há uma estufa com avencas, flores raras, estrangeiras, todas classificadas segundo a família a que pertencem (coisa tão comum em sociedades conservadoras e excludentes), e há um canteiro com gladíolos, considerados pelo narrador flores mundanas.

Sai de um desses gladíolos o primeiro diálogo do livro. Figura de um jardim novo, com pelo menos trinta anos, o gladíolo encarna, nessa sociedade do jardim, a imagem de superioridade em relação às demais flores. Despreza a sentimentalidade das rosas, considera-as fora de moda; despreza as papoulas e girassóis, plantas selvagens; as camélias, pouco mundanas. Estamos diante de um jardim cindido entre o antigo e o novo, o mundano e o selvagem, as flores de estufa, superiores, sobretudo a tulipa, descendentes das tulipas holandesas do Príncipe de Orange e as que considera inferiores. O que é comum nos salões da vida mundana projeta-se na paisagem natural, degradando-a. A subserviência diante dos que aparentemente são mais valiosos, por serem mais ricos e mais bem vestidos, evidencia-se, no olhar conspurcado dos gladíolos, de vozes altas e barulhentas, de quem os buxos, "de voz pequenina, húmida e verde",[11] fazem troça. Grande/ pequeno, alto/ baixo, barulhento/ murmurante, antigo/ novo, tulipas e orquídeas/ muguets e girassóis, vaidade/ humildade, civilizados/ selvagens são pares de opostos com que se vai delineando a paisagem de um jardim maravilhoso, como afirma o narrador, que, entretanto, perde a harmonia e só ganha em maravilha quando chega a primavera.

Apesar da organização que o trabalho e a dedicação do jardineiro vão impondo ao jardim, buscando harmonizar o antigo com o novo, o nacional e o estrangeiro, para preservar as características de cada família, os diálogos e as considerações do narrador demonstram que, sob a capa de harmonia, há conflitos, nesse jardim onde gladíolos se incomodam com o perfume do muguet. Há sombras nesse jardim. Só à noite é possível às flores caminhar. Há um país diurno, em que

---

[10] Ibid., p. 6.
[11] Ibid., p.7.

todas as flores estão aprisionadas e há um país noturno, aberto ao segredo e ao maravilhoso, em que se podem mover.

Porque a noite é diferente do dia. // E durante o dia as flores estão presas à terra e não se podem mexer. Mas a noite liberta as flores. E de noite as flores dançam e passeiam. E naquele jardim durante o dia mandavam a dona da casa e o jardineiro. Mas durante a noite mandava o Rapaz de Bronze.[12]

Há, porém, um gladíolo especial, mais mundano que quaisquer outros habitantes do jardim, que observa o movimento de colheita de flores para uma festa. O tempo é de aprendizagem: há flores que são colhidas e outras que permanecem nos jardins, em obediência aos ditames da moda. Seduzido pelas coisas mundanas, o gladíolo bendiz a sua sorte: está na moda, pode ser colhido. O que não percebe é que ser colhido é uma condenação prematura à morte, que o sonho de grandeza é efêmero. As flores que permanecem no jardim podem viver o seu tempo em plenitude.

Entregue à sedução da matéria, o gladíolo descobre que a noite, na cidade, é tempo de festa. Sentado num dos galhos de um velho e sábio carvalho, os olhos postos na casa onde transcorre o baile, vai sendo apresentado às figuras que compõem o cenário, todas caracterizadas pelo luxo e pela riqueza. São mulheres-tulipas, elegantes e bem vestidas, e homens-gladíolos, todos *snobs*. São estrangeiras, como as begônias e as orquídeas; riquíssimas, as mulheres; caríssimas, as orquídeas e, principalmente, as tulipas. São convidados e convidam. O espetáculo de luzes e música a que assiste desperta na personagem o desejo de promover outra festa a realizar-se no jardim, com a presença das flores, sobretudo as elegantes, as mais caras, as estrangeiras. Na casa, a dona precisa do barulho para viver, ou no dizer do carvalho, "para não murchar". Personagens de uma organização social hierarquizada e injusta, os humanos que frequentam a festa são incapazes de conviver em harmonia com a natureza. Se há jardim, não o apreciam. Se há flores, apressam-se em as colher, objetos apenas decorativos em que se transformam, até que o cansaço os leve a desistir da colheita. "- pareces a Dona da Casa. Ela não sabe passear no jardim, nem olha para as estrelas da noite. Só quer festas com muitas pessoas e muito barulho. Quando está sozinha murcha".[13] E todavia, precisa da au-

[12] Ibid., p.17.
[13] Ibid., p. 17.

torização do Rapaz de bronze, que reina durante a noite, para que o baile se realize.

Nesse conto é franqueada a Florinda, uma menina de sete anos, filha do jardineiro, a entrada num mundo paralelo ao seu, um mundo noturno das flores e das plantas, cuja existência é totalmente desconhecida das outras personagens humanas. Se os nomes evocam aquilo que representam, Florinda é aquela que está desabrochando, em processo de floração. Na companhia do Rapaz de bronze, que ganha vida e participa do baile das flores, onde estão todos, independente da família a que pertencem, experimenta, numa noite de sonho, o sentido de ser feliz. À noite, onde todos os sonhos são possíveis, o tempo do maravilhoso revela que "As coisas extraordinárias e as coisas fantásticas também são verdadeiras. Porque há um país que é a noite e um país que é o dia." "A noite é o dia das coisas", diz-nos Helder Macedo, para quem esse conto tem um "propósito iniciático".[14]

Florinda voltará ao jardim, aos quinze anos, no tempo da primavera. Lá, experimentará o tempo da iniciação. Lá, encontrará a possibilidade de penetrar o segredo, de descobrir que a noite de maio, entre sombras e brilho, entre flores e seus perfumes, é um espaço vivo, em que as coisas extraordinárias e fantásticas, desafiando o rotineiro e ordinário, também são verdadeiras e podem vencer o pesadelo da realidade, sem abandoná-la. De mãos dadas com o Rapaz de bronze, vão através do jardim. Numa dimensão simbólica, alcançam a liberdade no tempo dividido, vencem as tardes que "inertes morrem no jardim". Falo dos poemas de Sophia em *O tempo dividido*, cindido entre a ideia de um mundo monstruoso, noturno, sombrio, onde os sonhos são sepultados e a morte é uma evidência, e a de um espaço onde o belo, o justo e o verdadeiro podem coabitar em harmonia.

Tempo e espaço divididos estão em *O rapaz de bronze*. Ou seja, já que no mundo esse espaço puro não existe, resta à poesia de Sophia, bem como à narrativa para crianças, recriá-lo como num espaço e num tempo de reconciliação, onde se concretize a "desejada complementaridade", no dizer de Helder Macedo. Porque, no poema "No tempo dividido", lê-se:

E agora ó Deuses que vos direi de mim?
Tardes inertes morrem no jardim.
Esqueci-me de vós e sem memória

---

[14] Helder Macedo, *O rapaz de bronze no tempo dividido*. Comunicação apresentada no II Colóquio Internacional Sophia de Mello Breyner Andresen, realizado na Fundação Calouste Gulbenkian, nos dias 16 e 17 de maio de 2019. Disponível em <https://www.youtube.com/watch?v=7MivdxyE-eP4>.

> Caminho nos caminhos onde o tempo
> Como a si próprio se devora.[15]

E o que se lê nos põe frente a frente com a interrogação essencial: que dizer de si mesmo aos Deuses, esse ser que caminha sem memória de si, por caminhos em que o tempo saturnino *nos cobra a autorresponsabilidade sobre o que fazemos* com ele?! Nesse tempo, "tardes inertes morrem no jardim". Nesse tempo há sintoma de morte, de falimento; a realidade trágica do mundo se impõe e apaga, nas vias do esquecimento. No entanto, na página vizinha, outro poema se inscreve, também curto, como o anterior em forma de redondilha, como a promessa de outra realidade, não nas "tardes inertes [que] morrem no jardim":

As flores

> Era preciso agradecer às flores
> Terem guardado em si, límpida e pura,
> Aquela promessa antiga,
> De uma manhã futura.[16]

Se, em sua voragem, o tempo arrasta e arruína, as flores do jardim são capazes de guardar a promessa "límpida e pura" da manhã que há de se anunciar. Decerto, o dia, marcado pela claridade e pela visibilidade, aprisiona as coisas ao mundo real. O dia não permite os sonhos, que ganham espaço no tempo noturno. Se, para Helder Macedo, e assim acontece no conto *O rapaz de bronze*, "A noite é o dia das coisas", o dia será, nessa perspectiva, a noite das coisas que morrem, porque vivem o efêmero. A noite, ao contrário, liberta os sonhos e cria a expectativa do dia vindouro. De fato, *O rapaz de bronze* "é uma obra de propósito iniciático". Como num rito de passagem, a menina de quinze anos, Florinda, ainda em estado de florescência, volta ao jardim onde encontra o outro complementar e caminha em direção à "manhã futura". Saída da infância, encontra-se no tempo da sexualidade, em que feminino e masculino se encontram, revelando a "desejada complementaridade". A noite, em tempo de primavera, acolhe Florinda e o Rapaz de bronze, que lhe estende a mão para caminharem juntos. E vão os dois, entre o sonho e a realidade, entre o ordinário e o extraordinário, rumo a um espaço não determinado, intérmino, afrontando a fugacidade do tempo, em busca dessa manhã verdadeira.

---

[15] Sophia de Mello Breyner Andresen, *Obra poética*, p. 292.
[16] Ibid., p. 293.

– Lembro-me de tudo agora. Mas eu pensava que era um sonho. Pensava que tudo o que eu tinha visto era extraordinário demais e não podia ser verdade.
– As coisas extraordinárias e as coisas fantásticas também são verdadeiras. Porque há um país que é a noite e um país que é o dia.[17]

Como naquelas cantigas em que a rapariga vai à fonte em busca de água, nesse conto a jovem fará sair do lago onde brota a água aquele que a conduzirá pelos caminhos da iniciação.

Ao referir a poesia de Sophia, Helena Buescu afirma que não é possível habitar um espaço "sem estar atento à realidade, olhá-la, dar-lhe voz, ser por ela olhada, escutá-la".[18] Afirma que o poema – e eu acrescento a narrativa que transita no espaço do maravilhoso – como "vontade de partilha", "não é apenas uma forma de pensar sobre a realidade mas radicalmente uma forma de ser realidade". Diz-nos Buescu:

> Porque a procura (ou a sabedoria) da unidade implica também o saber da divisão, numa espécie de complementaridade indissociável, que implica não recusar o que divide, porque por ele se pode saber o que une. Se podemos falar em unidade primordial, como várias vezes se falou a propósito [da] poesia, é no sentido de uma religação que não esquece o que foi separado. Esta unidade, que é pois mais aquela que se faz do que aquela que (nunca) se viveu, é assim uma nova forma de atenção, o coração atento ao rosto das imagens, aquela forma de olhar que, como lembra Benjamin, implica ser olhado. E é também precisamente neste sentido que é uma forma de moral, uma meditação moral profundamente assente na dimensão visível e ao mesmo tempo imaginária da realidade.[19]

É o que parecem nos contar Florinda e o Rapaz de bronze, quando, de mãos dadas, – depois de a jovem descobrir a maravilha do mundo, de perceber que, mesmo à noite, tudo parece vivo, tudo parece ver, tudo parece escutar, e depois de a estátua muda e quieta recuperar o movimento – saem pelo jardim, talvez em busca da liberdade. Ainda assim, no tempo dividido, e porque a noite desperta os sonhos adormecidos e consagra o tempo da liberdade, a poetisa afirma: "Para

---

[17] Sophia de Mello Breyner Andresen, *O rapaz de bronze*, p. 37.
[18] Helena Carvalhão Buescu, op. cit., p. 62.
[19] Ibid., p. 65.

ti eu criarei o dia puro/ Livre como o vento e repetido/ Como o florir das ondas ordenadas."

A obra poética de Sophia de Mello Breyner desenvolve-se, como observou Eduardo Lourenço,[20] entre a evidência e o mistério, entre o visível e o secreto.

> Poesia de precoce e hoje de matura *sabedoria*, a de Sophia foi desde o início a de uma busca no espelho do mundo e num mundo de evidências aurorais, embora por isso mesmo ocultas, a evidência elementar do vento, da bruma, do mar, do jardim exposto e secreto, com a sua divina e opaca linguagem à espera que o poeta a descubra para aceder do seu próprio silêncio à revelação da sua íntima e indevassável evidência.[21]

E, nessa percepção sensorial da realidade sensível, filtrada, sensibilizada e feita fabulação, Cecília e Sophia se encontram, cada uma a seu modo. Aquilo que a poetisa portuguesa diz da brasileira também a ela se aplica: a limpidez da linguagem, a densidade de cada palavra, a exatidão das imagens, a nudez do pensamento, a serenidade da atitude (ainda que a brasileira se reconheça "serena desesperada"), a ressonância grave e profunda da voz. A dimensão ética numa plena realização estética. E a fábula para crianças se expande, logrando alcançar, apesar da forma tradicional, um espaço mais amplo, buscando encontrar o poeta que "é igual ao jardim das estátuas". Vem sem que ninguém o veja. E suas palavras devoram o tempo.

Luci Ruas é doutora em Letras (Literatura Portuguesa) na Universidade Federal do Rio de Janeiro (UFRJ) e Professora Associada da mesma universidade, onde é membro efetivo do Programa de Pós-Graduação em Letras Vernáculas e representante de Literatura Portuguesa nesse Programa. É Regente da Cátedra Jorge de Sena para estudos Luso-Afro-Brasileiros e editora da Revista *Metamorfoses*.

---

[20] Eduardo Lourenço, "Para um retrato de Sophia", in *Antologia de Sophia de Mello Breyner Andresen*, 4 ed. aum., Lisboa: Moraes, 1978, p. I-VII. Em nota de rodapé ao ensaio republicado em *Ler Eduardo Lourenço*, lê-se a seguinte informação: Com o título "Para um retrato de Sophia" o texto de Eduardo Lourenço que hoje aqui se republica serviu de prefácio à quarta edição aumentada de uma célebre *Antologia* de Sophia de Mello Breyner Andresen. O estudo aparece com a seguinte data: 17 de Fevereiro de 1978, semana em que se realizou a transladação da grande escritora portuguesa para o Panteão Nacional. Disponível, sem referência a número de página, em: http://leduardolourenco.blogspot.com/2014/07/aquela-que-chamam-apenas-sophia.html
[21] Ibid.

Sophia: tempo e memória

• Maria Elizabeth Graça de Vasconcellos •

Relembro o filme intitulado *Histórias que só existem quando lembradas*, de 2011, dirigido por Julia Murat. Acompanho a jovem fotógrafa que caminha entre os trilhos da estrada de ferro em direção a um pequeno vilarejo. É uma viajante à procura de significados, como no poema "Chemin de fer" de Elizabeth Bishop.

> Sozinha nos trilhos eu ia,
> Coração aos saltos no peito.
> O espaço entre os dormentes
> Era excessivo, ou muito estreito.[1]

E eu também viajo. Viajo pelos textos de Sophia, caminhos já meus velhos conhecidos, tantas vezes palmilhados. Ao eleger tais caminhos, estou condicionada por uma relação emotiva e vivo uma aventura em que eu própria estou implicada, pois todo encontro com um texto é um encontro do leitor consigo mesmo.

Histórias que só existem quando lembradas... E é Sophia quem registra na nota introdutória da obra *A árvore*:

> "A árvore" e "o espelho ou o retrato vivo" foram inspirados por dois contos tradicionais japoneses.
> Mas quem conta um conto acrescenta um ponto – como diz o ditado.
> Na minha infância um parente meu mandou-me uma série de livros editados numa coleção intitulada Contos do Velho Japão. Nesses livros tudo me fascinava, desde as histórias e as ilustrações até ao papel das páginas e aos embrulhos em que chegavam. Era o meu primeiro encontro com o Oriente.

---

[1] Elizabeth Bishop, *Poemas escolhidos*, São Paulo: Companhia das Letras, 2012, p. 79.

Cada livro contava uma história e uma delas é a que agora aparece em "O espelho ou o retrato vivo" mas com o correr dos anos perdi os livros e esqueci os nomes – para mim difíceis – dos personagens. Escrevi, portanto, a partir de memórias ora vagas ora precisas.

"A árvore" foi-me contada pelo escritor Isaac Tesuka. Ao seu conto acrescentei diversos pontos, variações, divagações.

Assim o poema do leão de papel é uma tradução minha de um poema tradicional japonês que li em inglês, num livro sobre o Japão. O segundo poema que aparece no final da história é um poema meu.[2]

As duas pequenas narrativas são, portanto, dois recontos, fragmentos de memórias que resumem e simbolizam a totalidade de um tempo retomado. E eu leio, e me insiro nesse tempo, o tempo da árvore: "Era uma vez – em tempos muito antigos, no arquipélago do Japão – uma árvore enorme que crescia numa ilha muito pequenina."[3]

É do destino dessa árvore – de suas várias metamorfoses – que a história se faz. E a cada novo episódio ela, a árvore, tem seu estar no mundo ressignificado, revelando que a vida não é um devir cego, mas é força de recriação e de retorno.

Histórias que só existem quando lembradas... E sou eu, agora, como leitora que também relembro; e minhas lembranças se confundem com a história daquela árvore. Na minha rua também tinha uma árvore, tinha uma árvore na minha rua, parodiando nosso poeta Carlos Drummond de Andrade. Vaidosa, ela se distinguia das demais: uma vez por ano, em julho e agosto, cobria-se de rosa vibrante e sua grande copa parecia um manto, despejando beleza aos olhos de quem a contemplava. Mas cuidado, minha árvore, pois como diz a redondilha de Camões "Vai fremosa, e não segura". Seu grosso e vetusto tronco roçava o telhado da casa que a abrigava. Perigo! Com estridor a serra elétrica neutraliza o previsível desastre. Galhos e tronco estão por terra. Para onde irão, eles que ofereceram tanta beleza? Essas são as indagações dos passantes, admiradores da árvore da minha rua.

Mas no reconto de Sophia, a árvore vive e revive... Era também uma linda árvore:

---

[2] Sophia de Mello Breyner Andresen, *A árvore*, Porto: Porto Editora, 1985, p. 5-6
[3] Ibid., p. 9.

(...) o povo dessa ilha sentia-se tão feliz e orgulhoso por possuir uma árvore tão grande e tão bela. Em nenhuma outra ilha do Japão, nem nas maiores, existia outra árvore tão grande. Até os viajantes que por ali passavam diziam que nem mesmo na Coreia e na China nunca tinham visto uma árvore tão alta, com a copa tão frondosa e bem formada.[4]

Mas ao longo dos anos a árvore cresceu tanto que metade da ilha ficava sempre à sombra. As casas ficavam úmidas, as hortas não davam legumes e os jardins não davam flores. Consternados, os habitantes da ilha deliberaram que era preciso abater a árvore e "sua madeira foi distribuída entre todos para que cada um pudesse fabricar alguma coisa que lhe lembrasse a árvore tão amada".[5]

Do enorme e grosso tronco fabricaram uma grande barca e com ela puderam viajar de ilha em ilha, fazendo belos passeios e ótimos negócios. Entretanto, o tempo, implacável, deixava suas marcas: a madeira do casco, do convés e dos bancos apodrecia... "Mas o mastro que tinha sido tirado do cerne da velha árvore continuava são e bem conservado."[6] Era preciso dar um novo destino àquela madeira:

— Temos que fazer com este mastro alguma coisa que nos lembre a nossa árvore e a nossa barca – disse o chefe da ilha.
Depois de muito pensar resolveram fazer uma **biwa** que é uma espécie de guitarra japonesa.[7]

Uma árvore, uma barca, uma biwa. O tempo domado e o espaço ressignificado. E ao redor do melhor músico da ilha a árvore volta a encantar:

Mas, mal os dedos do músico fizeram ressoar as cordas, de dentro da biwa ergueu-se uma voz que cantou:
A árvore antiga
Que cantou na brisa
Tornou-se cantiga
Então todos compreenderam que a memória da árvore nunca mais se perderia, nunca mais deixaria de os proteger, porque os poemas passam de geração em geração e são fiéis ao seu povo.[8]

---

[4] Ibid., p. 9-10.
[5] Ibid., p. 14.
[6] Ibid., p. 26-27.
[7] Ibid., p. 27.
[8] Ibid., p. 27-28.

As histórias só têm sentido quando inseridas numa totalidade, que é a existência do homem no tempo. As histórias só existem quando lembradas... Mas não há história definitiva, pois que a palavra está sujeita ao tempo e torna-se objeto de novas experiências. Como a árvore, a palavra tem que ser constantemente renovada para se manter viva.

No reconto de Sophia, reconheço a árvore da minha rua e, perplexa, reconheço também as árvores da Amazônia em chamas. São galhos retorcidos, despidos de qualquer vida, figuras esguias – como as de Giacometti – tocos e troncos mortos que o fogo levou... Crepúsculo dos deuses... como no poema de Sophia:

> Mas eis que se apagaram
> Os antigos deuses sol interior das coisas
> Eis que se abriu o vazio que nos separa das coisas.[9]

Do verde pujante – que o fogo levou –, fez-se cinza em que toda vida passou. E é também no poema "Raiz da paisagem" que se lê a desolação:

> A raiz da paisagem foi cortada.
> Tudo flutua ausente e dividido,
> Tudo flutua sem nome e sem ruído.[10]

Renasceremos? Do caos da morte e do fogo brotará o verde? As árvores-comadres, do poema "Cobra Norato" de Raul Bopp, ainda serão capazes de passar "a noite tecendo folhas em segredo?" Histórias só existem quando são lembradas...

E eu, viajante do tempo e da palavra, acompanho as histórias de Sophia. E leio:

> Em tempos muito antigos viviam numa aldeia do Japão um marido e uma mulher que se amavam profundamente e eram profundamente felizes.
> Tinham uma filha pequenina muito bonita que era o retrato vivo da mãe. Em ambas se viam os mesmos olhos escuros, talhados em amêndoas, a mesma pele clara e transparente, o mesmo nariz pequeno e redondo e o mesmo cabelo preto, liso, abundante e lustroso.[11]

---

[9] Sophia de Mello Breyner Andresen, *Geografia*, Lisboa: Ática, 1972, p. 75
[10] Sophia de Mello Breyner Andresen, *Coral*, Porto: Porto Editora, 2013, p. 88.
[11] Sophia de Mello Breyner Andresen, "O espelho ou o retrato vivo", in *A árvore*, Porto: Porto Editora, 1985, p. 31-32.

É assim que se inicia o reconto "O espelho ou o retrato vivo". Num espaço de felicidade, "no sossego daquela casa e na beleza daquele jardim" viviam os três juntos, cercados de objetos familiares. O tempo corre e nesse espaço é introduzido, como presente do marido à mulher, um espelho. Espelho, *speculum*. Em sua origem, especular significava observar o céu e os movimentos das estrelas, com a ajuda de um espelho. Assim, como superfície que reflete, o espelho torna-se símbolo da sabedoria e do conhecimento.

Na tradição nipônica, o Kagami, espelho, é o instrumento de revelação da verdade, da reflexão do eu sobre sua própria consciência; é o símbolo do espírito sem mácula. E assim será o encontro da mulher com o espelho:

— Ah – exclamou a mulher – É um retrato vivo!
E tão maravilhada ficou com o espelho que durante muitos dias não pensou noutra coisa. Sempre que estava sozinha, abria a caixa de charão, tirava o espelho, e ajoelhada no chão sobre as esteiras contemplava a sua imagem. Não se cansava de admirar os seus olhos em amêndoa, o oval de sua face, a sua boca cor de coral e os seus cabelos negros e espessos e brilhantes.
Até que um dia compreendeu que estava a ficar cheia de orgulho por causa de sua beleza. Compreendeu que se estava a tornar fútil, tonta e vaidosa.
Então, aflita, pôs muito depressa o espelho na caixa, guardou-o em lugar seguro e nunca mais voltou a ver-se nele."[12]

Na permuta dos espaços – o lado de lá do espelho e o lado de cá – reconhecemos a troca do vazio e do fútil, pela plenitude. A mulher compreende o apelo da vida, que exige "rigor e verdade". Não lhe é permitido perder-se na própria imagem, como Narciso. E como Oriana, da história *A fada Oriana*, aprende "que é do abismo que vem a ressurreição", como ensina Herberto Helder no conto *Descobrimento*, dedicado a Sophia. É do abismo que o espelho projeta que vem a salvação para a mulher. E a casa, como ensina Gaston Bachelard, em *A poética do espaço*, volta a cumprir seu destino como o lugar de intimidade, de sonho e de felicidade: "Os anos foram correndo muito devagar, e, no sossego daquela casa e na beleza daquele jardim, o homem, a mulher e a criança viviam os três juntos e felizes".[13]

---

[12] Ibid., p. 40-41.
[13] Ibid., p. 41.

Mas o tempo passa e a morte espreita. E ao senti-la próxima, a mãe reconhece que o espelho, em sua dualidade, em sua grandeza de engano e também de revelação, poderá criar a ilusão da abolição do tempo, neutralizando a dor da separação. E então diz à filha:

— Vou morrer. Mas depois da minha morte hás-de ver-me sempre que quiseres. Deixo-te esta caixa. Dentro dela está o meu retrato vivo. Chama-se um espelho. Agora guarda a caixa aqui. Mas depois da minha morte, leva-a para o teu quarto. E quando quiseres ver-me abre a caixa e tira para fora o espelho. Eu te aparecerei nele e te sorrirei quando tu me sorrires. E assim estarei sempre contigo e todos os dias me lembrarás. Faz isto em segredo. É um segredo entre nós duas.[14]

Atravessar o espelho significa abolir a fronteira entre vida e morte, passado e presente. Como no mito japonês de Amaterasu – em que o espelho, símbolo de harmonia e perfeição, libera a luz divina da caverna fazendo-a espalhar-se pelo mundo – o espelho, no reconto, libera a luz do afeto. Cumprindo seu destino de refletir, de reduplicar, de permitir que se passe de um lado para outro, como Alice da obra de Lewis Carroll, o espelho, no reconto de Sophia, cria a ilusão da abolição do tempo e da morte: "— Meu pai – disse ela –estou a falar com a minha mãe. A minha mãe deixou-me um retrato vivo que se chama espelho."[15]

Tempo de religação. E recordando *Arte poética I*, "O reino agora é só aquele que cada um tece por si mesmo, encontra e conquista, a aliança que cada um tece".[16]

Ao tomar conhecimento desse dizer poético, o dizer do outro, sou convidada a também tecer novas alianças. Minha vivência dialoga com o texto e o significado inicial é recomposto, através do reconhecimento de outra coisa, da vida que corre e se transforma. Porque no espelho em que me vejo, alguém atrás de mim já se mirou. Não há espelho virgem em que ninguém nunca olhou, e que nunca olhou para ninguém. A vida se multiplica em imagens refletidas que se transformam e sou eu, agora, que conto uma história, esta que leio, que só existe porque eu me lembro. E repito com Sophia, no poema "Dia de hoje":

Ó dia de hoje, ó dia de horas claras

---

[14] Ibid., p. 43.
[15] Ibid., p. 46.
[16] Sophia de Mello Breyner Andresen, *Antologia*, Lisboa: Portugália, 1968, p. 218.

Florindo nas ondas, cantando nas florestas,
No teu ar brilham transparentes festas
E o fantasma das maravilhas raras
Visita, uma por uma, as tuas horas
Em que há por vezes súbitas demoras
Plenas como as pausas dum verso.
Ó dia de hoje, ó dia de horas leves
Bailando na doçura
E na amargura
De serem perfeitas e de serem breves.[17]

Maria Elizabeth Graça de Vasconcellos é doutora em Letras pela Universidade Federal do Rio de Janeiro (UFRJ). Lecionou na Faculdade de Letras e no Instituto de Filosofia e Ciências Sociais (IFCS) da UFRJ. Orientou diversas dissertações e teses sobre Idade Média e Literatura Infantil e foi uma das idealizadoras do Primeiro Curso de Especialização em Literatura Infantil do Brasil, na Faculdade de Letras da UFRJ.

---

[17] Sophia de Mello Breyner Andresen, *Obra poética*, Rio de Janeiro: Tinta-da-china, 2018, p. 138.

"Atenta como uma antena": a invocação à Musa e a poética da escuta de Sophia

• Maria Silva Prado Lessa •

Sobre uma poética da escuta

1

Publicada pela primeira vez na revista *Távola Redonda*, em janeiro de 1963, "Arte poética II" de Sophia de Mello Breyner Andresen, como os demais textos da sequência homônima, apresenta uma teoria e uma interpretação da poesia que revelam sobretudo uma visão de mundo. Tratando-a não apenas como objeto sobre o qual tece suas considerações, Sophia a transforma em um sujeito de exigências e pedidos dirigidos a si, afirmando que "é da obstinação sem tréguas que a poesia exige que nasce o 'obstinado rigor' do poema".[1] As demandas vão além do campo do trabalho de escrita e recaem sobre o modo de vida que deve ser adotado, uma vez que a poesia é concebida como "uma arte do ser", como a aliança e a "convivência com as coisas" e como o "encontro com as vozes e as imagens".[2] Assim, pede que esteja voltada para o "universo" e, em formulação que se tornará uma espécie de mote de sua produção, que "viva atenta como uma antena".[3]

Perpassando sua obra poética, a ideia de que o poeta deve estar atento constitui o eixo central em "Arte poética IV", de *Dual* (1972). Remontando aos seus primeiros contatos com a poesia na infância, a autora afirma que,

---

[1] Sophia de Mello Breyner Andresen, *Obra poética*, Ed. Carlos Mendes de Sousa, Lisboa: Caminho, 2010, p. 839.
[2] Idem.
[3] Idem.

antes de saber ler, já lhe haviam ensinado a decorar poemas. Por esse motivo,

> (p)ensava que os poemas não eram escritos por ninguém, que existiam em si mesmos, por si mesmos, que eram como que um elemento do natural, que estavam suspensos, imanentes. E que bastaria estar muito quieta, calada e atenta para os ouvir.
> Desse encontro inicial ficou em mim a noção de que fazer versos é estar atento e de que o poeta é um escutador.[4]

Se, em "Arte poética II", a poesia é apresentada como algo que demanda um modo de vida atento ao "universo", e o poema, como aquilo que se define pelo "poder poético de estabelecer uma aliança", em "Arte poética IV", chama atenção o fato de que a mesma forma de aliança é possibilitada por uma escuta que se instaura a partir do silêncio da poeta.

Assim, a defesa de que os poemas são algo já pronto, que se pode ouvir por meio da atenção de antena e do seu silêncio, provocaria um deslocamento da posição autoral, uma vez que a diminuição da potência sonora da poeta teria como consequência a emergência de uma voz alheia. Sophia indaga

> (c)omo, onde e por quem é feito esse poema que acontece, que aparece como já feito? A esse "como, onde e por quem" os antigos chamavam Musa. É possível dar-lhe outros nomes e alguns lhe chamarão o subconsciente, um subconsciente acumulado, enrolado sobre si próprio (...). Por mim, é-me difícil nomear aquilo que não distingo bem. É-me difícil, talvez impossível, distinguir se o poema é feito por mim, em zonas sonâmbulas de mim, ou se é feito em mim por aquilo que em mim se inscreve.[5]

Nessa passagem, a autora insiste na ideia de que o poema se origina em um lugar desconhecido e inominável, apesar de fazer sua procedência oscilar entre dois polos, um exterior, no qual se encontra o que "os antigos chamavam Musa", outro interior, naquilo que define como o "subconsciente" ou as "zonas sonâmbulas" de si. O primeiro polo aponta para uma religação com a crença grega, segundo a qual os poetas eram tocados pelo divino e falavam inspirados por Musas, o que parece condizente com a relação que Sophia estabelece com a Grécia Antiga ao longo de toda sua produção – apesar da

---

[4] Ibid., p. 844.
[5] Ibid., p. 844-845, destaques no original.

excessiva despersonalização que tal concepção pressuporia. O segundo polo, por sua vez, tem em seu centro a vivência pessoal adormecida, mas desfaz qualquer aliança com o divino e apresenta uma solução por demais psicologizante da origem da voz poética – algo que, no entanto, pareceria fora de lugar na obra andreseniana. Ao optar por uma indefinição da origem, indicando dois polos diametralmente opostos como indistinguíveis, a um tempo Musas e subconsciente, Sophia propõe também uma dinâmica de atravessamento entre o espaço compartilhado e externo – próprio da Cidade e da coletividade – e a vivência particular – própria da casa e da infância – que muitas vezes se verá nos poemas.

2

Em "Escutar, nomear, fazer paisagens", Silvina Rodrigues Lopes toma a escuta como uma ação que se opõe à ideia comum de que se trataria de uma recepção passiva, apontando que "o poeta não é o puro lugar de passagem de algo que foi destinado (...). E escutar não é tanto ouvir, apreender sonoridades e sentidos, mas é essencialmente vibrar com o exterior".[6] Como uma das "três operações fundamentais da poesia de Sophia"[7] que dão título ao texto de Lopes, a escuta é descrita, ainda, como um trabalho de "atenção tensa" para que o poema se possa dizer inteiramente, sem interrupções. Assim, expressões do campo semântico da audição e do som estão frequentemente atreladas às ideias de esforço e disciplina, por vezes empregadas no modo imperativo e direcionadas a um interlocutor, de forma a apontarem a insistência da necessidade de escuta, algo que se verifica, por exemplo, no uso do imperativo do verbo "ouvir" em muitos de seus poemas.

Atrelada a uma "obstinação sem tréguas",[8] é possível dizer que a escuta emerge não apenas como uma "vibração com o exterior", mas como algo que se dá, antes, por um ímpeto ou desejo de escuta. Como condição fundamental para a escrita, o desejo de escuta tomará forma em termos de um pedido, de uma prece, ou, mais especificamente, de uma invocação. Apresenta-se, assim, um momento anterior à primeira das operações definidas por Silvina Rodrigues Lopes e emerge, no rol das três ações andresenianas, uma quarta: invocar – isto é, pedir para escutar. Tal é o caso do poema "Musa", de *Livro sexto* (1962).

---

[6] Silvina Rodrigues Lopes, "Escutar, nomear, fazer paisagens", in *Exercícios de aproximação*, Lisboa: Vendaval, 2003, p. 57.
[7] Ibid., p. 56.
[8] Sophia de Mello Breyner Andresen, op. cit., p. 839.

Para uma poética da invocação

I

Musa

Musa ensina-me o canto
Venerável e antigo
O canto para todos
Por todos entendido

Musa ensina-me o canto
O justo irmão das coisas
Incendiador da noite
E na tarde secreto

Musa ensina-me o canto
Em que eu mesma regresso
Sem demora e sem pressa
Tornada planta ou pedra

Ou tornada parede
Da casa primitiva
Ou tornada o murmúrio
Do mar que a cercava

(Eu me lembro do chão
De madeira lavada
E do seu perfume
Que me atravessava)

Musa ensina-me o canto
Onde o mar respira
Coberto de brilhos
Musa ensina-me o canto
Da janela quadrada
E do quarto branco

Que eu possa dizer como
A tarde ali tocava
Na mesa e na porta
No espelho e no copo
E como os rodeava

Pois o tempo me corta
O tempo me divide
O tempo me atravessa
E me separa viva
Do chão e da parede
Da casa primitiva

Musa ensina-me o canto
Venerável e antigo
Para prender o brilho
Dessa manhã polida
Que poisava na duna
Docemente os seus dedos
E caiava as paredes
Da casa limpa e branca

Musa ensina-me o canto
Que me corta a garganta[9]

O poema acima é construído como uma invocação que se condensa num refrão, sete vezes repetido: "Musa ensina-me o canto". Os seus 47 hexassílabos assinalam certo desejo de inscrição em uma tradição da poesia grega oral, em cujo ritual a invocação às Musas é parte obrigatória, representando uma espécie de reza que precede o canto. No rito poético grego, estabelece-se uma dinâmica entre vozes, alternando os responsáveis por falar e por escutar: o poeta fala, à espera de que a Musa escute o seu pedido de ensinamento do canto; em seguida, falaria a Musa através da voz do poeta.

Em "Invocation to the Muses", texto em que Penelope Murray investiga o significado da invocação para o poeta grego, a autora aponta que a inspiração é uma experiência poética descrita em diversos tempos e culturas de maneiras variadas. Sua "característica essencial é a percepção de que a poesia vem de uma

[9] Ibid., p. 390-391.

fonte distinta da consciência (...). O que varia é mais a interpretação dessas experiências do que as experiências em si".[10] As Musas são, assim, a forma como os gregos da Antiguidade descrevem a origem da inspiração.

Tanto Hesíodo quanto Píndaro eram vistos (e se viam) como seres escolhidos pelos deuses, para os quais as Musas emergiram, inicialmente, sem que tivessem sido especialmente chamadas. Na *Teogonia* – iniciada pelo "Hino às Musas" –, Hesíodo afirma ter sido convocado pelas Musas enquanto pastoreava ovelhas, repentinamente:

(...) inspiraram-me um canto
divino para que eu glorie o futuro e o passado,
impeliram-me a hinear o ser dos venturosos sempre vivos
e a elas primeiro e por último sempre cantar.[11]

Já no *Íon*, diálogo de Platão imprescindível para a compreensão de seu pensamento a respeito da poesia e da relação entre as Musas e os poetas, Sócrates defende que estes são meros elos de ferro ligados sequencial e magneticamente a uma Musa que os inspira. Assim, ao interpelar Íon, rapsodo premiado que acaba de chegar de uma competição em Epidauro – local curiosamente pertencente ao *topos* poético andreseniano[12] – o filósofo afirma que o poeta parte de uma condição de não saber para ser atravessado pelo sopro divino das Musas, as quais detêm o conhecimento não apenas do tema a ser cantado, mas também da forma do canto, sua potência sonora e sua capacidade para atingir os ouvintes. Como diz Sócrates sobre o poeta, "não há invenção nele até que tenha sido inspirado e esteja fora dos seus sentidos e sua mente não esteja mais nele",[13] já que, como

---

[10] Penelope Murray, "Invocation to the muses", in Tom Winnifrith; Penelope Murray (Eds.), *Greece old and new*, London: The Macmillan Press, 1983, p. 1-12, p. 3. No original: "An essential feature of it is the feeling that poetry comes from some source other than the conscious mind (...). What varies is the interpretation of such experiences rather than the experiences themselves", tradução livre. (Todas as traduções são de minha responsabilidade, a menos que a indicação bibliográfica aponte o contrário).

[11] Hesíodo, *Teogonia: a origem dos deuses*, Traduzido por Jaa Torrano, edição revisada e acrescida do original grego. São Paulo: Iluminuras, 2015, p. 31-34.

[12] Nomeado no título dos poemas "Epidauro", de *Geografia* (1967), e "Epidauro 62", de *Ilhas* (1989), e presente em "Arte poética V", publicada também em *Ilhas*.

[13] Platão, "Íon", in *The Dialogues of Plato, in 5 volumes*, Translated into English with Analyses and Introductions by B. Jowett. 3rd edition revised and corrected. Oxford University Press, 2004 [1892], vol. I. p. 559-586, p. 571. Disponível em: <http://www.dominiopublico.gov.br/download/texto/0131-1_eBk.pdf>. Acesso em 13 jul. 2019. No original: "There is no invention in him until he has been inspired and is out of his senses, and the mind is no longer in him".

havia proposto, "todos os bons poetas, épicos ou líricos, compõem seus belos poemas não por arte, mas porque estão inspirados e possuídos".[14]

Como uma invocação à Musa grega, seria de se esperar que o poema de Sophia representasse o desejo de escuta e a transição para um momento de silenciamento da voz da poeta para a emergência de um outro canto. Como aponta Gustavo Rubim no prefácio da edição da Assírio & Alvim de *Livro sexto*, "Para que as coisas se vejam", o poema "Musa" é representativo do "mito que organiza *Livro sexto*",[15] o mito de uma poesia "que fosse de tal modo o 'nome das coisas' que a própria voz que nela fala não fosse senão a passagem anónima para as coisas em si".[16] Rubim parece aproximar o objetivo da invocação de Sophia da concepção grega de canto inspirado, no qual o poeta é percebido como um ser a um tempo possuído pela Musa e despossuído de si, alheio àquilo que lhe sucede.

No entanto, se, por um lado, a invocação representa um momento anterior à inspiração e à escuta poética – o que levaria, consequentemente, à amplificação de uma corrente poética imanente –, por outro, dados como a expressiva melodia do poema, fornecem uma pista de que ele é, já, resultado de um trabalho rigoroso de escuta. Nesse sentido, seria interessante observar o quanto "Musa" se caracteriza como um poema de intensa carga musical, como se percebe no seu tom solene e pausado, provocado pela presença rara de enjambements, bem como pela prosódia quase regular com que é construído. As muitas aliterações e assonâncias suscitam, no leitor, a produção de memória auditiva antes mesmo que tenha lido o poema até o fim, ou, ainda, aquilo a que Rosa Maria Martelo chamou de uma sensação de desfasamento entre o som e as palavras, isto é, de que o som do poema está adiantado, efeito provocado pelas "muito audíveis recorrências silábicas constitutivas do verso" e pela sua "articulação nítida".[17]

As estrofes três e quatro, destacadas abaixo, ilustram algumas ressonâncias que perpassam o poema. Para além das anáforas nos versos 12, 13 e 15 de "(ou)

---

[14] Idem. No original: "For all good poets, epic as well as lyric, compose their beautiful poems not by art, but because they are inspired and possessed."
[15] Gustavo Rubim, "Para que as coisas se vejam", in Sophia de Mello Breyner Andresen, *Livro Sexto*, Lisboa: Assírio & Alvim, 2014, p. 9-19, p. 16-17.
[16] Idem, destaques no original.
[17] Rosa Maria Martelo, "Imagens e som no mundo de Sophia", in *Sophia de Mello Breyner Andresen: Actas do colóquio internacional*, Org. Maria Andresen Sousa Tavares e Centro Nacional de Cultura, Porto: Porto Editora, 2013, p. 35-45, p. 42.

tornada", percebe-se como a passagem é feita como uma costura entre sons, permeada de aliterações, especialmente nas consoantes [m], /S/,[18] [t], [p] e /R/:[19]

> Musa ensina-me o canto
> Em que eu mesma regresso
> Sem demora e sem pressa
> Tornada planta ou pedra
>
> Ou tornada parede
> Da casa primitiva
> Ou tornada o murmúrio
> Do mar que a cercava

É como se o primeiro verso ressoasse na música dos versos que o seguem, como na recorrência da consoante [m], que representa parte fundamental do título do poema e que se faz presente em quase todos os versos, ausente apenas nos de número 12 e 13 ("Tornada planta ou pedra// Ou tornada parede"). O mecanismo tem como consequência a evocação em eco da palavra "*musa*" – especialmente em "*murmúrio*" que reproduz duplamente sua primeira sílaba.

Sophia parece propor, com o efeito sonoro da invocação da Musa, que também ela é dotada de um saber. Percebe-se, assim, uma concepção própria de invocação e de inspiração que a distancia do "anonimato" resultante da possessão pela Musa na poesia grega antiga. Primeiramente, conforme afirma nas artes poéticas, a poeta não é apenas aquela que é acometida repentinamente pelo canto das Musas, mas é quem se entrega a uma rigorosa "forma de ser, estar e viver" em escuta. A isso se soma a concepção de inspiração como resultado de um trabalho de invocação que é, ele já, um canto melodioso e um pedido insistente, reforçado pelas sete ocorrências do refrão.

"Musa" é, portanto, um poema não tanto "inspirado", mas um canto em que um saber – o domínio da invocação – é empregado na esperança do aprendizado de um canto que seja "o justo irmão das coisas". Dessa maneira, a invocação emerge como aquilo que propicia uma passagem do trabalho de escrita "sem inspiração" para a escuta poética que persegue. Ademais, é preciso sublinhar que a estreita relação que Sophia estabelece com a cultura e o pensamento

---

[18] Foram considerados os fonemas vozeado e desvozeado: /z/ e /s/.
[19] Todos os "r" podem ser vibrantes (ou tap) coronais – sem distinguir, portanto, o "r" de "demora" daquele de "mar" ou do "r" inicial de "regresso". A partir de gravações da voz de Sophia, é possível perceber que ela realizava essa consoante dessa maneira.

clássicos é, sobretudo, a de uma reinvenção, conforme apontado por Carlos Mendes de Sousa:

> (a)o falar do primeiro encontro com a Grécia, quando descobriu Homero, a poeta afirma: "a Grécia é um mundo que sempre criou em mim uma certa voracidade". Desde muito cedo a Grécia começa por ser vivida no mesmo plano das coisas comungadas e assimiladas, lugar fundador no modo de encarar a poesia. Ainda que em Sophia exista uma reinvenção do mundo grego, é preciso literalmente pisar esse chão e mergulhar nesse mar para reafirmar essa mesma reinvenção num plano de maior aprofundamento amplificador.[20]

Em meio às evocações do verão no Algarve dos poemas da primeira seção de *Livro sexto*, "Musa" parece concretizar a aliança entre os universos da Grécia Antiga e o seu tempo presente, sugerindo que a influência grega sobre Sophia é convertida num modo de estar e de ver o mundo.

3

Como um poema de invocação, "Musa" apresenta uma voz poética que se identifica como a da poeta que se dispõe ao canto, já que, como se aponta em relação aos poemas homéricos, por exemplo, a "Invocação" é parte que se segue à "Proposição" do canto, raro momento em que se admite a voz do poeta falando por si mesmo. Faz-se ali um pedido específico: que a musa ensine "o canto/ Venerável e antigo". Na poesia grega antiga, os pedidos variavam de acordo com a necessidade dos poetas: pede-se na *Odisseia*, por exemplo, que a Musa conte, a partir do ponto que ela queira,[21] a história dos feitos de Ulisses e, na *Ilíada*, que não apenas cante "a cólera de Aquiles",[22] mas que descreva navios de guerra ou ensine nomes de reis. O que se apresenta nos poemas homéricos é a concepção, já apontada aqui, de que quem fala é a Musa e não o poeta, posto que este seria apenas o corpo no qual aquela inspira o canto, como numa possessão ou incorporação, sendo desposuído de voz e saber próprios.

A Musa de Sophia, pelo contrário, não é invocada para que cante através da voz da poeta, mas para que ensine e passe adiante um saber necessário para que

---

[20] Carlos Mendes de Sousa, "Sophia e a *dança do ser*", in *Sophia de Mello Breyner Andresen: Actas do Colóquio Internacional*, Org. Maria Andresen Sousa Tavares e Centro Nacional de Cultura. Porto: Porto Editora, 2013, p. 130-139, p. 135-136, destaques no original.
[21] Homero, *Odisséia*, Tradução de Christian Werner, Apresentação de Richard P. Martin, São Paulo: Cosac & Naify, 2014.
[22] Homero, *Ilíada*, Tradução e introdução de Carlos Alberto Nunes, 25ª ed., Rio de Janeiro: Nova Fronteira, 2015.

esta possa, enfim, cantar. Como afirma Gustavo Rubim, o "regresso ao antigo canto é um regresso moderno, um regresso que é preciso aprender e que a Musa não pode simplesmente inspirar (...): ela tem de o *ensinar*".[23] Dessa forma, persiste a primeira pessoa do singular identificada com a poeta, o que pode ser percebido de maneira expressiva na sétima estrofe, em que ela assume o protagonismo do canto.

Emerge, portanto, uma concepção da inspiração em que se não anula a voz da poeta, mas se aprende um (novo) modo de cantar, "venerável e antigo". Retomando a afirmação de Rubim, percebe-se como a "passagem anônima para as coisas em si", que descreve como sendo o objetivo da invocação, só pode existir na condição daquilo que, coloquialmente, se chama mito – eterno horizonte inalcançável –, posto que é desde um modo muito particular de se estar no mundo que se faz a aliança com as coisas.

O pedido de ensinamento representa um pedido de abertura ao outro que, no poema, dota a invocação de Sophia de um caráter ético, em busca da "ligação do homem com as coisas"[24] como forma de estar atenta seja ao tempo "antigo" e "inteiro" para o qual Musa é via de acesso, seja ao tempo presente que "corta", "divide" e "atravessa". É, assim, uma tentativa de religação com "todos" os homens e sua "casa primitiva", morada original e universal de onde se constituiu a humanidade.

Contra a evidência dilacerante desse tempo presente – reforçado, ainda, pelas anáforas de "o tempo" e também na insistência dos verbos no presente do indicativo – a invocação põe em movimento um canto de rememoração de um passado primitivo, seja ele o da primitividade humana ou o de uma infância, marcado sempre pela aliança entre todas as coisas e entre todas as coisas e "eu mesma".

Entre o atravessar do tempo e o atravessar do perfume do "chão / De madeira lavada" abre-se uma distância que se percebe, inclusive, no verbo "atravessar". Se, no passado, que ocupa o espaço recluso e intocável que se encontra entre parênteses, o atravessamento do perfume é uma forma de fusão do "eu" com o mundo, no tempo presente, repetido insistentemente, o atravessamento é uma modalidade do corte e da separação entre o "eu" e o "chão e [a] parede/ Da casa primitiva".

A expressão "O canto/ Que me corta a garganta", no dístico final do poema, parece indicar a persistência de uma angústia, frequentemente descrita como

---

[23] Gustavo Rubim, op. cit., p. 16.
[24] Sophia de Mello Breyner Andresen; Jorge de Sena, *Correspondência (1959-1978)*, 3ª ed., Lisboa: Guerra & Paz, 2010, p. 82.

um nó ou como um corte na garganta, a separar voz e corpo, o que, na poética de Sophia, equivaleria a barrar o processo fundamental de nomeação do mundo e de estabelecimento de "uma aliança" e de uma "inteireza"[25]) do ser.

Por um lado, o canto que pede para aprender será responsável pelo silenciamento da poeta – na forte imagem da aniquilação total pelo corte da garganta – e pela emergência de outra voz; ou, como diz Rubim, será a marca de que "a invocação à Musa não existe sem uma forma de morte daquele que a invoca". Formula-se, assim, uma imagem muito semelhante à do poeta que escreve, no Canto VII d'*Os lusíadas*, "Qual Cânace, que à morte se condena,/ nua mão sempre a espada e noutra a pena",[26] isto é, como quem redige um bilhete antes do suicídio. Nesse sentido, a invocação de Sophia estaria fortemente ligada à imagem da inspiração grega em que se anula a voz do poeta em favor da emergência do canto da Musa.

Por outro lado, ao pedir o ensinamento deste "canto que corta [no presente] a garganta", a poeta parece evocar um remendo entre garganta e voz, como se aquilo que cortasse fosse justamente a persistência do não-saber-cantar. Por mais que não detenha, ainda, o saber de um canto justo, Sophia aponta que é por meio do processo de nomeação de um desejo de aprendizagem que se abre o caminho para a escuta do poema imanente. Nesse sentido, a afirmação de que a poesia pede "antes a inteireza do meu ser",[27] em "Arte poética II", pode iluminar o dístico de Musa, levando à ideia de que a inspiração, para ela, não conduz a um silenciamento total da sua voz, mas a uma ressonância harmônica entre vozes: *coral*.[28]

Maria Silva Prado Lessa é doutoranda do Programa de Pós-Graduação em Letras Vernáculas da Universidade Federal do Rio de Janeiro (UFRJ), contemplada com a Bolsa Aluno Nota 10 da Fundação de Amparo à Pesquisa do Estado do Rio de Janeiro (Faperj). Sua produção acadêmica é voltada para a poesia portuguesa moderna e contemporânea, com ênfase no estudo do Surrealismo português.

---

[25] Sophia de Mello Breyner Andresen, op. cit., p. 840.
[26] Luís de Camões, *Os lusíadas*, ed. org. por Emanuel Paulo Ramos, Porto: Porto Editora, 2017, p. 258 (VII, 79, 7-8).
[27] Sophia de Mello Breyner Andresen, op. cit., p. 839.
[28] Esta é uma versão abreviada do artigo "'Atenta como uma antena': a invocação à Musa e a poética da escuta de Sophia", *Revista Desassossego*, v. 11, n. 21, p. 10-22, 31 dez. 2019.

Desenhar a linha dos teus flancos: Sophia e o soneto[1]

• Roberto Bezerra de Menezes •

Podemos seguramente dizer que o soneto em Portugal encontra seu lugar cimeiro nas figuras de Sá de Miranda e de Luís de Camões. Herdeiros sobretudo de Petrarca, os dois poetas exerceram intensamente a escrita enformada por essa tradição italiana. Na esteira dessas figuras, encontramos em Bocage, Antero de Quental e Florbela Espanca exemplos de escritores que souberam, cada um a seu modo, desenvolver a técnica sonetista.

Sophia não é uma autora de sonetos. Pelo menos não como Jorge de Sena, seu ilustre amigo e poeta coetâneo, também homenageado nesta ocasião. Mas ela escreveu alguns. Poucos, é verdade, mas, curiosamente, alguns deles são frequentemente lidos, citados e analisados, muito mais por aquilo que escapa ao soneto do que pela sua quadratura.

Aqui, irei convocar alguns desses poucos sonetos para revisitar questões da poesia de Sophia – sumariamente, o espaço do jardim, o chamado poético atento às coisas do mundo, a antiguidade clássica greco-romana, a tradição literária portuguesa, a ética do sujeito face ao noturno momento histórico, a passagem do tempo e a presença da morte. Mas também procurarei colocar em questão alguma experimentação da forma a partir da estrutura do soneto.

Os sonetos de Sophia não estão concentrados em um único livro, em uma seção de um livro ou em uma época específica de sua produção. Antes, eles se espraiam pelas décadas a que a poeta se dedicou ao ofício da escrita. Encontramos seus sonetos nos livros *Poesia, Dia do mar, Coral, No tempo dividido, Mar novo, Livro sexto* e *Navegações*.

---

[1] Uma primeira versão deste texto foi publicada no volume *O espantoso esplendor das coisas: leituras da poesia de Sophia de Mello Breyner Andresen*, Belo Horizonte: Moinhos, 2019.

O rosto secreto e verdadeiro

Começo pelo que, de certa maneira, irá comumente servir para caracterizar a poesia de Sophia: não, não me refiro à presença do mar, mas à frequente remissão ao mundo grego, a esse mundo antigo enquanto imagem de uma civilização original e unificada, lugar de diferimento a que a poeta deseja, enquanto corpo singular e também corpo coletivo, retornar, "uma Grécia antiga (...) de alguma forma inventada para dizer o modo utópico da própria poesia", nas palavras de Manuel Gusmão.[2]

Entre os sonetos de Sophia, encontramos duas figuras habitantes desse mundo: Kassandra e Eurydice. E acrescentemos ainda, a partir de referência ao mundo romano, as três Parcas (chamadas Moiras, no mundo grego).

No soneto intitulado "Kassandra", destaca-se desde o título a menção à filha de Príamo, o rei de Troia, que, de Apolo, recebeu o dom da profecia, em troca do seu amor. Contudo, como Kassandra não cumpriu sua parte no acordo, Apolo castigou-a, destituindo qualquer credibilidade de suas profecias. Desse modo, Kassandra ainda era capaz de adivinhar as desgraças por vir, mas ninguém dava ouvidos aos seus alertas. Sendo uma profetisa dos infortúnios, sua vida era ter conhecimento e nada poder fazer, restando-lhe uma vida esvaziada de qualquer pretensão de felicidade.

Kassandra

Homens, barcos, batalhas e poentes,
Não sei quem, não sei onde, delirava.
E o futuro vermelho transbordava
Através das pupilas transparentes.

Ó dia de oiro sobre as coisas quentes,
Os rostos tinham almas que mudavam,
E as aves estrangeiras trespassavam
As minhas mãos abertas e presentes.

Houve instantes de força e de verdade –
Era o cantar de um deus que me embalava
Enchendo o céu de sol e de saudade.

[2] Manuel Gusmão, *Tatuagem & palimpsesto: da poesia de alguns poetas e poemas*, Lisboa: Assírio & Alvim, 2010, p. 281.

Mas não deteve a lei que me levava,
Perdida sem saber se caminhava
Entre os deuses ou entre a humanidade.³

Nesse soneto, Sophia se utiliza do imaginário de guerra, principalmente na primeira estrofe, que serve de pano de fundo para o que essa figura irá presenciar ao longo de sua vida. Sem nada poder fazer para evitar o "futuro vermelho", Kassandra, a partir da voz poética que nesse poema fala, voz essa que parece unificar-se à da princesa, reflete sobre seu caminho incerto, ainda que antevisto no voo das "aves estrangeiras", auspícios que atormentarão sua existência. Vista como louca por todos, Kassandra "delirava", verbo que contém sua porção de êxtase mas também de medo, no exato momento em que sua clarividência, por meio do que Sophia chama "pupilas transparentes", irá se intensificar.

Não deixemos de notar ainda a força da palavra "saudade", que finaliza o primeiro terceto e condensa a ideia de um tempo remoto em que esse "cantar de um deus" (lembremos, pois, que Apolo era deus da poesia e da música, o deus-sol a quem Sophia dedica um poema, intitulado "Apolo Musageta", e a quem se refere como "a medida suprema")⁴ a embalava sob este "céu de sol", expressão que, junto a "dia de oiro" e "coisas quentes", lembra o epíteto "Febo", frequentemente traduzido por "brilhante" ou "luminoso". Apesar de toda essa luz, ao final, as duas vozes interpostas no poema sabem-se perdidas, arrastadas por uma lei inexorável, seja "Entre os deuses ou entre a humanidade", para citar Sophia.

Essa situação dum sujeito desorientado irá se repetir no "Soneto de Eurydice", talvez, junto ao "Soneto à maneira de Camões", um dos mais conhecidos da autora, por António José Saraiva qualificado "de linha pura e escultural"⁵ e por Clara Rocha de "arte poética deceptiva e melancólica"⁶.

---

³ Sophia de Mello Breyner Andresen, *Obra poética*, Porto: Assírio & Alvim, 2015, p. 159.
⁴ Ibid., p. 70.
⁵ António José Saraiva apud Maria Helena da Rocha Pereira, "Motivos clássicos na poesia portuguesa moderna e contemporânea: o mito de Orfeu e Eurídice", in *Novos ensaios sobre temas clássicos na poesia portuguesa*, Lisboa: Imprensa Nacional-Casa da Moeda, 1988, p. 314.
⁶ Clara Rocha, "Comentário a 'Soneto de Eurydice'", in Osvaldo Manuel Silvestre; Pedro Serra (Org.), *Século de ouro: antologia crítica da poesia portuguesa do século XX*. Braga, Coimbra, Lisboa: Angelus Novus, Cotovia, 2002, p. 507.

Soneto de Eurydice

Eurydice perdida que no cheiro
E nas vozes do mar procura Orpheu:
Ausência que povoa terra e céu
E cobre de silêncio o mundo inteiro.

Assim bebi manhãs de nevoeiro
E deixei de estar viva e de ser eu
Em procura de um rosto que era o meu
O meu rosto secreto e verdadeiro.

Porém nem nas marés nem na miragem
Eu te encontrei. Erguia-se somente
O rosto liso e puro da paisagem.

E devagar tornei-me transparente
Como morta nascida à tua imagem
E no mundo perdida esterilmente.[7]

Note-se que nesse soneto Sophia também estabelece duas perspectivas de abordagem a essa personagem feminina grega: enquanto no primeiro quarteto a referência a ela se dá em terceira pessoa, no restante do poema encontramos uma voz em primeira pessoa. Isso confere ao poema um tom conciliador de temporalidades e situações distintas. Eurídice e Sophia estão, pois, coadunadas nesse soneto feito de busca e de desalento. Porém, ao contrário do que nos conta o mito, é Eurídice que busca Orfeu. Na esteira do comentário ao poema feito por Clara Rocha, podemos reafirmar que "os papéis se invertem e se altera a funcionalidade da procura".[8]

Orfeu é convocado como o símbolo de uma ideia de poesia que muito tem a ver com o silêncio que cobre "o mundo inteiro", como dito no soneto. É a poesia como mistério que interessa a Sophia: "E deixei de estar viva e de ser eu/ Em procura de um rosto que era o meu/ O meu rosto secreto e verdadeiro.", ela diz. Essa busca de Orfeu e da poesia se dá num espraiamento do mundo, em seus elementos naturais: o mar e as marés, a terra, o céu, o nevoeiro e a paisagem. São esses elementos que compõem o mundo poético de Sophia e da Eurídice

[7] Sophia de Mello Breyner Andresen, op. cit., p. 338.
[8] Clara Rocha, op. cit., p. 507.

deste poema (ela reaparece em outros, vale ressaltar), constituído da imagem dispersa de Orfeu, identificada nas noções de silêncio e de ausência. A procura "de um rosto", portanto, revela-se infecunda: a poeta torna-se "transparente", "Como morta", "perdida" (todas essas expressões do poema). Esse corpo disperso é, então, impossível de ser alcançado, o que, de certa maneira, mantém alimentada a perquirição de que se faz a poesia (e, naturalmente, a da autora).

Maria Helena da Rocha Pereira, em texto sobre Orfeu e Eurídice enquanto motivo clássico na poesia portuguesa, ressalta esse mesmo aspecto ao destacar que "as duas figuras míticas personificam claramente o patrono da poesia e a própria poetisa, numa busca incessante da beleza que termina em aniquilamento total",[9] evidenciando mais uma vez a influência do motivo rilkeano "da perda da existência, da caducidade do ser".[10]

Curiosamente, os dois únicos exemplos de sonetos em que a forma está explicitada no título são este, o de Eurydice, e o "Soneto à maneira de Camões".[11] Ambos apresentam uma regularidade alinhada à prática sonetística de herança italiana que revela, talvez, o que, para Sophia, era necessário para tal nomeação, corroborando a hipótese de Jorge Luís Borges de que "Se você tentar fazer um soneto, por exemplo, você acredita na ilusão de que você realmente tem algo diante de você, e essa é a estrutura do soneto, seja a forma italiana ou a shakespeariana".[12]

Em "As três parcas", soneto presente em *Mar novo*, Sophia volta ao sempre revisitado mundo mitológico para falar de destino e de morte. Nesse mesmo conjunto, *Mar novo*, o poema "Encruzilhada" já antecipa essa questão citando as mesmas Parcas: "Onde é que as Parcas Fúnebres estão?/ – Eu vi-as na terceira encruzilhada/ Com um pássaro de morte em cada mão."[13] Nele, além das Parcas, encontramos a imagem da encruzilhada, que irá reaparecer no poema que ora importa.

---

[9] Maria Helena da Rocha Pereira, "Motivos clássicos na poesia portuguesa moderna e contemporânea: o mito de Orfeu e Eurídice", in *Novos ensaios sobre temas clássicos na poesia portuguesa*, Lisboa: Imprensa Nacional-Casa da Moeda, 1988, p. 314.
[10] Ibid., p. 312.
[11] Em comentário a este poema, Clara Rocha esclarece que na primeira edição do volume *No tempo dividido*, de 1954, o referido poema intitulava-se apenas "Eurydice", sem qualquer referência a sua forma. Nas edições subsequentes o título alterado passou a comportar a designação "Soneto de", em que, segundo Rocha, "a atenção do leitor é desviada para o texto, a sua forma, o seu sujeito e o seu objeto". Clara Rocha, op. cit., p. 508.
[12] Jorge Luís Borges, *Borges on writing*, Edição de Norman Thomas di Giovanni, Daniel Halpern e Frank McShane, New Jersey: The Ecco Press, 1994, p. 70, tradução livre. No original: "If you attempt a sonnet, for example, you believe in the illusion that you really have something before you, and that is the framework of the sonnet, whether you choose the Italian form or the Shakespearean form."
[13] Sophia de Mello Breyner Andresen, op. cit., p. 358.

As três Parcas

As três Parcas que tecem os errados
Caminhos onde a rir atraiçoamos
O puro tempo onde jamais chegamos
As três Parcas conhecem os maus fados.

Por nós elas esperam nos trocados
Caminhos onde cegos nos trocamos
Por alguém que não somos nem amamos
Mas que presos nos leva e dominados.

E nunca mais o doce vento aéreo
Nos levará ao mundo desejado
E nunca mais o rosto do mistério

Será o nosso rosto conquistado
Nem nos darão os deuses o império
Que à nossa espera tinham inventado.[14]

As três Parcas, como se sabe, são as responsáveis pelo fio da vida e da morte. A Nona é responsável por tecer o fio da vida, a Décima cuida de sua extensão e de seu caminho e a Morta o corta, no momento a que Sophia chamou de "terceira encruzilhada". É, portanto, desse ciclo que a autora fala quando menciona os "errados caminhos" que compõem uma vida. O que no outro poema era chamado de "encruzilhada", neste são "trocados/ caminhos", lugar onde a morte espreita. Sophia parece ainda lamentar que esses caminhos não sejam usados de modo a encontrar o "puro tempo" ou o "mundo desejado". Tudo isso, pode-se por em hipótese, deriva de sua vontade de conexão com tempo e espaço outros, desejo este que ela já chamou de "reconstrução de um mundo puro".[15] Acrescente-se que esse soneto pertence a um volume em que a faceta cívica de Sophia sobressai, com imagens de um mundo cindido, feito de mortos (destaco os poemas "Meditação do duque de Gandia sobre a morte de Isabel de Portugal" e "O soldado morto", ou ainda "Náufrago" e "Aquele que partiu") e de ausências (como no já famoso poema "Marinheiro sem mar" e "Este é o tempo", mas também a ausência do monumento "Mar novo" de que seu irmão fez parte desde a concepção, no

[14] Ibid., p. 368.
[15] Ibid., p. 356.

"Poema inspirado nos painéis que Júlio Resende desenhou para o monumento que devia ser construído em Sagres").

A memória do soneto

Alguns anos depois, em *Livro sexto*, com o qual conquistou o Grande Prêmio de Poesia da Sociedade Portuguesa de Escritores, Sophia nos apresenta um soneto singular: distribuído nos 14 versos da forma fixa, o poema "Ressurgiremos" principia e se encerra com tercetos e mantém em seu centro dois quartetos. Com esse gesto, ela altera a disposição clássica do soneto italiano, mas mantém no horizonte a memória da forma que nos permite afirmar que a intenção da autora era que essa tensão saltasse aos olhos na leitura.

Ressurgiremos

Ressurgiremos ainda sob os muros de Cnossos
E em Delphos centro do mundo
Ressurgiremos ainda na dura luz de Creta

Ressurgiremos ali onde as palavras
São o nome das coisas
E onde são claros e vivos os contornos
Na aguda luz de Creta

Ressurgiremos ali onde pedra estrela e tempo
São o reino do homem
Ressurgiremos para olhar para a terra de frente
Na luz limpa de Creta

Pois convém tornar claro o coração do homem
E erguer a negra exatidão da cruz
Na luz branca de Creta[16]

A partir desse soneto, ou dessa memória do soneto, ilumina-se mais uma vez a concepção de que é no espaço grego que Sophia encontra a verdadeira religiosidade (entendida aqui a partir do latim *religare*, retornar às origens). Em carta a Jorge de Sena de 1964, ela diz sobre sua visita à Grécia: "É uma religiosidade tão nua, tão

[16] Ibid., p. 447.

funda, tão intensa, tão solene como eu nunca tinha encontrado. É uma atitude de ligação com o real que está presente em todas as coisas."[17] Mais à frente, nessa mesma carta, arremata: "Na Grécia tudo é construído como religação do homem à natureza."[18] Esse anseio de religação com a origem está presente no soneto acima lido e sintetizado no verbo que serve de título: ressurgiremos. O ressurgir da humanidade nesse espaço grego, visto por ela como gênese e encerramento do mundo, está anaforicamente em destaque no início de cada uma das três primeiras estrofes. É Creta que, no último verso de cada uma das quatro estrofes, reaparece, associada a uma luz qualificada de "dura", "aguda", "limpa" e "branca", nessa ordem. Sobre essa mudança da luz de Creta, Manuel Gusmão diz que "no seu efeito de série os nomes que dizem essas qualidades fazem parte do léxico que diz o sem preço do esplendor em Sophia".[19] Todos os quatro termos considerados, pode-se dizer que é nesse tempo e nesse espaço, iluminado por essa luz, que o "coração do homem" expiará sua culpa e poderá ressurgir limpo daquilo que terá ocasionado a ruína do mundo. Em uma imagem temporal, Sophia anuncia então o segundo nascimento da humanidade, a nova chance de não perder a conexão do sujeito, e, portanto, da linguagem, com as coisas naturais do mundo, "onde as palavras/ são o nome das coisas", expressão esta que irá servir de título para poemas então vindouros.

As imagens da morte e do nascimento, do fim e do ressurgimento de uma nova forma de vida já eram vistas naquele que, tudo indica, é o primeiro soneto de Sophia, "Em todos os jardins", de seu livro de estreia, *Poesia*:

Em todos os jardins

Em todos os jardins hei-de florir,
Em todos beberei a lua cheia,
Quando enfim no meu fim eu possuir
Todas as praias onde o mar ondeia.
Um dia serei eu o mar e a areia,
A tudo quanto existe me hei-de unir,
E o meu sangue arrasta em cada veia
Esse abraço que um dia se há-de abrir.
Então receberei no meu desejo
Todo o fogo que habita na floresta

---

[17] Sophia de Mello Breyner; Jorge de Sena. *Correspondência (1959-1978)*, 3 ed., Lisboa: Guerra & Paz, 2010, p. 80-81.
[18] Ibid., p. 81.
[19] Manuel Gusmão, op. cit., p. 290.

Conhecido por mim como num beijo.
Então serei o ritmo das paisagens,
A secreta abundância dessa festa
Que eu via prometida nas imagens.[20]

Nesse poema, prevalece, em meio a uma regularidade formal não encontrada no soneto anterior, o desejo de integração, de fusão do sujeito com as coisas naturais, com "(...) o ritmo das paisagens,/ A secreta abundância dessa festa/ Que eu via prometida nas imagens".[21] O espaço do jardim, abundantemente referenciado na poética de Sophia, figura como uma reentrada no mundo depois da morte, sob nova forma, integrada àquilo que antes era apenas promessa e encanto, "imagens". Recorde-se que, em "Arte poética V", é esse espaço que irá conferir ao sujeito a possibilidade do silêncio e da escuta, de "vazio e despersonalização",[22] fundamentais, segundo a autora, para que a poesia passe a uma instância de liberdade livre *no* mundo.

Também de *Poesia*, temos "Sinal de Ti", poema dividido em três partes, das quais a primeira se apresenta com seus quatorze versos distribuídos em dois quartetos e dois tercetos, mas que não se aventura em uma composição estritamente atenta a todas as questões formais envolvidas a partir desta escolha. O que talvez valha destacar neste ponto é a possível decomposição das estrofes dos sonetos nas duas partes subsequentes. Repare-se que na segunda falta um dos tercetos, estando, pois, manco. E, na terceira, temos apenas três dísticos, somando seis versos, o número que se distribui nos dois tercetos de um soneto. Se considerada apenas esta leitura superficial da maneira como se apresenta o poema em três partes, pode-se supor ser esta sequência uma decomposição da forma, um movimento de *desmontagem*. Ei-lo:

Sinal de Ti

I
Não darei o Teu nome à minha sede
De possuir os céus azuis sem fim,
Nem à vertigem súbita em que morro
Quando o vento da noite me atravessa.

---

[20] Sophia de Mello Breyner, op. cit., p. 104.
[21] Idem.
[22] Ibid., p. 898.

Não darei o Teu nome à limpidez
De certas horas puras que perdi,
Nem às imagens de oiro que imagino
Nem a nenhuma coisa que sonhei.

Pois tudo isso é só a minha vida,
Exalação da terra, flor da terra,
Fruto pesado, leite e sabor.

Mesmo no azul extremo da distância,
Lá onde as cores todas se dissolvem,
O que me chama é só a minha vida.

II
Tu não nasceste nunca das paisagens,
Nenhuma coisa traz o Teu sinal,
É Dionysos quem passa nas estradas
E Apolo quem floresce nas manhãs.

Não estás no sabor nem na vertigem
Que as presenças bebidas nos deixaram.
Não Te tocam os olhos nem as almas,
Pois não Te vemos nem Te imaginamos.

E a verdade dos cânticos é breve
Como a dos roseirais: exalação
Do nosso ser e não sinal de Ti.

III
A presença dos céus não é a Tua,
Embora o vento venha não sei donde.

Os oceanos não dizem que os criaste,
Nem deixas o Teu rasto nos caminhos.

Só o olhar daqueles que escolheste
Nos dá o Teu sinal entre os fantasmas.[23]

---

[23] Ibid., p. 116-117.

Encaminhando para o encerramento desta breve reflexão, como último exemplo de experiência formal com o soneto, vou ao livro *Navegações* e encontro no sexto poema da seção "As ilhas" o que Paulo Sousa chamou um "não-verso",[24] na verdade, um verso em branco a fazer ressoar a ausência de rumo dos navegantes evocados.

VI

Navegavam sem o mapa que faziam

(Atrás deixando conluios e conversas
Intrigas surdas de bordéis e paços)

Os homens sábios tinham concluído
Que só podia haver o já sabido:
Para a frente era só o inavegável
Sob o clamor de um sol inabitável

Indecifrada escrita de outros astros
No silêncio das zonas nebulosas
Trémula a bússola tacteava espaços

Depois surgiram as costas luminosas
Silêncios e palmares frescor ardente
E o brilho do visível frente a frente

1979[25]

Pode-se dizer que, do mesmo modo que no exemplo anterior, persiste uma memória do soneto que fará surgir uma tensão formal produtiva para a leitura. Na sequência do verso inicial, "Navegavam sem o mapa que faziam", o verso ausente de palavra sintetiza esse mapa inexistente; dois espaços, o das águas e o da página, que unificados produzem um sentido de veemência do caminho a ser elaborado no gesto navegante. Perante o desconhecido, resiste aquele que, em posse de uma trêmula bússola, arrisca o indecifrável e se vê recompensado pelo "brilho do visível", expressão que muito lembra a luz de Creta do poema anterior.

---

[24] Paulo Ricardo Braz de Sousa, "Os sentidos da revelação: Sophia e Herberto", *Revista do Centro de Estudos Portugueses*, Belo Horizonte, v. 38, n. 60, p. 97-116, 2018, p. 107.
[25] Sophia de Mello Breyner Andresen, op. cit., p. 728.

Em *O Búzio de Cós e outros poemas*, de 1997, o último livro de inéditos de Sophia, há um curto poema intitulado "Homero" que faz alusão a um procedimento formal, o metro, em associação ao que a autora chama de pensamento, uma expressão da própria poesia. Cito: "Escrever o poema como um boi lavra o campo/ Sem que tropece no metro o pensamento/ Sem que nada seja reduzido ou exilado/ Sem que nada separe o homem do vivido".[26] O verso que agora me interessa é precisamente "Sem que tropece no metro o pensamento", ao qual relaciono o modo como a autora distendeu a forma do soneto, essa "casa poética",[27] segundo Maria Alzira Seixo, seja pela inversão do lugar do terceto ou pela ocultação do verso do quarteto, seja pela decomposição de sua estrutura, mas sempre tendo em vista uma noção de poética que não se fundamenta em tais procedimentos formais para se afirmar em toda sua potência ora celebrada.

Roberto Bezerra de Menezes é mestre em Literatura Comparada pela Universidade Federal do Ceará (UFC) e doutor em Estudos Literários – Literaturas Modernas e Contemporâneas pela Universidade Federal de Minas Gerais (UFMG). Professor de Literatura Portuguesa, é bolsista do Programa Nacional de Pós-Doutorado – PNPD/Capes, no Programa de Pós-Graduação em Estudos Literários – Pós-Lit/UFMG. É editor da revista *Tamanha Poesia*, do Polo de Pesquisa em Poesia Portuguesa Moderna e Contemporânea, e integra o comitê editorial da *Revista do Centro de Estudos Portugueses* da Fale/UFMG.

---

[26] Ibid., p. 866.
[27] Maria Alzira Seixo apud Fernando J. B. Martinho, "Os sonetos de Jorge de Sena", in *Jorge de Sena: "aqui no meio de nós"*, Lisboa: Edições Colibri, 2017, p. 54.

Sophia – os pequenos pássaros da interpretação
• Vilma Arêas •

> *O meu interior é uma atenção voltada para fora*[1]
> Sophia de Mello Breyner Andresen

Eu a conheci em 1968, quando morei em Portugal para fazer uma pesquisa sobre a novelística clássica. Minha orientadora, mais tarde amiga, foi a Professora Maria de Lourdes Belchior Pontes, intelectual notável em todos os seus aspectos. Nessa época frequentei mais de uma vez as palestras de Sophia, denunciando a ditadura salazarista. Seu marido, o jornalista Francisco Sousa Tavares, estava então preso e as pessoas que enchiam a sala ouviam aquelas palavras incandescentes com admiração e medo, pela repressão comum dos goversos ditatoriais.

De longe ela parecia pequena e magra, mas o ardor com que falava a transformava em uma chama, uma labareda. Eu a ouvia paralisada de emoção pela qualidade rara de sua coragem. A partir de então li tudo o que pude sobre ela, quase tudo o que ela escreveu. Então a conheci ou, quem sabe?, a inventei.

O comentário que se segue procura estabelecer relações possíveis –ou imaginárias- de Sophia de Mello Breyner Andresen com outros poetas; e também repassar momentos poéticos e políticos de uma mulher que sabia ser fiel a convicções e sentimentos.

***

De saída tudo parece evidente e é o óbvio. O que falar sobre versos tão claros, tão assertivos? "A limpidez dessa linguagem" –escreveu Eduardo Prado Coelho- "dificilmente autoriza a sua duplicação sob a forma de comentário"[2].

---

[1] *Sophia de Mello Breyner Andresen (Coral e outros poemas).* Seleção e apresentação de Eucanaã Ferraz, São Paulo: Companhia das Letras, 2018, p.226. Demais citações do livro serão feitas em nome do apresentador.
[2] Eduardo Prado Coelho, "Sophia, a Lírica e a Lógica", in *A mecânica dos fluidos – literatura, cinema, teoria,* Lisboa: Imprensa Nacional-Casa da Moeda, 1984, p.109.

Numa primeira aproximação e seguindo a linha mais exposta –mais tarde veremos que não é bem assim- ninguém pode duvidar que o trabalho literário de Sophia não seja iluminado por uma poderosa força centrípeta. Tudo corre para um centro. Para o seu momento, para um reatamento da aliança com seres e coisas. Reatamento com valores. O ponto sensível de sua obra, isto é, a formalização de sua experiência lírica fundamental, é representado pelo mar. O Mar é não só compreendido como o infinito de água e de ar, de céu e de sol, mas como o início da vida e o infinito dela.

"Os grandes, verdes e violentos espaços marinhos, como sendo o nosso próprio destino..."[3]

Nos mesmos *Contos Exemplares,* encontramos "um velho louco e vagabundo a quem chamavam Búzio", filho que era do mar: ao mesmo tempo ele se faz símbolo da tradição clássica, pelo título "Homero" que introduz o conto. Como se não bastasse, Búzio[4] também simboliza a história portuguesa, pois surge na descrição "como um monumento manuelino".

A esse respeito, vale a pena reler "O búzio de Cós" e "Homero"[5] quando Sophia, trinta anos depois, retoma o mesmo tema, transfigurando-o uma vez mais: desta vez o búzio não fora encontrado casualmente numa praia "azul e preta", mas comprado em Cós, ilha do mar Egeu, que nos versos transforma-se magicamente no oceano Atlântico.

"Porém nele não oiço
Nem o marulho de Cós nem o de Egina
Mas sim o cântico da longa vasta praia
Atlântica e sagrada
Onde para sempre a minha alma foi criada.

Nos *Contos Exemplares* Búzio faz-se a encarnação do símbolo, que se desdobra ao ouvirmos a descrição de sua conversa com o mar:

..."eram palavras moduladas como um canto, palavras quase visíveis que ocupavam os espaços do ar com a sua forma, a sua densidade e o seu peso. Palavras que

---

[3] Sophia de Mello Breyner. *Contos exemplares*, Lisboa: Portugália, 1962, p. 144.
[4] A palavra "búzio", muito presente nos textos de Sophia, tem um sentido irradiante, pois a concha grande e retorcida servia como meio de comunicação a pescadores do mar; na forma de pequena concha era usado como moeda na África ocidental e na China, inclusive no tráfico de escravos africanos; em nossos cultos afrobrasileiros os búzios são utilizados até hoje, como enfeites rituais e jogos divinatórios.
[5] Eucanaã Ferraz, op. cit., p. 348 e 352.

chamavam pelas coisas, que eram o nome das coisas. Palavras brilhantes como as escamas dum peixe, palavras grandes e desertas como praias. E as suas palavrea reuniam os rostos dispersos da alegria da terra. Ele o invocava, os mostrava, os nomeava: vento, frescura das águas, oiro do sol, silêncio e brilho das estrelas".[6]

Não posso deixar de citar a observação arguta de Eduardo Prado Coelho sobre o início da Arte Poética III para exemplificar a radicalidade da poética de Sophia: "A coisa mais antiga de que me lembro é dum quarto em frente do mar dentro do qual estava, poisada em cima duma mesa, uma maçã/.../" No trecho, ele observa que a claridade da cena equilibra-se na ambiguidade, pois o que ela diz, com exclusão da janela que nunca aparece em Sophia, é que havia "*uma maçã poisada em cima do mar* (sic) e que "a relação é miticamente directa"[7].

Apesar do motivo ser constante e insistente – e não só na literatura portuguesa- talvez possamos ler Sophia nessa insistência essencial, ao lado de Juan Ramón Jimenez, tal como foi interpretado por Antonio Blanch[8], incluindo-o ao lado da Rainer Maria Rilke e T.S.Eliot. Para esses poetas, segundo o crítico, a linguagem da experiência lírica, que não pode se comparar a qualquer outra, é sempre implicitamente superlativa, longe da abstração e a favor dos signos vitais. Essa linguagem será sempre símbolo, por sua função de conectar ou unir intuitivamente a sensação a um sentido unitário, globalizante; em segundo lugar, compreende a divindade como algo imanente ao homem, fazendo-se pura consciência por meio da experiência poética, que transcende a personalidade.

" Não há poesia sem silêncio – lemos em Arte Poética V- sem
que se tenha criado o vazio e a despersonalização"[9].

No mesmo texto ela narra o dia passado em Epidauro, quando no centro do teatro vazio, recita o princípio de um poema. E ouve, lá no alto, a própria voz, "livre, desligada de mim". Tempos depois, escreve os três versos:

"A voz sobe os últimos degraus
Oiço a palavra alada impessoal
Que reconheço por não ser já minha.[10]

---

[6] Sophia de Mello Breyner Andresen. *Contos exemplares*, Lisboa: Portugália Editora, 1966 (2ª. ed.), p. 155.
[7] Eduardo Prado Coelho, op. cit., p.113.
[8] Antonio Blanch. *La Trascendencia Lírica*, Madri: Narcea S.A. Editora, 1981, p. 50 ss.
[9] Eucanaã Ferraz, op. cit., p. 371.
[10] Idem, p.372.

Adotando uma atitude própria do misticismo natural, Juan Ramón Jimenez identifica o mar com a divindade, afirma Antonio Blanch, porque a divindade para ele é algo imanente ao homem, não transcendente, transformando-se em pura consciência. Por isso esses poetas, embora com realizações líricas diferentes, compreendem que a experiência poética, repito, transcende a personalidade ou a individualidade do poeta, para o mergulhar na torrente de uma ampla tradição.

> Inteligencia, dame
> El nombre exacto de las cosas!
> Que mi palabra sea
> La cosa misma/...
>
> /.../mar, más mar, eterno mar, com su luna y su sol eterno por desnudos,
> Como yo, por desnudo, eterno; el mar me fue siempre vida nueva/.../

Ou ainda:

> El dormir es como um puente
> que va del hoy a mañana.
> Por debajo como un sueño,
> pasa el agua, pasa el alma.[11]

A essa altura podemos nos perguntar se Sophia, assim como Juan Ramón Jimenez ou Rilke, pode também ser considerada uma "religiosa secular", uma mística naturalista". Se também é verdade que ela era "católica e portuguesa" como afirma Eduardo Lourenço em seu belo ensaio "Para um Retrato de Sophia"[12], podemos ler em "Poema":

> Não trago Deus em mim mas no mundo o procuro
> Sabendo que o real o mostrará

Ela própria era consciente dessa palavra de inspiração poética furta-cor, conforme afirma em sua "Arte Poética IV":[13] "É-me difícil, talvez impossível, distinguir se o poema é feito por mim, em zonas sonâmbulas de mim, ou se é feito em mim

---

[11] Juán Ramón Jimenez. *Antologia Completa*, Madri: António Sánchez Romeralo editor, 1978, p.57-62
[12] Eduardo Lourenço, "Para um Retrato de Sophia", in Paola Poma (org) *Sophia: singular plural*, Rio de Janeiro: 7 Letras, CAPES, 2019, p. 157.
[13] Eucanaã Ferraz, op. cit., p. 367.

por aquilo que em mim se inscreve",[14] isto é, o que está gravado, entalhado em seu interior. Assim, em muitos momentos observamos Sophia incansavelmente atenta à ética, exigida pela arte em muitas ocasiões. Impossível esquecer, não só a dedicatória aos *Contos Exemplares* ("para Francisco, que me ensinou a coragem e a alegria do combate desigual"), mas também as palavras finais de "O jantar do Bispo", fundamento dos demais contos do mesmo livro. Quem as pronuncia é uma cozinheira, durante a discussão se era Deus ou o Diabo quem passara por ali:

> "Nos tempos que correm já não há Deus nem Diabo. Há só
> Pobres e ricos. E salve-se quem puder".

A "perseguição do real" ressurge com a mesma preocupação "inscrita", conforme lemos nas cincos Artes Poéticas, mais do que citadas, e nos poemas claramente políticos e críticos que escreveu, sem recuar diante de expressões tradicionalmente consideradas, na época, pouco poéticas. Muitas vezes eles, os poemas, permitem uma "demonstração" como se, saltando a natureza do literário, pertencessem a um modo direto e intencional de dizer, embora possamos conjecturar: haverá mesmo uma linha divisória que limite dois espaços análogos, dois vãos?

> Poema de geometria e de silêncio
> Ângulos agudos e lisos
> Entre duas linhas vive o branco.[15]

Nessa linha encontramos humor, às vezes ácido, conforme observamos em "As Pessoas Sensíveis".[16]

> As pessoas sensíveis não são capazes
> De matar galinhas
> Porém são capazes
> De comer galinhas/.../

O mesmo acontece com o "Retrato de uma Princesa Desconhecida",[17] que retoma a indiscutível afirmação de Almeida Garrett,[18] indiscutível e esquecida – que passe o paradoxo- de que "cada homem rico, abastado, custa centos de infelizes, de

---

[14] Idem, Ibid., p. 368.
[15] Idem, Ibid., p.97.
[16] Idem, Ibid., p.191.
[17] Idem, Ibid., p.253.
[18] Almeida Garrett, *Viagens na minha terra*, Lisboa: Livraria Sá da Costa Editores, 1963, capítulo III, p. 27.

miseráveis". Sophia recupera o raciocínio e declara que para a princesa desconhecida possuir um "pescoço tão fino", os olhos frontais e limpos, a cabeça "tão erguida"/.../

> Foram necessárias sucessivas gerações de escravos
> De corpo dobrado e grossas mãos pacientes
> Servindo sucessivas gerações de príncipes
> Ainda um pouco toscos e grosseiros
> Ávidos cruéis e fraudulentos
>
> Foi um imenso desperdiçar de gente
> Para que ela fosse aquela perfeição
> Solitária exilada sem destino

A luta contra o salazarismo e depois, a saudação do 25 de abril, foram o estímulo para versos emocionados e emocionantes que encontramos, por exemplo, no poema "25 de Abril" ("Esta é a madrugada que eu esperava/ O dia inicial inteiro e limpo")/.../, ou em /"Revolução" ("Como casa limpa/ Como chão varrido/ Como porta aberta")/.../[19], ambos escritos no próprio dia da Revolução. Com as dificuldades do movimento, ela nos deu o corajoso poema "Nestes Últimos Tempos", a que muitos negaram o título de poema:

> Nestes últimos tempos é certo a esquerda fez erros
> Caiu em desmandos confusões praticou injustiças
>
> Mas que diremos da longa tenebrosa e perita
> Degradação das coisas que a direita pratica?[20]/.../

Segundo penso é mesmo um poema, cuidadosamente composto em suas sete estrofes, desenvolvido como um teorema, com proposições várias, atropeladas por demonstrações cortantes, sem recuar diante de expressões banais, com a preocupação única de demonstrar a proposição contida nas duas primeiras estrofes citadas acima. Um teorema político, dentro das políticas da escrita num momento de crise. Por isso acho problemáticas as visões negativas da Sophia politicamente revolucionária, mas que desconheceria o sentido do método dialético com seu jogo de oposições; sublinhando além disso que o negativo de sua poética política signi-

---

[19] Eucanaã Ferraz, op. cit., p. 268 e 269.
[20] Idem, p. 285-286.

ficaria apenas a injustiça. Mesmo que assim o fosse, suas palavras estavam apoiadas numa prática política concreta, por relacionar os modos do fazer, os modos do ser e os do dizer: denunciou a ditadura portuguesa da época, conforme testemunhei, integrou a Comissão Nacional de Apoio aos Presos Políticos, redigiu um abaixo-assinado a favor da causa timorense, levou ao pé da letra seu poema "A Poesia está na Rua", quando despontou "o dia inicial inteiro e limpo" do 25 de abril. Dada a sua situação de classe, é mesmo extraordinário. Acabou eleita deputada à Assembléia Constituinte e ganhou prêmios importantes em Portugal e no exterior, como poeta e como cidadã. Isto é, sua palavra está unida ao gesto que ilumina a relação difícil entre ação e contemplação, criação e crítica.

Seria precária essa face da poesia de Sophia? "Precário", afirma Giorgio Agamben em *O fogo e o relato*[21], significa o que se obtém através de uma prece". Recado verbal. No capítulo "O que é o ato de criação?"[22], Agamben retoma a conferência que Gilles Deleuze proferiu em Paris em março de 1987, definindo a criação como "um ato de resistência". Cada ato de criação resistiria a algo, "por exemplo, a música de Bach é um ato de resistência à separação entre o sagrado e o profano".

"O primeiro tema da reflexão grega é a justiça", é o verso que abre o poema "Catarina Eufémia"[23], ceifeira que estava grávida quando assassinada, que se tornou símbolo da resistência ao salazarismo. Formalmente o poema pode ser um entre os vários exemplos da tensão entre classicismo e anticlassicismo em Sophia, outro ponto importante e pouco explorado até hoje pela crítica. Seu classicismo formal na evocação da Antiguidade algo deve a Byron, uma de suas leituras prediletas, segundo Eugénio de Andrade[24]. Mas Sophia comumente impregna e revitaliza referências à Antiguidade com dados históricos modernos e contemporâneos colhidos em Portugal ou noutras partes, como lemos em "Não te Esqueças Nunca"[25]. Talvez possamos pensar o poema em que ela descreve a própria voz, despersonalizada, a soar no teatro de Epidauro, como um emblema desse procedimento, teatralmente exposto.

Ao estudar as tensões de Mantegna, pintor citado por Sophia em dois poemas, Lourenzo Mammi esclarece: "A dialética entre clássico e anticlássico se dá entre uma leitura clássica do antigo, como modelo atemporal e uma leitura anticlássica

---

[21] Giorgio Agamben. *O fogo e o relato, ensaios sobre criação, escrita, arte e livros*. (Trad. Andrea Santurbano e Patricia Peterle). São Paulo: Boitempo Editorial, 2018, p. 33
[22] Idem, p. 59.
[23] Eucanaã Ferraz, op. cit., p. 254.
[24] Eugénio de Andrade, "Saudades de Sophia", in "Relâmpago – revista de poesia". Lisboa: Fundação Luís Miguel Nava e Relógio d'Água Editores, nº 9-10, 2001, p. 94-95.
[25] Eucanaã Ferraz, op. cit., p. 311.

do antigo como pluralidade de dados particulares que podem e devem ser revitalizados numa prática contemporânea que os recrie/.../[26]. É essa segunda alternativa o que a faz moderna. Se a voz poética exige que não nos esqueçamos de Thasos nem de Egina, do mesmo modo impõe que não nos esqueçamos de Treblinka e Hiroshima, "o horror o terror a suprema ignomínia". E este chamado ao tempo presente pode ser um dos focos capazes de iluminar o mosaico de oposições da poesia de Andresen[27]. Entre estas certamente cabe o aspecto investigativo da forma, a preocupação com o sentido da construção poética.

Os textos de Sophia reunidos recentemente por Paola Poma, principalmente aqueles referidos a João Cabral de Melo Neto,[28] nos dá a prova de sua preocupação crítica, vista além de outras referências, pela admiração declarada à poesia de João Cabral, segundo ela "despojada de todos os enfeites e franjas", "que está voltada de frente, em seu desejo de lucidez, para a realidade concreta".

Podemos encaminhar essa questão por meio de observações de escritores ou artistas plásticos, que resolveram enfrentar radicalmente o problema formal. Em primeiro lugar Augusto Monterroso, hondurenho considerado gualtemateco, que viveu exilado no México até o fim da vida por sua militância política a partir de 1944, quando contava 23 anos. Havia abandonado o ensino formal para estudar música. Depois largou tudo em nome da resistência política. Era um radical, também na literatura. No conto "La Mano de Onetti",[29] ele tece considerações minuciosas sobre a arte do contista, afirmando afinal:

> La verdad es que nadie sabe cómo debe ser un cuento. El escritor que lo sabe es un mal cuentista, y al segundo cuento se lo nota que sabe, entonces todo suena falso y aburrido y fullero. Hay que ser muy sabio para no dejarse tentar por el saber y la seguridad.

Devo confessar que custei a entender o enigma que entrelaçava <u>saber es crever</u> ao tédio, à mentira, finalmente ao fracasso da obra. Tempos depois concluí que <u>saber</u> aqui significa <u>possuir uma fórmula,</u> ou <u>receita,</u> confiando na facilidade ou na habilidade para cumprir a tarefa. Afinal, não se trata de um segredo: habi-

---

[26] Lorenzo Mammi, introdução, tradução e notas a Giulio Carlo Argan, *O Renascimento de Brunelleschi a Bruegel*, São Paulo: Companhia das Letras, 1999, p. 10.
[27] Cf. Vilma Arêas, "Sophia: clássica e anticlássica" prefácio a *Poemas escolhidos –Sophia de Mello Breyner Andresen*, São Paulo: Companhia das Letras, 2004, p. 20-21.
[28] "A poesia de João Cabral de Melo Neto" in Paola Poma, *Sophia: singular plural*, Rio de Janeiro: 7 Letras, p. 58-61.
[29] Augusto Monterroso, "La Mano de Onetti", in *La vaca*, Madri: Grupo Santillana de Ediciones, 1988, p. 125-127.

lidade não é sinônimo de arte. Alguns artistas de exceção, de uma maneira ou de outra, externam a dificuldade para evitar o escolho, nos oferecendo bons exemplos em várias épocas.

Assim, citando de memória, posso ouvir a célebre afirmação de Paul Gauguin: "quando minha mão direita fica hábil, pinto com a esquerda: quando acontece o mesmo com a esquerda, pinto com os pés". Ou observar o basco Eduardo Chillida, contemporâneo, que inverte o que pareceria normal e obedece a Gauguin, desenhando a própria mão direita com a esquerda, o que deixa a descoberto detalhes expressivos que a habilidade, com sua vocação neurótica de limpeza, ocultaria. Mas talvez Samuel Beckett tenha sido o mais radical com seu recurso ao francês. Numa entrevista, ao ser perguntado a razão que o fazia escrever em francês, respondeu em inglês que para ele era *more exciting writing in French*[30]. E por que? Porque era impossível usar de artifícios na língua estrangeira, era mais lento e, desprezando os enfeites, "as franjas", podia evitar a facilidade e também usar a nova língua como "um instrumento cirúrgico".

Radicalizando ainda mais – e podemos sentir na afirmação um laivo de ironia – Beckett confessa estar a caminho "desta literatura da despalavra, para mim tão desejável /.../ Um ataque às palavras em nome da beleza".[31] Leia-se: a beleza da radicalidade, sempre coberta pela eloquência treinada.

Evidentemente não é possível colocar Sophia tranquilamente ao lado desses radicais, embora ela sinta intuitivamente o perigo da facilidade, ou seja, o perigo de se ter uma fórmula para escrever. Seu impulso sempre é de ir até o fim por uma trilha suspensa, seguindo às vezes imagens disponíveis, com soluções contraditórias, pouco aplacadas, mas sempre descobrindo o desejo de entender e discutir a particularidade da escrita poética, reescrevendo sempre, excluindo às vezes o charme da literatura, compreendendo-a como trabalho incessante, duro, "escrever o poema como o boi lavra o campo".[32]

Em sua Arte Poética II,[33] que pode levar talvez à preocupação de Leonardo da Vinci na diferenciação entre pintura e artesanato, Sophia também discute a diferença entre a escrita poética e o artesanato. Para ela, ambas as atividades trabalham com uma mesma matéria, mas tendo partido do artesanato (todo artista é artesão de uma linguagem) a poesia traça um círculo mais amplo, mental, estabelecendo relações.

---

[30] Ludovic Janvier, *Pour Samuel Beckett*, Paris: Les Editions de Minuit, 1966, p.225 ss.
[31] Fábio de Souza Andrade, "Anexos", em *Samuel Beckett o silêncio possível*, São Paulo: Ateliê Editorial, 2001, p. 167 ss.
[32] Eucanaã Ferraz. op. cit., p.352
[33] Idem, Ibid., p. 362.

Pois a poesia é a minha explicação com o universo, a minha convivência com as coisas, a minha participação no real, o meu encontro com as vozes e imagens. Por isso o poema não fala de uma vida ideal, mas sim de uma vida concreta" /.../.

Em outras palavras, na poesia há o desdobramento de outros espaços, visto claramente na reescrita, na escolha minuciosa das palavras por sua necessidade, "pelo poder poético de estabelecer uma aliança". Ao lado disso, enfrenta-se a decisão de desmanchar, destruir o já construído, empurrando o leitor para outro lado, assumindo a instabilidade que faz com que as coisas claras, afirmadas enfaticamente, estremeçam e acabem por apontar "a ausência que as ilumina". São palavras de Eduardo Prado Coelho,[34] que examina nos poemas de Sophia as coisas trabalhadas pela ausência, a poesia da separação, a teologia negativa do "grande Deus invisível", "o Grande Ausente". Essa racionalização negativa é entretanto desenvolvida com palavras. Por seu turno Samuel Beckett tem medo de comprometer-se com as palavras, "consciente de que falar é apenas outra maneira de levantar pó"[35]. Lastima que "a terrível e arbitrária materialidade da superfície da palavra não fosse capaz de ser dissolvida", a exemplo da superfície do som, rasgada pelas enormes pausas da Sétima Sinfonia de Beethoven". Nós, os da escrita, só podemos perceber "um caminho de sons suspensos nas alturas vertiginosas, ligando insondáveis abismos de silêncio /.../ Pois na floresta de símbolos, que não são nenhum, os pequenos pássaros da interpretação, que não é nenhuma, nunca silenciam".[36]

Sophia, com seu verbo inflamado passa longe disso. Mas em determinados momentos já intuía essa radicalidade e essa presença ansiada do silêncio. Pois assim escreveu em sua "Arte Poética IV":

Que poema, de entre todos os poemas,
Página em branco?

***

Vilma Arêas é professora titular de literatura brasileira, aposentada, da Unicamp, autora de livros de ensaios, entre outros, *Na Tapera de Santa Cruz* (1987), *Clarice Lispector com a ponta dos dedos* (2005, Prêmio APCA), e de alguns livros de ficção, sendo o último, *Um beijo por mês* (2018, Prêmio Jabuti 2019).

---

[34] Eduardo Prado Coelho, "O Real, a aliança e o Excesso na poesia de Sophia de Mello Breyner Andresen", in *A palavra sobre a palavra*, Porto: Portucalense Ed., 1972, p. 225 ss.
[35] Fábio de Souza Andrade, op. cit., p. 183 ss.
[36] Idem, op. cit. p.169.

Sena & Sophia & outras vozes: "cartas poemas e notícias"

Sophia da monarquia

Sophia da monarquia,
sofia republicana,
recebi a antologia,
corrigida e ampliada,
com sua dedicatória
de antiga amizade grada,
em que me anotas a história
e para a História registas
que em Creta tu te banhaste
no esplendor da maresia,
com o meu velho Minotauro.
Em Creta, com o Minotauro,
por onde andamos, Sophia!
Que outros poetas se banhem
em Estorises e Cascáises
de água turva lusitana.
A nós as ilhas da Grécia!
A nós a fonte do dia!
A nós o leite que mana
de ser-se sófia e Sophia!
13/12/1970

Jorge de Sena, *Visão perpétua*, Lisboa: Moraes Editores/Imprensa Nacional-
-Casa da Moeda, 1982.

Entre-cartas: paisagens com poemas, filhos, dois mares e liberdade ao fundo

• Ana Luísa Amaral •

Se não eu por mim, quem por mim? Se eu for só por mim, quem sou eu? Se não for agora, quando? Se não com os outros, como?
Hilel, o Sábio, cerca do ano 60 antes de Cristo, e
Adrienne Rich, 2001

As paixões são pessoais, mas acredito que transmissíveis. A Sophia de que eu queria aqui falar é a minha Sophia: a Sophia das utopias sonhadas e das coisas sonhando com seus nomes exactos – que entendia, com toda a inteireza que a poesia tem, que "seria possível construir um mundo justo", que "as cidades poderiam ser claras e lavadas".[1] A minha Sophia é, como escrevi já uma vez, a Sophia de mim, criança, a ficar cheia de febre pela beleza da descrição de Veneza no *Cavaleiro da Dinamarca*: "Aérea e leve a cidade pousava sobre as águas verdes, ao longo da sua própria imagem",[2] lia eu, em voz alta e muito devagar, por entre os meus nove anos e um exílio a norte do meu país. Tinha sido mudada de Lisboa para o Porto, e essa Veneza era para mim o terceiro lugar, o que ficava entre dois rios, o Tejo e o Douro, nem sul nem norte, um entre-estar. E de que serviam então aliterações ou metáforas, se o que ficava era sentir as palavras, saber (e eu sem palavras) que o sensível correspondia a uma verdade? A minha Sophia é a Sophia da justeza como propriedade que o poema para si procura de forma a poder dizer equilíbrio e beleza, a propriedade que convém à busca da justiça, a que escreveu poemas onde o poético e o

[1] Sophia de Mellor Breyner Andresen, *Obra poética*. Dir. Carlos Mendes de Sousa. Prefácio Maria Andresen de Sousa Tavares. Lisboa: Assírio & Alvim, 2015, p. 710.
[2] Sophia de Mellor Breyner Andresen, *O Cavaleiro da Dinamarca*, Porto: Porto Editora, 2017 [1964], p. 14.

político magnificamente se cruzam, como "Retrato de uma princesa desconhecida"— também, suspeito, auto-retrato, e neste sentido consciência de um privilégio de casta impossível de devolver: "Foi um imenso desperdiçar de gente/ Para que ela fosse aquela perfeição/ Solitária, exilada, sem destino". A minha Sophia é a Sophia das palavras-entes, poliedros de luzes ao lado do escuro, que disse um dia que, "cortados os trigos,/ melhor se via a [sua] solidão". Era desta Sophia que eu gostaria de falar, e das suas conversas em papel e entre mares com um amigo grande que tinha, como ele próprio diria sobre Goya, um "coração cheio de fúria e de amor". Conversas com esse amigo, primeiro o Atlântico a dividi-los, depois o Atlântico e o Pacífico, sobre filhos, sobre poesia, sobre liberdade. Queria falar dessas conversas da minha Sophia com o meu Jorge de Sena. Sem considerações académicas.

Porque o Jorge de Sena que eu amo é o da pequenina luz bruxuleante, apesar de tudo, apesar de todos, o que entrou no "mais profundo fundo das profundas/ cavernas altas onde o estar se esconde". O meu Jorge de Sena é o que disse em carta a um jovem poeta que "a poesia é a solidão mesma". É também aquele que, como só a grande literatura sabe fazer, antecipou teorias radicalmente novas em personagens como um tal Físico prodigioso que experimenta todos os prazeres, multiplicando-se em identidades, ou desdobrando-se nelas, qual heterónimo pessoano, mas para lá dele – e usa esses prazeres para o bem comum. O meu Jorge de Sena foi aquele que se debateu com o seu tempo e que, à boa maneira renascentista, tudo abarcou: poesia, ficção, ensaio, tradução. O Sena que eu amo traduziu Beatrice de Die, e quantos poetas portugueses traduziriam essa trovadora do século XII? E ele é também aquele que um dia, não sabendo como nomear a imensa poeta americana que foi Emily Dickinson, lhe chamou *um* poeta, deu-lhe virilidade e feminizou-lhe os críticos seus contemporâneos. O meu Sena não morreu "sem saber qual a cor da liberdade", mas, tal como para a sua amiga, a liberdade sonhada foi diferente da liberdade encontrada. "Não sei, meus filhos, que mundo será o vosso", disse o meu Sena. E fez-me escrever uma carta a minha filha.

O meu Sena e a minha Sophia convocam para mim maravilhamento e louvor, protesto e justeza, lembram-me o romântico William Blake, para quem a verdadeira inocência era a habitação para a sabedoria.

O tempo é escassíssimo para falar dessas conversas entre os dois, tidas entre 1959 e 1978. Mas podia começar de diferentes maneiras. Por exemplo, citando o poema que Sophia dedica a Sena, em 1978, já depois da revolução de abril e já depois da morte de Sena, realmente um poema-carta (ou cartas). Podia então dele referir a abertura e diria como esse poema ao que trazia consigo um certo ar de "capitão de tempestades" o posiciona num lugar estranho de entre-

-estar, no que à identidade nacional e social diz respeito ("Não és navegador, mas emigrante/ Legítimo português de novecentos"). Não há ali peça dentro de peça, mas cartas dentro de cartas, as cartas que no poema são referidas, as que Sophia diz chegarem com poemas e notícias, e que se consubstanciavam depois na "festa" celebrada "em redor da mesa" onde "tiniam talheres, louças e vidros", ou "o instante que brilhava entre frutos e rostos" nesses momentos em que "havia avidez, azáfama e pressa":

> Há muito estavas longe
> Mas vinham cartas poemas e notícias
> E pensávamos que sempre voltarias
> Enquanto amigos teus aqui te esperassem –
> E assim às vezes chegavas da terra estrangeira
> Não como filho pródigo mas como irmão prudente
> E ríamos e falávamos em redor da mesa
> E tiniam talheres loiças e vidros
> Como se tudo na chegada se alegrasse

Diria como as palavras que descrevem a reunião com o amigo que às vezes chegava de terras estrangeiras evocam nesta carta-poema de 1978 a celebração cristã, espécie de Eucaristia, um ambiente muito semelhante ao que encontramos em contos de Sophia para a infância, como (mais uma vez) *O cavaleiro da Dinamarca*, publicado dez anos antes. "Então havia sempre grande azáfama em casa do Cavaleiro. Juntava-se a família e vinham amigos e parentes (...) e as escadas e todas as coisas eram lavadas, enceradas e polidas." Isto lembrar-me-ia versos seus como "O arfado espaço/ Onde o que está lavado se relava/ Para o rito de espanto e do começo",[3] ou "Onde o mar aberto e o tempo lavado?".[4] E falaria da **coerência** espantosa de Sophia, não só ética, mas também vocabular.

Talvez me perdesse um pouco nesta ideia conhecida: a de que há na escrita de Sophia um circular regresso a certos campos semânticos e até às mesmas palavras e a temas-chave, chaves para a leitura do mundo. Sim, perder-me-ia. E isto levar-me-ia à ideia de contaminação entre escritas de poema e de cartas. E provavelmente, por causa disto mesmo, havia de falar um pouco de Emily Dickinson, e de depuração de escrita e do desmantelar das fronteiras entre os géneros poético e epistolar, empurrando os seus limites até pontos de fusão.

---

[3] Sophia de Mellor Breyner Andresen, *Dual* in *Obra poética*. Dir. Carlos Mendes de Sousa. Prefácio Maria Andresen de Sousa Tavares. Lisboa: Assirio & Alvim, 2015. p. 615
[4] Sophia de Mellor Breyner Andresen, *O nome das coisas* in *Obra poética*, p. 713.

E, contaminada agora pela chegada de Dickinson, talvez até sugerisse que era possível falar em genealogias, comparar Sena e Sophia, com um outro par, os "pais" da poesia norte-americana, Dickinson e Whitman: e a expansão na linguagem poética de Sena e mesmo a sua insistência na democracia do corpo, pelo corpo, um corpo múltiplo e diverso, por contraponto à contenção da linguagem poética de Sophia, a suspensão do corpo tantas vezes, a recusa do excedente. E diria como essa recusa está presente até na reacção de Sophia ao México e à arte asteca, que a repele não só pela quase ausência de "belo" ("é raríssimo encontrar um rosto simplesmente belo", escreve ela) mas também pela extrema elaboração e demasiada complexidade.

Perder-me-ia, pois, um pouco, o que é sempre muito bom. Mas depois, tenho a certeza de que havia de voltar a esse poema e falaria do seu belíssimo final, a secção IV: "E agora chega a notícia que morreste/ A morte vem como nenhuma carta", dístico que é a variação de um anterior, que constitui a carta II "E agora chega a notícia que morreste/ E algo *se desloca* em nossa vida". Sobre essa deslocação, poderia referir Silvina Rodrigues Lopes e o seu comentário a um passo de Hillis Miller, onde, a propósito de Kafka, se diz que que "[o] facto de escrever um poema, uma história, ou um romance, não é outra coisa senão uma extensão do terrível poder de deslocação implicado no gesto mais simples, que consiste em escrever uma carta a um(a) amigo(a)". Silvina Rodrigues Lopes afirma que "[e]ste princípio de escrita põe em deriva o autor e o leitor...".[5] Derrida está aqui, bem entendido, defendendo contra Lacan que "uma carta *não chega sempre* ao seu destino e que (...) quando chega, o seu *poder-não-chegar* atormenta-a com uma deriva interna".[6] Por isso "a morte vem como nenhuma carta". *Nenhuma carta* só pode trazer consigo a mais radical ausência, portanto a morte, resgatada unicamente através da poesia, pela palavra evocada. Essa era uma possibilidade: começar por falar do poema de Sophia ao amigo já morto.

Ou podia começar de outra maneira: com o célebre poema que Sena, vindo a ter nove filhos, dedica a Sophia ainda em 1950 (publicado depois em *Peregrinatio ad Loca Infecta*)[7] e deslumbrado escreve: "Filhos e versos, como os dás ao mundo?" Talvez isto me conduzisse para uma leitura de inflexão feminista, ou de género. Em nota de rodapé chamaria a atenção para a diferença abissal entre o Sena das cartas a Sophia e o Sena das cartas a Eugénio de Andrade (onde se de-

---

[5] Silvina Rodrigues Lopes, *Aprendizagem do incerto*. Lisboa: Litoral Edições, 1990, p. 7.
[6] Jacques Derrida, *La carte postale de Socrate a Freud et au-delá*, Paris: Aubier-Flammarion, 1980, p. 439.
[7] Jorge de Sena, *Peregrinatio ad Loca Infecta* in *Poesia I*, ed. e coord. Jorge Fazenda Lourenço, Lisboa: Guimarães Editores, 2013, p. 457.

tecta a misoginia partilhada, o registo estereotipadamente masculino e por vezes desregrado, a demolição contundente da cena poética portuguesa). Se pudesse e tivesse tempo, a propósito de Eugénio falaria um pouco de sexualidades. E havia até de referir essa carta de Sena a Sophia, escrita em 1972, em que ele fala da violência e do erotismo escondidos em Sophia e por ela temidos, acrescentando a seguir: "Mas já vais tendo a idade respeitável de atirar tudo ao ar." E voltaria a Sophia e à problemática da articulação dos papéis psico-socio-sexuais com o oficio da escrita, essa célebre carta de 1963 em que ela confessa a Sena como os papéis de mulher e mãe interferem na inspiração:

> Na praça, de repente, no meio dos peixes, das couves e das galinhas pensei que precisava de parar um minuto e (...) 'fugi' para o café da praça e (...) pedi ao empregado que me emprestasse um papel e um lápis. Foi assim que consegui acabar o poema num misto de pausa e euforia. Isto é a minha vida. [8]

Falaria dessa vida, e da vida dos dois, contada através de mares, impressa no papel, vinda em forma de carta durante quase vinte anos, cobrindo períodos escuros da História de Portugal, do Brasil, dos Estados Unidos: a ditadura fascista de Salazar e do Estado Novo, com suas ramificações na cultura e na intelectualidade, um Portugal onde (diz Sophia, em carta de 1961) "muitos pacíficos cidadãos nos olham com ódio nas grossas mãos fascistas (os fascistas têm mãos horrorosas). Nem você pode imaginar o que é esta presença do ódio";[9] a ditadura militar no Brasil, detectada por Sena ("a mais direita das direitas pode tomar o poder"), escreve ele em carta de 1970; os sucessivos governos republicanos nos Estados Unidos, com Nixon, o Imperador, como ele lhe chamaria, ironizando a seguir, e tão premonitoriamente, "E viva a democracia liberal". E porque teria falado (pela segunda vez) na capacidade premonitória da poesia (e dos poetas), recordaria essa carta de Sophia de 1976, já do pós-25 de abril, em que ela afirma:

> O problema, a tragédia de toda esta revolução é a sua INCOMPETÊNCIA CULTURAL. Desde a descolonização, onde tudo se fez com um despachado simplicíssimo, primário, 'adhoc', até à reforma agrária falseada e demagógica! Passando pela constituição onde se lutou pela vitória da estupidez com o maior sucesso salvo alguns pontos que muito a custo foi possível salvar. Houve até quem num grupo parlamentar, numa reunião de discussão, respondesse à minha crítica

---

[8] Sophia de Mello Breyner e Jorge de Sena. *Correspondência 1959-1978*. 3.ª ed. Lisboa: Guerra & Paz, 2010, p. 77.
[9] Idem, p. 51.

à má redacção de um articulado, dizendo-me que 'o povo não precisa de gramática'. Vi dia a dia como a esquerda se suicida.[10]

E interrogar-me-ia sobre como seriam estas cartas se o tempo em que eles vivessem fosse o nosso, outro tempo sem luz, retornadas as ondas de barbárie. E que Sena teríamos hoje, no seu contínuo desalinhamento de partidos e de livre pensamento.

Daí talvez passasse para paisagens que falam do eu e da sua ligação ao mundo, e às formas como Sena e Sophia com ele dialogam, quer na esfera social e política, quer na esfera estética. E das posições de ambos que, mesmo descontado o tempo em que as expressaram, não deixam de ser xenófobas, e mesmo racistas. Sophia falando do México e da sua arte, em carta de 1971: "Mas é um mundo que não posso nem quero integrar. Parece-me um desvio do homem: terror, sacrifícios humanos, uma arte do esgar, uma grande festa da crueldade. O facto de terem inventado o zero não chega";[11] Jorge de Sena, no mesmo ano, declarando, sobre as populações indígenas do Brasil: "os índios e índias que tenho visto em realidade e em reprodução fotográfica são uma espécie de chineses ainda mais tarrecos do que estes." Assinalaria ainda divergências entre ambos, como o desacordo quanto à importância de Camões na poesia ocidental (Sena coloca-o abaixo somente de Shakespeare, Sophia diz serem maiores Dante ou Novalis), ou a discordância de Sena em relação a uma Grécia mítica e sua potencialidade de regeneração da poesia. Referiria a descrição de Sophia, em 1964: "Como se eu me despedisse de todos os meus desencontros, todas as minhas feridas e acordasse no primeiro dia da criação num lugar desde sempre pressentido." Citaria a posição de Sena, em 1972: "(...) lembra-te de que aquilo foi uma colossal mistificação criada, à custa dos deuses, pela colecção de cidades mais politicamente pérfidas e oligárquicas, esclavagistas, racistas, suprematistas, etc., que inventaram a democracia para a falsificarem. O Parténon é um milagre que lhes aconteceu (...) Tudo o mais são milhares de anos de conversa". E tentaria mostrar como esta divergência se estendera já, por exemplo, ao poema de Sena "Deixa os gregos em paz",[12] sobre o qual Sophia declarara não gostar da primeira estrofe que diz o passado grego "revoluto, extinto e depilado": "A Grécia nunca foi depilada" (como pode a terra dos faunos ser depilada?) e não está extinta", contrapusera Sophia ao poema de Sena, continuando, em carta de 1969:

[10] Ibid., p. 145-146.
[11] Ibid., p. 129.
[12] Jorge de Sena, "Deixa do gregos em paz", in *Peregrinatio* in *Poesia I*, ed. e coord. Jorge Fazenda Lourenço, Lisboa: Guimarães Editores, 2013, p. 528.

Creio que o grande mal português foi que sempre deixámos os gregos em paz. Por isso somos um país que não se reconhece. Um país que julga que a austera, apagada e vil tristeza é a condição do homem. Fomos um país de grandes navegadores – mas nunca tivemos em frente do mundo aquele sorriso de espanto que tinham as estátuas dos navegadores jónicos.[13]

A "apagada e vil tristeza" camoniana, declarada no Canto X, denúncia de "uma pátria (...) metida no gosto da cobiça e da rudeza", a voz enrouquecida não do canto da poesia como pura possibilidade, mas de saber que o que se canta é "a gente surda e endurecida" é muito mais familiar ao Sena exilado e revoltado, ao Sena injustiçado, do que, apesar de tudo, a Sophia, que "acredita ser possível que o nosso ser coincida com os outros seres", que não deixa de platonicamente crer na imanência e no belo enquanto adequação à 'verdade', não uma verdade verificável, mas a verdade enquanto aquilo que nos convoca e nos impele em termos de desejo. Talvez neste momento citasse Jean-Luc Nancy e uma conferência sua de 2009 sobre a ideia de belo. Sophia havia de concordar com Nancy quando ele sublinha que a frase clássica 'O belo é o esplendor da verdade' não quer dizer somente que o verdadeiro brilhe, mas que a verdade, para além de ser a verdade, brilha e resplandece. E eu depois acrescentaria: mesmo desestabilizando e inquietando – ou justamente porque desestabiliza e inquieta.

Que estas cartas são duas poéticas, por vezes em confronto, não tenho dúvidas, diria. Por isso falaria também da tradução. Em 1972, Sophia defendendo a tradução literal, dizendo "quero traduções, mas que deixem em branco o vazio entre duas línguas".[14] E Sena replicando: "Não há traduções nuas, minha querida, da mesma forma que os deuses da Grécia só andavam nus nas horas íntimas de violarem as Ledas, pois que, no resto do tempo, eram como o Senhor de Matosinhos, cobertos de roupas e colares."[15] E porque Emily Dickinson ainda ali estava muito perto, acho que lembraria uma carta sua a uma amiga, de 1850, onde ela deixa um espaço em branco, escrevendo a seguir: "Não é um espaço vazio esse onde comecei – está tão cheio de afecto que nem o consegues ver." Esse vazio entre as línguas é como o afecto, e é também uma terra de ninguém habitada por sentidos. Isto queria eu dizer, quem sabe tomar aquele fragmento de Safo, o 48, que literalmente é assim: "Pôs-se a Lua,/ fugiram as Pléiades./ A noite vai a

---

[13] Sophia de Mello Breyner e Jorge de Sena, op. cit., p. 115.
[14] Idem, p. 138.
[15] Ibid., p. 140.

meio e o tempo passa./ E eu estou deitada sozinha." Sena traduziu esse poema: "A Lua pôs-se,/ Com ela as Plêiades./ E a Meia-Noite/ Já se aproxima./ O tempo passa,/ E passa, enquanto/ Sozinha eu jazo",[16] e salientaria da tradução de Sena a riqueza rítmica e musical, a grande leveza formal. A seguir, citaria um poema de Sophia de *Mar novo*, em que ela escreve (sem menção a Safo): "Sozinha estou entre paredes brancas/ Pela janela azul entrou a noite/ Com seu rosto altíssimo de estrelas".[17] Subterrânea, ouvimos a voz de Sapho, que "reconhecemos por não ser já dela", agora expandida, liberta, na voz inconfundível da poeta portuguesa. Brincaria até um pouco: Sophia=Sapho...

Porque teria falado de liberdade, diria, claro, da feroz verticalidade e da inteireza que unem Sophia e Sena. E como essa inteireza e verticalidade entroncam na alternativa ao fingimento e na ideia de poesia como testemunho de Sena, a "disponibilidade vigilante", que equivale em Sophia à aguda atenção ao mundo, ao "estar atenta como uma antena, nunca esquecer", quase como se ambos fossem, como disse Mallamé de Victor Hugo, "o verso pessoalmente". E citaria Sena: "sempre entendi a poesia, cuja melhor arte consistirá em dar expressão ao que o mundo (o dentro e o fora) nos vai revelando, não apenas de outros mundos simultânea e idealmente possíveis, mas, principalmente, de outros que a nossa vontade de dignidade humana deseja convocar a que o sejam de facto".[18]

Faria então notar que talvez as palavras que mais surjam nesta correspondência sejam estas justamente, usadas em diferentes contextos: liberdade e dignidade. E chegaria ao final, ao que é para mim o *ex-libris* da poesia de Sena: o seu "Carta a meus filhos sobre os fuzilamentos de Goya", e o diálogo com o quadro de Goya. Pensaria também nas gravações de Goya "Os desastres de guerra" (1810-1814), uma delas aproveitada por Susan Sontag para a capa de um igualmente magnífico livro: *Olhando a dor dos outros*. No quadro de Goya, *3 de Mayo de 1808*, as figuras estão dispostas no sopé de um monte, longe da povoação, mas conseguem ver-se, ao longe, telhados. As casas – uma promessa longínqua de protecção, de calor humano e dos ofícios de que se faz a vida. Nesse quadro que todos conhecemos, o que sobressai é a mancha branca da camisa do homem e o seu olhar de frente, quando, a seu lado, os outros choram e suplicam. Esse olhar não diz da ausência de medo, mas do "medo de ter medo", não sei se imaginando o que "podia ter sido", não sei se pensando "nesse gesto de amor que faria – ama-

---

[16] Jorge de Sena, *Poesia de 26 séculos, Poesia de 26 séculos – de Arquíloco a Nietzsche*. Coimbra: Fora do Texto, 1993, 1993, p. 27.
[17] Sophia de Mello Breyner Andresen, *Mar novo* in *Obra Poética*, p. 401.
[18] Jorge de Sena, "Prefácio" *Poesia I*, Lisboa: Moraes Editores, 1961, p. 11-12.

nhã". Poema e quadro dizem-nos, afinal, que o indizível horror pode conviver com a mais profunda dignidade. E que é ela, e ela só, que nos pode manter vivos. Que só ela nos permite resistir a tempos sem protecção e de liberdade ameaçada. O que me comove no poema de Sena é a sua definição de dignidade: "a dignidade, meus filhos,/ não é senão essa alegria que vem de estar-se vivo/ e sabendo que nenhuma vez alguém está menos vivo ou sofre ou morre/ para que um só de vós resista um pouco mais/ à morte que é de todos e virá." [19]

Em 1998 escrevi um poema chamado "Um pouco só de Goya: Carta a minha filha". É um poema sobre a memória, sobre liberdade, sobre o amor. Sobretudo é homenagem ao grande poema de Sena. Nesse meu poema, à violência exercida sobre as diferenças de religião, de raça e de classe do poema de Sena, acrescentei a violência sobre as múltiplas maneiras que há de amar, e a dignidade que nessa multiplicidade existe, desde que ali presida a condição humana da justiça, e o cuidado. Quis oferecer à minha filha (e não só à minha filha) antídotos feitos de palavras contra algo que eu receava: que, "num futuro mais perto", lhe viessem dizer que "quem assim habita os espaços das vidas/ tem olhos de gigante ou chifres monstruosos". Não sabia que, vinte anos depois, eu veria no nosso mundo as gentes que governam a defender isto mesmo. Esse meu poema fecha assim:

> (...)
> Não sei que te dirão num futuro mais perto,
> se quem assim habita os espaços das vidas
> tem olhos de gigante ou chifres monstruosos.
> Porque te amo, queria-te um antídoto
> igual a elixir, que te fizesse grande
> de repente, voando, como fada, sobre a fila.
> Mas por te amar, não posso fazer isso,
> e nesta noite quente a rasgar junho,
> quero dizer-te da fila e do novelo
> e das formas de amar todas diversas,
> mas feitas de pequenos sons de espanto,
> se o justo e o humano aí se abraçam.
>
> A vida, minha filha, pode ser
> de metáfora outra: uma língua de fogo;
> uma camisa branca da cor do pesadelo.

[19] Jorge de Sena, "Carta a meus filhos sobre os fuzilamentos de Goya", in *Poesia I*, 2013, p. 347-351.

Mas também esse bolbo que me deste,
e que agora floriu, passado um ano.
Porque houve terra, alguma água leve,
e uma varanda a libertar-lhe os passos.[20]

Voltaria a dizer que as paixões são pessoais, mas acredito que transmissíveis. Era desta partilha da minha Sophia e do meu Sena que eu gostaria de falar.

Começaria realmente, então –

Ana Luísa Amaral é autora de mais de trinta livros, incluindo de poesia, teatro, ficção, infantis e ensaio, traduzidos e publicados em diversos países. Traduziu poetas como Emily Dickinson e William Shakespeare e obteve várias distinções e prêmios em Portugal e outros países. Tem, com Luís Caetano, um programa de rádio semanal na Antena 2 sobre poesia, *O som que os versos fazem ao abrir*. É professora aposentada da Faculdade de Letras do Porto, coordenou vários projectos internacionais e linhas de investigação. É membro do Instituto de Literatura Comparada Margarida Losa.

---

[20] Ana Luísa Amaral, *Inversos, Poesia 1990-2010*, Lisboa: Dom Quixote, 2010, p. 357-358.

Sobre esta praia:
a vida da poesia, Jorge de Sena e Gastão Cruz e uma "nona meditação à beira do pacífico"

• António Carlos Cortez •

1

"A poesia de Jorge de Sena é, na verdade, uma proposta para dar expressão ao que o mundo (o dentro e o fora) nos vai revelando." Isto diz Gastão Cruz a propósito da poesia do autor de *Sobre esta praia*. É na exacta medida em que a vida se diz por meio de palavras, e não tendo nós outra forma de pensar o mundo e vivê-lo senão através das linguagens várias da linguagem humana, que os poemas de Jorge de Sena vincam a importância da poesia como processo testemunhal.

No prefácio a *Poesia I*, a respeito da inteligibilidade da sua poesia, o poeta realiza aí um acto de auto-exegese, convidando o leitor a reler sempre de modo outro a obra que como processo testemunhal se apresenta. Mas essa leitura deve fazer-se a partir do eixo determinante que condiciona os modos de sentido que essa obra produz: o eixo entre a poesia e a vida. O testemunho, afirma nesse conhecido paratexto, vincando bem que a sua poética é sobretudo um modo de expressão especial(izado), entende-o Sena do seguinte modo:

[O testemunho] é na sua expectação, na sua discrição, na sua vigilância, a mais alta forma de transformação do mundo, porque nele, com ele e através dele, que é antes de mais *linguagem*, se processa a remodelação dos esquemas feitos, das ideias aceites, dos hábitos sociais inscientemente vividos, dos sentimentos convencionalmente aferidos. (...) Testemunhar do que, em nós e através de nós, se transforma, e por isso ser capaz de compreender tudo, e de sofrer na consciência ou nos afectos tudo, recusando ao mesmo tempo as disciplinas em que outros serão mais eficientes, os convívios em que alguns serão mais pródigos, ou o isolamento de que muitos serão mais ciosos – eis o que foi, e é, para mim, a poesia.[1]

Esta posição de princípio, ou melhor, esta afirmação penetrante dos vínculos que entre a existência e a poesia como processo testemunhal se estabelecem encontra, seja na ficção ou no ensaio, mas primacialmente na expressão lírica, inúmeros passos de confirmação. Um desses pontos nodais em que Sena, a poucos anos da sua morte, reitera a relação simbiótica entre poesia como testemunho da vida e a vida como testemunho da poesia é, sem dúvida, a sequência de oito "meditações" escritas entre 27 de setembro e 24 de outubro de 1972.

Não vou fazer aqui a história da edição desse texto, mas sublinho que, apesar de datar de 1972, só em junho de 1977, numa edição restrita, numa plaquete de luxo, esse poema veio a lume pela Editorial Inova, do Porto. Não foi, portanto, integrada na sequência *Conheço o sal... e outros poemas* cuja redacção é de 1972-1973, período que cobre justamente a redacção coeva daquelas oito meditações. E não saindo senão em 1977, e ainda que possamos lê-la, ou não, como corpo que pode fazer parte da sequência *Conheço o sal*, tal como defende Jorge Fazenda Lourenço no capítulo 7/ Secção VI da sua tese *A poesia de Jorge de Sena – testemunho, metamorfose, peregrinação*,[2] o facto é que, nos modos e moldes em que se apresenta, essas oito meditações devem ler-se como "a despedida ou testamento poético de Jorge de Sena".[3] Tendo em conta essa composição de 320 versos, correspondente à média de 8×40, esse testamento arrasta consigo um aspecto simbólico não despiciendo; com esses 320 versos "com que Sena haveria de marcar os seus anos de pública servidão poética"[4] o autor de *Metamorfoses* encimava os seus *40 anos de servidão* sob o signo da durabilidade. Esse título, de resto, com que baptiza o quarto volume da sua obra completa, claramente demonstra as preocupações de Sena relativamente a uma ideia de poesia ancorada em princípios muito claros de perenidade e classicismo, aproximando-a de um dos seus mestres, Horácio.

Assim, como meditação existencial de um poeta que, em 1972-1973, não ignora já quanto *a vida da poesia* lhe foi o destino que sempre soube ser o seu ("soube-me sempre a destino a minha vida", escreve Sena noutro lugar), aponte-

---

[1] Jorge de Sena, "Prefácio", in *Poesia I*, 3 ed., Lisboa: Edições 70, 1988, p. 26.
[2] Jorge Fazenda Lourenço, *A poesia de Jorge de Sena – testemunho, metamorfose, peregrinação*, Paris, Lisboa: Centro Cultural Calouste Gulbenkian, 1998.
[3] Idem, p. 373.
[4] Idem, ibid.

mos, no texto, as "cenas vivas" em que esse poeta olha para as imagens do mundo e as incorpora na sua experiência de artista da palavra. A par disso vejamos como, noutro poeta, a mesma concepção dum discurso especulativo ganha peso à medida que o fim da existência se aproxima. Essa consciência da finitude exigirá do trabalho sobre a linguagem que toda a poesia é, um repensar a vida, compreendendo que meditar sobre a existência é já um pensar das formas através das quais essa vida se fez "vida da poesia". A meditação final que nesse outro poeta encontramos – refiro-me a Gastão cruz – coloca na mesma senda dum "lirismo especulativo" estes dois poetas.

Na verdade, aquelas oito meditações senianas irão merecer da parte de Gastão uma nona reflexão, com data de 17 de março de 2012, publicada no seu último volume de poesia, *Existência*. A data é já um sinal de diálogo com o interlocutor primeiro, imitando-lhe um dos gestos mais recorrentes da sua poética: a datação dos textos, como se a poesia pudesse ser uma espécie *sui generis* de diário. Mas voltarei a este paralelo só no fim do ensaio. Para já detenho-me ainda em Jorge de Sena.

2

As oito meditações começam com o verbo "inclinar" ("Sobre esta praia me inclino"), insinuando já a figuração do poeta como aquele que é *voyeur* e *voyant*. Questões de Rimbaud à parte, interessa ver também o segundo verso, a destacado, "Praias sei". Seguido de dois pontos, o poeta tem consciência do que sabe e se assim é, diz-se do que se sabe, assertivamente, explicativamente: "Me deitei nelas, fitei nelas, amei nelas/ com os olhos pelo menos os deitados corpos/ nos côncavos da areia ou dentre as pedras".[5]

É a contemplação das praias que institui as imagens do mundo visto: o eu enunciador, contemplando, constrói o seu modo de ver; ou melhor, constrói o tempo e, fazendo coincidir o seu olhar distanciado com aquilo que vê – os "deitados corpos" que, na sequência II saberemos serem os de dois rapazes e o de uma rapariga – edifica ao longo das oito meditações a própria forma dessa contemplação transformada em texto. É, pois, um sujeito que observa e que, observando, pretende conhecer e por isso reflectir. Um verso como "Sobre esta praia me inclino", isto é, me debruço, logo, *re-flicto* sinaliza o movimento da escrita a acontecer: O corpo do poeta, ou os olhos do poeta, vêem ao mesmo tempo que, vendo, o poeta vai escre*vendo*. Advérbios de tempo e de lugar pontuam a meditação. Opõem-se mesmo tempos e lugares: "Aqui é um outro

---

[5] Jorge de Sena, *Sobre esta praia...*, in *Poesia III*, 2 ed., Lisboa: Edições 70, 1989, p. 235

oceano./ Um outro tempo." Posto que este díctico – "aqui" – possa ser não só a praia vista mas o texto escrito, o que lemos é o gesto da reflexão, do corpo caindo sobre a página, como quem dissesse: aqui, neste momento em que redijo estas meditações, aqui é um outro tempo, um outro oceano.

Com efeito, Atlântico e Pacífico, já que as meditações são localizadas "à beira do Pacífico", funcionam como pólos espácio-temporais dicotómicos. Aquele que olha os corpos na praia e os descreve e a partir dessa descrição pensa sobre a existência, camonianamente expressa, na longa reflexão que é este seu texto, um tópico de exclência: "Babilónia ao mal presente/ Sião ao tempo passado". Esse tópico da tradição portuguesa, mas também judaico-cristã, desloca o discurso do sujeito para o plano da meditação sobre o exílio. Litania, estas "oito meditações" não podem ser senão escritas à beira do Pacífico, no presente. O poeta, se nos é permitida fazer nossa a sua voz, diz-nos assim: aqui, à beira deste oceano que banha a América, escrevo sobre as praias da minha vida, os "amados corpos", e nesse contexto, escrever é, pela visão daquele trio que eroticamente se abraça, se toca, se rebola em "diversos jogos ou não-jogos" na intimidade nua, um modo de eu me ver a mim num outro tempo. Nos jeitos com que se dão, eu mesmo, poeta, contemplo, e me contemplo – construo interiormente um outro tempo para mim só.

No presente vendo apenas, já não tocando ou apalpando corpos outrora conhecidos, é nesse mal de agora que pode o poeta cantar o exílio num discurso que é intrinsecamente uma meditação sobre o degredo interior, além de assunção do exílio como novo eco camoniano com que Sena se identifica por ter, como Camões, "a vida pelo mundo em pedaços repartida". No presente de um lugar longe da pátria, "à beira do pacífico", e não no Atlântico, e, nessa medida, distante da costa portuguesa, seduz-me – a mim, leitor de 2019, que me atrevo a colocar-me na cena e voz de Jorge de Sena – pensar que a ideia de que Babilónia venceu no combate travado entre o autor de *Fidelidade* e uma imortalidade desde sempre desejada (ele que, na verdade, não acreditava na "imortalidade de coisa alguma"), seduziria o meditativo poeta de 1972.

Semelhante vitória de Babel sobre Sião, isto é, da mortalidade sobre aquela perenidade que a poesia demanda, não só vinca a separação entre o presente maligno em que o sujeito se encontra, como faz atravessar o texto destas oito meditações de uma dupla perda, incrustada na inescapável perda a que Chronos submete tudo e todos. A perda do lugar de origem – Portugal – soma-se a perda erótica, perda vital, traço de identidade que caracterizaria a própria escrita do jovem Sena, afinal tão devedor do magistério do revolucionário Rimbaud. Não só o Pacífico é, neste sentido, a metonímia dum território onde se cumpre o exílio – os Estados Unidos da América, a Califórnia – como é o signo, ou indício, de que, vendo aqueles três corpos na praia, é do próprio corpo, agora envelhecido, que o poeta se despede. Por isso, este poeta que se figura *voyeur* e *voyent* está longe da furiosa descoberta do eros erótico rimbauldiano. É Camões quem, no limite, se convoca para a cena da meditação: de facto, Sena parece cantar a palinódia: *Babilónia ao mal presente, Sião ao tempo passado...*

Veja-se como, na terceira sequência, se pinta o Pacífico: "águas a que luz de inverno/ dá não sombrias cores, ou nestas praias/ em que uma brisa fria não levanta areias"; "perpassa a calma e tamisada/ serena paz das tardes infinitas". Veja-se como, na sequência IV, a descrição do "escurobscuro vento/ em de rajadas pálido céu-tempo" o ambiente melancólico se adensa e como, noutro verso dessa sequência, se diz que "E é tarde já, no dia como no ano"... E, se Camões é ainda o palimpsesto deste poema (o Camões de "Sobre os rios" que o *incipit* inicial retoma), vejamos ainda quanto a força desse tópico – Babel/ Sião// Presente/ Passado – se conjuga com a figuração do próprio Oceano Atlântico como outro espaço marítimo bem diferente do Pacífico. O Atlântico, uma vez que pode ser o caminho de regresso à pátria, é o lugar onde as "ondas rebentavam plácidas", ao passo que o Pacífico é o lugar onde se diz que é já tarde na vida como no ano.

É o olhar deslocando-se no horizonte da imaginação que Sena aqui trabalha: já não só a imagem dos corpos daqueles três amantes numa praia de Santa Barbara, mas a recordação dum outro mar, é convocada, senão que, com o peso simbólico que o Atlântico tem enquanto mar rasgado por portugueses *in illo tempore* e pelo próprio Sena rasgado em tempos de experiência na Marinha, é o mar duma outra vida que se projecta. Recordando-se desse mar antigo, é de si mesmo que o sujeito parece falar. As ondas do tempo ouvem-se e através dessa activação do som, o sujeito meditativo confessa: "e o delas ruído às vezes tempestade/ que em negras sombras recurvava as águas/ me ouviram não dizer nem conversar/ mais do que os gestos de tocar e ter/ na tépida memória as flutuantes curvas/ de ancas e torsos, negridão de pêlos".

Se, no presente, de facto, numa praia da Califórnia, o poeta vive "um outro tempo em outro/ diverso em gente e organizado mundo"; se no presente da meditação o poeta vê "Ambíguos corpos, sexos vacilantes", note-se que ao fulgor erótico dessa cena de nudismo se vem adicionar um significativo sinal ominoso. Se não for sinal ominoso é, ao menos, um realismo lúcido que vem de se saber que Thanatos pode vencer Eros nesse outro combate universal entre a beleza daqueles três corpos que se cruzam, e a consciência da efemeridade dos corpos.

Por isso, como sinal ominoso ou realismo inescapável, há "um cheiro de cadáver, que ao amor não feito/ concentra de tristeza e de um anseio/ de matar ou de ser morto sem prazer nem mágoa". É o Jorge de Sena mais profundamente niilista que aqui transparece; um Jorge de Sena que nesta litania inigualável da nossa língua atinge uma força de expressão pungente. O fosso entre o poeta e os três jovens, entre o poeta velho e a memória que ele tem de si quando novo, o fosso entre Pacífico e Atlântico, entre presente e passado, leva a voz do eu enunciador, ou melhor, o olhar desse sujeito a braços consigo mesmo numa praia americana, a pintar gelidamente de palidez "um rosto que sorria". Eis porque estas oito meditações são aquele "testamento" poético de que nos fala Fazenda Lourenço, porquanto, como testamento que propende ao exercício de ver e de escrever, contemplando-se a beleza de três corpos jovens e desnudados, metonímias dessa humanidade que na praia do tempo vive e morre, tal documento se dá a ler como manifestação de uma última vontade.

Com efeito, dispondo, para os vindouros, parte ou todo do património pessoal, Sena deixa aos que se lhe seguem o seu "monumento de palavras", para usar aqui a bela imagem de Mourão-Ferreira. Monumento de palavras que não pode ser desvinculado da intenção meditativa dessas oito sequências, recitativo que propende à memorização por apontar, aliás, à própria intimidade reflexiva de quem o lê. Essa dimensão já tinha sido vista por António Ramos Rosa num ensaio ancilar a respeito de Sena. Em *Poesia Liberdade Livre*, publicado em 1962, Ramos Rosa desenvolvia a seguinte base de interpretação da poética seniana:

> Será difícil tentar definir numa fórmula uma poesia tão complexa que é, ao mesmo tempo, exercício espiritual e exercício de linguagem, poesia de conhecimento e de interrogação filosófica ou metafísica, mas sempre dentro da mais alta intimidade reflexiva que a alma humana possa ter consigo mesma, e ao mesmo tempo, uma poesia mais directa que corajosamente afronta alguns problemas cruciais da condição humana presente. Uma grande unidade interior, um tom que é a própria voz do poeta, preside a todas estas poesias que, afinal, se verifica serem apenas uma. É que a linguagem de Jorge de Sena é a fusão de um pensamento, de uma palavra e de um acto. E dela também se poderia dizer o que o crítico francês Léon-Gabriel Gros dissse de outro poeta 'que vive de duas exigências contraditórias: a fidelidade aos dados da inspiração, às sensações elementares e ao rigor intelectual que se manifesta no próprio objecto verbal'.[6]

---

[6] António Ramos Rosa, *Poesia Liberdade Livre*, 1 ed., Lisboa: Moraes Editores, 1962, p. 97-98.

De facto, há distâncias de décadas, Ramos Rosa resumia de forma penetrante as directrizes pelas quais essa poética do testemunho se orientava: poesia de conhecimento e de interrogação; onde a preponderância das inquietações fislosóficas é evidente; poesia onde a intimidade mais elevada e mais meditativa não impede o debate com os problemas reais do humano, é justo dizer-se que nesta obra se fundem pensamento, palavra e acção.

É igualmente nessa medida de uma inquirição do destino do Homem, que o discurso destas "oito meditações" jamais se fecha num qualquer solilóquio. Tal significa que a obscuridade dos versos senianos é uma falsa questão: a sua opacidade é o lugar mesmo onde o poeta se encontra a sós com a sua liberdade, é essa densidade discursiva, essa torrente de hipérbatos, de anacolutos, de orações intercaladas, de digressões sintácticas que contribui para que em Sena se casem processos do maneirismo e conquistas formais dum pessoalíssimo surrealismo. A chave destas testemunhantes meditações reside justamente na presença dum inefável que nem aqueles corpos na praia desvelam. Só a linguagem no seu arranjo gramatical, na sua espessura de sintagmas sobre sintagmas descobre o sentido íntimo desse eu angustiado e ciente de que à pulsão erótica percepcionada na praia californiana deve corresponder uma semelhante pulsão erótica verbal. Como refere um outro atento leitor da sua obra, escreve Gastão Cruz:

> Mais uma vez, e agora acaso de uma forma ainda mais vertiginosa, se manifesta a paixão pelo trabalho sobre a linguagem, num experimentalismo de plena maturidade, quando a lição da poesia clássica serve de matriz a toda uma permanente exploração das possibilidades de ordenar as palavras, em sucessões de hipérbatos que, tal como na poesia quinhentistas – com evidentes ecos camonianos: "(de quem olha/ ou de quem por olhado se aumentara/ daquela carne que saliente ou funda/ se ponta a quanto se abra, ou se abre ao que se aponta.)" -, se destinam a garantir a supremacia do ritmo no verso (...)[7]

3
Testamento, apesar de um poema não ser documento jurídico, estas oito meditações integram-se, como género e prática, numa tipologia que não dispensa o efeito de perenidade que o testamento contém.

[7] Gastão Cruz, "Jorge de Sena na poesia de seu tempo ou 'a arte de ser moderno em Portugal'", *Relâmpago n. 21*, Lisboa, 10/2007, p. 53.

O poeta vive o exílio da pátria, e igualmente vive outros exílios que aqui elenquei. Sobretudo um exílio de si mesmo. Mas há um outro nível de exílio metafísico, que legitima a índole destas meditações: trata-se de um exílio espiritual, uma espécie de excesso de humanidade que o leva a consciencializar-se dessa condição mortal, a qual se transfere para os contemplados corpos nus na praia. O efeito testamentário deste poema implica o testemunho e o efeito de futuridade que é indissociável da certeza de que todos – poeta velho e jovens amantes – não escapam à lei do tempo.

> Chapinam chispas e cabelos voam,
> mas doura o sol com brilhos de metal
> as máquinas e os torsos que fulgiram
> melhor noutro silêncio. Ainda resta,
> e mais violenta, a graça de correr
> montando-se o que corre às ordens do
> impulso de existir-se em corpo e sexo
> absorto no de voar pelos espaços
> que de cortados ares se rasgam brisa.
> Mas não existe já essa unidade
> de ser-se em quatro patas duas pernas
> mais que de prometido salta sexo
> em movimentos fluidos e dormentes,
> e que duro viria sangue e carne
> (e não metal da máquina ruidosa)
> a penetrar a carne entreaberta
> e quando o centauro as quatro patas deixe
> e se desmonte em duas mais terceira
> erguida no ar como os cavalos erguem,
> num sacudir de crinas, a cabeça
> de olhos arregalados, boca espumejante,
> e o corpo tombe horizontal no abraço
> em que de humanas línguas e entrelaços
> se façam deuses de que os deuses sejam.[8]

Os versos são, de resto, modelares, porque funcionam como *exemplum* e trazem consigo uma lição existencial: em face do tempo devorador nem mes-

---

[8] Jorge de Sena, *Sobre esta praia...*, in *Poesia III*, 2 ed., Lisboa: Edições 70, 1989, p. 240-241.

mo qualquer metafísica – transformação dos deuses em humanos ou deste em deuses que não há – pode salvar quem é humano. Eros, se esteve presente naquela praia, fosse num passado imemorial, pré-humano, fosse como energia vital inata à condição humana; Eros não é mais que uma imagem, uma recordação possível da dialéctica metamorfose que só a poesia sonha: "se aqui nasceram deuses, nada resta deles/ senão a luz mortal de corpos como máquinas/ de um sexo que se odeia no prazer que tenha/ e mais é de ódio ao ver-se desejado". Uma sequência de perguntas interrogativas sinaliza essa consciência da humanidade sem deuses, exilada, portanto, da sua matriz divina, da sua primeva espiritualidade quando, antes de qualquer Queda, o Homem vivia livre e não tinha consciência de qualquer culpa.

Enumeram-se perguntas depois de se ter dito, inicialmente, "praias sei", depois de se ter dito, pondo os verbos no pretérito, ter amado corpos, ao menos com os olhos...

> São, como deuses, animais sem cio?
> Ou são, como animais, humanos que se aceitam?
> Ela é de quem? De um deles só, dos dois?
> Um deles será dela mas também do outro?
> Será cada um dos três dos outros dois?
> Ambos os machos serão fêmeas do outro?
> Ou só um deles? Qual dos dois? O que
> sentado se recosta? O que deitado
> aceita contra o seu o corpo recostado?[9]

Se no poema aquela praia e aqueles corpos são outro tempo, o outro oceano, o Pacífico, além de ser o "mal presente", metonímia do "lugar infecto" – o puritano e hipócrita país onde Sena de viver – converte-se exactamente em quê? A meu ver não só no símbolo do próprio degredo que obriga à convocação daquele Atlântico, espécie de água terra prometida a que voltar. O Pacífico é o intranquilo mar dos versos dos próprios poemas, a torrencial arquitectura deste poema em oito sequências: à beira do Pacífico é estar à beira do poema. Poema erótico, pulsante de desejo e cumprindo o testemunho pelo caminho do testamento onde Thanatos pode vencer, mas não retira à derrota a centelha de sortilégio de que estas meditações são feitas.

[9] Idem., p. 236-37.

Concordarei, pois, com o que diz o texto: as saudades de Sião, neste poema de Sena, são as saudades de um tempo que mais do que ser o da juventude do poeta ou o da juventude humana, é sobretudo a saudade dos deuses. É "de outros mares" do tempo que o poeta nos vem, afinal de contas, falar:

> Num outro tempo hão-de voltar ou não,
> se como enxames ou marinhas aves
> uma outra margem mais deserta encontrem
> de humanidade que se dão despindo
>
> (...)
>
> VI
> Como de outrora deuses pelas praias
> (...)
> desnudos cavalgam rente às ondas
> na húmida areia e vasta pela baixa-mar (...)[10]

Regresso dos deuses impossível, ou só possível na visão poética que tranfigura aqueles três amantes em "divinos corpos", em centauros, "entre nádegas nuas e mãos duras", "Chapinam chispas e cabelos voam" num "impulso de existir-se em corpo e sexo/ absorto no de voar pelos espaços/ que de recortados ares se rasgam brisa,/ Mas não existe já essa unidade".[11]

Lamento do exílio, meditação sobre a efemeridade do corpo e da energia vital, sexual, Jorge de Sena não pode senão imaginar como seria, naquela praia, ver naqueles jovens os centauros, os animais de quatro patas em "movimentos fluídos e dormentes" que eles, no fundo, não são. Eles são "metal da máquina ruidosa". É nesse areal do tempo que, nas últimas sequências, a VII e a VIII, ecoam, ou melhor, se visionam, os "sinais de fogo" que, como "espadas frias", eram já, afinal, os corpos daquela trindade da mortal beleza:

> (...) Aqui apenas é
> na solidão do mundo a solidão buscada
> para ter corpo inteiro sem que o saiba alguém,
> nem mesmo ele saiba se é mulher, se é homem,
> senão quando vestido for (...)[12]

[10] Ibid., p. 239-40.
[11] Ibid., p. 240.
[12] Ibid., p. 243.

É, pois, como demanda de uma divindade a cumprir-se um dia (que virá ou não virá), que a voz poética de Sena cumpre esse destino a que sempre lhe soube a sua vida. Demanda de Eros, resgate no fim da vida, dessa energia erótica que reenvia para o mundo original das antigas cosmogonias, exílio, porém, é o que prepondera; exílio e decepção, já que os corpos na praia vistos são corpos eróticos, mas tocados "pela morte que é de todos e virá". São, no fundo, espelhos de Thanatos, sinal da efemeridade a que está votada a existência.

4

Esta última palavra – existência – faz-me voltar, em jeito de conclusão, ao mesmo lugar onde este ensaio começou: ao diálogo entre Sena e Gastão Cruz que, se bem que por diversas vezes levado a cabo pelo autor de *As pedras negras*, encontra um tempo e um espaço bem determinados no livro de 2017 com aquele título, *Existência*. Transcrevo na íntegra essa "Nona meditação à beira do Pacífico", de Gastão, que me servirá de *envoi*, já que de poesia e meditação se trata:

> Era sábado e no campus
> tudo estava encerrado
> um pouco alheio à língua e ao
> assunto da tarde o rafael perguntava
> o que buscávamos;
> encontrado o lugar fotografámo-nos diante
> da inscrição phelbs hall
> e seguimos depois na direcção das praias
> que à beira do pacífico guardavam
> a mesma inclinação com que sobre elas
> o fatigado poeta meditara
> olhando os deuses vivos na distância próxima
> de corpos irrealmente
> reais ambiguamente nus deitados na areia
> já outra tão diversa
> da "luz mortal de corpos" outrora incendiados
> agora simplesmente ao mar abstracto
> e às areias cor de cinza dados
> como se vindos de nenhum passado[13]

---

[13] Gastão Cruz, *Existência*, Lisboa: Assírio & Alvim, 2017, p. 60.

Seria longa a leitura a fazer deste magnífico poema. Se para aqui o trago num trabalho dedicado a Jorge de Sena em ano de centenário é porque julgo fazer sentido (apesar de o sentido do poema não estar em parte alguma, como observa Ramos Rosa num conhecido poema seu) convocar esta que é também uma meditativa voz da nossa poesia, um conhecedor exímio das leis do ritmo e do verso, também fazedor de subtis ou declarados hipérbatos, herdeiro, também ele, de Camões.

Não esqueço que são as "Oito meditações à Beira do Pacífico" que estão em sub-texto. É isso assinalado com o título, fazendo eco do texto de partida: "Nona meditação". Mas quero vincular este texto de Gastão com o de Sena, e com isso finalizando esta excursão, através do que no poema está para além da óbvia ressonância dum título primeiro sobre um título segundo.

Não só a dicção de relato ("Era sábado"), como – e primacialmente – a descrição dum tempo e dum lugar – e de pessoas! – que confinam com o universo afectivo de Jorge de Sena me parece estreitar os dois poemas. Se esta meditação não exigiu outras sete meditações de forma a que às oito de Sena outras oito, de Gastão, viessem responder, a par e passo, ao poema fundador, isso acontece porque nesta nona meditação se grava – para os dois poetas – uma mesma visão do mundo, temperada daquela dialéctica compreensão dos tempos que o testemunho como poesia hegelianamente subentende. Como se Gastão transportasse consigo a voz de Sena e lhe fosse possível, em 2012, compreender que aquela praia onde corpos reais-irreais mereceram, décadas antes, uma exaltação magistral, a agoridade do texto gastoniano nada mais é que a confirmação de que o regresso dos deuses é impossível. Se o for, só na ficção tornada real dum poema que funciona já como um lugar agora fantasmático.

É o efeito da recordação que muitas vezes motiva a escrita da poesia. Gastão di-lo num poema intitulado "A Poesia depende da memória".[14] Mas aqui, não só a recordação de Sena produz o texto de Gastão, como uma criança – Rafael, neto de Sena – mobiliza a atenção desse outro olhar, o de um poeta português em revisitação a Santa Barbara, aí convivendo com Mécia de Sena, o neto do grande poeta e outros amigos. Trata-se dum olhar que procura os sinais desse fantasma, o de Jorge de Sena, e o fantasma dum determinado tempo. Simultaneamente, o olhar do poeta de 2012 detém-se no vestígio da presença-ausente de Sena, no neto Rafael, na criança que, alheia ao que os adultos procuram numa praia, pergunta a razão daquela curiosíssima peregrinação. A criança, com o que tem de ingenuidade e inocência transporta quem a vê para um passado ainda mais

---

[14] Cf. Gastão Cruz, *Os poemas*, Lisboa: Assírio & Alvim, 2009, p. 260.

pretérito: um passado imemorial e é ela voz, ou o sinal, além do símbolo, daquilo mesmo que os adultos da cena poética não têm: ela é o tempo futuro – ela tem o futuro todo pela frente – e por isso lhe cabe perguntar a razão daquela procura de que só os adultos têm a completa significação.

Este mecanismo da recordação que leva o poeta a confrontar dois, ou melhor, três tempos (a praia de Sena nos anos setenta, a mesma praia em 2012 tal qual interpretada por Gastão e a praia concreta de 2012, sem qualquer significado profundo quando a criança, alheia à língua portuguesa, pergunta o que adultos demandam) é cada vez mais comum na poética gastoniana. Não será este o momento para elencar os poemas em que, especialmente do ano 2000 até hoje, a visão de crianças ou jovens serve de arranque para a cena poética. A criança, remeta ela para o poeta na infância ou para crianças ou jovens concretamente vistos, é uma imagem-símbolo poderosa que, mesmo nesta nona meditação, onde aparece brevemente, como que separa os tempos existenciais dos protagonistas, os presentes no texto e o referente-ausente, Sena.

"Encontrado o lugar fotografámo-nos", eis o verso que articula outros dois tempos separados: o de Sena e o de Gastão. Mas este é um verso que problematiza outro fosso temporal, o de Mécia, atrevo-me a considerar, e o do seu neto, Rafael. Creio que é por isso que a fotografia só podia ser diante de uma inscrição, assim mesmo transformando em imagem lapidar o acto fotográfico. O gesto de se fotografarem está para 2012 na praia de Santa Barbara como o acto de escrever as meditações em 1972 está para Sena. É de inscrever na duração do tempo a existência – disso se trata. Numa segunda perspectiva, o acto mesmo desta "nona meditação" funciona como uma fotografia: datar o acontecimento é já inscrevê-lo na ordem do tempo, remeter este poema para a sequência de uma cronologia, a de Gastão, antes de mais. Mas note-se: para que a meditação seja completa e diga do percurso da memória, é que depois de fotografados, os amigos seguem "na direcção das praias" onde, imagina-se, Jorge de Sena teria então meditado sobre aqueles três corpos e o regresso dos deuses, figurados naquele trio de amantes. No limite, atrevo-me a ver nesta "nona meditação" o supremo projecto da poesia: a possibilidade de pela rememoração presentificar o passado e fantasiar, "em moldes de realidade", como diria Pessoa, a possibilidade de Jorge de Sena, em 2012, estar ainda escrevendo as suas oito meditações vendo chegar à sua última praia estes amigos e familiares, todos vindos dum porvir irreal-real.

Num livro tão pejado de recordações, *Existência* de Gastão Cruz encontra nesta sua "Nona Meditação" um alto momento de elevação: também os hipérbatos ("o fatigado poeta meditara/ olhando os deuses vivos na distância próxima/ de corpos irrealmente/ reais ambiguamente nus"), também essa poesia feita conhecimento e interrogação que justifica o movimento do paradoxo ("corpos irrealmente reais/ irreais"); também essa mesma experimentação da linguagem, subordinando sempre o sentido ao modo como no poema as frases se constroem para produzir um ritmo que grave o poema na memória, tudo o que brota de uma sensibilidade próxima de um caudal íntimo que plenamente a legitima, isso coloca Gastão Cruz na mesma senda em que encontramos Jorge de Sena. E se, porventura, em não poucos momentos igualmente Gastão nos parece obscuro, direi, citando Ramos Rosa, que essa obscuridade não é jamais um truque para atestar de uma realidade densa que o poeta procura dizer, mas a respiração própria e natural que corresponde a uma exigência formal que se harmoniza com um conteúdo de igual complexidade.

Este poema de Gastão, pertencendo a uma secção do livro intitulada "Factos", tendo como poema anterior o texto "Na morte dum contabilista" e sucedendo-lhe o magistral poema "Visão de Herberto Helder da morte de António Ramos Rosa", de novo nos lembra quanto a poesia é epitáfio. Os factos da poesia dizem respeito aos factos da vida, é certo. Mas o verdadeiro facto da vida é a morte e cabe à poesia transformá-la numa cena viva que vingue o próprio facto de tudo, mesmo a poesia, não escapar à morte. Para ser essa cena viva, contando os factos, a poesia faz-se – em Sena, como em Gastão Cruz – meditação profundamente assumida de uma verdade que está para além do que a própria poesia, apesar de ser lápide e inscrição, pode dizer.

António Carlos Cortez é poeta, ensaísta, crítico literário e professor de português e de literatura portuguesa. Autor de quinze livros de poesia, entre eles *Depois de Dezembro* (2010), vencedor do Prémio Sociedade Portuguesa de Autores em 2011 para melhor livro de poesia, e a antologia *A dor concreta* (2016), agraciado pelo Prémio Associação Portuguesa de Escritores em 2018. Tem ainda diversas publicações de ensaios, em Portugal e no Brasil. É pesquisador do CEHUM (Centro de Estudos Humanísticos da Universidade do Minho), colaborador permanente do *Jornal de Letras*, assinando a coluna de crítica literária "Palavra de Poesia", e da revista colóquio-letras. É colaborador do jornal *Público*.

Capítulo sexto: Sophia e Cecília em companhia da biógrafa e da fadista no canto do conto

• JORGE FERNANDES DA SILVEIRA •

Dedico este texto à dona Mécia de Sena

*Dona Mécia à mesa
a servir o sal.
Um cuidar de olhos
molhados sobre a carne
a hortaliça o legume o não.
Dona Mécia à mesa
a saber do sal do
tempo. Um conhecimento de
joelhos raparigos des
dobrados na paixão de
Era sobre Pedra.*

JORGE FERNANDES DA SILVEIRA

Leio passagem de "A morte romântica e os Andresen", capítulo sexto de *Sophia de Mello Breyner Andresen*:

> No conto "Saga" [*Histórias da Terra e do Mar*, 1984], Sophia questiona se Hans estaria já delirante quando pronunciou as últimas palavras. Mas descreve o monumento tumular com pormenor realista, indicando que conhecia este lugar do cemitério e demonstrando, mais uma vez, que se trata de um texto invulgarmente biográfico.[1]

[1] Isabel Nery, *Sophia de Mello Breyner Andresen*, 2.ed., Lisboa: A Esfera dos Livros, 2019, p. 54.

Sobre vida e morte do bisavô dinamarquês de Sophia, João Henrique Andresen, o Hans do conto, parto de informação da biógrafa Isabel Nery, em livro há pouco publicado,: "Meu bisavô veio realmente de uma ilha na Dinamarca, embarcado à aventura e foi assim que acabou por chegar ao Porto."[2]

Depois do almoço, atento à sessão em que estou programado, Sophia e Sena: Convocações, Interlocuções, dando voltas a um lugar comum — o imaginário marítimo nas obras de Sophia de Mello Breyner Andresen (1919-2004) e de Cecília Meireles (1901-1964) —, leio — deixo a interpretação para a grande fadista —, de Cecília, "Mar absoluto", do livro de igual título, de 1945; de Sophia, leio "Náufrago", de *Mar novo*, de 1958.

Leio os poemas à minha maneira, como de costume: sobrepondo imagens, levanto algumas hipóteses de interpretação através da interlocução entre textos que interessam ao objeto em estudo. Revelada a técnica, a metodologia de leitura continua obediente à teoria política aprendida com Hannah Arendt e formulada por mim: corpos coincidentes formam um *corpus* coexistente. Das 22 estrofes de "Mar absoluto" leio as 7 primeiras:

Mar absoluto

Foi desde sempre o mar,
E multidões passadas me empurravam
como o barco esquecido.

Agora recordo que falavam
da revolta dos ventos,
de linhos, de cordas, de ferros,
de sereias dadas à costa.

E o rosto de meus avós estava caído
pelos mares do Oriente, com seus corais e pérolas,
e pelos mares do Norte, duros de gelo.

Então, é comigo que falam,
sou eu que devo ir.
Porque não há ninguém,
não, não haverá ninguém
tão decidido a amar e a obedecer a seus mortos.

[2] Ibid., p. 28.

E tenho de procurar meus tios remotos afogados.
Tenho de levar-lhes redes de rezas,
campos convertidos em velas,
barcas sobrenaturais
com peixes mensageiros
e cantos náuticos.

E fico tonta.
acordada de repente nas praias tumultuosas.
E apressam-me, e não me deixam sequer mirar a rosa-dos-ventos.

"Para adiante! Pelo mar largo!
Livrando o corpo da lição da areia!
Ao mar! – Disciplina humana para a empresa da vida!"[3]

De *Mar novo* leio todo o poema "Náufrago". Há outros poemas sobre o mar no livro, "Marinheiro sem mar", "Marinheiro real", por exemplo, a escolha de "Náufrago" já indicia convocação, interlocução, com Cecília.

Náufrago

Agora morto oscilas
Ao sabor das correntes
Com medusas em vez de pupilas

Agora reinas entre imagens puras
Em países transparentes e de vidro,
Sem coração e sem memória
Em todas as presenças diluído.

Agora liberto moras
Na pausa branca dos poemas.
Teu corpo sobe e cai em cada vaga,
Sem nome e sem destino
Na limpidez da água.[4]

---

[3] Cecília Meireles, *Poesia completa*, 4.ed., Rio de Janeiro: Nova Aguilar, 1994, p. 265-266.
[4] Sophia de Mello Breyner Andresen, *Obra poética*, Pref. Maria Andresen Sousa Tavares, Rio de Janeiro: Tinta-da-china, 2018, p. 382.

"Absoluto" é o mar de Cecília, por que eterno, mítico, único? "Novo" é o mar de Sophia, por que moderno, contemporâneo, dividido?

Para a biógrafa Isabel Nery, no mar de Sophia, "o próprio título é atualmente visto por muitos estudiosos como significativamente provocador. Sendo o mar o desígnio histórico dos portugueses, acrescentar-lhe a palavra "novo" em tempo de ditadura [Estado Novo] trazia implícita a urgência de mudança de regime".[5]

Para a Sophia leitora crítica de Cecília,

A objectividade de Cecília Meireles está na forma real e exacta em que ela nos fala de estrelas, ondas e árvores. Trata o seu subjectivismo duma maneira tão objectiva, que tudo se passa como se ela estivesse falando não de si própria mas sim da essência de todas as coisas.[6]

Creio que o retrato crítico de Cecilia à maneira de Sophia cai-lhe igualmente muito bem.

Leio versos de Fiama Hasse Pais Brandão, de "Área branca 23",

Leva-me à procura sagrada.
Também fui fadada para sonhar
a figura que é o mar sobre o mar.[7],

para reler os já citados versos de Cecília "Para adiante! Pelo mar largo!/ Livrando o corpo da lição da areia!/ Ao mar! – Disciplina humana para a empresa da vida!", e para reler os versos de Sophia, também já citados: "Agora liberto moras/ Na pausa branca dos poemas."

A imagem do mar sobre o mar "agora" em Cecília, isto é, no poema, ou melhor, *na pausa branca do poema*, a página, diria Maria Gabriela Llansol, é a segunda coisa que mete medo, o vazio continuado, "a Tradição";[8] no poema, o retrato de família, inscrito na recordação, na memória, é uma multidão intercontinental, transoceânica em eterno retorno ("mares do Oriente", mares do Norte").

A imagem do mar sobre o mar "agora" em Sophia, isto é, no poema, ou melhor, *na pausa branca do poema*, a página, diria Maria Gabriela Llansol: é a pri-

---

[5] Isabel Nery, op. cit., p. 97.
[6] Sophia de Mello Breyner Andresen, "A poesia de Cecília Meireles", *Cidade Nova – Revista de Cultura*, série IV, n. 6, p. 64, 1956.
[7] Fiama Hasse Pais Brandão, *Área branca*, Lisboa: Arcádia, 1978, p. 70.
[8] Maria Gabriela Lansol, "Eu leio assim este livro", *Geografia de rebeldes – O livro das comunidades*, Porto: Afrontamento, 1977, p. 9-10.

meira coisa que mete medo, "o vazio provocado, a mutação";[9],[10] para Sophia, é a palavra escrita na pauta, diz ela "pausa", ritmada, descontínua, *área* "branca do poema", logo de sentido em movimento intervalado. Para Llansol, a terceira coisa que mete medo é o vazio vislumbrado, "*um corp'a'screver*"[11] ele implica os dois medos anteriores, sem, necessariamente, resumi-los.

Na economia de vinte minutos desta comunicação, as estrofes 12, 13, 22 e 23, das 23 de "Mar absoluto", figuram o mar como um corpo performático em absoluta liberdade de ação, "É o seu grande exercício.":[12]

> Não precisa do destino fixo da terra,
> ele que, ao mesmo tempo,
> é o dançarino e a sua dança.
>
> Tem um reino de metamorfose, para experiência:
> seu corpo é o seu próprio jogo,
> e sua eternidade lúdica
> não apenas gratuita: mas perfeita.
>
> (...)
>
> E recordo minha herança de cordas e âncoras,
> e encontro tudo sobre-humano.
> E este mar visível levanta para mim
> uma face espantosa.
>
> E retrai-se, ao dizer-me o que preciso.
> E é logo uma pequena concha fervilhante,
> nódoa líquida e instável,
> célula azul sumindo-se
> no reino de um outro mar:
> ah! do Mar Absoluto.[13]

Corpo a escrever-se livre, em movimento de onda, "o dançarino e a sua dança", não estranho a versos de Sophia, "Náufrago acordando":

---

[9] Ibid., p. 9.
[10] Importa lembrar: *Mar novo*, "o título significativamente provocador". Cf. Isabel Nery, op. cit., p. 97.
[11] Maria Gabriela Llansol, op. cit., p. 10.
[12] Cecília Meireles, *Poesia completa*, 4.ed., Rio de Janeiro: Nova Aguilar, 1994, p. 266.
[13] Ibid., p. 266-268.

Um homem só na areia lisa, inerte,
Na orla dançada do mar.
Nos seus cinco sentidos, devagar,
A presença das coisas principia.[14]

Não havendo estranhamento entre os corpos coincidentes, o objetivo desta breve comunicação avança mais seguro, porque, em primeiro lugar, afirma que os vazios que metem medo são espaços includentes na escrita e, em segundo lugar, que, sendo o texto literário uma biografia do seu tempo, oceânicas, Sophia e Cecília são biógrafas dos novecentos; nos seus poemas há, como disse eu haver em Jorge de Sena, uma cadeira para assistir ao século XX.[15]

Na seção "Índice de títulos e primeiros versos" da *Poesia completa* de Cecília Meireles, se vou em busca do poema "Naufrágio", encontro o "Naufrágio antigo", se vou em busca do verso "Pus o meu sonho num navio", acho um dos três títulos "Canção", de *Viagem*, 1939. Mas ao dizer que, quando, e não poucas vezes, distraído, insisto na troca de endereços na consulta, quero dizer que o interesse desta comunicação de índole curiosa e caráter detetivesco surgiu ao ler a epígrafe do capítulo sexto de *Sophia de Mello Breyner Andresen* de Isabel Nery. E a curiosidade e a vontade de desvendar o mistério do espanto de ler alguma coisa fora do lugar, sem ainda saber exatamente de onde vinha ou aonde estaria, se desfizeram como que por encanto no canto que o conto me favorecia. Eu lia Sophia e cantava Cecília na voz de Amália Rodrigues.

Mas, antes de escutá-las, provocado, em primeiro lugar, por afirmação de Heloisa Buarque de Hollanda de que "mesmo na literatura modernista, não foi concedido às mulheres o direito de estabelecer uma linhagem. A única exceção talvez seja Clarice Lispector, uma escritora com alguma descendência. Cecília Meireles dá uma linhagem defeituosa"[16] e, em segundo lugar, movido pelo que sei do desencontro pessoal entre as poetas nos anos 1950, do expurgo do poema "Na morte de Cecília Meireles" da obra,[17] da coincidência entre *Poesia* e *poetas novos de Portugal*,

---

[14] Sophia de Mello Breyner Andresen, op. cit., p. 909.
[15] Jorge Fernandes da Silveira, "Uma cadeira para assistir ao século XX – Reflexões sobra a poesia de Jorge de Sena". *Verso com verso* [ensaios de poesia portuguesa]. Coimbra: Angelus Novus, 2003, p. 257-290.
[16] Heloisa Buarque de Hollanda, *Onde é que eu estou?*, Rio de Janeiro: Bazar do Tempo, 2019, p. 182. "Uma linhagem defeituosa": para Tatiana Pequeno, leitora de *O patinho feio*, de Hans Christian Andersen, "incomensurável/ como as mordidas das/ mães". Cf. Tatiana Pequeno, "As eclusas", in *Onde estão as bombas*, Juiz de Fora: Macondo, 2019, p. 65.
[17] Publicado em *Geografia*, de 1967, pode ser encontrado ainda em Sophia de Mello Breyner Andresen, *Antologia*, 1ª ed., Lisboa: Moraes, 1967, e na 4ª ed., aumentada, com prefácio de Eduardo Lourenço, 1975.

publicados em 1944, do ensaio "A poesia de Cecília Meireles", de 1956, eu que nada sei de texto de Cecília sobre ou dedicado a Sophia, me pergunto, ignorante da história íntima de escrita e publicação do conto "Saga", se Cecília teve conhecimento da história dos Andresen, mais ainda: se tendo visitado Portugal pela primeira vez em 1934, feito conferências em Lisboa e Coimbra, publicado "Canção" em 1939, o que saberia Cecília do monumento tumular do bisavô de Sophia, levantado no Cemitério de Agramonte em 1897 no Porto? Ou hipótese fantástica, que muito me agrada: teria Cecília Meireles morta em 1964 recebido alguma mensagem do conto "Saga" por vir de Sophia de Mello Breyner Andresen, publicado em 1984, vinte anos depois da sua morte pela leitora dezoito anos mais nova, morta em 2004, quarenta anos depois da sua morte? Quatro tantas vezes quatro até espanta!

Ou, sem espanto, dir-me-ia o crítico leitor crítico: pela escrita de Sophia, sua leitora, Cecília está em família entre os Andresen, numa história ambígua de que é espelho e memória ("mares do Oriente, mares do Norte", "Minha família anda longe").[18]

Escutemos, agora, a passagem do conto "Saga", a epígrafe do capítulo sexto da biografia de Sophia de Isabel Nery, na voz deste que vos fala e, logo a seguir, "Naufrágio" (*Com que voz*, 1970), versão cantada por Amália Rodrigues (1920-1999) para "Canção", de Cecília (*Viagem*, Lisboa, 1939), chave sonora da interlocução proposta, por meio de perguntas sobre o mar: "Canção", de Cecília Meireles? Ou marca de "o triplo nome Sophia",[19] uma forma de coautoria, em pauta: verso-letra (Cecília) e música (Alain Oulman); leitura, escrita, leitura — Isabel, Sophia, Cecília, Amália. "Naufrágio", em que as duas mãos quebradas (cortadas na gravação) simbolizam não o autoflagelo do sujeito naufragado, o contrário, aliás, vislumbram "um corpo a escrever", o poder de afetar e ser afetado pelo destino da viagem no canto do conto e do poema.

Sophia conta:

> Ao cair da noite, Hans — que durante longas horas parecera semi-adormecido — abriu os olhos e chamou. A mulher e os filhos debruçaram-se sobre ele para o ouvir. — Quando eu morrer — pediu Hans — mandem construir um navio em cima da minha sepultura. — Um navio? — murmurou o filho mais velho. — Um navio como? — Naufragado — disse Hans. E, até morrer, não falou mais.[20]

[18] Cecília Meireles, op. cit., p. 212.
[19] Fiama Hasse Pais Brandão, "O triplo nome Sophia", in *Um século de poesia. A Phala* edição especial, Lisboa: Assírio & Alvim, 1988.
[20] Isabel Nery, op. cit.

E Amália canta:

Canção, *Viagem*, Lisboa, 1939 [1929-1937], "a meus amigos portugueses"

Pus o meu sonho num navio
e o navio em cima do mar;
— depois, abri o mar com as mãos,
para o meu sonho naufragar.

Minhas mãos ainda estão molhadas
do azul das ondas entreabertas,
e a cor que escorre de meus dedos
colore as areias desertas.

O vento vem vindo de longe,
a noite se curva de frio;
debaixo da água vai morrendo
meu sonho, dentro de um navio...

Chorarei quanto for preciso,
para fazer com que o mar cresça,
e o meu navio chegue ao fundo
e o meu sonho desapareça.[21]

[Depois, tudo estará perfeito:
praia lisa, águas ordenadas,
meus olhos secos como pedras
e as minhas duas mãos quebradas.]

Jorge Fernandes da Silveira é Professor Emérito da Universidade Federal do Rio de Janeiro (UFRJ). Formado em Letras há 50 anos (1969-2019), tem se dedicado ao ensino e pesquisa da poesia portuguesa moderno-contemporânea, com atenção especial a poetas da geração *Poesia 61*: Fiama Hasse Pais Brandão, Luiza Neto Jorge e Gastão Cruz. É Pesquisador 1A do CNPq.

---

[21] Amália Rodrigues, "Naufrágio". Disponível em: <https://www.youtube.com/watch?v=z1Yed1ow-jjg>. Acesso em: 11 out. 2019.

Natália Correia e Jorge de Sena, um diálogo (im)provável(?)[1]

• Jorge Vicente Valentim •

> *Mas, se acaso sou susceptível, tenho a susceptibilidade dos exigentes e dos afáveis. E, se sou agressivo, é só a agressividade do muito amor.*[2]
>
> *O resto da minha vida é escrever, sonhar, viver, mais nada! Só se é por isso que eu causo escândalo! (...) Eu sou uma pessoa profundamente tranquila, calma e tenho uma vida muito sossegada!*[3]

Em tempos de tecnologias avançadas e meios eletrônicos que chegam a superar a capacidade humana de compreender as suas visões de mundo para com ele se relacionar, não é de se estranhar a adequação de diálogos sociais e afetivos estabelecidos a partir do acompanhamento dessas mesmas técnicas. Não à toa, exatamente dentro desse cenário de múltiplas dimensões dos laços de comunicação, realizados a partir de um simples clique ou de um apertar de botões com as imagens expostas do remetente e do destinatário, o público leitor vem se deparando

---

[1] Texto resultante de pesquisa realizada com financiamento da Fundação de Amparo à Pesquisa do Estado de São Paulo (Fapesp – Processo 2018/02250-8). Este texto é para Gilda Santos e Jorge Fernandes da Silveira, mestres formadores de gerações de leitores, porque, foram eles, em diferentes momentos de minha trajetória, que me apresentaram os dois escritores aqui contemplados, num momento em que nenhum de nós poderia imaginar que aqueles poemas iriam me marcar definitivamente.
[2] Jorge de Sena, *Entrevistas 1958-1978*, Edição de Mécia de Sena e Jorge Fazenda Lourenço, Lisboa: Guimarães, 2013, p. 61.
[3] Antónia de Sousa et al., *Entrevistas a Natália Correia*, Edição de Zetho Cunha Gonçalves, Lisboa: Parceria A. M. Pereira Editores, 2004, p. 53.

com a recuperação da literatura epistolar desenvolvida entre artistas, políticos, escritores e intelectuais de várias áreas e com as declarações surpreendentes dos seus universos de exercício criador.

No tocante ao universo da literatura portuguesa, Andrée Crabbe Rocha e Clara Rocha[4] trataram, em diferentes momentos, de aspectos específicos desse gênero literário e suas implicações, tanto no âmbito dos registros autobiográficos, quanto no das memórias individuais e coletivas. Ainda assim, vale frisar que, apesar da relevância da categoria epistolar como um instrumento inerente ao caráter comunicativo humano e relevante para a compreensão de um determinado contexto histórico-cultural, ela não se constitui um caso da área de investigação da presente proposta de leitura comparativa, posto que os dois autores aqui contemplados (Natália Correia e Jorge de Sena) não deixaram uma correspondência material e concreta. No entanto, em virtude das aproximações temporais e estéticas entre eles, quero acreditar que seja possível, sim, pensar numa espécie de correspondência imaginária, ou, em outras palavras, de diálogo possível entre eles.

Ao recuperar, por exemplo, as interlocuções realizadas entre Jorge de Sena e Sophia de Mello Breyner Andresen, Maria Andresen Sousa Tavares chama a atenção para "a importância e a preservação desse tipo de escrita pois, como se sabe, quer o gênero epistolar, quer a forma de comunicação por carta morreram".[5] Ou seja, se, na atualidade, as dificuldades em estabelecer os vínculos dialogantes entre agentes separados pela distância e pelo tempo constituem um obstáculo a ser vencido, o que fazer quando esses atores não deixaram registrado oficialmente qualquer tipo de documento epistolar entre eles? Como vincular linhas de pensamento de figuras tão emblemáticas em sua época, como são os casos de Natália Correia e Jorge de Sena, quando as declarações das duas partes envolvidas encontram-se esparsas em alguns poucos registros?

Essas foram algumas das dificuldades encontradas, quando procurei refletir sobre o papel desses dois intelectuais paradigmáticos no século XX português: Natália Correia e Jorge de Sena. Como se sabe, não existe qualquer correspondência trocada entre os dois escritores. De igual modo, nas suas obras, também não há qualquer dedicatória ou aproveitamento em forma de epígrafe de textos da autoria de um ou de outro. Quando muito, o leitor depara-se com declarações

---

[4] Refiro-me aos dois ensaios incontornáveis sobre esse gênero em Portugal: Andrée Crabbe Rocha, *A epistolografia em Portugal*, Coimbra: Livraria Almedina, 1965; e Clara Rocha, *Máscaras de Narciso. Estudos sobre a literatura autobiográfica em Portugal*, Coimbra: Almedina, 1992.

[5] Maria Andresen Sousa Tavares, apud Sophia de Mello Breyner; Jorge de Sena, *Correspondência 1959-1978*, Lisboa: Guerra & Paz, 2010, p. 16.

de Natália Correia sobre Jorge de Sena, tal como relatado por Fernando Dacosta (2013) em *O Botequim da liberdade*, biografia multifacetada do conhecido espaço em Lisboa, onde a poetisa recebia seus amigos e realizava atividades culturais. E ainda que Jorge de Sena tenha deixado alguns comentários em seus ensaios, vale recordar que, em nenhum deles, dedicou-se exclusivamente à obra da autora de *A Madona* (1968).

No entanto, alguns vestígios podem ser identificados e estes fornecem pistas preciosas não só de antipatias declaradas, mas também de afinidades intelectuais e afetivas muito próximas entre eles. Ao invés, portanto, de buscar a troca entre ambos a partir da palavra dita explicitamente, quero acreditar que a capacidade de estabelecimento de relações aproximativas, tanto pelo aspecto estético, quanto pelo temático, pode ser pensada a partir de um não-dito ou do dito no oculto de uma certa privacidade, e também na escolha individual que cada uma das partes procurou desenvolver na sua trajetória.

Assim, fico a me interrogar se duas personalidades tão conhecidas pela forma destemida de expressar opiniões sobre outros escritores e artistas, pelo discurso assertivo e combativo contra qualquer tipo de supressão da liberdade, pela intelectualidade invulgar, registrada em diferentes gêneros literários e sempre marcados por um refinado apuramento formal, e pelo temperamento intempestivo capaz de granjear antipatias e inimizades ferrenhas, não poderiam ser pensadas exatamente a partir de um provável diálogo onde a improbabilidade parece ser a evidência mais marcante?

Interessante observar, por exemplo, as coincidências temporais que unem esses dois escritores. Jorge de Sena nasce em 1919 e Natália Correia em 1923. O primeiro estreia na poesia, em 1942, com *Perseguição*, enquanto que a segunda aparece em 1945, com o romance infantil *Grandes aventuras de um pequeno herói*. A partir da década de 1940, portanto, ambos constroem uma trajetória riquíssima com títulos que vão da poesia à crônica, do ensaio ao trabalho de recolha em antologias, do romance ao conto, da novela ao teatro.

Aliás, em alguns desses gêneros, é possível observar algumas curiosidades em torno da atração temática que ambos tiveram ora pela figura histórico-mítica de Dom Sebastião e a sua transposição para os palcos (Jorge de Sena escreve em 1951, *O Indesejado;* e Natália Correia, em 1969, *O encoberto*), ora pela presença paradigmática do poeta Luís de Camões (Sena conclui o seu conhecido conto "Super flumina Babilonis" em 1964 e Natália traz à lume, em 1981, a sua peça *Erros meus, má fortuna, amor ardente*). Em torno da poesia de Teixeira de Pascoaes e Fernando Pessoa, Jorge de Sena produziu ensaios incontornáveis sobre os dois poetas

(*Teixeira de Pascoaes – Poesia,* 1965; *O poeta é um fingidor,* 1961), do mesmo modo como Natália Correia escreveu sobre esses dois ícones da literatura portuguesa, pelo menos, dois textos de referência obrigatória: *Poesia de arte e realismo poético* (1958) e "Gnose e Cosmocracia em Pascoaes" (1980).

São, portanto, dois intelectuais contemporâneos, que partilharam, em espaços diferentes, distintas experiências de criação literária, além, é claro, de verem boa parte de suas obras sofrer uma forte perseguição e censura por parte do Estado Novo Salazarista, em virtude do combate e da luta pela liberdade de expressão nesse contexto. Assim, nada mais justo que tentar aproximar duas figuras tão destacadas na cultura portuguesa, observando os poucos momentos de "encontro" entre eles.

Inicio, portanto, esse hipotético diálogo com Natália Correia. Sobre ela, Fernando Dacosta traz uma deliciosa notícia, em *O botequim da liberdade*, sobre as antipatias explícitas da escritora:

> As incompatibilidades de Natália Correia cresceram com os anos e os desenganos que a foram cercando. Duraram-lhe, depois de assumidas, toda a vida. Curiosamente, centraram-se em pessoas com quem estabelecera relações de amizade, cortada por motivos (pretextos) quase sempre fortuitos.
> Entre as figuras de destaque em que tal se verificou, salientam-se o casal Sophia de Mello Breyner e Francisco Sousa Tavares (seu advogado), por questões administrativas; Amália Rodrigues, por ciumeiras devido às cortes que ambas cultivavam; Agustina Bessa-Luís, por embates de posicionamentos políticos; Jorge de Sena, por megalomanias literárias; Vasco Pulido Valente, por menosprezo para com a sua obra; Eduardo Prado Coelho, idem; José Hermano Saraiva, por divergências em interpretações da história; Ary dos Santos, por desníveis de caráter. (...)
> Para Natália, Jorge de Sena era o "vaidosão americano" (ela detestava os Estados Unidos, onde o poeta se radicara), Amália, a "beata horrenda" (por a fadista afirmar o seu catolicismo), Agustina, a "bruxa da Areosa" (por ser daquela zona), Ary, o "Arycoffee português" (por sua dependência da bebida).
> Eles retribuíam com idêntico empenho: Sena chamava-lhe "vaca açoriana", Amália "devassa insuportável", Agustina "tasqueira da Graça", Ary "jiboia bufona".[6]

---

[6] Fernando Dacosta, *O botequim da liberdade*, Lisboa: Casa da Palavra, 2013, p. 40-41.

Ainda que o relato acima revele um destempero por parte de Natália Correia, é preciso destacar que, em momento algum, tal descompasso comprometeu seu juízo literário, na medida em que reconhece a importância de um escritor como Jorge de Sena e o inclui em, pelo menos, dois dos seus trabalhos de recolha em antologia. Trata-se, a meu ver, de implicâncias geradas na esfera do extraliterário, porque, no campo da arte, exatamente, a escritora jamais deixou de cultivar a justeza e a lucidez.

Prova disso encontra-se em *O Surrealismo na poesia portuguesa*, onde a autora destaca o poema "A paz", de Jorge de Sena, como um dos textos onde é possível encontrar a consolidação d'"O ultimato surrealista a todas as formas de opressão".[7] É bom recordar que, antes mesmo, em 1965, Natália Correia já havia inserido o autor de *Fidelidade* na sua conhecida e polêmica *Antologia de poesia portuguesa erótica e satírica*, com uma pequena apresentação, cujas linhas revelam a sua capacidade analítica em reconhecer a importância literária do seu contemporâneo:

> Personalidade eminentemente literária, a sua vontade criadora assume-se logicamente enquadrada na complexidade da erudição de que se impregnou e que o impele a um desdobramento poligráfico, no qual há que se assinalar as suas qualidades de ensaísta em: *Florbela Espanca* (1947), *Gomes Leal* (1950), *A poesia de Camões* (1951), *Dez ensaios sobre a literatura portuguesa* (1958) e *O poeta é um fingidor* (1961). (...)
> Estamos, consequentemente, perante uma poesia conglomeradora de postulados e de estilos exauridos que resulta numa remanipulação do já criado. Torna-se, assim, significativo que a sua melhor expressão se processe através das formas mais perenes, como ressalta do seu livro *As evidências*, onde se revela um exímio construtor do soneto. É no domínio desta técnica que Jorge de Sena consuma uma integridade poética, exemplificada no soneto antologiado, onde, através de uma linguagem faiscantemente visualista, dá a gama sensorial da cópula, sublimada na sua poetização.[8]

Com uma fala pontual e positiva sobre as qualidades poéticas de Jorge de Sena na releitura e na reelaboração formal da tradição sonetista, Natália Correia inclui o soneto X de *As Evidências* e o afirma acertadamente como um dos textos

---

[7] Natália Correia, *O Surrealismo na poesia portuguesa*, Lisboa: Europa-América, 1977. p. 303.
[8] Natália Correia, *Antologia de poesia portuguesa erótica e satírica*, Lisboa: Antígona, Frenesi, 1999. p. 403-404.

onde a capacidade seniana de construção plástica e visual pode ser constatada no seu mais alto grau de exacerbação e consolidação:

X

Rígidos seios de redondas, brancas,
frágeis e frescas inserções macias,
cinturas, coxas rodeando as ancas
em que se esconde o corredor dos dias;

torsos de finas, penugentas, frias,
enxutas linhas que nos rins se prendem,
sexos, testículos, que inertes pendem
de hirsutas liras, longas e vazias

da crepitante música tangida,
úmida e tersa, na sangrenta lida
que a inflamada ponta penetrante trila;

dedos e nádegas, e pernas, e dentes.
Assim, no jeito infiel de adolescentes,
a carne espera, incerta, mas tranquila.[9]

Alguns até poderão conjecturar que a apresentação nataliana ainda não destilava a sua antipatia pelo "vaidosão americano", já que a *Antologia*, mesmo datada de 1966, teria sido distribuída já a partir de dezembro de 1965, época em que Jorge de Sena e sua família encontravam-se em Wisconsin, nos EUA, havia pouco mais de dois meses.[10] Logo, tudo faz crer que esse reconhecimento do valor estético e poético do autor de *As evidências* ainda não tenha sido comprometido por aquela antipatia diante da megalomania seniana.

E tal reconhecimento do poder analítico de Natália Correia em relação às qualidades criadoras de Jorge de Sena pode ser atestado, sobretudo, quando comparadas as suas afirmações com algumas considerações da fortuna crítica do autor de *As evidências* sobre o olhar apropriador e revisitador seniano da tradição sonetista. Ao abordar exatamente a obra de 1955, Fernando J. B. Martinho

[9] Jorge de Sena apud Natália Correia, Ibid., p. 404-405.
[10] A respeito dos processos de criação e de publicação da referida *Antologia*, essas e outras informações podem ser consultadas no estudo organizado e coligido por Pedro Piedade Marques, *Editor contra: Fernando Ribeiro de Mello e a Afrodite*, Lisboa: Montag, 2015, p. 61-71.

sublinha a capacidade subversiva aos modelos reguladores dos censores salazaristas e a singularidade das dinâmicas plásticas corporais presentes nos sonetos IX e X, "e muito especialmente neste último em que Sena se abandonava a um descritivismo naturalista que retomará, depois, em muitos dos seus textos eróticos".[11]

Anos depois, num pequeno texto, mas de referência obrigatória nos estudos senianos, Jorge Fazenda Lourenço apresenta as principais diretrizes norteadoras do autor de *O físico prodigioso*, de 1966, e defende *As evidências*, de 1955, como "um importantíssimo momento poético na obra de Jorge de Sena",[12] onde a articulação plástica contribui para a consolidação de uma mundividência em que "o amor e o sexo (cada vez mais inseparáveis na sua poesia) atingem nestes sonetos uma evidência tal, a par de temas (como na composição musical) de ordem ético-política e teológico-divina".[13]

Décadas seguintes, por sua vez, Ana Maria Gottardi analisa minuciosamente as nuances do tema amoroso na poesia de Jorge de Sena, assinalando no mesmo soneto, a partir de uma perspectiva freudiana, a finitude, com "imagens claras do corpo e de movimentos sexuais",[14] além de sublinhar outras particularidades poéticas do autor, tais como "sensações tácteis, visuais, aromáticas, olfativas, que se revelam por sinestesias".[15]

Ora, todos os exemplos acima não deixam de estabelecer um diálogo muito próximo das ideias já desenvolvidas por Natália Correia na sua apresentação de Jorge de Sena, na referida *Antologia*. Quando ela enfatiza, por exemplo, a "remanipulação do já criado"[16] na construção do soneto, a antologista defende aquela capacidade de releitura e de recriação de uma tradição literária portuguesa,[17] que não só coloca Sena numa posição de "integridade poética"[18] – porque, para além do seu compromisso estético, há-de se ressaltar o seu postulado ético[19] –, mas

---

[11] Fernando J. B. Martinho,. "Uma leitura dos sonetos de Jorge de Sena", in Harvey L. Sharrer;Frederick G. Williams (Eds.), *Studies on Jorge de Sena by his colleagues and friends*, Santa Barbara: Jorge de Sena Center for Portuguese Studies, University of California, Bandanna Books, 1981, p. 76.
[12] Jorge Fazenda Lourenço, *O essencial sobre Jorge de Sena*, Lisboa: Imprensa Nacional-Casa da Moeda, 1987, p. 25.
[13] Ibid., p. 25.
[14] Ana Maria Gottardi, *Jorge de Sena – uma leitura da tradição*, São Paulo: Arte & Ciência, 2002, p. 155.
[15] Idem.
[16] Natália Correia, op. cit., p. 404.
[17] Ana Maria Gottardi, op. cit., p. 152-154.
[18] Natália Correia, op. cit., p. 404.
[19] Jorge Fazenda Lourenço, op. cit., p. 22-24.

também reivindica os atributos do olhar seniano na senda do ensaio, na medida em que o reconhece como um exímio leitor dos grandes nomes da poesia que o antecederam.[20]

Diante, portanto, dessa antecipação crítica de Natália Correia, e suas ressonâncias na fortuna crítica seniana, aquela possibilidade de justificar a presença de Jorge de Sena na *Antologia de Poesia Portuguesa Erótica e Satírica* pelo simples fato de a autora ainda não sentir por ele uma implicância em virtude de sua mudança para os EUA não me parece suficiente, até porque a comprovada justeza do pensamento ensaístico de Natália Correia sobre Jorge de Sena sugere exatamente o contrário. Primeiro, porque, ainda que tal desconforto realmente fosse maior que o seu senso crítico, como justificar a inserção do poeta no seu estudo sobre o Surrealismo português, em 1977? Segundo, porque, na esteira daquela consumação da já mencionada "integridade poética",[21] tão característica de Jorge de Sena, Natália Correia parece ter se embebido da lição do seu contemporâneo décadas depois. Não à toa, em 1990, ela lança a sua última obra poética com o sintomático título de *Sonetos românticos*, e, no pórtico, adverte: "Visando a unidade, o soneto é o ouro da culminação da Obra Poética."[22] E vale lembrar que é exatamente com ela que Natália Correia ganha o Grande Prêmio de Poesia da Associação Portuguesa de Escritores (APE), um ano depois.

Ou seja, se Jorge de Sena se destaca como um "exímio construtor do soneto",[23] e Natália Correia observa tal singularidade na concretização de algumas obras senianas, não se poderá conjecturar que a antologista, nos seus últimos exercícios poéticos, não só leu atentamente este investimento sobre "postulados e (...) estilos exauridos que resulta numa remanipulação do já criado",[24] como também absorveu a lição do seu contemporâneo? Ainda que a ausência de declarações de ambas as partes não nos permita confirmar sumariamente a hipótese levantada, gosto de pensar que as aproximações estabelecidas entre o projeto seniano de criação poética e as premissas e reflexões natalianas sobre a construção do soneto abrem espaço para uma probabilidade diante de um diálogo improvável.[25]

[20] Fernando J. B. Martinho, op. cit., p. 72-75.
[21] Natália Correia, op. cit., p. 404.
[22] Natália Correia, *Poesia completa*, Lisboa: Dom Quixote, 2007, p. 569.
[23] Natália Correia, *Antologia de poesia portuguesa erótica e satírica*, 1999, p. 404.
[24] Idem.
[25] Vale lembrar que, em *A mosca iluminada* (1972), portanto, cinco anos antes de inserir Jorge de Sena no seu estudo *O Surrealismo na poesia portuguesa* (1977), Natália Correia defendia a energia despendida para a criação do soneto, num dos seus mais instigantes e enigmáticos textos poéticos: "O casamento é um soneto. Cheguei a esta irrecusável conclusão observando que todos os remor-

Passando para Jorge de Sena. Conhecido pelo seu tom ácido, muitas vezes amargo, e pela sua crítica perspicaz e certeira, o autor aqui comemorado no seu centenário gozou de amizades sólidas e consolidadas, tal como a sua extensa epistolografia comprova, mas também não deixou de cultivar inimizades ferrenhas e desafetos explícitos, muitas vezes não reintegrados nos seus círculos afetivos. Homem de uma cultura invulgar e de uma sensibilidade singular, o autor de *Dedicácias*, de 1999, conseguiu elencar nesse único título as suas antipatias, implicâncias e (possíveis?) desafetos. Ao longo de toda essa obra, nomes conhecidos como os de Alexandre Pinheiro Torres, Mário Cesariny, Vitorino Nemésio, Massaud Moisés, João Gaspar Simões, dentre outros, são terrivelmente desenhados com uma escrita irônica, debochada e caricaturizante.

Antes mesmo, porém, de dar notícias da produção de *Dedicácias*, como bem atesta a correspondência mantida com Eugénio de Andrade, as rusgas de Jorge de Sena em relação à Natália Correia parecem vir desde os anos finais da década de 1950, tal como uma de suas cartas ao poeta portuense revela:

> A antologia [*Fidelidade*] continua a despertar os furores de toda a mediocridade. Os ataques e os insultos continuam a desabar por todos os lados. Em grande parte são inspirados pelo furor (uterino?) da megera Natalia [Correia] que, segundo diz um amigo meu, é tristemente, em carne e osso, o que se arranjou do busto da República. Com a diferença que esta senhora de barrete frígio, só pode ser só busto, não intrigava com outras partes mais abaixo. Mas têm ambas em comum o servirem-se da língua, embora com fins opostos.[26]

---

sos líricos inspirados pelo amor conjugal saem em forma de soneto. Porque o soneto é o sistema estrófico do amor a definhar-se em procriação: duas quadras que se unem para fazer dois filhos que são os tercetos finais da catástrofe conjugal. (...) Mas, ó contradição dos homens que no amor começam como o caminha acaba, quereis um amor impossível, vós que de Isolda e Tristão herdastes os melancólicos ademanes de flores batidas pela morte? Casai-vos! Encarnai no corpo que noutro toca a sua destruição diária! E então sim tereis a vossa dose de amor impossível, meticulosamente planeado pelo desastre. É aqui que o soneto em sua clínica brancura enlouquece e se desprende na beleza à solta de um duplo suicídio". Cf. Natália Correia, *Poesia completa.*, p. 322-323. Nessa perspectiva, portanto, não serão os seus *Sonetos românticos* (1990) uma espécie de derradeira aventura duplamente suicida que olha o mundo com uma perspectiva amorosa e, contraditoriamente, desprendida?

[26] Jorge de Sena; Eugénio de Andrade, *Correspondência 1949-1978*, Organização e apresentação Mécia de Sena e Isabel de Sena, Notas de Jorge Fazenda Lourenço, Lisboa: Guerra & Paz, 2016, p. 121.

Com uma lente corrosiva no tratamento daqueles que não considera dignos de sua atenção, em virtude de comportamentos questionáveis dentro de um quadro político complexo e de um cenário literário dominado por grupos esquadrinhados, Jorge de Sena ataca aqueles que o atacam, numa reação violenta e de manifesta antipatia. Assim, a "megera Natália [Correia]" surge nas linhas senianas como uma figura caricata e com sugestivos gestos de descompostura moral, inclusive com partes do corpo feminino da escritora sendo ridicularizadas em nome de um perfilhamento mordaz e sarcástico.

No entanto, duas observações merecem ser feitas. A primeira é a de que todo o autorrelato da implicância de Sena aparece baseado numa fonte não nomeada e de quem o leitor não tem conhecimento ("segundo diz um amigo meu"). E a segunda reside na própria constatação de que não se sabe com detalhes (porque a sua correspondência não revela) os meandros dos comentários polêmicos da escritora sobre o poeta, que se preparava para partir para o Brasil.

Constata-se, no entanto, que, em vários momentos, em nome dessa desavença, que ultrapassa as esferas pessoais e resvala nas relações sociais, Jorge de Sena por mais de uma vez dispara a sua mordacidade sobre a antologista, tal como a sua correspondência com Eugénio de Andrade revela:

> Quando se dá uma gulbenkiana bolsa à Natália para pôr em português moderno as cantigas medievais (talvez pela sua familiaridade, a ponto de currículo acadêmico, com o que significam em acto os palavrões das cantigas de escárnio e maldizer, os quais não há que traduzir, pois que continuam os mesmos...), tudo é possível, e tanto faz. Não a mim ou para mim.[27]

Escrita nos Estados Unidos, em 13 de junho de 1970, a carta de Jorge de Sena reclama do declarado esquecimento do seu nome para tarefas que ele bem poderia exercer e das oportunidades e das benesses financeiras concedidas à antologista. Considerando um ato imperdoável, Sena, por sua vez, não é complacente nas suas avaliações, ao entender os motivos pelos quais Natália Correia seria a escolhida para a criação daquela que viria a ser uma das principais recolhas (*Cantares dos trovadores galego-portugueses*, de 1970) da escritora açoriana: a familiaridade e a intimidade usual de Natália com todo aquele repertório de palavrões e expressões de escárnio e maldizer.

---

[27] Ibid., p. 319.

Depreende-se, portanto, mais uma vez, uma afirmação de inimizades e desagravos consolidados muito mais baseada em dados e elementos externos (relações de amizade visando favorecimentos, atitudes burocráticas e pouco práticas, afirmações hipotéticas e não totalmente claras vindas de fontes não nomeadas, comportamentos considerados inadequados etc.) do que no conteúdo literário produzido propriamente dito.

No entanto, se tais implicâncias entre Natália Correia e Jorge de Sena já se desenvolviam desde a década de 1950 e se expandem às décadas posteriores, mais tendo a pensar naquela justeza do pensamento crítico nataliano ao não levar em conta tais incidências extraliterárias para incluir o autor de *As evidências* na sua *Antologia*, em 1965,[28] e sobre ele tecer uma apresentação que antecipa, em muitos aspectos, pontos nevrálgicos do projeto literário seniano, desenvolvidos e investigados posteriormente pela fortuna crítica do poeta.

Em outras cartas a Eugénio de Andrade, datadas ainda de 1970, Jorge de Sena vai revelando, pouco a pouco, um conjunto de poemas, que ele próprio irá designar como uma "grande actividade poética, ora lírica meditativa e amarga, ora satírica de violência ilimitada, para a série clandestina dos 'retratos' do meu tempo".[29] Esse álbum de retratos pouco convencionais e muito mordazes, como só Jorge de Sena sabia fotografar, só seria publicado postumamente, em 1999, numa versão incompleta, sob o título *Dedicácias*. Em 2015, porém, com o volume *Poesia II*, em edição de Jorge Fazenda Lourenço, os poemas omitidos na primeira versão são finalmente conhecidos.

Desse conjunto, destaco o seu "Receita para cozinhar natálias",[30] nítida referência à escritora a quem ele, delicadamente, chamava de "vaca açoriana".[31] No entanto, antes de pensar esse texto sob uma condição puramente corrosiva, prefiro pensá-lo a partir de uma outra faceta do seu autor: a de um autêntico *master chef*, de um artista que fez do seu ofício uma verdadeira arte

---

[28] Interessante observar que também Sophia de Mello Breyner, com quem Jorge de Sena mantém uma amizade de longos anos, reclama do alinhamento e das amizades questionáveis de Natália Correia ao amigo, que se encontrava em Assis, já em mudança para Araraquara, no Brasil. Em fins de maio de 1962, escreve Sophia: "Agora aqui a vida literária chegou ao cúmulo da baixeza e da batota. É impressionante: Urbanos, Orlandos e F. Botelho e a N [Natália Correia] na melhor amizade. Toda essa gente jogando e manobrando no gravíssimo momento que atravessamos" Cf. Sophia de Mello Breyner; Jorge de Sena, op. cit., p. 57.

[29] Jorge de Sena; Eugénio de Andrade, op. cit., p. 353.

[30] A primeira notícia desse poema surge na referida carta de Jorge de Sena a Eugénio de Andrade, datada de 30 de julho de 1970. Presume-se, portanto, que o texto tenha sido escrito antes desta data, já que, na época, o autor anuncia ao seu interlocutor a sua atividade intensa nesse projeto.

[31] Fernando Dacosta, op. cit., p. 41.

da degustação, porque não só sabia escolher exatamente os elementos e dominava as suas combinações para se chegar ao tempero e ao sabor desejados, mas também porque conhecia as tradições mais arraigadas da culinária ibérica, tal como atesta a obra *Um tratado da cozinha portuguesa do século* XV, que Jorge de Sena muito provavelmente conheceu e leu.[32]

Em edição preparada em 1963 por Antonio Gomes Filho, a referida obra é subdividida em duas partes. A primeira, intitulada "Fac-símile e leitura diplomática", é composta por fotos e transcrições do modelo original. E a segunda, por sua vez, traz uma "Leitura moderna" de todas as receitas elencadas. [33]

A referida obra compõe-se de um elenco da cozinha medieval portuguesa, desde iguarias mais simples (como "Pasteis de carne",[34] "Reçeyta de pastell de fígados de cabrito"[35] e "Receyta do coelho"[36]) até pratos mais sofisticados (como "Receyta da tigelada da perdiz",[37] "Beilhos daRoz"[38] e "Almogauanas de D. Ysabell de Vylhana"[39]). Leitor ávido da tradição portuguesa medieval e seiscentista, Jorge de Sena parece ter se inspirado nesse elenco de pratos e iguarias para escrever um dos seus mais emblemáticos poemas de *Dedicácias*:

> Juntam-se: 500 grs de raízes açoreanas, temperadas de maçonaria regional para conquista do continente; 300 grs de post-simbolismo literato e saudosista, com um toque de virgindade perdida entre "rios de nuvens"; 400 grs de alguma independência econômica e o gosto do luxo e da suntuosidade burguesa com torcidos e tremidos; 600 grs de fúria uterina, bocal, manual, anal, clitórica, e outras tantas de nalgas e de mamas; 800 grs de lésbicas, chichisbéus, pederastas, exclusivamente surrealistas, e alguns supostos machos (com pelo menos 25 por 4 centímetros, e colhões que enchem a boca mais exigente; ou língua musculosa); 4 quilos de máscaras faciais, pestanas,

---

[32] Ainda que não possa atestar fisicamente que a obra pertença ao extenso espólio do autor, em virtude de seu conhecido interesse pela literatura e cultura ibéricas medievais e clássicas e de seus ensaios sobre os mesmos períodos, não me parece de todo insensato pensar que tal obra tenha sido lida por Jorge de Sena. Parto, portanto, de uma premissa hipotética, sobretudo, pelas muitas aproximações e convergências intertextuais que "Receita para cozinhar natálias" apresenta, como mais adiante se verá.
[33] Antonio Gomes Filho, *Um tratado da cozinha portuguesa do século* XV, Guanabara: Instituto Nacional do Livro, 1963, p. 22-23.
[34] Ibid., p. 5.
[35] Ibid., p. 25-27.
[36] Ibid., p. 39.
[37] Ibid., p. 47.
[38] Ibid., p. 67.
[39] Ibid., p. 73.

sobrancelhas, cremes, poses, rouges e batons; ares de vaca sagrada, bacante, cortesã, e *bas-bleu* a gosto do freguês. Coze-se em fornalha ardente de leituras esotéricas, clássicas, existencialistas etc., em folhas soltas. Polvilhe-se de cantárides. Serve-se com molho de esperma das masturbações mentais dos literatos portugueses, de preferência em decassílabos.[40]

O primeiro detalhe deste pequeno e singelo poema de Jorge de Sena pode ser percebido na própria forma por ele escolhida. Numa sequência que parece obedecer rigorosamente os mesmos critérios estabelecidos pelo *Tratado* da culinária portuguesa, e como se numa cozinha realmente estivesse, Sena vai enumerando todos os predicados dados à autora de *A Madona*, como se esses fossem ingredientes de uma receita. Observe-se, por exemplo, que nenhum dos itens tem a quantidade igual de gramas. Todos eles possuem uma pesagem diferente, aparentemente sugerindo a importância que cada um deles tem na composição do retrato central do prato principal. Assim, se a origem açoriana, a tendência estética pós-simbolista, a autonomia financeira e o destempero de caráter (e físico!) das "natálias" a serem cozinhadas possuem, respectivamente, 500, 300, 400 e 600 gramas, não à toa, a aproximação e a sintonia com figuras marginais e a *toillette* com performances épicas surgem como os componentes de maior quantidade e peso: 800 gramas e 4 quilos.

Nessa disposição, a caricatura do ingrediente principal reverbera ao longo do poema, na medida em que parece levar em consideração muito mais os aspectos pessoais e físicos da autora do que propriamente a sua forma de escrita, os seus temas de maior incidência, os seus critérios de eleição e de diálogos intertextuais, o seu rigor no trabalho formal e os seus postulados e credos na criação literária.

Comparadas a "Receita para cozinhar natálias" e algumas das receitas do *Tratado*, fácil se verifica aquele pronunciado "desdobramento poligráfico"[41] (como dirá Natália Correia) de Jorge de Sena. No poema em foco, seu autor revela-se um profundo conhecedor daquelas artes culinárias, na medida em que, para além da escolha dos elementos corretos, exibe uma ordem meticulosa, que precisa ser seguida à risca, e com uma mistura específica, que só um verdadeiro leitor e devorador da poesia portuguesa poderia saber e saborear.

---

[40] Jorge de Sena, *Poesia II*, Lisboa: Guimarães, 2015, p. 681.
[41] Natália Correia, op. cit., p. 404.

Assim, das "raízes açoreanas",[42] que remetem à origem de Natália Correia, passando pelo "post-simbolismo literato e saudosista",[43] que os dois tão bem conheciam, abre-se um elenco de expressões destiladoras de uma acidez e de uma antipatia explícitas: a "independência económica e o gosto do luxo e da suntuosidade burguesa com torcidos e tremidos"; a "fúria uterina, bocal, manual, anal, clitórica, e outras tantas de nalgas e de mamas"; figuras marginais como "lésbicas, chichisbéus, pederastas, exclusivamente surrealistas, e alguns supostos machos (com pelo menos 25 por 4 centímetros, e colhões que encham a boca mais exigente; ou língua musculosa)"; além das "máscaras faciais, pestanas, sobrancelhas, cremes, poses, rouges e batons" e os "ares de vaca sagrada, bacante, cortesã, e *bas-bleu* a gosto do freguês".[44]

No entanto, não me parece que "Receita para fazer natálias" constitui apenas um texto ácido de destilação de amarguras. No meu entender, esse poema constitui uma daquelas pequenas pérolas senianas, onde o conhecimento da tradição poética e do cânone dos cancioneiros medievais, fonte primeva dos discursos de escárnio e de maldizer (que Natália Correia também dominava), com uma sensível bagagem da memória cultural portuguesa, surge visivelmente consolidada e com um tempero especial: o da tonalidade crítica e satírica de Jorge de Sena.

Tudo ali aparece devidamente pesado e ponderado, com uma ordem pensada, objetivando um melhor rendimento da "massa" final. Observe-se, por exemplo, o desfecho da "Receita" seniana com uma singular sequencia verbal: "Coze-se"; "polvilhe-se"; "serve-se".[45] Com um vocabulário que revisita uma tradição literária, que Natália Correia igualmente dominava, não deixa Jorge de Sena de prestar uma incomum homenagem à autora açoriana. E se, tal como nos informa a edição de 2015, o poema foi escrito antes de 30 de julho de 1970, vale lembrar que, antes e depois dessa data, Jorge de Sena pondera sobre a importância da escritora e do seu papel no cenário das letras portuguesas em, pelo menos, três momentos de sua produção crítica.

O primeiro deles ocorre já em 1969, quando Sena começa a preparar a reedição das suas *Líricas portuguesas*. No "Prefácio" à primeira edição dessa recolha, em 1958, Jorge de Sena já anunciava Natália Correia como uma "personalidade influente dos meios literários", cuja premissa estética evoluía de um "lirismo

---

[42] Jorge de Sena, op. cit, p. 681.
[43] Idem.
[44] Idem.
[45] Idem.

marcado pelo convencional do modernismo menor para uma absorção da retórica surrealista".[46]

Passados mais de dez anos (neste intervalo, depois da publicação dos volumes das *Líricas*, das cartas trocadas com Sophia de Mello Breyner e com o próprio Eugénio de Andrade), a opinião crítica e ensaística do leitor Jorge de Sena não se mostra afetada por querelas políticas e burocráticas e nem sua lucidez intelectual avaliativa demonstra qualquer abalo em termos de capacidade analítica. Basta verificar o seu "Prefácio" à segunda edição, em 1969, quando o antologista, mais uma vez, reconhece o lugar de destaque de Natália Correia:

> Na verdade, dos novos quinze, pode dizer-se que só três são agora incluídos por "reconsideração do seu interesse como poetas, ou do papel que eventualmente representaram, ou por reconhecimento de um valor progressivamente afirmado", independentemente do que possam ter realizado noutros campos da criação literária, "ou da atividade e influência que exerceram ou exercem na vida literária": é o caso de Fernando Namora, Papiniano Carlos e Natália Correia. Tudo isto aconteceu porque esta antologia pretendia e pretende ser um panorama tão amplo e tão criticamente imparcial quanto possível, mantendo-se assim fiel, na reedição, ao critério que havia presidido à realização inicial.[47]

Como o próprio texto esclarece, não estão aqui em causa questões do âmbito pessoal ou da esfera político-burocrática dos meios literários. Também não são as implicâncias e as antipatias alguns dos critérios definidores do juízo crítico e investigativo de Jorge de Sena. O olhar analítico seniano preocupa-se muito mais com os seus objetos literários de pesquisa a partir do interesse existente sobre estes "como poetas, ou do papel que eventualmente representaram, ou por reconhecimento de um valor progressivamente afirmado".[48] Assim sendo, não haveria qualquer motivo para não incluir o nome de Natália Correia dentro desse contexto cultural.

O segundo momento ocorre quando Jorge de Sena planeja a edição do segundo volume de *Líricas portuguesas*, vindo à lume apenas em 1983, anos depois da morte do poeta. Pronto desde 1975, o referido tomo surge com alterações e acréscimos, em relação à primeira edição de 1958 (num só volume), e o nome de

---

[46] Jorge de Sena, *Líricas portuguesas*, v. I, Seleção, prefácios e apresentação de Jorge de Sena, Lisboa: Edições 70, 1975, p. 67.
[47] Ibid., p. 12, destaques meus.
[48] Ibid., p. 12.

Natália Correia agrega alguns de seus poemas, de *Dimensão encontrada* (1957) a *As maçãs de Orestes* (1970). Assim, presume-se que a apresentação de Jorge de Sena obedece a um rigor de atualização bibliográfica, que se pressente não apenas na forma como lê o projeto criador nataliano, mas também na observação precisa de suas publicações:

> Natália de Oliveira Correia nasceu na ilha de S. Miguel, Açores, a 13 de setembro de 1923. Vive em Lisboa. Estreou-se em 1947 com um livro muito tradicionalista de poemas, dedicando-se também à literatura de ficção. A partir de 1957, livros de poemas muito diversos se sucedem, que se afirma primeiro, com singular violência, em *Comunicação*. Numa nota a seu próprio respeito, na importante *Antologia de poesia erótica e satírica*, que organizou, repudia que a classifiquem no movimento surrealista que por certo, sobretudo nas suas formas portuguesas, lhe deu a facilidade com que articula as formas métricas tradicionais numa linguagem agressiva; e repudia também que o erotismo, que é a matéria de grande parte da sua expressão, possa ser tido como sua característica, a menos que reflexo mais de um universo erotizado que da vivência amorosa individual, o que sem dúvida é exacto. Um pansexualismo que se compraz na sua febre muito amoralmente lúcida; uma intensidade repetitiva das imagens que não recuam ante o mau gosto e invertem, menos do que superam, a convencional sensibilidade feminina; um humor sarcástico dirigido à proposição de um libertarismo anárquico – eis algumas características de uma poeta que se impôs pessoalmente e às suas atitudes, na vida literária portuguesa, talvez menos pelo seu real talento (recentemente manifestado num romance que transcende a escala dessa vida literária) que pela forma como soube transformar o escândalo numa espécie do terror sagrado do provincianismo embevecido. E.: *Rio de nuvens*, 1947; *Poemas*, 1954; *Dimensão encontrada*, 1957; *Passaporte*, 1958; *Comunicação*, 1960; *Cântico do país emerso*, 1961; *O vinho e a lira*, 1967; *Mátria*, 1968; *As maçãs de Orestes* (antologia, desde o terceiro livro, seguida de três inéditos), 1970; *A mosca iluminada*, 1972.[49]

Nessa breve nota de abertura, Jorge de Sena consegue compactar com uma impressionante exatidão as principais vertentes estéticas e temáticas do trabalho poético de Natália Correia, pontuando suas obras até o momento de conclusão

---

[49] Jorge de Sena, *Líricas portuguesas*, v. II, Seleção e apresentação de Jorge de Sena, Lisboa: Edições 70, 1983, p. 148.

do projeto da antologia (1975 – não à toa, *A mosca iluminada*, de 1972, é a última obra por ele citada) e considerando o seu início especificamente como poeta, e não como escritora (ela estreia em 1945, com um texto infantojuvenil, conforme informado anteriormente). Assim, de um início marcado por um convencionalismo pouco promissor, Sena sublinha as qualidades mais visíveis na obra poética nataliana: de um surrealismo evidente, mas por tantas vezes renegado pela autora, a um erotismo latente e pulsante, além do pansexualismo, do erotismo, da vertente satírica e das imagens agressivas, o antologista ressalta o vigor de Natália Correia em rasurar lugares-comuns e códigos moralistas redutores. Basta observar, por exemplo, o elenco dos dez poemas escolhidos da poeta por Jorge de Sena para se confirmar o seu trabalho seletivo, rigoroso, coerente e coeso.

Por fim, o terceiro momento, onde Jorge de Sena recupera o papel de Natália Correia no cenário literário português, encontra-se num pequeno e pontual ensaio de 1975, ao abordar a presença das mulheres escritoras na literatura portuguesa. Nele, Sena faz justiça e reitera Natália Correia como um dos nomes cimeiros dessa linhagem:

> Tão corajosa e tão franca como ela [Sophia de Mello Breyner Andressen], é Natália Correia, poeta e ficcionista que alinha entre os melhores escritores actuais, que chocou os críticos e o público com a violência e o erotismo das suas últimas obras – é actualmente uma das mais activas jornalistas, escrevendo acerca da Revolução, como muitas outras mulheres tem feito (e a piada em Portugal é que algumas delas têm sido mais "viris" do que os homens, na atitude de desafio de tudo).[50]

Muito diferente da "Receita", há, no ensaio "Escritoras portuguesas no século XX", um tom justo e pontual adotado por Jorge de Sena, que sublinha a importância de Natália Correia para toda uma geração de mulheres escritoras portuguesas, junto com outros nomes de relevância, destacando alguns aspectos singulares de sua obra. Logo, ao afirmar que a antologista "alinha entre os melhores escritores actuais, que chocou os críticos e o público com a violência e o erotismo das suas últimas obras", Sena revela os assuntos que mais o interessam como leitor da atual produção cultural portuguesa, e destaca as potencialidades mais flagrantes da coragem e da franqueza natalianas ao escrever, inclusive, sobre a Revolução dos Cravos, principal ponto de virada política da segunda metade do século XX em Portugal. Além disso, vale lembrar, também

---

[50] Jorge de Sena, *Estudos de literatura portuguesa* – III, Lisboa: Edições 70, 1988, p. 151.

não foi com aquela mesma violência e com imagens eróticas contundentes que Sena também compôs a sua "Receita"?

Considerando, portanto, essa última afirmação sobre o papel da autora de *Sonetos românticos*, de 1990 no cenário da literatura portuguesa, e mesmo ponderando o seu caráter de homem dado a fúrias e destemperos rapidamente esquecidos, fico a me interrogar se não será a "Receita..." uma belíssima declaração de amor, bem ao seu gosto e ao seu jeito, a Natália Correia? Não será o seu discurso assertivo uma manifestação daquela "agressividade do muito amor"?

Acredito que sim. E, para realizar tal tarefa, Sena revela outra faceta sua: a de um verdadeiro apaixonado pelas artes culinárias. A meu ver, nada mais adequado para homenagear uma escritora que ficou conhecida não só pela sua forma direta e ferina de dizer o que pensava, mas também pela sua exuberância de *prima donna* e com um *Botequim* como palco central de suas reuniões, e que, diga-se de passagem, nada aparentava de tranquila ou de sossegada, como muito ironicamente declarou.

Ainda, portanto, que entre os dois não exista um conjunto epistolográfico específico, capaz de corroborar tais aproximações e afinidades estéticas e afetivas, bem como as antipatias e as rusgas de temperamentos fortes e incisivos, sobretudo, na defesa dos seus credos e suas convicções, esses pequenos *flashes* textuais parecem mostrar alguns rastros por onde um possível e provável diálogo entre Natália Correia e Jorge de Sena pode ser constatado e comprovado. Afinal, dividir a cozinha com alguém e dedicar-lhe uma receita, revelando todos os segredos de sua execução, não são gestos que demandam, pelo menos, alguma intimidade entre as partes envolvidas?

Se, como nos ensina o autor de *Dialécticas da literatura*, "a caracterização de um autor só pode efetivamente ser feita por uma *análise tipológica* que o classifique, e interprete os dados das mais diversas análises de suas obras",[51] então, todas as pistas aqui apontadas sugerem que temos um longo caminho pela frente para compreender não só a dimensão de Natália Correia e Jorge de Sena como dois nomes incontornáveis da literatura portuguesa do século XX, mas as inúmeras possibilidades e probabilidades de neles encontrar um diálogo muito além do improvável.

---

[51] Jorge de Sena, *Dialécticas da literatura*, Lisboa: Edições 70, 1973, p. 154, destaques no original.

Jorge Vicente Valentim é mestre e doutor em Literatura Portuguesa pela Universidade Federal do Rio de Janeiro (UFRJ). Professor Associado de Literaturas de Língua Portuguesa do Departamento de Letras e Professor Permanente do Programa de Pós-Graduação em Estudos de Literatura da Universidade Federal de São Carlos (UFSCar), onde coordena o Grupo de Estudos Literários Portugueses e Africanos (Gelpa). Foi finalista do Prêmio Jabuti, em 2017, com o ensaio *"Corpo no outro corpo": homoerotismo na narrativa portuguesa contemporânea*, resultado de seu pós-doutorado sênior, na Faculdade de Letras da Universidade do Porto, sob a supervisão da professora Isabel Pires de Lima.

Discurso epistolar entre Jorge de Sena e Sophia

• Maria Otilia Pereira Lage •

Quando era preciso comunicar à distância através da escrita, ainda há poucos anos, recorria-se à carta, o que tornava o seu uso frequente enraizado na sociedade. Daí resultava a necessidade de dominar as técnicas composicionais do clássico género epistolar, o que implicava ainda o domínio de competências linguísticas, comunicativas e sociais. As tradicionais cartas foram entretanto relegadas para segundo plano no panorama da comunicação, donde não desapareceram, embora se tenham transformado em diferentes suportes, formas linguístico-discursivas e de comunicação mais céleres, hoje, quase instantâneas, através das " novas redes sociais".[1]

No que se refere à correspondência de escritores, artistas plásticos, músicos e intelectuais das diversas áreas de conhecimento salienta-se, de acordo com Marcos Antonio de Moraes, que a mesma se abre a "três perspetivas de estudo". A primeira possibilidade de exploração consiste em "recuperar na carta a expressão testemunhal que define um perfil biográfico", já que "confidências e impressões espalhadas pela correspondência de um artista, contam a trajetória de uma vida, delineando uma psicologia singular que ajudam a compreender os meandros da criação literária". A segunda perspetiva permite "apreender a movimentação nos bastidores da vida artística de um determinado período", porquanto "as estratégias de divulgação de um projeto estético, as dissensões nos grupos e os comentários acerca da produção contemporânea contribuem para que se possa compreender (...) onde, muitas vezes, se situam as linhas de força do movimento". A terceira possibilidade interpretativa é a que "vê o gênero epistolar como 'arquivo

---

[1] Maria Otilia Pereira Lage, Mediation of information. Social Network Analysis in the epistolary collection of Jorge de Sena and Mécia. International Journal of Advanced Research (IJAR), May 2017, Issue. Journal DOI: 10.21474/IJAR01. Disponível em: <http://www.journalijar.com>.

de criação', espaço onde se encontram fixadas a génese e as diversas etapas de elaboração de uma obra artística, desde o embrião do projeto até o debate sobre a receção crítica". Nesse sentido, "a carta ocupa o estatuto de crónica da obra de arte".[2]

Cruzam-se essas pistas de análise na abordagem a esta correspondência fascinante entre os dois consagrados escritores e poetas portugueses, a qual pode entender-se como crónica de suas obras literárias com uma grande componente de autorreflexão textual e inter-relação literária. Espaço autobiográfico de elevada sensibilidade e grandeza humana, em contextos sócio-culturais e literários diferenciados de reconhecido interesse público e académico, estas cartas evidenciam, em sua riqueza histórico-documental, um potencial filosófico-poético, comunicativo e informativo de múltiplas dimensões da vida e obra de Sena e Sophia.

Essa densidade torna o presente discurso epistolar "clássico" no sentido de que "é clássico o que tiver tendência para relegar a atualidade para categoria de ruído de fundo, mas ao mesmo tempo não puder passar sem esse ruído de fundo".[3] E porque "os clássicos servem para compreender quem somos e aonde chegámos",[4] é nesse lato entendimento que se aborda a correspondência entre os dois poetas com enfoque na situação/contexto histórico-cultural.

Começa-se por uma sucinta aproximação analítica ao discurso epistolar, em relação com a correspondência entre os dois escritores, os quais se apresentam a seguir, através de suas vozes poéticas, para por fim abordar o *corpus* epistolar estudado em suas configurações socio-históricas, relevando enunciados temáticos dominantes, sem descurar as modalidades de interação ou formas de produção da escrita.

O discurso epistolar

Na perspetiva dialógica da construção e produção do discurso,[5] o discurso epistolar carrega sempre consigo as "vozes" do(s) outro(s) – aqueles com quem o

---

[2] Marcos Antonio de Moraes, "Epistolografia e crítica genética", *Ciência e Cultura* (SBPC), São Paulo, v. 59, n. 1, p. 30-32, jan.-mar. 2007, in Kohlrausch, Regina., Zucchi, V. "Literatura género epistolar: a carta na literatura, a literatura na carta, rede de sociabilidade, escrita de si...", *Letrónica*, Porto Alegre, v. 8, n. 1, p.148-155, jan.-jun. 2015.
[3] Italo Calvino, *Porquê ler os clássicos?*, Lisboa: Dom Quixote, 2015, p. 14-16.
[4] Ibid., p. 13.
[5] Mikail Bakhtin, *Estética da criação verbal*, 4ª ed. São Paulo: Martins Fontes, 2003.

indivíduo fala e de quem fala. No fundo, pode dizer-se que a individualidade do enunciado não se restringe ao sujeito mas sim à sociedade a que pertence.

Com base nesses pressupostos procurar-se-á observar, a partir da identificação de elementos considerados estruturantes no género epistolar,[6] as dimensões estrutural, formal e organizacional[7] em ordem à compreensão abrangente da singular correspondência entre Sena e Sophia. Este entrecortado mas profundo diálogo epistolar de fecunda amizade assume relevante importância para conhecer em acto parte significativa de suas vidas-obras, durante quase vinte anos de maturidade literária e resistência à ditadura salazarista e censura política da sua pátria de origem.

Também neste caso, o género epistolar configura toda a situação de comunicação definida pelos dois participantes do discurso, seus objetivos e enquadramento espácio-temporal. Mas a situação de comunicação diferida e o afastamento espácio-temporal dos correspondentes carece de ancoragem, de explicitação, reivindicando-se, assim, a sua presença contínua e permanente como bem se apreende nestas cartas.

O facto de os interlocutores se encontrarem a uma distância transoceânica provoca uma interação recíproca não contínua representada na alternância de papéis entre ambos, num registo que só a carta, enquanto "espaço de liberdade e de polémica", permite porque "gera um espaço dialógico de interacção, em que o sujeito escritor passa um testemunho, dirige mensagens, tentando agir directamente sobre a opinião e a cognição do seu interlocutor".[8]

Assim, atender-se-á, em particular, à situação sócio-comunicacional das cartas, quer enquanto comunicação epistolar que "constitui um modo de interação assíncrona, o que (re)configura todo um quadro de produção e receção, tornando-o particular",[9] quer na dimensão participativa[10] da interrelação epistolar em que a carta medeia o "eu" e o "tu" como dois participantes em torno dos quais o texto se constrói.

---

[6] Isabel Cristina dos Santos Sebastião, *Interactividade entre práticas e aprendizagens de estruturas discursivo-textuais no ensino básico-o discurso epistolar*, Tese (doutoramento em Linguística) –Faculdade de Ciências Sociais e Humanas, Universidade Nova de Lisboa, Lisboa, 2012, p.67-109. Disponível em <https://run.unl.pt/handle/10362/10406>. Acesso em: 10 abr. 2019.
[7] Regina Kohlrausch; V. Zucchi, op. cit.
[8] Maria Otilia Pereira Lage, *Mécia de Sena e a escrita epistolar com Jorge de Sena: para a história da cultura portuguesa contemporânea*, Porto: Citcem; Edições Afrontamento, 2015, p. 91.
[9] Isabel Cristina dos Santos Sebastião, op. cit, p. 85.
[10] Erving Goffman, *Forms of talk*, Filadélfia: University of Pennsylvania Press, 1981.

Sophia & Sena: universos clássicos da literatura portuguesa do século XX

Sob o enigma da vida da mulher, mãe e poeta, o olhar poético de Jorge de Sena, inaugural de suas correspondências:

> A Sophia de Mello Breyner Andresen
> Enviando-lhe um exemplar de Pedra Filosofal
> Filhos e versos, como os dás ao mundo?
> Como na praia te conversam sombras de corais?
> Como de angústia a noite ser profundo?
> Como quem se reparte?
> Como quem pode matar-te?
> Ou como quem a ti não volta mais?
> 1950.[11],

Sob o enigma da morte de Sena, poeta amigo-irmão, o olhar poético de Sophia, noturno, do termo de suas correspondências:

> Carta(s) a Jorge de Sena
> I
> Não és navegador mas emigrante
> Legítimo português de novecentos
> Levaste contigo os teus e levaste
> Sonhos fúrias trabalhos e saudade;
> Moraste dia por dia a tua ausência
> No mais profundo fundo das profundas
> Cavernas altas onde o estar se esconde
> II
> E agora chega a notícia que morreste
> E algo se desloca em nossa vida
> III
> Há muito estavas longe
> Mas vinham cartas poemas e notícias
> E pensávamos que sempre voltarias
> Enquanto amigos teus aqui te esperassem –

[11] Sophia de Mello Breyner; Jorge de Sena, *Correspondência (1959-1978)*, 3ª edição. Lisboa: Guerra & Paz, 2010, p. 25.

E assim às vezes chegavas da terra estrangeira
Não como filho pródigo mas como irmão prudente
E ríamos e falávamos em redor da mesa
E tiniam talheres loiças e vidros
Como se tudo na chegada se alegrasse
Trazias contigo um certo ar de capitão de tempestades
Grandioso vencedor e tão amargo vencido –
E havia avidez azáfama e pressa
No desejo de suprir anos de distância em horas de conversa
E havia uma veemente emoção em tua grave amizade
E em redor da mesa celebrávamos a festa
Do instante que brilhava entre frutos e rostos
IV
E agora chega a notícia que morreste
A morte vem como nenhuma carta
1978[12]

O diálogo que desde os *Cadernos de Poesia* (1940-1942...) se estabeleceu entre a obra poética de Jorge de Sena[13] e a de Sophia Andresen[14] e cujo processo criativo é possível seguir ao longo desta sua correspondência – laboratório de projetos e publicação de livros –, é sempre atravessado pela militância poética e filosofia estética de ambos os autores.

A Correspondência Sophia & Sena: "
Mas vinham cartas poemas e notícias"[15] /
"Uma pequenina luz bruxuleante e muda"[16]

Os dois versos em epígrafe dos poetas Sophia e Sena foram escritos em dois momentos chave de suas vidas: o de Sophia, enlutada pela partida e morte do ami-

[12] Sophia de Mello Breyner Andresen, *Ilhas*, Lisboa: Editorial Caminho, 2014, p. 41-42.
[13] Gilda Santos, Int. e Org. *Jorge de Sena: ressonâncias e cinquenta poemas*, Rio de Janeiro: 7Letras, 2006, p.165-167.
[14] Clara Rocha, *Sophia de Mello Breyner Andersen*, in Virtual Instituto Camões. Disponível em: <http://cvc.instituto-camoes.pt/seculo-xx/sophia-de-mello-breyner-andresen>. Acesso em: 10 abr 2019.
[15] Verso do poema de Sophia de Mello Breyner Andresen "Carta(s) a Jorge de Sena", escrito após a morte de Sena, em maio de 1978. Disponível no site "Sophia de Mello Breyner Andresen no seu tempo", BNP, 2011.
[16] Verso do poema "Uma pequenina luz", in Jorge de Sena, *Fidelidade*, Lisboa: Moraes Editores, 1958.

go, lamenta a perda do que significou para ambos a sua correspondência; o de Sena, em vésperas de seu exílio brasileiro, prediz o sentido mais elevado de sua existência e o significado último de seus diálogos e poesia que a distância nunca apagaria.

Abrem para muito do essencial que impregna os seus discursos epistolares, em estilos diversos, patentes no acervo édito desta correspondência constituída por 48 cartas e 12 postais[17] e trocada, desde o exílio de Jorge de Sena no Brasil (1959), onde se lhe juntou a família e iniciou a vida académica nas faculdades de São Paulo (Assis/Araraquara),[18] desenvolvendo-se pelos EUA (Madison/Wisconsin e Santa Bárbara/Califórnia) em que Sena prosseguiu suas carreiras universitária e literária, até à morte (1978).

A correspondência entre estes dois vultos da poesia portuguesa, feita de múltiplas afinidades e cumplicidades, revela a génese de muitas de suas obras e evidencia, na troca de material literário e cultural (poemas, contos, estudos, traduções e documentos interventivos de natureza cívica e literária), excepcional capacidade de permuta de ideias, reflexões, comentários e críticas sobre suas próprias obras e acerca da poesia portuguesa e da situação da literatura em Portugal. Nela se entrelaçam a sinceridade, a lealdade e a fidelidade da "amizade apaixonadamente crente no seu próprio valor"[19], amizade inabalável de "grande sociabilidade intelectual e artística, só possível através da intimidade proporcionada".[20]

Esta epistolografia, marcada por desencontros e vicissitudes de destinação/recepção a que as missivas se viram sujeitas, ocorreria em contextos históricos diferenciados, ora marcados pela ditadura salazarista de apertada censura política, barbárie da guerra colonial e dolorosa ausência de justiça, ora em conjunturas americanas de liberdade de expressão e melhores condições de vida, trabalho e pensamento. Marcas dessa diferença radical de climas polí-

---

[17] Sophia de Mello Breyner, Jorge de Sena, *Correspondência 1959-1978*. Lisboa: Editora Guerra & Paz (1ª ed. 2006, 2ª ed. 2006 e 3ª ed. 2010). A edição de 2010, é acrescida de mais cinco cartas e quatro postais inéditos, inclusão feita pela esposa de Sena, Mécia de Sena (que propôs à poeta, ainda em vida, a publicação destas cartas) e por Maria Andresen de Sousa Tavares, filha de Sophia, responsáveis pela organização e doação à Biblioteca Nacional de Portugal dos espólios dos escritores (JS, 2009 e SBMA, 2011).

[18] Jorge Fazenda Lourenço, "Jorge de Sena: o brilho dos sinais", in Márcia Valéria Zamboni Gobbi et. al. (Org.), *Intelectuais portugueses e a cultura brasileira*, São Paulo: Ed. Unesp, 2002, p. 223-224.

[19] Maria S.Tavares Andresen in Sophia de Mello Breyner, Jorge de Sena, *Correspondência 1959-1978*. Lisboa: Guerra & Paz, 2010, p.17.

[20] Cf. Fabiana Miraz de Freitas Grecco, *Correspondências 1959-1978": as cartas de Sophia de Mello Breyner Andresen a Jorge de Sena*.[s.l.:s.n.,s.d.]: Disponível em: <https://www.unicv.edu.cv/images/ail/24Grecco.pdf>. Acesso em: 6 fev. 2019.

ticos contextuais da produção desta correspondência podem encontrar-se por exemplo em carta de Sophia enviada do Rio de Janeiro, onde fora participar num congresso a convite do governo brasileiro, na qual noticia a perseguição de que fora alvo, pelo partido único do regime salazarista, depois de ter estado noutro congresso em Paris:

> Mas quando cheguei a Portugal a União Nacional dedicou-me dois comunicados de insultos e acusações onde se insinuava que eu estava ligada aos comunistas e que glorificava os terroristas.
> Isto foi provocado pelo elogio do *Monde* que irritou as vaidades locais mas sobretudo por eu, assim como o Francisco, [o marido], o António Alçada [Baptista], o Lino Nero, o João Bénard [da Costa], o Nuno Teotónio Pereira, etc. termos assinado como católicos um manifesto que se chamou o "Documento dos 101.[21]
> Estou a contar-lhe isto tudo porque aproveito a oportunidade de pensar que o meu correio aqui não é aberto.[22]

Testemunhos históricos mediados ou explícitos de sua época, estas cartas foram sobretudo trocadas entre Portugal, Brasil e Estados Unidos (Madison/Wisconsin e Santa Barbara/Califórnia), locais de residência dos correspondentes, contemplando ainda um número significativo de cidades europeias e americanas, circunstancial e desencontradamente, visitadas por um e por outro, em passeio e participação em congressos internacionais, no caso de Sophia ou, em Sena, mais frequentemente, em trabalho académico e literário de elevada intensidade.

Características singulares ou afins das personalidades dos correspondentes em distintas fases de vida e relações, diferenciam os seus estilos nos três momentos básicos da escrita epistolar:[23] a) fórmulas de abertura – localização espácio-temporal, mais precisa em Sena, vaga ou ausente em Sophia "a senhora da intemporalidade"[24] mas idêntica saudação/vocativo: ex. cara(o), querido(a), caros, queridos); b) corpo do texto – interação coloquial e eloquente em ambos, embora por vezes com repetiti-

---

[21] Neste documento histórico de um grupo de ativistas católicos progressistas toma-se posição pública contra a guerra colonial portuguesa em África e contra o apoio da hierarquia da Igreja católica à política colonial do governo português.
[22] Carta de 14 de maio de 1966, in Sophia de Mello Breyner; Jorge de Sena, op. cit., p. 93.
[23] Andrée, Rocha. *A epistolografia em Portugal*. 2ª ed. Lisboa: Imprensa Nacional-Casa da Moeda, 1984.
[24] Carta de Jorge de Sena, de Araraquara, em 4 de junho de 1962, in Sophia de Mello Breyner; Jorge de Sena, op. cit., p. 58.

vos e longos encadeamentos num discurso sempre crítico, no caso de Sena, e escrita mais entrecortada e etérea, em Sophia; c) fórmulas de fecho / pré e pós encerramento (despedida, assinatura, *pós-scriptum*) – ex. em Sophia: "acabo a correr...mil saudades, longa saudade, constantes saudades, falta que fazes"; ou, em Sena, "muitas lembranças nossas para vós... um abraço e as saudades... do amigo dedicado...para vós, com o pedido de notícias, vão as nossas mais amigas lembranças, e grande abraço muito amigo do sempre vosso Jorge."

Pela intimidade das formas de tratamento e pelo tom similar das cartas dos dois interlocutores, em que se sente, a cada palavra, uma penetrante humanidade na exposição mútua dolorosa à separação, à ausência, à saudade[25] e ao perigo, podem ser apreendidas, como que em contraponto, a longa, contínua e profunda afeição pessoal e a recíproca estima cultural, literária e política, para além da relação afectiva entre os dois casais, famílias e outros amigos a que as cartas se referem.

Pode ainda deduzir-se das interações discursivas, que esta é uma correspondência privada lacunar e fragmentária, designadamente, por vicissitudes biográficas e ou históricas, porém, sempre impregnada de intensa e fraterna amizade em que a falta do outro nunca deixa de se fazer sentir e estar expressa:

> estou a escrever-lhe em França, à volta de Itália, onde fui ao Congresso da Comes (Comunidade Europeia de Escritores). (...) Vim de Lisboa pensando que se tratava dum congresso apenas literário. Vim encontrar um congresso politico (...) Como você sabe eu sou anti-fascista, anti-salazarista, anti-ditaduras. (...) A Agustina B.L., no Porto, pôs o António Pedro ao corrente mas comigo como só falou por carta, num país de correspondência vigiada nada me pode dizer (...) senti-me verdadeiramente num mundo de intrigas que não é o meu. Muita falta me fez ali a sua presença. (...) Peço-lhe que me diga imediatamente e discretamente que recebeu esta carta.[26]

A resposta de Sena a esta "carta francesa" de sua "caríssima Sophia", seguiu em extensa carta manuscrita com comentários críticos à política em Portugal e à produção literária e carreira académica senianas no Brasil. Esta carta do poeta, datada de Araraquara, 4 de junho de 1962, com P. S. inicial "acuse imediatamente

---

[25] Teresa Araújo, "O espelho da 'saudade de conversar contigo' (cartas de Sophia a J. de Sena)", *Limite*, v. 10, p. 123-135, 2016. Disponível em: <http://www.revistalimite.es/volumen%2010/07araujo.pdf>. Acesso em: 7 fev 2019.
[26] Carta de Sophia de Mello Breyner Andresen, de Paris, em março de 1962, in Sophia de Mello Breyner; Jorge de Sena, op. cit., p. 53.

a recepção...", só seria mais tarde encontrada, com comentários no texto e envelope, nos arquivos da Pide, donde fora resgatada e só publicada na edição de 2010 da Correspondência.

Seguem-se, a essa, três cartas breves de Sophia, na última das quais, refere, lacónica e cautelosa:

> A P.[I.D.E.] esteve em nossa casa revistando e levou todas as suas cartas.
> Recebeu o Livro Sexto?
> Começou hoje o Concílio Ecuménico. Deus nos ajude.
> Para a Mécia e para si mil saudades da muito amiga.
> Sophia
> Ponha no remetente a direcção da Távola mas é melhor mandar a sua colaboração para minha casa. Pus endereço para a Mécia, por prudência.[27]

Por missivas trocadas, posteriormente, fica-se a saber que na revista *Távola*, com nova direção e rejuvenescimento, a cargo de Sophia, foram publicados poemas de Sena "muito bem recebidos", para além da sua colaboração, a convite da poeta, noutras publicações como *Litoral Renascido*, de existência efémera devido à censura da imprensa em Portugal.

Nesta correspondência, sempre quotidiana e historicamente contextualizada, espelha-se, constantemente, uma profunda partilha intelectual, para além da estima e admiração recíprocas, quer ao nível do empenhamento político, cívico, cultural e literário, quer nas diferenças consentidas. Afinidades e vivências comuns também implícitas nos seus distintos discursos epistolares podem percecionar-se nestes fragmentos de cartas:

> nestas vésperas de aniversário meu e da Sophia, com as melhores esperanças de que, em breve, possamos respirar juntos outro ar[28]
> Tenho andado muito solitária, bastante desenganada de literatos e sinto muito a sua falta, neste deserto intelectual. O saloismo da maioria dos intelectuais portugueses é quase inacreditável e as fortes desilusões que tenho tido fazem-me perder o ânimo.[29]

---

[27] Carta de Sophia de Mello Breyner Andresen, de 11 de outubreo de 1962, in Sophia de Mello Breyner; Jorge de Sena, op. cit., p. 65.
[28] Carta de Jorge de Sena, de Assis, em 30 de outobro de 1959, in Sophia de Mello Breyner; Jorge de Sena, op. cit., p. 30.
[29] Carta de Sophia de Mello Breyner, de 10 de junho de 1963, in Sophia de Mello Breyner; Jorge de Sena, op. cit., p. 77.

a não ganhar eu [Grande Prémio de Poesia da Sociedade Portuguesa de Escritores (1962)], desejava ardentemente que ganhasse a Sophia que eu estimo e considero.[30]

As cartas de um e de outro, contínua permuta de notícias, livros, reflexões e comentários de leitura, breves e diretos em Sophia, mais longos e eruditos em Sena, sublinham o apuramento substantivo e estilístico de cada correspondente, ambos já com obra feita e em plena produção literária. Paralelamente, as suas missivas revelam-se ainda no papel decisivo de estímulo e abertura a novos contactos e conhecimentos que representam nos seus trajectos de progressiva reputação em contextos geográfico-históricos e literários diferenciados e cada vez mais alargados.

Quanto aos trabalhos de tradução, actividade referida, recorrentemente, em que ambos se empenhavam por motivações literárias mas também por razões de ordem material, é de salientar a partilha de elevada exigência, para além da diferença de conceções ao nível da retroversão da matéria poética, no caso de Sophia, fiel à estrutura e ritmo poético e, em Sena, para quem "tudo na vida é tradução", numa amplitude e intensidade tradutora, quiçá também por responsabilidade académica.

É, precisamente, desta experiência, no acto de produção poética, que Sophia fala a Sena, em carta de abril-maio de 1964, onde expressa o seu grande apreço pela obra *Metamorfoses*, (escrita em Araraquara, São Paulo, e publicada no Natal de 1963), manifestando-lhe elevado interesse, pelo seu poema "Gazela da Ibéria", que ela própria traduzira para francês, "permanecendo como inédito ainda hoje".[31]

Em relação à matéria poética, tão familiar e próxima aos dois correspondentes, percepciona-se, na sua constante presença nas cartas, que cada um faz de sua poesia uma idealização própria e uma diferente modelação poética da ideia: em Sena, esta é de natureza mais abstrata, partindo daí para o concreto, enquanto em Sophia, parte-se do concreto para o abstrato, sendo a ideia mais de natureza concreta, icónica e metafórica.

---

[30] Carta de Jorge de Sena, de Araraquara, em 12 de jul. de 1964, in Sophia de Mello Breyner; Jorge de Sena, op. cit., p. 83.
[31] Manuela Brito Martins, "A poética filosófica ou a filosofia poética? de Sophia a Jorge de Sena", in Nuno Júdice et. al. (Org.), *Filosofia e poesia. Congresso Internacional de Língua Portuguesa*, Porto, 2016, p. 251-273. Disponível em: <http://ler.letras.up.pt/uploads/ficheiros/14156.pdf>. Acesso em: 6 fev 2019.

Detectam-se em várias cartas diversos elementos poéticos que se constroem na poesia de Sophia, mas que se podem também evidenciar na poesia de Jorge de Sena. Verifica-se que a poesia de Sophia, em sua linguagem simbólica e imagética, se distingue, no entanto, por reatar uma "poética filosófica", que se deixa embeber da literatura greco-latina clássica que ela admira e com que se identifica: "De certa maneira encontrei na Grécia, a minha própria poesia 'o primeiro dia inteiro e puro – banhando os horizontes de louvor'";[32] "De qualquer maneira, sinto-me muito heideggeriana".[33]

Já o genial e inconfundível discurso poético de Sena, no dizer de Sophia, designadamente, em relação ao seu "belíssimo livro de poesias *Metamorfoses*, extremamente denso, numa grande unidade, sem desigualdades, numa coesão tecida palavra a palavra", recupera e reinventa uma "filosofia poética" de tradição humanista e universal. Nele ressoa, epocalmente, o pensamento da fenomenologia na relação intertextual que se estabelece com um campo textual filosófico que introduz "na razão poética uma *razão dialética* e uma *razão fenomenológica* reintegradas numa *razão existencial*, num itinerário que vai das não-evidenciadas coisas à evidência da sua mutabilidade e à evidência do mal..."[34]

A partir de novembro de 1969, após a primeira visita de Jorge de Sena a Portugal, desde seu exílio americano, os correspondentes passam a tratar-se por "tu" e as suas cartas mantêm mais intensamente e em profundidade o fio condutor do diálogo epistolar e colaboração literária que cada um proporciona ao outro.

Do ponto de vista histórico-social, importa assinalar o que Sena, criticamente, pensa de um Portugal rural-urbano em Guerra Colonial, nos estertores da ditadura,[35] neste poema "violento" que oferece e dedica a Sophia, "em paga da leitura dos teus esplêndidos novos poemas":

Que esperar daqui? O que esta gente
Não espera porque espera sem esperar?
O que só vida e morte
Informes consentidas
Em todos se devora e lhes devora as vidas?

---

[32] Carta de Sophia de Mello Breyner Andresen, de abril- maio de 1964, in Sophia de Mello Breyner; Jorge de Sena, op. cit., p. 82.
[33] Carta de Sophia de Mello Breyner Andresen, de 18 de novembro de 1969, in Sophia de Mello Breyner; Jorge de Sena, op. cit., p. 86.
[34] Luís Adriano Carlos, *Poética e poesia de Jorge de Sena, antinomias, tensões, metamorfoses*, 2 vols., Porto: Faculdade de Letras da Universidade do Porto, 1993, p. 13.
[35] Maria Otília Pereira Lage, *Portugal como (im)possibilidade continuada: cidadania e exílios (1930 – 1970). À "conversa" com Jorge de Sena*, Porto: Ed. Afrontamento, 2009, p.18-24.

O que quais de baratas e as baratas
É o pó de raiva com que se envenenam?

Emigram-se uns para as Europas
E voltam como se eram só mais ricos.
Outros se ficam envergando as opas
De lágrimas de gozo e sarapicos.

Nas serras nuas, nos baldios campos,
Nas artes e mestres que esvaziam,
Resta um relento de lampeiros lampos
Espanejando as caudas com que se ataviam.

Que Portugal se espera em Portugal?
Que gente ainda há-de erguer-se desta gente?
Pagam-se impérios como o bem e o mal
mas com que há-de pagar-se a quem só rouba a mente?

Chatins engravatados, pelenguentas fúfias,
Passam de trombas de automóvel caro
Soldados, prostitutas, tanto rapaz sem braços
Ou sem as pernas – e como cães sem faro
Os putas poetas se versejam trúfias.

Velhos e novos, moribundos mortos
Se arrastam todos para o nada nulo.
Uns cantam, outros choram, mas tão tortos
Que a mesquinhêz transborda ao mais singelo pulo.

Chicote? Bomba? Creolina? A liberdade?
É tarde, e estão contentes de tristeza,
Sentados no seu mijo, alimentados
Dos ossos e do sangue de quem não se vende.

(Na tarde que anoitece o entardecer nos prende).[36]

---

[36] Carta de Jorge de Sena, de Santa Barbara, em 9 de outubro de 1971, in Sophia de Mello Breyner; Jorge de Sena, op. cit., p. 125-126.

Em idêntico sentido, Sena, sempre civicamente crítico e empenhado na resistência ao que de mal vai no mundo, manifesta o seu grande desencanto, face à ambiência política americana da época:

> A única consolação é que o mundo está no beco sem saída e ninguém se pode rir já de Portugal...Veja-se a manifestação tremenda ontem em Washington (um quarto de milhão...) – e os próceres governamentais já clamam contra o noticiário de televisão, o último refúgio do comentário livre. É um fascismo militarista em marcha, que já não ilude senão quem quer. Mesmo na universidade, está tudo dividido de alto a baixo, mas com "eles" por cima. (...) Mas o gosto de trabalhar e publicar perdi-o por completo – para quê? Se ainda o faço é porque não sei fazer outra coisa.[37]

Após o Movimento de 25 de Abril de 1974 e a instauração da Democracia e da Liberdade em Portugal, a correspondência entre os interlocutores torna-se mais irregular e espaçada de meses e anos, sendo as cartas, em geral, mais breves e informativas ao nível pessoal, familiar e de trabalho, nelas se fazendo já sentir a fragilidade da saúde de Sena que começara a manifestar-se ainda no Brasil

A concluir, detemo-nos no *Texto de homenagem de Sophia a Jorge de Sena*,[38] documento evocativo das vozes dos dois escritores, que encerra este livro de sua Correspondência de cuja edição Mécia de Sena foi a primeira e principal obreira:

> Para o Jorge e para a Mécia este texto escrito teimosamente em busca da inteireza,
> Com inteira amizade da Sophia
>
> Lisboa, setembro 1976
>
> Não sou um crítico literário nem ensaísta e penso que talvez não tenha feito bem em aceitar este convite para estar agora aqui.
> Mas aceitei falar de Jorge de Sena não só porque ele é um poeta por quem tenho uma profundíssima admiração mas também alguém por quem tenho uma profundíssima amizade.

---

[37] Carta de Jorge de Sena, de Madison, em 16 de novembro de 1969, in Sophia de Mello Breyner; Jorge de Sena, op. cit., p. 115.
[38] Texto lido em sessão de homenagem a Jorge de Sena feita na Associação Portuguesa de Escritores.

Se penso em Jorge de Sena penso nos seus poemas, mas penso igualmente na sua ausência. Pois esta ausência é como uma parte da nossa vida e do nosso país que nos roubaram. (...) A poesia não inventa outro mundo. Mas procura a verdadeira vida. E por isso Jorge de Sena definiu a poesia como sendo "a fidelidade integral à responsabilidade de estar no mundo".

Por isso a sua poesia é uma poesia de resistência não apenas no sentido corrente e directamente político da palavra, mas uma poesia que resiste a tudo quanto deforma ou inverte ou desfigura a vida humana. (...) Na voz da poesia de Jorge de Sena há um clamor onde se misturam, dividem e cruzam e confundem as vozes mais diversas. (...) Mas paralelamente a esta amargura onde a vida é vista de perto demais, como através de uma lucidez deformante, há na poesia de Jorge de Sena uma confiança apaixonada na verdade da vida humana e na verdade da sua própria vida. (...) Poesia de combate, poesia de raiva e fúria a poesia de Jorge de Sena é verdadeiramente poesia de resistência na medida em que existe esperando pelo amor a vida inteira. (...) E o poema que surge é a pequena luz que na escuridão resiste.[39]

Considerações finais

O diálogo epistolar analisado revela-se-nos como impressiva crónica da cultura e sociedade dos tempos de Jorge de Sena e Sophia de Mello Breyner, e enquanto arquivo vivo de criação para uma aproximação abrangente, mais por dentro, aos dois escritores, universos literários e poéticos que marcam e inspiram a literatura portuguesa contemporânea.

Nesta "correspondência vigiada" pela polícia política portuguesa mas inequivocamente resistente, encontram-se documentados traços singulares e consonantes dos interlocutores, amigos que se orientam e estimulam como escritores, poetas, tradutores, intelectuais livres e independentes, sempre empenhados e críticos nas arenas sociais da cultura, da política e da cidadania activa.

Através das suas cartas podemos ainda conviver com estes dois seres humanos de excepção, personalidades distintas e notáveis que se respeitam e admiram, mesmo quando em passageiro desacordo.

Vislumbramos o interesse e importância de algumas de suas obras que trocam entre si e comentam, mutuamente, acedemos a um mais próximo entendimento de suas concepções culturais, literárias, poéticas e estéticas, tendências

---

[39] Sophia de Mello Breyner; Jorge de Sena, op.cit., p. 175-180.

filosóficas e distintos estilos de escrita, compreendemos melhor seus ideários políticos e religiosos e partilhamos valores e princípios humanistas.

Magistral lição de humanidade, legado de valores éticos e estéticos que nos dignificam e impulsionam!

Maria Otília Pereira Lage é pesquisadora integrada do CITCEM-FLUP, membro da Direção do CEPHIS, do Conselho Editorial de sua Revista e de Associações Profissionais e Científicas. Tem mestrado em História das Populações e Doutoramento em História Moderna e Contemporânea (Universidade do Minho), Pós-doutoramento em Estudos Sociais e Pós-graduação em Documentação (Universidade de Coimbra), Especialização em Administração Escolar (Instituto Politécnico do Porto). Foi docente nos Ensinos Secundário, Superior e Universitário, sendo autora, organizadora e coordenadora de livros, artigos, ensaios, conferências, projetos nas áreas de sua especialidade e estudiosa da vida-obra de Jorge de Sena, no domínio dos estudos culturais.

O surrealismo será aquilo que nossa atitude ditar

• Mônica Simas •

Na edição do centenário de Jorge de Sena da revista *Metamorfoses*, Luci Ruas explica porque a Cátedra, que se inaugurava na Faculdade de Letras da Universidade Federal do Rio de Janeiro, em 1999, o havia escolhido como patrono. À frente do projeto, a Professora Doutora Gilda Santos e todo o Departamento de Letras Vernáculas viram no "poeta, ficcionista, dramaturgo, pesquisador incansável, ensaísta, professor", o "homem em trânsito", "com sua incansável e prolífica prática escritural",[1] em exílios, o patrono ideal para estar à frente dos estudos luso-afro-brasileiros daquela instituição. Sem dúvida, a versatilidade de Jorge de Sena somada a sua constante luta pela autonomia das artes e do pensamento crítico converteram-se em uma vital motivação para se enfrentar o declínio da humanidade com suas cargas de desistoricização e utilitarismos imediatos; contextos opressores e preconceitos discursivos, entre outras calamidades.

No contexto de discussão, divulgação e crítica da poesia e das artes, o objetivo geral desta breve reflexão busca recompor a história da polêmica gerada com a publicação de "Surrealismo, a propósito de uma exposição e de algumas publicações conexas", na *Nova Seara*, em 1949, entre outros textos de Jorge de Sena, enfatizando certo estado de consciência sobre os movimentos artísticos de vanguarda, mais especificamente, o Surrealismo, naquele momento. As relações que estabeleceu com outros críticos, como Adolfo Casais Monteiro e José-Augusto França, e a crítica que encetou sobre a obra de António Pedro, parecem ter reforçado uma reavaliação acerca do eixo que perpetuava a Europa como centro do pensamento, em um viés mais próximo às preocupações atuais acerca das tensões entre o local e o global ou, pelo menos, relacionais entre os continentes.

---

[1] Luci Ruas, "Um número especial", *Metamorfoses. Edição do centenário de Jorge de Sena*, Cátedra Jorge de Sena para Estudos Literários Luso-Afro-Brasileiros, UFRJ, 2019, p. 15.

Nome apagado dos prolegômenos e outras referências do Surrealismo português, ditados por Mário Cesariny, António Pedro revisitado aos olhos de Jorge de Sena promete fazer-nos enxergar uma rasura do mito historiográfico que o situou fora do movimento, repetido sucessivamente. A reinclusão de António Pedro na crítica de arte surrealista é relativamente recente e se deve principalmente aos esforços de Fernando Matos de Oliveira, Maria Jesus Ávila e Sónia Isabel dos Reis Guerreiro, além dos contínuos esforços de José-Augusto França ao longo do século XX. Sendo assim, é importante mostrar como Jorge de Sena antecipa algumas questões em torno do conceito do Surrealismo e da arte, que começarão a surgir depois de 1960, ao analisar as atividades do Grupo Surrealista de Lisboa ainda naqueles anos de 1940. A resposta de António Maria Lisboa e a polêmica que se seguiu à publicação de Jorge de Sena sombrearam e até mesmo cortaram a possibilidade de o movimento coletivo existir, de forma plural e mais criativa. Busca-se descrever a polêmica em suas circunstâncias históricas e analisar algumas consequências ao pensamento sobre as vanguardas e sobre a arte de modo mais geral. As publicações de Jorge de Sena sobre o Surrealismo foram generosamente reunidas por Mécia de Sena em *Estudos de Literatura Portuguesa* III e são eles: "Poesia sobrerrealista", publicado em *O Globo*, em 15 de outubro de 1944, com cinco traduções – dois poemas de Paul Eluard, um de Georges Hugnet, um de Benjamin Péret e um de André Breton; "Surrealismo, a propósito de uma exposição e de algumas publicações conexas", publicado em três partes na *Seara Nova*, abril, junho e julho de 1949, além de uma conclusão em setembro, onde aparece "Ode ao Surrealismo por conta alheia", poema inserido posteriormente em *Pedra filosofal*; "A primeira referência ao surrealismo em Portugal", dividido em duas partes, que apareceu no *Diário de Notícias*, em 10 e 17 de janeiro de 1974. Por fim, "Notas acerca do Surrealismo em Portugal, escritas por quem nunca se desejou nem pretendeu precursor de coisa alguma, ainda que, cronologicamente, o tenha sido, por muito que isto tenha pesado a muitos surrealistas, ex-surrealistas etc., do que se não excluem mesmo eminentes pessoas que contam entre os melhores e mais dedicados amigos do autor", solicitado por Luciana Stegagno-Picchio, que o traduziu e publicou no *Quaderni Portoghesi*, em 1978.[2] Ainda são bem poucos os estudos sobre a importância do Surrealismo e do abjecionismo na obra de Jorge de Sena, temas que podem

---

[2] Jorge de Sena, "Sobre o Surrealismo", Mécia de Sena (Ed.), *Estudos de Literatura Portuguesa* – III, Lisboa: Edições 70, 1998, p. 213-260. Todas as referências a textos críticos de Jorge de Sena sobre o Surrealismo seguirão esta edição. O texto escrito para Luciana Segagno-Picchio será referido apenas como "Notas acerca do surrealismo em Portugal (...)".

expandir os territórios conceituais da sua produção. Entre os atuais estudos destaca-se o de Marcelo Pacheco Soares[3] que trata da prosa em meio às polêmicas do Surrealismo português.

Descrição de uma polêmica

Primeiro, é preciso relembrar as próprias palavras de Jorge de Sena, quando analisa a exposição do Grupo Surrealista de Lisboa. No primeiro artigo, adverte que "o Surrealismo não pretendeu nunca ser uma escola literária"[4] e que seria muito difícil estudar e compreender a literatura daquele tempo, desconhecendo aquele movimento ou desprezando-o. Depois, repete a afirmação dos surrealistas de que todos os meios são lícitos na arte, concluindo que, apesar de haver uma evolução das formas, em termos de técnicas, no âmbito do movimento, isso implica "o uso, livre e não retrógrado, de todas as formas e processos",[5] para concluir que "o Surrealismo é, na sua essência, uma aventura que excede as possibilidades humanas correntes".[6] Essa visão baseia-se na sua própria noção de que o progresso dialético não poderia ser logicamente rígido, mas flutuante. Entende a luta humana pela liberdade individual ou coletiva como profundamente surrealista, mas, por isso mesmo, denuncia o que considera ser:

> um dos piores procedimentos do Surrealismo corrente, que é a preocupação dogmática, ortodoxista etc., de só fazer isto ou aquilo de especializar a cultura, numa matéria que é por sua natureza, a-dogmática, a-ortodoxa etc., e para a qual só será prejudicial o que for feito escolarmente.[7]

Assim, Jorge de Sena separa a atitude surrealista do Surrealismo, evidenciando suas diferenças a partir de vários exemplos e julgamentos pejorativos acerca de gestos que considera infantis ou grosseiros, de Salvador Dali, René Char, do próprio Breton e de René Crevel, entre outros, sempre enfatizando a busca de um alinhamento entre a busca de uma expressão e o conteúdo (a rasura de uma ordem sociológico-moral, por exemplo).

No segundo artigo, Jorge de Sena sublinha a publicação do catálogo "Balanço das atividades em Portugal", de José-Augusto França, e dos cadernos surrealistas,

---

[3] Marcelo Pacheco Soares, "Como tomar 'O comboio das onze?' ou O Surrealismo segundo Jorge de Sena", *Remate de Males*, Campinas: Unicamp, v. 38, n. 2, p. 1053-1075, 2018.
[4] Ibid., p. 217.
[5] Idem.
[6] Idem.
[7] Ibid., p. 222.

como o "Proto-poema da Serra d'Arga", de António Pedro e "A ampola miraculosa", de Alexandre O' Neill. Desenvolve uma grande reflexão a partir da ideia expressa por José-Augusto França de que a "ausência de tradições duma imaginação criadora e duma inteligência e duma cultura atentas"[8] marcaria a falta de um movimento surrealista em Portugal. Para Jorge de Sena, que defende uma vivência lúcida, através de uma consciência da natureza dialética, se esta ausência limitava a vida portuguesa, por um lado; por outro, ela seria também o motivo de sua existência, com "carácter improvisado e tateante" e à custa de muitos sacrifícios (pessoais). Depois de desenvolver a polêmica de José-Augusto França, passa a comentar as obras da exposição, entre elas, a de António Pedro, para a qual vai ser dado o seguinte destaque:

> O *Proto-poema da Serra de Arga*, de António Pedro, personalidade por sua tendência demasiado evidente para ser apreciada com a justiça que merece, não será talvez um poema surrealista. Sê-lo-á para o autor que nele se liberta quase completamente de certos ritmos curtos e certas aliterações, que foram, durante muito tempo, o mal literário das suas inegáveis qualidades poéticas. Posto ao lado da prosa magnífica de *Apenas uma narrativa*, (não sem razão é dedicada a Aquilino esta obra) de ambos os trabalhos sobressai, curiosamente, um surrealismo regionalista, que corrige, com salutar brutalidade, a visão predominante lírica do Minho de um Pedro Homem de Melo. Esse regionalismo, entre plástico e literário, entre o pormenor concreto e "realista" e o transformismo imaginoso, é, sem dúvida, uma característica da personalidade de A. Pedro, igualmente válida para os seus quadros e para as suas prosas críticas ou ocasionais, e defende-o de certo abstracionismo cosmopolita em cujo exercício, citadinamente, se tem perdido algum surrealismo.[9]

Observa-se que, primeiro, há uma hesitação na classificação do poema de António Pedro quanto a ele ser surrealista para depois afirmar que sobressai, "curiosamente, um surrealismo regionalista". Nitidamente, Jorge de Sena está diante de algo novo, que registra "entre o pormenor concreto e realista e o transformismo imaginoso", como um traço do caráter de António Pedro, mas que poderia também ser entendido como estilo, um modo próprio de lidar com os princípios e a cosmovisão surrealistas. A personalidade bem marcada de António Pedro será, ainda, referida no terceiro artigo que conclui a sua di-

---

[8] José-Augusto França, apud Jorge de Sena, op. cit., p. 224.
[9] Jorge de Sena, op. cit., p. 226, destaques no original.

gressão. Depois de analisar os trabalhos de pintura de Fernando de Azevedo, Alexandre O'Neill e António DaCosta e, apesar de não considerar os desenhos expostos de António Pedro o melhor de sua pintura, enfatiza que eles "são bem irmãos de *Apenas uma narrativa*, aquelas páginas de Bestiário privado, em que desenho e poesia se reúnem numa manifestação de exuberância individualista". Jorge de Sena, em várias outras ocasiões, mostra o seu apreço pela trajetória de António Pedro, indicando *Apenas uma narrativa* não só como um dos textos mais primorosos da literatura portuguesa, mas também da literatura universal. Na mesma mão da crítica e da recepção das obras de António Pedro, no Brasil, que será comentada mais adiante, como crítico, Jorge de Sena enxerga uma base de fundamento antropológico nessa arte, única e criativa.

Bem diferente será o caminho que se segue, em Portugal, com a resposta de António Maria Lisboa, em uma das sessões do Jardim Universitário das Belas Artes (Juba), promovidas no mês de maio de 1949, organizadas na Casa do Alentejo. Na sessão do dia 6 de maio e com a intenção de esclarecer o crítico Jorge de Sena, António Maria Lisboa promove uma desmoralização da sua autoridade crítica e ataca veementemente António Pedro, José-Augusto França e Cândido Costa Pinto. Adelaide Ginga Tchen[10] observa que, antes da apresentação no Juba, o texto de cinco páginas lido por António Maria Lisboa fora enviado à *Seara Nova*, mas que a direção da revista teria se negado a o publicar.

António Maria Lisboa começa a sessão, indagando as fontes onde Jorge de Sena "teria ido beber os seus conhecimentos sobre o Surrealismo".[11] Depois tenta marcar uma diferença conceitual, apresentando o que o crítico entenderia por atividade surrealista.

> A atividade Surrealista não é, como Jorge de Sena quere é (e outros também) uma simples acção libertadora das coisas que chateiam, mas um golpe fundo, e de cada vez que é dado, na Realidade presente. Não é de facto uma simples purga seguida de um dia de descanso e caldos de galinha, mas revolta permanente contra a estabilidade e cristalização das coisas. Não é mero exercício para se dormir melhor na noite seguinte, mas esforço demoníaco para se dormir de maneira diferente.[12]

---

[10] Adelaide Ginga Tchen, *A aventura surrealista*, Lisboa: Edições Colibri, 2001, p. 114.
[11] Uma cópia da palestra proferida por António Maria Lisboa encontra-se em Adelaide Ginga Tchen, op. cit., como doc 2, entre as páginas 146 e 148. Fazem parte do espólio de Mário Henrique Leiria. Todas as referências à palestra seguirão esta reprodução.
[12] Idem.

Após estabelecer uma interessante discussão sobre o conceito de liberdade, refuta qualquer possibilidade de uma preocupação moral para afirmar o que seria a infantil atitude de Jorge de Sena, pois "além do desconhecimento, ou conhecimento vago do Surrealismo, o que é humano, vemos a ridícula pretensão de o criticar".[13] Ao querer pôr os pontos nos iis, António Maria de Lisboa nega que Jorge de Sena tenha feito uma crítica sobre o Surrealismo, já que fala de três figuras (António Pedro, José-Augusto França e Cândido Costa Pinto) que não considera serem surrealista ou fazerem arte surrealista. Por fim, as suas últimas palavras são:

> Cabe aqui dizer, num novo e último parêntesis, que se nós somos produtos históricos e reagimos desta ou daquela forma e circunstancias determinadas, a História será o que a nossa atitude ditar. É por sabermos que transformamos e não somos mero joguete duma Ideia Universal que reagimos
> FEROZMENTE contra
> O FALSO AMOR   FALSA LIBERDADE
> FALSA VERDADE   e FALSA POESIA
>   e chegamos. É precisamente
> na POESIA que nós nos damos.[14]

Parece que a ferocidade da resposta deve-se principalmente ao fato de Jorge de Sena ter questionado as proposições do Surrealismo frente às atitudes dos seus adeptos. No entanto não seria esse fato discutido de forma mais aprofundada, anos depois, por Antoine Compagnon, em "Teoria e terror, o abstracionismo e o surrealismo", um de *Os cinco paradoxos da modernidade*, livro publicado em 1990 e traduzido, no Brasil, em 1996? A resposta de António Maria Lisboa revela, sobretudo, que, no momento de ultrapassagem do Grupo Surrealista de Lisboa, iria se formar outra conjunção, sob uma nova liderança, que não permitiria nada além de uma radical frontalidade negativa. Ele usa a retórica de polêmica, contestando afirmações que Jorge de Sena simplesmente nunca fez como, por exemplo, a menção a que o Surrealismo seria "uma simples acção libertadora das coisas que chateiam". Além de Jorge de Sena nunca ter dito coisa semelhante, sempre reforçou a ideia de que o Surrealismo corresponderia ao tal "golpe fundo" na "Realidade", exatamente, como António Maria Lisboa apregoava. E quais foram as fontes de Jorge de Sena? Os surrealistas franceses, tal e qual o foram

[13] Idem.
[14] Idem.

para o "antigrupo" que se formava. Em parte, a retórica de polêmica consiste em atribuir ao outro frases e ideias que, de fato, não se fizeram presentes na crítica original, para depois contestá-las. E surpreendentemente parece haver algo em comum entre os dois, que é a importância atribuída à atitude humana na via transformadora da história. Na crítica dialética de Jorge de Sena, nenhum movimento artístico estaria fora da história, em uma espécie de atomização do tempo e, por isso mesmo, além de o Surrealismo ser passível de crítica, deveria favorecer a autonomia humana em relação àqueles possíveis irromperes de tiranias. O título deste trabalho dialoga ironicamente com a frase de António Maria Lisboa, pois ao dar veracidade ao comprometimento com a história pode-se repensar a noção de uma experiência que teria que estar fora da experiência, mesmo que, no caso, ela se quisesse distante dos ditames do Neorrealismo. Porém, o que facilitaria a recepção do rebaixamento crítico que António Maria Lisboa fez foi o fato de os três artistas citados terem virado às costas à polêmica e seguido caminhos em outras direções. Com a publicação de *Intervenção surrealista*, de Mário Cesariny, ratificava-se o apagamento desses artistas e o desprezo pelas suas criações artísticas enquanto manifestações surrealistas. António Pedro, ainda, em 20 de maio de 1949, compareceu a mais uma sessão do Juba. Recitou trechos de Breton, Eluard, França, Vespeira e Moniz Pereira; leu um artigo publicado na revista luso-francesa *Afinidades* e fez algumas considerações sobre o Surrealismo, situando-o como um **movimento étnico "tendente à libertação integral do homem, amputando-o de recalcamentos impostos pelo meio"**.[15] Na sequência, Mário Henrique Leiria e Cesariny escrevem uma declaração para expulsar António Pedro, José-Augusto França e Cândido Costa Pinto, o que causou estranhamento em Pedro Oom e até mesmo em António Maria Lisboa. Como bem lembra Tchen:

> embora nunca chegasse a ser impresso, o esclarecedor comunicado Surrealismo e Manipulação de M. H. Leiria e M. Cesariny, datado de novembro de 1949 e com autoria compartilhada por João Arthur Silva, A. Cruzeiro Seixas e Carlos Eurico da Costa, circulou dactilografado nos meios literários e nas tertúlias lisboetas, dirigindo fortes ataques e mesmo algumas denúncias às personagens anteriormente mencionadas.[16]

---

[15] Adelaide Ginga Tchen, op. cit., p. 116, destaques meus.
[16] Ibid., p. 121.

Entre 1947 e 1951, o ano explosivo de 1949 já apontava para todas as dificuldades de uma aventura coletiva em Portugal que, certamente, pode ser mais detalhada nas suas circunstâncias anteriores e revisitadas a posteriori.

Circunstâncias de uma polêmica

Na verdade, as discordâncias entre os membros da primeira ação coletiva surrealista em Portugal já existiam desde anos anteriores à própria formação do Grupo Surrealista de Lisboa. É preciso observar que os salões do SPN/SNI foram o espaço disponível para artistas mostrarem os seus trabalhos e que o fato de participarem ou não nas Exposições Gerais gerava sempre grande polêmica. Além disso, a aproximação dos artistas portugueses aos franceses foi cheia de obstáculos e equívocos. Vale lembrar que em 1947, data que o conjunto de artistas se reúne com a intenção de formar um grupo, surge o manifesto *Rupture inaugurale*, texto que pretendia esclarecer as relações entre o Surrealismo e a política, nunca aceitos na íntegra pelo Grupo Surrealista de Lisboa, pois a política de Portugal exigia, segundo eles, se não uma militância, um compromisso de apoio às iniciativas da oposição (e do Partido Comunista). No mesmo ano, durante a exposição geral de Paris, Breton expressa incômodo com o quadro de Costa Pinto por considerá-lo mais obsceno do que erótico. Alexandre O'Neill, nessa altura, já supunha que António Pedro fosse interessante apenas porque tinha contato com os surrealistas ingleses. Um ano depois, em face da posição antiestalinista assumida por Breton e seus companheiros, José-Augusto França iria se desentender com o líder francês. Cesariny aproveitaria a circunstância para dirigir uma carta a Breton, contestando as atitudes daquele. Logo depois, António Pedro escreve a Breton, buscando fazer uma intermediação. Na carta enviada a Breton revela-se ainda um desacordo pessoal entre António Pedro e Mário Cesariny. Ainda por cima, Mário Cesariny tentou criar uma revista conjunta com o movimento francês, mas, primeiro, António Pedro reverteria o projeto a favor da recriação da revista *Variante* e, depois, por problemas financeiros, não seguiria adiante. Ou seja, quando o grupo se forma, de nove, já só sete o sustentam, como bem observa Tchen. Vários projetos são abortados, e o "clima" é muito tenso, sem contar a intervenção frustrada a favor da candidatura de Norton Matos, em 1948, e as consequências das eleições legislativas, em 1949. Portanto, a ruptura já estava à partida, aguardando a sua ocasião. Por outro lado, ao rememorar a polêmica, em "Notas acerca do Surrealismo em Portugal (...)", Jorge de Sena parece compreender que as consequências que apontava em atitudes radicais de surrealistas não era exatamente o que os jovens artistas dissidentes gostariam de ouvir, embora demonstre uma grande dificuldade de entender o feroz antagonismo que tomou conta de Mário Cesariny, talvez, por não perceber as implicações das fricções entre este e António Pedro. Afinal, sempre fora este o antagonismo de fundo e não com Jorge de Sena, no estrito senso pessoal. E ao lembrar de António Pedro apenas reafirma a sua admiração consolidada:

> o que esse A. P. que recordo com infinito carinho e saudade na verdade foi em tudo, e é dos mais comoventes e valiosos timbres de quem foi um dos mais distintos poetas do período (em todas as transformações estilísticas que variamente experimentou, sempre com o mesmo pessoal domínio da língua portuguesa que era o seu e um dos abridores de portas a uma nova pintura portuguesa.[17]

Reafirma que *Apenas uma narrativa* é uma obra-prima além de recordar a sua íntima colaboração com o Grupo Surrealista de Lisboa de maneira carinhosa. Se *A intervenção surrealista* apagou a imensa criatividade das manifestações de António Pedro, Jorge de Sena sempre a sublinhou. E se Hugo, Nerval, Baudelaire, Rimbaud, Lautréamont, Jarry, Apollinaire e o romance em negro foram fontes para o Surrealismo francês e universal, é possível admitir que a viagem que António Pedro fez ao Brasil, ainda no início dos anos 1940, foi marcante para a sua concepção do Surrealismo como um movimento étnico.

Para fechar ou perguntar

É importante recordar que António Pedro chegou ao Rio de Janeiro em 1941, com telas (em torno de cinquenta) que foram expostas no Museu Nacional de Belas Artes e, posteriormente, na Galeria Itá, em São Paulo. Lourival Gomes Macahado, Antônio Cândido e Paulo Emílio Salles Gomes eram seus amigos e admiradores. A exposição teve, em seu catálogo, um ensaio apaixonado do poeta italiano Ungaretti entre outros escritos para jornais por Mário de Andrade (*Diário de São Paulo*) e Sérgio Milliet (*O Estado de São Paulo*). No Brasil, teve contato com obras de vários artistas, inclusive, as antropofágicas telas de Tarsila do Amaral. *Apenas uma narrativa* é uma obra publicada logo após esta viagem. No Brasil, a sua obra foi localizada como pós-surrealista, ou seja, em acordo com a dificuldade de categorização de Jorge de Sena, um "além de" as fronteiras

---

[17] Jorge de Sena, op. cit., p. 246.

do movimento de vanguarda. Por toda a América Latina, houve manifestações nas margens do Surrealismo, como a obra de Frida Kahlo (México) ou de Maria Martins (Brasil). Observa-se que nenhuma dessas artistas aderiu ao bretonismo francês. Mesmo no caso desta última, que foi levada a uma exposição, em 1944, patrocinada por ele, a série da Amazônia fazia questão de dar um aviso, tornado célebre, que é o de não esquecerem que ela vinha dos trópicos. Por isso, é possível associar o "surrealismo regionalista" que Jorge de Sena enxergou a uma aventura teórica e estética muito potente. Em um estudo sobre o momento de António Pedro no Brasil, Raul Antelo afirma:

> Como já apontamos, essa primeira exposição paulista de António Pedro da Costa foi promovida, em 1941, pelo grupo Clima, fato relevante *per se* mas ainda mais pelo texto de Ungaretti que a acompanha. Sua importância reside em nos revelar uma teoria diferencial da estética que, na esteira das estereoscopias duchampianas de 1918, fundamento, em última análise de uma arte definitiva, quase uma década depois, pela mão de outro escritor híbrido, cubano de nascimento, francês e surrealista de formação, Alejo Carpentier, típico representante, com suas colaborações para *Documents*, daquilo que Clifford conhece como o surrealismo etnográfico.[18]

A perspectiva levantada por Raul Antelo abre novas e provocativas interrogações, como, por exemplo, se o que existe passa por um mergulho na condição original do ser, qual a pertinência do mito na obra de António Pedro[19] e qual a relação entre o mito e o Protopoema da Serra d'Arga. As sensações corporais, a experiência vivida dentro da arte não envolveria um movimento de uma espessura coletiva inconsciente própria? Não seria o abjecionismo uma forma de lidar com um ser aprisionado em seus recalques, exercendo, através da imaginação, uma revolta permanente? Todas estas questões se movem a partir da releitura da crítica de Jorge de Sena acerca da obra de António Pedro, já que se cristalizou a ideia de que abjecionismo, naquela transição do período surrealista, enfatizado depois nos anos de 1960, seja devedor das ações de Pedro Oom, Mário Cesariny e António Maria Lisboa, mas e António Pedro? E Jorge de Sena? Existe um caminho que se abre depois dessa revisitação.

---

[18] Raul Antelo, António Pedro e a condição acefálica, *Semear* 9, Cátedra Pe. António Vieira, PUC-RJ, p. 161-194, 2004. Disponível em: <http://www.letras.puc-rio.br/unidades&nucleos/catedra/revistas/9Sem_12.htm>. Acesso em: 10 jan. 2020.

[19] Ver Monica Simas, Imagens da irrealidade na obra de António Pedro, in Lilian Lopondo (Org.), *Dialogia na Literatura Portuguesa*, v. 1, São Paulo: Scortecci, 2006, p. 355-366.

Mônica Simas fez pós-doutorado sob a supervisão de Yao Jingming, na Universidade de Macau, em 2015, e sob a supervisão de Ida Alves, na Universidade Federal Fluminense, em 2019. Professora Associada da Universidade de São Paulo (USP), colaboradora no projeto Orion, do CEC (Universidade de Lisboa) e no Gupo Literatura e Paisagens, coordenado pelas professoras Ida Alves e Márcia Manir. Foi professora convidada da Universidade de Florença, em 2014. Coordena o Laboratório de Interlocuções com a Ásia (LIA) e o Grupo Porta Macau: Literaturas, línguas e culturas, certificado no Conselho Nacional de Desenvolvimento Científico e Tecnológico (CNPq).

Sophia e João Cabral "no gume do poema"

• Rafaela Cardeal •

Sophia conheceu João Cabral em setembro de 1958, numa viagem a Sevilha, através de um amigo em comum, o brasileiro, e também poeta, José Paulo Moreira da Fonseca. Encontraram-se na *Plaza Mayor*, onde Sophia, segundo relata numa entrevista, viu, no meio da grande confusão, um homem pequenino com um ar triste que lhe disse: "gosto muito da sua poesia, tem muito substantivo concreto".[1] Nos dias que se seguiram, João ciceroneou Sophia e os outros amigos mostrando-lhes a paisagem andaluza, a arquitetura árabe, a dança espanhola, sem deixar de lado, é claro, a poesia brasileira. O "maravilhamento" de Sophia, com a viagem e com a descoberta da poesia do novo amigo, mais tarde, dará origem a todo um livro: *O Cristo cigano* (1961), que não será o único fruto desse profundo diálogo, repercutido posteriormente na obra poética andresiana, inclusive com ecos na escrita cabralina.

Numa carta ao casal Cabral de Melo, João e Stella, em agradecimento a hospitalidade durante a estada na cidade espanhola, Sophia diz que leu o livro *Duas águas*, ofertado como lembrança da visita — esclarece-nos a dedicatória do exemplar pertencente à poeta[2] — com entusiasmo, devagar e desordenadamente, à sua maneira. Afirma que o pernambucano "torceu o pescoço da eloquência e da retórica" devido à sua capacidade de manter apenas o essencial, o que é "austero e nu". E concluía com a lembrança e a citação do Evangelho "Procurai entrar pela porta estreita". Além de demonstrar a sua formação católica, a citação do Evangelho de

---

[1] Sophia de Mello Breyner Andresen, "A literatura da cisma", entrevista concedida a João Almino, *Folha de S. Paulo*, p. 5, 26 set. 1999.
[2] "A Sophia e Francisco, / Lembrança de sua visita a Sevilha (e à espera de outra a Pernambuco). / João Cabral de Melo Neto, 1958, set."

Lucas[3] revela-nos, nesse contexto, a dimensão ética do ofício poético, do desejo que conduzir "cada palavra / pelo estreito caminho",[4] como lemos num poema de *No tempo dividido* (1954). A amiga finaliza a missiva expressando uma enorme admiração pela poesia de João Cabral porque, diz ela, sabia como era difícil encontrar a concisão, isto é, "não dizer coisas demais". A esse respeito, numa entrevista a Eduardo Prado Coelho, de 1986, citará as conhecidas "vinte palavras"[5] do brasileiro quando questionada sobre a repetição, voluntária e premeditada, e a concisão lexical de sua escrita, declarando que "as palavras têm que ser exatamente as palavras que conquistamos".[6]

As palavras conquistadas por Sophia e João criam um vocabulário comum, como nota Maria Andresen, no prefácio da mais recente edição da *Obra poética*: "justo, luz, lança, lâmina, pobre, limpo, branco, seco, atento, cortar, etc."[7] — incluiria ainda *sol, pedra, mar, poema, coisas*, outras palavras recorrentes nos imaginários poéticos de ambos. Dizendo *o nome das coisas*, a poesia andresiana parece enunciar, em certos momentos, algumas das "ideias fixas" desenvolvidas obsessivamente na poesia cabralina, ideias que, como diretrizes poéticas, por vezes, não são necessariamente expressas. São exemplos disso as palavras "projeto" e "justo/a": "a clareza nua de um projeto" ("Projeto I"),[8] "de um projeto / Racional e poético" ("Lagos I"),[9] orienta-se em direção àquilo que é justo, dos adjetivos mais frequentes, utilizado constantemente em duplo sentido, uma vez que a "poesia é uma moral" e a "busca da justiça é desde sempre uma coordenada fundamental de toda a obra poética" ("Arte poética III").[10]

No léxico cabralino, embora as palavras "projeto" e "justo/a" não sejam concretamente tão reiteradas, podemos encontrá-las num dos seus mais célebres

---

[3] "Esforçai-vos por entrar pela porta estreita, porque muitos – digo-vos eu – procurarão entrar e não conseguirão" (13:24). Frederico Lourenço, *Bíblia*, v. I. 2ª ed. rev., aum., Lisboa: Quetzal, 2018, p. 274.
[4] Sophia de Mello Breyner Andresen, *Obra poética*, Porto: Assírio & Alvim, 2015, p. 349.
[5] "E as vinte palavras recolhidas/ nas águas salgadas do poeta/ e de que se servirá o poeta/ em sua máquina útil" ("A lição de poesia", de *O engenheiro*); ou "Falo somente com o que falo:/ as mesmas vinte palavras/ girando ao redor do sol/ que as limpa do que não é faca" ("Graciliano Ramos:", de *Serial*). João Cabral de Melo Neto, *Poesia completa*, Organização, prefácio, fixação de textos e notas de Antonio Carlos Secchin, Lisboa: Glaciar, 2014, p. 132, 414.
[6] Sophia de Mello Breyner Andresen fala a Eduardo Prado Coelho, *Revista Icalp*, n. 6, p. 60-77, ago./ dez.1986, p. 67.
[7] Maria Andresen de Sousa Tavares, "Contributo para uma biografia poética" in Sophia de Mello Breyner Andresen. *Obra poética*, Porto: Assírio & Alvim, 2015, p. 31.
[8] Sophia de Mello Breyner Andresen, *Obra poética*, p. 672.
[9] Ibid., p. 667.
[10] Ibid., p. 893.

poemas dessa obra, "O engenheiro", homônimo ao livro publicado em 1945, e numa passagem, talvez menos conhecida, de Auto do frade (1984) — por isso, cito-a quase integralmente:

> Eu era um ponto qualquer
> na planície sem medida,
> em que as coisas recortadas
> pareciam mais precisas,
> mais lavadas, mais dispostas
> segundo clara justiça.
> Era tão clara a planície,
> tão justa as coisas via,
> que uma cidade solar
> pensei que construiria.
> Nunca pensei que tal mundo
> com sermões o implantaria.
> Sei que traçar no papel
> é mais fácil que na vida.
> Sei que o mundo jamais é
> a página pura e passiva.
> O mundo não é uma folha
> de papel, receptiva:
> o mundo alma autônoma,
> é de alma inquieta e explosiva.
> Mas o sol me deu a ideia
> de um mundo claro algum dia.
> Risco nesse papel praia,
> em sua brancura crítica,
> que exige sempre a justeza
> em qualquer caligrafia;
> que exige que as coisas nele
> sejam de linhas precisas;
> e que não faz diferença
> entre a justeza e a justiça.[11]

[11] João Cabral de Melo Neto, op. cit., p. 615-616.

No poema dramático, em especial nas falas de Frei Caneca — como ficou conhecido mais tarde o político Joaquim da Silva Rabelo, figura exemplar de *Auto do frade* — transparece um discurso no qual a estética está a serviço da ética, numa orientação ético-política, com intuito de narrar em versos os últimos momentos de sua vida. O subtítulo do livro, "poema para vozes", de imediato indica ao leitor que ele será uma espécie de ouvinte, escutando as várias vozes envolvidas nessa história — algumas delas destacadas (de oficiais, dos membros do clero, do próprio Caneca), outras anônimas (das gentes, da tropa, de grupos) —, daqueles que acompanharam o martírio e o trágico fim da personagem. Ouvimos, ainda, nitidamente mais duas vozes, a voz do poeta brasileiro e da poeta portuguesa em uníssono:

> Sob o céu de tanta luz
> que aqui é de praia ainda,
> leve, clara, luminosa
> por vir do Pina e de Olinda,
> que jogam verde e azul
> sob o sol de alma marinha,
> sob o sol inabitável
> que dirá Sofia um dia[12]

Invoca-se a voz alheia num procedimento intertextual muito raro na obra cabralina: o poema incorpora uma imagem retirada de outro, do segmento VI de "As ilhas", publicado em *Navegações* (1983), bem como a fonte, o nome de Sophia. Nas duas composições, estão homens, quer os navegadores, quer o revolucionário, sob um "sol inabitável", debaixo de uma mesma luz que "cai implacável como um castigo", para relembrar um verso de "Meio-dia", do primeiro livro de Sophia, *Poesia* (1944). Este mundo solar e justo, partilhado nos universos andresiano e cabralino, poderia ser visto frontalmente a partir de uma cidade do Algarve: "a precisa limpidez" e "a nitidez" de Lagos, "onde a limpeza/ É uma arte poética e uma forma de honestidade"; "onde o visível/ Tem o recorte simples e claro de um projeto".[13] Não sem razão, ali, vendo a paisagem algaravia, na praia da Dona Ana, Sophia escrevia numa carta a Jorge de Sena: "a terra é seca e desflorada como um poema de João Cabral de Melo".[14]

---

[12] Ibid., p. 612.
[13] Sophia de Mello Breyner Andresen, op. cit., p. 667.
[14] Sophia de Mello Breyner Andresen; Jorge de Sena, *Correspondência 1959-1978*, 2ª. ed. com três cartas inéditas. Lisboa: Guerra & Paz, 2006, p. 39.

Existe uma certa cumplicidade entre Sophia e João: acreditavam ser possível construir, a partir da página em branco, o "mundo justo" com "a forma justa",[15] cidades "claras e lavadas", onde nada adoecesse; pensar o "mundo justo" "que nenhum véu encobre",[16] debaixo de um sol que "reduz tudo ao espinhaço,/ cresta o simplesmente folhagem,/ folha prolixa, folharada,/ onde possa esconder-se a fraude".[17] Apesar de serem ambos poetas solares, de afinidade luminosa, há entre eles alguns contrastes que naturalmente garantem a singularidade de suas obras. Sophia aprendeu com os gregos — como se revela no poema dedicado a eles — a tornar-se atenta "a todas as formas que a luz do sol conhece/ E também à treva interior por que somos habitados/ E dentro da qual navega indicível o brilho".[18] E assim, evidencia ao amigo brasileiro a sua mundividência num postal enviado da Grécia: parafraseando o amigo, escreveu como um *post scriptum* que ali, na Acrópole de Atenas, "a 'magia medra' mesmo ao meio-dia!".[19]

Os versos de "A palo seco" — "um canto que exige/ o ser-se ao meio-dia/ que é quando a sombra foge/ e não medra a magia"[20] — são lembrados e evocados por Sophia, à sua maneira, na Grécia. À luz do sol o mistério ali, num "lugar de lucidez e mistério",[21] manifesta-se diante da autora de *O nu na Antiguidade Clássica* (1975). Se, de um lado, a poesia de Sophia, tal qual a própria poesia, é o "mistério repassado de claridade",[22] de acordo com Eduardo Lourenço; por outro, a poesia de João Cabral evita todo e qualquer mistério, em busca do triunfo da claridade. Por exemplo, na *Fábula de Anfion* diz-se a propósito da mitologia: "arejadas salas, de/ nítidos enigmas,/ povoadas, mariscos/ ou simples nozes/ cuja noite guardada/ à luz e ao ar livre/ persiste, sem se dissolver."[23] Num "deserto sem sombra",[24] a poesia cabralina quer e irá dissolver a qualquer custo toda noite ou escuridão; enquanto a poesia andresiana, não recusando nem a noite nem a sombra, dispõe-se a ver "com pupilas transparentes e de vidro"[25] dentro da escuridão.

[15] Sophia de Mello Breyner Andresen, *Obra poética*, p. 710.
[16] João Cabral de Melo Neto, op. cit., p. 120.
[17] Ibid., p. 414.
[18] Sophia de Mello Breyner Andresen, op. cit., p. 360.
[19] As cartas de Sophia estão depositadas no arquivo de João Cabral de Melo Neto, na Fundação Casa de Rui Barbosa.
[20] João Cabral de Melo Neto, op.cit., p. 337.
[21] Sophia de Mello Breyner Andresen, *O nu na Antiguidade Clássica, antologia de poemas sobre a Grécia e Roma*. Porto: Assírio & Alvim, 2019, p. 33.
[22] Eduardo Lourenço, Prefácio. "Para um retrato de Sophia", in Sophia de Mello Breyner Andresen. Antologia. 4. ed. Lisboa: Moraes Editores, 1975, p. I.
[23] João Cabral de Melo Neto, op. cit., p. 145.
[24] Ibid., p. 337.
[25] Sophia de Mello Breyner Andresen, *Obra poética*, p. 360.

Da geometria e do concreto

Entre a escrita d'*O Cristo cigano*, iniciada em 1959, e a sua publicação em 1961, Sophia escreve um artigo dedicado à poesia cabralina, publicado em abril de 1960, logo após ao lançamento de *Quaderna* que veio a lume em Portugal na prestigiosa "Coleção Poesia e Verdade" da Guimarães Editores. Creio que essa seja a primeira recensão crítica do livro, mas que não se dedica exclusivamente a ele, apreciando, numa visão ampla, os livros anteriores através da edição oferecida pelo autor à amiga em Sevilha. Sophia foi, portanto, uma leitora privilegiada porque, para além do convívio com o poeta, teve acesso a toda obra cabralina publicada até então, numa altura que esta era pouco conhecida em Portugal, contexto que viria a mudar radicalmente.

Concisa e direta, a articulista diz, ao início do texto, que "numa linguagem nua, despojada de todos os enfeites", João Cabral de Melo "escreve uma das poesias mais limpas"[26] que ela conhece. Rente ao texto que se propõe analisar, a leitura ali empreendida sustenta-se a partir de várias citações, de versos que definem as linhas mestras do projeto poético cabralino. Um dos poemas mais citados é "Uma faca só lâmina", dos favoritos de Sophia, como dirá posteriormente numa entrevista em 1999, num comovente depoimento após a morte do amigo.[27] Da "agudeza feroz" e da "violência limpa" do "estilo das facas", de que ela aprenderá uma lição poética: "pois somente essa faca/ dará a tal operário/ olhos mais frescos para/ o seu vocabulário". Seguindo o exemplo, ilustrado na passagem transcrita no seu texto crítico, Sophia compõe "A palavra faca" à maneira de prefácio a *O Cristo cigano*:

> A palavra faca
> De uso universal
> A tornou tão aguda
> O poeta João Cabral
> Que agora ela aparece
> Azul e afiada
> No gume do poema
> Atravessando a história

---

[26] Sophia de Mello Breyner Andresen, "A poesia de João Cabral de Melo Neto", *Encontro*, Lisboa, n. 28, p. 12, abr. 1960.
[27] Sophia de Mello Breyner Andresen, "Que diz Sophia um dia", entrevista concedida a Alexandra Lucas Coelho, *Público*, Leituras, p. 2, 16 out. 1999.

Por João Cabral contada.[28]

A lenda do "Cristo cachorro" contada à Sophia por João em Sevilha, a quem um cigano tinha contado, serviu de "pretexto" para o livro, esclarece a autora numa entrevista ao *Jornal Letras e Artes*, de 1962, ano seguinte ao lançamento da primeira edição, ilustrada por Júlio Pomar.[29] Segundo João Gaspar Simões, é o nome do poeta brasileiro e o prestígio que essa obra ia ganhando entre os jovens poetas portugueses que o ajudavam a compreender uma feição nova, "até certo ponto inesperada", da poesia de Sophia: os valores que o crítico chamara "metafísicos", referente à corrente lírica que se integrava, compareciam ali "transfigurados, muito menos abstractos e vagos".[30] Esta "curiosa experimentação profunda",[31] como definiu Jorge de Sena, ganhará maiores consequências no *Livro sexto* — cronologicamente o sétimo livro de poesia da autora, quer dizer, o sexto livro, *O Cristo cigano*, estaria à parte da sequência linear das suas publicações —, e talvez, por esse motivo, se tenha tornado posteriormente um "objeto estranho" à sua poesia, sendo assim afastado da obra, por vontade da autora devido à "fortíssima influência" cabralina.[32]

Contrariamente, não poderíamos assegurar se houve alguma influência da poesia de Sophia na de João. Mas, de fato, ela é a única poeta de nacionalidade portuguesa a receber uma homenagem ímpar na obra cabralina: o "Elogio da usina e de Sophia de Mello Breyner Andresen", de *A educação pela pedra* (1966), um dos mais aclamados livros do autor. Contrapondo-se ao engenho banguê, que trabalha em uma única direção, de ida, explica-se na primeira parte do poema – tal como o "rolo compressor, o "monjolo", "a moela da galinha" e muitas "moelas e moedas de poetas" —, demonstra-se, na segunda parte, o método de trabalho da autora de *Mar novo*:

Sophia vai de ida e de volta (e a usina);

---

[28] Sophia de Mello Breyner Andresen, *Obra poética*, p. 413.
[29] Sophia de Mello Breyner Andresen, O Cristo cigano ou a lenda do Cristo Cachorro, il. Júlio Pomar, Lisboa: Minotauro, 1961.
[30] João Gaspar Simões, "O Cristo cigano, de Sophia de Mello Breyner", Jornal de Letras e Artes, p. 3, 14 fev. 1962.
[31] Jorge de Sena, *Estudos de literatura portuguesa* III, Lisboa: Edições 70, 1988, p. 174.
[32] Na "Nota à quinta edição de *O Cristo cigano*", Maria Andresen conta uma conversa que teve a propósito com Sophia. *O Cristo cigano* não fez parte da *Obra completa*, editada pela Caminho nos anos 1990, e não havia sido reeditado desde a segunda edição, de 1978, publicada pela Moraes Editores. Volta a ser editado com o consentimento da autora: 3ª ed., 2003; 4ª ed., 2005, Editorial Caminho. Cf. Sophia de Mello Breyner Andresen, *O Cristo cigano*. Porto: Assírio & Alvim, 2014, p. 9.

ela desfaz-faz e faz-desfaz mais acima,
e usando apenas (sem turbinas, vácuos)
algarves de sol e mar por serpentinas.
Sophia faz-refaz, e subindo ao cristal,
em cristais (os dela, de luz marinha).[33]

À procura de refinamento, a poeta trabalha como uma máquina num processo incessante de desfazer-fazer-refazer; assim, a sua matéria-prima, a poesia, será condensada por "algarves de sol e mar" atingindo a perfeição de seus cristais "de luz marinha". Talvez esse seja um dos maiores elogios que o poeta pernambucano poderia direcionar a um de seus pares. Ao comparar Sophia com a usina, destacando seu lado técnico, integra-a, ao mesmo tempo, na sua família de poetas, dos artesãos, e no universo nordestino, açucareiro e, sobretudo, afetivo de sua infância.[34] Como sabemos, isto não é meramente uma reminiscência da biografia do autor, mas uma vivência que se tornou uma temática em sua obra, traçando uma profunda marca em diversos poemas e livros inteiros, *A educação pela pedra*, em especial, livro segmentado em duas grandes partes: "Nordeste" e "Não Nordeste". Não haveria lugar mais notável para Sophia, a autora dos *Contos exemplares* (1962) e da "prosa mais cristalina" que a língua portuguesa tinha dado naqueles, dizia João Cabral em carta.[35]

Por fim, de volta a *O Cristo cigano*, obra a partir da qual se iniciou poeticamente o diálogo entre os autores, a relação desdobra-se outra vez na obra de Sophia, num poema publicado em *Ilhas* (1989):

I
João Cabral de Melo Neto
Essa história me contou
Venho agora recontá-la

---

[33] João Cabral de Melo Neto, op. cit., p. 446.
[34] Questionado sobre a sua lembrança mais remota, João Cabral responde: "Lembro perfeitamente não de um objeto, mas da paisagem do engenho. Eu, sentado na varanda da casa-grande, no alto, perto de onde ficava o gado que carregava cana. Lá embaixo, tinha a parte industrial da usina. A minha lembrança mais antiga talvez seja a de estar no engenho. É uma imagem estática, mas na frente do engenho corria um rio, o Tapacurá, afluente do Capibaribe. Esse engenho que a família vendeu é agora o engenho da usina Itiúma." Cf. João Cabral de Melo Neto, entrevista concedida a Augusto Massi. *Folha de S. Paulo*, Letras, 30 mar. 1991, p. 1.
[35] No espólio de Sophia de Mello Breyner Andresen, depositado na Biblioteca Nacional de Portugal, conserva-se apenas uma carta de João Cabral, de 1963. O documento encontra-se disponível no site, de autoria e coordenação de Maria Andresen Sousa Tavares, que acompanhou a doação à referida instituição: http://purl.pt/19841.

Tentando representar
Não apenas o contado
E sua grande estranheza
Mas tentando ver melhor
A peculiar disciplina
De rente e justa agudeza
Que a arte deste poeta
Verdadeira mestra ensina

II
Pois é poeta que traz
À tona o que era latente
Poeta que desoculta
A voz do poema imanente

Nunca erra a direcção
De sua exacta insistência
Não diz senão o que quer
Não se enebria em fluência

Mas sua arte não é só
Olhar certo e oficina
E nele como em Cesário
Algo às vezes se alucina

Pois há nessa tão exacta
Fidelidade à imanência
Secretas luas ferozes
Quebrando sóis de evidência[36]

Convocando novamente a história contada por João, Sophia reconhece a arte "de rente e justa agudeza", a *escola das facas*, para citar um dos admiráveis títulos da obra cabralina, em que o poeta ensina as "lições" da pedra. Ao "ver melhor" esse ofício, nota as já identificadas zonas transparentes e, acima de tudo, as zonas opacas numa perspectiva íntegra de quem percebia, com particular atenção, a luz sem prejuízo da sombra. Sophia parece ser a única a ver e a dizer que no olhar

---

[36] Sophia de Mello Breyner Andresen, *Obra poética*, p. 809-810.

fixo e na oficina de João, bem como em Cesário, algo se alucina. Esse aspecto, exposto no poema, também publicado em *Ilhas*, dedicado ao português, quem

> quis dizer o mais claro e o mais corrente
> Em fala chã e em lúcida esquadria
> Ser e dizer na justa luz do dia
> Falar claro falar limpo falar rente
>
> Porém nas roucas ruas da cidade
> A nítida pupila se alucina
> Cães se miram no vidro da retina
> E ele vai naufragando como um barco.[37]

Esses poemas, os últimos aqui citados, funcionam como uma espécie de espelho, estruturalmente refletidos, em virtude da posição sequencial que ocupam no livro, mas também por comporem: retratos de dois poetas a partir dos quais se vê mutuamente a retratista. A clarividência de Sophia atravessa algo que lhes parece ser um objetivo semelhante, ao qual, é claro, cada um responderá de uma maneira: a vontade de ver claro com pupilas, nítidas e transparentes, ou retinas de vidro, embora nelas se esconda qualquer coisa noturna e misteriosa. Num retrato de família vemos, enquanto leitores, a lucidez alucinada ou a alucinação lúcida, um dos efeitos da poesia de Sophia de Mello Breyner Andresen e de João Cabral de Melo Neto.

Rafaela Cardeal é doutoranda em Ciências da Literatura – Literatura Brasileira no Instituto de Letras e Ciências Humanas da Universidade do Minho, com pesquisa sobre a recepção de João Cabral de Melo Neto em Portugal, com uma bolsa da Fundação para a Ciência e a Tecnologia. Tem mestrado em Literatura Brasileira pelo Programa de Pós-Graduação em Letras Vernáculas da Universidade Federal do Rio de Janeiro (UFRJ), onde concluiu o bacharelado e a licenciatura em Letras Português Literaturas.

---

[37] Sophia de Mello Breyner Andresen, Obra completa, p. 811.

A correspondência entre Sena e Sophia e o diálogo com o cinema da poesia de Rita Azevedo Gomes

• Rui Pedro Vau •

A correspondência trocada entre Sophia de Mello Breyner e Jorge de Sena, de 1959 a 1978, ano da morte do poeta, serviu de mote e motivo estrutural ao filme *Correspondências* (2016), de Rita Azevedo Gomes. *Correspondências*, assim no plural, para deixar claro que o filme é muito mais do que a simples relação epistolar entre os dois poetas, inclui na sua montagem uma sucessão de poemas, testemunhos, imagens e pessoas, que configuram uma ideia de *cinema da poesia*.[1]

O trabalho deste filme é, como a realizadora afirma, uma mistura de vários materiais:

> À partida, ia ser um documentário sobre as cartas e a relação entre a Sophia e o Jorge de Sena. Mas não está dentro do meu mundo fazer um filme correto, documental. Já sabia que o ia mudar para qualquer coisa diferente. Nunca pensei ter alguém a representar a Sophia e o Jorge de Sena, e quando comecei a tentar formalizar a maneira de filmar cartas achei que ia ser uma estopada. Apetecia-me uma diversidade de materiais, com imagens tecnicamente bem feitas, outras mais toscas, e tinha uma certa saudade das cores lindíssimas do Super 8, dos carvões do preto e branco. Quis misturar isso tudo.[2]

Esta *assemblage* de materiais diversos liberta o filme, quer da eventual "estopada" em que poderia resultar o simples tratamento das cartas e dos poemas,

---

[1] Para o conceito de "cinema da poesia", cf. Pier Paolo Pasolini, "O 'Cinema de Poesia' e "A língua escrita da realidade", in *Empirismo hereje*, Trad. Miguel Serras Pereira, Lisboa: Assírio & Alvim, 1982 p. 137-152; 161-184.
[2] Rita Azevedo Gomes, Press release de *Correspondências*, Produção C.R.I.M., 2016.

quer das próprias imagens que poderiam redundar numa ilustração do texto, ao procurar as correspondências em imagens e sons às palavras dos autores.

Vemos e ouvimos imagens e sons em registos diferentes, numa cadência que nos permite ir ouvindo e vendo em várias línguas, mas também na original expressão de Sena e Sophia. É um filme centrado na poética do texto e nos seus diversos modos de dicção e entoação, seja através das leituras dos próprios, seja através de poemas lidos pelos atores em várias línguas (português, espanhol, francês, inglês e grego). Como se falassem uma única língua – "uma língua de poesia" – que lhes fosse comum e aproximasse o filme mais do ensaio do que do documentário.

E, com efeito, o filme não deixa de documentar não apenas dezanove anos de correspondência, mas também, e sobretudo, dezanove anos da história de Portugal, do Portugal fascista que Sophia comenta ser "um mundo terrivelmente diferente de mim", e que Sena confirma: "porque devo saber mais aqui, que vós sabeis daí", cujos testemunhos confirmam o forçado afastamento, que levou Sophia à resistência interna e Sena ao exílio.[3] "Onde é o exílio?", pergunta uma criança a meio do filme, como se fosse mais um lugar do que uma condição.

Se é verdade que o filme assenta na tensão entre o "dentro" e o "fora", o da intimidade da casa que corresponde à amizade e o da distância que corresponde às praias filmadas e às águas como limites físicos da separação. Porém, o modo como a realizadora olha para a realidade do "tempo dividido" de ambos, fá-la aproximar-se mais do ensaio, ao representar Sophia sobretudo através de filmagens da Grécia, e das imagens de estátuas, como a do Minotauro, revisitado por ela em dois poemas homónimos e glosado pelo célebre poema de Sena ("Em Creta com o Minotauro") lido aqui pelo próprio, e da praia da Dona Ana, no Algarve:

> Aqui em Lagos tenho vivido um Verão maravilhoso nesta luz mais que limpa, neste calor leve e doirado, nesta água verde e transparente e nas grutas invisíveis que são o mais espantoso barroco, roxas e doiradas por dentro. Em Agosto quando o mar estava liso como um chão e completamente transparente eu alugava uma chata e ia de gruta em gruta e nadava na gruta do leão e na 'sala' e na 'porta do sol' e na 'Balança', rodeada pelos pequenos e guiada por um extraordinário barqueiro, um pescador chamado José Vicente, que mergulhava

---

[3] Sophia de Mello Breyner; Jorge de Sena, *Correspondência (1959-1978)*, Lisboa: Guerra & Paz, 2010.

para trazer do fundo ouriços, pedras e búzios e que nos ensinava o nome dos peixes e nos contava as mais fabulosas histórias de pesca.[4]

Se Sophia é representada sobretudo através de imagens reais ou simuladas, Sena, pelo contrário, é representado por entrevistas ou leituras dos seus poemas, em imagens de arquivo interiores, através desse último lugar do exílio – o da escrita: "Por nós, por ti, por mim, falou a dor/ E a dor é evidente – libertada" do último soneto de *As evidências*.[5]

Pode-se dizer que é um "filme-arquivo", que "coleciona", que junta, que organiza elementos de natureza díspar. Em todo o caso, muito mais do que só o espólio da correspondência entre os dois escritores. Atores, não-atores, cineastas, técnicos, entre outros, formam um elenco "de luxo", e mesmo se não há personagens no sentido convencional do termo, quase fantasmas, no sentido derridiano,[6] se há longas cenas em que ninguém parece ter "nada de especial" para fazer ou dizer, nenhuma presença é indiferente. Pressente-se sempre um rigor ou *mise en scène* nos movimentos, nos gestos, no espaço a ocupar no plano, que cria e instala um peso próprio no ritmo do filme e na sua maneira de viver dentro de um ambiente que parece ao mesmo tempo muito distante e próximo, muito encenado, mas também muito "natural" e quotidiano.

Algumas cenas em *Correspondências* — por exemplo a preparação das refeições, as sequências da frigideira ao lume e do peixe a ser amanhado (evocação dramatizada do episódio de Vicente) — conotadas com essa naturalidade doméstica parecem reforçar uma alternância entre os espaços de uma realidade sem mais e a presença da escrita no meio dela, numa tensão que é uma das molas dramáticas do filme.

No entanto, é um filme sobre a leitura talvez ainda mais do que sobre a escrita, e é frequente convocar-nos para ficarmos apenas a ver e a ouvir pessoas que lêem, e isso, as palavras no momento da sua formulação por aquela pessoa concreta na sua dicção concreta, serem todo o "acontecimento". Frequentemente, também, isso é da ordem do encantatório, retomando aquela coisa primitiva (ou talvez apenas muito da infância) que é ficarmos suspensos das palavras ditas e contadas por outros, sobretudo quando vemos aparecer Sena e Sophia, em fragmentos colhidos em imagens de arquivo.

---

[4] Ibid.
[5] Jorge de Sena, *As evidências*, Lisboa: Centro Bibliográfico, 1955.
[6] Cf. entrevista de Derrida in *Cahiers du Cinema*, n. 556, abril 2001.

São fragmentos que, como as cartas, acontecem em lugares e tempos distintos, ora evocando, ora não, aquilo que está sendo lido no texto, recusando sempre qualquer "cânone" do filme epistolar ou da narrativa linear, uma vez que, em rigor, não há nenhuma história a ser contada, a não ser a leitura das cartas e poemas dos dois escritores, unidos pelo sentimento de isolamento e privação de liberdade: "E o exílio se inscreve em pleno tempo", diz Sophia no último verso do poema "Pátria" de *Livro sexto*.[7]

São *tableaux vivants*, quadros vivos habitados por gente, que ora ensaia a leitura de um poema, ora representa a peça *O colar*[8] de Sophia, que lê, por sua vez, o poema "Marinheiro sem mar",[9] sobre uma paisagem nebulosa, a evocar o cinema de Tarkovski,[10] numa *montagem* análoga ao encadeamento das imagens na poesia, que encontramos reproduzida metaforicamente no cartaz comercial de *Correspondências*.

Se quisermos compreender melhor todos esses universos, temos de perscrutar na obra de Rita Azevedo Gomes algumas dessas chaves. Por exemplo, um dos seus filmes, *Frágil como o mundo* (2002), tem mote num poema de Sophia e aparece lido aqui, numa espécie de reverberação que faz ecoar um filme no outro.

No conjunto da sua filmografia, parece não haver distinção entre o vivido e o sonhado ou imaginado. Não há nunca um *tempo dividido*. Esse é já o tempo do seu primeiro filme, *O som da terra a tremer* (1990), que acompanha Alberto às voltas com um romance que nunca escreve e apenas imagina.

Parece ser essa imaginação que estrutura e materializa de modos diversos e surpreendentes todos os seus filmes, seja na forma como a literatura e a poesia configuram uma narrativa que é também imagem, seja através da *presença* da pintura na construção da luz, da cor e dos enquadramentos, seja através do artificialismo do teatro ou da corporalidade do som e da música, indissociáveis da sua formação visual e da sua experiência em teatro, como no documentário *O cinema vai ao teatro* (1996), a ópera, com uma média-metragem de ficção, *King Arthur* (para a encenação da ópera homónima de Henry Purcell), de 1999, ou as artes gráficas, cujo cuidado plástico se reflete nos vários filmes através da relação imagem-som, sempre muito elaborada, nunca linear, da relação entre formas e volumes e da relação entre luz e sombra.

---

[7] Sophia de Mello Breyner Andresen, *Livro sexto*, Lisboa: Editorial Caminho, 2003.
[8] Sophia de Mello Breyner Andresen, *O colar*, Porto: Porto Editora, 2001.
[9] Sophia de Mello Breyner Andresen, *Mar novo*, Lisboa: Editorial Caminho, 2003.
[10] Andrei Tarkovski, *Esculpir o tempo*, São Paulo: Martins Fontes, 1998.

No filme seguinte, *Frágil como o mundo* (2002), última parte do verso inicial do poema "Terror de te amar", de *Coral*,[11] a realizadora, a partir da notícia de um jornal, tenta reconstituir a causa de morte de um casal de namorados encontrados mortos à sombra de uma azinheira num campo do Alentejo. Esta metáfora sobre o fim da inocência e do amor constrói-se em articulação com textos de outros autores que lhe são próximos: Sophia, como já vimos, Agustina Bessa-Luís, Bernardim Ribeiro, Camões, Cecília Meireles e Rainer Maria Rilke, e com o recurso a um preto e branco expressivo na luz, na composição dos planos e nos sucessivos *zooms* em direção ao rosto dos protagonistas (influência assumida de Dryer).

Após realizar *Altar* (2003), a primeira experiência digital de Rita com fortes marcas autobiográficas e com uma intervenção muito direta da pintura, e *A conquista de Faro* (2005), trabalho encomendado por Faro – Capital Nacional da Cultura com argumento de Agustina Bessa-Luís que articula o tempo histórico da conquista de Faro com o tempo atual da sua representação numa esplanada do centro da cidade, Rita, chamemos-lhe assim, põe-se a filmar a 15ª pedra.

A 15ª pedra: Manuel de Oliveira e João Bénard da Costa em Conversa filmada (2006) é uma longa conversa de quase duas horas sobre a vida e o cinema, filmada num plano médio alternando com alguns *zooms* sobre os rostos destes dois vultos já desaparecidos, sentados lado a lado, sobre o fundo dos quadros de Jan van Eyck e Leonardo da Vinci. São pensamentos que se sucedem, quase sem cortes na montagem, comandados pela voz de Rita que se ouve no início sobre um fundo preto para logo de seguida se emudecer e ser a testemunha silenciosa do diálogo a duas vozes.

Manoel de Oliveira, o entrevistado, discorre sobre a simulação e repetição da vida no cinema, desde as primeiras manifestações artísticas do homem primitivo até aos primeiros filmes dos irmãos Lumière, passando pela beleza que perdura na imagem e na imobilidade do tempo, até chegar à história das quinze pedras de um jardim em Quioto, no Japão, onde a décima quinta só se vê com o coração. Na obra seguinte, *A colecção invisível* (2009), conta-se a história de um cego bibliófilo (reminiscência de Jorge Luís Borges) que imagina ver uma coleção de livros que não existe senão no seu coração, que nos reconduz ao seu primeiro filme, *O som da terra a tremer* (1990), em que a personagem Alberto ambiciona escrever um romance que existe apenas na sua imaginação.

Vemos, assim, que os filmes comunicam entre si, através de uma filiação literária e visual que torna indistinta a separação entre a vida e a sua representação,

---

[11] Sophia de Mello Breyner Andresen, *Coral*, Lisboa: Assírio & Alvim, 2013.

em que o texto se funde com a imagem e a imagem com o texto, numa sucessão de *raccords* ou planos sobrepostos e justapostos, que configuram a ideia de um *cinema da poesia*.

Les diaboliques, romance de Jules Barbey d'Aurevilly, serve de pretexto ao filme seguinte de Rita, dedicado a João Benard da Costa, falecido em 2009. Mais um filme de filiação literária, entre o passado e o presente, numa dialética entre a vida e a sua representação num palco, ainda que estejamos num estúdio de cinema.

A vingança de uma mulher (2012) é um filme em que o teatro se impõe em todo o seu aparato, seja nos cenários pintados, seja nos figurinos extravagantes, seja nas marcações e gestos dos atores, como no desempenho rigoroso e minucioso de Rita Durão, atriz que encarna formidavelmente a duquesa de Serra Leoa e faz o relato das suas memórias a um amante que conhece numa noite, um cavalheiro português famoso por ser um aventureiro, conquistador de mulheres, um dandy, mestre na arte da simulação, como nos indica o narrador do filme.

Aliás, e como sempre no cinema de Rita, os eixos narrativos sobrepõem-se e o filme transita entre a história representada e o presente da sua representação num jogo com o artifício assumido do teatro e o improviso dos atores, que constroem as suas personagens nos bastidores de um estúdio de cinema.

Como vemos, este cinema, que se constrói no gesto poético de convocar várias vozes e referências, vai muito para além da simples citação das suas fontes, transformando-se num objeto híbrido, que inclui vários materiais e formatos no seu dispositivo, como a realizadora nos diz, e se dá a ver na sua multiplicidade de efeitos presentes na fricção entre a imagem do texto e o texto da imagem.

Apesar de o seu cinema ser facilmente confundido com o teatro filmado de Manoel de Oliveira, a realizadora encontrou uma voz e linguagem próprias no interior do cinema português, mesmo que nele sintamos as presenças de cineastas como Dryer, Werner Schroeter, ou mesmo da fase teatral de Júlio Bressane, sem esquecer o cinema clássico de Max Ophuls, sobretudo de *Carta de uma desconhecida*, e, claro, do mestre Oliveira, cúmplice do seu projeto e destino de cinema.

Neste sentido, *Correspondências* (2016), o seu penúltimo trabalho, antes de *A portuguesa* (2018), a partir de Agustina que relê um conto de Robert Musil, é o filme que melhor coloca estas questões, tanto do ponto de vista formal como pela relação tensa com o conteúdo das cartas. Num trabalho de montagem, análogo à construção do poema em imagens, Rita, mais uma vez ao lado de Patrícia Saramago (com quem montou também *Frágil como o mundo*, *A 15ª pedra* e *A vingança de uma mulher*) procurará o correspondente poético em imagens e sons às imagens das palavras de Sena e Sophia. Ainda que o trabalho com os atores esteja garantido para dar corpo às palavras, ideias e imagens dos autores (e esses atores são nada mais nada menos que Luís Miguel Cintra, Tânia Diniz, Rita Durão, o cineasta e ator francês Piérre Léon ou Eva Truffaut, filha do realizador François Truffaut, entre outros), *Correspondências* parece estar sempre a explodir em possibilidades de filmes diferentes. Não são só os espaços (embora tanto possamos estar numa cozinha como nas grutas da praia da Dona Ana), é a própria superfície da imagem, sempre a variar cores e texturas, da limpidez do digital à rugosidade do "super 8", e a alternar o que foi expressamente registado para o filme com imagens que vêm doutros meios e suportes.

Estamos diante de um filme em que todas as questões são resolvidas e ampliadas pela imagem, pela potência imagética resultante da composição dos planos, da manipulação da luz, do posicionamento da câmara, através do jogo dialético entre a variação de imagens captadas em diferentes suportes, que nos surgem em fragmentos (assim como os textos) e por uma montagem aberta e não-linear, em que os planos estáticos captados em digital cristalino (sempre encenados dentro de uma complexa construção em profundidades de campo) são seguidos por cenas filmadas em super 8 e imagens de arquivo, a cores e a preto e branco, em suporte digital e revertidas para o analógico ou alteradas para distorcer o foco, as cores e as texturas.

Como em trabalhos feitos em vídeo – e tornados mais complexos pelo digital –, o filme conta com planos sobrepostos dentro do mesmo plano. Noutros momentos, a realizadora justapõe duas imagens paralelas ou perpendiculares que se demarcam do fundo dentro da mesma imagem, criando uma ilusão de espessura que comenta, alude, antecipa ou complementa o que é dito nos textos.

Como nos filmes-ensaio de Godard pós-90, há toda uma relação com a natureza e os seus elementos e objetos. Essa materialidade das coisas constitui, aliás, uma metáfora de representação da imaterialidade da palavra dita, tornando os textos numa presença real que pode ser sentida, experimentada e vivida.

Seja através das sequências encenadas, seja através dos planos captados nos mais diferentes espaços, na manipulação das texturas e espessuras das imagens, na variação entre a profundidade de campo e o achatamento das distâncias focais, este é um filme que potencia, antes de mais, em todas as suas variações, o valor poético e transgressivo das imagens: "Será que a vida é a luta das imagens que não morrem?",[12] como escreveu Jorge de Sena.

[12] Sophia de Mello Breyner; Jorge de Sena, op. cit.

Rui Pedro Vau é licenciado em Línguas e Literaturas Modernas – Variante de Estudos Portugueses, na Faculdade de Letras da Universidade de Lisboa, mestre em Estudos Literários, Culturais e Interartes – Estudos Comparatistas e Relações Interculturais, na Faculdade de Letras da Universidade do Porto e doutorando em Estudos de Cultura, Especialidade em Cultura e Comunicação, na Faculdade de Letras da Universidade de Lisboa.

Sophia & Murilo Mendes: visões da Grécia

• Silvana Maria Pessôa de Oliveira •

> À sombra de templos e estátuas perfeitas os deuses combatem como cães.
> Sophia de Mello Breyner Andresen

Pórtico

Em um dos textos que compõem *Janelas verdes* (1970), Murilo Mendes, de forma bem-humorada, se refere a Sophia como alguém que "dispõe de excelentes relações com o mar, as estrelas, o vento, o Algarve; com Apolo Musageta, Kleist, Rilke, Cesário Verde, Fernando Pessoa e outros".[1] Diz ainda: "É fina, abstrata, distraída, ao mesmo tempo agitada e serena, o que talvez haja aprendido com o mar, padrinho de seus versos".[2] O poeta esboça, assim, um retrato de Sophia que revela, sobretudo, a expressiva proximidade afetiva existente entre ambos, afinidade que culmina no forte sentimento de amor que nutrem pela Grécia. Com efeito, a partir da década de 1960, tanto Sophia quanto Murilo intensificam a publicação de obras em que a paisagem e a reflexão sobre o legado cultural da Grécia antiga assumem papel preponderante. No caso de Murilo, o mais cosmopolita dos nossos modernistas, talvez este interesse tenha sido mais episódico, no entanto, sempre é bom lembrar que tanto em *Carta geográfica* (1965-1967) quanto em *Poliedro* (1965-1966), o país mediterrânico é cenário e principal *topos* poético. No primeiro livro, Murilo relata, segundo uma perspectiva por assim dizer metonímica, a visita a lugares emblemáticos como Atenas, Delfos, Creta e Rodes; no segundo, a parte intitulada "Setor délfico", constituída quase na totalidade por

---

[1] Murilo Mendes, *Poesia completa e prosa*, Rio de Janeiro: Nova Aguillar, 1995, p. 1413.
[2] Idem.

aforismos, aponta, sempre de forma bastante metafórica, nexos possíveis entre a cultura grega arcaica e a contemporaneidade.

Faço esse preâmbulo para justificar o fascínio que os gregos e sua cultura exercem sobre ambos os poetas. É de se ressaltar, ainda, que Murilo e Sophia escrevem quase que simultaneamente sobre este assunto, haja vista que a poeta do Porto publica, em 1967, o livro de poemas *Geografia*, mesmo ano em que o poeta de Juiz de Fora conclui *Carta geográfica*, dado à estampa postumamente em 1994, cerca de dezenove anos após a morte do autor de *Tempo e eternidade*. Quanto a Sophia, na década seguinte, publica o ensaio *O nu na Antiguidade Clássica*, cuja primeira edição, de 1975, ostenta como epígrafe a frase de Murilo Mendes: "Jamais escaparemos a estes gregos", retirada de *Poliedro*, primeira edição brasileira de 1972. O curioso é que Sophia faz jus ao apodo de "distraída" que lhe atribui o amigo, já que ao citá-lo (quem sabe de memória?) suprime parte da frase, que, na íntegra diz: "Qualquer que seja a forma da sociedade futura, nunca mais escaparemos a estes gregos".[3] O que pretendo mostrar, ao longo deste texto, é a maneira como ambos os poetas se retroalimentam, cada um a seu modo, da mesma fonte e de semelhante substância tutelar e viva, colocando-as uma vez mais em circulação e delas extraindo a matéria e a forma da poesia que praticam.

Atualidade e exemplo

Em *O nu na Antiguidade Clássica* a perspectiva ensaística e o olhar crítico privilegiado de Sophia acham-se claramente explicitados. A poeta elege como objeto de análise a arte escultórica grega, em um período que abrange desde a época arcaica até a era helenística. Um dos principais argumentos utilizados em relação ao desenvolvimento da arte grega mostra que para este povo o ser está no aparecer, no não oculto, portanto, o ser é algo que habita a imanência, a concretude do mundo. Por isso, o corpo humano (seja ele esculpido ou não) é índice da relação do homem com o cosmos, a *physis*. Na ordem da *physis*, a beleza dos corpos é vista como atributo natural do humano, no qual está presente uma ordem cósmica, diurna e solar, que é também ritmo, estrutura, proporção. Neste sentido, Sophia endossa a concepção do corpo e da natureza como dado físico imediato, como totalidade construída através de formas sólidas e vigorosas, plenas de acentuados volumes de músculos e superfícies. Neste universo da arte grega clássica, Sophia destaca e dá especial atenção ao corpo percebido como imanência, engendrado

[3] Ibid., p. 1942.

no interior de uma cultura que é, ao mesmo tempo concebida como cultura do corpo e do pensamento, capaz de gerar tanto uma ética quanto uma poética.

Para Sophia, o melhor exemplo desta percepção são as estátuas dos *kouroi* (retratam jovens efebos) e as esculturas de nus masculinos que, segundo a lógica adotada pela poeta, constituem a forma humana por excelência, por ser modelo exemplar, a forma das formas. Dois poemas de *O nome das coisas* tornam visíveis as complexas relações entre matéria, beleza e verdade e constituem, por assim dizer, uma arte poética. O primeiro poema intitula-se "Sua beleza" e condensa, como num diagrama, os valores éticos e estéticos caros à poeta:

> Sua beleza é total
> Tem a nítida esquadria de um Mantegna
> Porém como um Picasso de repente
> Desloca o visual
> Seu torso lembra o respirar da vela
> Seu corpo é solar e frontal
> Sua beleza à força de ser bela
> Promete mais do que prazer
> Promete um mundo mais inteiro e mais real
> Como pátria do ser.[4]

O segundo poema é "Torso" e compõe, com o anterior, uma espécie de dístico escultórico atualizado:

> Torcendo o torso virava o volante da escavadora
> Ao cair da tarde num setembro do século XX
> Na estrada que vai de Patras para Atenas
>
> Combatia no poente sua beleza helenística
> As massas musculares inchadas pelo esforço
> Construíam o tumulto de clarão e sombra
> Que dobra os corpos dos deuses já perdidos
> Dos frisos de Pérgamo.
>
> Pois também no poente onde eu habito
> Os deuses são vencidos.[5]

---

[4] Sophia de Mello Breyner Andresen, *O nome das coisas*, Lisboa: Assírio & Alvim, 1977, p. 660.
[5] Sophia de Mello Breyner Andresen. *Obra poética*, Porto: Porto Editora, 2015, p. 660.

O torso é uma forma anatômica constituída pelas espáduas, pelo tórax e pela parte superior do abdome e não apresenta, pois, o corpo em sua totalidade ou "inteireza"; as estátuas denominadas torsos são figuras sem cabeça nem membros, o que indica, no poema, a representação fragmentária e lacunar do corpo do trabalhador que opera a máquina, não se sabe se a escavar ruínas ou a reparar estradas. Tratado metonimicamente, este corpo, apanhado em flagrante no duro labor cotidiano é percebido como continuidade concreta daqueles outros corpos arcaicos, aqueles que, outrora, anunciavam a aliança entre o espírito e a matéria para que o homem pudesse assumir a "verdade" da sua existência. Emoldurado por uma cena prosaica, a do trabalho braçal, o torso é portador de uma "beleza helenística", a que não falta uma dose de *ágon*, trazida pelo verbo "combater"; as "massas musculares inchadas pelo esforço" evocam o vigor dos deuses antigos, eternizados na estatuária do período clássico. No entanto, no poema, os deuses estão vencidos, mergulhados em uma "luz crepuscular" foram expulsos pelo tempo presente em que impera a tecnologia, alegorizada pela figura da "escavadora". O torso, corpo incompleto, habita um mundo que há muito deixou de ser o espaço da pura serenidade apolínea, se é que isso alguma vez existiu. No agora retratado, o espírito apolíneo conjuga-se à força física, reconhece a proximidade das sombras da noite e as enfrenta. Trata-se de um dos raros poemas de Sophia em que predomina uma visão desencantada da Modernidade, aqui vista como o espaço-tempo em que os ideais que enformaram o mundo clássico acham-se ou arruinados totalmente ou em franco processo de decadência.

Por outro lado, o corpo "operário" parece assemelhar-se ao do atleta, nele a poeta enxerga a força viva da natureza e pressupõe a existência de uma unidade entre matéria e espírito para, então, assumir o ideal da "inteireza". De fato, a imagem – ainda que fragmentada – do homem na plenitude de sua força torna-se uma espécie de "verdade carnal", a única agora possível, já que os deuses desertaram do mundo, vencidos. Para a poeta, resta observar e endossar essa "ética da ação" que funciona como contraponto ao mundo clássico, ética esta que se materializa no trabalho braçal e no suor do operário. Sem nome e sem rosto, visto na sua fragmentária concretude, este homem parece exprimir a própria condição humana algo reificada, pois nem sequer parece perceber a importância da tarefa a ele confiada. Pode ser que se revele, aqui, cifrada, a visão de Sophia acerca da permanência dos ideais gregos na Modernidade, presença que a poeta encontra por toda a parte no mundo, na multiplicidade dos seus eventos, no entrelaçamento das suas formas.

Cena bastante semelhante a esta que visualizamos no poema "Torso" aparece na seção "Grécia e Atenas', integrante de *Carta geográfica*, de Murilo Mendes:

> Nos arredores de Atenas um homem maduro, queimado de sol, com cicatrizes no rosto, aproxima-se de um burro, aqui animal importantíssimo, carrega-o com um enorme fardo e desaparece fazendo-nos um aceno de mão. Sua figura sobrepõe-se à dos kouroi que ontem estudei longamente no Museu Nacional. Será mais grego que qualquer um deles.[6]

Murilo Mendes dá destaque a outro tipo de trabalhador – o tropeiro – e na sua figura enxerga uma solução de continuidade entre os *kouroi* arcaicos e o operário de agora, muito embora as estátuas dos *kouroi* referidas reproduzam corpos jovens, quase adolescentes, ao passo que o "homem maduro", rosto marcado por cicatrizes certamente trazidas pelo tempo, é percebido como sendo "mais grego que qualquer um deles". Murilo identifica neste homem a força bruta do presente e da natureza, a energia palpável do homem contemporâneo, mais grego que as estátuas acomodadas nos museus. O "corpo maduro" deste homem, cujo ofício demandará considerável esforço físico assemelha-se ao corpo "musculoso" do operário da escavadora no poema de Sophia, envoltos, ambos, por uma luz que tende ao crepuscular, o de Sophia, no sentido literal, o de Murilo no sentido metafórico. De qualquer modo, em Murilo Mendes o presente parece necessariamente uma força que tem a propriedade de suplantar o passado; a figura do homem com o seu fardo junto ao animal de carga revela-se mais forte e mais intensa do que a arte antiga petrificada nas coleções dos museus. Trata-se de uma forma de estabelecer uma outra sorte de aliança com o real, através da opção ética pelo tempo presente. Para Murilo, o corpo não é mais aquela superfície que se exibe como modelo e módulo, mas algo que age, que produz esforço e trabalho. Na interação entre homem e animal atua a força viva da *physis*. Os *kouroi* presos no museu são natureza morta; o homem dos subúrbios de Atenas é corpo vivo, natural e inteiro, semelhante ao corpo de Hércules, modelo de força física e vigor, objeto de inspiração tanto quanto as peças milenares.

No entanto, a poeta portuguesa e o amigo brasileiro parecem compartilhar uma visão do mundo grego como atualidade e exemplo, como ideia de que o ser acomoda-se na *physis* e não no *logos*. Nesta perspectiva, tanto um como o outro

---

[6] Murilo Mendes, op. cit., p. 1056.

veem no homem que consome suas forças no trabalho braçal um sucedâneo do ideal grego da natureza e da paisagem como elemento definidor de uma poética capaz de enxergar, para além da pretensa serenidade apolínea convencionalmente atribuída ao mundo grego, a condição humana na sua face mais contraditória de harmonia e conflito, perfeição e imperfeição, jogo de forças que rivalizam em perpétuo devir.

O mundo está cheio de deuses

A visão do mundo grego como materialidade e concreção, como ideia de que o ser está na *physis* e não no *logos*, Sophia conservará em toda a sua obra. Para ela:

> Se entendemos as formas gregas é porque elas são intrínsecas ao nosso próprio estar no mundo e por isso a sua verdade por si mesmo se renova, alimentada pela nossa própria vida. Por isso as reconhecemos como justas, como necessárias e não como exóticas ou ornamentais. Por isso para nós não são curiosidade ou diversão ou erudição mas busca da nossa própria vida. Se as formas gregas não se esgotaram é porque entre elas e nós existe um nexo, é porque elas partem da mesma necessidade de que nós partimos. A Grécia recomeça sempre que reconhecemos como verdade, e não como exílio, como alheio, como alienação ou ilusão, o mundo em que estamos. Sempre que buscamos uma relação com a terra em que nada de nós se demita, adie ou transfira.[7]

Em "Os gregos", poema de *Dual* (1972) esta mundividência está perfeitamente traduzida por meio de uma percepção poética que enxerga na Grécia atualidade e exemplo, por se tratar de um universo que "constrói uma poética que emerge do estar na terra, que brota da terra como a espiga e o Kouros".[8] Veja-se o poema:

> Aos deuses supúnhamos uma existência cintilante
> Consubstancial ao mar à nuvem ao arvoredo à luz
> Neles o longo friso branco das espumas o tremular da vaga
> A verdura sussurrada e secreta do bosque o oiro erecto do trigo
> O meandro do rio o fogo solene da montanha
> E a grande abóbada do ar sonoro e leve e livre

[7] Sophia de Mello Breyner Andresen, *O nu na Antiguidade Clássica*, Lisboa: Portugalia, 1975, p. 82.
[8] Ibid., p. 84.

> Emergiam em consciência que se vê
> Sem que se perdesse o um-boda-e-festa do primeiro dia –
> Esta existência desejávamos para nós próprios homens
> Por isso repetíamos os gestos rituais que restabelecem
> O estar-ser-inteiro inicial das coisas –
> Isto nos tornou atentos a todas as formas que a luz do sol conhece
> E também a treva interior por que somos habitados
> E dentro da qual navega indizível o brilho.[9]

Também em *Geografia* (1967), talvez o mais grego dos livros de poesia de Sophia, a percepção de que o espaço geográfico apresenta-se principalmente através da forma pela qual as coisas do mundo se mostram ao poeta pode ser atestada pela profusão de cheiros e sabores disseminados ao longo dos poemas. O perfume do orégano e da tília,[10] o cheiro dos jardins e das vinhas, bem como a atenção ao sabor das frutas tipicamente mediterrânicas (especialmente o figo, o melão e a uva) funcionam como sinalização de uma pródiga natureza primeva, onde habitam seres ainda não contaminados pelas convenções culturais e civilizatórias. Não sem razão no pequeno fragmento que abre *Geografia* intitulado "Ingrina" (praia algarvia), o poeta se apresenta como alguém que usufrui dos privilégios concedidos àqueles que se sabem inteiramente absorvidos por uma arte de viver que é muito semelhante àquela dos seres que se mostram "inteiros" com a paisagem e com o existir:

> O grito da cigarra ergue a tarde a seu cimo e o perfume do orégão invade a felicidade. Perdi a minha memória da morte da lacuna da perca do desastre. A omnipotência do sol rege a minha vida enquanto em recomeço em casa coisa. Por isso trouxe comigo o lírio da pequena praia. Ali se erguia intacta a coluna do primeiro dia – e vi o mar reflectido no seu primeiro espelho. Ingrina.
> É esse o tempo a que regresso no perfume do orégão, no grito da cigarra, na omnipotência do sol. Os meus passos escutam o chão enquanto a alegria do encontro me desaltera e sacia. O meu reino é meu como um vestido que me serve. E sobre a areia sobre a cal e sobre a pedra escrevo: nesta manhã eu recomeço o mundo.[11]

---

[9] Sophia de Mello Breyner Andresen, *Obra poética*, p. 635.
[10] Ver, sobretudo, os poemas "Ingrina" e "Manhã", in Ibid., p. 497 e 498, respectivamente.
[11] Ibid., p. 497.

Idêntica sensação de pertencimento a um mundo ainda intocado também aparece no poema "No golfo de Corinto", em que os deuses são vistos/tratados como matéria e concreção. Têm corpo, visibilidade, sentidos. Como se vem argumentando, busca-se estabelecer, com os homens, uma aliança que, embora conflituosa, constitui a base do pensamento poético de Sophia, que projeta na cultura grega a "aurora do sentido", capaz de engendrar um mundo "inicial" do qual o poeta deseja nunca mais se ausentar. Veja-se o poema "No golfo de Corinto":

No golfo de Corinto
A respiração dos deuses é visível:
É um arco um halo uma nuvem
Em redor das montanhas e das ilhas
Como um céu mais intenso e deslumbrado

E também o cheiro dos deuses invade as estradas
É um cheiro a resina a mel e a fruta
Onde se desenham grandes corpos lisos e brilhantes
Sem dor sem suor sem pranto
Sem a menor ruga de tempo

E uma luz cor de amora no poente se espalha
É o sangue dos deuses imortal e secreto
Que se une ao nosso sangue e com ele batalha[12]

Por seu turno, em Murilo Mendes, há uma espécie de "festa dos sentidos", uma sofreguidão em ver, apalpar, cheirar, sentir os cheiros e sabores da Grécia de agora. Nele, muito mais que em Sophia, aparece um catálogo de comidas e bebidas experimentadas, paralelamente, às visitas a museus, paisagens e locais turísticos. Murilo interessa-se pelo ritmo e sonoridade da língua ouvida nas ruas, como relata ao se deliciar com o nome de um peixe, o "marida', cujas postas fritas degusta com salada de alface e orégano, em Atenas.[13] A concreção da vida cotidiana, mais do que os atrativos da cidade-museu, captura a atenção do poeta, atraindo-o para a agitação da vida urbana e, em certo sentido, desviam-no das "inquietações" metafísicas e do passado estratificado nos museus. Disso resulta que sua imaginação distrai-se nos cafés movimentados, diverte-se com a agitação dos cafés e o entra e sai dos clientes e turistas à procura de sorvetes e dos tradicionais *baklava* e *ku-*

[12] Ibid., p. 548.
[13] Murilo Mendes, op. cit., p. 1055.

rabies, doces à base de laranja, limão ou mel. Num duplo movimento, o olhar do poeta move-se tanto em direção ao Kouros exposto no Museu quanto à azáfama e balbúrdia das feiras e barracas de fruta ao ar livre. Coloca-se, assim, na posição de observador da natureza em suas manifestações mais comuns e cotidianas e se apercebe de que o mundo clássico ao qual umbilicalmente tanto ele quanto Sophia se ligam não é só coisa inerte, há nele também algo que pulsa ao ritmo irregular e vivo do que nele acontece. Vistos em perspectiva, talvez se possa dizer de Sophia e Murilo o que se dizia de Holderlin e de Nietzsche. Consta que ao contrário de seus contemporâneos que escreviam sobre os gregos, o poeta de *A morte de Empédocles* e o filósofo até conseguiam, ocasionalmente, tornar-se gregos. Efetivamente, nos poemas e fragmentos aqui tratados, Sophia e Murilo tornam-se gregos, são gregos.

Silvana Maria Pessôa de Oliveira é professora de Literatura Portuguesa na Faculdade de Letras da Universidade Federal de Minas Gerais (UFMG), onde ministra cursos na graduação e pós-graduação. Coordena o Centro de Estudos Portugueses, onde edita a Revista do Centro de Estudos Portugueses. Cursou mestrado e doutorado Estudos Literários pela UFMG, e pós-doutoramento na Universidade de Lisboa e na Universidade Federal Fluminense (UFF).

A poetisa e sua mestra[1]
• Sofia de Sousa Silva •

Sophia de Mello Breyner Andresen é decerto um dos nomes mais convocados para o diálogo por Adília Lopes. Esse fato é significativo numa poesia intensamente marcada pela citação de obras literárias, musicais, plásticas, cinematográficas, entre outras. Na primeira grande reunião de poemas que publicou (*Obra*, Lisboa, Mariposa Azual), no ano 2000, é Sophia, ao lado de Agustina Bessa-Luís, autora de uma das duas epígrafes. Os nomes das duas escritoras comparecem ali num gesto que pode ser lido como o de reivindicação de uma linhagem literária em que as mulheres desempenham um papel de relevo.

Essa relação reivindicada com Sophia comparece, nos primeiros livros, por exemplo, numa citação com caráter paródico do poema "As pessoas sensíveis" no livro *Maria Cristina Martins*:

> Uma tarde Maria Cristina
> obrigou-me a comer osgas
> e a repetir com a boca cheia de osgas
> as pessoas sensíveis
> gostam de comer osgas
> mas não gostam
> de ver matar osgas
> por isso têm de comer
> as osgas vivas
> se querem fazer na vida
> aquilo de que gostam[2]

---

[1] Comunicação apresentada ao Colóquio Sena Sophia, no Real Gabinete Português de Leitura do Rio de Janeiro, em setembro de 2019, e publicada em EL*yra: Revista da Rede Internacional Lyra-compoetics*, n. 14, p. 107-118.
[2] Adília Lopes, *Dobra. Poesia reunida*, 2ª ed., Lisboa: Assírio & Alvim, 2014, p. 171.

A célebre quadra inicial do poema de *Livro sexto* diz: "As pessoas sensíveis não são capazes/ De matar galinhas/ Porém são capazes/ De comer galinhas".[3] A substituição das *galinhas*, animal que com frequência faz parte da alimentação em todo o mundo, pelas *osgas*, animal que frequentemente causa repugnância ao simples olhar (que dirá ao tato ou ao paladar), assim como a solução inesperada do final, perturbam o tom de denúncia do poema de Sophia, criando ainda um efeito de humor.

Mas, coincidindo com o momento em que começa a receber maior atenção crítica — sendo chamada a dar entrevistas e depoimentos —, no início dos anos 2000, Adília Lopes passa a atribuir enorme relevância ao nome de Sophia, dizendo: "As minhas grandes influências, que admito e reconheço, são Sophia, Ruy Belo e Sylvia Plath. Foi com eles que comecei a escrever e é com eles e por eles que continuo a escrever e a ler."[4]

Em particular a "Arte poética IV" passa a ser referida com insistência. Numa entrevista concedida à revista brasileira de poesia *Inimigo Rumor*, diz:

Os textos em que melhor reconheço a minha maneira de fazer poesia são a "Arte poética IV" de Sophia de Mello Breyner Andresen (incluída em *Dual*) e "Bresson, o mergulho" de Nuno Bragança (incluído no catálogo do ciclo Bresson, Fundação Calouste Gulbenkian, 1978).[5]

Alguns anos depois, num depoimento à *Relâmpago: Revista de Poesia*, a referência se torna mais enfática:

"Escrevo sempre por inspiração e num impulso. Sophia de Mello Breyner Andresen diz muito melhor do que eu o que tenho a dizer sobre o que é e como é para mim escrever um poema. Está tudo em "Arte poética IV" de *Dual*."[6]

Finalmente, numa entrevista em 2007, chega a uma síntese: "Sophia é a minha mestra, o meu modelo de bem escrever português."[7]

---

[3] Sophia de Mello Breyner Andresen, *Obra poética*, Lisboa: Assírio & Alvim, 2015, p. 485.
[4] Adília Lopes, [Resposta à pergunta] Como se faz um poema?, *Relâmpago*, n. 14, Lisboa: Fundação Luís Miguel Nava, abr. 2004, p. 30.
[5] Adília Lopes, Entrevista, *Inimigo Rumor. Revista de Poesia*, n. 10, Rio de Janeiro: 7 letras, maio 2001, p. 23.
[6] Adília Lopes, [Resposta à pergunta] Como se faz um poema?, p. 29.
[7] Adília Lopes, Entrevista, in Sofia de Sousa Silva, *Reparar brechas. A relação entre as artes poéticas de Sophia de Mello Breyner Andresen e Adília Lopes e a tradição moderna*, Tese (doutorado) – Pontifícia Universidade Católica do Rio de Janeiro, Rio de Janeiro, 2007, p. 157.

Na primeira década do século XXI, parecia surpreendente falar numa proximidade entre Adília Lopes e Sophia. Não se pensava então num parentesco entre as duas autoras, que aparentavam distância em suas poéticas e suas preocupações, e, sobretudo, em sua linguagem.[8] No entanto, a presença intertextual de Sophia já se fazia sentir com frequência na obra de Adília, ainda que pudesse ser minimizada, pois, sob certo aspecto, a relação com a "mestra" parecia muito marcada pela contraposição. E em particular contra as ideias que os adjetivos *limpo, liso, branco, inteiro* que habitam a poesia de Sophia poderiam traduzir.

Em Sophia, as ideias de inteireza e de beleza se desdobram para um sentido ético e ontológico. Num poema que tem como personagem um pescador, este é "Irmão *limpo* das coisas", e "(...) está *inteiro* em sua vida".[9]

A beleza é também promessa de realização, talvez até política:

Sua beleza à força de ser bela
Promete mais do que prazer
Promete um mundo mais inteiro e mais real
Como pátria do ser[10]

Em resumo, poderíamos aplicar à sua própria poesia os versos que dizem:

Esta foi sua empresa: reencontrar o limpo
Do dia primordial. Reencontrar a inteireza
Reencontrar o acordo livre e justo[11]

Os ideais da arte clássica, sobre os quais Sophia escreve em *O nu na Antiguidade Clássica*, de certo modo norteiam a sua própria poética. É o que se nota se confrontarmos com os versos acima, por exemplo, este fragmento:

(...) em frente do real o olhar grego escolhe e quer escolher. A obra é o resultado de uma análise do corpo humano mas que deixa de lado tudo quanto é acidental ou individual e tudo quanto não encontrou ou perdeu a plenitude da sua forma. Assim o artista clássico só muito raramente representa a criança

---

[8] Federico Bertolazzi estuda as referências de Adília a Sophia através da ligação de ambas com uma quadra de Teixeira de Pascoaes e reconhece em Adília um "dizer, limpo e claro," que ela partilha com Sophia. Cf. Federico Bertolazzi, *Almadilha. Ensaios sobre Sophia de Mello Breyner Andresen*, Lisboa: Documenta, 2019, p. 161.
[9] Sophia de Mello Breyner Andresen, *Obra poética*, p. 433, destaques meus.
[10] Ibid., p. 660.
[11] Ibid., p. 698.

pois ela ainda não é perfeita e também raramente representa o velho porque ele não possui plenamente a sua própria forma.¹²

É justamente essa poética que é criticada por Adília Lopes. A noção moderna da forma justa, que articularia justeza e justiça propondo uma espécie de concerto entre os seres humanos, tem no poema "Brasília", de *Geografia*, o seu mais acabado exemplo. Ora, essa noção é denunciada como um risco inerente à passagem de um ideal artístico para um ideal político, onde a ideia de ordem carrega consigo o risco da aniquilação do outro. Se Sophia celebra a cidade "ordenada e clara como um pensamento",¹³ um poema de *César a César* vem nos lembrar de que:

A ordem
pode ser
a maior
desordem¹⁴

Esse problema se torna mais evidente quando se toca no tema da doença. Se em seu poema "A forma justa", Sophia diz: "Se nada adoecer a própria forma é justa",¹⁵ a doença será tema recorrente tanto na poesia de Adília Lopes como nas entrevistas e depoimentos que dá.

A preocupação com o caráter excludente dessa noção tão moderna de forma justa que Sophia endossa é decerto relevante na obra de Adília, que se dedica, por exemplo, a escrever sobre o "mau poeta", atormentado pelo juízo severo que Diderot (ou o narrador de *Jacques le Fataliste*) faz de seus poemas e termina por enlouquecer repetindo para si mesmo a proibição de Diderot.¹⁶

A exclusão da doença do projeto da forma justa também parece perturbar o sentimento ético desta poesia, que se torna um espaço para acolher o mongoloide e o atrasado mental,¹⁷ assim como todas as dimensões do corpo.

---

¹² Sophia de Mello Breyner Andresen, *O nu na Antiguidade Clássica*, 3ª ed., Lisboa: Caminho, 1992, p. 89.
¹³ Sophia de Mello Breyner Andresen, *Obra poética*, p. 566.
¹⁴ Adília Lopes, *Dobra. Poesia reunida*, p. 503. Esta questão é discutida em Sofia de Sousa Silva, "Reparar brechas: uma possível relação entre Sophia de Mello Breyner Andresen e Adília Lopes", in *Sophia de Mello Breyner Andresen. Actas do Colóquio Internacional*, org. Maria Andresen de Sousa Tavares; Centro Nacional de Cultura, Porto, Porto Editora, 2013, p. 263-269.
¹⁵ Sophia de Mello Breyner Andresen, *Obra poética*, p. 710.
¹⁶ Cf. Adília Lopes, op. cit., p. 43.
¹⁷ Ibid., p. 193.

Em *Irmã barata, irmã batata*, um fragmento — aliás exemplar do seu modo de escrita, apropriando-se sempre de palavras ouvidas ou lidas — parece visar diretamente a obra da mestra, dizendo: "O sexo não é porco nem deixa de ser. Nada na vida dá garantia de ser limpo liso nu inteiro. Nem aquele quartinho em que está o eu, um quartinho que seja seu, porque mesmo o eu é o outro".[18]

A nota inicial ao livro *A mulher-a-dias* afirmava: "De resto, os meus textos são políticos, de intervenção, cerzidos com a minha vida."[19] Esse caráter de intervenção reivindicado pela poesia de Adília (contra a exclusão, contra os ideais aprisionadores, contra a lógica economicista, entre outras bandeiras que podemos identificar), por um lado, parece aproximá-la de Sophia, que, de diversas maneiras, empenhou a sua palavra de poeta e de cidadã no esforço de construção de um mundo justo, mas o engajamento aqui dirige-se inclusive contra certa moral do poema de Sophia, em particular contra o que nela pode haver de um desejo de ordem em última análise incompatível com a vida.

Por isso, à "Meditação do duque de Gandia sobre a morte de Isabel de Portugal",[20] Adília contrapõe a "Meditação sobre meditação"[21] e no lugar do "Terror de te amar num sítio tão frágil como o mundo",[22] propõe que o mundo é um matadouro disfarçado, mas que apesar disso "Gosto de gostar de si/ num sítio assim",[23] respondendo simultaneamente a Sophia e a Fernando Pessoa-Álvaro de Campos.

Por que, então, Sophia seria a mestra, o seu modelo de bem escrever português?

Talvez a resposta se encontre precisamente no português de Sophia. É pela sua linguagem que se pode dizer da poesia de Sophia o mesmo que ela disse a respeito da escultura clássica: "Por isso quase sempre as formas da escultura criam ao seu redor uma luz de praia".[24]

A língua de Sophia dá a cada palavra um contorno preciso, um sentido de renovação, de ar fresco. Como isso é feito não é simples de definir, mas tem decerto a ver com o seu trabalho com a língua, com a sua atenção ao peso das sílabas, como, aliás, ela diz num ensaio sobre Camões, passando rapidamente da forma justa da palavra para a justiça:

---

[18] Ibid., p. 410.
[19] Ibid., p. 443.
[20] Sophia de Mello Breyner Andresen, op. cit., p. 1013.
[21] Adília Lopes, op. cit., p. 469.
[22] Sophia de Mello Breyner Andresen, op. cit., p. 237.
[23] Adília Lopes, op. cit., p. 340.
[24] Sophia de Mello Breyner Andresen, *O nu na Antiguidade Clássica*, p. 29.

Creio profundamente que toda a arte é didáctica, creio que só a arte é didáctica.
Camões propõe-nos palavras ditas sílaba por sílaba. Propõe-nos a contínua acusação do gosto da cobiça e da vileza, a contínua acusação da surdez, da asfixia, do opaco. Ensina-nos a não aceitar o ensombramento que nos rói. Ensina-nos uma atitude de crítica constante. Ensina-nos a procurar a diversidade do mundo em que estamos. Propõe-nos uma imagem exigente de nós próprios que nunca mais nos deixará sossegar.[25]

Estas palavras ditas sílaba por sílaba[26] são o que se nota, por exemplo, num poema em que se ouve um eco da Ilha dos Amores camoniana e no qual se fala de uma "branca praia cor de rosas".[27] A simples substituição do cor de rosa por "cor de rosas" na descrição da praia faz com que se recupere que no nome da cor está uma flor. A rosa volta a aparecer.

O mesmo se pode observar na dedicatória que Sophia escreve para sua amiga Helena Lanari, e que Eucanaã Ferraz reproduz em seu artigo "Ouvir o poema": "Para a Helena Lanari, no dia em que vimos o Cabo Frio, que foi um dia maravilhoso."[28]

Ninguém que conheça a cidade de Cabo Frio, no estado do Rio de Janeiro, usaria o verbo *ver* e nem o artigo definido *o* antes desse topônimo. A forma corrente da expressão seria "no dia em que fomos a Cabo Frio". A substituição de *ir* por *ver* faz com que de fato o leitor veja que o nome da cidade contém o nome de um acidente geográfico, há muito esquecido. O cabo é redescoberto por obra da língua de Sophia.

Em recente depoimento sobre a mestra, Adília diz que aprendeu com ela que "O mundo do poema é limpo e rigoroso. Nada de coisas farfalhudas, nada de aldrabices".[29] Estamos em crer que é sobretudo ao rigor e à depuração da língua de Sophia que Adília se refere quando a chama "modelo de bem escre-

---

[25] Sophia de Mello Breyner Andresen, "Luís de Camões: ensombramento e descobrimento", in *Poemas escolhidos*, Lisboa: Círculo de Leitores, 1981, p. 164, destaques meus. [Primeira publicação: *Cadernos de Literatura*, n. 5, Coimbra, 1980.]
[26] Ver a esse respeito o ensaio de Rosa Maria Martelo, "Sophia e o fio de sílabas", in *A forma informe. Leituras de poesia*, Lisboa: Assírio & Alvim, 201. p. 21-34.
[27] Sophia de Mello Breyner Andresen, Obra poética, p. 721.
[28] Sophia de Mello Breyner Andresen, apud Eucanaã Ferraz, "Ouvir o poema", *Relâmpago. Revista de Poesia*, n.9, p. 31-48, out. 2001, p. 41.
[29] Adília Lopes, "Adília sobre Sophia", Centenário de Sophia de Mello Breyner Andresen, Lisboa, Fundação Calouste Gulbenkian, 16 de maio de 2019. Disponível em: <https://youtu.be/7MivdxyEeP4>. Acesso em: 1 set. 2019.

ver português". Adília diz que escreve "apesar de tudo", "a pesar tudo".³⁰ E, no mesmo livro chega a dizer "A minha poesia é didáctica",³¹ ecoando o ensaio de Sophia sobre Camões. A sua preocupação com o peso das palavras, com a precisão da linguagem e com a crescente corrupção desta pelo discurso pseudocientífico ou pseudo-higiênico (poderíamos dizer) se faz notar com força em seus livros mais recentes. Num poema do livro *Z/S*, publicado em 2016, diz:

> Na casa de correcção ou na casa de passe
>
> Não diga prazer, diga satisfação.
>
> Não diga rapazes, diga colegas masculinos.
>
> Não diga sex-appeal, diga atractivos sexuais.
>
> 8/12/15³²

A substituição de palavras por seus equivalentes "neutralizados", "cientificizados" retira-lhes o vigor expressivo e, no caso em foco, retira-lhes, em particular, a tensão sexual. Como se se quisesse fazer do sexo "não o sexo mas um céu residencial".³³

Na contramão desse movimento, fiel à dicção rigorosa de Sophia e à consciência de que o poema não admite paráfrase, Adília prefere chamar as coisas pelo nome que têm na tradição, pelo menos desde o século XIII. Como neste poema de *Sete rios entre campos*, que explora ainda as semelhanças fônicas entre os dois verbos empregados, presentes na poesia da península Ibérica desde as suas primeiras manifestações conhecidas:

---

[30] Adília Lopes, *Z/S*, Lisboa: Averno, 2016, p. 86.
[31] Ibid., p. 121.
[32] Ibid., p. 21.
[33] Recanto 10
(...) logo as patas do Anjo se
erguiam//sobre o sexo//esmagava-o
sorvia-o ilusionava-o para que parecesse não o sexo//para que
parecesse um céu//residencial
(...)

(Luiza Neto Jorge, *Poesia: 1960-1989*, 2ª edição, org. e prefácio Fernando Cabral Martins, Lisboa: Assírio & Alvim, 2001, p. 190.)

> Quem fode
> fode
> fode
> quem pode[34]

Por mais paradoxal que pareça, já que Sophia nunca usou palavrões em seus poemas e se pronuncia mesmo contrária a isso em carta a Jorge de Sena,[35] quando Adília emprega palavrões em seus poemas mostra a sua fidelidade à mestra. É a própria quem o explica, numa crônica:

> Eu sei que pode parecer estranho, esquisito, a alguns olhos (ou ouvidos) que uma pessoa como eu, que escreve palavras como "merda", goste de livros em que se escreve a palavra "Deus". Pronuncio muito raramente palavrões e termos de calão. Ultimamente, já há uns anos, uso muitos palavrões nos meus poemas. Alguns desses palavrões só os conheço por via erudita (romances de Nuno Bragança e de Almeida Faria, por exemplo) e nem sei ao certo como se pronunciam. Sophia de Mello Breyner Andresen escreveu "Aquele que vê o fenómeno quer ver todo o fenómeno" e, no mesmo texto, "a poesia é uma moral" (in "Arte poética III").
> A minha mãe contava que, no Colégio de S. José, nos anos 40 do século passado, na Rua José Estêvão em Lisboa, uma freira dizia a outra freira que tinha pronunciado "merda": "Ó irmã, diga "arroz" que também tem cinco letras". Pois, mas não é a mesma coisa. Para já, não é a mesma coisa foneticamente. Não quero que nenhuma palavra baixe a cabeça no meio da frase. Assim agrado e desagrado a gregos e troianos. Do ponto de vista linguístico, científico, filológico, acho isto correcto, honesto. Talvez isto seja demasiado rebuscado e complicado, um paradoxo, mas é até, e sobretudo, do ponto de vista da moral que eu acho isto certo.[36]

---

[34] Adília Lopes, *Dobra. Poesia reunida*, p. 332.
[35] "A fidelidade à imanência tornou-se pecado. O homem deixou de ser um com seu corpo, e com a mulher. As palavras que significam sexo transformaram-se em palavrões — não significam sexo mas não-identificação do ser como sexo. Significam divórcio. Usá-las é aceitar esse divórcio." Sophia de Mello Breyner; Jorge de Sena, *Correspondência: 1959-1978*, 3ª edição, Lisboa: Guerra & Paz, 2010, p. 139.
[36] Adília Lopes, "Gn 4, 9-10", *Público*, 21 de abril de 2002. Disponível em: <http://www.publico.pt/2002/04/22/jornal/gn-4-910-169737>. Acesso em: 28 ago. 2019.

Afinal, parece que é ainda o ideal de forma justa que se vê aqui revisitado. Há uma implicação moral numa escolha linguística, filológica. A intervenção desejada por esta poesia, o seu "didatismo", vem não só do que diz mas do como diz.

A reflexão sobre as relações entre mestres e discípulos pode ser observada para além desse caso específico, manifestando-se também em outras artes, como, por exemplo, na música. Ao comentar as vozes masculinas no canto brasileiro, num programa da Rádio Batuta, o cantor e compositor Alfredo Del-Penho explica que os caminhos abertos por um cantor, as inovações que faz na maneira de cantar, por mais inventivas e até desconcertantes que sejam, como no caso de João Gilberto, nunca representam qualquer tipo de fechamento ou limitação para os cantores que o sucederão, mas sim, necessariamente, uma abertura. A influência de um cantor não se faz sentir apenas naqueles que reproduzem um determinado ornamento usado por ele, afirma Del-Penho, mas, quando um cantor faz isso, quando abre um caminho novo, o que reverbera nos outros não é só a possibilidade de imitação, mas uma aproximação com a liberdade.[37]

O modo como Adília recebe a lição de Sophia talvez possa ser pensado nos termos usados por Alfredo Del-Penho. Afinal, uma mestra não ensina a imitar, ensina a sua própria liberdade.

Sofia de Sousa Silva é mestre e doutora pela Pontifícia Universidade Católica do Rio de Janeiro (PUC-Rio). Em 2018, desenvolveu pesquisa de pós-doutorado na Universidade do Porto, em Portugal, com a qual mantém intercâmbio como pesquisadora do Instituto de Literatura Comparada Margarida Losa desde 2015, é membro da rede internacional de pesquisa Lyra Compoetics. Professora de Literatura Portuguesa da Universidade Federal do Rio de Janeiro (UFRJ), lecionou na Universidade Federal de São Paulo e na PUC-Rio. Publicou *Fernando Pessoa: para descobrir, conhecer e amar* (Bazar do Tempo, 2016) e organizou e posfaciou *Aqui estão as minhas contas: Antologia poética de Adília Lopes* (Bazar do Tempo, 2019).

---

[37] Alfredo Del-Penho, "Alfredo Del-Penho e as vozes do Brasil", apresentação Joaquim Ferreira dos Santos, Rádio Batuta, Rio de Janeiro, 28 de agosto de 2015. Disponível em: <https://radiobatuta.com.br/programa/alfredo-del-penho-e-as-vozes-do-brasil-2/#.XZY1RapXiIg.gmail>. Acesso em: 3 set. 2019.

Jorge de Sena e Cecília Meireles: o poema-errância em (irresistível) contraste
• Susana L. M. Antunes •

> *A tua raça de aventura*
> *quis ter a terra, o céu, o mar.*
>
> *Na minha, há uma delícia obscura*
> *em não querer, em não ganhar...*
>
> *A tua raça quer partir,*
> *guerrear, sofrer, vencer, voltar.*
>
> *A minha, não quer ir nem vir.*
> *A minha raça quer* passar.
> "Epígrama n° 7"[1]

O presente trabalho estabelece a ideia de deslocação como um elemento vital à escrita de Jorge de Sena (1919-1978) e de Cecília Meireles (1902-1964) – viajantes, cidadãos do mundo e (in)disciplinadores de almas – que, ao longo da sua escrita, nomeadamente em diários, prefácios e crônicas propõem a cristalização de conceitos acerca da viagem de turista/viagem de viajante, da viagem de exílio e do testemunho da viagem. Na condição de viajantes e cidadãos do mundo, Jorge de Sena e Cecília Meireles percorreram espaços físicos, cujas imagens histórico-transculturais ambos patenteiam na sua poesia. Dos espaços senianos refiram-se Portugal,

---

[1] Cecília Meireles, "Viagem", v. I in *Poesia completa*. 2 vols. Org. Antonio Carlos Secchin, Rio de Janeiro: Editora Nova Fronteira, 2001, p. 272.

África, Europa e América² dos espaços meirelianos fazem parte Portugal (incluindo a ilha açoriana de São Miguel), Europa, Américas e Índia.³

No entanto, é na intimidade que o espaço citadino oferece a Jorge de Sena e a Cecília Meireles que o presente trabalho se concentra. De fato, se nos poemas de viagem são os grandes espaços visitados que impulsionam profícuas reflexões histórico-culturais acerca da humanidade nos dois poetas em estudo, é no espaço urbano onde se observam duas formas contrastantes e, simultaneamente, irresistíveis de sentir o mundo. Essas configurações distintas são proporcionadas pela circunstância urbana, íntima, criadora e orgânica instalada pelo poema-errância que Sena e Meireles testemunham ao longo das suas peculiares errâncias poéticas.

Revelando-se através de um itinerário evolutivo, o conceito "poema-errância" teve origem no ensaio de Archie Randolph Ammons intitulado "A poem is a walk".⁴ O ensaio de Ammons começa por abordar a ideia de caminhada real e/ou fictícia que, tal como a ideia de peregrinação e de viagem, se constitui com a intenção de uma busca interior, de autoconhecimento e de aprendizagem:

> I take the walk to be the externalization of an interior seeking so that the analogy is first of all between the external and the internal. (...) There are countless examples, and many of them suggest that both the real and the fictive walk are externalizations of an inward seeking. The walk magnified is the journey, and probably no figure has been used more often than the journey for both the structure and concern of an interior seeking.⁵

Desta forma, o poema será como a caminhada: a exteriorização de uma busca interior no sentido de que ambos partem de uma necessidade interna que se expressa sob a forma de uma caminhada ou de um poema. Tendo como ponto assente e claro que poema e caminhada são entidades completamente distintas, questionando, em paralelo, o que é, como ocorre e para que serve a caminhada,

---

² Jorge Fazenda Lourenço, *A poesia de Jorge de Sena. Testemunho, metamorfose, peregrinação*, Lisboa: Fundação Calouste Gulbenkian, 1998. Neste trabalho, é apresentada, em apêndice, uma lista de poemas que o estudioso seniano classifica como "poemas de viagem".

³ Destas viagens resultaram os livros *Poemas de viagens* (1940-1964), vol. II; *Poemas italianos* (1953-1956), vol. I; e *Poemas escritos na Índia*, vol. II (1953), in Cecília Meireles, op. cit.

⁴ Archie Randolph Ammons, *Epoch 18. A Quarterly of Contemporary Literature*, v. XVIII, p. 114-119, oct.r/Fall 1968. Este ensaio foi apresentado no "International Poetry Forum", sediado em Pittsburgh, em abril de 1967.

⁵ Ibid., p. 116.

curiosamente Ammons propõe a ideia de correspondência entre poema e caminhada baseada em quatro aspetos comuns fundamentais: o uso do corpo e da mente, a ideia de que são irreproduzíveis, o retorno explícito e implícito e o movimento:

> (...) each makes use of the whole body, involvement is total, both mind and body (...) every walk is unreproducible, as is every poem (...) each turns, one or more times, and eventually returns (...) the turns and returns or implied returns give a shape to the walk and to the poem (...) the motion (...) can't be extracted and contemplated. It is non-reproducible and non-logical. It can't be translated into another body. There is only one way to know it and that is to enter into it.[6]

A proposta de Ammons associa ainda duas interessantes concepções acerca da caminhada e do poema: "Walks are useless. So are poems. (...) Walks are meaningless. So are poems."[7] Congregando a interseção entre duas entidades tão dissemelhantes que à partida se estranham, mas que logo depois se entranham, Ammons enfatiza as semelhanças entre os dois conceitos uma vez que quer a caminhada, quer o poema podem agregar o que quisermos, ou seja, uma caminhada e um poema transportam consigo uma infinidade de perguntas e uma semelhante infinidade de respostas onde se manifestam pontos de contato e pontos de desvio, consequência da intimidade que Ammons observa entre a caminhada e o poema.

Por sua vez, Roger Gilbert,[8] desenvolvendo os pressupostos de Ammons e analisando a poesia de Frost, Stevens, Williams, Roethke, Bishop, O'Hara, and Ashbery, observa que o "walk poem" permite apreender o mundo como horizonte e não como paisagem, redimensionando o conceito com as noções de experiência, descrição e transcrição observadas como elementos fundamentais a considerar na textura do "walk poem". A ideia de experiência referida neste contexto deverá ser entendida como o encontro ativo e interativo do poeta com "a vida real", uma vez que só a partir daquele encontro se produz a experiência no sentido que aqui se pretende que seja entendida – a experiência fundamentada na interação:

---

[6] Ibid., p. 117.
[7] Ibid., p. 118.
[8] Roger Gilbert, *Walks in the world: representation and experience in modern American poetry*, Princeton: Princeton University Press, 1991.

The walk poem is thus ideally situated to register the subtle impingements of a world, a setting, upon the apparently autonomous process of thinking. It is an intricate dialectic between perception and reflection that the walk poem finds its center; as a genre it emphasizes the ineluctable dependency of the general to the particular, the abstract to the circumstantial.[9]

Considerando a experiência como um dos elementos mais significativos a considerar na orgânica do "walk poem", Gilbert introduz neste processo dois importantes elementos: a descrição e a transcrição. Nomeada como um dos modos de apresentação do texto narrativo, a descrição é o relato de qualquer objeto, personagem ou cena estática, ou seja, é independente do tempo em que se encontra ou ocorre. A descrição, transmitindo igualmente a ideia de imagem visual, também está associada ao traçado de objetos, pessoas ou ações impulsionadas pelas palavras. O tipo de texto que daí resulta será, obviamente, um texto parado, sem movimento, onde toda a ação fica suspensa no tempo e no espaço à espera de ser retomada pela narração. Quanto ao sentido da palavra "transcrição", aparentemente poderá também transmitir a ideia de um momento estático, uma vez que se trata do ato de transcrever algo. No entanto, a distinção de Gilbert é fundamental para se entender o sentido de "transcrição" e, consequentemente, de "walk poem":

> (...) where *des*cription or writing of suggests the linguistic representation of something fixed and spatial, *trans*cription, writing across or 'taking down' implies the carrying into language of something fluid and temporal, as when one transcribes speech or music.[10]

Na proposta de Gilbert o ato de transcrever está associado à ideia de simultaneidade de ações o que implica, necessariamente, a existência de um movimento proporcionado pela transcrição da experiência. Será ainda curioso notar que os prefixos de origem latina que Gilbert destaca no seu texto apresentam um significado que vai ao encontro do que ele pretende expor: *des* comporta a ideia de ação contrária, negação; *trans* implica a ideia de movimento para além de, movimento através de, o que de fato vem ao encontro da ideia de algo que decorre em simultâneo com outra ação, uma vez que "[t]he walk poem, (...) takes this flux as its true subject, and in transcribing it assumes a radical tem-

---
[9] Ibid., p. 11.
[10] Ibid., p. 8, destaques no original.

poral form".¹¹ Associado ao caminhar está o pensamento que neste contexto adquire uma dimensão particular: "Thinking is shown to be not a mastering of experience but a product of it, circumscribed by the temporal and spatial limitations of the body itself."¹² Da coordenação do pensamento com o tempo real da caminhada surgem a dimensão e a dinâmica específicas do "walk poem" onde se podem observar avanços e recuos do pensamento que acompanham a caminhada do corpo no espaço.

No itinerário que concretiza a ideia de "poema-errância" na poesia de Jorge de Sena, refiro o estudo de Francisco Cota Fagundes intitulado "Da representação da cidade do Porto na poesia de Jorge de Sena",¹³ o único estudo que apresenta como ponto de partida a poesia urbana de Jorge de Sena, aplicando e redimensionando os conceitos de Ammons e de Gilbert:

> A cidade (…) é representada na poesia de Jorge de Sena, em grande parte, mediante um subgénero (há quem lhe chame género lírico (…) de poema que chamarei "poema-errância", nome esse traduzido de walk-poem, espécie que A.R. Ammons propôs e Roger Gilbert desenvolveu no seu livro (…).¹⁴

Como sublinha Cota Fagundes, a definição avançada por Gilbert não é uma definição limitante,¹⁵ apresentando a maleabilidade necessária para se poder trabalhar um conceito tão *sui generis*, considerando o "poema-errância" ainda

> (…) um subgénero do poema vivencial e testemunhal, isto é, poema inspirado em vivências experimentadas ou testemunhadas, em oposição a um poema baseado em matéria confecionada ou inventada. (Não pretendo isolar o poema vivencial ou do "eu" do poema testemunhal ou do(s) outro(s). A distinção é feita aqui por conveniência expositiva).¹⁶

---

[11] Idem.
[12] Ibid., p. 11.
[13] Francisco Cota Fagundes, "Da representação da cidade do Porto na poesia de Jorge de Sena", in Francisco Cota Fagundes, António M. A. Igrejas, Susana L. M. Antunes (Coord.), *Trinta e muitos anos de devoção. Estudos sobre Jorge de Sena em honra de Mécia de Sena*, Ponta Delgada: Ver Açor, 2015, p. 242-295.
[14] Ibid., p. 252.
[15] Idem.
[16] Ibid., p. 253.

No seu estudo é ainda importante destacar a ideia do fenômeno da errância como "(...) um dos conceitos básicos da poética de Jorge de Sena (...), um elemento estrutural e temático neste tipo de poema",[17] explicando que a ideia de "elemento estrutural" se observa, em alguns poemas, no sentido em que o poema acompanha explicitamente a caminhada do sujeito poético; por outro lado, constitui-se como um "elemento temático" uma vez que "(...) o próprio andar é tematizado em alguns poemas e, quando o não é, a sua substância parafraseável tende a ser fruto de verbalizadas perceções, dos pensamentos ou reflexões ocorridos durante a caminhada",[18] deixando, assim, espaço aberto para se pensar outras errâncias a par ou em simultâneo com a errância física, nomeadamente a errância espiritual. Para além da já referida proposta terminológica, Cota Fagundes também concentra a sua atenção na panorâmica do que considera ser a itinerância urbana na poesia de Jorge de Sena, afirmando:

> Ao longo de um imenso corpus poético que se prolonga por mais de quatro décadas, Jorge de Sena revela-se um poeta de dúzias e dúzias de cidades: desde as cidades portuguesas do Porto e Lisboa, a numerosas cidades estrangeiras que poetizou como resultado das suas viagens europeias (e algumas africanas) realizadas no começo dos anos 70.[19]

Para elaborar o seu percurso, Cota Fagundes recuou ao que designou por poemas "protoitinerantes", inseridos nos dois volumes de *Post-Scriptum* II, "(...) por neles detetar o que presumo ser, na poesia do Autor, as origens da itinerância urbana, constante essa que levaria (...) à construção da poética associada à itinerância e testemunho citadinos".[20] É em *Post-Scriptum* II, volume 2, que Cota Fagundes identifica o primeiro poema seniano sobre a cidade. Trata-se do poema "Multidão"[21] e a cidade é sem dúvida Lisboa, "[p]renúncio já da representação fragmentada, entrópica da cidade do Porto em *Perseguição* e *coroa da terra*[22] – *dois outros livros sobre os quais Cota Fagundes incide o seu estudo, reunidos em Poesia I*, datados de 1942 e 1946, respetivamente. Lisboa, conforme testemunha Cota Fagundes, apresenta-se "(...) no domínio do estranhamento. (...) Cidade estranha e inumana, não desperta nenhuma memória positiva. É uma urbe meto-

---

[17] Idem.
[18] Idem.
[19] Ibid., p. 242.
[20] Ibid., p. 243.
[21] Ibid., p. 136.
[22] Ibid., p. 247.

nímica, microcosmo de algo – de um país? De uma época? De um país e de uma época?".[23] Na identificação de Cota Fagundes já se pressente a sugestiva ideia de interventivo em Jorge de Sena seja de forma direta, seja pelo recurso à metonímia para branquear o contexto salazarista que se vivia em Portugal. Naquele ambiente importa salientar a importância da experiência que Sena manifestava na sua escrita, a qual nunca ignorou, da qual nunca se distanciou nem se sublimou "(...) como poeta, como ser humano, como cidadão",[24] afirmando a propósito da sua poesia que "(...) terá muitos defeitos mas não a de ser ligeira e leve, amenamente vácua, ou comoventemente superficial, o que tudo em Portugal se consome em doses carregadas, quando não em delicadas pílulas",[25] confirmando, com as suas palavras, o caráter denso da sua poesia que se adivinha pela sua eterna ligação ao concreto, ao real, porque "(...) a realidade existe, embora possamos não saber ao certo que seja, e que as palavras existem para ajudar-nos a fixá-la, pela comunicação, num momento do espaço e do tempo (...)"[26] que será o mesmo que dizer fixado na realidade que sempre o perseguiu pelo mundo: Portugal, grotesco e denso.

No percurso deste trabalho, adoto a terminologia que Cota Fagundes traduziu por "poema-errância", uma vez que considero o conceito extremamente expressivo e explícito, satisfazendo, completamente, o que pretendo trabalhar no que diz respeito à poesia urbana de Jorge de Sena e de Cecília Meireles. Sendo assim, este trabalho propõe uma caracterização para o que considero ser o poema-errância seniano e meireliano, baseada em algumas particularidades que, na minha perspectiva, enformam o poema-errância dos autores em estudo.

A ideia revelada de espaços urbanos íntimos como frações de um mundo particularmente experienciado e transformado resultará no que me parecem ser *microespaços de humanidade expressa* captados pelo poema-errância em plena vivência experiencial íntima que, por sua vez, se poderão constituir como *microespaços* particularizados. Por outro lado, Anne D. Wallace aponta para uma questão que, para além de ser fundamental para a caraterização da ideia de poema-errância, é comum aos dois poetas: "This is not the mental recollection of

---

[23] Ibid.,p . 248.
[24] Jorge de Sena, "Prefácio à segunda edição", in *Poesia I*. 3ª ed. Lisboa: Edições 70, 1988, p. 13.
[25] Jorge de Sena, "Prefácio", in *Poesia III*, 2ª ed. Lisboa: Edições 70, 1989, p. 15.
[26] Jorge de Sena, *Dialécticas teóricas da literatura*, Lisboa: Edições 70, 1978, p. 250.

impressions and the 'making out' of something from them, but a direct making of self by walking that seems to involve active thinking (...)."[27]

Para um entendimento da diferente apreensão do mundo, resultante do encontro solitário de Jorge de Sena e Cecília Meireles com o circunstancial, por sua vez plasmado nos poemas-errância, sigo de perto a reflexão de Italo Calvino[28] referente ao binómio "peso-leveza", as observações de Gilles Lipovetsky[29] relativamente à forma como a sociedade contemporânea aborda a ideia de ligeireza, e a imagem de grotesco apresentada por Wolfgang Johannes Kaiser.[30]

Comumente considerada um defeito, a noção de leveza é entendida por Calvino como uma qualidade, constatando que há uma certa tendência geral e natural para a escrita espessa, à qual facilmente se fica preso, intensificando esta ideia com os termos pedra, petrificação, peso, inércia, opacidade do mundo.[31] Calvino clarifica :"Podemos dizer que duas vocações opostas disputam o campo da literatura através dos séculos: uma tem a tendência para fazer da linguagem um elemento sem peso, que flutua por sobre as coisas como uma nuvem, ou melhor, como uma finíssima poeira, ou melhor ainda como um campo de impulsos magnéticos; a outra tende a comunicar à linguagem o peso, a espessura, a concreção das coisas, dos corpos e das sensações."[32] Numa primeira análise das palavras de Calvino, a ideia que emerge é a que associa, instantaneamente, a noção de leveza ao vago e ao fútil, mas é o próprio Calvino que esclarece, atribuindo à leveza qualidades bastante significativas: "A leveza para mim está associada à precisão e à determinação,[33] à (...) gravidade sem peso",[34] exemplificando a sua interpretação com a ideia de tristeza: "Assim, [a tristeza] não é uma melancolia compacta e opaca, mas sim um véu de ínfimas partículas de humores e sensações, uma poeira de átomos como tudo o que constitui a substância última da multiplicidade das coisas."[35] A partir desta conceptualização e tendo em conta o maior ou menor grau de ligação do escritor à força da gravidade, consequentemente, teremos duas situações: quem for refém da força da gravidade estará muito mais ligado

---

[27] Anne D. Wallace, *Walking, literature, and English culture – the origin and uses of peripatetic in the nineteenth century*, Oxford: Clarendon Press; New York: Oxford University Press, 1993, p. 175.
[28] Ítalo Calvino, *Seis propostas para o novo milénio*, 3ª ed. Lisboa: Teorema, 1990.
[29] Gilles Lipovetsky, *De la légèreté. Vers une civilisation du léger*, Bernard Grasset: Paris, 2015.
[30] Wolfgang Johannes Kaiser, *Lo grotesco. Su realización en literatura y pintura*. Tradução Juan Andrés García Román. Madrid: Machado Grupo de Distribución, 2010.
[31] Italo Clavino, op. cit., p. 18.
[32] Ibid., p. 29.
[33] Ibid., p. 30.
[34] Ibid., p. 34.
[35] Ibid., p. 35.

ao mundo terreno, uma ligação que se traduzirá na ideia de peso; em contrapartida, o que for menos refém daquela ligação atingirá um desprendimento e uma libertação de espírito que resultará na ideia de leveza.

Para Lipovetsky a ideia que melhor expressa a dinâmica das sociedades modernas é a ideia da guerra do ligeiro, do leve contra o pesado,[36] uma guerra que não é uma guerra atual, uma vez que se trata de um confronto já instalado nos séculos XVII e XVIII pela via das discussões filosóficas, tentando-se encontrar meios para se pôr fim ao peso da miséria e do sofrimento. Com o desenvolvimento das sociedades de consumo proporcionando toda uma panóplia de bens acessíveis que produzem bem-estar, não restam dúvidas de que é a cultura da leveza que triunfa pelas facilidades que proporciona aos consumidores, como afirma Lipovetsky: "Avec le culte du bien-être, du divertissement, du bonheur ici et maintenant, c'est un idéal de vie léger, hédoniste, ludique qui triomphe",[37] não esquecendo que a economia se organiza em torno desta ideologia. No entanto, Lipovetsky também refere que a procura da leveza não deve ser considerada como algo indigno; o estado de espírito que a leveza proporciona é também uma necessidade inerente ao ser humano na procura de momentos de descompressão – o que significa que sempre existiram momentos de pressão, sob as mais variadas formas, ao longo da humanidade condenada a carregar, desde sempre, o peso da cruz. Lipovetsky refere, tal como Calvino, que também é importante ter-se em atenção que a procura da leveza não deve ser considerada como algo indigno, mencionando que desde os gregos até às mais recentes filosofias espirituais, o objetivo da ideia de leveza é libertar o homem do peso da existência e provocar o maravilhamento da felicidade que representa o depositar o fardo.[38] Acerca dos dois conceitos paradoxais, leveza-peso, Lipovetsky considera-os, acima de tudo, estados de consciência, com inúmeras variantes considerando ainda que a leveza "(...) n'est pas en soi porteuse d'expérience tragique: ce qui est tragique c'est non la légèreté de l'être, mais l'absence de légèreté".[39]

A partir da base sustentada pelo poema-errância, pelos pressupostos presentes na dicotomia peso-leveza e pela análise dos poemas irradiam as extensões para as fórmulas tripartidas que poderão enformar o poema-errância seniano como interventivo, grotesco e denso; e o poema-errância meireliano como contemplativo, belo e fluído. Estes elementos são legitimados pelo irresistível

---

[36] Gilles Lipovetsky, op. cit., p. 25.
[37] Ibid., p. 27.
[38] Ibid., p. 31.
[39] Ibid., p. 80.

encanto dos contrastes que os poetas expressam ao longo das suas itinerâncias poéticas alicerçadas na individualidade da apreensão do mundo que cada um olha a seu modo, a qual justifica, igualmente, o patamar em que coloco os poetas neste trabalho: Jorge de Sena, um poeta terreno, que não se liberta, e Cecília Meireles, uma poeta que se desprende do terreno em direção ao infinito.

De entre os poemas senianos que analisei, seleciono para este trabalho dois poemas senianos pertencentes ao livro *Coroa da terra* (1946), a saber: "Esgoto" (25/5/42) e "Dia de sol".[40] Como poema-errância que considero ser tal como Cota Fagundes, o poema "Esgoto" fomenta o encontro do poeta com a circunstancialidade portuguesa que toca os domínios do interventivo, do denso e do grotesco sentidos em formas de expressão que acusam um tipo de realidade a que Jorge de Sena assiste em plena cidade do Porto, nos anos quarenta – a realidade portuguesa dos tempos da ditadura. Em "Esgoto", o poeta depara-se com

> Crianças pálidas que brincam no esterco da rua
> como se o esterco fosse a perpetuação do Sol
> qual Sol que supurasse das paredes altas
> em vão rodeadas pela mão da morte.
>
> Alegremente o esterco toma formas náuticas;
> um murmúrio de água incita-o com ternura,
> um murmúrio no cano coberto de lages [*sic*] gastas,
> um ciciar de restos não comidos, restos diferidos, vidas não geradas.[41]
> (...)

A ideia de grotesco com que se inicia o poema é sintomática ao longo dos primeiros oito versos do poema, não só pela descrição das crianças a brincarem no esterco, mas também na forma como a cena é descrita e nas palavras que são escolhidas para transmitirem a ideia de algo que é repugnante, ideia que se agrava com a presença de crianças, a quem o sol da vida foi vedado, restando-lhes, unicamente, o esterco do esgoto, do subterrâneo, do ilícito da própria vida que se enquadra em (in)existências de completa e densa miséria – um encontro com a circunstancialidade grotesca que conduz, inevitavelmente, à ideia de densidade presente na mensagem que transmite. A este propósito, cito as palavras de Wolfgang Johannes Kaiser por considerar que oferecem elementos que congregam a

---

[40] Jorge de Sena, *Poesia I*, 3ª ed. Lisboa: Edições 70, 1988, p.93-94 e 97, respectivamente.
[41] Ibid., p. 93.

ideia de grotesco com a ideia de poema-errância ao referir o repentino, a surpresa e o pânico perante a vida:

> Lo repentino y la sorpresa son términos que pertenecen a lo grotesco. En la literatura esto se muestra en forma de escena o de imagen en movimiento. (...) No se corresponde con lo grotesco el miedo a la muerte, sino el pánico ante la vida. Y a la estructura de lo grotesco pertenece la abolición de todas las categorías en que fundamos nuestra orientación en el mundo.[42]

No poema "Esgoto" assiste-se a um conjunto de cenas descritas em movimento que nos conduzem à ideia de vidas de crianças completamente retiradas dos fundamentos que deveriam orientar o mundo. Por isso mesmo, não é o medo da morte que está expresso, mas o pânico sentido em vidas de esgoto:

> (...)
> Um crime é esta vida, e a atraiçoada cruz que lhe oferecem:
> cruzeiro para povos que se entreolham trémulos,
> para homens distantes (não vão eles viver...),
> para mães que não têm a memória da carne,
> para sinais do sangue de sacrifícios mal virgens,
> para os poetas que buscam um contacto periódico... (...)[43]

A grotesca descrição inicial vai adquirindo outros moldes ao longo do poema, como se se tratasse de uma outra caminhada – a do pensamento, a da reflexão. Neste sentido, a circunstancialidade com a qual Jorge de Sena se deparou permite-lhe uma espécie de pensamento em *continuum* para condensar, nos últimos cinco versos, a densa miséria do mundo que serão também os homens gerados daquelas crianças que brincam no esterco. No final do poema, a mensagem compacta e densa que persiste delineia a metáfora da condição (des)humana, alicerçada na ideia de poema-errância citadino, interventivo, grotesco e denso, baseado, por sua vez, no testemunho de autoconstatação, permitido pela experiência da vida e pela forma de nela se inscrever, prolongando-se através da escrita, como testemunham os cinco últimos versos do poema: "A miséria do mundo não existe,/ nem o mundo existe:/andamos nós em bando sobre a terra./ Que o mundo é

---

[42] Wolfgang Johannes Kaiser, op. cit., p. 310.
[43] Jorge de Sena, op. cit., p. 93-94

só a ignorância dos homens,/ e a maior miséria dos homens só as palavras que os vivem."⁴⁴

Em "Dia de sol", também é sobre crianças com quem Sena se depara, mas desta feita crianças que participam no cortejo fúnebre de uma outra criança – as crianças constituem um motivo recorrente nos poemas apresentados, um detalhe que intensifica e redimensiona a ideia de grotesco. Neste poema, embora a expressão do elemento grotesco seja, aparentemente, mais ténue do que no poema anterior, ele não deixa de marcar a sua presença de uma forma sub-reptícia em profundidade, como o que se descreve nos primeiros quatro versos do poema:

> Sob a teia de sombra dos galhos outonais,
> passaram crianças,
> guiando na aragem
> a outra já morta. (...)⁴⁵

Esta curta descrição ilustra as palavras de Kayser ao afirmar: "Y a la estructura de lo grotesco pertenece la abolición de todas las categorías en que fundamos nuestra orientación en el mundo."⁴⁶ De fato, os quatro versos de Sena desarmam alguns dos fundamentos da orientação do mundo: uma criança morta a ser conduzida no cortejo fúnebre por outras crianças. Kayser questiona: "¿Pero quién opera ese proceso de distanciamiento del mundo?"⁴⁷ Estabelecendo uma comparação entre a ideia de absurdo e a ideia de grotesco, Kayser esclarece que o absurdo é composto por ações isoladas, "(...) acciones que amenazan con hacer saltar en pedazos los principios en los que se apoya el orden moral de nuestro mundo";⁴⁸ por outro lado, em relação à ideia de grotesco não se podem enunciar ações desenvolvidas internamente, nem de rutura da ordem moral universal. Trata-se, antes de tudo, "(...) del fracaso de la mera orientación física del mundo".⁴⁹ No caso dos poemas "Esgoto" e "Dia de sol" com títulos que, aparentemente, se encontram em dimensões opostas, poder-se-á ligar o grotesco seniano ao fracasso do contexto sociopolítico de Portugal, no caso específico, vivido nos anos

---

⁴⁴ Ibid., p. 94.
⁴⁵ Ibid., p. 97.
⁴⁶ Wolfgang Johannes Kayser, op. cit., p. 310.
⁴⁷ Idem.
⁴⁸ Ibid., p. 311.
⁴⁹ Idem.

quarenta. Voltando a "Dia de sol", o encontro com a circunstancialidade descrita volta a motivar a reflexão recorrente em Jorge de Sena:

(...) E, rio acima, iam subindo barcos,
hora a hora menores,
na distância tão grande,
que alisava as águas.[50]

No final do poema, a mensagem compacta e densa do rio que desenha a metáfora da caminhada da vida, numa alusão às distâncias que a vida obriga a percorrer – sejam distâncias físicas, sentimentais, ou mesmo distâncias grotescas como a que descreve o poema – e ao que nada da vida fica com a morte.

Quanto a Cecília Meireles, concentro a minha análise nos poemas escritos na Índia,[51] resultado da viagem que Cecília Meireles empreendeu àquele país, em 1953, tento tido oportunidade de visitar dezenove cidades sobre as quais escreveu também crônicas. A importância da Índia e do que a envolve em Cecília Meireles foi-lhe dada a conhecer quando em menina ouvia as histórias contadas pela avó açoriana (ilha de São Miguel), Jacinta, e pela babá Pedrina. Viajante atenta aos detalhes culturais dos povos que visita, a relação que Cecília Meireles estabelece com o Oriente está documentada nos estudos de Margarida Maia Gouveia, Dilip Loundo, Leila V. B. Gouvêa, Ana Maria Lisboa de Mello, entre outros.

No que diz respeito à ideia de poema-errância na poesia meireliana, embora não conheça nenhum estudo que aponte nesse sentido, abro um parênteses para referir o artigo de Inês Cavalcanti intitulado "Poesia circunstancial em Cecília Meireles (Segundo a tradição do *Cancioneiro Geral* de Garcia de Resende)" que, apesar de não se referir à ideia de errância, aponta o detalhe da circunstancialidade que, como já mencionado, se associa àquela ideia de errância. Por outro lado, Paola Berenstein Jacques constata que a experiência errática assenta num "(...) exercício de afastamento voluntário do lugar mais familiar e cotidiano, em busca de uma condição de estranhamento, em busca de uma alteridade radical".[52] Considerando a cidade como um conjunto de espaços de vida preenchidos, Jacques valoriza a experiência urbana da alteridade como um tipo de experiência cada vez mais rara nas

---

[50] Jorge de Sena, op. cit., p. 97.
[51] Cecília Meireles, *Travelling and meditating. Poems written in India and other poems*, Dilip Luondo ed., New Delhi: Embassy of Brazil, 2003. Esta edição foi publicada para assinalar o quinquagésimo aniversário da viagem de Cecília Meireles à Índia.
[52] Paola Berenstein Jacques, *Elogio aos errantes*, Salvador: Edufba, 2012, p. 23.

cidades: a experiência urbana da alteridade".[53] Entendendo a cidade como o lugar da experiência, Jacques demonstra que este fato se contrapõe à ideia que constata a incapacidade de se produzirem e de se trocarem experiências na cidade de hoje, apresentando a ideia que valoriza um urbanismo mais incorporado num esforço de reabilitação da expropriação da experiência e da interação na cidade contemporânea, no sentido de "(...) elogiar a experiência errática como possibilidade de experiência da alteridade, elogiar a valorização da experiência corporal das cidades".[54] Apontando para o potencial que a ideia de "errantologia urbana" abarca, constituindo-se como "(...) o estudo das errâncias, através das narrativas, na busca da melhor compreensão desse processo que se opõe, não de forma frontal, mas pelos desvios, ao processo de espetacularização das cidades",[55] Jacques oferece no seu estudo a possibilidade de diferentes interpretações para a experiência urbana. Atribuindo aos errantes "a arte de se perder na cidade", observa que, enquanto o urbanismo se apresenta como um conjunto de ciências que procura oferecer a planificação, a orientação e a organização de uma cidade através de mapas e planos, o errante tende a experimentar o espaço citadino recusando esse tipo de informação, a qual não lhe permitiria viver o privilégio de se poder sentir perdido. Por isso, os errantes recusam o controle dos planos urbanísticos modernos. Neste sentido, Jacques propõe três propriedades que enformam a ideia de errância: a de se perder, a da lentidão e a da corporeidade. Propriedades intimamente relacionadas, elas remetem para a ação e para a prática da experiência urbana numa dinâmica onde o errante incorpora a cidade como o antídoto do espetáculo e da inexistência de contato corporal entre o errante e a cidade. Os errantes urbanos experimentam a cidade numa relação muito próxima e, por isso mesmo, devolvem à cidade a vida que ela deseja porque vivida e experienciada pelos que a palmilham. Deste modo, a relação corporal e sensorial que se estabelece é uma relação íntima e, por isso mesmo, muito diferente da relação que o turista estabelece com a cidade tida como espetáculo, imagem ou cenário. Do encontro entre o errante e a cidade, o que se produz é a corporização da cidade e a incorporação do errante numa linha confluente, a qual se pode constituir através de uma experiência do foro corporal, sensorial ou erótico onde a cidade, por sua vez, deixa de ser o espaço estranho para passar a ser um espaço interiorizado e sentido no detalhe da

[53] Ibid., p. 11.
[54] Ibid., p. 34.
[55] Ibid., p. 263.

circunstância, daí resultando "(...) o conceito de sujeito corporificado diretamente relacionado com o tipo de movimento qualificado dos homens lentos, que negam, ou lhes é negado, o ritmo imposto pela modernidade".[56]

Voltando ao poema-errância de Jorge de Sena o que se constata é a busca e o encontro claro com "uma alteridade radical" onde o lugar considerado familiar é assimilado e transformado numa alteridade radicalmente grotesca e densa. Em Cecília Meireles, embora se possa pensar à partida que o poema-errância belo e fluido, tal como o identifico, não se enforma neste "afastamento voluntário do lugar mais familiar e cotidiano, em busca de uma condição de estranhamento" proposto por Jacques, na realidade o poema-errância meireliano preside àquele afastamento do lugar familiar, impelindo a sua escrita para uma certa condição de estranhamento pela via da metamorfose em aceitação e acolhimento sublimes de encontros com a realidade que, à partida, se poderão situar no domínio do estranho devido à imagem e reflexão inesperadas que deles transmite. Enquanto Jorge de Sena concentra e adensa a circunstancialidade, mantendo-se ardentemente fiel ao que testemunha, Cecília Meireles analisa, aceita e acolhe a circunstância, transformando-a em corpúsculos extremamente delicados. Uma delicadeza que não deve ser entendida nem confundida com superficialidade nem com vazio, mas sim com outra forma de apreensão do mundo para a qual também há espaço apropriado. Espaço que Cecília encontrou na cidade de Hyderabad, Índia, para descrever o "Bazar", um poema que na minha perspectiva vai ao encontro da ideia de poema-errância, privilegiando o encontro da caminhante com o detalhe do circunstancial que lhe é oferecido. Embora neste poema não esteja expressa diretamente a ideia de caminhada da poeta, a descrição do espaço e a existência sugerida de pessoas vão ao encontro da caminhada e da errância observadora daquele espaço privilegiado, como se pode ver nos versos que se seguem:

> Panos flutuantes de todas as cores
> às portas do vento, no umbral da tarde.
> E olhos negros.
> Jardins bordados: roupas, sandálias
> como escrínios de seda para alfanges.
>
> E olhos negros.
> Molhos de penas de pavão. Colares de nardo

[56] Ibid., p. 264-296.

a morrerem do próprio perfume
entre tufos de fios de ouro.

E os delicadíssimos dedos.
Pratos de doces verdes e cor-de-rosa:
pistache, coco, amêndoa, *gulab*.

Lábios de veludo.
(...)
E olhos negros. E olhos negros.
(...)
E os dedos delicadíssimos.
Cestos cheios de grãos. Frigideiras enormes.
Grandes colheres. Muita fumaça. Muitos pastéis.

Lábios de veludo.

Corolas de turbantes. Brinquedos. Tapetes.
O homem que cose à máquina, o que lê as Escrituras.
Olhos negros.
(...)
Bigodes. Balanças. Barros, alumínios.
Muitas bicicletas; porém o passo rítmico das mulheres majestosas.
Aromas de fruta, incenso, flor, óleo fervente.

Sedas voando pelo céu.
(...)[57]

Subjacente a esta ideia está a comunhão que Cecília Meireles sente quando visita as cidades da Índia e percorre as suas ruas e as suas praças. É também esta comunhão entre diferentes seres que Cecília encontra no seu caminho e descreve, por exemplo o encontro com os búfalos e os meninos:

---

[57] Cecília Meireles, *Travelling and meditating. Poems written in India and other poems*, Dilip Luondo ed., New Delhi: Embassy of Brazil, 2003, p. 92-94.

Banho dos búfalos

Na água viscosa, cheia de folhas,
Com franjas róseas de madrugada,
Entram meninos lavando búfalos.
Búfalos negros, curvos e mansos,
– oh, movimentos seculares! –
Odres cheios de leite, sonho e silêncio.
(...)
Sobem e descem pela água densa
finos e esbeltos, por entre as flores,
estes meninos quase desumanos,
com o ar de jovens guias de cegos,
– oh, leves formas seculares –
tão desprendidos de peso e de tempo!
(...)
estes meninos. Por entre as flores,
longe de tudo quanto há no mundo,
estes meninos como sem nome,

nesta divina pobreza antiga,
banhando os dóceis, imensos búfalos
– oh, madrugadas seculares![58]

Nas imagens que nos chegam através deste poema, é a doçura, a amizade, a inocência e a simplicidade que Cecília Meireles expressa, eternizando a simplicidade da circunstância de ter assistido à lavagem dos búfalos por meninos "(...) quase inumanos, tão desprendidos de peso e tempo (...)". A sensibilidade da beleza do momento encontrado é o testemunho de mais uma situação que, acontecendo, Cecília absorve, depura e devolve a grandiosidade do momento em elevada ternura amorosa. Meninos e búfalos, ambos dóceis e imensos pela sua bondade e afetuosidade, elevados ao mesmo plano de grandeza, conjugando a ideia de unidade. Nos poemas apresentados está plasmada a ideia de leveza elaborada por Calvino, isto é a ideia do voo espiritual que só obedece à vontade própria:

Tanto em Lucrécio como em Ovídio a leveza é um modo de ver o mundo que assenta na filosofia e na ciência: as doutrinas de Epicuro para Lucrécio, e as

[58] Ibid., p. 88.

doutrinas de Platão para Ovídio (um Pitágoras que como Ovídio o apresenta é parecidíssimo com o Buda). Mas em ambos os casos a leveza é algo que se cria na escrita, com os meios linguísticos que são os do poeta, independentemente da doutrina do filósofo que o poeta declara que pretende seguir.[59]

Meios linguísticos que Cecília Meireles usa para a sua própria libertação, para que possa efetuar a sublimação das propriedades que pertencem ao mundano numa conquista espiritual sem limites, como explica Antonio Carlos Secchin em "Cecília Meireles and the *Poems written in India*":

> Like all great artists, Cecília Meireles knows that the memory of beauty survives because it is more real than the real. Because it is imperishable. In the same way that we, readers, will perpetuate, in the pages ahead, the memory of beauty of India as reflected in its most solid monuments, built not with stones but with words of poetry.[60]

Seguindo em errância pela alma encantadora das ruas, onde o movimento não premeditado do corpo e do espírito acontece, assimilando a circunstância criativa que a urbanidade oferece assente no testemunho de constatação, Jorge de Sena e Cecília Meireles registram na sua poesia errante as sutilezas das suas itinerâncias poéticas – poema-errância seniano: interventivo, denso e grotesco; poema-errância meireliano: contemplativo, belo e fluido – sendo claro que as consequências desses registos seguirão, impreterivelmente, em direções diferentes, numa renovação constante do pensamento caminhante porque "(...) tomorrow a new walk is a new walk."[61]

Susana L. M. Antunes é doutora em Literatura Portuguesa e Brasileira Contemporânea e Literatura Africana de Expressão Portuguesa, Professora Assistente e Coordenadora do Programa de Português na Universidade de Wisconsin, Milwaukee, EUA. Foi cocoordenadora dos livros: *Trinta e muitos anos de devoção. Estudos Sobre Jorge de Sena em honra de Mécia de Sena* e *Rememorando Daniel de Sá: escritor dos Açores e do mundo*. É autora de *De Errâncias e Viagens Poéticas em Jorge de Sena e Cecília Meireles* (2020).

---

[59] Italo Calvino, op. cit., p. 24.
[60] Antonio Carlos Secchin, "Cecília Meireles and the *Poems written in India*", in Cecília Meireles, *Travelling and meditating. Poems written in India and other poems*, p. 56.
[61] Archie Randolph Ammons, "Corsons inlet". Disponível em <https://www.poetryfoundation.org/poems-and-poets/poems/detail/43073>. Acesso em: out. 2019.

Sobre um verso de Sophia de Mello Breyner Andresen

Nunca mais servirei senhor que possa morrer
Nunca mais servirei quem possa morrer
Nunca mais servirei quem morra
Nunca mais servirei mortais
Não mais servirei mortais
Jamais servirei mortais
Não servirei mortais
Não servirei
18/1/1970

Jorge de Sena, *Sequências*, Lisboa: Moraes Editores, 1980.

Sobre as Organizadoras

Gilda Santos

Professora da Universidade Federal do Rio de Janeiro (UFRJ), de 1976 a 2006, onde criou a Cátedra Jorge de Sena em 1999, da qual foi regente até 2005. Vice-Presidente do Real Gabinete Português de Leitura, instituição em que criou o PPLB-Polo de Pesquisas Luso-Brasileiras, que também coordena. Desde seu doutorado (1989), privilegia o estudo e a difusão da obra de Jorge de Sena e sobre o autor produziu o site www.lerjorgedesena.letras.ufrj.br e organizou vários eventos e publicações, sendo a última *Não leiam delicados este livro – 100 poemas de Jorge de Sena* (Bazar do Tempo, 2019).

Luci Ruas

Doutora em Letras (Literatura Portuguesa) na Universidade Federal do Rio de Janeiro (UFRJ) e Professora Associada da mesma universidade, onde é membro efetivo do Programa de Pós-Graduação em Letras Vernáculas e representante de Literatura Portuguesa nesse Programa. É Regente da Cátedra Jorge de Sena para estudos Luso-Afro-Brasileiros e editora da Revista *Metamorfoses*.

Teresa Cristina Cerdeira

Professora titular de Literatura Portuguesa da Universidade Federal do Rio de Janeiro (UFRJ) e pesquisadora 1A do CNPq. Foi regente da Cátedra Jorge de Sena da Faculdade de Letras da UFRJ entre 2005 e 2011, período em que dirigiu a Revista *Metamorfoses*. É autora de outros livros de ensaio como *José Saramago: entre a história e a ficção, uma saga de portugueses* (1989/2019), *O avesso do bordado* (2000), *A mão que escreve* (2014), *A tela da Dama* (2014) e *Formas de le*r (2020).

Este livro foi concebido a partir do Congresso Internacional **Sena & Sophia: centenários**, realizado no Rio de Janeiro, entre os dias 2 e 5 de setembro de 2019, promovido pelo Centro de Estudos do Real Gabinete Português de Leitura e pela Catédra Jorge de Sena da Universidade Federal do Rio de Janeiro com o apoio da Fundação Calouste Gulbenkian e do Camões - Instituto da Cooperação e da Língua Portuguesa.

Este livro foi editado pela
Bazar do Tempo, na cidade de
São Sebastião do Rio de Janeiro,
em setembro de 2020. Ele foi composto
com a tipografia Didot e Didot-HTF e impresso
em papel pólen soft 80g/m na gráfica BMF.